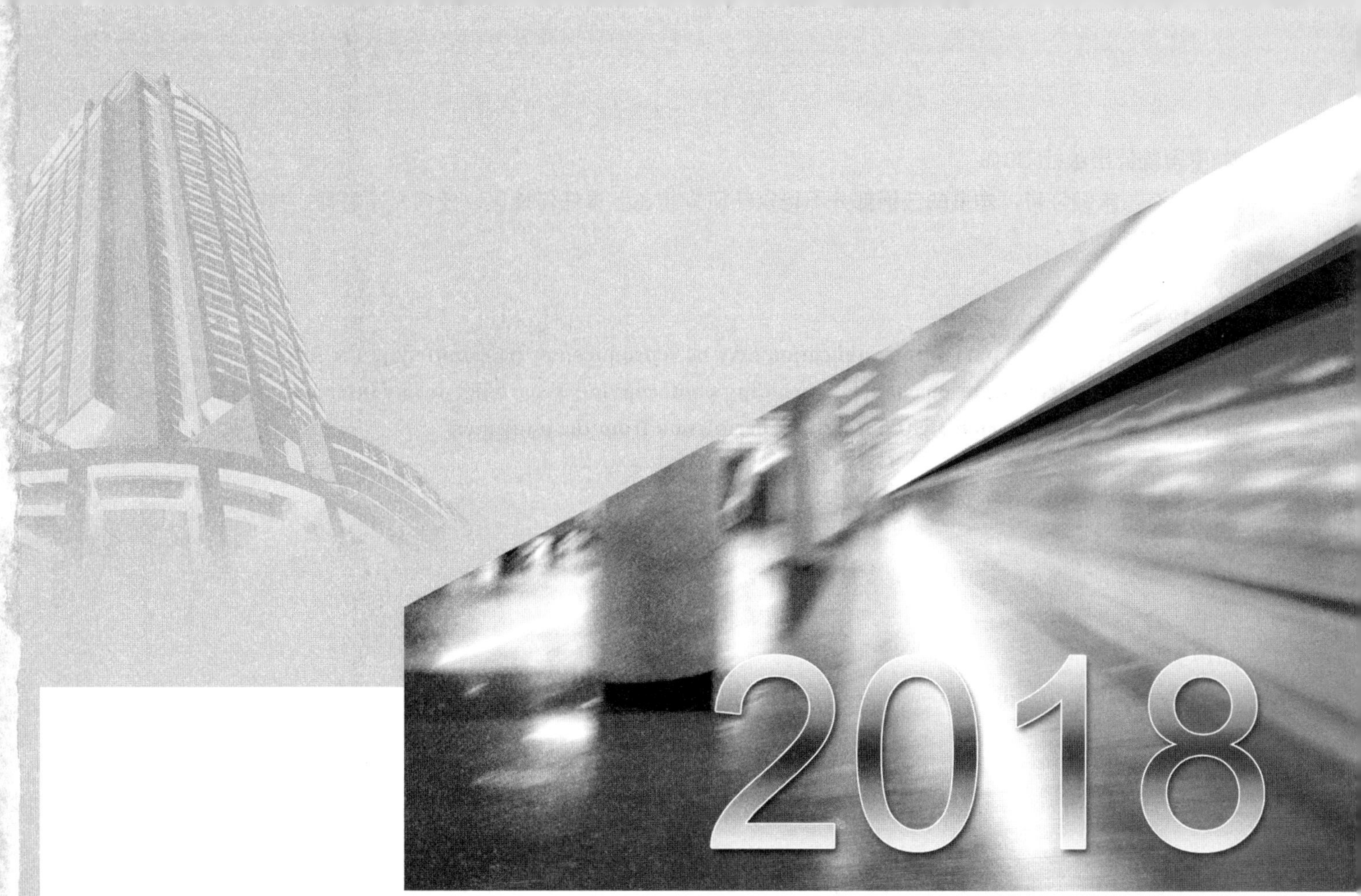

2018

CHINA CITY STATISTICAL YEARBOOK

中国城市统计年鉴

国家统计局城市社会经济调查司 编

图书在版编目（CIP）数据

中国城市统计年鉴. 2018 : 汉英对照 / 国家统计局城市社会经济调查司编. -- 北京 : 中国统计出版社, 2019.3
ISBN 978-7-5037-8770-6

Ⅰ. ①中… Ⅱ. ①国… Ⅲ. ①城市－统计资料－中国－2018－年鉴－汉、英 Ⅳ. ①C832-54

中国版本图书馆 CIP 数据核字(2019)第 014689 号

中国城市统计年鉴—2018
China City Statistical Yearbook—2018

作　　者/国家统计局城市社会经济调查司
责任编辑/许立舫
封面设计/李雪燕
出版发行/中国统计出版社
通信地址/北京市丰台区西三环南路甲 6 号　邮政编码/100073
电　　话/邮购（010）63376909　书店（010）68783171
网　　址/ http://www.zgtjcbs.com/
印　　刷/河北鑫兆源印刷有限公司
经　　销/新华书店
开　　本/880mm×1230mm　1/16
字　　数/820 千字
印　　张/26
版　　别/2019 年 3 月第 1 版
版　　次/2019 年 3 月第 1 次印刷
定　　价/358.00 元

中国统计版图书，如有印装错误，本社发行部负责调换。

《中国城市统计年鉴—2018》

编委会与编辑部

China City Statistical Yearbook—2018

EDITORIAL BOARD AND EDITORIAL STAFF

编辑说明

《中国城市统计年鉴》是全面反映中国城市社会经济发展情况的资料性年刊。《中国城市统计年鉴—2018》收录了2017年全国各级城市社会经济发展等方面的主要统计数据。

本年鉴内容共分四个部分：第一部分是全国城市行政区划，列有不同区域、不同级别的城市分布情况；第二、三部分分别是地级以上城市统计资料和县级城市统计资料，具体包括人口、资源环境、经济发展、科技创新、人民生活、公共服务、基础设施等方面的数据；第四部分是附录，为主要统计指标解释。需要说明的是，从1997年开始，地级以上城市和县级城市分别采用不同的统计制度，有些指标在两类城市之间不具有可比性，故本年鉴将地级以上城市和县级城市统计资料分为独立的两部分。

本年鉴所涉及的全国或全部城市统计资料，均未包括香港特别行政区、澳门特别行政区和台湾省。年鉴表中所列“全市”为城市的全部行政区域，包括城区、辖县、辖市；“市辖区”包括所有城区，不包括辖县和辖市。

本年鉴各表中的空格表示该项统计指标数据不详或无该项数据。

本年鉴适用于各级政府管理部门、城市规划设计部门、城市社会经济研究机构、市政建设及房地产机构、各种中介服务及信息咨询机构等单位的工作者，也是大专院校师生、工商界人士、境外投资者以及关心中国城市发展的各界人士的重要参考资料。

本年鉴的编辑出版得到了国家统计局农村社会经济调查司、各省（区、市）统计局、各调查总队、各市统计局和调查队以及中国统计出版社的鼎力支持，在此表示衷心的感谢。

本年鉴编印工作量大，出版时间紧，难免有不当之处，诚恳欢迎广大读者批评指正。

国家统计局城市社会经济调查司

2018年12月

EDITOR'S NOTES

China City Statistical Yearbook is an annual statistical publication. *China City Statistical Yearbook 2018* reflects comprehensively the economic and social development of Cities in China. It covers the main socio-economic statistical data of cities at all levels for 2017.

The Yearbook contains four parts: Part Ⅰ is the administrative division of all cities, listing city distribution by region and level; Part Ⅱ and Part Ⅲ are the statistical data of cities at prefecture level and above, and county-level respectively on population, resources and environment, economy development, scientific and technological innovation, people's livelihood, public service, infrastructure; Part Ⅳ is appendix of explanatory notes on main statistical indicators. It is necessary to point out that cities at prefecture level and above and county-level have used different indicator systems of statistics since 1997, and some indicators in two categories of cities are not comparable. So the data of cities at prefecture level and above and the data of cities at county-level are divided into two independent parts in the yearbook.

The national data in this yearbook do not include those of Hong Kong Special Administrative Region, Macao Special Administrative Region and Taiwan Province. "Total City" listed in the data refers to all administrative regions of the city, including the city districts, counties and the city at lower level; "Districts under City" includes all the city districts, not including counties and the city at lower level. Some indicators of this yearbook are time-point data, the time of them is at the end of 2017.

The blank forms in the tables in this yearbook indicates that relevant statistical data are unknown or not available.

The Yearbook is compiled for the users working in government departments, city planning departments, institutes of urban socio-economic research, municipal construction and real estate agencies, intermediary services, information consulting agencies and other so on, and it is an important reference book for college teachers and students, businessmen, overseas investors as well as users paying close attention to the development of Chinese cities.

The editing and publishing of the yearbook have been fully supported by the Department of Rural Surveys of NBS, Bureaus of Statistics and Survey Offices of NBS at provincial prefecture and county level, and China Statistics Press. Here we would like to express our heartfelt thanks to them.

Department of Urban Surveys
National Bureau of Statistics of China
December, 2018

目　　录

CONTENTS

一、全国城市行政区划

Divisions of Administrative Areas of Cities in China

二、地级以上城市统计资料

Statistical Data of Cities at Prefecture Level and Above

（一）人口

Population

（二）资源环境

Resources and Environment

（三）经济发展

Economic Development

三、县级城市统计资料

Statistical Data of County-level Cities

一、全国城市行政区划

Divisions of Administrative Areas of Cities in China

1-1 城市行政区划和区域分布
Administrative Division and Regional Distribution of Cities

地区	Region	城市合计 Total	按行政级别分组 Grouped by Administrative Levels			
			直辖市 Municipality Directly under the Central Government	副省级市 Vice-provincial City	地级市 Prefecture-level City	县级市 County-level City
全国总计	**National Total**	**661**	**4**	**15**	**279**	**363**
北京	Beijing	1	1			
天津	Tianjin	1	1			
河北	Hebei	31			11	20
山西	Shanxi	22			11	11
内蒙	Inner Mongolia	20			9	11
辽宁	Liaoning	30		2	12	16
吉林	Jilin	28		1	7	20
黑龙江	Heilongjiang	31		1	11	19
上海	Shanghai	1	1			
江苏	Jiangsu	34		1	12	21
浙江	Zhejiang	30		2	9	19
安徽	Anhui	22			16	6
福建	Fujian	21		1	8	12
江西	Jiangxi	22			11	11
山东	Shandong	43		2	15	26
河南	Henan	38			17	21
湖北	Hubei	36		1	11	24
湖南	Hunan	30			13	17
广东	Guangdong	41		2	19	20
广西	Guangxi	21			14	7
海南	Hainan	9			4	5
重庆	Chongqing	1	1			
四川	Sichuan	35		1	17	17
贵州	Guizhou	14			6	8
云南	Yunnan	23			8	15
西藏	Tibet	6			6	
陕西	Shaanxi	14		1	9	4
甘肃	Gansu	16			12	4
青海	Qinghai	5			2	3
宁夏	Ningxia	7			5	2
新疆	Xinjiang	28			4	24

1-2 分地区城市情况一览表
List of City's Basic Conditions by Region

省级单位 Province	地级及以上城市 City at Prefecture Level and above	下辖的县级城市 County-level City	省级单位 Province	地级及以上城市 City at Prefecture Level and above	下辖的县级城市 County-level City
北　京 Beijing					汾　阳 Fenyang
天　津 Tianjin			**内蒙古**	呼和浩特 Hohhot	
河　北 Hebei	石家庄 Shijiazhuang	辛　集 Xinji	**Inner Mongolia**	包　头 Baotou	
		晋　州 Jinzhou		乌　海 Wuhai	
		新　乐 Xinle		赤　峰 Chifeng	
	唐　山 Tangshan	遵　化 Zunhua		通　辽 Tongliao	霍林郭勒 Huolinguole
		迁　安 Qian'an		呼伦贝尔 Hulunbuir	满洲里 Manzhouli
	秦皇岛 Qinhuangdao				扎兰屯 Zhalantun
	邯　郸 Handan	武　安 Wuan			牙克石 Yakeshi
	邢　台 Xingtai	南　宫 Nangong			根　河 Genhe
		沙　河 Shahe			额尔古纳 Eerguna
	保　定 Baoding	定　州 Dingzhou		鄂尔多斯 Erdos	
		涿　州 Zhuozhou		乌兰察布 Ulanqab	丰　镇 Fengzhen
		安　国 Anguo		巴彦淖尔 Bayannur	
		高碑店 Gaobeidian			(二连浩特) Erlianhaote
	张家口 Zhangjiakou				(乌兰浩特) Wulanhaote
	承　德 Chengde	平　泉 Pingquan			(锡林浩特) Xilinhaote
	沧　州 Cangzhou	任　丘 Renqiu			(阿尔山) Aershan
		泊　头 Botou	**辽　宁**	沈　阳 Shenyang	新　民 Xinmin
		黄　骅 Huanghua	**Liaoning**	大　连 Dalian	瓦房店 Wafangdian
		河　间 Hejian			庄　河 Zhuanghe
	廊　坊 Langfang	霸　州 Bazhou		鞍　山 Anshan	海　城 Haicheng
		三　河 Sanhe		抚　顺 Fushun	
	衡　水 Hengshui	深　州 Shenzhou		本　溪 Benxi	
山　西 Shanxi	太　原 Taiyuan	古　交 Gujiao		丹　东 Dandong	东　港 Donggang
	大　同 Datong				凤　城 Fengcheng
	阳　泉 Yangquan			锦　州 Jinzhou	凌　海 Linghai
	长　治 Changzhi	潞　城 Lucheng			北　镇 Beizhen
	晋　城 Jincheng	高　平 Gaoping		营　口 Yingkou	大石桥 Dashiqiao
	朔　州 Shuozhou				盖　州 Gaizhou
	晋　中 Jinzhong	介　休 Jiexiu		阜　新 Fuxin	
	忻　州 Xinzhou	原　平 Yuanping		辽　阳 Liaoyang	灯　塔 Dengta
	临　汾 Linfen	侯　马 Houma		盘　锦 Panjin	
		霍　州 Huozhou		铁　岭 Tieling	调兵山 Diaobingshan
	运　城 Yuncheng	永　济 Yongji			开　原 Kaiyuan
		河　津 Hejin		朝　阳 Chaoyang	北　票 Beipiao
	吕　梁 Lvliang	孝　义 Xiaoyi			凌　源 Lingyuan

注：加括号的城市为省（自治区）直辖县级市，或地区（自治州、盟）管辖的县级市。
a) The cities with brackets are county-level cities directly under provinces(autonomous regions) or under regions(autonomous prefectures,leagues).

1-2 续表 1 continued 1

省级单位 Province	地级及以上城市 City at Prefecture Level and above	下辖的县级城市 County-level City	省级单位 Province	地级及以上城市 City at Prefecture Level and above	下辖的县级城市 County-level City
	葫芦岛 Huludao	兴城 Xingcheng		黑河 Heihe	北安 Beian
吉林 Jilin	长春 Changchun	榆树 Yushu			五大连池 Wudalianchi
		德惠 Dehui		绥化 Suihua	安达 Anda
	吉林 Jilin	桦甸 Huadian			肇东 Zhaodong
		蛟河 Jiaohe			海伦 Hailun
		舒兰 Shulan			（抚远）Fuyuan
		磐石 Panshi	**上海 Shanghai**		
	四平 Siping	公主岭 Gongzhuling	**江苏 Jiangsu**	南京 Nanjing	
		双辽 Shuangliao		无锡 Wuxi	江阴 Jiangyin
	辽源 Liaoyuan				宜兴 Yixing
	通化 Tonghua	梅河口 Meihekou		徐州 Xuzhou	新沂 Xinyi
		集安 Ji'an			邳州 Pizhou
	白山 Baishan	临江 Linjiang		常州 Changzhou	溧阳 Liyang
	白城 Baicheng	洮南 Taonan		苏州 Suzhou	常熟 Changshu
		大安 Daan			张家港 Zhangjiagang
	松原 Songyuan	扶余 Fuyu			昆山 Kunshan
		（延吉）Yanji			太仓 Taicang
		（图们）Tumen		南通 Nantong	启东 Qidong
		（敦化）Dunhua			如皋 Rugao
		（珲春）Hunchun			海门 Haimen
		（龙井）Longjing		连云港 Lianyungang	
		（和龙）Helong		淮安 Huaian	
黑龙江 Heilongjiang	哈尔滨 Harbin	尚志 Shangzhi		盐城 Yancheng	东台 Dongtai
		五常 Wuchang		扬州 Yangzhou	仪征 Yizheng
	齐齐哈尔 Qiqihar	讷河 Nehe			高邮 Gaoyou
	鸡西 Jixi	密山 Mishan		镇江 Zhenjiang	丹阳 Danyang
		虎林 Hulin			扬中 Yangzhong
	鹤岗 Hegang				句容 Jurong
	双鸭山 Shuangyashan			泰州 Taizhou	兴化 Xinghua
	大庆 Daqing				泰兴 Taixing
	伊春 Yichun	铁力 Tieli			靖江 Jingjiang
	佳木斯 Jiamusi	同江 Tongjiang		宿迁 Suqian	
		富锦 Fujin	**浙江 Zhejiang**	杭州 Hangzhou	建德 Jiande
	七台河 Qitaihe			宁波 Ningbo	余姚 Yuyao
	牡丹江 Mudanjiang	绥芬河 Suifenhe			慈溪 Cixi
		海林 Hailin		温州 Wenzhou	瑞安 Ruian
		宁安 Ning'an			乐清 Leqing
		穆棱 Muling		嘉兴 Jiaxing	海宁 Haining
		东宁 Dongning			平湖 Pinghu

1-2 续表 2 continued 2

省级单位 Province	地级及以上城市 City at Prefecture Level and above	下辖的县级城市 County-level City	省级单位 Province	地级及以上城市 City at Prefecture Level and above	下辖的县级城市 County-level City
		桐乡 Tongxiang		龙岩 Longyan	漳平 Zhangping
	湖州 Huzhou			宁德 Ningde	福安 Fu'an
	绍兴 Shaoxing	诸暨 Zhuji			福鼎 Fuding
		嵊州 Shengzhou	**江西**	南昌 Nanchang	
	金华 Jinhua	兰溪 Lanxi	**Jiangxi**	景德镇 Jingdezhen	乐平 Leping
		义乌 Yiwu		萍乡 Pingxiang	
		东阳 Dongyang		九江 Jiujiang	瑞昌 Ruichang
		永康 Yongkang			共青城 Gongqingcheng
	衢州 Quzhou	江山 Jiangshan		新余 Xinyu	
	舟山 Zhoushan			鹰潭 Yingtan	贵溪 Guixi
	台州 Taizhou	临海 Linhai		赣州 Ganzhou	瑞金 Ruijin
		温岭 Wenling		上饶 Shangrao	德兴 Dexing
		玉环 Yuhuan		抚州 Fuzhou	
	丽水 Lishui	龙泉 Longquan		吉安 Ji'an	井冈山 Jinggangshan
安徽	合肥 Hefei	巢湖 Chaohu		宜春 Yichun	樟树 Zhangshu
Anhui	芜湖 Wuhu				丰城 Fengcheng
	蚌埠 Bengbu				高安 Gaoan
	淮南 Huainan				(庐山) Lushan
	马鞍山 Maanshan		**山东**	济南 Jinan	
	淮北 Huaibei		**Shandong**	青岛 Qingdao	胶州 Jiaozhou
	铜陵 Tongling				平度 Pingdu
	安庆 Anqing	桐城 Tongcheng			莱西 Laixi
	黄山 Huangshan			淄博 Zibo	
	阜阳 Fuyang	界首 Jieshou		枣庄 Zaozhuang	滕州 Tengzhou
	亳州 Bozhou			东营 Dongying	
	宿州 Suzhou			烟台 Yantai	龙口 Longkou
	滁州 Chuzhou	天长 Tianchang			莱阳 Laiyang
		明光 Mingguang			莱州 Laizhou
	六安 Lu'an				蓬莱 Penglai
	池州 Chizhou				招远 Zhaoyuan
	宣城 Xuancheng	宁国 Ningguo			栖霞 Qixia
福建	福州 Fuzhou	福清 Fuqing			海阳 Haiyang
Fujian	厦门 Xiamen			潍坊 Weifang	青州 Qingzhou
	莆田 Putian				诸城 Zhucheng
	三明 Sanming	永安 Yong'an			寿光 Shouguang
	泉州 Quanzhou	石狮 Shishi			高密 Gaomi
		晋江 Jinjiang			昌邑 Changyi
		南安 Nan'an			安丘 Anqiu
	漳州 Zhangzhou	龙海 Longhai			昌邑 Changyi
	南平 Nanping	邵武 Shaowu			安丘 Anqiu
		武夷山 Wuyishan		济宁 Jining	曲阜 Qufu
		建瓯 Jian'ou			邹城 Zoucheng

1-2 续表 3 continued 3

省级单位 Province	地级及以上城市 City at Prefecture Level and above	下辖的县级城市 County-level City
	泰安 Tai'an	新泰 Xintai
		肥城 Feicheng
	德州 Dezhou	乐陵 Laoling
		禹城 Yucheng
	威海 Weihai	荣成 Rongcheng
		乳山 Rushan
	聊城 Liaocheng	临清 Linqing
	临沂 Linyi	
	莱芜 Laiwu	
	日照 Rizhao	
	菏泽 Heze	
	滨州 Binzhou	
河南 Henan	郑州 Zhengzhou	巩义 Gongyi
		新密 Xinmi
		荥阳 Xingyang
		新郑 Xinzheng
		登封 Dengfeng
	开封 Kaifeng	
	洛阳 Luoyang	偃师 Yanshi
	平顶山 Pingdingshan	汝州 Ruzhou
		舞钢 Wugang
	安阳 Anyang	林州 Linzhou
	鹤壁 Hebi	
	新乡 Xinxiang	辉县 Huixian
		卫辉 Weihui
	焦作 Jiaozuo	沁阳 Qinyang
		孟州 Mengzhou
	濮阳 Puyang	
	许昌 Xuchang	禹州 Yuzhou
		长葛 Changge
	漯河 Luohe	
	三门峡 Sanmenxia	义马 Yima
		灵宝 Lingbao
	商丘 Shangqiu	永城 Yongcheng
	南阳 Nanyang	邓州 Dengzhou
	信阳 Xinyang	
	周口 Zhoukou	项城 Xiangcheng
	驻马店 Zhumadian	
		(济源) Jiyuan
湖北 Hubei	武汉 Wuhan	
	黄石 Huangshi	大冶 Daye

省级单位 Province	地级及以上城市 City at Prefecture Level and above	下辖的县级城市 County-level City
	十堰 Shiyan	丹江口 Danjiangkou
	荆州 Jingzhou	石首 Shishou
		洪湖 Honghu
		松滋 Songzi
	宜昌 Yichang	宜都 Yidu
		当阳 Dangyang
		枝江 Zhijiang
	襄阳 Xiangyang	老河口 Laohekou
		枣阳 Zaoyang
		宜城 Yicheng
	鄂州 Ezhou	
	荆门 Jingmen	钟祥 Zhongxiang
	孝感 Xiaogan	应城 Yingcheng
		安陆 Anlu
		汉川 Hanchuan
	黄冈 Huanggang	麻城 Macheng
		武穴 Wuxue
	咸宁 Xianning	赤壁 Chibi
	随州 Suizhou	广水 Guangshui
		(利川) Lichuan
		(恩施) Enshi
		(仙桃) Xiantao
		(天门) Tianmen
		(潜江) Qianjiang
湖南 Hunan	长沙 Changsha	浏阳 Liuyang
		宁乡 Ningxiang
	株洲 Zhuzhou	醴陵 Liling
	湘潭 Xiangtan	湘乡 Xiangxiang
		韶山 Shaoshan
	衡阳 Hengyang	耒阳 Leiyang
		常宁 Changning
	邵阳 Shaoyang	武冈 Wugang
	岳阳 Yueyang	汨罗 Miluo
		临湘 Linxiang
	益阳 Yiyang	沅江 Yuanjiang
	常德 Changde	津市 Jinshi
	郴州 Chenzhou	资兴 Zixing
	永州 Yongzhou	
	怀化 Huaihua	洪江 Hongjiang
	张家界 Zhangjiajie	
	娄底 Loudi	冷水江 Lengshuijiang

1-2 续表 4 continued 4

省级单位 Province	地级及以上城市 City at Prefecture Level and above	下辖的县级城市 County-level City	省级单位 Province	地级及以上城市 City at Prefecture Level and above	下辖的县级城市 County-level City
		涟源 Lianyuan		百色 Baise	靖西 Jingxi
		(吉首) Jishou		来宾 Laibin	合山 Heshan
广东 Guangdong	广州 Guangzhou			崇左 Chongzuo	凭祥 Pingxiang
	韶关 Shaoguan	乐昌 Lechang		贺州 Hezhou	
		南雄 Nanxiong		河池 Hechi	
	深圳 Shenzhen		海南 Hainan	海口 Haikou	
	珠海 Zhuhai			三亚 Sanya	
	汕头 Shantou			三沙 Sansha	
	佛山 Foshan			儋州 Danzhou	
	江门 Jiangmen	台山 Taishan			(五指山) Wuzhishan
		鹤山 Heshan			(琼海) Qionghai
		开平 Kaiping			(文昌) Wenchang
		恩平 Enping			(万宁) Wanning
	湛江 Zhanjiang	廉江 Lianjiang			(东方) Dongfang
		雷州 Leizhou	重庆 Chongqing		
		吴川 Wuchuan			
	惠州 Huizhou		四川 Sichuan	成都 Chengdu	都江堰 Dujiangyan
	茂名 Maoming	高州 Gaozhou			彭州 Pengzhou
		化州 Huazhou			邛崃 Qionglai
		信宜 Xinyi			崇州 Chongzhou
	肇庆 Zhaoqing			自贡 Zigong	
		四会 Sihui		攀枝花 Panzhihua	
	潮州 Chaozhou			泸州 Luzhou	
	梅州 Meizhou	兴宁 Xingning		德阳 Deyang	广汉 Guanghan
	中山 Zhongshan				什邡 Shifang
	东莞 Dongguan				绵竹 Mianzhu
	汕尾 Shanwei	陆丰 Lufeng		绵阳 Mianyang	江油 Jiangyou
	河源 Heyuan			广元 Guangyuan	
	阳江 Yangjiang	阳春 Yangchun		遂宁 Suining	
	清远 Qingyuan	连州 Lianzhou		内江 Neijiang	隆昌 Longchang
		英德 Yingde		资阳 Ziyang	简阳 Jianyang
	揭阳 Jieyang	普宁 Puning		乐山 Leshan	峨嵋山 Emeishan
	云浮 Yunfu	罗定 Luoding		宜宾 Yibin	
广西 Guangxi	南宁 Nanning			南充 Nanchong	阆中 Langzhong
	柳州 Liuzhou			达州 Dazhou	万源 Wanyuan
	桂林 Guilin			广安 Guang'an	华蓥 Huaying
	梧州 Wuzhou	岑溪 Cenxi		雅安 Yaan	
	北海 Beihai			眉山 Meishan	
	防城港 Fangchenggang	东兴 Dongxing		巴中 Bazhong	
	钦州 Qinzhou				康定 Kangding
	玉林 Yulin	北流 Beiliu			马尔康 Maerkang
	贵港 Guigang	桂平 Guiping			(西昌) Xichang

1-2 续表 5 continued 5

省级单位 Province	地级及以上城市 City at Prefecture Level and above	下辖的县级城市 County-level City
贵州 Guizhou	贵阳 Guiyang	清镇 Qingzhen
	六盘水 Liupanshui	盘州 Panzhou
	遵义 Zunyi	赤水 Chishui
		仁怀 Renhuai
	安顺 Anshun	
	铜仁 Tongren	
	毕节 Bijie	
		(凯里) Kaili
		(兴义) Xingyi
		(福泉) Fuquan
		(都匀) Duyun
云南 Yunnan	昆明 Kunming	安宁 Anning
	玉溪 Yuxi	
	曲靖 Qujing	宣威 Xuanwei
	昭通 Zhaotong	
	丽江 Lijiang	
	保山 Baoshan	腾冲 Tengchong
	普洱 Puer	
	临沧 Lincang	
		(大理) Dali
		(楚雄) Chuxiong
		(芒市) Mangshi
		(瑞丽) Ruili
		(开远) Kaiyuan
		(个旧) Gejiu
		(景洪) Jinghong
		(文山) Wenshan
		(蒙自) Mengzi
		(弥勒) Mile
		(香格里拉) Shangri-La
		(泸水) Lushui
西藏 Tibet	拉萨 Lasa	
	日喀则 Xigaze	
	昌都 Qamdo	
	林芝 Linzhi	
	山南 Shannan	
	那曲 Naqu	
陕西 Shaanxi	西安 Xi'an	
	铜川 Tongchuan	
	宝鸡 Baoji	
	咸阳 Xianyang	兴平 Xingping
	延安 Yan'an	
	汉中 Hanzhong	
	渭南 Weinan	韩城 Hancheng
		华阴 Huayin
	榆林 Yulin	神木 Shenmu
	商洛 Shangluo	
	安康 Ankang	
甘肃 Gansu	兰州 Lanzhou	
	嘉峪关 Jiayuguan	
	金昌 Jinchang	

省级单位 Province	地级及以上城市 City at Prefecture Level and above	下辖的县级城市 County-level City
	白银 Baiyin	
	天水 Tianshui	
	武威 Wuwei	
	张掖 Zhangye	
	平凉 Pingliang	
	酒泉 Jiuquan	玉门 Yumen
		敦煌 Dunhuang
	庆阳 Qingyang	
	定西 Dingxi	
	陇南 Longnan	
		(临夏) Linxia
		(合作) Hezuo
青海 Qinghai	西宁 Xining	
	海东 Haidong	
		(格尔木) Golmud
		(德令哈) Delingha
		(玉树) Yushu
宁夏 Ningxia	银川 Yinchuan	灵武 Lingwu
	石嘴山 Shizuishan	
	吴忠 Wuzhong	青铜峡 Qingtongxia
	固原 Guyuan	
	中卫 Zhongwei	
新疆 Xinjiang	乌鲁木齐 Urumqi	
	克拉玛依 Karamay	
	吐鲁番 Turpan	
	哈密 Hami	
		(石河子) Shihezi
		(可克达拉) Cocodala
		(昌吉) Changji
		(奎屯) Kuitun
		(伊宁) Yining
		(塔城) Tacheng
		(昆玉) Kunyu
		(阿勒泰) Aletai
		(博乐) Bole
		(库尔勒) Korla
		(阿克苏) Akesu
		(阿图什) Atus
		(喀什) Kashi
		(和田) Hetian
		(阜康) Fukang
		(乌苏) Wusu
		(阿拉尔) Alar
		(图木舒克) Tumushuke
		(北屯) beitun
		(阿拉山口) Alashankou
		(铁门关) Tiemenguan
		(霍尔果斯) Horgos
		(五家渠) Wujiaqu
		(双河) Shuanghe

二、地级以上城市统计资料

Statistical Data of Cities at Prefecture Level and Above

(一)人口
Population

2-1 人口及户数
Population and Number of Households

城 市	City	年末户籍人口(万人) Household Registered Population at Year-end (10 000 persons)		年平均人口(万人) Annual Average Population (10 000 persons)		年末总户数(万户) Number of Households at Year-end (10 000 households)	
		全 市 Total City	市辖区 Districts under City	全 市 Total City	市辖区 Districts under City	全 市 Total City	市辖区 Districts under City
北京市	**Beijing**	**1359**	**1359**	**1361**	**1361**	**543**	**543**
天津市	**Tianjin**	**1050**	**1050**	**1047**	**1047**	**386**	**386**
河北省	**Hebei**						
石家庄市	Shijiazhuang	973	417	974	416	282	119
唐山市	Tangshan	755	334	758	335	234	110
秦皇岛市	Qinhuangdao	298	144	298	143	114	55
邯郸市	Handan	1051	379	1053	368	265	96
邢台市	Xingtai	790	89	789	89	240	28
保定市	Baoding	1199	284	1203	285	400	97
张家口市	Zhangjiakou	465	173	468	157	192	63
承德市	Chengde	380	60	382	60	140	23
沧州市	Cangzhou	778	57	779	57	240	17
廊坊市	Langfang	474	87	472	87	143	24
衡水市	Hengshui	454	97	454	96	156	33
山西省	**Shanxi**						
太原市	Taiyuan	369	286	370	287	118	87
大同市	Datong	318	159	318	159	128	61
阳泉市	Yangquan	132	70	132	70	53	26
长治市	Changzhi	338	74	338	74	119	23
晋城市	Jincheng	221	39	220	39	83	14
朔州市	Shuozhou	164	68	177	73	67	27
晋中市	Jinzhong	332	78	334	66	130	22
运城市	Yuncheng	513	69	532	70	170	23
忻州市	Xinzhou	308	55	308	55	132	23
临汾市	Linfen	433	82	433	82	153	27
吕梁市	Lvliang	392	28	387	33	148	11
内蒙古自治区	**Inner Mongolia**						
呼和浩特市	Hohhot	243	135	242	133	98	52
包头市	Baotou	224	156	224	156	89	58
乌海市	Wuhai	44	44	56	56	21	21
赤峰市	Chifeng	460	126	461	126	190	49
通辽市	Tongliao	316	84	318	84	123	32
鄂尔多斯市	Erdos	161	30	160	29	69	11
呼伦贝尔市	Hulunbuir	260	37	259	37	109	17
巴彦淖尔市	Bayannur	174	52	175	52	73	20
乌兰察布市	Ulanqab	272	31	273	32	125	12
辽宁省	**Liaoning**						
沈阳市	Shenyang	737	591	736	589	272	222
大连市	Dalian	595	400	595	399	214	149
鞍山市	Anshan	344	149	345	149	120	56
抚顺市	Fushun	211	138	213	139	84	58
本溪市	Benxi	148	90	149	91	56	36
丹东市	Dandong	235	78	237	78	84	30
锦州市	Jinzhou	296	96	299	96	103	36
营口市	Yingkou	232	93	232	93	88	38
阜新市	Fuxin	186	75	188	76	68	31
辽阳市	Liaoyang	177	86	178	86	68	34

2-1 续表 1 continued 1

城 市	City	年末户籍人口(万人) Household Registered Population at Year-end (10 000 persons)		年平均人口(万人) Annual Average Population (10 000 persons)		年末总户数(万户) Number of Households at Year-end (10 000 households)	
		全 市 Total City	市辖区 Districts under City	全 市 Total City	市辖区 Districts under City	全 市 Total City	市辖区 Districts under City
盘锦市	Panjin	130	102	130	102	47	38
铁岭市	Tieling	294	162	297	43	105	16
朝阳市	Chaoyang	336	61	339	61	112	20
葫芦岛市	Huludao	277	97	279	97	99	37
吉林省	**Jilin**						
长春市	Changchun	749	438			279	172
吉林市	Jilin	415	180			157	69
四平市	Siping	320	68	322	63	124	31
辽源市	Liaoyuan	118	45	119	46	45	20
通化市	Tonghua	217	44			86	18
白山市	Baishan	120	54	120	54	57	25
松原市	Songyuan	275	56	277	57	106	24
白城市	Baicheng	191	49	192	49	86	22
黑龙江省	**Heilongjiang**						
哈尔滨市	Harbin	955	551	959	551	389	230
齐齐哈尔市	Qiqihar	534	134	539	135	215	59
鸡西市	Jixi	175	80			77	37
鹤岗市	Hegang	101	62	102	63	46	30
双鸭山市	Shuangyashan	94	44	143	48	62	23
大庆市	Daqing	273	137	274	137	104	51
伊春市	Yichun	116	74	117	74	56	37
佳木斯市	Jiamusi	235	77	236	77	99	35
七台河市	Qitaihe	79	48	79	48	36	22
牡丹江市	Mudanjiang	255	87	257	88	104	35
黑河市	Heihe	161	19	162	19	72	8
绥化市	Suihua	528	82	535	82	213	32
上海市	**Shanghai**	**1455**	**1455**	**1453**	**1453**	**546**	**546**
江苏省	**Jiangsu**						
南京市	Nanjing	681	681	672	672	239	239
无锡市	Wuxi	493	259	490	256	167	92
徐州市	Xuzhou	1039	338	1040	338	278	98
常州市	Changzhou	379	300	377	297	133	107
苏州市	Suzhou	691	356	685	352	227	117
南通市	Nantong	764	214	766	214	283	84
连云港市	Lianyungang	533	223	533	223	142	66
淮安市	Huai'an	561	332	564	334	165	101
盐城市	Yancheng	826	244	828	243	270	84
扬州市	Yangzhou	460	233	461	233	148	77
镇江市	Zhenjiang	271	103	271	103	101	40
泰州市	Taizhou	505	164	507	164	167	55
宿迁市	Suqian	591	176	591	176	150	45
浙江省	**Zhejiang**						
杭州市	Hangzhou	754	615	745	607	235	188
宁波市	Ningbo	597	290	594	287	227	114
温州市	Wenzhou	825	170	821	169	236	52
嘉兴市	Jiaxing	356	90	354	89	109	30
湖州市	Huzhou	266	112	265	111	87	35

2-1 续表 2 continued 2

城　市	City	年末户籍人口(万人) Household Registered Population at Year-end (10 000 persons)		年平均人口(万人) Annual Average Population (10 000 persons)		年末总户数(万户) Number of Households at Year-end (10 000 households)	
		全　市 Total City	市辖区 Districts under City	全　市 Total City	市辖区 Districts under City	全　市 Total City	市辖区 Districts under City
绍兴市	Shaoxing	446	221	446	221	161	78
金华市	Jinhua	486	98	483	97	190	38
衢州市	Quzhou	258	85	258	85	93	34
舟山市	Zhoushan	97	71	97	71	37	26
台州市	Taizhou	604	161	602	161	192	50
丽水市	Lishui	269	41	269	41	105	19
安徽省	**Anhui**						
合肥市	Hefei	743	270	736	265	251	95
芜湖市	Wuhu	388	149	388	148	129	52
蚌埠市	Bengbu	381	115	380	115	111	38
淮南市	Huainan	390	182	389	184	123	59
马鞍山市	Maanshan	229	83	229	83	74	28
淮北市	Huaibei	217	105	217	105	70	35
铜陵市	Tongling	171	74	171	74	54	26
安庆市	Anqing	531	74	530	74	156	26
黄山市	Huangshan	148	46	148	46	51	16
滁州市	Chuzhou	454	56	454	55	143	21
阜阳市	Fuyang	1070	229	1066	228	277	57
宿州市	Suzhou	656	191	655	191	194	59
六安市	Lu'an	588	220	588	220	190	74
亳州市	Bozhou	651	167	649	167	172	52
池州市	Chizhou	162	67	162	67	55	24
宣城市	Xuancheng	280	87	280	87	100	31
福建省	**Fujian**						
福州市	Fuzhou	693	279	690	277	213	91
厦门市	Xiamen	231	231	226	226	74	74
莆田市	Putian	355	239	352	237	94	62
三明市	Sanming	288	28	287	28	78	9
泉州市	Quanzhou	742	112	737	111	204	33
漳州市	Zhangzhou	514	62	513	61	142	21
南平市	Nanping	319	86	320	86	93	25
龙岩市	Longyan	316	104	312	103	96	34
宁德市	Ningde	351	49	351	49	104	16
江西省	**Jiangxi**						
南昌市	Nanchang	525	305	524	304	166	100
景德镇市	Jingdezhen	169	47	166	50	54	18
萍乡市	Pingxiang	200	89	200	89	62	28
九江市	Jiujiang	520	100	520	100	163	35
新余市	Xinyu	122	90	118	86	40	30
鹰潭市	Yingtan	128	24	128	24	36	8
赣州市	Ganzhou	974	225	861	204	278	66
吉安市	Ji'an	536	59	536	59	168	18
宜春市	Yichun	602	115	602	115	189	34
抚州市	Fuzhou	431	121	402	112	137	39
上饶市	Shangrao	783	141	782	140	227	41
山东省	**Shandong**						
济南市	Jinan	644	484	638	479	208	157

2-1 续表 3 continued 3

城 市	City	年末户籍人口(万人) Household Registered Population at Year-end (10 000 persons)		年平均人口(万人) Annual Average Population (10 000 persons)		年末总户数(万户) Number of Households at Year-end (10 000 households)	
		全 市 Total City	市辖区 Districts under City	全 市 Total City	市辖区 Districts under City	全 市 Total City	市辖区 Districts under City
青岛市	Qingdao	803					
淄博市	Zibo	433	288	433	288	152	102
枣庄市	Zaozhuang	418	245	416	243	121	69
东营市	Dongying	195	111	194	111	68	41
烟台市	Yantai	654	189	655	189	237	69
潍坊市	Weifang	908	192	936	214	287	63
济宁市	Jining	883	187	879	186	270	57
泰安市	Tai'an	571	171	570	171	199	60
威海市	Weihai	256	134	256	134	93	48
日照市	Rizhao	304	137	302	136	110	50
莱芜市	Laiwu	129	129	129	129	47	47
临沂市	Linyi	1162	274	1151	271	362	84
德州市	Dezhou	595	124	594	124	190	40
聊城市	Liaocheng	640	127	636	126	201	38
滨州市	Binzhou	394	109	393	109	131	41
菏泽市	Heze	1019	233	1014	231	320	69
河南省	**Henan**						
郑州市	Zhengzhou	842	367	835	360	224	112
开封市	Kaifeng	559	171	558	170	173	59
洛阳市	Luoyang	737	205	737	205	216	66
平顶山市	Pingdingshan	567	111	568	111	160	33
安阳市	Anyang	624	117	625	118	181	37
鹤壁市	Hebi	170	65	170	65	49	21
新乡市	Xinxiang	647	108	649	107	181	34
焦作市	Jiaozuo	371	98	373	73	101	27
濮阳市	Puyang	432	72	432	72	118	22
许昌市	Xuchang	508	134	509	134	159	45
漯河市	Luohe	267	134	268	135	75	37
三门峡市	Sanmenxia	228	63	230	65	74	22
南阳市	Nanyang	1200	190	1191	189	364	63
商丘市	Shangqiu	987	186	982	185	290	54
信阳市	Xinyang	911	156	912	155	282	50
周口市	Zhoukou	1258	64	1258	64	337	20
驻马店市	Zhumadian	961	85	923	85	270	24
湖北省	**Hubei**						
武汉市	Wuhan	854	854	844	844	311	311
黄石市	Huangshi	271	134	270	135	78	27
十堰市	Shiyan	346	118	347	119	120	40
宜昌市	Yichang	392	126	393	127	153	48
襄阳市	Xiangyang	592	227	593	226	235	89
鄂州市	Ezhou	111	111	107	107	37	37
荆门市	Jingmen	294	59	297	59	102	25
孝感市	Xiaogan	519	96	521	96	166	32
荆州市	Jingzhou	642	108	644	108	200	39
黄冈市	Huanggang	740	35	744	35	251	15
咸宁市	Xianning	304	62	304	62	90	20
随州市	Suizhou	250	53	251	53	89	22

2-1 续表 4 continued 4

城　市	City	年末户籍人口(万人) Household Registered Population at Year-end (10 000 persons)		年平均人口(万人) Annual Average Population (10 000 persons)		年末总户数(万户) Number of Households at Year-end (10 000 households)	
		全　市 Total City	市辖区 Districts under City	全　市 Total City	市辖区 Districts under City	全　市 Total City	市辖区 Districts under City
湖南省	**Hunan**						
长沙市	Changsha	709	340	702	334	233	120
株洲市	Zhuzhou	403	97	403	97	119	33
湘潭市	Xiangtan	288	87	289	87	96	31
衡阳市	Hengyang	800	101	804	101	247	37
邵阳市	Shaoyang	826	70	828	70	246	24
岳阳市	Yueyang	567	110	569	110	193	46
常德市	Changde	606	140	608	141	210	47
张家界市	Zhangjiajie	170	53	170	53	62	21
益阳市	Yiyang	479	136	482	137	162	46
郴州市	Chenzhou	534	78	534	78	174	30
永州市	Yongzhou	642	117	643	118	202	40
怀化市	Huaihua	522	39	522	39	174	16
娄底市	Loudi	454	61	453	55	158	25
广东省	**Guangdong**						
广州市	Guangzhou	898	898	884	884	295	295
韶关市	Shaoguan	335	92	335	92	104	30
深圳市	Shenzhen	435	435	410	410	108	108
珠海市	Zhuhai	119	119	117	117	33	33
汕头市	Shantou	565	558	562	555	127	125
佛山市	Foshan	420	420	410	410	125	125
江门市	Jiangmen	396	143	395	142	119	45
湛江市	Zhanjiang	839	166	837	165	206	45
茂名市	Maoming	804	298	801	297	204	73
肇庆市	Zhaoqing	446	141	445	140	123	42
惠州市	Huizhou	369	155	367	153	102	48
梅州市	Meizhou	550	97	551	97	146	30
汕尾市	Shanwei	363	52	362	52	76	11
河源市	Heyuan	373	32	309	49	101	9
阳江市	Yangjiang	297	122	297	122	77	34
清远市	Qingyuan	437	144	434	143	112	37
东莞市	Dongguan	211		206		61	
中山市	Zhongshan	170		166		47	
潮州市	Chaozhou	276	168	275	168	65	40
揭阳市	Jieyang	703	210	700	210	157	48
云浮市	Yunfu	300	68	301	68	79	17
广西壮族自治区	**Guangxi**						
南宁市	Nanning	757	375	754	373	226	118
柳州市	Liuzhou	387	180	386	179	114	55
桂林市	Guilin	534	130	534	130	163	41
梧州市	Wuzhou	349	79	348	79	99	25
北海市	Beihai	175	67	175	67	45	19
防城港市	Fangchenggang	98	58	97	58	25	15
钦州市	Qinzhou	411	151	410	150	98	34
贵港市	Guigang	556	201	555	201	157	60

2-1 续表 5 continued 5

城 市	City	年末户籍人口(万人) Household Registered Population at Year-end (10 000 persons)		年平均人口(万人) Annual Average Population (10 000 persons)		年末总户数(万户) Number of Households at Year-end (10 000 households)	
		全 市 Total City	市辖区 Districts under City	全 市 Total City	市辖区 Districts under City	全 市 Total City	市辖区 Districts under City
玉林市	Yulin	724	112	721	111	208	31
百色市	Baise	418	36	417	36	112	10
贺州市	Hezhou	244	120	243	120	65	32
河池市	Hechi	430	101	429	101	125	31
来宾市	Laibin	268	113	268	113	78	31
崇左市	Chongzuo	250	37	250	37	71	11
海南省	**Hainan**						
海口市	Haikou	171	171	169	169	59	59
三亚市	Sanya	59	59	59	59	14	14
三沙市	Sansha						
儋州市	Danzhou	96		95		23	
重庆市	**Chongqing**	**3390**	**2451**	**3391**	**2450**	**1261**	**943**
四川省	**Sichuan**						
成都市	Chengdu	1435	812	1417	793	551	317
自贡市	Zigong	324	149	326	150	108	53
攀枝花市	Panzhihua	109	66	110	67	37	24
泸州市	Luzhou	510	152	509	152	155	52
德阳市	Deyang	388	94	390	95	157	37
绵阳市	Mianyang	537	173	541	174	207	68
广元市	Guangyuan	303	93	304	93	115	35
遂宁市	Suining	370	149	374	151	140	55
内江市	Neijiang	415	140	417	141	156	51
乐山市	Leshan	352	116	353	116	128	44
南充市	Nanchong	733	194	737	195	266	68
眉山市	Meishan	345	120	348	121	129	50
宜宾市	Yibin	555	128	556	128	172	42
广安市	Guang'an	465	127	465	127	156	40
达州市	Dazhou	672	178	674	179	242	68
雅安市	Ya'an	154	62	154	62	58	23
巴中市	Bazhong	376	136	376	136	131	48
资阳市	Ziyang	349	108	349	108	129	43
贵州省	**Guizhou**						
贵阳市	Guiyang	408	251	405	248	128	79
六盘水市	Liupanshui	342	48	341	48	105	14
遵义市	Zunyi	805	221	804	211	245	75
安顺市	Anshun	301	129	300	129	89	39
毕节市	Bijie	923	165	920	164	252	42
铜仁市	Tongren	440	49	440	49	134	16
云南省	**Yunnan**						
昆明市	Kunming	563	312	561	311	203	120
曲靖市	Qujing	661	119	657	96	208	39
玉溪市	Yuxi	219	73	218	73	79	29
保山市	Baoshan	263	94	262	94	79	29
昭通市	Zhaotong	619	93	614	92	188	28
丽江市	Lijiang	123	16	122	16	43	5
普洱市	Pu'er	253	23	252	23	83	8
临沧市	Lincang	239	33	238	32	84	11

2-1 续表 6 continued 6

城 市	City	年末户籍人口(万人) Household Registered Population at Year-end (10 000 persons)		年平均人口(万人) Annual Average Population (10 000 persons)		年末总户数(万户) Number of Households at Year-end (10 000 households)	
		全 市 Total City	市辖区 Districts under City	全 市 Total City	市辖区 Districts under City	全 市 Total City	市辖区 Districts under City
西藏自治区	**Tibet**						
拉萨市	Lasa	54	30	54	30	20	14
日喀则市	Xigaze	79	12	82	12	18	3
昌都市	Qamdo	76	12	75	15	20	4
林芝市	Linzhi	19	5	23	6	6	2
山南市	Shannan	35	6	36	7	12	3
那曲市	Naqu	52	11	51	11	12	3
陕西省	**Shaanxi**						
西安市	Xi'an	906	771	894	760	285	248
铜川市	Tongchuan	83	73	83	74	28	25
宝鸡市	Baoji	381	140	383	141	115	44
咸阳市	Xianyang	468	58	469	58	140	19
渭南市	Weinan	556	96	557	91	173	33
延安市	Yan'an	238	68	237	68	87	25
汉中市	Hanzhong	382	113	383	113	138	41
榆林市	Yulin	385	58	384	58	136	34
安康市	Ankang	305	101	305	101	106	35
商洛市	Shangluo	253	56	253	57	85	19
甘肃省	**Gansu**						
兰州市	Lanzhou	326	207	325	206	110	74
嘉峪关市	Jiayuguan	21		21		8	
金昌市	Jinchang	46	21	47	23	17	8
白银市	Baiyin	182	50	182	50	56	18
天水市	Tianshui	371	132	371	132	100	38
武威市	Wuwei	190	104	190	104	60	33
张掖市	Zhangye	131	51	131	52	46	18
平凉市	Pingliang	234	52	234	52	73	18
酒泉市	Jiuquan	99	41	99	41	33	14
庆阳市	Qingyang	270	39	270	39	83	12
定西市	Dingxi	303	47	303	47	87	15
陇南市	Longnan	287	57	287	57	84	17
青海省	**Qinghai**						
西宁市	Xining	206	98	234	130	72	37
海东市	Haidong	172	42	172	42	49	13
宁夏回族自治区	**Ningxia**						
银川市	Yinchuan	189	116	186	114	70	43
石嘴山市	Shizuishan	74	43	75	43	29	17
吴忠市	Wuzhong	143	42	143	42	50	15
固原市	Guyuan	151	46	150	46	46	16
中卫市	Zhongwei	122	41	115	41	40	15
新疆维吾尔自治区	**Xinjiang**						
乌鲁木齐市	Urumqi	223	217	245	239	83	81
克拉玛依市	Karamay	31	31	31	31	12	12
吐鲁番市	Turpan	64	29	64	29	20	8
哈密市	Hami	56	43	56	43	20	15

2-2 人口变动情况
Changes in Population

城　市	city	出生人口(人) Birth Population (person)		死亡人口(人) Death Population (person)		自然增长率(‰) Natural Growth Rate (‰)	
		全市 Total City	市辖区 Districts under City	全市 Total City	市辖区 Districts under City	全　市 Total City	市辖区 Districts under City
北京市	**Beijing**	**185885**	**185885**	**264527**	**264527**	**-5.79**	**-5.79**
天津市	**Tianjin**	**122286**	**122286**	**197896**	**197896**	**-7.20**	**-7.20**
河北省	**Hebei**						
石家庄市	Shijiazhuang	156437	73814	159995	68615	-0.37	1.25
唐山市	Tangshan	101151	39328	133160	59176	-4.24	-5.94
秦皇岛市	Qinhuangdao	35303	17653	36359	17214	-0.35	0.30
邯郸市	Handan	195670	67196	148484	59177	4.49	2.12
邢台市	Xingtai	157437	17606	118607	12594	4.92	5.63
保定市	Baoding	179106	43732	216890	51262	-3.15	-2.65
张家口市	Zhangjiakou	45502	15463	77518	31549	-6.89	-9.30
承德市	Chengde	44902	7460	69012	10672	-6.34	-5.35
沧州市	Cangzhou	120471	9866	122399	6149	-0.25	6.52
廊坊市	Langfang	84647	23264	64713	17570	4.21	6.54
衡水市	Hengshui	62006	14727	68847	12477	-1.51	2.32
山西省	**Shanxi**						
太原市	Taiyuan	53656	42877	61330	51252	-2.08	-2.93
大同市	Datong	33112	16760	28437	12354	1.47	2.77
阳泉市	Yangquan	13309	6861	8078	4535	3.96	3.32
长治市	Changzhi	43585	11039	46562	8360	-0.88	3.62
晋城市	Jincheng	26788	6912	26272	2808	0.23	10.52
朔州市	Shuozhou	20776	9893	14286	5321	3.96	6.72
晋中市	Jinzhong	43818	8777	45628	9273	-0.55	-0.64
运城市	Yuncheng	65724	10371	73358	7757	-1.49	3.79
忻州市	Xinzhou	38544	6622	36763	6712	0.58	-0.16
临汾市	Linfen	53636	11376	56785	9131	-0.73	2.74
吕梁市	Lvliang	42992	4499	18991	1441	6.12	10.92
内蒙古自治区	**Inner Mongolia**						
呼和浩特市	Hohhot	28856	16824	28006	9704	0.35	5.27
包头市	Baotou	20269	14269	23472	16390	-1.43	-1.36
乌海市	Wuhai	5300	5300	2600	2600	6.14	6.14
赤峰市	Chifeng	54554	16329	76318	17381	-4.73	-0.83
通辽市	Tongliao	29061	7490	50099	13124	-6.66	-6.71
鄂尔多斯市	Erdos	25240	5581	13089	2144	7.55	11.46
呼伦贝尔市	Hulunbuir	20135	3765	14855	2751	2.03	2.74
巴彦淖尔市	Bayannur	17954	4930	20913	3357	-1.70	3.03
乌兰察布市	Ulanqab	25290	3061	25713	3876	-0.16	-2.63
辽宁省	**Liaoning**						
沈阳市	Shenyang	64652	54690	83234	56275	-2.52	-0.27
大连市	Dalian	57161	40337	70345	36682	-2.22	0.91
鞍山市	Anshan	26283	9336	38719	16775	-3.62	-4.99
抚顺市	Fushun	13602	8136	42750	27852	-13.81	-14.29
本溪市	Benxi	9167	4815	26295	14689	-11.57	-10.97
丹东市	Dandong	16763	5744	38706	7978	-9.34	-2.86
锦州市	Jinzhou	19810	7019	69070	22713	-16.64	-16.35
营口市	Yingkou	17555	7392	25593	10006	-3.46	-2.81
阜新市	Fuxin	13473	4951	36131	12936	-12.18	-10.65
辽阳市	Liaoyang	13731	6166	29550	13041	-8.94	-7.99

2-2 续表 1 continued 1

城 市	city	出生人口(人) Birth Population (person)		死亡人口(人) Death Population (person)		自然增长率(‰) Natural Growth Rate (‰)	
		全 市 Total City	市辖区 Districts under City	全 市 Total City	市辖区 Districts under City	全 市 Total City	市辖区 Districts under City
盘锦市	Panjin	12106	9668	16603	12472	-3.46	-2.75
铁岭市	Tieling	18476	2759	67118	6294	-16.54	-2.18
朝阳市	Chaoyang	32880	6124	68099	8269	-10.48	-3.52
葫芦岛市	Huludao	25410	9556	58781	25819	-12.05	-16.77
吉林省	**Jilin**						
长春市	Changchun	64711	44897	112715	54595	-6.41	-2.21
吉林市	Jilin	29277	13729	80984	31733	-12.46	-10.00
四平市	Siping	21730	4246	53395	9517	-9.90	-7.75
辽源市	Liaoyuan	8241	3112	22399	7843	-12.00	-10.51
通化市	Tonghua	16218	3159	33678	6535	-8.05	-7.67
白山市	Baishan	8808	3596	20595	10394	-9.82	-12.59
松原市	Songyuan	19726	4417	44947	9420	-9.17	-8.93
白城市	Baicheng	12291	3412	28511	6051	-8.49	-5.39
黑龙江省	**Heilongjiang**						
哈尔滨市	Harbin	73848	44256	157477	80844	-8.76	-6.64
齐齐哈尔市	Qiqihar	30490	7724	98825	18290	-12.80	-7.89
鸡西市	Jixi	9416	4106	11334	3711	-1.10	0.49
鹤岗市	Hegang	5041	2878	15253	10085	-10.11	-11.62
双鸭山市	Shuangyashan	7865	2352	21669	7582	-14.69	-11.89
大庆市	Daqing	17424	9815	40574	13825	-8.48	-2.93
伊春市	Yichun	5192	3127	15567	9862	-8.94	-9.10
佳木斯市	Jiamusi	16156	6234	33504	7409	-7.38	-1.53
七台河市	Qitaihe	4382	2706	12684	7424	-10.51	-9.83
牡丹江市	Mudanjiang	15584	5669	38401	8858	-8.95	-3.67
黑河市	Heihe	8749	1205	24206	1349	-9.60	-0.76
绥化市	Suihua	29113	4558	89017	13776	-11.35	-11.24
上海市	**Shanghai**	**117734**	**117734**	**126384**	**126384**	**-2.80**	**-0.59**
江苏省	**Jiangsu**						
南京市	Nanjing	90768	90768	44362	44362	6.81	6.81
无锡市	Wuxi	49809	27213	39277	21109	2.14	2.36
徐州市	Xuzhou	161550	51055	146280	56258	1.47	-1.54
常州市	Changzhou	35613	28361	34180	20724	0.38	2.55
苏州市	Suzhou	82241	46337	49334	23805	4.76	6.33
南通市	Nantong	61204	20007	81737	19432	-2.69	0.27
连云港市	Lianyungang	76116	33291	70147	33511	1.12	-0.10
淮安市	Huai'an	69832	39437	118636	73415	-8.70	-10.23
盐城市	Yancheng	106022	29012	104929	26988	0.13	0.83
扬州市	Yangzhou	45401	22604	52784	20257	-1.61	1.01
镇江市	Zhenjiang	25266	9344	31935	13657	-2.46	-4.19
泰州市	Taizhou	52072	16920	67095	17198	-2.97	-0.17
宿迁市	Suqian	90905	27560	64434	22318	4.48	2.98
浙江省	**Zhejiang**						
杭州市	Hangzhou	109496	92571	63366	52817	6.12	6.46
宁波市	Ningbo	61258	31351	43190	19724	3.03	4.01
温州市	Wenzhou	123965	26015	54545	12036	8.41	8.22
嘉兴市	Jiaxing	38376	10716	25462	6177	3.63	5.04
湖州市	Huzhou	29073	12140	21879	9778	2.70	2.11

2-2 续表 2 continued 2

城 市	city	出生人口(人) Birth Population (person)		死亡人口(人) Death Population (person)		自然增长率(‰) Natural Growth Rate (‰)	
		全 市 Total City	市辖区 Districts under City	全 市 Total City	市辖区 Districts under City	全 市 Total City	市辖区 Districts under City
绍兴市	Shaoxing	47982	24876	35135	17558	2.88	3.31
金华市	Jinhua	72293	13787	36755	6961	7.31	6.97
衢州市	Quzhou	34067	10970	24718	11446	3.62	-0.56
舟山市	Zhoushan	7285	5819	8790	6258	-1.55	-0.62
台州市	Taizhou	76652	19763	40294	10463	6.02	5.78
丽水市	Lishui	39205	6614	24649	3714	5.41	7.07
安徽省	**Anhui**						
合肥市	Hefei	146841	62064	73278	13471	9.90	18.00
芜湖市	Wuhu	49258	20073	48515	16358	0.19	2.49
蚌埠市	Bengbu	64422	16233	40658	17523	6.24	-1.12
淮南市	Huainan	60854	26419	41464	17457	4.97	4.92
马鞍山市	Maanshan	29290	9030	22335	8071	3.04	1.16
淮北市	Huaibei	36691	14300	24711	10849	5.52	3.29
铜陵市	Tongling	21806	8077	11268	4846	6.16	4.37
安庆市	Anqing	74730	8954	40003	5782	6.54	4.29
黄山市	Huangshan	17450	5890	14067	3199	2.29	5.85
滁州市	Chuzhou	64161	7273	46920	3285	3.80	7.12
阜阳市	Fuyang	184845	43860	67266	19864	10.99	10.48
宿州市	Suzhou	107813	32863	68183	24958	6.04	4.14
六安市	Lu'an	95428	38855	70485	28755	4.24	4.59
亳州市	Bozhou	123956	29178	80755	23553	6.64	3.37
池州市	Chizhou	19285	8091	15843	6797	2.12	1.93
宣城市	Xuancheng	29760	9573	22222	8128	2.69	1.66
福建省	**Fujian**						
福州市	Fuzhou	123655	49919	83239	39045	5.83	3.90
厦门市	Xiamen	54931	54931	13746	13746	17.83	17.83
莆田市	Putian	80338	57150	32524	21135	13.47	15.07
三明市	Sanming	62633	4405	42462	5574	7.00	-4.18
泉州市	Quanzhou	182735	28375	80086	11885	13.83	14.72
漳州市	Zhangzhou	116524	11731	51070	8565	12.73	5.11
南平市	Nanping	44384	11405	49329	12918	-1.55	-1.76
龙岩市	Longyan	77583	22396	37573	12909	12.66	9.12
宁德市	Ningde	63544	9998	59261	7215	1.22	5.68
江西省	**Jiangxi**						
南昌市	Nanchang	82072	49085	63352	35718	3.57	4.38
景德镇市	Jingdezhen	23207	5771	9707	2854	7.99	6.21
萍乡市	Pingxiang	29045	12217	22198	10296	3.42	2.16
九江市	Jiujiang	86844	15522	66925	12617	3.83	2.91
新余市	Xinyu	16304	11992	6957	5052	7.66	7.71
鹰潭市	Yingtan	16518	3567	17134	2884	-0.48	2.85
赣州市	Ganzhou	190104	42570	131662	26008	6.00	7.36
吉安市	Ji'an	85352	10057	54936	6025	5.67	6.83
宜春市	Yichun	86277	19458	65491	12340	3.45	6.19
抚州市	Fuzhou	61031	14115	51225	15506	2.28	-1.15
上饶市	Shangrao	119587	22510	88792	13197	3.93	6.60
山东省	**Shandong**						
济南市	Jinan	113766	82526	62958	39123	7.89	8.97

2-2 续表 3 continued 3

城　市	city	出生人口(人) Birth Population (person)		死亡人口(人) Death Population (person)		自然增长率(‰) Natural Growth Rate (‰)	
		全　市 Total City	市辖区 Districts under City	全　市 Total City	市辖区 Districts under City	全　市 Total City	市辖区 Districts under City
青岛市	Qingdao						
淄博市	Zibo	68512	43226	56429	41479	2.79	0.61
枣庄市	Zaozhuang	97039	53922	50614	21828	11.11	13.10
东营市	Dongying	41610	23748	18937	8595	11.63	13.65
烟台市	Yantai	72570	25701	84424	23794	-1.81	1.01
潍坊市	Weifang	191801	41109	118487	27947	8.07	6.86
济宁市	Jining	199156	38737	106975	22111	10.44	8.89
泰安市	Tai'an	116796	30841	74801	27162	7.35	2.15
威海市	Weihai	25304	15479	34030	16818	-3.41	-1.00
日照市	Rizhao	75625	31994	38397	19325	12.25	9.25
莱芜市	Laiwu	20735	20735	12737	12737	6.20	6.20
临沂市	Linyi	347068	93245	131442	31718	18.56	22.46
德州市	Dezhou	115568	23700	77371	19962	6.42	3.01
聊城市	Liaocheng	163138	28469	77281	16427	13.42	9.48
滨州市	Binzhou	80530	22533	53664	14671	6.82	7.21
菏泽市	Heze	187692	50448	118366	25911	6.80	10.53
河南省	**Henan**						
郑州市	Zhengzhou	160788	75031	55000	15766	12.56	16.15
开封市	Kaifeng	86190	23558	78489	20888	1.38	1.56
洛阳市	Luoyang	114930	32040	101199	28758	1.86	1.60
平顶山市	Pingdingshan	91359	17915	78776	12071	2.22	5.26
安阳市	Anyang	98691	17848	107831	16910	-1.46	0.80
鹤壁市	Hebi	25118	8878	22081	6898	1.79	3.05
新乡市	Xinxiang	97759	15821	83397	16271	2.22	-0.42
焦作市	Jiaozuo	55701	14545	49016	13372	1.80	1.20
濮阳市	Puyang	71298	12424	66110	7173	1.20	7.29
许昌市	Xuchang	70121	18605	84852	24122	-2.90	-4.12
漯河市	Luohe	34673	17755	21994	10279	4.75	5.58
三门峡市	Sanmenxia	25785	6992	13203	3646	5.52	5.31
南阳市	Nanyang	137005	22605	79344	10001	4.81	6.63
商丘市	Shangqiu	157350	25038	98187	11961	5.99	7.03
信阳市	Xinyang	131367	23224	114394	20502	1.86	1.74
周口市	Zhoukou	199438	10249	148646	5587	4.04	7.28
驻马店市	Zhumadian	140527	12855	161874	12613	-2.22	0.28
湖北省	**Hubei**						
武汉市	Wuhan	131409	131409	98029	98029	3.91	3.91
黄石市	Huangshi	43038	19684	24418	12518	6.87	5.35
十堰市	Shiyan	51104	17640	50721	15546	0.11	1.77
宜昌市	Yichang	37572	14031	50901	19405	-3.40	-4.27
襄阳市	Xiangyang	78603	30688	79918	27381	-0.22	1.46
鄂州市	Ezhou	14376	14376	6130	6130	7.43	7.43
荆门市	Jingmen	37100	6200	13675	2674	7.97	5.98
孝感市	Xiaogan	66403	13311	69787	11632	-0.65	1.75
荆州市	Jingzhou	82732	11163	83934	11135	-0.19	0.03
黄冈市	Huanggang	112181	5265	123553	5288	-1.54	-0.07
咸宁市	Xianning	55881	10617	34350	5968	7.08	7.50
随州市	Suizhou	39174	9539	40124	8734	-0.38	1.52

2-2 续表 4 continued 4

城市	city	出生人口(人) Birth Population (person)		死亡人口(人) Death Population (person)		自然增长率(‰) Natural Growth Rate (‰)	
		全市 Total City	市辖区 Districts under City	全市 Total City	市辖区 Districts under City	全市 Total City	市辖区 Districts under City
湖南省	**Hunan**						
长沙市	Changsha	115691	59031	129736	63380	-1.98	-1.28
株洲市	Zhuzhou	50786	13023	60873	17010	-2.50	-4.11
湘潭市	Xiangtan	35814	10277	46494	14085	-3.71	-4.38
衡阳市	Hengyang	89590	13961	133070	15081	-5.44	-1.11
邵阳市	Shaoyang	97865	8865	124077	8658	-3.17	0.30
岳阳市	Yueyang	80127	16075	97250	14890	-3.02	1.08
常德市	Changde	63285	16075	98416	24028	-5.80	-5.68
张家界市	Zhangjiajie	19625	7208	31394	8370	-6.92	-2.19
益阳市	Yiyang	54880	15966	94061	27003	-8.18	-8.12
郴州市	Chenzhou	77859	10811	88774	11956	-2.04	-1.47
永州市	Yongzhou	73003	16298	105699	16252	-5.09	0.04
怀化市	Huaihua	65206	7053	78813	3569	-2.61	8.93
娄底市	Loudi	59019	8803	59587	6816	-0.13	3.26
广东省	**Guangdong**						
广州市	Guangzhou	200958	200958	60947	60947	15.59	15.59
韶关市	Shaoguan	59885	14836	45070	14520	4.42	0.34
深圳市	Shenzhen	116564	116564	7012	7012	25.18	25.18
珠海市	Zhuhai	23714	23714	12154	12154	9.71	9.71
汕头市	Shantou	76034	75133	29217	28814	8.29	8.30
佛山市	Foshan	99018	99018	27754	27754	16.97	16.97
江门市	Jiangmen	61966	24579	35514	12211	6.68	8.65
湛江市	Zhanjiang	176209	33471	89383	17548	10.35	9.59
茂名市	Maoming	166243	113230	78620	25817	10.90	29.33
肇庆市	Zhaoqing	84524	30479	63915	20079	4.62	7.38
惠州市	Huizhou	72643	36183	42285	14825	8.23	13.78
梅州市	Meizhou	107168	16156	73370	10516	6.15	5.81
汕尾市	Shanwei	60824	8178	24529	5038	10.00	6.04
河源市	Heyuan	70178	6731	39278	2728	8.28	12.51
阳江市	Yangjiang	55412	22387	36100	17127	6.50	4.31
清远市	Qingyuan	111247	32887	55468	22292	12.76	7.36
东莞市	Dongguan	47101		10250		17.46	
中山市	Zhongshan	40209		10019		17.76	
潮州市	Chaozhou	46297	29048	19190	10800	9.82	10.86
揭阳市	Jieyang	149147	38000	45980	14405	14.68	11.24
云浮市	Yunfu	51060	11426	19024	1842	10.68	14.09
广西壮族自治区	**Guangxi**						
南宁市	Nanning	79517	44020	23496	9883	7.40	9.10
柳州市	Liuzhou	64572	31179	61442	29061	0.81	1.18
桂林市	Guilin	91067	23459	91643	23206	-0.11	0.19
梧州市	Wuzhou	73195	14386	45502	12557	7.93	2.32
北海市	Beihai	29845	11651	22444	8045	4.23	5.38
防城港市	Fangchenggang	19836	11570	13468	8034	6.50	6.10
钦州市	Qinzhou	79996	31383	56593	21209	5.69	6.74
贵港市	Guigang	101307	36145	77890	27117	4.21	4.49

2-2 续表 5 continued 5

城 市	city	出生人口(人) Birth Population (person)		死亡人口(人) Death Population (person)		自然增长率(‰) Natural Growth Rate (‰)	
		全 市 Total City	市辖区 Districts under City	全 市 Total City	市辖区 Districts under City	全 市 Total City	市辖区 Districts under City
玉林市	Yulin	148026	21769	60222	10629	12.13	9.95
百色市	Baise	75382	7016	67807	7032	1.81	-0.04
贺州市	Hezhou	45401	23405	31275	15571	5.79	6.53
河池市	Hechi	83896	17157	61077	17513	5.31	-0.35
来宾市	Laibin	50580	25854	39034	16094	4.31	8.64
崇左市	Chongzuo	42088	7488	42954	6133	-0.35	3.66
海南省	**Hainan**						
海口市	Haikou	30187	30187	11041	11041	11.20	11.20
三亚市	Sanya	10658	10658	5916	5916	8.04	8.04
三沙市	Sansha	13		3			
儋州市	Danzhou	16305		5706		11.04	
重庆市	**Chongqing**	**410868**	**298616**	**447919**	**335003**	**3.91**	**3.91**
四川省	**Sichuan**						
成都市	Chengdu	196772	122784	187430	95225	0.65	3.39
自贡市	Zigong	33346	14887	49582	25012	-5.01	-6.80
攀枝花市	Panzhihua	11721	4959	5910	3050	5.33	2.89
泸州市	Luzhou	76775	19868	50917	15959	5.07	2.57
德阳市	Deyang	40461	10551	66502	14124	-6.71	-3.80
绵阳市	Mianyang	52018	15761	34913	8775	3.19	4.04
广元市	Guangyuan	33726	11255	35565	10762	-0.61	0.53
遂宁市	Suining	43681	18567	100058	43399	-15.24	-16.67
内江市	Neijiang	45982	16425	43160	16706	0.68	-0.20
乐山市	Leshan	38797	11232	56758	19319	-5.10	-6.97
南充市	Nanchong	68193	18895	39145	10894	3.96	4.12
眉山市	Meishan	39479	14349	80126	8810	-11.78	4.62
宜宾市	Yibin	58151	14077	34932	8430	4.18	4.41
广安市	Guang'an	56984	16014	55511	13282	0.32	2.15
达州市	Dazhou	60949	16837	39515	9622	3.19	4.05
雅安市	Ya'an	19981	7680	25502	9741	-3.59	-3.32
巴中市	Bazhong	39114	16840	22561	14160	4.40	1.97
资阳市	Ziyang	38955	12412	71420	26909	-9.30	-13.42
贵州省	**Guizhou**						
贵阳市	Guiyang	82920	49343	45116	31307	9.27	7.19
六盘水市	Liupanshui	97287	11142	43255	4723	15.80	13.37
遵义市	Zunyi	148917	43343	85836	27391	7.84	7.22
安顺市	Anshun	63806	25214	41907	19238	7.28	4.63
毕节市	Bijie	235138	42428	72022	12008	17.67	18.44
铜仁市	Tongren	72132	8720	56678	7244	3.51	3.01
云南省	**Yunnan**						
昆明市	Kunming	83025	47317	71672	46735	2.02	0.19
曲靖市	Qujing	138051	23243	54887	12152	12.58	9.32
玉溪市	Yuxi	33461	11448	18825	5504	6.68	8.14
保山市	Baoshan	39138	14091	25044	10301	5.36	4.03
昭通市	Zhaotong	180163	25134	61551	9988	19.16	16.29
丽江市	Lijiang	19791	2724	11014	1330	7.14	8.71
普洱市	Pu'er	41961	4391	24107	2118	7.06	9.88
临沧市	Lincang	43318	4543	19515	2241	9.96	6.98

2-2 续表 6 continued 6

城　市	city	出生人口(人) Birth Population (person)		死亡人口(人) Death Population (person)		自然增长率(‰) Natural Growth Rate (‰)	
		全　市 Total City	市辖区 Districts under City	全　市 Total City	市辖区 Districts under City	全　市 Total City	市辖区 Districts under City
西藏自治区	**Tibet**						
拉萨市	Lasa	9752	3876	3707	1795	11.19	6.94
日喀则市	Xigaze	12957	2713	4607	794	10.57	15.99
昌都市	Qamdo	14952	1816	3989	301	14.43	12.63
林芝市	Linzhi	3651	1010	1130	313	13.27	13.94
山南市	Shannan	4752	718	1487	300	9.33	6.97
那曲市	Naqu	12946		2503		20.08	
陕西省	**Shaanxi**						
西安市	Xi'an	120300	104100	51700	43600	7.57	7.85
铜川市	Tongchuan	9084	8014	9221	8072	-0.17	-0.08
宝鸡市	Baoji	45228	15814	41528	18508	0.97	-1.92
咸阳市	Xianyang	55076	6433	42841	7046	2.61	-1.06
渭南市	Weinan	56391	12138	45452	5247	1.97	7.18
延安市	Yan'an	31128	10220	17107	5522	5.89	6.91
汉中市	Hanzhong	47268	14110	43653	13136	0.95	0.86
榆林市	Yulin	136	11646	62778	3932	-16.27	13.30
安康市	Ankang	41174	14889	30303	9929	3.56	4.91
商洛市	Shangluo	36610	8098	25895	7318	4.24	1.39
甘肃省	**Gansu**						
兰州市	Lanzhou	46465	28086	41102	29455	1.65	-0.66
嘉峪关市	Jiayuguan	3281		2513		3.66	
金昌市	Jinchang	5539	2485	7736	3493	-4.78	-4.80
白银市	Baiyin	27879	7182	23807	6709	2.24	0.95
天水市	Tianshui	57889	18897	45490	16849	3.34	1.55
武威市	Wuwei	27255	16022	28761	14900	-0.79	1.08
张掖市	Zhangye	18373	7775	9100	4320	7.08	6.77
平凉市	Pingliang	33678	7908	29814	5240	1.65	5.13
酒泉市	Jiuquan	13165	3201	12871	1981	0.30	2.98
庆阳市	Qingyang	41042	6504	32858	4314	3.03	5.62
定西市	Dingxi	51364	8595	37247	6215	4.66	5.06
陇南市	Longnan	46882	9832	37624	3820	3.23	10.55
青海省	**Qinghai**						
西宁市	Xining	30266	13935	15072	7231	7.38	6.84
海东市	Haidong	27987	5220	17236	4663	6.25	1.33
宁夏回族自治区	**Ningxia**						
银川市	Yinchuan	31554	20677	16776	10521	7.82	8.76
石嘴山市	Shizuishan	7705	4195	4658	2945	4.12	2.91
吴忠市	Wuzhong	24277	5810	9932	2242	10.03	8.50
固原市	Guyuan	26129	8262	12376	2846	9.11	11.77
中卫市	Zhongwei	17381	5320	6259	2352	9.12	7.24
新疆维吾尔自治区	**Xinjiang**						
乌鲁木齐市	Urumqi	31561	30587	37670	36781	-2.74	-2.85
克拉玛依市	Karamay	4381	4381	2536	2536	5.95	5.95
吐鲁番市	Turpan	12405	6521	6999	3306	8.45	11.09
哈密市	Hami	7296	5680	8442	6817	-2.05	-2.64

（二）资源环境
Resources and Environment

2-3 行政区域土地面积及水资源总量
Total Land Area and Total Water Resources

城市	City	行政区域土地面积（平方公里）Total Land Area of Administrative region (sq.km) 全市 Total City	市辖区 Districts under City	建成区面积 Built-up area 市辖区 Districts under City	水资源总量（万立方米）Total Water Resources (10 000 cu.m) 全市 Total City
北京市	**Beijing**	**16406**	**16406**	**1446**	**297700**
天津市	**Tianjin**	**11917**	**11917**	**1088**	**130100**
河北省	**Hebei**				
石家庄市	Shijiazhuang	14060	2244	286	142240
唐山市	Tangshan	14198	4710	249	200410
秦皇岛市	Qinhuangdao	7802	2132	135	97531
邯郸市	Handan	12065	2667	176	68009
邢台市	Xingtai	12433	12433	103	146000
保定市	Baoding	22185	2565	190	218500
张家口市	Zhangjiakou	36797	4373	100	138700
承德市	Chengde	39490	1253	124	220558
沧州市	Cangzhou	14035	183	83	62891
廊坊市	Langfang	6419	292	69	58300
衡水市	Hengshui	8837	1552	76	50800
山西省	**Shanxi**				
太原市	Taiyuan	6988	1500	340	52465
大同市	Datong	14178	2080	125	95432
阳泉市	Yangquan	4559	654	58	50600
长治市	Changzhi	13955	344	59	135880
晋城市	Jincheng	9425	143	48	
朔州市	Shuozhou	10625	4107	36	82812
晋中市	Jinzhong	16392	1318	82	186264
运城市	Yuncheng	14183	1205	66	133300
忻州市	Xinzhou	25152	1987	37	
临汾市	Linfen	20275	1316	60	129400
吕梁市	Lvliang	21239	1339	33	204860
内蒙古自治区	**Inner Mongolia**				
呼和浩特市	Hohhot	17453	2254	260	124250
包头市	Baotou	27768	2965	210	
乌海市	Wuhai	1754	1754	62	17376
赤峰市	Chifeng	90002	7057	106	389800
通辽市	Tongliao	58862	3516	61	365100
鄂尔多斯市	Erdos	86752	2530	117	284700
呼伦贝尔市	Hulunbuir	252777	1752	93	3161895
巴彦淖尔市	Bayannur	65140	2333	51	514260
乌兰察布市	Ulanqab	54500	542	70	129100
辽宁省	**Liaoning**				
沈阳市	Shenyang	12860	5116	553	144600
大连市	Dalian	12574	5244	404	108700
鞍山市	Anshan	9263	792	173	177524
抚顺市	Fushun	11271	1368	141	183000
本溪市	Benxi	8414	1519	109	126400
丹东市	Dandong	15290	941	85	463900
锦州市	Jinzhou	10048	826	77	75423
营口市	Yingkou	5420	880	180	55160
阜新市	Fuxin	10355	490	77	58979
辽阳市	Liaoyang	4788	1111	106	58258

2-3 续表 1 continued 1

城 市	City	行政区域土地面积(平方公里) Total Land Area of Administrative region (sq.km) 全 市 Total City	市辖区 Districts under City	建成区面积 Built-up area 市辖区 Districts under City	水资源总量(万立方米) Total Water Resources (10 000 cu.m) 全 市 Total City
盘锦市	Panjin	4103	2067	95	18640
铁岭市	Tieling	12985	652	66	158700
朝阳市	Chaoyang	19698	1138	59	153552
葫芦岛市	Huludao	10416	2347	94	82300
吉林省	**Jilin**				
长春市	Changchun	20594	6991	521	361700
吉林市	Jilin	27711	3774	189	934600
四平市	Siping	14382	1650	66	163900
辽源市	Liaoyuan	5140	432	46	52400
通化市	Tonghua	15612	746	57	401000
白山市	Baishan	17505	2729	47	713000
松原市	Songyuan	21089	1250	51	165700
白城市	Baicheng	25759	2578	43	160200
黑龙江省	**Heilongjiang**				
哈尔滨市	Harbin	53076	10193	434	1420300
齐齐哈尔市	Qiqihar	42469	4365	140	
鸡西市	Jixi	22531	2300	81	308449
鹤岗市	Hegang	14665	4553	53	403700
双鸭山市	Shuangyashan	22681	1760	58	257700
大庆市	Daqing	21219	5107	247	164000
伊春市	Yichun	32800	19608	152	758500
佳木斯市	Jiamusi	32704	1875	97	523900
七台河市	Qitaihe	6221	3646	68	71100
牡丹江市	Mudanjiang	38827	2360	82	1020800
黑河市	Heihe	69345	14446	20	
绥化市	Suihua	34873	2754	45	374999
上海市	**Shanghai**	**6341**	**6341**	**999**	**340000**
江苏省	**Jiangsu**				
南京市	Nanjing	6587	6587	796	345300
无锡市	Wuxi	4627	1644	338	291374
徐州市	Xuzhou	11765	3063	265	371500
常州市	Changzhou	4374	2839	266	238700
苏州市	Suzhou	8657	4652	473	338100
南通市	Nantong	10549	2140	226	359700
连云港市	Lianyungang	7615	3012	223	242000
淮安市	Huai'an	10030	4476	185	416200
盐城市	Yancheng	16931	5131	152	454400
扬州市	Yangzhou	6591	2306	164	175400
镇江市	Zhenjiang	3840	1088	141	243100
泰州市	Taizhou	5787	1567	122	194400
宿迁市	Suqian	8524	2108	90	306100
浙江省	**Zhejiang**				
杭州市	Hangzhou	16596	8000	591	1468700
宁波市	Ningbo	9816	3730	345	768600
温州市	Wenzhou	12083	1311	255	1046812
嘉兴市	Jiaxing	4223	987	126	273116
湖州市	Huzhou	5820	1565	117	366101

2-3 续表 2 continued 2

城 市	City	行政区域土地面积(平方公里) Total Land Area of Administrative region (sq.km)		建成区面积 Built-up area	水资源总量(万立方米) Total Water Resources (10 000 cu.m)
		全 市 Total City	市辖区 Districts under City	市辖区 Districts under City	全 市 Total City
绍兴市	Shaoxing	8279	2965	224	620287
金华市	Jinhua	10942	2049	104	888847
衢州市	Quzhou	8845	2354	73	1032174
舟山市	Zhoushan	1459	1036	64	99044
台州市	Taizhou	9411	1536	141	622722
丽水市	Lishui	17275	1493	38	1717414
安徽省	**Anhui**				
合肥市	Hefei	11445	1335	461	376400
芜湖市	Wuhu	6026	1491	175	349700
蚌埠市	Bengbu	5951	969	147	236200
淮南市	Huainan	5532	1736	104	211500
马鞍山市	Maanshan	4049	704	98	195700
淮北市	Huaibei	2741	760	88	79800
铜陵市	Tongling	2991	1201	81	182500
安庆市	Anqing	13543	821	92	1000000
黄山市	Huangshan	9678	2358	70	991870
滁州市	Chuzhou	13516	1406	87	628600
阜阳市	Fuyang	10118	1957	130	478200
宿州市	Suzhou	9939	2907	82	297800
六安市	Lu'an	15025	3834	78	867100
亳州市	Bozhou	8521	2263	69	301000
池州市	Chizhou	8399	2539	38	922300
宣城市	Xuancheng	12313	2585	58	864100
福建省	**Fujian**				
福州市	Fuzhou	12251	1756	291	951500
厦门市	Xiamen	1701	1701	364	92090
莆田市	Putian	4131	2290	94	317800
三明市	Sanming	22965	1151	39	1963800
泉州市	Quanzhou	11015	855	238	800000
漳州市	Zhangzhou	12888	401	70	1606100
南平市	Nanping	26280	6036	48	2522200
龙岩市	Longyan	19063	4901	65	1803300
宁德市	Ningde	13433	1506	34	1204900
江西省	**Jiangxi**				
南昌市	Nanchang	7402	3095	327	813400
景德镇市	Jingdezhen	5262	431	61	589500
萍乡市	Pingxiang	3831	1070	51	476900
九江市	Jiujiang	19085	1514	127	2173500
新余市	Xinyu	3178	1789	79	307300
鹰潭市	Yingtan	3560	136	39	437000
赣州市	Ganzhou	39363	5324	175	2753800
吉安市	Ji'an	25372	1382	58	2194400
宜春市	Yichun	18669	2538	72	2250200
抚州市	Fuzhou	18799	2126	66	2832700
上饶市	Shangrao	22757	1770	79	2741800
山东省	**Shandong**				
济南市	Jinan	7998	5022	464	86000

2-3 续表 3 continued 3

城 市	City	行政区域土地面积（平方公里）Total Land Area of Administrative region (sq.km) 全 市 Total City	市辖区 Districts under City	建成区面积 Built-up area 市辖区 Districts under City	水资源总量（万立方米）Total Water Resources (10 000 cu.m) 全 市 Total City
青岛市	Qingdao	11282	5225	638	127800
淄博市	Zibo	5965	2989	276	85700
枣庄市	Zaozhuang	4564	3069	153	166700
东营市	Dongying	8243	5777	153	40750
烟台市	Yantai	13852	2738	332	256300
潍坊市	Weifang	16143	2638	179	176200
济宁市	Jining	11187	1671	222	204615
泰安市	Tai'an	7762	2087	157	118292
威海市	Weihai	5798	2607	194	74600
日照市	Rizhao	5359	2043	107	115290
莱芜市	Laiwu	2246	2246	120	58100
临沂市	Linyi	17191	2293	219	406600
德州市	Dezhou	10358	1751	156	95900
聊城市	Liaocheng	8984	1710	101	117990
滨州市	Binzhou	9660	3258	140	57900
菏泽市	Heze	12155	2274	147	207919
河南省	**Henan**				
郑州市	Zhengzhou	7446	1010	501	55120
开封市	Kaifeng	6253	1816	130	108157
洛阳市	Luoyang	15236	879	218	227212
平顶山市	Pingdingshan	7882	443	73	175184
安阳市	Anyang	7385	534	83	98086
鹤壁市	Hebi	2182	679	64	27578
新乡市	Xinxiang	8754	432	120	101823
焦作市	Jiaozuo	4071	578	113	68730
濮阳市	Puyang	4188	263	62	42098
许昌市	Xuchang	4997	1099	114	85547
漯河市	Luohe	2692	1020	70	51800
三门峡市	Sanmenxia	10496	1927	49	132349
南阳市	Nanyang	26509	2135	155	733702
商丘市	Shangqiu	10704	1797	134	178873
信阳市	Xinyang	18787	3604	98	1033500
周口市	Zhoukou	11961	333	72	268066
驻马店市	Zhumadian	15076	1365	85	679406
湖北省	**Hubei**				
武汉市	Wuhan	8569	8569	628	391100
黄石市	Huangshi	4583	237	81	456000
十堰市	Shiyan	23666	5025	111	1294406
宜昌市	Yichang	21230	4234	170	1509867
襄阳市	Xiangyang	19728	3671	191	1000674
鄂州市	Ezhou	1596	1596	64	93355
荆门市	Jingmen	12404	2391	63	510903
孝感市	Xiaogan	8904	1018	85	340602
荆州市	Jingzhou	14243	1576	89	827992
黄冈市	Huanggang	17457	362	52	1155880
咸宁市	Xianning	9752	1503	70	1308000
随州市	Suizhou	9636	1425	74	407805

2-3 续表 4 continued 4

城市	City	行政区域土地面积(平方公里) Total Land Area of Administrative region (sq.km)		建成区面积 Built-up area	水资源总量(万立方米) Total Water Resources (10 000 cu.m)
		全市 Total City	市辖区 Districts under City	市辖区 Districts under City	全市 Total City
湖南省	**Hunan**				
长沙市	Changsha	11816	2151	427	1223000
株洲市	Zhuzhou	11248	863	146	1146790
湘潭市	Xiangtan	5006	652	80	436900
衡阳市	Hengyang	15299	698	130	1166000
邵阳市	Shaoyang	20830	436	73	1676000
岳阳市	Yueyang	14858	1413	105	1496000
常德市	Changde	18177	2798	100	1497042
张家界市	Zhangjiajie	9534	2567	33	918987
益阳市	Yiyang	12320	1851	79	1252770
郴州市	Chenzhou	19342	2158	78	1575573
永州市	Yongzhou	22260	3181	66	1846937
怀化市	Huaihua	27572	673	64	2590016
娄底市	Loudi	8109	429	50	752800
广东省	**Guangdong**				
广州市	Guangzhou	7434	7434	1263	
韶关市	Shaoguan	18413	2871	105	1752800
深圳市	Shenzhen	1997	1997	925	195801
珠海市	Zhuhai	1736	1736	141	178324
汕头市	Shantou	2199	2085	277	180900
佛山市	Foshan	3798	3798	159	300700
江门市	Jiangmen	9509	1786	155	1276500
湛江市	Zhanjiang	13263	1705	111	900000
茂名市	Maoming	11427	2716		1227500
肇庆市	Zhaoqing	14891	2892	121	1381800
惠州市	Huizhou	11347	2697	270	1196100
梅州市	Meizhou	15865	3047	62	1237300
汕尾市	Shanwei	4865	421	31	629600
河源市	Heyuan	15654	362		1248285
阳江市	Yangjiang	7956	2483	65	1199900
清远市	Qingyuan	19036	3650	75	2131700
东莞市	Dongguan	2460			209844
中山市	Zhongshan	1784			
潮州市	Chaozhou	3146	1414	83	298900
揭阳市	Jieyang	5265	1047	137	633200
云浮市	Yunfu	7787	1967	29	748624
广西壮族自治区	**Guangxi**				
南宁市	Nanning	22244	9947	315	1532800
柳州市	Liuzhou	18597	1017	225	2344900
桂林市	Guilin	27667	2805	104	3881407
梧州市	Wuzhou	12573	1793	58	1214700
北海市	Beihai	3989	1227	77	336800
防城港市	Fangchenggang	6238	2836	41	883600
钦州市	Qinzhou	12187	4839	95	1174600
贵港市	Guigang	10602	3533	79	967920

2-3 续表 5 continued 5

城 市	City	行政区域土地面积(平方公里) Total Land Area of Administrative region (sq.km)		建成区面积 Built-up area	水资源总量(万立方米) Total Water Resources (10 000 cu.m)
		全 市 Total City	市辖区 Districts under City	市辖区 Districts under City	全 市 Total City
玉林市	Yulin	12824	1265	74	1335880
百色市	Baise	36202	3718	51	2686800
贺州市	Hezhou	11753	5517	38	1068970
河池市	Hechi	33476	6203	42	4071490
来宾市	Laibin	13411	4363	49	1247700
崇左市	Chongzuo	17332	2918	32	1112900
海南省	**Hainan**				
海口市	Haikou	2289	2289	173	210500
三亚市	Sanya	1921	1921	52	190000
三沙市	Sansha	13			
儋州市	Danzhou	3400			197600
重庆市	**Chongqing**	**82402**	**43263**	**1423**	**6561464**
四川省	**Sichuan**				
成都市	Chengdu	14335	3677	886	
自贡市	Zigong	4381	1434	120	84145
攀枝花市	Panzhihua	7401	2018		
泸州市	Luzhou	12232	2133	154	588064
德阳市	Deyang	5911	1096	86	217300
绵阳市	Mianyang	20248	2751	150	983000
广元市	Guangyuan	16319	4581	62	715400
遂宁市	Suining	5322	1874	81	118000
内江市	Neijiang	5385	1566	81	104263
乐山市	Leshan	12723	2506	77	1017300
南充市	Nanchong	12477	2526	133	422066
眉山市	Meishan	7140	1798	65	510000
宜宾市	Yibin	13271	1835	102	122400
广安市	Guang'an	6339	1534	68	291900
达州市	Dazhou	16588	3135	112	959625
雅安市	Ya'an	15046	1681	36	1477773
巴中市	Bazhong	12293	2560		471700
资阳市	Ziyang	5748	1633	50	111745
贵州省	**Guizhou**				
贵阳市	Guiyang	8043	2525	359	526520
六盘水市	Liupanshui	9914	467	73	562000
遵义市	Zunyi	30762	3284	125	1698794
安顺市	Anshun	9267	2703		621700
毕节市	Bijie	29848	3411		1336190
铜仁市	Tongren	18014	1848		1251400
云南省	**Yunnan**				
昆明市	Kunming	21281	5675	438	772500
曲靖市	Qujing	28935	1544	95	1447217
玉溪市	Yuxi	14942	1755	38	482263
保山市	Baoshan	19637	5011	37	1438700
昭通市	Zhaotong	22140	2163	43	1253134
丽江市	Lijiang	20554	1263	24	832100
普洱市	Pu'er	44266	3876	27	3035000
临沧市	Lincang	23620	2557	22	1473500

2-3 续表 6 continued 6

城 市	City	行政区域土地面积(平方公里) Total Land Area of Administrative region (sq.km) 全 市 Total City	市辖区 Districts under City	建成区面积 Built-up area 市辖区 Districts under City	水资源总量(万立方米) Total Water Resources (10 000 cu.m) 全 市 Total City
西藏自治区	**Tibet**				
拉萨市	Lasa	29518	4326	74	1186800
日喀则市	Xigaze	182000	3738	23	
昌都市	Qamdo	109817	10794	9	4566800
林芝市	Linzhi	117175	10238		21670
山南市	Shannan	79699	2185	26	2210000
那曲市	Naqu	407276	16195		4243400
陕西省	**Shaanxi**				
西安市	Xi'an	10753	5802	661	215600
铜川市	Tongchuan	3882	2406	40	22950
宝鸡市	Baoji	18117	3625	93	404800
咸阳市	Xianyang	9544	146	72	74300
渭南市	Weinan	13134	1264	77	161300
延安市	Yan'an	37037	6491	41	133500
汉中市	Hanzhong	27246	3365	46	1462500
榆林市	Yulin	42920	6810	64	267238
安康市	Ankang	23536	3646	45	810800
商洛市	Shangluo	19292	2672	26	242600
甘肃省	**Gansu**				
兰州市	Lanzhou	13086	1632	249	24632
嘉峪关市	Jiayuguan	2935			47832
金昌市	Jinchang	8896	3019	44	53740
白银市	Baiyin	21209	3478	67	108800
天水市	Tianshui	14277	5858	56	91350
武威市	Wuwei	32347	4907	34	136696
张掖市	Zhangye	38592	3661	52	265000
平凉市	Pingliang	11170	1936	42	129500
酒泉市	Jiuquan	168072	3386	53	353100
庆阳市	Qingyang	27119	996	25	82000
定西市	Dingxi	19609	3646	25	622370
陇南市	Longnan	27900	4693	14	68610
青海省	**Qinghai**				
西宁市	Xining	7660	477	95	155900
海东市	Haidong	10340	3590	28	182000
宁夏回族自治区	**Ningxia**				
银川市	Yinchuan	9025	2311	194	
石嘴山市	Shizuishan	5310	2262	103	13810
吴忠市	Wuzhong	16758	1107	55	13330
固原市	Guyuan	13047	4489	37	51100
中卫市	Zhongwei	17448	6877	32	
新疆维吾尔自治区	**Xinjiang**				
乌鲁木齐市	Urumqi	13788	9576	438	124057
克拉玛依市	Karamay	7734	7734	76	59538
吐鲁番市	Turpan	69759	13651	22	126000
哈密市	Hami	142100	85587	52	124300

2-4 城市建设用地状况(市辖区)
Land Used for Urban Construction(Districts under City)

城 市	City	城市建设用地面积(平方公里) Area of Land Used for Urban Construction	居住用地面积 Area of Land Used for Living	城市建设用地占市区面积比重(%) Land Used for Urban Construction as Percentage to Urban Area
北京市	**Beijing**	**1465**	**423**	**8.93**
天津市	**Tianjin**	**995**	**278**	**8.38**
河北省	**Hebei**			
石家庄市	Shijiazhuang	266	98	11.85
唐山市	Tangshan	237	82	5.03
秦皇岛市	Qinhuangdao	132	39	6.19
邯郸市	Handan	174	69	6.52
邢台市	Xingtai	103	41	0.83
保定市	Baoding	183	63	7.13
张家口市	Zhangjiakou	100	26	2.29
承德市	Chengde	72	24	5.75
沧州市	Cangzhou	83	32	45.36
廊坊市	Langfang	69	23	23.63
衡水市	Hengshui	71	27	4.57
山西省	**Shanxi**			
太原市	Taiyuan	339	101	22.60
大同市	Datong	135	49	6.49
阳泉市	Yangquan	47	16	7.19
长治市	Changzhi	154	18	44.77
晋城市	Jincheng	48	13	33.57
朔州市	Shuozhou	34	8	0.83
晋中市	Jinzhong	79	25	5.99
运城市	Yuncheng	42	14	3.49
忻州市	Xinzhou	36	11	1.81
临汾市	Linfen	56	17	4.26
吕梁市	Lvliang	32	11	2.39
内蒙古自治区	**Inner Mongolia**			
呼和浩特市	Hohhot	239	77	10.60
包头市	Baotou	196	59	6.61
乌海市	Wuhai	41	19	2.34
赤峰市	Chifeng	104	32	1.47
通辽市	Tongliao	63	14	1.79
鄂尔多斯市	Erdos	117	27	4.62
呼伦贝尔市	Hulunbuir	80	22	4.57
巴彦淖尔市	Bayannur	51	15	2.19
乌兰察布市	Ulanqab	53	16	9.78
辽宁省	**Liaoning**			
沈阳市	Shenyang	620	182	12.12
大连市	Dalian	421	120	8.03
鞍山市	Anshan	173	59	21.84
抚顺市	Fushun	141	34	10.31
本溪市	Benxi	92	28	6.06
丹东市	Dandong	96	30	10.20
锦州市	Jinzhou	107	42	12.95
营口市	Yingkou	173	38	19.66
阜新市	Fuxin	77	21	15.71
辽阳市	Liaoyang	106	38	9.54

2-4 续表 1 continued 1

城 市	City	城市建设用地面积(平方公里) Area of Land Used for Urban Construction	居住用地面积 Area of Land Used for Living	城市建设用地占市区面积比重(%) Land Used for Urban Construction as Percentage to Urban Area
盘锦市	Panjin	98	36	4.74
铁岭市	Tieling	75	22	11.50
朝阳市	Chaoyang	59	18	5.18
葫芦岛市	Huludao	94	30	4.01
吉林省	**Jilin**			
长春市	Changchun	510	149	7.30
吉林市	Jilin	189	59	5.01
四平市	Siping	65	23	3.94
辽源市	Liaoyuan	46	28	10.65
通化市	Tonghua	56	18	7.51
白山市	Baishan	42	20	1.54
松原市	Songyuan	51	16	4.08
白城市	Baicheng	43	12	1.67
黑龙江省	**Heilongjiang**			
哈尔滨市	Harbin	426	136	4.18
齐齐哈尔市	Qiqihar	140	44	3.21
鸡西市	Jixi	79	45	3.43
鹤岗市	Hegang	53	19	1.16
双鸭山市	Shuangyashan	58	16	3.30
大庆市	Daqing	322	78	6.31
伊春市	Yichun	152	66	0.78
佳木斯市	Jiamusi	90	30	4.80
七台河市	Qitaihe	68	41	1.87
牡丹江市	Mudanjiang	67	25	2.84
黑河市	Heihe	20	6	0.14
绥化市	Suihua	37	12	1.34
上海市	**Shanghai**	**1911**	**546**	**30.14**
江苏省	**Jiangsu**			
南京市	Nanjing	777	217	11.80
无锡市	Wuxi	294	89	17.88
徐州市	Xuzhou	255	66	8.33
常州市	Changzhou	265	49	9.33
苏州市	Suzhou	471	136	10.12
南通市	Nantong	224	68	10.47
连云港市	Lianyungang	249	99	8.27
淮安市	Huai'an	255	80	5.70
盐城市	Yancheng	152	43	2.96
扬州市	Yangzhou	163	46	7.07
镇江市	Zhenjiang	141	45	12.96
泰州市	Taizhou	163	48	10.40
宿迁市	Suqian	90	21	4.27
浙江省	**Zhejiang**			
杭州市	Hangzhou	538	147	6.73
宁波市	Ningbo	352	89	9.44
温州市	Wenzhou	187	51	14.26
嘉兴市	Jiaxing	125	34	12.66
湖州市	Huzhou	117	35	7.48

2-4 续表 2 continued 2

城市	City	城市建设用地面积（平方公里） Area of Land Used for Urban Construction	居住用地面积 Area of Land Used for Living	城市建设用地占市区面积比重（%） Land Used for Urban Construction as Percentage to Urban Area
绍兴市	Shaoxing	220	75	7.42
金华市	Jinhua	104	33	5.08
衢州市	Quzhou	74	16	3.14
舟山市	Zhoushan	59	21	5.69
台州市	Taizhou	132	42	8.59
丽水市	Lishui	40	12	2.68
安徽省	**Anhui**			
合肥市	Hefei	446	129	33.41
芜湖市	Wuhu	170	38	11.40
蚌埠市	Bengbu	143	49	14.76
淮南市	Huainan	104	46	5.99
马鞍山市	Maanshan	90	22	12.78
淮北市	Huaibei	94	34	12.37
铜陵市	Tongling	81	22	6.74
安庆市	Anqing	102	33	12.42
黄山市	Huangshan	56	20	2.37
滁州市	Chuzhou	87	26	6.19
阜阳市	Fuyang	127	58	6.49
宿州市	Suzhou	80	26	2.75
六安市	Lu'an	78	25	2.03
亳州市	Bozhou	69	19	3.05
池州市	Chizhou	39	14	1.54
宣城市	Xuancheng	58	14	2.24
福建省	**Fujian**			
福州市	Fuzhou	273	113	15.55
厦门市	Xiamen	382	103	22.46
莆田市	Putian	88	46	3.84
三明市	Sanming	34	10	2.95
泉州市	Quanzhou	259	88	30.29
漳州市	Zhangzhou	70	19	17.46
南平市	Nanping	48	16	0.80
龙岩市	Longyan	61	18	1.24
宁德市	Ningde	33	12	2.19
江西省	**Jiangxi**			
南昌市	Nanchang	314	95	10.15
景德镇市	Jingdezhen	60	28	13.92
萍乡市	Pingxiang	51	16	4.77
九江市	Jiujiang	122	39	8.06
新余市	Xinyu	72	26	4.02
鹰潭市	Yingtan	35	10	25.74
赣州市	Ganzhou	173	48	3.25
吉安市	Ji'an	57	15	4.12
宜春市	Yichun	72	16	2.84
抚州市	Fuzhou	66	21	3.10
上饶市	Shangrao	75	29	4.24
山东省	**Shandong**			
济南市	Jinan	464	125	9.24

2-4 续表 3 continued 3

城　市	City	城市建设用地面积(平方公里) Area of Land Used for Urban Construction	居住用地面积 Area of Land Used for Living	城市建设用地占市区面积比重(%) Land Used for Urban Construction as Percentage to Urban Area
青岛市	Qingdao	520	158	9.95
淄博市	Zibo	275	95	9.20
枣庄市	Zaozhuang	142	55	4.63
东营市	Dongying	151	44	2.61
烟台市	Yantai	288	69	10.52
潍坊市	Weifang	177	61	6.71
济宁市	Jining	188	62	11.25
泰安市	Tai'an	157	51	7.52
威海市	Weihai	192	49	7.36
日照市	Rizhao	107	34	5.24
莱芜市	Laiwu	111	36	4.94
临沂市	Linyi	200	57	8.72
德州市	Dezhou	154	41	8.79
聊城市	Liaocheng	99	30	5.79
滨州市	Binzhou	137	37	4.21
菏泽市	Heze	147	50	6.46
河南省	**Henan**			
郑州市	Zhengzhou	486	125	48.12
开封市	Kaifeng	125	41	6.88
洛阳市	Luoyang	217	71	24.69
平顶山市	Pingdingshan	73	29	16.48
安阳市	Anyang	83	26	15.54
鹤壁市	Hebi	64	15	9.43
新乡市	Xinxiang	113	41	26.16
焦作市	Jiaozuo	113	39	19.55
濮阳市	Puyang	115	37	43.73
许昌市	Xuchang	112	41	10.19
漯河市	Luohe	77	18	7.55
三门峡市	Sanmenxia	45	13	2.34
南阳市	Nanyang	155	46	7.26
商丘市	Shangqiu	134	40	7.46
信阳市	Xinyang	85	27	2.36
周口市	Zhoukou	56	16	16.82
驻马店市	Zhumadian	71	24	5.20
湖北省	**Hubei**			
武汉市	Wuhan	840	264	9.80
黄石市	Huangshi	78	22	32.91
十堰市	Shiyan	111	33	2.21
宜昌市	Yichang	170	47	4.02
襄阳市	Xiangyang	175	49	4.77
鄂州市	Ezhou	34	8	2.13
荆门市	Jingmen	63	14	2.63
孝感市	Xiaogan	47	14	4.62
荆州市	Jingzhou	89	23	5.65
黄冈市	Huanggang	52	16	14.36
咸宁市	Xianning	53	24	3.53
随州市	Suizhou	74	28	5.19

2-4 续表 4 continued 4

城　市	City	城市建设用地面积(平方公里) Area of Land Used for Urban Construction	居住用地面积 Area of Land Used for Living	城市建设用地占市区面积比重(%) Land Used for Urban Construction as Percentage to Urban Area
湖南省	**Hunan**			
长沙市	Changsha	490	171	22.78
株洲市	Zhuzhou	140	44	16.22
湘潭市	Xiangtan	80	27	12.27
衡阳市	Hengyang	139	40	19.91
邵阳市	Shaoyang	71	26	16.28
岳阳市	Yueyang	94	26	6.65
常德市	Changde	100	27	3.57
张家界市	Zhangjiajie	32	10	1.25
益阳市	Yiyang	71	28	3.84
郴州市	Chenzhou	74	26	3.43
永州市	Yongzhou	66	16	2.07
怀化市	Huaihua	54	25	8.02
娄底市	Loudi	50	16	11.66
广东省	**Guangdong**			
广州市	Guangzhou			
韶关市	Shaoguan	105	36	3.66
深圳市	Shenzhen	993	212	49.72
珠海市	Zhuhai	270	63	15.55
汕头市	Shantou	243	98	11.65
佛山市	Foshan	162	49	4.27
江门市	Jiangmen	154	48	8.62
湛江市	Zhanjiang	110	43	6.45
茂名市	Maoming			
肇庆市	Zhaoqing	116	38	4.01
惠州市	Huizhou	261	83	9.68
梅州市	Meizhou	53	23	1.74
汕尾市	Shanwei	22	9	5.23
河源市	Heyuan			
阳江市	Yangjiang	65	24	2.62
清远市	Qingyuan	150	40	4.11
东莞市	Dongguan			
中山市	Zhongshan			
潮州市	Chaozhou	64	22	4.53
揭阳市	Jieyang			
云浮市	Yunfu	24	3	1.22
广西壮族自治区	**Guangxi**			
南宁市	Nanning	308	91	3.10
柳州市	Liuzhou	225	62	22.12
桂林市	Guilin	104	31	3.71
梧州市	Wuzhou	57	19	3.18
北海市	Beihai	89	27	7.25
防城港市	Fangchenggang	41	8	1.45
钦州市	Qinzhou	90	23	1.86
贵港市	Guigang	76	24	2.15

2-4 续表 5 continued 5

城 市	City	城市建设用地面积(平方公里) Area of Land Used for Urban Construction	居住用地面积 Area of Land Used for Living	城市建设用地占市区面积比重(%) Land Used for Urban Construction as Percentage to Urban Area
玉林市	Yulin	71	27	5.61
百色市	Baise	47	16	1.26
贺州市	Hezhou	38	13	0.69
河池市	Hechi	42	12	0.68
来宾市	Laibin	49	12	1.12
崇左市	Chongzuo	20	6	0.69
海南省	**Hainan**			
海口市	Haikou	461	106	20.14
三亚市	Sanya	47	15	2.45
三沙市	Sansha			
儋州市	Danzhou			
重庆市	**Chongqing**	**1213**	**372**	**2.80**
四川省	**Sichuan**			
成都市	Chengdu	810	270	22.03
自贡市	Zigong	120	40	8.37
攀枝花市	Panzhihua			
泸州市	Luzhou	152	34	7.13
德阳市	Deyang	85	24	7.76
绵阳市	Mianyang	149	43	5.42
广元市	Guangyuan	61	14	1.33
遂宁市	Suining	77	24	4.11
内江市	Neijiang	120	30	7.66
乐山市	Leshan	71	24	2.83
南充市	Nanchong	133	49	5.27
眉山市	Meishan	62	21	3.45
宜宾市	Yibin	94	20	5.12
广安市	Guang'an	66	26	4.30
达州市	Dazhou	108	28	3.44
雅安市	Ya'an	49	8	2.91
巴中市	Bazhong			
资阳市	Ziyang	46	10	2.82
贵州省	**Guizhou**			
贵阳市	Guiyang	345	96	13.66
六盘水市	Liupanshui	56	25	11.99
遵义市	Zunyi	155	43	4.72
安顺市	Anshun			
毕节市	Bijie			
铜仁市	Tongren			
云南省	**Yunnan**			
昆明市	Kunming	432	181	7.61
曲靖市	Qujing	86	35	5.57
玉溪市	Yuxi	38	8	2.17
保山市	Baoshan	37	11	0.74
昭通市	Zhaotong	34	9	1.57
丽江市	Lijiang	21	4	1.66
普洱市	Pu'er	24	5	0.62
临沧市	Lincang	22	8	0.86

2-4 续表 6 continued 6

城市	City	城市建设用地面积(平方公里) Area of Land Used for Urban Construction	居住用地面积 Area of Land Used for Living	城市建设用地占市区面积比重(%) Land Used for Urban Construction as Percentage to Urban Area
西藏自治区	**Tibet**			
拉萨市	Lasa	74	25	1.71
日喀则市	Xigaze	22		0.59
昌都市	Qamdo	8	1	0.07
林芝市	Linzhi	10	3	0.10
山南市	Shannan	9	3	0.41
那曲市	Naqu			
陕西省	**Shaanxi**			
西安市	Xi'an	625	144	10.77
铜川市	Tongchuan	42	10	1.75
宝鸡市	Baoji	92	11	2.54
咸阳市	Xianyang	71	21	48.63
渭南市	Weinan	71	27	5.62
延安市	Yan'an	41	14	0.63
汉中市	Hanzhong	57	9	1.69
榆林市	Yulin	55	10	0.81
安康市	Ankang	45	13	1.23
商洛市	Shangluo	20	3	0.75
甘肃省	**Gansu**			
兰州市	Lanzhou	236	64	14.46
嘉峪关市	Jiayuguan			
金昌市	Jinchang	44	8	1.46
白银市	Baiyin	66	18	1.90
天水市	Tianshui	51	11	0.87
武威市	Wuwei	40	20	0.82
张掖市	Zhangye	46	20	1.26
平凉市	Pingliang	40	14	2.07
酒泉市	Jiuquan	44	11	1.30
庆阳市	Qingyang	25	6	2.51
定西市	Dingxi	24	6	0.66
陇南市	Longnan	14	8	0.30
青海省	**Qinghai**			
西宁市	Xining	118	29	24.74
海东市	Haidong	19	7	0.53
宁夏回族自治区	**Ningxia**			
银川市	Yinchuan	194	58	8.39
石嘴山市	Shizuishan	54	22	2.39
吴忠市	Wuzhong	55	18	4.97
固原市	Guyuan	34	10	0.76
中卫市	Zhongwei	28	9	0.41
新疆维吾尔自治区	**Xinjiang**			
乌鲁木齐市	Urumqi	438	123	4.57
克拉玛依市	Karamay	71	24	0.92
吐鲁番市	Turpan	22	10	0.16
哈密市	Hami	52	20	0.06

2-5 绿地面积及建成区绿化覆盖面积(市辖区)
Area of Green Land and Green Covered Area of Built-up Area (Districts under City)

城 市	City	绿地面积 (公顷) Area of Green Land (hectare)	公园绿地面积 Area of Parks Green Land	建成区绿化覆盖面积 (公顷) Green Covered Area of Built-up Area (hectare)	建成区绿化覆盖率 (%) Green Covered Area as % of Built-up Area (%)
北京市	**Beijing**	**83501**	**31019**		**48.42**
天津市	**Tianjin**	**44309**	**11982**	**40069**	**36.72**
河北省	**Hebei**				
石家庄市	Shijiazhuang	12839	4840	12687	44.42
唐山市	Tangshan	9345	3151	10156	40.79
秦皇岛市	Qinhuangdao	5935	2257	5431	40.24
邯郸市	Handan	8014	3500	7852	44.71
邢台市	Xingtai	4125	1538	4457	43.25
保定市	Baoding	7723	1755	8148	42.88
张家口市	Zhangjiakou	3474	1013	3849	38.56
承德市	Chengde	4973	1447	5393	43.65
沧州市	Cangzhou	2722	726	3101	37.36
廊坊市	Langfang	4652	814	3176	46.22
衡水市	Hengshui	3619	790	3041	40.23
山西省	**Shanxi**				
太原市	Taiyuan	13013	4549	14766	
大同市	Datong	4788	1428	5231	41.78
阳泉市	Yangquan	2292	659	2344	41.75
长治市	Changzhi	2516	753	2798	47.18
晋城市	Jincheng	1868	595	1980	45.80
朔州市	Shuozhou	1601	549		42.87
晋中市	Jinzhong		903	2957	35.84
运城市	Yuncheng	2129	616	2445	36.06
忻州市	Xinzhou	1205	432	1355	37.06
临汾市	Linfen		650	2072	38.37
吕梁市	Lvliang	1234	437	1350	40.52
内蒙古自治区	**Inner Mongolia**				
呼和浩特市	Hohhot	14855	3974	10366	39.87
包头市	Baotou	9592	2845	9304	44.30
乌海市	Wuhai	2567	1094	2679	43.00
赤峰市	Chifeng	3790	1738	4140	39.03
通辽市	Tongliao	2489	960	2632	43.00
鄂尔多斯市	Erdos	11000	3762	4981	42.78
呼伦贝尔市	Hulunbuir	2011	714		35.29
巴彦淖尔市	Bayannur	1992	620	1837	36.02
乌兰察布市	Ulanqab	5958	1236	2807	40.10
辽宁省	**Liaoning**				
沈阳市	Shenyang	21789	6773	21499	38.88
大连市	Dalian	19763	4054	18835	46.56
鞍山市	Anshan	6287	1537	6905	40.00
抚顺市	Fushun				
本溪市	Benxi	23211	984	5410	49.63
丹东市	Dandong		834		36.29
锦州市	Jinzhou	3088	1370	2940	38.13
营口市	Yingkou	6135	1262	6589	36.59
阜新市	Fuxin	3045	918	3147	41.14
辽阳市	Liaoyang	4259	924	4545	42.90

2-5 续表 1 continued 1

城 市	City	绿地面积 (公顷) Area of Green Land (hectare)	公园绿地面积 Area of Parks Green Land	建成区绿化覆盖面积 (公顷) Green Covered Area of Built-up Area (hectare)	建成区绿化覆盖率 (%) Green Covered Area as % of Built-up Area (%)
盘锦市	Panjin	3714	1083	4066	42.97
铁岭市	Tieling	2107	603	2125	32.24
朝阳市	Chaoyang	1440	755	1641	27.80
葫芦岛市	Huludao	3412	832		
吉林省	**Jilin**				
长春市	Changchun	19578	4344	21532	41.36
吉林市	Jilin	6274	1544	6835	36.00
四平市	Siping	2081	608	2184	32.85
辽源市	Liaoyuan	1539	486	1724	37.23
通化市	Tonghua	1859	660	2077	36.46
白山市	Baishan	966	363	1078	22.77
松原市	Songyuan	2093	882	2238	43.79
白城市	Baicheng	1337	391	1424	32.82
黑龙江省	**Heilongjiang**				
哈尔滨市	Harbin	13958	4429	14789	33.74
齐齐哈尔市	Qiqihar	5300	1091		
鸡西市	Jixi	2809	781	3184	
鹤岗市	Hegang	2870	793	2198	41.30
双鸭山市	Shuangyashan	2319	628	2534	42.93
大庆市	Daqing	13310	1870	10722	43.41
伊春市	Yichun	4630	1834	4845	31.45
佳木斯市	Jiamusi	3878	860		
七台河市	Qitaihe	2710	507	2983	43.87
牡丹江市	Mudanjiang	5297	782	2227	27.08
黑河市	Heihe	720	194	811	40.50
绥化市	Suihua	201			
上海市	**Shanghai**	**136327**	**19805**	**38549**	**39.10**
江苏省	**Jiangsu**				
南京市	Nanjing	91178	9991	35756	44.90
无锡市	Wuxi	19110	3799	14545	43.00
徐州市	Xuzhou	16164	2914	11618	43.84
常州市	Changzhou	11522	2800	11452	43.10
苏州市	Suzhou	22358	4612	19568	41.34
南通市	Nantong	10087	3035	9833	43.54
连云港市	Lianyungang	22608	1553	9003	40.00
淮安市	Huai'an	8438	2307	7807	42.20
盐城市	Yancheng	7270	1980	6477	42.20
扬州市	Yangzhou	8204	2273	7217	43.00
镇江市	Zhenjiang	8645	1697	6076	43.00
泰州市	Taizhou	4991	1361	5142	42.22
宿迁市	Suqian	9353	1199	3858	42.97
浙江省	**Zhejiang**				
杭州市	Hangzhou	44899	8770	23620	39.96
宁波市	Ningbo	13176	3828	13769	39.85
温州市	Wenzhou	8636	2731	9539	37.45
嘉兴市	Jiaxing	5385	1249	4767	37.83
湖州市	Huzhou	5064	1631	5426	46.29

2-5 续表 2 continued 2

城　市	City	绿地面积(公顷) Area of Green Land (hectare)	公园绿地面积 Area of Parks Green Land	建成区绿化覆盖面积(公顷) Green Covered Area of Built-up Area (hectare)	建成区绿化覆盖率(%) Green Covered Area as % of Built-up Area (%)
绍兴市	Shaoxing	8137	2086	9261	41.36
金华市	Jinhua	4055	952	4178	40.06
衢州市	Quzhou	2673	523	2992	40.94
舟山市	Zhoushan	13945	1000	2655	41.43
台州市	Taizhou	7265	1640	7205	51.01
丽水市	Lishui	1545	401	1689	44.45
安徽省	**Anhui**				
合肥市	Hefei	18792	5532	19857	43.07
芜湖市	Wuhu	7092	1953	7329	41.88
蚌埠市	Bengbu	5385	1267	6036	41.06
淮南市	Huainan	5005	1505	4675	44.74
马鞍山市	Maanshan	5944	1113	4323	44.11
淮北市	Huaibei	4542	1256	3883	44.36
铜陵市	Tongling	5948	952	3944	48.50
安庆市	Anqing	3966	1018	4011	43.55
黄山市	Huangshan	13384	601	3189	45.80
滁州市	Chuzhou	4426	700	3603	41.44
阜阳市	Fuyang	5410	1113	4777	36.75
宿州市	Suzhou	3205	793	3419	41.53
六安市	Lu'an	3234	899	3236	41.59
亳州市	Bozhou	3422	498	2348	34.03
池州市	Chizhou	1505	540	1632	43.40
宣城市	Xuancheng	3944	535	2423	41.49
福建省	**Fujian**				
福州市	Fuzhou	12955	4193	12900	44.36
厦门市	Xiamen	21326	4894	15180	43.59
莆田市	Putian	3765	1054	4193	44.84
三明市	Sanming	1750	329	1711	44.21
泉州市	Quanzhou	9297	2007	9969	43.20
漳州市	Zhangzhou	2830	837	3066	43.90
南平市	Nanping	1735	494	1911	39.95
龙岩市	Longyan	2591	547	2862	43.76
宁德市	Ningde	1271	409	1359	39.94
江西省	**Jiangxi**				
南昌市	Nanchang	13984	3584	14384	42.68
景德镇市	Jingdezhen	3270	738	4064	67.00
萍乡市	Pingxiang	2077	541	2180	42.56
九江市	Jiujiang	5375	1056	5883	46.29
新余市	Xinyu	3837	885	3970	50.25
鹰潭市	Yingtan	1418	350	1629	41.34
赣州市	Ganzhou	8761	2308	8228	47.03
吉安市	Ji'an	2552	802	2638	45.81
宜春市	Yichun	3064	891	3236	44.94
抚州市	Fuzhou	2525	599	3010	45.96
上饶市	Shangrao	3564	1131	3759	
山东省	**Shandong**				
济南市	Jinan	16697	4574	18884	40.73

2-5 续表 3 continued 3

城 市	City	绿地面积 (公顷) Area of Green Land (hectare)	公园绿地面积 Area of Parks Green Land	建成区绿化覆盖面积 (公顷) Green Covered Area of Built-up Area (hectare)	建成区绿化覆盖率 (%) Green Covered Area as % of Built-up Area (%)
青岛市	Qingdao	36209	7763	24933	39.05
淄博市	Zibo	18896	3405	12486	45.32
枣庄市	Zaozhuang	7318	1494	6438	42.08
东营市	Dongying	9571	2603	6352	41.57
烟台市	Yantai	12867	3770	14120	42.58
潍坊市	Weifang	10836	2351	7516	41.91
济宁市	Jining	9047	2713	9549	43.06
泰安市	Tai'an	6968	2317	7065	45.04
威海市	Weihai	9277	2515	9277	45.89
日照市	Rizhao	4780	1760	4874	45.51
莱芜市	Laiwu	6721	1488	5451	45.00
临沂市	Linyi	11759	4274	8984	41.11
德州市	Dezhou	6501	2234	6799	43.52
聊城市	Liaocheng	3978	1115	4598	43.93
滨州市	Binzhou	6215	1742	6280	44.82
菏泽市	Heze	5585	1068	5841	39.82
河南省	**Henan**				
郑州市	Zhengzhou	19643	8207	20229	40.40
开封市	Kaifeng	4789	1044	4705	36.20
洛阳市	Luoyang	8020	2549	8981	41.51
平顶山市	Pingdingshan	2764	1037	2991	40.75
安阳市	Anyang	2970	855	3420	41.20
鹤壁市	Hebi	2297	688	2559	39.91
新乡市	Xinxiang	4480	873	4827	40.10
焦作市	Jiaozuo	4012	1105	4593	40.54
濮阳市	Puyang	2449	890	2520	40.65
许昌市	Xuchang	3715	775		40.00
漯河市	Luohe	2896	601	3124	40.00
三门峡市	Sanmenxia	1986	608		39.85
南阳市	Nanyang	7256	1378	5723	36.81
商丘市	Shangqiu	2524	851		45.87
信阳市	Xinyang	4819	830	4166	42.46
周口市	Zhoukou	2914	531	2754	38.22
驻马店市	Zhumadian	3252	713	3688	43.20
湖北省	**Hubei**				
武汉市	Wuhan	24842	8356	21650	34.47
黄石市	Huangshi	2915	1043	3103	38.49
十堰市	Shiyan	3777	943	3963	35.67
宜昌市	Yichang	6415	1380	7185	42.31
襄阳市	Xiangyang	6443	1533	7408	38.69
鄂州市	Ezhou	1827	676	2128	32.97
荆门市	Jingmen	2315	774	2630	41.43
孝感市	Xiaogan	1828	532		39.56
荆州市	Jingzhou	2881	923	3196	36.03
黄冈市	Huanggang	1707	370		40.50
咸宁市	Xianning	4068	571	2974	40.85
随州市	Suizhou	4671	532		39.21

2-5 续表 4 continued 4

城　市	City	绿地面积（公顷）Area of Green Land (hectare)	公园绿地面积 Area of Parks Green Land	建成区绿化覆盖面积（公顷）Green Covered Area of Built-up Area (hectare)	建成区绿化覆盖率（%）Green Covered Area as % of Built-up Area (%)
湖南省	**Hunan**				
长沙市	Changsha	14380	4519	17968	
株洲市	Zhuzhou	5799	1615	6136	42.08
湘潭市	Xiangtan	3363	888	3667	45.81
衡阳市	Hengyang	7160	1871	5325	37.65
邵阳市	Shaoyang	2885	870	3050	41.78
岳阳市	Yueyang	4812	813	4414	42.04
常德市	Changde	3909	1300	4418	44.38
张家界市	Zhangjiajie	1422	214	1341	40.33
益阳市	Yiyang	3000	636	3083	39.02
郴州市	Chenzhou	3275	801	3620	46.30
永州市	Yongzhou	2440	660	2529	38.30
怀化市	Huaihua	2317	506	2541	39.70
娄底市	Loudi	2123	491	2039	41.00
广东省	**Guangdong**				
广州市	Guangzhou	145159	26863	53686	42.50
韶关市	Shaoguan	4513	895	4901	46.64
深圳市	Shenzhen	97889	19980	41726	45.10
珠海市	Zhuhai	13443	5068	6812	48.20
汕头市	Shantou				
佛山市	Foshan	9604	3084	6806	42.83
江门市	Jiangmen	12963	2404	7604	
湛江市	Zhanjiang	4254	1270	4632	42.01
茂名市	Maoming				
肇庆市	Zhaoqing	12654	1611	5681	47.00
惠州市	Huizhou	10751	3866	11849	43.89
梅州市	Meizhou	2570	799	2655	42.95
汕尾市	Shanwei	844	283		29.38
河源市	Heyuan	1532	424	1655	42.13
阳江市	Yangjiang	2760	648	2718	41.92
清远市	Qingyuan	3105	910		19.06
东莞市	Dongguan				
中山市	Zhongshan				
潮州市	Chaozhou				39.66
揭阳市	Jieyang		1083		43.00
云浮市	Yunfu	1095	355		48.60
广西壮族自治区	**Guangxi**				
南宁市	Nanning	39958	3968	13327	42.28
柳州市	Liuzhou	9293	2430	9867	43.84
桂林市	Guilin	3975	1145	4200	40.23
梧州市	Wuzhou	3265	664	2402	41.23
北海市	Beihai	2668	494	3144	40.70
防城港市	Fangchenggang	1339	521	1500	36.25
钦州市	Qinzhou	11136	470	3498	38.65
贵港市	Guigang	2343	605	2668	33.68

2-5 续表 5 continued 5

城 市	City	绿地面积 (公顷) Area of Green Land (hectare)	公园绿地面积 Area of Parks Green Land	建成区绿化覆盖面积 (公顷) Green Covered Area of Built-up Area (hectare)	建成区绿化覆盖率 (%) Green Covered Area as % of Built-up Area (%)
玉林市	Yulin	3063	1065	2956	39.82
百色市	Baise	1983	320		34.22
贺州市	Hezhou	1618	395	1608	42.27
河池市	Hechi	1203	375	1350	32.21
来宾市	Laibin	1560	313	1652	33.48
崇左市	Chongzuo	1100	237	1268	39.63
海南省	**Hainan**				
海口市	Haikou		1885	5736	
三亚市	Sanya	2043	848	2219	42.97
三沙市	Sansha				
儋州市	Danzhou				
重庆市	**Chongqing**	**61575**	**25584**	**57376**	**40.00**
四川省	**Sichuan**				
成都市	Chengdu	32617	10474	36870	41.63
自贡市	Zigong	4374	1255	4975	41.40
攀枝花市	Panzhihua				
泸州市	Luzhou	6326	1744	6270	40.75
德阳市	Deyang	3051	786	3600	
绵阳市	Mianyang	5461	1592	5994	40.09
广元市	Guangyuan	2233	623	2310	37.12
遂宁市	Suining	6262	637	3117	30.22
内江市	Neijiang	2755	736	2744	33.88
乐山市	Leshan	3453	649	2794	36.12
南充市	Nanchong	5208	1625	5865	44.10
眉山市	Meishan	2201	627	2603	40.36
宜宾市	Yibin	3449	1213	3995	39.32
广安市	Guang'an	2528	803	2675	39.48
达州市	Dazhou	2618	1048		24.80
雅安市	Ya'an	1321	314	1450	39.58
巴中市	Bazhong				
资阳市	Ziyang	1822	508	1841	36.82
贵州省	**Guizhou**				
贵阳市	Guiyang	19517	4328	14684	40.90
六盘水市	Liupanshui	5125	410	2698	37.22
遵义市	Zunyi	6940	2144	5237	41.90
安顺市	Anshun				
毕节市	Bijie				
铜仁市	Tongren				
云南省	**Yunnan**				
昆明市	Kunming	16001	4089	17409	42.05
曲靖市	Qujing	2265	539		31.87
玉溪市	Yuxi	1935	460	1454	37.85
保山市	Baoshan	1306	320	1319	36.15
昭通市	Zhaotong	1161	408	1544	35.87
丽江市	Lijiang	962	424	975	40.65
普洱市	Pu'er	992	242	1042	39.32
临沧市	Lincang	815	220		40.75

2-5 续表 6 continued 6

城　市	City	绿地面积(公顷) Area of Green Land (hectare)	公园绿地面积 Area of Parks Green Land	建成区绿化覆盖面积(公顷) Green Covered Area of Built-up Area (hectare)	建成区绿化覆盖率(%) Green Covered Area as % of Built-up Area (%)
西藏自治区	**Tibet**				
拉萨市	Lasa	3054	45		34.42
日喀则市	Xigaze				
昌都市	Qamdo	209	60		14.33
林芝市	Linzhi		97	532	
山南市	Shannan	311	63		38.00
那曲市	Naqu				
陕西省	**Shaanxi**				
西安市	Xi'an	30076	5952	27177	41.11
铜川市	Tongchuan	1897	480		38.95
宝鸡市	Baoji	4244	1077	3857	41.40
咸阳市	Xianyang	2420	752	2831	39.35
渭南市	Weinan	2283	739		38.72
延安市	Yan'an	1574	423	1671	40.76
汉中市	Hanzhong	1895	820	1806	38.10
榆林市	Yulin	2436	738	2487	39.10
安康市	Ankang	1659	440	1788	39.62
商洛市	Shangluo	732	275		31.80
甘肃省	**Gansu**				
兰州市	Lanzhou	7788	2685	8751	36.59
嘉峪关市	Jiayuguan				
金昌市	Jinchang	1434	472	1620	37.07
白银市	Baiyin	1987	421	2186	32.51
天水市	Tianshui	1947	690	2166	38.68
武威市	Wuwei	792	789	875	26.07
张掖市	Zhangye	2191	1275		38.91
平凉市	Pingliang	1890	370	1653	39.36
酒泉市	Jiuquan	1669	452	1987	37.21
庆阳市	Qingyang	787	160	850	31.08
定西市	Dingxi	571	332	635	25.67
陇南市	Longnan	101	45		10.10
青海省	**Qinghai**				
西宁市	Xining	3854	1631	3809	41.00
海东市	Haidong	588	131	574	
宁夏回族自治区	**Ningxia**				
银川市	Yinchuan	9951	2400		42.00
石嘴山市	Shizuishan	7137	1117	4189	40.75
吴忠市	Wuzhong	2871	465	2239	40.61
固原市	Guyuan	1341	645	1283	36.68
中卫市	Zhongwei	2221	435	1264	39.51
新疆维吾尔自治区	**Xinjiang**				
乌鲁木齐市	Urumqi	28848	3598	18311	41.80
克拉玛依市	Karamay	5048	490	3258	43.05
吐鲁番市	Turpan	684	170	841	38.49
哈密市	Hami	2028	332	2042	39.08

2-6 工业废水排放量和二氧化硫及氮氧化物排放量(全市)

Industrial Waste Water Discharged, Industrial Sulphur Dioxide and Nitrogen Dioxide Emission (Total City)

城　市	City	工业废水排放量 (万吨) Volume of Industrial Waste Water Discharged (10 000 tons)	工业二氧化硫排放量 (吨) Volume of Industrial Sulphur Dioxide Emission (ton)	工业氮氧化物排放量 (吨) Volume of Industrial Nitrogen Dioxide Emission (ton)
北京市	**Beijing**	**8494**	**3799**	**15405**
天津市	**Tianjin**	**18107**	**42323**	**73249**
河北省	**Hebei**			
石家庄市	Shijiazhuang	8430	36633	61180
唐山市	Tangshan	9388	119808	196572
秦皇岛市	Qinhuangdao	2310	18923	50750
邯郸市	Handan	2743	58914	63901
邢台市	Xingtai	5843	23663	31174
保定市	Baoding	6514	8413	19168
张家口市	Zhangjiakou	1977	14634	22557
承德市	Chengde	1363	35048	35178
沧州市	Cangzhou	3124	12562	18653
廊坊市	Langfang	2018	11311	14361
衡水市	Hengshui	615	2040	6431
山西省	**Shanxi**			
太原市	Taiyuan	3739	9759	29416
大同市	Datong	1821	18789	22076
阳泉市	Yangquan	374		
长治市	Changzhi	4088	26548	32105
晋城市	Jincheng	3270	18179	23081
朔州市	Shuozhou	1122	19379	15187
晋中市	Jinzhong	987	21642	22398
运城市	Yuncheng			
忻州市	Xinzhou	629	17415	27205
临汾市	Linfen			
吕梁市	Lvliang	2609	61875	46083
内蒙古自治区	**Inner Mongolia**			
呼和浩特市	Hohhot	2372	31024	30384
包头市	Baotou	3199	42967	48737
乌海市	Wuhai	994	39260	20850
赤峰市	Chifeng	1244	27977	21324
通辽市	Tongliao	1810	44173	43553
鄂尔多斯市	Erdos	3446	43368	48026
呼伦贝尔市	Hulunbuir	4131	21731	30726
巴彦淖尔市	Bayannur	2034	18735	14352
乌兰察布市	Ulanqab	818	23563	25151
辽宁省	**Liaoning**			
沈阳市	Shenyang	5407	25904	37721
大连市	Dalian	24805	34282	49481
鞍山市	Anshan	2609	36176	49342
抚顺市	Fushun	1842	22607	15339
本溪市	Benxi	2887	17068	29414
丹东市	Dandong	1126	7511	5869
锦州市	Jinzhou	1997	12947	9391
营口市	Yingkou	2048	28452	28733
阜新市	Fuxin	658	37437	8843
辽阳市	Liaoyang	2573	13501	14250

2-6 续表 1 continued 1

城 市	City	工业废水排放量（万吨）Volume of Industrial Waste Water Discharged (10 000 tons)	工业二氧化硫排放量（吨）Volume of Industrial Sulphur Dioxide Emission (ton)	工业氮氧化物排放量（吨）Volume of Industrial Nitrogen Dioxide Emission (ton)
盘锦市	Panjin	1997	7106	11037
铁岭市	Tieling	991	10323	10980
朝阳市	Chaoyang	453	21265	22007
葫芦岛市	Huludao	1891	14359	12925
吉林省	**Jilin**			
长春市	Changchun	2501	14300	31293
吉林市	Jilin	11522	29700	38186
四平市	Siping	1259	13653	18146
辽源市	Liaoyuan	603	5871	5983
通化市	Tonghua	916	12749	11709
白山市	Baishan	343	4947	4916
松原市	Songyuan	548	5981	8195
白城市	Baicheng	267	7206	5809
黑龙江省	**Heilongjiang**			
哈尔滨市	Harbin	2358	19168	35398
齐齐哈尔市	Qiqihar			
鸡西市	Jixi	1011	6725	11120
鹤岗市	Hegang	3285	5278	14224
双鸭山市	Shuangyashan	1534	10678	11272
大庆市	Daqing	3436	15525	31410
伊春市	Yichun	692	9991	9340
佳木斯市	Jiamusi	618	5049	6181
七台河市	Qitaihe	389	8669	17812
牡丹江市	Mudanjiang	528	7213	12097
黑河市	Heihe			
绥化市	Suihua	944	6451	5741
上海市	**Shanghai**	**31586**	**12651**	**38335**
江苏省	**Jiangsu**			
南京市	Nanjing	15710	15416	45319
无锡市	Wuxi	20783	50154	72742
徐州市	Xuzhou	3449	60172	66427
常州市	Changzhou	13315	28167	51765
苏州市	Suzhou	42380	84388	103774
南通市	Nantong	13372	14518	17048
连云港市	Lianyungang	4860	18160	21462
淮安市	Huai'an	3690	18258	20077
盐城市	Yancheng	11003	19180	22053
扬州市	Yangzhou	6782	11197	20856
镇江市	Zhenjiang	5592	8993	17077
泰州市	Taizhou	4596	11721	16134
宿迁市	Suqian	5652	13634	8883
浙江省	**Zhejiang**			
杭州市	Hangzhou	24559	26497	31123
宁波市	Ningbo	14426	25535	38368
温州市	Wenzhou	4249	11888	8369
嘉兴市	Jiaxing	19695	22516	22023
湖州市	Huzhou	8470	22117	37466

2-6 续表 2 continued 2

城市	City	工业废水排放量（万吨） Volume of Industrial Waste Water Discharged (10 000 tons)	工业二氧化硫排放量（吨） Volume of Industrial Sulphur Dioxide Emission (ton)	工业氮氧化物排放量（吨） Volume of Industrial Nitrogen Dioxide Emission (ton)
绍兴市	Shaoxing	25057	16092	18882
金华市	Jinhua	6404	14941	13715
衢州市	Quzhou	10668	18937	21488
舟山市	Zhoushan	1250	1666	2635
台州市	Taizhou	5125	10958	10106
丽水市	Lishui	3013	9501	4107
安徽省	**Anhui**			
合肥市	Hefei	4389	9379	20099
芜湖市	Wuhu	3575	21245	39315
蚌埠市	Bengbu	1715	3633	5245
淮南市	Huainan	4992	29316	15020
马鞍山市	Maanshan	8601	17222	37560
淮北市	Huaibei	1727	11868	11057
铜陵市	Tongling	3180	11468	29013
安庆市	Anqing	2659	6541	12380
黄山市	Huangshan	700	2888	581
滁州市	Chuzhou	2360	6496	16224
阜阳市	Fuyang	2144	19770	6351
宿州市	Suzhou	2241	12623	9662
六安市	Lu'an	686	2608	4201
亳州市	Bozhou	1934	15946	3777
池州市	Chizhou	486	7414	11102
宣城市	Xuancheng	1620	10993	12876
福建省	**Fujian**			
福州市	Fuzhou	4390	34137	28579
厦门市	Xiamen	21465	2525	2648
莆田市	Putian	2169	3374	6676
三明市	Sanming	5073	14932	27317
泉州市	Quanzhou	8870	17509	41901
漳州市	Zhangzhou	19051	13129	15142
南平市	Nanping	3149	6607	4606
龙岩市	Longyan	3219	9429	16261
宁德市	Ningde	2389	9995	12468
江西省	**Jiangxi**			
南昌市	Nanchang			
景德镇市	Jingdezhen	3532	9806	14338
萍乡市	Pingxiang	802	20808	15464
九江市	Jiujiang	7904	15858	25728
新余市	Xinyu	2665	23232	16030
鹰潭市	Yingtan	1471	4070	2155
赣州市	Ganzhou	5791	26416	17858
吉安市	Ji'an	3351	18391	10207
宜春市	Yichun	3466	40599	62938
抚州市	Fuzhou	2046	8430	5806
上饶市	Shangrao	6318	18286	17010
山东省	**Shandong**			
济南市	Jinan	5949	16545	21254

2-6 续表 3 continued 3

城　市	City	工业废水排放量 (万吨) Volume of Industrial Waste Water Discharged (10 000 tons)	工业二氧化硫排放量 (吨) Volume of Industrial Sulphur Dioxide Emission (ton)	工业氮氧化物排放量 (吨) Volume of Industrial Nitrogen Dioxide Emission (ton)
青岛市	Qingdao	5613	5137	13898
淄博市	Zibo	13060	66452	62353
枣庄市	Zaozhuang	6113	12729	22441
东营市	Dongying			
烟台市	Yantai	7848	26019	31453
潍坊市	Weifang			
济宁市	Jining	13498	23568	26839
泰安市	Tai'an	6367	11865	21145
威海市	Weihai	1947	8369	12641
日照市	Rizhao	7070	18355	36672
莱芜市	Laiwu	1210	19988	32854
临沂市	Linyi	8769	54920	56973
德州市	Dezhou	8263	34889	28004
聊城市	Liaocheng	5350	46727	31909
滨州市	Binzhou	17923	72459	63352
菏泽市	Heze	7046	27678	19231
河南省	**Henan**			
郑州市	Zhengzhou	8243	24546	25073
开封市	Kaifeng	2228	2628	3705
洛阳市	Luoyang	3913	16915	18029
平顶山市	Pingdingshan	2789	19145	23278
安阳市	Anyang	2082	35558	35679
鹤壁市	Hebi	2797	3898	5923
新乡市	Xinxiang	8853	6526	19268
焦作市	Jiaozuo	6654	11648	10811
濮阳市	Puyang	3019	1373	2824
许昌市	Xuchang	2589	8194	13165
漯河市	Luohe	1597	2457	3216
三门峡市	Sanmenxia	1512	9360	12163
南阳市	Nanyang	2687	5602	11773
商丘市	Shangqiu	3605	8366	7628
信阳市	Xinyang	1025	11056	14064
周口市	Zhoukou	1925	2584	2296
驻马店市	Zhumadian	2056	2560	5931
湖北省	**Hubei**			
武汉市	Wuhan	11931	14100	42107
黄石市	Huangshi	4017	16791	22566
十堰市	Shiyan	832	4616	4604
宜昌市	Yichang	5693	21707	26357
襄阳市	Xiangyang	4355	8214	10124
鄂州市	Ezhou	1902	6057	11814
荆门市	Jingmen	1829	9350	12509
孝感市	Xiaogan	3898	9303	6699
荆州市	Jingzhou	4129	8861	8801
黄冈市	Huanggang	1635	5097	9115
咸宁市	Xianning	1561	4286	9080
随州市	Suizhou	303	287	171

2-6 续表 4 continued 4

城 市	City	工业废水排放量 (万吨) Volume of Industrial Waste Water Discharged (10 000 tons)	工业二氧化硫排放量 (吨) Volume of Industrial Sulphur Dioxide Emission (ton)	工业氮氧化物排放量 (吨) Volume of Industrial Nitrogen Dioxide Emission (ton)
湖南省	**Hunan**			
长沙市	Changsha	4066	3532	9825
株洲市	Zhuzhou	2177	19966	16366
湘潭市	Xiangtan	2326	29202	16815
衡阳市	Hengyang	3566	18317	19093
邵阳市	Shaoyang	1125	10181	8994
岳阳市	Yueyang	6742	13858	20531
常德市	Changde	2677	8377	16184
张家界市	Zhangjiajie	60	2141	2728
益阳市	Yiyang	3271	6389	7911
郴州市	Chenzhou	2944	8557	14467
永州市	Yongzhou	682	4188	6973
怀化市	Huaihua	1901	7401	4645
娄底市	Loudi	1884	14241	37166
广东省	**Guangdong**			
广州市	Guangzhou			
韶关市	Shaoguan		12323	17845
深圳市	Shenzhen	7954	1329	6638
珠海市	Zhuhai			
汕头市	Shantou			
佛山市	Foshan			
江门市	Jiangmen	9676	11914	20050
湛江市	Zhanjiang			
茂名市	Maoming			
肇庆市	Zhaoqing	6421	20796	48556
惠州市	Huizhou			
梅州市	Meizhou			
汕尾市	Shanwei	685	1935	5108
河源市	Heyuan	741	2255	
阳江市	Yangjiang	1318	16539	22620
清远市	Qingyuan			
东莞市	Dongguan			
中山市	Zhongshan	7044	3233	9894
潮州市	Chaozhou			
揭阳市	Jieyang			
云浮市	Yunfu	1225	20428	21068
广西壮族自治区	**Guangxi**			
南宁市	Nanning	4199	8384	16936
柳州市	Liuzhou	5006	18220	28136
桂林市	Guilin	1916	12024	9475
梧州市	Wuzhou	2235	3198	6627
北海市	Beihai	1953	5852	4965
防城港市	Fangchenggang	729	12292	14121
钦州市	Qinzhou	2399	4416	4162
贵港市	Guigang	2543	8565	39938

2-6 续表 5 continued 5

城　市	City	工业废水排放量 (万吨) Volume of Industrial Waste Water Discharged (10 000 tons)	工业二氧化硫排放量 (吨) Volume of Industrial Sulphur Dioxide Emission (ton)	工业氮氧化物排放量 (吨) Volume of Industrial Nitrogen Dioxide Emission (ton)
玉林市	Yulin	1956	3802	9600
百色市	Baise	2272	24063	16169
贺州市	Hezhou	1143	3021	3441
河池市	Hechi	2923	10098	5017
来宾市	Laibin	4655	6990	6776
崇左市	Chongzuo	2020	3501	13934
海南省	**Hainan**			
海口市	Haikou	598	502	259
三亚市	Sanya	20	231	273
三沙市	Sansha			
儋州市	Danzhou	72	343	782
重庆市	**Chongqing**	**19304**	**139880**	**86658**
四川省	**Sichuan**			
成都市	Chengdu	8319		
自贡市	Zigong	929	2833	4266
攀枝花市	Panzhihua			
泸州市	Luzhou	3405	12752	8981
德阳市	Deyang			
绵阳市	Mianyang			
广元市	Guangyuan	222	4251	5247
遂宁市	Suining			
内江市	Neijiang	1156	44260	24286
乐山市	Leshan	4609	32886	33421
南充市	Nanchong			
眉山市	Meishan	2542	10390	10129
宜宾市	Yibin	6107	26733	16616
广安市	Guang'an	1191	12026	11910
达州市	Dazhou	968	17140	21791
雅安市	Ya'an			
巴中市	Bazhong			
资阳市	Ziyang			
贵州省	**Guizhou**			
贵阳市	Guiyang	4452	50631	20122
六盘水市	Liupanshui	5588	129604	63876
遵义市	Zunyi	1052	45596	35302
安顺市	Anshun			
毕节市	Bijie			
铜仁市	Tongren			
云南省	**Yunnan**			
昆明市	Kunming	3346	50882	46418
曲靖市	Qujing	1486	100082	53400
玉溪市	Yuxi	1954	32452	20320
保山市	Baoshan	820	9258	4586
昭通市	Zhaotong	1822	10906	9616
丽江市	Lijiang	210	4521	4581
普洱市	Pu'er	2606	5799	8364
临沧市	Lincang	1004	2837	4617

2-6 续表 6 continued 6

城　市	City	工业废水排放量(万吨) Volume of Industrial Waste Water Discharged (10 000 tons)	工业二氧化硫排放量(吨) Volume of Industrial Sulphur Dioxide Emission (ton)	工业氮氧化物排放量(吨) Volume of Industrial Nitrogen Dioxide Emission (ton)
西藏自治区	**Tibet**			
拉萨市	Lasa	601	642	1941
日喀则市	Xigaze	7	153	632
昌都市	Qamdo	13	276	400
林芝市	Linzhi	3		
山南市	Shannan			
那曲市	Naqu			
陕西省	**Shaanxi**			
西安市	Xi'an	4448	3904	7403
铜川市	Tongchuan		8482	16512
宝鸡市	Baoji	2528	7773	16019
咸阳市	Xianyang	2686	3712	12003
渭南市	Weinan	4362	95547	81814
延安市	Yan'an	1962	9363	8407
汉中市	Hanzhong		20100	9700
榆林市	Yulin	13691	60125	50306
安康市	Ankang	169	2531	1677
商洛市	Shangluo			
甘肃省	**Gansu**			
兰州市	Lanzhou	3528	20095	27618
嘉峪关市	Jiayuguan	1556	28815	24823
金昌市	Jinchang	1550	36835	5250
白银市	Baiyin	373	1016	8370
天水市	Tianshui	288	4804	3607
武威市	Wuwei	209	4573	2550
张掖市	Zhangye	415	6407	3717
平凉市	Pingliang	780	10175	89
酒泉市	Jiuquan	368	6392	7155
庆阳市	Qingyang	273	4708	1925
定西市	Dingxi	144	8377	5256
陇南市	Longnan	401	2393	3747
青海省	**Qinghai**			
西宁市	Xining			
海东市	Haidong			
宁夏回族自治区	**Ningxia**			
银川市	Yinchuan	2310	13728	19528
石嘴山市	Shizuishan		48073	26317
吴忠市	Wuzhong	993	27812	19945
固原市	Guyuan	161	4772	1541
中卫市	Zhongwei			
新疆维吾尔自治区	**Xinjiang**			
乌鲁木齐市	Urumqi	3337	37483	41110
克拉玛依市	Karamay	1376	9055	16083
吐鲁番市	Turpan	9	12074	13456
哈密市	Hami	148	38018	24634

2-7 工业烟(粉)尘排放量和工业固体废物综合利用率(全市)
Industrial Soot(dust) Discharged and Ratio of Industrial Solid Wastes Comprehensively Utilized(Total City)

城　市	City	工业烟(粉)尘排放量 (吨) Volume of Industrial Soot(dust) Emission (ton)	一般工业固体废物综合利用率 (%) Ratio of Industrial Solid Wastes Comprehensively Utilized (%)
北京市	**Beijing**	**4282**	**74.01**
天津市	**Tianjin**	**44480**	**98.87**
河北省	**Hebei**		
石家庄市	Shijiazhuang	27056	92.00
唐山市	Tangshan	246436	79.64
秦皇岛市	Qinhuangdao	23686	85.39
邯郸市	Handan	71523	93.52
邢台市	Xingtai	42428	97.00
保定市	Baoding	9308	42.00
张家口市	Zhangjiakou	28378	57.93
承德市	Chengde	35066	28.00
沧州市	Cangzhou	12161	99.28
廊坊市	Langfang	21625	90.00
衡水市	Hengshui	4846	93.32
山西省	**Shanxi**		
太原市	Taiyuan	17086	42.73
大同市	Datong	21840	19.00
阳泉市	Yangquan		
长治市	Changzhi	28602	46.68
晋城市	Jincheng	27231	54.29
朔州市	Shuozhou	13199	38.00
晋中市	Jinzhong	19996	95.30
运城市	Yuncheng		
忻州市	Xinzhou	36981	70.80
临汾市	Linfen		
吕梁市	Lvliang	45093	42.60
内蒙古自治区	**Inner Mongolia**		
呼和浩特市	Hohhot	111036	36.56
包头市	Baotou	63140	48.54
乌海市	Wuhai	43221	67.38
赤峰市	Chifeng	10691	34.34
通辽市	Tongliao	22364	49.87
鄂尔多斯市	Erdos	16849	34.00
呼伦贝尔市	Hulunbuir	18480	28.46
巴彦淖尔市	Bayannur	20089	32.82
乌兰察布市	Ulanqab	19578	43.00
辽宁省	**Liaoning**		
沈阳市	Shenyang	20489	90.09
大连市	Dalian	28931	95.00
鞍山市	Anshan	68357	46.21
抚顺市	Fushun	37374	26.37
本溪市	Benxi	76967	41.57
丹东市	Dandong	7511	83.61
锦州市	Jinzhou	15899	86.90
营口市	Yingkou	76170	95.00
阜新市	Fuxin	10455	88.80
辽阳市	Liaoyang	14508	17.51

2-7 续表 1 continued 1

城 市	City	工业烟(粉)尘排放量 (吨) Volume of Industrial Soot(dust) Emission (ton)	一般工业固体废物综合利用率 (%) Ratio of Industrial Solid Wastes Comprehensively Utilized (%)
盘锦市	Panjin	4476	80.00
铁岭市	Tieling	12104	58.80
朝阳市	Chaoyang	43004	90.75
葫芦岛市	Huludao	4273	75.80
吉林省	**Jilin**		
长春市	Changchun	18268	96.31
吉林市	Jilin	39562	31.52
四平市	Siping	10012	75.00
辽源市	Liaoyuan	5961	99.87
通化市	Tonghua	17344	78.66
白山市	Baishan	8677	64.43
松原市	Songyuan	6371	75.40
白城市	Baicheng	5685	98.65
黑龙江省	**Heilongjiang**		
哈尔滨市	Harbin	34857	
齐齐哈尔市	Qiqihar		
鸡西市	Jixi	4240	38.38
鹤岗市	Hegang	23712	71.63
双鸭山市	Shuangyashan	17302	64.60
大庆市	Daqing	9548	58.64
伊春市	Yichun	9113	9.13
佳木斯市	Jiamusi	5266	55.70
七台河市	Qitaihe	8062	80.60
牡丹江市	Mudanjiang	4325	53.02
黑河市	Heihe		
绥化市	Suihua	1959	86.78
上海市	**Shanghai**	**30262**	**94.00**
江苏省	**Jiangsu**		
南京市	Nanjing	40233	90.40
无锡市	Wuxi	57762	91.00
徐州市	Xuzhou	44761	99.72
常州市	Changzhou	54916	99.60
苏州市	Suzhou	47694	93.40
南通市	Nantong	7821	96.00
连云港市	Lianyungang	19086	97.40
淮安市	Huai'an	7225	93.55
盐城市	Yancheng	14543	90.60
扬州市	Yangzhou	7745	97.00
镇江市	Zhenjiang	6825	97.22
泰州市	Taizhou	6728	
宿迁市	Suqian	12361	79.80
浙江省	**Zhejiang**		
杭州市	Hangzhou	16343	77.06
宁波市	Ningbo	19722	95.55
温州市	Wenzhou	3575	97.74
嘉兴市	Jiaxing	10953	97.94
湖州市	Huzhou	15039	99.25

2-7 续表 2 continued 2

城 市	City	工业烟(粉)尘排放量 (吨) Volume of Industrial Soot(dust) Emission (ton)	一般工业固体废物综合利用率 (%) Ratio of Industrial Solid Wastes Comprehensively Utilized (%)
绍兴市	Shaoxing	9538	91.11
金华市	Jinhua	15062	96.27
衢州市	Quzhou	19637	97.98
舟山市	Zhoushan	1766	95.00
台州市	Taizhou	8784	91.00
丽水市	Lishui	9154	86.54
安徽省	**Anhui**		
合肥市	Hefei	13599	84.26
芜湖市	Wuhu	27089	79.94
蚌埠市	Bengbu	3788	95.64
淮南市	Huainan	12568	84.41
马鞍山市	Maanshan	68362	92.56
淮北市	Huaibei	8980	92.96
铜陵市	Tongling	21112	91.81
安庆市	Anqing	7370	94.61
黄山市	Huangshan	2309	93.40
滁州市	Chuzhou	7835	92.21
阜阳市	Fuyang	7584	95.35
宿州市	Suzhou	6758	95.83
六安市	Lu'an	4620	98.30
亳州市	Bozhou	3140	97.39
池州市	Chizhou	14235	95.74
宣城市	Xuancheng	12771	91.98
福建省	**Fujian**		
福州市	Fuzhou	48554	97.36
厦门市	Xiamen	734	91.02
莆田市	Putian	1239	77.16
三明市	Sanming	24594	93.36
泉州市	Quanzhou	26692	92.24
漳州市	Zhangzhou	8788	92.44
南平市	Nanping	6511	98.74
龙岩市	Longyan	23911	89.10
宁德市	Ningde	6993	74.70
江西省	**Jiangxi**		
南昌市	Nanchang		
景德镇市	Jingdezhen	6553	90.20
萍乡市	Pingxiang	27440	27.25
九江市	Jiujiang	35730	53.80
新余市	Xinyu	30547	79.90
鹰潭市	Yingtan	1947	88.27
赣州市	Ganzhou	29064	74.89
吉安市	Ji'an	10740	83.40
宜春市	Yichun	47918	92.70
抚州市	Fuzhou	7637	91.90
上饶市	Shangrao	24603	11.20
山东省	**Shandong**		
济南市	Jinan	25060	89.70

2-7 续表 3 continued 3

城　市	City	工业烟(粉)尘排放量 (吨) Volume of Industrial Soot(dust) Emission (ton)	一般工业固体废物综合利用率 (%) Ratio of Industrial Solid Wastes Comprehensively Utilized (%)
青岛市	Qingdao	7245	91.88
淄博市	Zibo	42218	87.43
枣庄市	Zaozhuang	8271	100.00
东营市	Dongying		
烟台市	Yantai	16020	66.86
潍坊市	Weifang		
济宁市	Jining	12530	95.40
泰安市	Tai'an	7678	93.68
威海市	Weihai	3717	
日照市	Rizhao	28099	71.59
莱芜市	Laiwu	58926	98.30
临沂市	Linyi	53567	89.12
德州市	Dezhou	18145	91.50
聊城市	Liaocheng	11021	66.12
滨州市	Binzhou	36355	76.50
菏泽市	Heze	17718	96.12
河南省	**Henan**		
郑州市	Zhengzhou	16890	79.63
开封市	Kaifeng	1074	93.98
洛阳市	Luoyang	7240	72.71
平顶山市	Pingdingshan	12698	88.99
安阳市	Anyang	25900	53.93
鹤壁市	Hebi	2431	98.90
新乡市	Xinxiang	9254	90.64
焦作市	Jiaozuo	4362	69.15
濮阳市	Puyang	1151	95.93
许昌市	Xuchang	6734	94.29
漯河市	Luohe	840	88.87
三门峡市	Sanmenxia	6246	32.19
南阳市	Nanyang	10574	77.07
商丘市	Shangqiu	4946	97.60
信阳市	Xinyang	10085	97.92
周口市	Zhoukou	1315	98.42
驻马店市	Zhumadian	1733	90.34
湖北省	**Hubei**		
武汉市	Wuhan	42300	97.04
黄石市	Huangshi	31283	93.46
十堰市	Shiyan	2413	64.10
宜昌市	Yichang	14431	25.11
襄阳市	Xiangyang	5537	41.53
鄂州市	Ezhou	12735	80.15
荆门市	Jingmen	8875	33.27
孝感市	Xiaogan	3531	64.23
荆州市	Jingzhou	6434	28.27
黄冈市	Huanggang	4255	85.63
咸宁市	Xianning	5748	85.59
随州市	Suizhou	638	76.00

2-7 续表 4 continued 4

城　市	City	工业烟(粉)尘排放量 (吨) Volume of Industrial Soot(dust) Emission (ton)	一般工业固体废物综合利用率 (%) Ratio of Industrial Solid Wastes Comprehensively Utilized (%)
湖南省	**Hunan**		
长沙市	Changsha	7577	82.42
株洲市	Zhuzhou	9810	93.40
湘潭市	Xiangtan	37210	96.17
衡阳市	Hengyang	17087	76.68
邵阳市	Shaoyang	6240	70.00
岳阳市	Yueyang	8229	76.00
常德市	Changde	6419	98.57
张家界市	Zhangjiajie	2852	100.00
益阳市	Yiyang	4823	87.00
郴州市	Chenzhou	9504	79.06
永州市	Yongzhou	4451	98.36
怀化市	Huaihua	4127	87.96
娄底市	Loudi	35433	88.50
广东省	**Guangdong**		
广州市	Guangzhou		
韶关市	Shaoguan	23620	70.62
深圳市	Shenzhen	892	74.72
珠海市	Zhuhai		
汕头市	Shantou		
佛山市	Foshan		78.44
江门市	Jiangmen	10052	93.83
湛江市	Zhanjiang		
茂名市	Maoming		
肇庆市	Zhaoqing	32714	56.58
惠州市	Huizhou		
梅州市	Meizhou		99.00
汕尾市	Shanwei	646	100.00
河源市	Heyuan	3700	76.96
阳江市	Yangjiang	8326	82.10
清远市	Qingyuan		
东莞市	Dongguan		
中山市	Zhongshan	5609	85.67
潮州市	Chaozhou		
揭阳市	Jieyang		
云浮市	Yunfu	8887	73.66
广西壮族自治区	**Guangxi**		
南宁市	Nanning	9918	82.20
柳州市	Liuzhou	65124	98.06
桂林市	Guilin	7793	89.44
梧州市	Wuzhou	3457	70.54
北海市	Beihai	9628	98.84
防城港市	Fangchenggang	17007	91.73
钦州市	Qinzhou	2670	95.92
贵港市	Guigang	21252	91.64

2-7 续表 5 continued 5

城　　市	City	工业烟(粉)尘排放量 (吨) Volume of Industrial Soot(dust) Emission (ton)	一般工业固体废物综合利用率 (%) Ratio of Industrial Solid Wastes Comprehensively Utilized (%)
玉林市	Yulin	9098	94.42
百色市	Baise	9766	23.85
贺州市	Hezhou	2427	81.83
河池市	Hechi	6209	21.40
来宾市	Laibin	3382	79.62
崇左市	Chongzuo	12742	46.97
海南省	**Hainan**		
海口市	Haikou	113	88.74
三亚市	Sanya	1345	
三沙市	Sansha		
儋州市	Danzhou	2205	88.49
重庆市	**Chongqing**	**68731**	**70.00**
四川省	**Sichuan**		
成都市	Chengdu		
自贡市	Zigong	2178	88.54
攀枝花市	Panzhihua		
泸州市	Luzhou	6508	97.20
德阳市	Deyang		
绵阳市	Mianyang		
广元市	Guangyuan	3519	97.86
遂宁市	Suining		
内江市	Neijiang	6094	97.93
乐山市	Leshan	24706	80.48
南充市	Nanchong		
眉山市	Meishan	7937	95.55
宜宾市	Yibin	7739	71.54
广安市	Guang'an	6243	86.00
达州市	Dazhou	14803	86.00
雅安市	Ya'an		
巴中市	Bazhong		
资阳市	Ziyang		
贵州省	**Guizhou**		
贵阳市	Guiyang	12983	33.86
六盘水市	Liupanshui	42209	57.74
遵义市	Zunyi	13217	62.63
安顺市	Anshun		
毕节市	Bijie		
铜仁市	Tongren		
云南省	**Yunnan**		
昆明市	Kunming	36018	
曲靖市	Qujing	17543	62.61
玉溪市	Yuxi	42019	54.92
保山市	Baoshan	6658	76.81
昭通市	Zhaotong	5484	60.82
丽江市	Lijiang	4480	43.29
普洱市	Pu'er	8831	22.96
临沧市	Lincang	3406	90.05

2-7 续表 6 continued 6

城 市	City	工业烟(粉)尘排放量 (吨) Volume of Industrial Soot(dust) Emission (ton)	一般工业固体废物综合利用率 (%) Ratio of Industrial Solid Wastes Comprehensively Utilized (%)
西藏自治区	**Tibet**		
拉萨市	Lasa	619	
日喀则市	Xigaze	848	11.70
昌都市	Qamdo	2172	0.40
林芝市	Linzhi		
山南市	Shannan		
那曲市	Naqu		
陕西省	**Shaanxi**		
西安市	Xi'an	2758	83.97
铜川市	Tongchuan	12692	92.04
宝鸡市	Baoji	7577	56.93
咸阳市	Xianyang	2775	72.93
渭南市	Weinan	9655	99.99
延安市	Yan'an	3299	52.63
汉中市	Hanzhong	18305	20.66
榆林市	Yulin	36623	32.70
安康市	Ankang	3108	73.60
商洛市	Shangluo		0.24
甘肃省	**Gansu**		
兰州市	Lanzhou	15786	90.52
嘉峪关市	Jiayuguan	42576	62.90
金昌市	Jinchang	8484	14.60
白银市	Baiyin	5264	76.00
天水市	Tianshui	2519	72.66
武威市	Wuwei	17885	85.20
张掖市	Zhangye	2500	76.66
平凉市	Pingliang		90.70
酒泉市	Jiuquan	4302	39.63
庆阳市	Qingyang	2104	92.45
定西市	Dingxi	3141	74.37
陇南市	Longnan	2125	1.81
青海省	**Qinghai**		
西宁市	Xining		
海东市	Haidong		
宁夏回族自治区	**Ningxia**		
银川市	Yinchuan	21023	32.45
石嘴山市	Shizuishan	72084	27.40
吴忠市	Wuzhong	13107	68.50
固原市	Guyuan	1395	77.09
中卫市	Zhongwei		
新疆维吾尔自治区	**Xinjiang**		
乌鲁木齐市	Urumqi	39751	93.69
克拉玛依市	Karamay	2815	92.00
吐鲁番市	Turpan	20910	79.13
哈密市	Hami	91331	32.03

2-8 可吸入细颗粒物年平均浓度和污水及生活垃圾处理率(全市)
Annual Mean Concentration of PM2.5, Ratio of Waste Water and Consumption (Total City)

城　市	City	可吸入细颗粒物年平均浓度(微克/立方米) Annual Mean Concentration of PM2.5 (ug/m^3)	污水处理厂集中处理率(%) Ratio of waste Water Centralized Treated of Sewage Work(%)	生活垃圾无害化处理率(%) Ratio of Consumption Wastes Treated (%)
北京市	**Beijing**	**58**	**92.40**	**99.88**
天津市	**Tianjin**	**62**		**94.40**
河北省	**Hebei**			
石家庄市	Shijiazhuang	87	99.44	100.00
唐山市	Tangshan	66	97.74	99.96
秦皇岛市	Qinhuangdao	51	96.70	100.00
邯郸市	Handan	76	97.75	100.00
邢台市	Xingtai	85	96.98	100.00
保定市	Baoding	84	96.59	100.00
张家口市	Zhangjiakou	37	96.04	97.54
承德市	Chengde	44	95.19	98.93
沧州市	Cangzhou	64	99.91	100.00
廊坊市	Langfang	61	95.49	96.78
衡水市	Hengshui	74	100.00	100.00
山西省	**Shanxi**			
太原市	Taiyuan	66	90.92	
大同市	Datong	36	92.03	89.28
阳泉市	Yangquan	64	87.50	73.02
长治市	Changzhi		94.09	51.13
晋城市	Jincheng		100.00	100.00
朔州市	Shuozhou	48	97.21	98.24
晋中市	Jinzhong	69	95.92	97.66
运城市	Yuncheng			
忻州市	Xinzhou	38	95.32	100.00
临汾市	Linfen		93.25	92.20
吕梁市	Lvliang	61	85.54	82.51
内蒙古自治区	**Inner Mongolia**			
呼和浩特市	Hohhot	44	100.00	99.91
包头市	Baotou	44	92.93	97.98
乌海市	Wuhai	44	97.50	99.00
赤峰市	Chifeng	34	94.53	100.00
通辽市	Tongliao	35	98.22	98.62
鄂尔多斯市	Erdos	25	97.35	100.00
呼伦贝尔市	Hulunbuir	20	96.46	100.00
巴彦淖尔市	Bayannur	34	98.50	99.04
乌兰察布市	Ulanqab	29	95.45	96.33
辽宁省	**Liaoning**			
沈阳市	Shenyang			100.00
大连市	Dalian	34	95.00	100.00
鞍山市	Anshan	48	88.73	82.96
抚顺市	Fushun	47		100.00
本溪市	Benxi	41	95.44	100.00
丹东市	Dandong	35	44.74	100.00
锦州市	Jinzhou	48	96.09	80.10
营口市	Yingkou	43		
阜新市	Fuxin	41	100.00	100.00
辽阳市	Liaoyang		99.35	100.00

2-8 续表 1 continued 1

城　市	City	可吸入细颗粒物年平均浓度（微克/立方米）Annual Mean Concentration of PM2.5 (ug/m^3)	污水处理厂集中处理率(%) Ratio of waste Water Centralized Treated of Sewage Work(%)	生活垃圾无害化处理率(%) Ratio of Consumption Wastes Treated (%)
盘锦市	Panjin	40	98.15	100.00
铁岭市	Tieling	48		
朝阳市	Chaoyang	42	90.43	100.00
葫芦岛市	Huludao	47	99.00	98.00
吉林省	**Jilin**			
长春市	Changchun		88.98	95.58
吉林市	Jilin		94.97	69.25
四平市	Siping		84.69	44.62
辽源市	Liaoyuan		99.05	100.00
通化市	Tonghua		93.71	88.09
白山市	Baishan		84.23	84.00
松原市	Songyuan		96.25	100.00
白城市	Baicheng		88.25	29.40
黑龙江省	**Heilongjiang**			
哈尔滨市	Harbin		94.20	87.00
齐齐哈尔市	Qiqihar			
鸡西市	Jixi	43		
鹤岗市	Hegang		78.19	81.62
双鸭山市	Shuangyashan	42	96.00	
大庆市	Daqing	35	42.07	100.00
伊春市	Yichun	23	88.53	62.12
佳木斯市	Jiamusi	38	86.83	95.83
七台河市	Qitaihe	47	90.52	100.00
牡丹江市	Mudanjiang	36	67.00	96.88
黑河市	Heihe			
绥化市	Suihua	34		
上海市	**Shanghai**	**39**	**94.50**	**100.00**
江苏省	**Jiangsu**			
南京市	Nanjing	40	71.00	100.00
无锡市	Wuxi	45	93.00	100.00
徐州市	Xuzhou	66	93.90	100.00
常州市	Changzhou	47	93.10	100.00
苏州市	Suzhou	41	89.00	100.00
南通市	Nantong	39	87.75	100.00
连云港市	Lianyungang	45	88.80	100.00
淮安市	Huai'an		81.48	100.00
盐城市	Yancheng	44	86.70	100.00
扬州市	Yangzhou		86.00	100.00
镇江市	Zhenjiang	52	85.74	90.72
泰州市	Taizhou		79.47	95.26
宿迁市	Suqian		90.42	100.00
浙江省	**Zhejiang**			
杭州市	Hangzhou		95.10	100.00
宁波市	Ningbo	35	82.95	100.00
温州市	Wenzhou	32	93.80	100.00
嘉兴市	Jiaxing	42	92.69	100.00
湖州市	Huzhou	42	94.96	100.00

2-8 续表 2 continued 2

城　市	City	可吸入细颗粒物年平均浓度（微克/立方米） Annual Mean Concentration of PM2.5 (ug/m³)	污水处理厂集中处理率(%) Ratio of waste Water Centralized Treated of Sewage Work(%)	生活垃圾无害化处理率(%) Ratio of Consumption Wastes Treated (%)
绍兴市	Shaoxing	41	95.15	100.00
金华市	Jinhua	39	95.22	100.00
衢州市	Quzhou		83.20	100.00
舟山市	Zhoushan	24	83.05	100.00
台州市	Taizhou	32	95.44	100.00
丽水市	Lishui	29	89.08	100.00
安徽省	**Anhui**			
合肥市	Hefei	56	94.17	99.98
芜湖市	Wuhu	49	92.51	100.00
蚌埠市	Bengbu	60	94.53	100.00
淮南市	Huainan	62	93.39	98.99
马鞍山市	Maanshan	50	93.21	100.00
淮北市	Huaibei	66	93.06	100.00
铜陵市	Tongling	58	93.02	100.00
安庆市	Anqing	56	89.81	100.00
黄山市	Huangshan	26	94.86	100.00
滁州市	Chuzhou	55	95.78	98.86
阜阳市	Fuyang	67	90.24	97.66
宿州市	Suzhou	70	96.55	99.70
六安市	Lu'an	47	93.37	99.78
亳州市	Bozhou	63	95.04	99.60
池州市	Chizhou	60	94.74	99.50
宣城市	Xuancheng	50	94.94	100.00
福建省	**Fujian**			
福州市	Fuzhou	27	82.74	99.99
厦门市	Xiamen	27	95.77	100.00
莆田市	Putian	28	91.69	98.50
三明市	Sanming	21	87.83	98.87
泉州市	Quanzhou	28	91.07	99.11
漳州市	Zhangzhou	35	92.63	99.20
南平市	Nanping	27	89.79	97.06
龙岩市	Longyan	24	91.66	99.60
宁德市	Ningde	24	86.07	96.50
江西省	**Jiangxi**			
南昌市	Nanchang	41	99.70	100.00
景德镇市	Jingdezhen	40	74.00	100.00
萍乡市	Pingxiang	51	92.24	100.00
九江市	Jiujiang	48	88.85	100.00
新余市	Xinyu	48	96.05	100.00
鹰潭市	Yingtan	43	89.10	100.00
赣州市	Ganzhou	47	86.44	100.00
吉安市	Ji'an	53	86.27	100.00
宜春市	Yichun	51	92.36	87.52
抚州市	Fuzhou	47	92.93	100.00
上饶市	Shangrao	44	86.15	100.00
山东省	**Shandong**			
济南市	Jinan	63	95.98	100.00

2-8 续表 3 continued 3

城 市	City	可吸入细颗粒物年平均浓度(微克/立方米) Annual Mean Concentration of PM2.5 (ug/m^3)	污水处理厂集中处理率(%) Ratio of waste Water Centralized Treated of Sewage Work(%)	生活垃圾无害化处理率(%) Ratio of Consumption Wastes Treated (%)
青岛市	Qingdao		97.04	100.00
淄博市	Zibo	63	96.87	100.00
枣庄市	Zaozhuang	66	96.65	100.00
东营市	Dongying		97.01	100.00
烟台市	Yantai		96.83	100.00
潍坊市	Weifang		95.70	100.00
济宁市	Jining	61	96.60	100.00
泰安市	Tai'an		96.65	100.00
威海市	Weihai	28	97.00	100.00
日照市	Rizhao	48	96.99	100.00
莱芜市	Laiwu	65	96.90	100.00
临沂市	Linyi		96.04	100.00
德州市	Dezhou	66	96.89	100.00
聊城市	Liaocheng	71	96.27	100.00
滨州市	Binzhou	64	97.01	100.00
菏泽市	Heze	71	96.49	99.67
河南省	**Henan**			
郑州市	Zhengzhou		98.00	100.00
开封市	Kaifeng	116	100.00	94.00
洛阳市	Luoyang		98.80	100.00
平顶山市	Pingdingshan		98.49	100.00
安阳市	Anyang		98.00	100.00
鹤壁市	Hebi		95.62	100.00
新乡市	Xinxiang	63	93.00	100.00
焦作市	Jiaozuo		97.50	100.00
濮阳市	Puyang	64	95.70	90.76
许昌市	Xuchang		98.00	100.00
漯河市	Luohe	63	97.50	95.00
三门峡市	Sanmenxia	62	97.00	99.00
南阳市	Nanyang		96.33	96.61
商丘市	Shangqiu		87.77	97.00
信阳市	Xinyang		81.90	81.70
周口市	Zhoukou		95.10	92.60
驻马店市	Zhumadian		97.81	97.71
湖北省	**Hubei**			
武汉市	Wuhan	52	96.00	100.00
黄石市	Huangshi	55	89.96	100.00
十堰市	Shiyan	41	94.95	99.79
宜昌市	Yichang	50	93.49	99.94
襄阳市	Xiangyang		93.00	100.00
鄂州市	Ezhou	56	94.00	100.00
荆门市	Jingmen	50	95.12	100.00
孝感市	Xiaogan	49	96.01	100.00
荆州市	Jingzhou	56	91.81	100.00
黄冈市	Huanggang	48	68.08	89.03
咸宁市	Xianning	47	88.08	100.00
随州市	Suizhou	51	96.02	100.00

2-8 续表 4 continued 4

城 市	City	可吸入细颗粒物年平均浓度(微克/立方米) Annual Mean Concentration of PM2.5 (ug/m^3)	污水处理厂集中处理率(%) Ratio of waste Water Centralized Treated of Sewage Work(%)	生活垃圾无害化处理率(%) Ratio of Consumption Wastes Treated (%)
湖南省	**Hunan**			
长沙市	Changsha	52	96.12	99.98
株洲市	Zhuzhou	47	93.61	99.99
湘潭市	Xiangtan	79	94.52	100.00
衡阳市	Hengyang	45	83.52	98.98
邵阳市	Shaoyang	50	81.20	94.24
岳阳市	Yueyang	71	87.99	99.81
常德市	Changde	54	96.74	100.00
张家界市	Zhangjiajie	42	89.72	100.00
益阳市	Yiyang	41	90.41	97.74
郴州市	Chenzhou	38	94.72	97.51
永州市	Yongzhou	39	100.00	86.50
怀化市	Huaihua	36	90.95	100.00
娄底市	Loudi	41	94.40	99.90
广东省	**Guangdong**			
广州市	Guangzhou			
韶关市	Shaoguan	32	87.08	90.24
深圳市	Shenzhen	28	96.81	100.00
珠海市	Zhuhai			100.00
汕头市	Shantou			100.00
佛山市	Foshan	40	95.73	100.00
江门市	Jiangmen	37		
湛江市	Zhanjiang		84.76	97.43
茂名市	Maoming			
肇庆市	Zhaoqing	37	94.47	99.82
惠州市	Huizhou			
梅州市	Meizhou	30	96.96	100.00
汕尾市	Shanwei	27	87.48	93.82
河源市	Heyuan			100.00
阳江市	Yangjiang	33	92.58	100.00
清远市	Qingyuan		90.70	99.99
东莞市	Dongguan			
中山市	Zhongshan	33		
潮州市	Chaozhou			69.32
揭阳市	Jieyang		91.00	94.46
云浮市	Yunfu	37	74.56	100.00
广西壮族自治区	**Guangxi**			
南宁市	Nanning	35	81.74	100.00
柳州市	Liuzhou	45	51.16	99.99
桂林市	Guilin	44	93.44	96.88
梧州市	Wuzhou	41	74.92	96.93
北海市	Beihai	28	98.56	100.00
防城港市	Fangchenggang	30	50.21	100.00
钦州市	Qinzhou	35	87.17	100.00
贵港市	Guigang	42	59.54	100.00

2-8 续表 5 continued 5

城　市	City	可吸入细颗粒物年平均浓度（微克/立方米） Annual Mean Concentration of PM2.5 (ug/m^3)	污水处理厂集中处理率 (%) Ratio of waste Water Centralized Treated of Sewage Work(%)	生活垃圾无害化处理率 (%) Ratio of Consumption Wastes Treated (%)
玉林市	Yulin	40	99.15	100.00
百色市	Baise	42	69.37	100.00
贺州市	Hezhou	42	88.00	100.00
河池市	Hechi	35	79.71	99.72
来宾市	Laibin	48	89.70	100.00
崇左市	Chongzuo	32	67.84	95.44
海南省	**Hainan**			
海口市	Haikou	20	95.00	100.00
三亚市	Sanya	15	86.55	100.00
三沙市	Sansha		82.95	98.77
儋州市	Danzhou	30		
重庆市	**Chongqing**	**45**	**93.71**	**99.40**
四川省	**Sichuan**			
成都市	Chengdu	56		99.00
自贡市	Zigong	66	52.13	96.50
攀枝花市	Panzhihua			
泸州市	Luzhou	53	77.48	100.00
德阳市	Deyang		83.76	
绵阳市	Mianyang			
广元市	Guangyuan	23	96.31	98.02
遂宁市	Suining		90.27	99.08
内江市	Neijiang	48	89.60	99.30
乐山市	Leshan		89.14	100.00
南充市	Nanchong		86.83	99.92
眉山市	Meishan	49	82.50	
宜宾市	Yibin	50	85.00	100.00
广安市	Guang'an		93.90	100.00
达州市	Dazhou	40	91.20	91.00
雅安市	Ya'an		86.47	99.57
巴中市	Bazhong			
资阳市	Ziyang		85.59	90.92
贵州省	**Guizhou**			
贵阳市	Guiyang	32	97.08	96.40
六盘水市	Liupanshui	34	87.00	83.54
遵义市	Zunyi	27	83.70	89.42
安顺市	Anshun			
毕节市	Bijie			
铜仁市	Tongren			
云南省	**Yunnan**			
昆明市	Kunming	29	92.37	100.00
曲靖市	Qujing	28	89.26	62.33
玉溪市	Yuxi	23	93.17	86.79
保山市	Baoshan		93.00	99.60
昭通市	Zhaotong	31	83.39	60.56
丽江市	Lijiang	14	93.35	99.42
普洱市	Pu'er	28	90.53	97.22
临沧市	Lincang		90.00	95.00

2-8 续表 6 continued 6

城 市	City	可吸入细颗粒物年平均浓度(微克/立方米) Annual Mean Concentration of PM2.5 (ug/m^3)	污水处理厂集中处理率(%) Ratio of waste Water Centralized Treated of Sewage Work(%)	生活垃圾无害化处理率(%) Ratio of Consumption Wastes Treated (%)
西藏自治区	**Tibet**			
拉萨市	Lasa	20		
日喀则市	Xigaze	15	11.00	91.00
昌都市	Qamdo	20	67.00	85.00
林芝市	Linzhi	11	100.00	
山南市	Shannan		100.00	100.00
那曲市	Naqu	40		
陕西省	**Shaanxi**			
西安市	Xi'an	73	96.07	99.70
铜川市	Tongchuan	54	92.33	92.94
宝鸡市	Baoji	59	92.76	100.00
咸阳市	Xianyang	80	90.19	98.38
渭南市	Weinan	62	96.66	98.76
延安市	Yan'an	43		
汉中市	Hanzhong	36	95.00	100.00
榆林市	Yulin		89.50	
安康市	Ankang	41	90.12	98.92
商洛市	Shangluo	36	88.05	92.88
甘肃省	**Gansu**			
兰州市	Lanzhou	52	95.49	100.00
嘉峪关市	Jiayuguan	23	92.78	100.00
金昌市	Jinchang	24	95.04	100.00
白银市	Baiyin	33	94.69	100.00
天水市	Tianshui	34	95.54	100.00
武威市	Wuwei	38	98.38	87.46
张掖市	Zhangye	29	95.47	100.00
平凉市	Pingliang	30	30.00	93.87
酒泉市	Jiuquan	28	93.78	100.00
庆阳市	Qingyang	66	78.15	61.93
定西市	Dingxi	39	92.22	97.37
陇南市	Longnan	31	69.17	80.89
青海省	**Qinghai**			
西宁市	Xining		76.70	94.91
海东市	Haidong			
宁夏回族自治区	**Ningxia**			
银川市	Yinchuan	49	95.20	100.00
石嘴山市	Shizuishan	46	95.57	97.52
吴忠市	Wuzhong	44	89.02	95.80
固原市	Guyuan	34	91.80	78.41
中卫市	Zhongwei			
新疆维吾尔自治区	**Xinjiang**			
乌鲁木齐市	Urumqi	70	87.51	93.12
克拉玛依市	Karamay	34	95.11	99.05
吐鲁番市	Turpan		93.92	100.00
哈密市	Hami	30	86.88	89.33

（三）经济发展
Economic Development

2-9 地区生产总值(市辖区)
Gross Regional Product (Districts under City)

城　　市	City	地区生产总值(当年价格)(万元) Gross Regional Product (Current Prices) (10 000 yuan)	人均地区生产总值(元) Per Capita GRP (yuan)	地区生产总值增长率(%) GRP Growth Rate (%)
北京市	**Beijing**	**280149400**	**128994**	**6.70**
天津市	**Tianjin**	**185491900**	**119238**	**3.60**
河北省	**Hebei**			
石家庄市	Shijiazhuang	33962728	69926	8.10
唐山市	Tangshan	32053543	89233	6.70
秦皇岛市	Qinhuangdao	10146857	61170	7.40
邯郸市	Handan	13518281	37796	6.58
邢台市	Xingtai	3706907	38163	7.25
保定市	Baoding	13573495	44917	2.00
张家口市	Zhangjiakou	7093733	41038	6.50
承德市	Chengde	4045897	60575	7.22
沧州市	Cangzhou	8667928	120805	7.68
廊坊市	Langfang	8648469	91067	11.75
衡水市	Hengshui	5534965	57615	7.20
山西省	**Shanxi**			
太原市	Taiyuan	31483179	88340	7.70
大同市	Datong	8866388	49181	5.00
阳泉市	Yangquan	4440648	57321	7.74
长治市	Changzhi	3909537	48705	2.50
晋城市	Jincheng	2681085	54209	6.50
朔州市	Shuozhou	4583205	127482	
晋中市	Jinzhong	2698240	40850	5.10
运城市	Yuncheng	2461333	34987	7.00
忻州市	Xinzhou	1383021	24543	6.57
临汾市	Linfen	2829721	28904	6.10
吕梁市	Lvliang	813938	24359	6.40
内蒙古自治区	**Inner Mongolia**			
呼和浩特市	Hohhot	21851700	99720	5.16
包头市	Baotou	24190700	155090	6.00
乌海市	Wuhai	4100777	73268	5.30
赤峰市	Chifeng	6113256	43746	3.10
通辽市	Tongliao	4201300	40347	4.40
鄂尔多斯市	Erdos	7467000	111798	5.60
呼伦贝尔市	Hulunbuir	3047356	58996	0.10
巴彦淖尔市	Bayannur	2421916	43728	3.60
乌兰察布市	Ulanqab	1534132	37491	5.90
辽宁省	**Liaoning**			
沈阳市	Shenyang	51481026	74567	3.00
大连市	Dalian	53917639	113675	7.31
鞍山市	Anshan	8640987		6.61
抚顺市	Fushun	8137748	56418	4.05
本溪市	Benxi	5590042	50063	1.70
丹东市	Dandong	2298381	29409	4.00
锦州市	Jinzhou	5623240	58133	10.91
营口市	Yingkou	8078204	73693	4.68
阜新市	Fuxin	1849479	23399	-0.90
辽阳市	Liaoyang	5135963		6.22

2-9 续表 1 continued 1

城市	City	地区生产总值(当年价格)(万元) Gross Regional Product (Current Prices) (10 000 yuan)	人均地区生产总值(元) Per Capita GRP (yuan)	地区生产总值增长率(%) GRP Growth Rate (%)
盘锦市	Panjin	9736271	83252	5.10
铁岭市	Tieling	1295727	30000	1.40
朝阳市	Chaoyang	1936827	29816	3.45
葫芦岛市	Huludao	3600729	38313	5.50
吉林省	**Jilin**			
长春市	Changchun	51428765		8.00
吉林市	Jilin	13344871	74221	3.20
四平市	Siping	1613303	27816	4.50
辽源市	Liaoyuan	4251037	92788	2.23
通化市	Tonghua	1890231	43110	-15.30
白山市	Baishan	3546055	65256	-1.33
松原市	Songyuan	3913200	59368	-7.19
白城市	Baicheng	1676260	34181	4.00
黑龙江省	**Heilongjiang**			
哈尔滨市	Harbin	47127585	85567	7.60
齐齐哈尔市	Qiqihar	6366549	48096	6.40
鸡西市	Jixi	1654705	20425	6.10
鹤岗市	Hegang	1415313	22946	9.90
双鸭山市	Shuangyashan	1213525	24783	2.40
大庆市	Daqing	22907157	167420	2.40
伊春市	Yichun	1650320	22214	6.99
佳木斯市	Jiamusi	4561525	59023	6.00
七台河市	Qitaihe	1757953	36370	6.30
牡丹江市	Mudanjiang	3589212	37154	6.80
黑河市	Heihe	349527	34607	3.70
绥化市	Suihua	1765596	21750	6.40
上海市	**Shanghai**	**306329900**	**126634**	**6.90**
江苏省	**Jiangsu**			
南京市	Nanjing	117151000	141103	8.10
无锡市	Wuxi	54652800	150120	7.70
徐州市	Xuzhou	33978846	103339	5.10
常州市	Changzhou	57722100	146104	8.20
苏州市	Suzhou	81945100	148427	7.30
南通市	Nantong	28626300	121783	7.80
连云港市	Lianyungang	14478400	69127	7.50
淮安市	Huai'an	22359500	72908	7.25
盐城市	Yancheng	20373200	85756	6.00
扬州市	Yangzhou	32484000	133566	7.60
镇江市	Zhenjiang	18786919	152461	7.00
泰州市	Taizhou	19948100	122501	8.60
宿迁市	Suqian	9464340	59102	7.70
浙江省	**Zhejiang**			
杭州市	Hangzhou	116214609	148794	8.21
宁波市	Ningbo	62826874	150990	6.80
温州市	Wenzhou	21810810	72524	7.41
嘉兴市	Jiaxing	11254564	89889	8.00
湖州市	Huzhou	10857320	81370	8.87

2-9 续表 2 continued 2

城 市	City	地区生产总值(当年价格)(万元) Gross Regional Product (Current Prices) (10 000 yuan)	人均地区生产总值(元) Per Capita GRP (yuan)	地区生产总值增长率(%) GRP Growth Rate (%)
绍兴市	Shaoxing	29516779	107555	7.04
金华市	Jinhua	7413927	65000	6.28
衢州市	Quzhou	6022312	72664	10.10
舟山市	Zhoushan	9165154	103796	8.70
台州市	Taizhou	16240361	83050	8.94
丽水市	Lishui	3261953	68342	5.22
安徽省	**Anhui**			
合肥市	Hefei	48124819	125778	8.99
芜湖市	Wuhu	19018514	114672	9.47
蚌埠市	Bengbu	8445969	46538	9.40
淮南市	Huainan	6293324	34399	6.40
马鞍山市	Maanshan	10425427	108939	8.90
淮北市	Huaibei	6229180	59210	6.89
铜陵市	Tongling	8813428		8.44
安庆市	Anqing	5138061	62204	8.60
黄山市	Huangshan	2869916	59970	8.10
滁州市	Chuzhou	4329164	73807	11.00
阜阳市	Fuyang	5431259	23855	8.00
宿州市	Suzhou	6442018	37389	9.16
六安市	Lu'an	5320556	26940	8.60
亳州市	Bozhou	4212362	25262	9.34
池州市	Chizhou	3508409	52255	5.71
宣城市	Xuancheng	3238217	37215	8.00
福建省	**Fujian**			
福州市	Fuzhou	43005530	111092	8.90
厦门市	Xiamen	43517181	109753	7.60
莆田市	Putian	16647596	81847	8.42
三明市	Sanming	4532584	117668	8.53
泉州市	Quanzhou	17587544	113012	8.42
漳州市	Zhangzhou	8148209	103667	8.70
南平市	Nanping	5263855	66739	6.40
龙岩市	Longyan	10326594	94523	7.90
宁德市	Ningde	3906094	87385	10.53
江西省	**Jiangxi**			
南昌市	Nanchang	36408753	100828	9.00
景德镇市	Jingdezhen	3854290	77302	8.70
萍乡市	Pingxiang	6083233	63725	9.10
九江市	Jiujiang	10076908	98917	9.14
新余市	Xinyu	7565744	87546	8.40
鹰潭市	Yingtan	2307944	104574	7.90
赣州市	Ganzhou	7665439	41863	9.80
吉安市	Ji'an	2531933	45796	8.87
宜春市	Yichun	2850981	26574	9.50
抚州市	Fuzhou	3966520	35359	8.70
上饶市	Shangrao	6203743	51582	9.40
山东省	**Shandong**			
济南市	Jinan	63890455	110114	7.89

2-9 续表 3 continued 3

城　市	City	地区生产总值(当年价格)(万元) Gross Regional Product (Current Prices) (10 000 yuan)	人均地区生产总值(元) Per Capita GRP (yuan)	地区生产总值增长率(%) GRP Growth Rate (%)
青岛市	Qingdao	84991300	136667	9.30
淄博市	Zibo	36697027	113450	8.40
枣庄市	Zaozhuang	11571249	51533	6.95
东营市	Dongying	26365857	200022	6.10
烟台市	Yantai	32506652	153061	7.60
潍坊市	Weifang	17510000	79721	9.40
济宁市	Jining	17934002	103366	5.65
泰安市	Tai'an	11032000	59207	7.35
威海市	Weihai	17730689	114746	8.20
日照市	Rizhao	14150500	99323	8.80
莱芜市	Laiwu	8949700	65046	8.10
临沂市	Linyi	18035241	66256	8.23
德州市	Dezhou	8957000	68314	7.19
聊城市	Liaocheng	5731900	43501	8.00
滨州市	Binzhou	8190902	76014	5.45
菏泽市	Heze	7708513	38143	8.20
河南省	**Henan**			
郑州市	Zhengzhou	53849953	94477	6.70
开封市	Kaifeng	6887402	42413	7.00
洛阳市	Luoyang	16555755	75677	9.20
平顶山市	Pingdingshan	5649429	52117	10.30
安阳市	Anyang	6166974	48635	5.40
鹤壁市	Hebi	3880451	58502	6.70
新乡市	Xinxiang	8005138	69375	8.03
焦作市	Jiaozuo	5162899	50079	6.06
濮阳市	Puyang	4387409	60258	5.80
许昌市	Xuchang	7495540	57640	8.80
漯河市	Luohe	7027980	51980	8.20
三门峡市	Sanmenxia	4316182	64155	10.20
南阳市	Nanyang	7557584	40189	5.60
商丘市	Shangqiu	4793000	26550	6.30
信阳市	Xinyang	5867475	41472	7.00
周口市	Zhoukou	2360046	33019	6.60
驻马店市	Zhumadian	3668609	37230	8.20
湖北省	**Hubei**			
武汉市	Wuhan	134103400	123831	8.00
黄石市	Huangshi	7060400	79778	9.00
十堰市	Shiyan	10794677	77898	10.10
宜昌市	Yichang	16525000	112313	4.10
襄阳市	Xiangyang	20508774	88032	6.58
鄂州市	Ezhou	9059200	84452	8.60
荆门市	Jingmen	5659000	82014	7.70
孝感市	Xiaogan	3164822	34067	7.50
荆州市	Jingzhou	6439500	51923	8.14
黄冈市	Huanggang	2235000	56950	7.30
咸宁市	Xianning	2830000	53676	8.70
随州市	Suizhou	4346800	68664	7.54

2-9 续表 4 continued 4

城　市	City	地区生产总值(当年价格)(万元) Gross Regional Product (Current Prices) (10 000 yuan)	人均地区生产总值(元) Per Capita GRP (yuan)	地区生产总值增长率(%) GRP Growth Rate (%)
湖南省	**Hunan**			
长沙市	Changsha	63903360	152441	8.30
株洲市	Zhuzhou	11740538	92387	8.00
湘潭市	Xiangtan	12342154	114821	8.50
衡阳市	Hengyang	9082292	75572	8.30
邵阳市	Shaoyang	3417031	44464	7.70
岳阳市	Yueyang	13125986	99537	6.60
常德市	Changde	16105239	102869	7.80
张家界市	Zhangjiajie	2796735	53109	8.70
益阳市	Yiyang	6868076	53126	8.00
郴州市	Chenzhou	6904667	79721	7.70
永州市	Yongzhou	4708548	42534	8.80
怀化市	Huaihua	3456184	56464	8.00
娄底市	Loudi	4601745	74886	10.40
广东省	**Guangdong**			
广州市	Guangzhou	215031516	150678	7.00
韶关市	Shaoguan	6383211	61271	7.80
深圳市	Shenzhen	224900586	184068	8.80
珠海市	Zhuhai	26751795	155502	10.80
汕头市	Shantou	23315759	42152	8.60
佛山市	Foshan	93985162	124324	8.25
江门市	Jiangmen	14192763	75461	7.90
湛江市	Zhanjiang	12740693	75552	7.70
茂名市	Maoming	13968211	55130	7.14
肇庆市	Zhaoqing	11166091	72007	5.20
惠州市	Huizhou	24079290	98163	6.90
梅州市	Meizhou	4191338	43445	5.87
汕尾市	Shanwei	2241362	42515	-0.60
河源市	Heyuan	3790678	77614	4.80
阳江市	Yangjiang	7094626	60119	6.50
清远市	Qingyuan	7754930	49267	4.37
东莞市	Dongguan			
中山市	Zhongshan			
潮州市	Chaozhou	8045515	45332	7.00
揭阳市	Jieyang	9403706	47684	4.77
云浮市	Yunfu	2048113	63067	3.60
广西壮族自治区	**Guangxi**			
南宁市	Nanning	34107409	79292	8.20
柳州市	Liuzhou	22256613	99703	6.70
桂林市	Guilin	8119388	51963	-1.30
梧州市	Wuzhou	6247607	76837	2.50
北海市	Beihai	9651455	133523	10.45
防城港市	Fangchenggang	5657685	100438	7.30
钦州市	Qinzhou	5918520	46302	9.62
贵港市	Guigang	4597731	28910	9.44

2-9 续表 5 continued 5

城　　市	City	地区生产总值(当年价格)(万元) Gross Regional Product (Current Prices) (10 000 yuan)	人均地区生产总值(元) Per Capita GRP (yuan)	地区生产总值增长率(%) GRP Growth Rate (%)
玉林市	Yulin	4928736	43786	8.69
百色市	Baise	2872060	72054	11.10
贺州市	Hezhou	3141921	29728	5.41
河池市	Hechi	2565998	27606	9.19
来宾市	Laibin	2936789	30398	6.60
崇左市	Chongzuo	1936177	56747	10.40
海南省	**Hainan**			
海口市	Haikou	13905779	61589	7.50
三亚市	Sanya	5298048	69780	7.60
三沙市	Sansha			
儋州市	Danzhou			
重庆市	**Chongqing**			
四川省	**Sichuan**			
成都市	Chengdu	110100047	103757	8.70
自贡市	Zigong	8484280	56636	8.13
攀枝花市	Panzhihua	8425681	100209	7.40
泸州市	Luzhou	8407557	57669	9.70
德阳市	Deyang	6709721	68888	8.60
绵阳市	Mianyang	11480260	62909	9.60
广元市	Guangyuan	3440379	31878	8.80
遂宁市	Suining	4703359	35659	8.70
内江市	Neijiang	4772911	36639	7.57
乐山市	Leshan	7191902	58714	8.50
南充市	Nanchong	6692215	6421762	8.82
眉山市	Meishan	5546799	47875	5.60
宜宾市	Yibin	7516818	61785	9.15
广安市	Guang'an	3485615	39213	8.10
达州市	Dazhou	4890622	28615	7.90
雅安市	Ya'an	2398237	37833	8.60
巴中市	Bazhong	2169990	18292	8.50
资阳市	Ziyang	4848100	53293	8.30
贵州省	**Guizhou**			
贵阳市	Guiyang	26760750	79295	11.80
六盘水市	Liupanshui	4673400	77055	11.00
遵义市	Zunyi	11193200	52940	13.20
安顺市	Anshun	4488895	40817	13.50
毕节市	Bijie	3721144	32162	12.20
铜仁市	Tongren	2077400	47300	12.43
云南省	**Yunnan**			
昆明市	Kunming	38896946	90074	13.00
曲靖市	Qujing	8096320	66152	10.10
玉溪市	Yuxi	7255575	90774	6.23
保山市	Baoshan	2604239	26773	11.50
昭通市	Zhaotong	2558688	30544	9.20
丽江市	Lijiang	1242906	56780	8.10
普洱市	Pu'er	1477545	46891	11.20
临沧市	Lincang	1065841	31627	10.00

2-9 续表 6 continued 6

城　市	City	地区生产总值(当年价格)(万元) Gross Regional Product (Current Prices) (10 000 yuan)	人均地区生产总值(元) Per Capita GRP (yuan)	地区生产总值增长率(%) GRP Growth Rate (%)
西藏自治区	**Tibet**			
拉萨市	Lasa	2878800		
日喀则市	Xigaze	731016	60660	10.70
昌都市	Qamdo	563394	36715	10.00
林芝市	Linzhi	652800	104733	10.10
山南市	Shannan	493693	67788	10.20
那曲市	Naqu	505456	46269	11.10
陕西省	**Shaanxi**			
西安市	Xi'an	71920980	84205	7.60
铜川市	Tongchuan	3105440	41533	7.50
宝鸡市	Baoji	10803650	73939	8.10
咸阳市	Xianyang	7049152	123996	7.95
渭南市	Weinan	3705194	41208	8.32
延安市	Yan'an	3825290	46935	8.50
汉中市	Hanzhong	4798198	42361	9.96
榆林市	Yulin	6984704	106175	8.50
安康市	Ankang	2909198	33076	9.00
商洛市	Shangluo	1478000	27384	9.50
甘肃省	**Gansu**			
兰州市	Lanzhou	20965283	78412	5.92
嘉峪关市	Jiayuguan			
金昌市	Jinchang	1564325	66909	1.30
白银市	Baiyin	2679410	53863	1.30
天水市	Tianshui	3697913	30165	5.40
武威市	Wuwei	2722793	26828	-2.20
张掖市	Zhangye	1646975	31881	4.71
平凉市	Pingliang	1286773	24334	4.00
酒泉市	Jiuquan	1687479	40257	2.50
庆阳市	Qingyang	2029988	54416	6.00
定西市	Dingxi	767389	17890	4.30
陇南市	Longnan	1093212	19243	5.90
青海省	**Qinghai**			
西宁市	Xining	10086748	77662	10.80
海东市	Haidong	1653467	98134	7.50
宁夏回族自治区	**Ningxia**			
银川市	Yinchuan	11039244	77927	7.50
石嘴山市	Shizuishan	3771905	73860	7.00
吴忠市	Wuzhong	1895152	45931	7.80
固原市	Guyuan	1176599	27929	8.00
中卫市	Zhongwei	1716928	42041	7.90
新疆维吾尔自治区	**Xinjiang**			
乌鲁木齐市	Urumqi	27075290	79892	8.11
克拉玛依市	Karamay	7445034	145798	7.50
吐鲁番市	Turpan	854603	29925	8.27
哈密市	Hami	3591681	73077	7.30

2-10 地区生产总值构成(市辖区)

Composition of Gross Regional Product (Districts under City)

单位：% (%)

城　　市	City	第一产业占GDP的比重 Primary Industry as Percentage to GRP	第二产业占GDP的比重 Secondary Industry as Percentage to GRP	第三产业占GDP的比重 Tertiary Industry as Percentage to GRP
北京市	**Beijing**	**0.43**	**19.01**	**80.56**
天津市	**Tianjin**	**0.91**	**40.94**	**58.15**
河北省	**Hebei**			
石家庄市	Shijiazhuang	2.17	38.88	58.95
唐山市	Tangshan	4.27	62.10	33.63
秦皇岛市	Qinhuangdao	6.29	35.33	58.37
邯郸市	Handan	6.47	43.22	50.31
邢台市	Xingtai	1.05	35.77	63.18
保定市	Baoding	5.56	49.05	45.38
张家口市	Zhangjiakou	7.01	38.92	54.07
承德市	Chengde	1.00	45.97	53.03
沧州市	Cangzhou	1.22	50.01	48.77
廊坊市	Langfang	2.18	38.63	59.19
衡水市	Hengshui	3.98	48.02	47.99
山西省	**Shanxi**			
太原市	Taiyuan	0.54	36.52	62.93
大同市	Datong	1.47	38.54	60.00
阳泉市	Yangquan	0.45	42.49	57.06
长治市	Changzhi	0.92	37.90	61.19
晋城市	Jincheng	0.26	30.34	69.40
朔州市	Shuozhou	3.39	37.42	59.19
晋中市	Jinzhong	7.95	31.95	60.09
运城市	Yuncheng	6.00	28.61	65.39
忻州市	Xinzhou	7.38	31.45	61.18
临汾市	Linfen	2.88	21.86	75.26
吕梁市	Lvliang	2.44	28.09	69.47
内蒙古自治区	**Inner Mongolia**			
呼和浩特市	Hohhot	1.05	24.81	74.14
包头市	Baotou	1.13	40.70	58.17
乌海市	Wuhai	1.23	57.70	41.07
赤峰市	Chifeng	10.93	37.95	51.12
通辽市	Tongliao	13.19	34.29	52.52
鄂尔多斯市	Erdos	0.20	33.57	66.22
呼伦贝尔市	Hulunbuir	2.89	46.24	50.87
巴彦淖尔市	Bayannur	17.47	35.60	46.93
乌兰察布市	Ulanqab	2.58	37.70	59.73
辽宁省	**Liaoning**			
沈阳市	Shenyang	2.32	39.20	58.48
大连市	Dalian	2.93	38.42	58.65
鞍山市	Anshan	0.73	50.31	48.96
抚顺市	Fushun	1.52	57.98	40.50
本溪市	Benxi	3.23	47.92	48.85
丹东市	Dandong	3.82	31.58	64.60
锦州市	Jinzhou	2.56	48.96	48.48
营口市	Yingkou	2.75	42.00	55.25
阜新市	Fuxin	1.54	38.33	60.13
辽阳市	Liaoyang	3.19	54.36	42.45

2-10 续表 1 continued 1

单位：% (%)

城 市	City	第一产业占GDP的比重 Primary Industry as Percentage to GRP	第二产业占GDP的比重 Secondary Industry as Percentage to GRP	第三产业占GDP的比重 Tertiary Industry as Percentage to GRP
盘锦市	Panjin	7.59	47.38	45.04
铁岭市	Tieling	3.26	32.64	64.10
朝阳市	Chaoyang	7.47	30.65	61.88
葫芦岛市	Huludao	4.92	47.79	47.29
吉林省	**Jilin**			
长春市	Changchun	1.33	53.35	45.32
吉林市	Jilin	3.50	35.32	61.18
四平市	Siping	2.87	52.11	45.02
辽源市	Liaoyuan	0.48	59.35	40.17
通化市	Tonghua	1.58	42.04	56.38
白山市	Baishan	5.05	52.94	42.00
松原市	Songyuan	2.64	43.61	53.75
白城市	Baicheng	12.19	13.85	73.96
黑龙江省	**Heilongjiang**			
哈尔滨市	Harbin	5.83	29.93	64.24
齐齐哈尔市	Qiqihar	3.98	28.65	67.36
鸡西市	Jixi	4.39	45.33	50.28
鹤岗市	Hegang	6.08	50.89	43.03
双鸭山市	Shuangyashan	3.09	28.57	68.33
大庆市	Daqing	2.40	62.09	35.51
伊春市	Yichun	32.53	25.26	42.21
佳木斯市	Jiamusi	6.31	25.78	67.91
七台河市	Qitaihe	8.79	41.54	49.66
牡丹江市	Mudanjiang	4.37	35.17	60.46
黑河市	Heihe	3.84	30.49	65.67
绥化市	Suihua	46.07	25.77	28.15
上海市	**Shanghai**	**0.36**	**30.46**	**69.18**
江苏省	**Jiangsu**			
南京市	Nanjing	2.25	38.03	59.73
无锡市	Wuxi	0.81	41.33	57.86
徐州市	Xuzhou	3.54	43.20	53.26
常州市	Changzhou	1.84	46.36	51.80
苏州市	Suzhou	1.00	47.30	51.70
南通市	Nantong	2.14	45.61	52.25
连云港市	Lianyungang	8.53	44.40	47.07
淮安市	Huai'an	8.45	43.90	47.65
盐城市	Yancheng	8.31	48.65	43.05
扬州市	Yangzhou	2.95	47.92	49.13
镇江市	Zhenjiang	1.59	46.57	51.85
泰州市	Taizhou	3.33	50.51	46.15
宿迁市	Suqian	7.33	49.50	43.18
浙江省	**Zhejiang**			
杭州市	Hangzhou	1.85	33.61	64.54
宁波市	Ningbo	1.50	49.53	48.97
温州市	Wenzhou	0.80	40.44	58.76
嘉兴市	Jiaxing	2.64	45.48	51.88
湖州市	Huzhou	4.21	45.04	50.75

2-10 续表 2 continued 2

单位：% (%)

城 市	City	第一产业占GDP的比重 Primary Industry as Percentage to GRP	第二产业占GDP的比重 Secondary Industry as Percentage to GRP	第三产业占GDP的比重 Tertiary Industry as Percentage to GRP
绍兴市	Shaoxing	3.21	47.84	48.95
金华市	Jinhua	4.52	34.49	60.98
衢州市	Quzhou	5.03	46.45	48.51
舟山市	Zhoushan	7.67	34.21	58.13
台州市	Taizhou	3.19	44.27	52.53
丽水市	Lishui	5.81	36.27	57.92
安徽省	**Anhui**			
合肥市	Hefei	0.31	47.33	52.35
芜湖市	Wuhu	1.44	55.94	42.62
蚌埠市	Bengbu	3.04	49.47	47.49
淮南市	Huainan	6.76	45.17	48.07
马鞍山市	Maanshan	1.20	53.91	44.88
淮北市	Huaibei	3.44	58.86	37.70
铜陵市	Tongling	1.73	63.67	34.60
安庆市	Anqing	2.72	43.69	53.59
黄山市	Huangshan	6.09	31.07	62.85
滁州市	Chuzhou	4.61	65.72	29.68
阜阳市	Fuyang	11.69	35.23	53.08
宿州市	Suzhou	10.16	38.42	51.42
六安市	Lu'an	14.40	43.58	42.02
亳州市	Bozhou	15.69	42.41	41.89
池州市	Chizhou	8.73	49.57	41.70
宣城市	Xuancheng	11.70	40.49	47.81
福建省	**Fujian**			
福州市	Fuzhou	1.39	36.69	61.92
厦门市	Xiamen	0.54	41.64	57.82
莆田市	Putian	5.56	54.18	40.26
三明市	Sanming	2.97	54.36	42.67
泉州市	Quanzhou	0.81	56.14	43.04
漳州市	Zhangzhou	1.75	45.47	52.78
南平市	Nanping	13.13	48.34	38.53
龙岩市	Longyan	6.35	52.76	40.89
宁德市	Ningde	9.91	51.17	38.92
江西省	**Jiangxi**			
南昌市	Nanchang	1.71	50.04	48.25
景德镇市	Jingdezhen	1.40	44.54	54.06
萍乡市	Pingxiang	3.06	49.60	47.33
九江市	Jiujiang	2.30	41.66	56.03
新余市	Xinyu	4.64	52.82	42.54
鹰潭市	Yingtan	0.86	44.98	54.16
赣州市	Ganzhou	6.54	43.71	49.75
吉安市	Ji'an	6.73	44.99	48.27
宜春市	Yichun	11.09	37.67	51.24
抚州市	Fuzhou	11.55	46.50	41.95
上饶市	Shangrao	4.80	41.95	53.24
山东省	**Shandong**			
济南市	Jinan	2.85	33.83	63.31

2-10 续表 3 continued 3

单位：% (%)

城　　市	City	第一产业占GDP的比重 Primary Industry as Percentage to GRP	第二产业占GDP的比重 Secondary Industry as Percentage to GRP	第三产业占GDP的比重 Tertiary Industry as Percentage to GRP
青岛市	Qingdao	1.81	40.03	58.16
淄博市	Zibo	1.93	51.99	46.08
枣庄市	Zaozhuang	6.82	53.27	39.91
东营市	Dongying	2.00	63.30	34.70
烟台市	Yantai	2.71	50.17	47.12
潍坊市	Weifang	2.86	47.97	49.17
济宁市	Jining	5.44	49.48	45.08
泰安市	Tai'an	6.15	42.70	51.15
威海市	Weihai	5.70	47.52	46.77
日照市	Rizhao	5.66	50.06	44.28
莱芜市	Laiwu	6.20	55.79	38.01
临沂市	Linyi	1.84	51.46	46.70
德州市	Dezhou	4.77	49.70	45.53
聊城市	Liaocheng	10.41	45.05	44.53
滨州市	Binzhou	7.23	44.14	48.63
菏泽市	Heze	7.44	48.59	43.97
河南省	**Henan**			
郑州市	Zhengzhou	0.49	39.33	60.18
开封市	Kaifeng	9.83	34.99	55.18
洛阳市	Luoyang	1.07	37.74	61.18
平顶山市	Pingdingshan	1.03	51.90	47.07
安阳市	Anyang	1.18	45.10	53.72
鹤壁市	Hebi	3.02	61.30	35.68
新乡市	Xinxiang	0.93	42.89	56.17
焦作市	Jiaozuo	1.23	42.50	56.27
濮阳市	Puyang	4.08	45.47	50.45
许昌市	Xuchang	3.20	56.05	40.75
漯河市	Luohe	7.05	61.45	31.50
三门峡市	Sanmenxia	5.85	45.02	49.12
南阳市	Nanyang	6.70	33.79	59.51
商丘市	Shangqiu	14.01	43.97	42.02
信阳市	Xinyang	12.26	44.66	43.08
周口市	Zhoukou	3.63	49.87	46.49
驻马店市	Zhumadian	7.31	46.95	45.74
湖北省	**Hubei**			
武汉市	Wuhan	3.04	43.71	53.25
黄石市	Huangshi	0.70	58.70	40.59
十堰市	Shiyan	2.81	60.10	37.09
宜昌市	Yichang	4.76	55.96	39.28
襄阳市	Xiangyang	6.80	54.17	39.04
鄂州市	Ezhou	11.26	52.70	36.03
荆门市	Jingmen	5.39	52.64	41.97
孝感市	Xiaogan	10.17	46.23	43.59
荆州市	Jingzhou	8.34	51.98	39.68
黄冈市	Huanggang	6.95	44.30	48.75
咸宁市	Xianning	10.60	57.24	32.16
随州市	Suizhou	5.75	47.84	46.41

2-10 续表 4 continued 4

单位：% (%)

城 市	City	第一产业占GDP的比重 Primary Industry as Percentage to GRP	第二产业占GDP的比重 Secondary Industry as Percentage to GRP	第三产业占GDP的比重 Tertiary Industry as Percentage to GRP
湖南省	**Hunan**			
长沙市	Changsha	0.91	35.39	63.69
株洲市	Zhuzhou	2.02	45.01	52.97
湘潭市	Xiangtan	1.49	54.41	44.10
衡阳市	Hengyang	1.98	46.11	51.91
邵阳市	Shaoyang	3.49	46.34	50.17
岳阳市	Yueyang	3.23	38.93	57.84
常德市	Changde	3.79	47.57	48.63
张家界市	Zhangjiajie	7.00	15.71	77.29
益阳市	Yiyang	8.47	47.40	44.13
郴州市	Chenzhou	3.50	42.09	54.40
永州市	Yongzhou	13.33	39.58	47.10
怀化市	Huaihua	2.63	19.88	77.49
娄底市	Loudi	3.86	52.31	43.83
广东省	**Guangdong**			
广州市	Guangzhou	1.09	27.97	70.94
韶关市	Shaoguan	3.94	36.76	59.30
深圳市	Shenzhen	0.09	41.44	58.47
珠海市	Zhuhai	1.83	48.12	50.06
汕头市	Shantou	4.44	50.40	45.16
佛山市	Foshan	1.42	57.72	40.86
江门市	Jiangmen	3.39	49.77	46.83
湛江市	Zhanjiang	5.38	45.22	49.40
茂名市	Maoming	10.64	49.83	39.53
肇庆市	Zhaoqing	7.81	51.80	40.39
惠州市	Huizhou	1.84	56.85	41.31
梅州市	Meizhou	12.62	42.88	44.50
汕尾市	Shanwei	12.57	44.83	42.60
河源市	Heyuan	0.73	54.72	44.55
阳江市	Yangjiang	13.69	40.60	45.71
清远市	Qingyuan	8.34	36.79	54.87
东莞市	Dongguan			
中山市	Zhongshan			
潮州市	Chaozhou	2.73	52.79	44.48
揭阳市	Jieyang	4.74	59.77	35.49
云浮市	Yunfu	16.26	49.51	34.22
广西壮族自治区	**Guangxi**			
南宁市	Nanning	6.18	40.15	53.66
柳州市	Liuzhou	2.52	57.50	39.98
桂林市	Guilin	6.25	34.08	59.67
梧州市	Wuzhou	2.84	56.68	40.48
北海市	Beihai	10.08	62.12	27.80
防城港市	Fangchenggang	8.64	60.20	31.15
钦州市	Qinzhou	20.73	36.31	42.96
贵港市	Guigang	15.31	38.61	46.08

2-10 续表 5 continued 5

单位：% (%)

城　　市	City	第一产业占GDP的比重 Primary Industry as Percentage to GRP	第二产业占GDP的比重 Secondary Industry as Percentage to GRP	第三产业占GDP的比重 Tertiary Industry as Percentage to GRP
玉林市	Yulin	8.25	38.18	53.58
百色市	Baise	10.18	50.30	39.52
贺州市	Hezhou	16.43	40.79	42.78
河池市	Hechi	22.63	22.91	54.46
来宾市	Laibin	22.33	34.75	42.91
崇左市	Chongzuo	14.75	47.77	37.48
海南省	**Hainan**			
海口市	Haikou	4.49	18.14	77.37
三亚市	Sanya	12.39	19.98	67.63
三沙市	Sansha			
儋州市	Danzhou			
重庆市	**Chongqing**			
四川省	**Sichuan**			
成都市	Chengdu	1.52	43.92	54.56
自贡市	Zigong	6.37	51.54	42.08
攀枝花市	Panzhihua	1.48	65.10	33.42
泸州市	Luzhou	6.35	57.72	35.93
德阳市	Deyang	7.95	49.48	42.57
绵阳市	Mianyang	7.19	45.75	47.05
广元市	Guangyuan	8.82	51.34	39.84
遂宁市	Suining	13.40	45.79	40.81
内江市	Neijiang	13.90	44.30	41.80
乐山市	Leshan	6.23	51.52	42.25
南充市	Nanchong	13.05	43.99	42.96
眉山市	Meishan	11.31	47.15	41.55
宜宾市	Yibin	6.34	51.06	42.60
广安市	Guang'an	11.45	44.92	43.63
达州市	Dazhou	15.26	32.60	52.14
雅安市	Ya'an	14.92	37.58	47.50
巴中市	Bazhong	14.46	43.56	41.97
资阳市	Ziyang	10.20	57.45	32.35
贵州省	**Guizhou**			
贵阳市	Guiyang	1.81	35.20	62.99
六盘水市	Liupanshui	1.35	46.61	52.04
遵义市	Zunyi	9.59	41.40	49.01
安顺市	Anshun	12.58	38.83	48.59
毕节市	Bijie	17.70	31.81	50.50
铜仁市	Tongren	11.48	39.59	48.93
云南省	**Yunnan**			
昆明市	Kunming	1.34	38.71	59.95
曲靖市	Qujing	7.93	47.40	44.67
玉溪市	Yuxi	4.32	63.54	32.14
保山市	Baoshan	19.50	35.96	44.55
昭通市	Zhaotong	11.13	49.28	39.59
丽江市	Lijiang	4.52	31.19	64.29
普洱市	Pu'er	9.76	39.75	50.49
临沧市	Lincang	15.09	34.02	50.89

2-10 续表 6 continued 6

单位：% (%)

城 市	City	第一产业占GDP的比重 Primary Industry as Percentage to GRP	第二产业占GDP的比重 Secondary Industry as Percentage to GRP	第三产业占GDP的比重 Tertiary Industry as Percentage to GRP
西藏自治区	**Tibet**			
拉萨市	Lasa	1.64	33.09	65.28
日喀则市	Xigaze	7.54	40.63	51.83
昌都市	Qamdo	6.89	44.22	48.89
林芝市	Linzhi	2.33	38.56	59.11
山南市	Shannan	2.25	23.37	74.38
那曲市	Naqu	6.60	27.19	66.21
陕西省	**Shaanxi**			
西安市	Xi'an	3.02	35.15	61.83
铜川市	Tongchuan	5.82	50.95	43.23
宝鸡市	Baoji	3.06	66.26	30.68
咸阳市	Xianyang	0.95	71.34	27.71
渭南市	Weinan	10.16	46.02	43.82
延安市	Yan'an	5.56	43.17	51.27
汉中市	Hanzhong	8.99	50.42	40.58
榆林市	Yulin	4.14	58.87	36.99
安康市	Ankang	8.50	43.51	47.98
商洛市	Shangluo	9.64	43.30	47.06
甘肃省	**Gansu**			
兰州市	Lanzhou	0.57	32.59	66.84
嘉峪关市	Jiayuguan			
金昌市	Jinchang	2.60	61.42	35.99
白银市	Baiyin	3.27	49.89	46.84
天水市	Tianshui	6.30	40.14	53.56
武威市	Wuwei	21.44	31.62	46.94
张掖市	Zhangye	14.69	23.36	61.95
平凉市	Pingliang	6.66	23.72	69.62
酒泉市	Jiuquan	12.05	25.71	62.24
庆阳市	Qingyang	2.82	51.88	45.30
定西市	Dingxi	12.69	29.63	57.68
陇南市	Longnan	15.22	13.57	71.21
青海省	**Qinghai**			
西宁市	Xining	0.25	37.40	62.35
海东市	Haidong	10.21	46.85	42.94
宁夏回族自治区	**Ningxia**			
银川市	Yinchuan	1.63	35.85	62.52
石嘴山市	Shizuishan	1.88	62.41	35.71
吴忠市	Wuzhong	9.32	61.99	28.69
固原市	Guyuan	12.78	27.41	59.81
中卫市	Zhongwei	13.52	38.66	47.82
新疆维吾尔自治区	**Xinjiang**			
乌鲁木齐市	Urumqi	0.64	30.24	69.11
克拉玛依市	Karamay	0.66	70.34	28.99
吐鲁番市	Turpan	24.07	24.09	51.84
哈密市	Hami	7.70	54.57	37.73

2-11 地方一般公共预算收支状况(全市)
Local General public budget revenue and Expenditure (Total City)

单位：万元 (10 000yuan)

城市	City	地方一般公共预算收入 Local General public budget revenue	地方一般公共预算支出 Local General public budget Expenditure	科学技术支出 Expenditure for Science and Technology	教育支出 Expenditure for Education
北京市	**Beijing**	**54307875**	**68194936**	**3617191**	**9645817**
天津市	**Tianjin**	**23101109**	**32808795**	**1159606**	**4352701**
河北省	**Hebei**				
石家庄市	Shijiazhuang	4608886	8067284	100610	1676709
唐山市	Tangshan	3803481	6626323	71110	1337546
秦皇岛市	Qinhuangdao	1185525	2626987	30410	508832
邯郸市	Handan	2201150	5470074	50523	1163136
邢台市	Xingtai	1267379	4185241	24803	897944
保定市	Baoding	2584150	6636722	44738	1445318
张家口市	Zhangjiakou	1357853	4725763	20821	799876
承德市	Chengde	892213	3376382	21410	663827
沧州市	Cangzhou	2395362	5504803	46063	1220731
廊坊市	Langfang	3314737	5827035	66840	969083
衡水市	Hengshui	1034737	2982886	31181	561044
山西省	**Shanxi**				
太原市	Taiyuan	3118503	4790558	185297	730005
大同市	Datong	1082766	3255052	22012	540778
阳泉市	Yangquan	499961	1060561	9088	214920
长治市	Changzhi	1322832	2684289	19147	478483
晋城市	Jincheng	1013655	1784121	13307	337864
朔州市	Shuozhou	732205	1417217	8127	233470
晋中市	Jinzhong	1180603	2789231	24569	488690
运城市	Yuncheng	671031	3030131	20828	599606
忻州市	Xinzhou	732569	2906549	18721	471097
临汾市	Linfen	970948	3343427	17935	516267
吕梁市	Lvliang	1387790	3153750	24553	644344
内蒙古自治区	**Inner Mongolia**				
呼和浩特市	Hohhot	2015020	4030357	36607	535916
包头市	Baotou	1376126	3303194	39163	505189
乌海市	Wuhai	724234	903911	7506	106873
赤峰市	Chifeng	1006776	4625060	12202	872383
通辽市	Tongliao	704603	3169892	13238	519228
鄂尔多斯市	Erdos	3568432	4733742	23874	626359
呼伦贝尔市	Hulunbuir	852516	4350520	18871	487322
巴彦淖尔市	Bayannur	572326	2464211	7707	278987
乌兰察布市	Ulanqab	431063	3181106	7579	387189
辽宁省	**Liaoning**				
沈阳市	Shenyang	6562406	8550151	161669	1144224
大连市	Dalian	6576367	9198403	121861	1092038
鞍山市	Anshan	1402169	2738412	15463	348568
抚顺市	Fushun	880639	1823227	2514	198551
本溪市	Benxi	645570	1356115	4933	190208
丹东市	Dandong	727389	2005855	9276	290763
锦州市	Jinzhou	912722	2375708	23899	312386
营口市	Yingkou	1136805	2167200	4868	237765
阜新市	Fuxin	381775	1457354	2806	199572
辽阳市	Liaoyang	806938	1486519	4953	189427

2-11 续表 1 continued 1

单位：万元 (10 000yuan)

城　市	City	地方一般公共预算收入 Local General public budget revenue	地方一般公共预算支出 Local General public budget Expenditure	科学技术支出 Expenditure for Science and Technology	教育支出 Expenditure for Education
盘锦市	Panjin	1188642	1846166	9144	188687
铁岭市	Tieling	491492	1896468	7941	308854
朝阳市	Chaoyang	578832	2344146	3797	375108
葫芦岛市	Huludao	727999	1988768	2857	321034
吉林省	**Jilin**				
长春市	Changchun	4500818	8757334	136176	1197032
吉林市	Jilin	1048695	4012191	39761	582762
四平市	Siping	566375	3038035	6956	414471
辽源市	Liaoyuan	183442	1226718	3709	176568
通化市	Tonghua	618818	2545814	59836	348455
白山市	Baishan	269507	1863368	7760	215789
松原市	Songyuan	478646	2729650	2619	367008
白城市	Baicheng	415069	2563527	7910	305802
吉林省	**Heilongjiang**				
哈尔滨市	Harbin	3681048	9584676	87425	1247846
齐齐哈尔市	Qiqihar	736038	4639317	9390	658345
鸡西市	Jixi	379078	1844652	6681	183153
鹤岗市	Hegang	231331	1111987	2427	134557
双鸭山市	Shuangyashan	230988	1512444	1007	149681
大庆市	Daqing	1552735	2946439	4971	439536
伊春市	Yichun	161879	1481757	2618	74585
佳木斯市	Jiamusi	397479	2742664	2339	270632
七台河市	Qitaihe	227534	882841	3204	78284
牡丹江市	Mudanjiang	758965	2861515	10470	323752
黑河市	Heihe	321412	2111364	5345	174911
绥化市	Suihua	560695	4178408	5379	617029
上海市	**Shanghai**	**66422638**	**75476205**	**3898971**	**8741040**
江苏省	**Jiangsu**				
南京市	Nanjing	12719111	13540873	672942	2178419
无锡市	Wuxi	9300017	9876625	422110	1536353
徐州市	Xuzhou	5016355	8273338	215540	1739880
常州市	Changzhou	5188050	5515534	250894	978778
苏州市	Suzhou	19081002	17714698	1240275	2995668
南通市	Nantong	5906026	8100804	272407	1529899
连云港市	Lianyungang	2148464	3905576	88065	757669
淮安市	Huai'an	2306078	4523140	97407	856931
盐城市	Yancheng	3600188	7482814	250301	1347881
扬州市	Yangzhou	3201787	5076403	149805	903569
镇江市	Zhenjiang	2843378	3866360	126531	717570
泰州市	Taizhou	3439707	4754870	132911	765702
宿迁市	Suqian	2005789	4241181	74948	718379
浙江省	**Zhejiang**				
杭州市	Hangzhou	15674169	15409156	923236	2792968
宁波市	Ningbo	12452880	14106049	587880	2146045
温州市	Wenzhou	4653504	7616108	157623	1791419
嘉兴市	Jiaxing	4437941	4947026	202514	1020834
湖州市	Huzhou	2374308	3250181	112968	636727

2-11 续表 2 continued 2

单位：万元 (10 000yuan)

城 市	City	地方一般公共预算收入 Local General public budget revenue	地方一般公共预算支出 Local General public budget Expenditure	科学技术支出 Expenditure for Science and Technology	教育支出 Expenditure for Education
绍兴市	Shaoxing	4313596	4698303	260669	995509
金华市	Jinhua	3577073	5366856	186460	1053388
衢州市	Quzhou	1112838	3004654	90512	459035
舟山市	Zhoushan	1257644	2586044	55548	331707
台州市	Taizhou	3822482	5630966	137217	1226156
丽水市	Lishui	1129055	3786403	72667	670110
安徽省	**Anhui**				
合肥市	Hefei	6559039	9653444	695921	1418002
芜湖市	Wuhu	3112297	4632994	574155	731657
蚌埠市	Bengbu	1410675	2977139	126849	527459
淮南市	Huainan	1013169	2332828	35440	446697
马鞍山市	Maanshan	1383556	2276986	123050	333407
淮北市	Huaibei	605395	1527736	15863	252501
铜陵市	Tongling	773441	1602757	83439	235405
安庆市	Anqing	1210184	3730026	95817	714367
黄山市	Huangshan	751871	1857265	54102	186447
滁州市	Chuzhou	1825108	3802745	105515	620812
阜阳市	Fuyang	1576195	5152125	54318	990501
宿州市	Suzhou	1011243	3459208	39433	681240
六安市	Lu'an	1127855	3753587	93232	675479
亳州市	Bozhou	945506	3250253	53655	585197
池州市	Chizhou	651887	1436093	12792	199971
宣城市	Xuancheng	1429705	2733264	112055	410386
福建省	**Fujian**				
福州市	Fuzhou	6341633	9388572	196765	1557755
厦门市	Xiamen	6968660	7970976	237386	1231528
莆田市	Putian	1363665	2281087	31558	550779
三明市	Sanming	1007599	2909650	46013	569187
泉州市	Quanzhou	4422979	6378085	149060	1381903
漳州市	Zhangzhou	2040408	4291903	76713	738449
南平市	Nanping	870769	2836435	31004	501458
龙岩市	Longyan	1387501	2998149	84419	601554
宁德市	Ningde	1103835	2970803	25757	558140
江西省	**Jiangxi**				
南昌市	Nanchang	4170774	6531223	217331	998001
景德镇市	Jingdezhen	867036	1921282	39606	278696
萍乡市	Pingxiang	1027281	2249377	54288	328694
九江市	Jiujiang	2625306	5250146	75892	908971
新余市	Xinyu	926028	1619707	25604	212330
鹰潭市	Yingtan	752545	1283538	52310	192836
赣州市	Ganzhou	2453663	7763343	184152	1579970
吉安市	Ji'an	1565425	4332153	86765	866115
宜春市	Yichun	2252713	4750473	164296	906585
抚州市	Fuzhou	1201926	3552632	78134	622552
上饶市	Shangrao	2139784	5503984	59322	1036827
山东省	**Shandong**				
济南市	Jinan	6772100	8340600	128982	1433433

2-11 续表 3 continued 3

单位：万元 (10 000yuan)

城市	City	地方一般公共预算收入 Local General public budget revenue	地方一般公共预算支出 Local General public budget Expenditure	科学技术支出 Expenditure for Science and Technology	教育支出 Expenditure for Education
青岛市	Qingdao	11572389	14030252	385919	2538189
淄博市	Zibo	3615831	4460258	97567	966525
枣庄市	Zaozhuang	1452003	2452853	21150	508597
东营市	Dongying	2328804	2776552	64341	500649
烟台市	Yantai	6003247	7080657	243319	1156582
潍坊市	Weifang	5391188	6783951	197004	1724106
济宁市	Jining	3857066	5696170	72089	1309429
泰安市	Tai'an	2071396	3559560	41736	690131
威海市	Weihai	2730775	3595607	150309	805473
日照市	Rizhao	1413298	2322639	41375	484538
莱芜市	Laiwu	560078	887679	15081	201748
临沂市	Linyi	2853399	5896115	45710	1415646
德州市	Dezhou	1874677	3605225	51520	684171
聊城市	Liaocheng	1865117	3806005	18316	786793
滨州市	Binzhou	2262838	3302785	96054	604237
菏泽市	Heze	1865511	5102594	22065	1003390
河南省	**Henan**				
郑州市	Zhengzhou	10566713	15149533	339602	1759635
开封市	Kaifeng	1227427	3347353	33187	567787
洛阳市	Luoyang	3259324	5493532	135537	986725
平顶山市	Pingdingshan	1375315	3175857	37436	607902
安阳市	Anyang	1295482	3165990	43210	695155
鹤壁市	Hebi	597266	1224053	16940	195880
新乡市	Xinxiang	1590530	3682581	84934	696476
焦作市	Jiaozuo	1337866	2395444	35776	411955
濮阳市	Puyang	811142	2601798	23553	541287
许昌市	Xuchang	1452801	2864298	50219	568740
漯河市	Luohe	827000	1751000	13233	272150
三门峡市	Sanmenxia	1081840	2125526	28723	424189
南阳市	Nanyang	1748352	5840598	83424	1218277
商丘市	Shangqiu	1288478	4630766	54374	853929
信阳市	Xinyang	1004506	4460438	22204	1009016
周口市	Zhoukou	1118253	5133367	33729	1016845
驻马店市	Zhumadian	1152034	4772273	56795	925915
湖北省	**Hubei**				
武汉市	Wuhan	14029265	17282839	1129906	2679919
黄石市	Huangshi	1110920	2242733	31241	384682
十堰市	Shiyan	1076602	3413531	42705	548306
宜昌市	Yichang	2420818	4938294	143600	695194
襄阳市	Xiangyang	3149131	6419853	229986	859093
鄂州市	Ezhou	583318	1163740	43349	169736
荆门市	Jingmen	1012503	2676177	63122	353085
孝感市	Xiaogan	1319482	3612973	105530	597025
荆州市	Jingzhou	1224963	4056447	96425	667306
黄冈市	Huanggang	1333300	4544837	83742	943026
咸宁市	Xianning	876958	2271124	38180	366423
随州市	Suizhou	485962	1529807	15033	246293

2-11 续表 4 continued 4

单位：万元 (10 000yuan)

城　　市	City	地方一般公共预算收入 Local General public budget revenue	地方一般公共预算支出 Local General public budget Expenditure	科学技术支出 Expenditure for Science and Technology	教育支出 Expenditure for Education
湖南省	**Hunan**				
长沙市	Changsha	8003456	11826043	293220	1772617
株洲市	Zhuzhou	2240927	4470811	120030	544617
湘潭市	Xiangtan	2014788	2811352	70020	365851
衡阳市	Hengyang	1624102	5304298	32402	910032
邵阳市	Shaoyang	975525	5107924	17343	838538
岳阳市	Yueyang	3180854	4890629	54559	650021
常德市	Changde	1634691	4904950	54747	685855
张家界市	Zhangjiajie	565662	1523548	6401	207888
益阳市	Yiyang	696449	3345714	25538	552898
郴州市	Chenzhou	2033755	3976419	43617	716862
永州市	Yongzhou	1093361	4318785	42140	764935
怀化市	Huaihua	1367131	4100397	43841	699040
娄底市	Loudi	702890	2778358	11932	493858
广东省	**Guangdong**				
广州市	Guangzhou	15367365	21860130	1712569	4043335
韶关市	Shaoguan	887015	3109078	59884	511799
深圳市	Shenzhen	33321303	45938003	3518252	5090971
珠海市	Zhuhai	3143761	4938852	453039	742206
汕头市	Shantou	1500714	3316327	49200	789092
佛山市	Foshan	6615815	7749551	462621	1402545
江门市	Jiangmen	2223728	3332625	110216	732484
湛江市	Zhanjiang	1349958	4427021	38479	968904
茂名市	Maoming	1301377	3819209	16932	1161653
肇庆市	Zhaoqing	948545	2711538	58617	584554
惠州市	Huizhou	3890838	5540130	258472	1068551
梅州市	Meizhou	1085512	3951746	61918	787524
汕尾市	Shanwei	367731	2225992	45660	408397
河源市	Heyuan	711865	2828024	43028	584167
阳江市	Yangjiang	606491	1931517	19151	334602
清远市	Qingyuan	1030717	3046250	40026	684717
东莞市	Dongguan	5920682	6676462	339579	1475796
中山市	Zhongshan	3127302	4552818	440982	665350
潮州市	Chaozhou	445904	1428209	14397	357321
揭阳市	Jieyang	728126	2847037	19020	663597
云浮市	Yunfu	574910	1814852	35911	373644
广西壮族自治区	**Guangxi**				
南宁市	Nanning	3321500	6463707	64433	1173869
柳州市	Liuzhou	1797943	3745641	41332	707633
桂林市	Guilin	1441597	4340692	25574	772764
梧州市	Wuzhou	845516	2422995	11509	497093
北海市	Beihai	643361	1576537	34004	287354
防城港市	Fangchenggang	476011	1204667	3331	166092
钦州市	Qinzhou	528083	2052811	9904	498434
贵港市	Guigang	504095	2339256	3200	528765

2-11 续表 5 continued 5

单位：万元 (10 000yuan)

城　市	City	地方一般公共预算收入 Local General public budget revenue	地方一般公共预算支出 Local General public budget Expenditure	科学技术支出 Expenditure for Science and Technology	教育支出 Expenditure for Education
玉林市	Yulin	1055517	3507082	21540	873515
百色市	Baise	824976	3797133	32499	700788
贺州市	Hezhou	308911	1799863	11099	320918
河池市	Hechi	362232	3290491	12191	610975
来宾市	Laibin	276356	1781765	2532	311471
崇左市	Chongzuo	340613	2215306	11033	344970
海南省	**Hainan**				
海口市	Haikou	1253645	1983183	10528	315243
三亚市	Sanya	929619	1300212	27590	200353
三沙市	Sansha				
儋州市	Danzhou	227750	753092	1325	138928
重庆市	**Chongqing**	**22523788**	**43362800**	**593077**	**6263003**
四川省	**Sichuan**				
成都市	Chengdu	12755334	17566621	532565	2505824
自贡市	Zigong	532240	2229037	19106	363630
攀枝花市	Panzhihua	605930	1370352	13573	249453
泸州市	Luzhou	1460444	3689580	31324	693513
德阳市	Deyang	1061672	2401735	21105	362272
绵阳市	Mianyang	1105883	3650643	61324	610450
广元市	Guangyuan	439915	2507023	9827	411449
遂宁市	Suining	601803	2305561	9493	390078
内江市	Neijiang	560961	2175124	16910	395664
乐山市	Leshan	992170	2820171	19528	421791
南充市	Nanchong	1032555	4603999	14205	813787
眉山市	Meishan	931612	2256815	11483	408084
宜宾市	Yibin	1388196	3705395	29251	728467
广安市	Guang'an	712464	2649741	6111	589075
达州市	Dazhou	907078	3891551	16289	794989
雅安市	Ya'an	348370	1373913	15878	181412
巴中市	Bazhong	455260	2814826	7103	496988
资阳市	Ziyang	497670	1803147	11894	339384
贵州省	**Guizhou**				
贵阳市	Guiyang	3778473	5824776	166542	1047672
六盘水市	Liupanshui	1386208	2922737	61466	668900
遵义市	Zunyi	2163855	6368074	77914	1272677
安顺市	Anshun	762447	2558917	26357	476345
毕节市	Bijie	1238407	5277456	106618	1297855
铜仁市	Tongren	656357	3999710	58334	919998
云南省	**Yunnan**				
昆明市	Kunming	5608643	7759012	168930	1181689
曲靖市	Qujing	1362125	4425430	27744	1146960
玉溪市	Yuxi	1372211	2621228	57963	483273
保山市	Baoshan	623151	2380304	8396	441137
昭通市	Zhaotong	675270	4164233	9494	999357
丽江市	Lijiang	400638	1607959	10116	270472
普洱市	Pu'er	532211	2717839	15395	478032
临沧市	Lincang	400434	2429495	6170	432609

2-11 续表 6 continued 6

单位: 万元 (10 000yuan)

城 市	City	地方一般公共预算收入 Local General public budget revenue	地方一般公共预算支出 Local General public budget Expenditure	科学技术支出 Expenditure for Science and Technology	教育支出 Expenditure for Education
西藏自治区	**Tibet**				
拉萨市	Lasa	896288	2574658	32940	434622
日喀则市	Xigaze	157519	2617582	4931	446919
昌都市	Qamdo	151029	1928457	5019	316121
林芝市	Linzhi	129647	989503	2227	165650
山南市	Shannan	165704	1437896	2531	257172
那曲市	Naqu	74866	1514136	2765	330870
陕西省	**Shaanxi**				
西安市	Xi'an	6544997	10450925	452846	1338949
铜川市	Tongchuan	200554	1169875	7828	211113
宝鸡市	Baoji	810818	3045755	42777	598546
咸阳市	Xianyang	774747	3465492	29145	656749
渭南市	Weinan	735379	4076514	28062	783674
延安市	Yan'an	1404175	3532777	21197	532299
汉中市	Hanzhong	456488	3116956	18202	602428
榆林市	Yulin	3129353	5551430	60697	1016366
安康市	Ankang	280210	2744518	12862	605572
商洛市	Shangluo	217567	2109800	7257	381520
甘肃省	**Gansu**				
兰州市	Lanzhou	2342001	4293614	67851	803250
嘉峪关市	Jiayuguan	183664	277274	973	41249
金昌市	Jinchang	222173	596972	1802	80287
白银市	Baiyin	299441	1601737	7686	295842
天水市	Tianshui	446700	2789728	12025	590652
武威市	Wuwei	286177	2021616	7472	306035
张掖市	Zhangye	263250	1645001	6798	234646
平凉市	Pingliang	275895	1919643	5355	382906
酒泉市	Jiuquan	345025	1415348	8738	212074
庆阳市	Qingyang	467845	2343521	13945	427411
定西市	Dingxi	228135	2184779	9309	483714
陇南市	Longnan	261686	2259479	8055	416162
青海省	**Qinghai**				
西宁市	Xining	791623	2883747	15715	465621
海东市	Haidong	168345	1978609	4475	376605
宁夏回族自治区	**Ningxia**				
银川市	Yinchuan	1774561	3418283	82161	360501
石嘴山市	Shizuishan	230627	926740	9144	122316
吴忠市	Wuzhong	326885	2002162	13994	309621
固原市	Guyuan	166805	2259975	6822	391610
中卫市	Zhongwei	240048	1566932	14609	208044
新疆维吾尔自治区	**Xinjiang**				
乌鲁木齐市	Urumqi	4007781	4585812	100024	721454
克拉玛依市	Karamay	874499	1112898	16696	236065
吐鲁番市	Turpan	361769	885991	5934	169954
哈密市	Hami	498078	1171914	6490	162590

2-12 地方一般公共预算收支状况(市辖区)
Local General public budget revenue and Expenditure (Districts under City)

单位：万元 (10 000yuan)

城市	City	地方一般公共预算收入 Local General public budget revenue	地方一般公共预算支出 Local General public budget Expenditure	科学技术支出 Expenditure for Science and Technology	教育支出 Expenditure for Education
北京市	**Beijing**	**54307875**	**68194936**	**3617191**	**9645817**
天津市	**Tianjin**	**23101109**	**32808795**	**1159606**	**4352701**
河北省	**Hebei**				
石家庄市	Shijiazhuang	2741038	2682260	47403	703281
唐山市	Tangshan	2628995	4161394	51301	731153
秦皇岛市	Qinhuangdao	999928	1867191	29400	314343
邯郸市	Handan	1152346	2494280	24461	491076
邢台市	Xingtai	467971	994283	5780	201304
保定市	Baoding	427437	1205184	10873	318565
张家口市	Zhangjiakou	828654	2279562	14292	360424
承德市	Chengde	408151	1048959	9399	185221
沧州市	Cangzhou	1120944	1663203	31365	305432
廊坊市	Langfang	1219801	1795971	34155	236419
衡水市	Hengshui	538114	1068790	17662	193465
山西省	**Shanxi**				
太原市	Taiyuan	978458	1548757	12287	323762
大同市	Datong	925644	1875368	17035	288382
阳泉市	Yangquan	403320	661719	6702	126036
长治市	Changzhi	531774	847604	4162	127680
晋城市	Jincheng	437097	579235	3049	109217
朔州市	Shuozhou	473584	734410	4434	109188
晋中市	Jinzhong	184285	404678	5659	66804
运城市	Yuncheng	170887	581016	2386	61373
忻州市	Xinzhou	46239	207051	1303	45074
临汾市	Linfen	120405	324956	781	66361
吕梁市	Lvliang	96389	216544	2150	46508
内蒙古自治区	**Inner Mongolia**				
呼和浩特市	Hohhot	1062691	1003304	9350	242855
包头市	Baotou	1158751	2651866	37017	431649
乌海市	Wuhai	724234	903911	7506	106873
赤峰市	Chifeng	472610	980587	4077	231437
通辽市	Tongliao	173924	374868	3635	86774
鄂尔多斯市	Erdos	1627834	1765602	7334	208722
呼伦贝尔市	Hulunbuir	164952	406784	364	58194
巴彦淖尔市	Bayannur	172804	406103	535	71832
乌兰察布市	Ulanqab	113907	318841	311	50166
辽宁省	**Liaoning**				
沈阳市	Shenyang	5517250	3904487	38163	755155
大连市	Dalian	5756328	7580468	115714	831969
鞍山市	Anshan	1039007	1821354	13400	183504
抚顺市	Fushun	747210	1297081	2129	121434
本溪市	Benxi	522055	983805	3091	123596
丹东市	Dandong	194368	254466	453	56412
锦州市	Jinzhou	674839	1120529	7990	139523
营口市	Yingkou	893546	1432540	4600	139570
阜新市	Fuxin	275897	751592	2224	95561
辽阳市	Liaoyang	591519	1030771	4081	106203

2-12 续表 1 continued 1

单位：万元 (10 000yuan)

城 市	City	地方一般公共预算收入 Local General public budget revenue	地方一般公共预算支出 Local General public budget Expenditure	科学技术支出 Expenditure for Science and Technology	教育支出 Expenditure for Education
盘锦市	Panjin	1061290	1568259	8943	155660
铁岭市	Tieling	134174	149895	837	22963
朝阳市	Chaoyang	282311	661424	1656	91340
葫芦岛市	Huludao	367517	381523	308	82555
吉林省	**Jilin**				
长春市	Changchun	4149491	6419782	135689	836024
吉林市	Jilin	777359	2139188	29085	266970
四平市	Siping	301408	828471	3682	100960
辽源市	Liaoyuan	115378	529185	2886	69149
通化市	Tonghua	175872	699215	27784	90750
白山市	Baishan	137884	758183	5072	86427
松原市	Songyuan	200438	812577	1170	97240
白城市	Baicheng	154630	739752	4755	81425
黑龙江省	**Heilongjiang**				
哈尔滨市	Harbin	3347920	6962770	79021	847536
齐齐哈尔市	Qiqihar	478931	1562462	7608	231737
鸡西市	Jixi	267058	1043519	993	76131
鹤岗市	Hegang	187118	740118	696	85651
双鸭山市	Shuangyashan	143222	608590	366	55810
大庆市	Daqing	1427998	1839878	3917	295233
伊春市	Yichun	117248	1047480	1418	38645
佳木斯市	Jiamusi	225396	853524	1015	77817
七台河市	Qitaihe	199646	545616	2985	54460
牡丹江市	Mudanjiang	391250	1071969	8080	128473
黑河市	Heihe	131286	276303	981	14288
绥化市	Suihua	43953	392530	261	80373
上海市	**Shanghai**	**66422638**	**75476205**	**3898971**	**8741040**
江苏省	**Jiangsu**				
南京市	Nanjing	12719111	13540873	672942	2178419
无锡市	Wuxi	5836957	6367374	301054	884457
徐州市	Xuzhou	2747504	3866008	128251	687106
常州市	Changzhou	4574272	4699193	214085	808387
苏州市	Suzhou	10129103	9924965	620023	1546243
南通市	Nantong	2600558	3196361	107284	536966
连云港市	Lianyungang	1512801	2235399	62337	417203
淮安市	Huai'an	1729224	2988570	51044	587457
盐城市	Yancheng	1781698	2997676	112311	470801
扬州市	Yangzhou	2121708	3170885	86102	535964
镇江市	Zhenjiang	1472822	2024017	68097	309829
泰州市	Taizhou	1847079	2328241	81677	349191
宿迁市	Suqian	1000296	1826080	23929	257171
浙江省	**Zhejiang**				
杭州市	Hangzhou	14979182	13968866	877184	2519759
宁波市	Ningbo	9025843	10061672	418617	1344124
温州市	Wenzhou	2112019	2626665	83486	599011
嘉兴市	Jiaxing	1431413	1644608	56732	237530
湖州市	Huzhou	997488	1488044	36422	260501

2-12 续表 2 continued 2

单位：万元 (10 000yuan)

城 市	City	地方一般公共预算收入 Local General public budget revenue	地方一般公共预算支出 Local General public budget Expenditure	科学技术支出 Expenditure for Science and Technology	教育支出 Expenditure for Education
绍兴市	Shaoxing	2799687	2799096	129147	560949
金华市	Jinhua	866168	1453797	37190	224830
衢州市	Quzhou	614835	1234980	41118	183210
舟山市	Zhoushan	1035790	1929251	42760	261934
台州市	Taizhou	1568587	1916237	54171	427371
丽水市	Lishui	434390	840823	27918	142522
安徽省	**Anhui**				
合肥市	Hefei	4987304	6541120	566321	818080
芜湖市	Wuhu	2084376	2737253	536953	395106
蚌埠市	Bengbu	1014711	1552901	56105	179412
淮南市	Huainan	648746	1315885	26309	223856
马鞍山市	Maanshan	815977	1110137	67357	134291
淮北市	Huaibei	438661	954218	11478	141787
铜陵市	Tongling	686193	1212811	78203	159340
安庆市	Anqing	646129	1134050	37610	147678
黄山市	Huangshan	454768	997665	24269	78410
滁州市	Chuzhou	706774	1055963	42144	165252
阜阳市	Fuyang	776385	1811016	33207	306809
宿州市	Suzhou	566181	1477126	28461	240257
六安市	Lu'an	675362	2010657	75677	305626
亳州市	Bozhou	529281	1355964	37419	185188
池州市	Chizhou	398705	769116	7129	86334
宣城市	Xuancheng	268673	485739	11996	78012
福建省	**Fujian**				
福州市	Fuzhou	4080478	5039172	102938	827496
厦门市	Xiamen	6968660	7970976	237386	1231528
莆田市	Putian	1145917	1745152	28400	410433
三明市	Sanming	329159	705406	6950	116784
泉州市	Quanzhou	1405954	1744344	49857	364702
漳州市	Zhangzhou	713806	969050	38996	148372
南平市	Nanping	384596	959871	11169	170335
龙岩市	Longyan	868348	1300513	47486	258118
宁德市	Ningde	412760	739647	17842	124873
江西省	**Jiangxi**				
南昌市	Nanchang	3288556	4735850	187955	668080
景德镇市	Jingdezhen	493135	1086539	26447	95961
萍乡市	Pingxiang	698140	1407447	35403	164408
九江市	Jiujiang	1117607	1874260	37944	247013
新余市	Xinyu	664641	1226791	17514	165351
鹰潭市	Yingtan	270698	475786	9154	49230
赣州市	Ganzhou	775875	1813760	51176	350541
吉安市	Ji'an	154418	448602	6122	84837
宜春市	Yichun	186407	554322	13263	89694
抚州市	Fuzhou	156211	517634	10410	99668
上饶市	Shangrao	439785	855229	7565	154311
山东省	**Shandong**				
济南市	Jinan	6264505	7274064	120863	1206477

2-12 续表 3 continued 3

单位：万元 (10 000yuan)

城市	City	地方一般公共预算收入 Local General public budget revenue	地方一般公共预算支出 Local General public budget Expenditure	科学技术支出 Expenditure for Science and Technology	教育支出 Expenditure for Education
青岛市	Qingdao	9553885	11256819	355846	1854999
淄博市	Zibo	2917131	3431038	77744	711698
枣庄市	Zaozhuang	748435	1612172	15177	317149
东营市	Dongying	1780693	2001254	56948	323818
烟台市	Yantai	2915649	3394861	171109	509330
潍坊市	Weifang	1882808	2551617	138012	458011
济宁市	Jining	1752782	2107559	49866	464420
泰安市	Tai'an	1031525	1601638	22739	226900
威海市	Weihai	1693918	2133257	107279	396962
日照市	Rizhao	1105890	1475211	28880	256256
莱芜市	Laiwu	560078	887679	15081	201748
临沂市	Linyi	1524177	2141931	25853	465641
德州市	Dezhou	603349	664893	15514	146511
聊城市	Liaocheng	704296	1441477	9515	232751
滨州市	Binzhou	782004	1294565	67627	203352
菏泽市	Heze	737464	1674808	12390	300568
河南省	**Henan**				
郑州市	Zhengzhou	7979274	11124771	266460	1113908
开封市	Kaifeng	655004	1454533	15370	220570
洛阳市	Luoyang	1911631	2650829	71628	344777
平顶山市	Pingdingshan	672306	1174841	12702	214943
安阳市	Anyang	756693	1317441	30481	272606
鹤壁市	Hebi	431455	723208	12948	102020
新乡市	Xinxiang	702394	1143772	54711	219821
焦作市	Jiaozuo	666645	1081615	11674	173551
濮阳市	Puyang	488442	832339	11717	191843
许昌市	Xuchang	742150	1215482	27349	202162
漯河市	Luohe	637040	1129000	11422	163875
三门峡市	Sanmenxia	429930	929627	11693	179762
南阳市	Nanyang	731639	1506134	30581	297663
商丘市	Shangqiu	483938	1450682	15320	225801
信阳市	Xinyang	503391	1196321	8245	218164
周口市	Zhoukou	267175	792755	3743	109275
驻马店市	Zhumadian	464657	1027088	19828	179210
湖北省	**Hubei**				
武汉市	Wuhan	14029265	17282839	1129906	2679919
黄石市	Huangshi	523565	977918	9200	160486
十堰市	Shiyan	384612	913402	15962	164984
宜昌市	Yichang	1445415	2232392	111042	349468
襄阳市	Xiangyang	1934131	3376211	141220	386715
鄂州市	Ezhou	583318	1163740	43349	169736
荆门市	Jingmen	545341	1025399	26242	143081
孝感市	Xiaogan	485983	1085675	39330	159419
荆州市	Jingzhou	630122	1365686	46250	228696
黄冈市	Huanggang	68900	213178	4068	35532
咸宁市	Xianning	372648	712630	16346	113036
随州市	Suizhou	156687	368280	4792	60366

2-12 续表 4 continued 4

单位：万元 (10 000yuan)

城市	City	地方一般公共预算收入 Local General public budget revenue	地方一般公共预算支出 Local General public budget Expenditure	科学技术支出 Expenditure for Science and Technology	教育支出 Expenditure for Education
湖南省	**Hunan**				
长沙市	Changsha	6054082	8179478	248250	1192749
株洲市	Zhuzhou	941775	1319162	30304	108612
湘潭市	Xiangtan	1563952	1689674	41615	196350
衡阳市	Hengyang	963777	2033185	19721	254379
邵阳市	Shaoyang	237669	767716	2618	79394
岳阳市	Yueyang	2482995	2341098	40807	216795
常德市	Changde	1147131	2138078	43288	261015
张家界市	Zhangjiajie	381585	763982	4517	83397
益阳市	Yiyang	444305	1520843	13851	200322
郴州市	Chenzhou	190297	445708	7472	113770
永州市	Yongzhou	240510	722798	7680	131534
怀化市	Huaihua	116797	241503	934	51350
娄底市	Loudi	372135	789567	3509	112187
广东省	**Guangdong**				
广州市	Guangzhou	15367365	21860130	1712569	4043335
韶关市	Shaoguan	541189	1340411	177539	44579
深圳市	Shenzhen	33321303	45938003	3518252	5090971
珠海市	Zhuhai	3143761	4938852	453039	742206
汕头市	Shantou	1477595	3174523	48773	776546
佛山市	Foshan	6615815	7749551	462621	1402545
江门市	Jiangmen	1344521	1797630	81684	372772
湛江市	Zhanjiang	1006882	1857066	28526	328630
茂名市	Maoming	907763	1939323	14405	587875
肇庆市	Zhaoqing	595723	1292369	45752	251361
惠州市	Huizhou	2976858	3705551	206476	658452
梅州市	Meizhou	530590	1408427	18570	217571
汕尾市	Shanwei	173869	725139	37360	91607
河源市	Heyuan	258828	581443	11104	106598
阳江市	Yangjiang	424886	1111462	10693	172580
清远市	Qingyuan	646865	1422964	25227	295590
东莞市	Dongguan				
中山市	Zhongshan				
潮州市	Chaozhou	369135	975245	10384	233170
揭阳市	Jieyang	414496	1095394	11620	244641
云浮市	Yunfu	232178	600179	20728	116200
广西壮族自治区	**Guangxi**				
南宁市	Nanning	2989632	4534875	59859	784299
柳州市	Liuzhou	1584716	2372183	33924	455413
桂林市	Guilin	884497	1678846	17086	305611
梧州市	Wuzhou	534085	1176667	5572	160051
北海市	Beihai	574747	1092611	33622	170981
防城港市	Fangchenggang	307668	733977	2291	89660
钦州市	Qinzhou	411123	1145177	6615	269886
贵港市	Guigang	285022	1082118	2319	200644

2-12 续表 5 continued 5

单位: 万元 (10 000yuan)

城　　市	City	地方一般公共预算收入 Local General public budget revenue	地方一般公共预算支出 Local General public budget Expenditure	科学技术支出 Expenditure for Science and Technology	教育支出 Expenditure for Education
玉林市	Yulin	471376	1046041	11390	187526
百色市	Baise	188214	680412	12241	127919
贺州市	Hezhou	214958	993567	3332	175803
河池市	Hechi	147310	799948	3630	141107
来宾市	Laibin	149500	748570	1228	132908
崇左市	Chongzuo	85984	644573	1760	76635
海南省	**Hainan**				
海口市	Haikou	1253645	1983183	10528	315243
三亚市	Sanya	929619	1300212	27590	200353
三沙市	Sansha				
儋州市	Danzhou				
重庆市	**Chongqing**	**12634730**	**23963652**	**325817**	**3857002**
四川省	**Sichuan**				
成都市	Chengdu	7789036	10057658	387264	1481609
自贡市	Zigong	386677	1333667	18276	180666
攀枝花市	Panzhihua	461479	1034413	13064	182163
泸州市	Luzhou	969584	1865426	27386	277788
德阳市	Deyang	466258	1007597	10497	118986
绵阳市	Mianyang	694017	1685229	56321	270332
广元市	Guangyuan	282896	1142016	5383	175613
遂宁市	Suining	377446	1305571	4923	172988
内江市	Neijiang	120391	594311	1882	104850
乐山市	Leshan	562573	1263481	6335	154098
南充市	Nanchong	583950	1865753	10006	281576
眉山市	Meishan	345144	644526	7645	121434
宜宾市	Yibin	797737	1582059	15302	226890
广安市	Guang'an	119664	556475	607	116279
达州市	Dazhou	207944	937620	1982	195923
雅安市	Ya'an	40458	273305	1019	47954
巴中市	Bazhong	138578	853847	1786	158917
资阳市	Ziyang	281519	965575	7400	119532
贵州省	**Guizhou**				
贵阳市	Guiyang	2068932	3066872	107430	533727
六盘水市	Liupanshui	240335	354800	15971	110786
遵义市	Zunyi	643880	1572508	24370	308660
安顺市	Anshun	528363	1370596	13460	252200
毕节市	Bijie	255010	699688	15378	201514
铜仁市	Tongren	162273	528467	14024	117756
云南省	**Yunnan**				
昆明市	Kunming	2784148	3324668	83966	570934
曲靖市	Qujing	287733	761109	1218	183872
玉溪市	Yuxi	236923	498204	9389	121064
保山市	Baoshan	178855	625399	1652	124692
昭通市	Zhaotong	113840	575541	1076	124067
丽江市	Lijiang	100601	261174	2693	51472
普洱市	Pu'er	80266	219288	2014	40652
临沧市	Lincang	70812	295399	535	55095

2-12 续表 6 continued 6

单位：万元 (10 000yuan)

城市	City	地方一般公共预算收入 Local General public budget revenue	地方一般公共预算支出 Local General public budget Expenditure	科学技术支出 Expenditure for Science and Technology	教育支出 Expenditure for Education
西藏自治区	**Tibet**				
拉萨市	Lasa	270536	685698	143	174951
日喀则市	Xigaze	24737	186840	510	49473
昌都市	Qamdo	20106	161155	206	24068
林芝市	Linzhi	24988	94623	20	14921
山南市	Shannan	12780	84095	66	13591
那曲市	Naqu	5658	151582	181	43886
陕西省	**Shaanxi**				
西安市	Xi'an	3258179	4455543	26045	865462
铜川市	Tongchuan	89445	630285	5474	156456
宝鸡市	Baoji	558026	1527993	31211	222150
咸阳市	Xianyang	443290	1010585	18581	136384
渭南市	Weinan	82843	480333	14705	121465
延安市	Yan'an	215604	496474	2699	122822
汉中市	Hanzhong	181294	665914	2964	143145
榆林市	Yulin	331229	524548	7325	144728
安康市	Ankang	50211	528798	400	143011
商洛市	Shangluo	40125	313492	800	68279
甘肃省	**Gansu**				
兰州市	Lanzhou	2182607	3525233	64467	606833
嘉峪关市	Jiayuguan				
金昌市	Jinchang	45135	97524	149	9808
白银市	Baiyin	218867	674769	6115	87698
天水市	Tianshui	335178	1384360	9865	235882
武威市	Wuwei	194679	951078	3559	157830
张掖市	Zhangye	88368	435512	512	80931
平凉市	Pingliang	102513	551693	2809	82127
酒泉市	Jiuquan	74873	275362	862	52245
庆阳市	Qingyang	72978	267581	1736	57175
定西市	Dingxi	38341	351711	658	75137
陇南市	Longnan	98682	316853	247	58840
青海省	**Qinghai**				
西宁市	Xining	273912	623248	3859	108480
海东市	Haidong	38699	500302	1412	88871
宁夏回族自治区	**Ningxia**				
银川市	Yinchuan	1234280	2189993	64684	213241
石嘴山市	Shizuishan	150213	585256	7690	79939
吴忠市	Wuzhong	131653	535249	7929	73337
固原市	Guyuan	24192	383724	398	68610
中卫市	Zhongwei	106494	597937	9354	62274
新疆维吾尔自治区	**Xinjiang**				
乌鲁木齐市	Urumqi	3947766	4464462	97461	696441
克拉玛依市	Karamay	874499	1112898	16696	236065
吐鲁番市	Turpan	80725	276777	1344	56444
哈密市	Hami	380440	590159	742	85868

2-13 年末金融机构存贷款余额
Deposits and Loans of National Banking System at Year-end

单位：万元 (10 000yuan)

城 市	City	年末金融机构人民币各项存款余额 Deposits of National Banking System at Year-end		住户存款余额 Household Saving Deposits at Year-end		年末金融机构人民币各项贷款余额 Loans of National Banking System at Year-end	
		全 市 Total City	市辖区 Districts under City	全 市 Total City	市辖区 Districts under City	全 市 Total City	市辖区 Districts under City
北京市	**Beijing**	**1379521000**	**1379521000**	**289622000**	**289622000**	**633825000**	**633825000**
天津市	**Tianjin**	**297461601**	**297461601**	**95580478**	**95580478**	**301030457**	**301030457**
河北省	**Hebei**						
石家庄市	Shijiazhuang	117029683	88079822	56416176	34185661	89249839	76364405
唐山市	Tangshan	87484040	58870708	52760759	30524835	52128625	38307531
秦皇岛市	Qinhuangdao	28354675	21657001	19163251	13567247	16994447	14667938
邯郸市	Handan	53581305	30414167	37064952	19194781	35461900	23191596
邢台市	Xingtai	37462670	12610818	26297919	6642400	23248411	9954613
保定市	Baoding	68922515	29017323	45672104	15798623	36774097	15930285
张家口市	Zhangjiakou	34617663	20562306	20660389	11542072	24011095	15537136
承德市	Chengde	25051832	10013418	16098844	5573184	19164695	8760045
沧州市	Cangzhou	46408017	12400319	32005786	6189129	27985438	10526583
廊坊市	Langfang	61339346	24400991	30960905	9187357	58001919	19126825
衡水市	Hengshui	28009806	11461914	20478777	7153665	17086465	8471280
山西省	**Shanxi**						
太原市	Taiyuan	116212800	110966179	43848800	39999531	113402900	110497509
大同市	Datong	26959708	20913991	18854926	13497768	12440390	10719356
阳泉市	Yangquan	14789951	10702339	8606703	5352544	8847091	6746337
长治市	Changzhi	23625238	12896343	15453922	7111998	13649325	8036351
晋城市	Jincheng	20477321	13449252	11308400	6448823	12210149	9283397
朔州市	Shuozhou	13791753	6538007	9869382	4286573	6237741	3493981
晋中市	Jinzhong	25669526	10126274	17635604	5601652	15799523	8456276
运城市	Yuncheng	20031532	6209227	15355869	3880578	10959439	4712732
忻州市	Xinzhou	19419022	5483200	14667010		8268749	3163900
临汾市	Linfen	23137238	9695193	16304266	5846716	12598177	6504837
吕梁市	Lvliang	20185686	4590717	14466094	2427948	10358347	2772364
内蒙古自治区	**Inner Mongolia**						
呼和浩特市	Hohhot	63126124	58646984	19534119	16939351	76460137	73576509
包头市	Baotou	38866061	36214226	14572170	13020827	29603937	27707487
乌海市	Wuhai	7966962	7966962	3580311	3580311	6127794	6127794
赤峰市	Chifeng	21619131	10782356	12774324	5174163	16538742	8647554
通辽市	Tongliao	10666806	6402461	6901614	3933183	10441597	6722551
鄂尔多斯市	Erdos	33742584	19977100	16942412	8125200	30787976	21908300
呼伦贝尔市	Hulunbuir	15382869	5702766	9001272	2953007	11865495	3961066
巴彦淖尔市	Bayannur	9667000	4747400	6590802	2926000	8551764	4711000
乌兰察布市	Ulanqab	11385200	4729906	7626400	2795541	7030200	3205842
辽宁省	**Liaoning**						
沈阳市	Shenyang	155591910	150721604	64952539	60832277	129525454	126749367
大连市	Dalian	135622338	123516485	54144951	44477515	112127788	104457643
鞍山市	Anshan	34346945	23210790	23049003	13387065	22699007	17419677
抚顺市	Fushun	17107633	13859462	12489495	9891026	8980886	7350007
本溪市	Benxi	13451904	10641319	8283609	6027009	11386146	10050236
丹东市	Dandong	20100382	9709305	15605749	6832734	14545003	8804366
锦州市	Jinzhou	31790543	23926612	17998934	11163028	17122361	13205060
营口市	Yingkou	24525645	17640997	14236403	8709662	21213764	16929145
阜新市	Fuxin	10934854	8268397	7218055	5022537	9264068	7532083
辽阳市	Liaoyang	25262917	20445719	10359686	6743896	13649856	10364410

2-13 续表 1 continued 1

单位：万元 (10 000yuan)

城市	City	年末金融机构人民币各项存款余额 Deposits of National Banking System at Year-end		住户存款余额 Household Saving Deposits at Year-end		年末金融机构人民币各项贷款余额 Loans of National Banking System at Year-end	
		全市 Total City	市辖区 Districts under City	全市 Total City	市辖区 Districts under City	全市 Total City	市辖区 Districts under City
盘锦市	Panjin	16644804	15070696	10834943	9579832	9111075	8561372
铁岭市	Tieling	13081170	5930282	10596006	4461810	9046050	3969394
朝阳市	Chaoyang	16983119	8142816	12903424	5751595	10577044	6385157
葫芦岛市	Huludao	16828074	9365645	11334463		11388166	5987523
吉林省	**Jilin**						
长春市	Changchun	114675736	105624003	45669938	38279015	103419361	95823416
吉林市	Jilin	26586527	18677979	18454418	12293257	21836543	15581105
四平市	Siping	13176084	4723979	9962598	3391623	10734864	4270518
辽源市	Liaoyuan	5161800	2907176	4129556	2256827	4350164	2404119
通化市	Tonghua	12016160	3883153	8719306	2590648	7835556	3087773
白山市	Baishan	8332678	4879878	5134967	2791943	4309041	2583031
松原市	Songyuan	11352977	4510895	7366003	2911236	9521392	2364717
白城市	Baicheng	7985236	3367160	4649635	1859577	8033722	2876389
黑龙江省	**Heilongjiang**						
哈尔滨市	Harbin	105125834	94183027	49383730	40570082	99682623	92910726
齐齐哈尔市	Qiqihar	18610147	18610147	13362857	13362857	1573565	1573565
鸡西市	Jixi	10831278	6123782	7976597	4206911	7756946	4253820
鹤岗市	Hegang	6502481	4006397	4807134	3041557	5223395	1408049
双鸭山市	Shuangyashan	8458492	4159210	6053851	2462207	8685520	6021477
大庆市	Daqing	22897654	19660362	15005079	12915402	10837372	7401341
伊春市	Yichun	6528701	4616442	4624615	3189518	1774607	1246597
佳木斯市	Jiamusi	13519636	6204682	9834271	4629288	17420029	2044161
七台河市	Qitaihe	4468602	3501456	3073754	2372217	2482543	1559466
牡丹江市	Mudanjiang	14634527	7416408	9329226	4167064	6458548	4208330
黑河市	Heihe	7512852	1208675	5300547		5851991	726091
绥化市	Suihua	14096931	3956679	11093737	2777638	9257808	3007804
上海市	**Shanghai**	**1050988000**	**1050988000**	**243384800**	**243384800**	**611888700**	**611888700**
江苏省	**Jiangsu**						
南京市	Nanjing	299448611	299448611	60197012	60197012	245782486	245782486
无锡市	Wuxi	146069320	91324700	50555444	29024800	110985104	66641900
徐州市	Xuzhou	63963815	39701953	33494523	17841084	41731982	27030658
常州市	Changzhou	98733689	87815400	35323354	30335522	66791999	58231400
苏州市	Suzhou	264675936	158247690	81664372	41505981	239866220	152843632
南通市	Nantong	114972356	50351341	58163478	20644887	78334901	37492114
连云港市	Lianyungang	29174872	20252484	12794851	7561491	24333172	17689664
淮安市	Huai'an	34326688	22252062	14831039	8368036	27892912	19168829
盐城市	Yancheng	59807400	32933940	28923044	11271073	42723108	24703228
扬州市	Yangzhou	57008701	39310615	26646363	16824140	40077577	29180651
镇江市	Zhenjiang	48774956	23702914	19826662	7718799	38640203	16552502
泰州市	Taizhou	57322994	29583594	26364975	11231489	41738513	21868704
宿迁市	Suqian	25149564	12548949	12094996	4168040	22234483	10679988
浙江省	**Zhejiang**						
杭州市	Hangzhou	353219400	341903300	85029600	78809500	285736300	276496500
宁波市	Ningbo	173925325	127244499	59026776	34067359	171252864	125811553
温州市	Wenzhou	108754933	60528146	56175736	25065005	86041101	44276798
嘉兴市	Jiaxing	73447081	25072937	34063490	9630641	59738994	20291168
湖州市	Huzhou	39630456	20693437	19046429	9848948	32668208	15873114

2-13 续表 2 continued 2

单位：万元 (10 000yuan)

城市	City	年末金融机构人民币各项存款余额 Deposits of National Banking System at Year-end		住户存款余额 Household Saving Deposits at Year-end		年末金融机构人民币各项贷款余额 Loans of National Banking System at Year-end	
		全市 Total City	市辖区 Districts under City	全市 Total City	市辖区 Districts under City	全市 Total City	市辖区 Districts under City
绍兴市	Shaoxing	76575632	50705155	36077511	22087156	66767606	44262411
金华市	Jinhua	77466191	16764995	40751625	7260098	66815608	16030515
衢州市	Quzhou	21123265	9873003	10528750	4088032	19219775	10318541
舟山市	Zhoushan	19436733	16417222	7550242	6012434	16936863	15548571
台州市	Taizhou	74292622	34057598	40386881	16828780	63666783	29204320
丽水市	Lishui	22134384	6772377	13346645	3163025	17220622	6614974
安徽省	**Anhui**						
合肥市	Hefei	138817185	114755419	34891815	22110732	128654570	112507683
芜湖市	Wuhu	31950432	20918537	15682422	7795388	32020451	25096101
蚌埠市	Bengbu	19529541	12731345	9345525	4936370	15655898	11006705
淮南市	Huainan	20528731	14629480	10573513	6878756	12927678	9408286
马鞍山市	Maanshan	19687328	12211314	10321802	5316727	14834211	10278119
淮北市	Huaibei	14005735	9733141	7188160	4321916	8682939	6528800
铜陵市	Tongling	13876864	10118857	7114754	4231591	9716516	8527385
安庆市	Anqing	29296669	10836133	17519148	4550818	17053753	6128890
黄山市	Huangshan	11556438	6017342	6768187	2786707	7163793	3909113
滁州市	Chuzhou	22722522	8093075	11761871	2824315	16992055	7124874
阜阳市	Fuyang	35012730	15041929	21350818	7460257	20554210	11254464
宿州市	Suzhou	20101587	9483209	12611904	5096331	12482916	7191627
六安市	Lu'an	24286348	12384000	13134932	5936991	15374244	8560147
亳州市	Bozhou	18433589	8079047	11222634	4049058	13372209	7268918
池州市	Chizhou	9501039	4717536	5951844	2742530	5604879	3151519
宣城市	Xuancheng	16753632	6644306	9056126	2849156	12262254	5200718
福建省	**Fujian**						
福州市	Fuzhou	131366751	103728957	43852958	28264010	133204125	111285326
厦门市	Xiamen	100151161	100151161	22920560	22920560	88505840	88505840
莆田市	Putian	17752345	14226040	10870455	8245808	17916889	15291678
三明市	Sanming	16637205	5324988	8426589	1808844	13129425	4947442
泉州市	Quanzhou	67776873	23451772	35115614	7933384	60419107	20492453
漳州市	Zhangzhou	28124336	11266593	14142184	4153199	24631451	10896219
南平市	Nanping	17531431	7439619	9655771	3293789	13031965	6787838
龙岩市	Longyan	18444494	10872904	8880823	4754605	16421013	10922024
宁德市	Ningde	15046427	5187189	7602115	1690198	15713664	4941218
江西省	**Jiangxi**						
南昌市	Nanchang	100113903	85906748	28698392	21996395	102092754	94381198
景德镇市	Jingdezhen	10759033	6917478	6296105	3482755	6878773	4773567
萍乡市	Pingxiang	11174360	7559465	5561688	3699829	7238648	5005176
九江市	Jiujiang	29161813	14456868	14642621	5253517	20735094	11271204
新余市	Xinyu	10762408	9229955	5062090	4165252	7664693	6503816
鹰潭市	Yingtan	7246142	3343243	4010889	1596566	5974247	3142167
赣州市	Ganzhou	47535691	21409811	27334612	10471356	34159791	17441532
吉安市	Ji'an	26189664	6876402	15960638	3164798	15605878	5024203
宜春市	Yichun	28790407	7331904	16716251	3246846	19124009	5005938
抚州市	Fuzhou	19048983	7736687	11858249	4185800	13688762	5865571
上饶市	Shangrao	32110068	10371587	18910303	4681291	22040102	8944274
山东省	**Shandong**						
济南市	Jinan	159577448	153621594	44657303	40680107	128836570	125382884

2-13 续表 3 continued 3

单位：万元 (10 000yuan)

城 市	City	年末金融机构人民币各项存款余额 Deposits of National Banking System at Year-end 全 市 Total City	市辖区 Districts under City	住户存款余额 Household Saving Deposits at Year-end 全 市 Total City	市辖区 Districts under City	年末金融机构人民币各项贷款余额 Loans of National Banking System at Year-end 全 市 Total City	市辖区 Districts under City
青岛市	Qingdao	143877550	125859358	53941843	42740307	132647913	118623784
淄博市	Zibo	43763961	35994270	25960468	21152874	29995644	22942475
枣庄市	Zaozhuang	18198875	11532711	11720745	7104197	12116272	7731659
东营市	Dongying	36984796	26140857	15245215	9866222	35347653	20572204
烟台市	Yantai	74603493	39356735	41280733	17005199	48970912	27604220
潍坊市	Weifang	75062563	30609771	42584411	12581971	52927789	20512089
济宁市	Jining	49663083	21871005	30538232	10942201	31130622	16220456
泰安市	Tai'an	33252343	16713120	21317963	9302575	21035633	11564398
威海市	Weihai	32230165	21339165	17739364	10642117	21659508	14739467
日照市	Rizhao	22851260	15806417	12520767	7353952	22108978	17054495
莱芜市	Laiwu	9481654	9481654	5678664	5678664	7256990	7256990
临沂市	Linyi	58463474	30128355	30525228	12289482	44721037	27281666
德州市	Dezhou	30980205	12261284	20689793	6942675	17977757	7989878
聊城市	Liaocheng	32466072	12741930	21167214	6238164	23280184	10067158
滨州市	Binzhou	27420228	11352925	13791254	4738069	24577485	9118606
菏泽市	Heze	34814840	12227135	25488032	7321749	19940801	8512303
河南省	**Henan**						
郑州市	Zhengzhou	203495592	175234268	65382301	47848086	179923648	163256212
开封市	Kaifeng	19003786	11285539	12934847	6726697	13673451	9336261
洛阳市	Luoyang	53186086	34759466	25803341	14374377	34742846	25580917
平顶山市	Pingdingshan	25421272	13264435	16152411	6879296	17265095	10729895
安阳市	Anyang	24730332	10329415	16939276	5613910	13008846	7291876
鹤壁市	Hebi	6425800	3920509	4343834	2343278	5931508	3306647
新乡市	Xinxiang	25413274	10445464	17840603	5782257	15037164	7970318
焦作市	Jiaozuo	17781409	9578540	11113552	4560387	12235011	7223571
濮阳市	Puyang	15121896	7534392	10749079	4868616	7443151	4248833
许昌市	Xuchang	21729047	10217450	14231232	5509499	16148060	8942268
漯河市	Luohe	11007228	7840919	7178601	4560265	7135643	5887846
三门峡市	Sanmenxia	12408414	5165446	7896989	2951043	7711825	4080637
南阳市	Nanyang	37573468	14187257	26031255	8233254	21279451	9556336
商丘市	Shangqiu	26861171	10047033	19365163	6249674	14321885	6698121
信阳市	Xinyang	30450142	10598369	21184932	6076561	15821925	7061623
周口市	Zhoukou	26869252	4581163	21855844	2874818	10986578	3912205
驻马店市	Zhumadian	28188834	7422613	21092428	4260027	14186268	6141950
湖北省	**Hubei**						
武汉市	Wuhan	239676878	239676878	68797137	68797137	225580312	225580312
黄石市	Huangshi	16416381	9319505	8898259	4588843	11021171	6410218
十堰市	Shiyan	22593665	12677284	12838378	6847138	12919604	8208719
宜昌市	Yichang	34941340	20415438	18554358	8841110	27450041	18201845
襄阳市	Xiangyang	33391707	18506235	21106963	10398805	20241889	12638802
鄂州市	Ezhou	6562597	6562597	3705879	3705879	4532721	4532721
荆门市	Jingmen	18844466	8275176	12048041	4347670	9893771	5456507
孝感市	Xiaogan	22879381	7246110	15095718	4065717	11382364	3997947
荆州市	Jingzhou	28976984	11817771	19335302	6589492	13890230	6910863
黄冈市	Huanggang	30411400	4527700	20588400	3160300	14078800	2931100
咸宁市	Xianning	13898758	5379126	7671740	2277517	8476215	3888112
随州市	Suizhou	12364541	5960299	8476036	3455836	6024353	4040542

2-13 续表 4 continued 4

单位：万元 (10 000yuan)

城市	City	年末金融机构人民币各项存款余额 Deposits of National Banking System at Year-end		住户存款余额 Household Saving Deposits at Year-end		年末金融机构人民币各项贷款余额 Loans of National Banking System at Year-end	
		全市 Total City	市辖区 Districts under City	全市 Total City	市辖区 Districts under City	全市 Total City	市辖区 Districts under City
湖南省	**Hunan**						
长沙市	Changsha	171059152	145177851	52002123	38731224	159812306	139041801
株洲市	Zhuzhou	30391762	18870926	16540462	8120899	15746959	10314459
湘潭市	Xiangtan	22376663	13802268	12661582	5954163	16054442	11279509
衡阳市	Hengyang	35547846	15933135	23149601	7947923	16254990	8748722
邵阳市	Shaoyang	27950478	7913677	18679468	3745693	12695893	4486272
岳阳市	Yueyang	25931089	13447513	14355088	5885534	13072686	6884941
常德市	Changde	30159562	14037104	18170763	6326243	15844115	8773782
张家界市	Zhangjiajie	7941673	4517910	4489061	2082815	5572130	3649841
益阳市	Yiyang	18312092	7828496	12331978	4822750	9147491	5052970
郴州市	Chenzhou	24914209	9938420	14964851	4925130	12446696	5606964
永州市	Yongzhou	22458659	7953901	14260603	4123794	11869763	4931759
怀化市	Huaihua	19446244	6655941	12983342	3205613	10293017	4373479
娄底市	Loudi	17161879	6479186	11786415	3566135	8902294	3801585
广东省	**Guangdong**						
广州市	Guangzhou	493325261	493325261	146256284	146256284	333127341	333127341
韶关市	Shaoguan	17449280	9328724	10827572	5037492	8722577	5022236
深圳市	Shenzhen	644873800	644873800	108375900	108375900	410467800	410467800
珠海市	Zhuhai	65055738	65055738	15131174	15131174	47008330	47008330
汕头市	Shantou	32982256	32604107	21625218	21390621	15439550	15207896
佛山市	Foshan	136120548	136120548	69471617	69471617	91576069	91576069
江门市	Jiangmen	41234454	23583011	23837469	12047193	27321868	16635775
湛江市	Zhanjiang	30463836	17278497	19540128	8922284	18637751	13095860
茂名市	Maoming	24523900	12375000	16652600	7379900	11463700	6840200
肇庆市	Zhaoqing	22359439	13729279	13807093	7481337	14977324	9717882
惠州市	Huizhou	50760024	39300620	21530379	14116078	38186415	31080496
梅州市	Meizhou	20087507	9048426	12456020	4666846	9834345	5109477
汕尾市	Shanwei	8368431	3428668	4718353	1183262	4078036	1898898
河源市	Heyuan	12480009	4895792	7223048	2203720	10184353	5643638
阳江市	Yangjiang	12270347	7591425	7940658	4668490	9323794	6854541
清远市	Qingyuan	21462856	12846894	12416244	6200660	13554268	9158102
东莞市	Dongguan	118366589		51034188		68554427	
中山市	Zhongshan	54137669		24357315		37349276	
潮州市	Chaozhou	12567407	10134958	8402826	6620009	3979287	3203224
揭阳市	Jieyang	21012701	6095311	14693341	3493344	10544987	3577602
云浮市	Yunfu	11208594	4212273	7383025	2318713	7314529	3061784
广西壮族自治区	**Guangxi**						
南宁市	Nanning	93675341	86155312	31766881	29245457	104704409	100521464
柳州市	Liuzhou	37005509	31309204	14479184	10626048	24594884	20808351
桂林市	Guilin	32653063	20379557	18092987	8692538	21457619	12433176
梧州市	Wuzhou	11334804	5002934	7298585	2534932	7875201	3499511
北海市	Beihai	9388376	6950590	5785530	3727060	6545244	5244187
防城港市	Fangchenggang	6188791	4110051	3418433	1996071	6297570	4960052
钦州市	Qinzhou	9765441	5861026	6521706	3231677	6611305	4662327
贵港市	Guigang	12622790	6158122	9128250	3880188	8145114	4422993

2-13 续表 5 continued 5

单位：万元 (10 000yuan)

城市	City	年末金融机构人民币各项存款余额 Deposits of National Banking System at Year-end		住户存款余额 Household Saving Deposits at Year-end		年末金融机构人民币各项贷款余额 Loans of National Banking System at Year-end	
		全市 Total City	市辖区 Districts under City	全市 Total City	市辖区 Districts under City	全市 Total City	市辖区 Districts under City
玉林市	Yulin	18762319	7196620	13798311	4116230	12050488	5090855
百色市	Baise	12358112	3564375	7290088	1634441	9222860	2632327
贺州市	Hezhou	7248042	4393499	4241070	2216222	4546769	2837509
河池市	Hechi	11266914	4128114	6943313	2592016	6601909	2572631
来宾市	Laibin	7024739	3471299	3894900	1576681	4671424	2716445
崇左市	Chongzuo	7848131	2097436	4951199	818011	4493305	1312169
海南省	**Hainan**						
海口市	Haikou	100166188	100166188	37900965	37900965	73765549	73765549
三亚市	Sanya	16766621	16766621	5632954	5632954	12711734	12711734
三沙市	Sansha	224401				48098	
儋州市	Danzhou	3015171		1774240		1577689	
重庆市	**Chongqing**	**337189767**	**301564904**	**143673801**	**122511693**	**278718939**	**258857572**
四川省	**Sichuan**						
成都市	Chengdu	344232848		119708368		283593083	
自贡市	Zigong	17236734	11664804	10336215	5779080	8259808	5645492
攀枝花市	Panzhihua	9813644	8332299			7955378	6844255
泸州市	Luzhou	24591873	15368393	14759564	7845830	14513014	9869640
德阳市	Deyang	24553389	10312724	15314022	5302348	12925433	6166582
绵阳市	Mianyang	35885164	20676446	20287258	8899660	18647136	10967570
广元市	Guangyuan	14185381	7082352	8927939	3806258	7243060	3955444
遂宁市	Suining	15548211	8529904	10059036	4654064	9227240	5386796
内江市	Neijiang	15129202	6942920	11449477	4448216	7826957	3675157
乐山市	Leshan	20863326	10686769	14114192	6172172	14343918	8400876
南充市	Nanchong	32160709	15042234	21751045	8660408	16843352	9595519
眉山市	Meishan	19611420	10247766	12752762	5663311	8643112	4568514
宜宾市	Yibin	26466365	15536672	12774723	5078214	13905996	7465794
广安市	Guang'an	18298375	7681449	13169999	4641417	7259251	3030120
达州市	Dazhou	28016378	13560064	19174972	7370801	12779262	6510697
雅安市	Ya'an	11045120	6209237	5961274	2966852	5948377	3285434
巴中市	Bazhong	12476652	5759483	8289928	3450762	6413977	3339388
资阳市	Ziyang	13559698	7384658	7248031	2994958	5971517	3449878
贵州省	**Guizhou**						
贵阳市	Guiyang	108145106	101889914	26460865	23329918	104031208	98857225
六盘水市	Liupanshui	13512900	7614872	6203800	3161705	10717500	6478211
遵义市	Zunyi	46612186	19845382	19302187	8633375	27923441	14570131
安顺市	Anshun	11731351	7611182	5032688	3267044	8123912	4895674
毕节市	Bijie	19903831	7453925	8342699	2545100	13212884	4113193
铜仁市	Tongren	14162501	4258124	6888565	1673636	9917707	2934013
云南省	**Yunnan**						
昆明市	Kunming	134665614	120820004	44314031	37160581	147893549	139642714
曲靖市	Qujing	21567888	9970490	11938094	4614239	13834027	6855599
玉溪市	Yuxi	17193762	10636414	8252126	3993916	9968856	5602622
保山市	Baoshan	11115552	5151234	5757375	2399724	6911206	3205761
昭通市	Zhaotong	14969662	5417550	7530591	2107878	7147175	2633757
丽江市	Lijiang	6563214	3297373	3734323	1523197	4661589	2811871
普洱市	Pu'er	9141567	3325675	4985421	1380418	6845318	3242499
临沧市	Lincang	6050320	1958532	3403875	854875	4853978	1966237

2-13 续表 6 continued 6

单位：万元 (10 000yuan)

城 市	City	年末金融机构人民币各项存款余额 Deposits of National Banking System at Year-end 全 市 Total City	市辖区 Districts under City	住户存款余额 Household Saving Deposits at Year-end 全 市 Total City	市辖区 Districts under City	年末金融机构人民币各项贷款余额 Loans of National Banking System at Year-end 全 市 Total City	市辖区 Districts under City
西藏自治区	**Tibet**						
拉萨市	Lasa	27262785		4426917		27549120	
日喀则市	Xigaze	6301386	546490	1116122	206365	2018271	73708
昌都市	Qamdo	4003566	501325	747333	110266	2857705	64214
林芝市	Linzhi	3390696	2189897	768990	490495	3925259	2421374
山南市	Shannan	3641558	1084778	852110	186566	2660073	448254
那曲市	Naqu	3268300	2013465	583668	286539	1080245	581546
陕西省	**Shaanxi**						
西安市	Xi'an	200476162	196738107	74972963	72253498	169548127	168420572
铜川市	Tongchuan	4999381	4699019	3471352	3291292	2069483	1938288
宝鸡市	Baoji	26334865	16987558	15790809	7047702	13842347	10530112
咸阳市	Xianyang	28074463	14260497	18214864	7487875	12770730	7480050
渭南市	Weinan	22459783	6411412	16300322	3844347	10710896	2774274
延安市	Yan'an	15668280	7473825	8834498	4159851	11107148	6170099
汉中市	Hanzhong	19169152	8631754	13460103	5616282	7738638	3800494
榆林市	Yulin	34060823	11713438	19367741	5355310	20107104	8717372
安康市	Ankang	13006976	5913057	8204451	3353982	7142863	3437423
商洛市	Shangluo	9559245	3466747	6525497	2019933	4604192	1938286
甘肃省	**Gansu**						
兰州市	Lanzhou	85135870	71487289	29492658	25781247	96435474	60772890
嘉峪关市	Jiayuguan	3148664		1551958		5128366	
金昌市	Jinchang	3448354	2455641	2201456	1459051	3280934	2265220
白银市	Baiyin	7017989	4276874	4440887	2446855	6271153	3942568
天水市	Tianshui	12381690	7685305	8667418	4908241	8368333	5698175
武威市	Wuwei	7978329	5182686	5805144	3715159	8168488	4946073
张掖市	Zhangye	6144485	3212452	4116484	2039326	6091747	3269953
平凉市	Pingliang	8031117	3162392	5589873	1870217	5924408	2406634
酒泉市	Jiuquan	9041526	4053204	5318698	2472454	7539103	3587311
庆阳市	Qingyang	9550044	3620863	7194580	2453756	6766370	3185134
定西市	Dingxi	7845186	2278456	5411842	1326662	7232428	1746611
陇南市	Longnan	8207223	2234205	5369937	1183470	6141761	2254357
青海省	**Qinghai**						
西宁市	Xining	38837868	35567751	13391882	11388489	51091458	49071955
海东市	Haidong	6294009	2671592	3123494	1245361	3448345	1874574
宁夏回族自治区	**Ningxia**						
银川市	Yinchuan	35872321	31363047	14969408	11880283	44603072	40142809
石嘴山市	Shizuishan	5594669	4225924	3768549	2630167	4713805	3615966
吴忠市	Wuzhong	6768653	3200602	3980866	1901560	5861440	2766957
固原市	Guyuan	5179684	2642048	2597879	1236836	3594839	2399864
中卫市	Zhongwei	5069150	2445891	2598208	1276509	4552946	2088433
新疆维吾尔自治区	**Xinjiang**						
乌鲁木齐市	Urumqi	83207081	82958806	26003858	25931168	62357845	62277406
克拉玛依市	Karamay	12590552	12590552	3147933	3147933	5327688	5327688
吐鲁番市	Turpan	2940887	1217908	1586571	647539	2119909	947630
哈密市	Hami	6382556	5808483	3294641	3020530	5792513	5450986

2-14 房地产投资情况
Basic Conditions of Investment in Real Estate Development

单位：万元 (10 000 yuan)

城　市	City	房地产开发投资完成额 Investment in Real Estate Development		住宅 Residential Buildings	
		全　市 Total City	市辖区 Districts under City	全　市 Total City	市辖区 Districts under City
北京市	**Beijing**	**36925000**	**36925000**	**16946697**	**16946697**
天津市	**Tianjin**	**22333936**	**22333936**	**15597031**	**15597031**
河北省	**Hebei**				
石家庄市	Shijiazhuang	12436330	10770079	8908919	7856632
唐山市	Tangshan	3577110	2824539	2724476	2095549
秦皇岛市	Qinhuangdao	1669504	1427986	1356732	1150216
邯郸市	Handan	4752490	4300841	3196976	2865096
邢台市	Xingtai	1968427	1330784	1569685	1051002
保定市	Baoding	6291623	2069362	5065436	1424895
张家口市	Zhangjiakou	3908464	2188412	3063744	1670947
承德市	Chengde	1529394	720448	1095177	499707
沧州市	Cangzhou	2534421	1702923	1998665	1367349
廊坊市	Langfang	7579946	2346464	5950108	1712757
衡水市	Hengshui	1991383	1197539	1639883	902816
山西省	**Shanxi**				
太原市	Taiyuan	4781446	4703686	3352467	3288720
大同市	Datong	1113918	1076693	811851	761168
阳泉市	Yangquan	302602	182032	232583	127026
长治市	Changzhi	723037	357765	512980	244975
晋城市	Jincheng	708524	509527	557848	406991
朔州市	Shuozhou	215315	108074	158476	76855
晋中市	Jinzhong	1160114	713091	755479	481223
运城市	Yuncheng	906395	441789	754452	364359
忻州市	Xinzhou	331880	66442	245908	44811
临汾市	Linfen	1031436	628126	778289	468787
吕梁市	Lvliang	388166	33222	323822	26557
内蒙古自治区	**Inner Mongolia**				
呼和浩特市	Hohhot	2383997	2120290	1798732	1596797
包头市	Baotou	1553863	1482847	1166520	1107831
乌海市	Wuhai	204816	204816	110578	110578
赤峰市	Chifeng	1400538	982871	1011897	724357
通辽市	Tongliao	485491	403007	308657	254395
鄂尔多斯市	Erdos	803381	627890	541377	433988
呼伦贝尔市	Hulunbuir	1163288	748223	762537	474219
巴彦淖尔市	Bayannur	328652	264463	239347	200423
乌兰察布市	Ulanqab	208603	142886	161025	111523
辽宁省	**Liaoning**				
沈阳市	Shenyang	8142371	7908979	6204533	6050743
大连市	Dalian	5666385	5089912	4044520	3612482
鞍山市	Anshan	1565999	853725	1129405	631480
抚顺市	Fushun	548216	492312	395511	356112
本溪市	Benxi	403347	216210	221138	117333
丹东市	Dandong	866468	393143	687661	340548
锦州市	Jinzhou	1014653	664664	665161	403218
营口市	Yingkou	1242661	826990	907770	615004
阜新市	Fuxin	235009	190078	140311	122311
辽阳市	Liaoyang	513665	400837	323160	248251

2-14 续表 1 continued 1

单位：万元 (10 000 yuan)

城市	City	房地产开发投资完成额 Investment in Real Estate Development		住宅 Residential Buildings	
		全市 Total City	市辖区 Districts under City	全市 Total City	市辖区 Districts under City
盘锦市	Panjin	813629	713846	661238	598489
铁岭市	Tieling	460324	230404	364480	199550
朝阳市	Chaoyang	586100	194556	370370	138614
葫芦岛市	Huludao	837864	389557	623847	259779
吉林省	**Jilin**				
长春市	Changchun	5737761	5377221	3766015	3514452
吉林市	Jilin	641766	470806	496002	359401
四平市	Siping	499957	319977	388045	234156
辽源市	Liaoyuan	160271	107909	124958	76916
通化市	Tonghua	598873	194197	467600	151591
白山市	Baishan	117252	46041	87719	36529
松原市	Songyuan	270742	11560	218331	7894
白城市	Baicheng	298276	196788	257626	186588
黑龙江省	**Heilongjiang**				
哈尔滨市	Harbin	4943433	4723189	3108486	2953492
齐齐哈尔市	Qiqihar	493549	430315	440247	386837
鸡西市	Jixi	212632	162120	175761	131469
鹤岗市	Hegang	81386	48446	55654	37930
双鸭山市	Shuangyashan	155138	7027	120447	6296
大庆市	Daqing	479005	434097	305200	276651
伊春市	Yichun	81164	50380	52322	28618
佳木斯市	Jiamusi	419944	237872	311238	167132
七台河市	Qitaihe	47218	37218	36528	28528
牡丹江市	Mudanjiang	499609	311450	378451	245529
黑河市	Heihe	105781	11127	92085	9065
绥化市	Suihua	587064	147572	425768	118057
上海市	**Shanghai**	**38565278**	**38565278**	**21524006**	**21524006**
江苏省	**Jiangsu**				
南京市	Nanjing	21702088	21702088	15695242	15695242
无锡市	Wuxi	12018903	9511183	9379273	7489334
徐州市	Xuzhou	5386244	3009665	4218147	2144209
常州市	Changzhou	4791128	4051879	3389851	2755137
苏州市	Suzhou	23058238	14322216	18395874	11575267
南通市	Nantong	6099519	3705980	4504341	2768520
连云港市	Lianyungang	2749339	2024894	2225963	1596785
淮安市	Huai'an	3030634	2230501	2232262	1512287
盐城市	Yancheng	4266740	2477403	3451901	2034782
扬州市	Yangzhou	4435826	3284266	2801496	1879251
镇江市	Zhenjiang	3435240	1355470	2624897	1056483
泰州市	Taizhou	2887194	1488154	2354316	1194350
宿迁市	Suqian	2430030	863631	1897432	641031
浙江省	**Zhejiang**				
杭州市	Hangzhou	27340047	26449190	17129297	16634861
宁波市	Ningbo	13744702	10428521	9324741	6944746
温州市	Wenzhou	10241615	4628830	7741744	3669031
嘉兴市	Jiaxing	7238050	2540740	5476592	1905492
湖州市	Huzhou	3011700	1765338	2293640	1346234

2-14 续表 2 continued 2

单位：万元 (10 000 yuan)

城市	City	房地产开发投资完成额 Investment in Real Estate Development 全市 Total City	市辖区 Districts under City	住宅 Residential Buildings 全市 Total City	市辖区 Districts under City
绍兴市	Shaoxing	6780731	3816292	5032049	2751950
金华市	Jinhua	3716348	1271380	2632693	1052977
衢州市	Quzhou	1585405	779963	1140606	572005
舟山市	Zhoushan	2094321	1978185	1428776	1341017
台州市	Taizhou	4610267	2068584	2988486	1303278
丽水市	Lishui	1904634	947372	1271163	664652
安徽省	**Anhui**				
合肥市	Hefei	15574051	11402046	10954534	7837421
芜湖市	Wuhu	4573720	3294604	3330239	2369906
蚌埠市	Bengbu	5368836	3569166	3580513	2256057
淮南市	Huainan	1934684	1315406	1436622	909240
马鞍山市	Maanshan	2590151	1257463	2078606	971842
淮北市	Huaibei	1121734	944330	788092	636227
铜陵市	Tongling	1243968	1020839	884459	710945
安庆市	Anqing	1625193	930092	1210097	682117
黄山市	Huangshan	1235467	974658	867453	677835
滁州市	Chuzhou	4269203	1748999	3040699	1241891
阜阳市	Fuyang	5163393	2975639	3590509	2063146
宿州市	Suzhou	2573583	1695925	1825308	1180780
六安市	Lu'an	2937822	1850042	2241288	1393119
亳州市	Bozhou	3216125	1584126	2156588	846461
池州市	Chizhou	840737	523534	646060	405865
宣城市	Xuancheng	1856058	656785	1432833	508376
福建省	**Fujian**				
福州市	Fuzhou	16941798	10519207	11769854	7454753
厦门市	Xiamen	8798628	8798628	5503647	5503647
莆田市	Putian	3888181	3347090	2704158	2334277
三明市	Sanming	1092063	382546	725184	275453
泉州市	Quanzhou	7006571	2129690	4402242	1135669
漳州市	Zhangzhou	5045489	2221458	3408443	1440972
南平市	Nanping	1622689	856711	1183276	650164
龙岩市	Longyan	1850481	1348556	1330046	948458
宁德市	Ningde	1696444	607413	1338259	487513
江西省	**Jiangxi**				
南昌市	Nanchang	7906914	4863799	6380479	3797422
景德镇市	Jingdezhen	458948	315896	377619	260482
萍乡市	Pingxiang	523863	419825	342465	265287
九江市	Jiujiang	1514648	785500	1113802	536906
新余市	Xinyu	239658	205032	182509	156076
鹰潭市	Yingtan	664436	480357	474240	325437
赣州市	Ganzhou	3091625	1741881	2225744	1241391
吉安市	Ji'an	1053571	285807	783324	234261
宜春市	Yichun	2050163	828797	1591647	611038
抚州市	Fuzhou	1191047	230270	950140	146837
上饶市	Shangrao	1444950	541240	1012416	348546
山东省	**Shandong**				
济南市	Jinan	12325712	11729025	8227871	7764401

2-14 续表 3 continued 3

单位：万元 (10 000 yuan)

城 市	City	房地产开发投资完成额 Investment in Real Estate Development		住宅 Residential Buildings	
		全 市 Total City	市辖区 Districts under City	全 市 Total City	市辖区 Districts under City
青岛市	Qingdao	13305432	11941980	9255095	8189120
淄博市	Zibo	2418498	2104570	1786270	1520053
枣庄市	Zaozhuang	1681671	1003516	1203132	703755
东营市	Dongying	1997116	1530482	1471719	1129035
烟台市	Yantai	5462077	4420855	4101648	3272023
潍坊市	Weifang	5041173	2313167	4023511	1858837
济宁市	Jining	4032308	2133633	3055443	1584428
泰安市	Tai'an	1630923	1067651	1279061	863404
威海市	Weihai	2754353	1938520	2164606	1439528
日照市	Rizhao	1831823	1567133	1433970	1194248
莱芜市	Laiwu	534407	534407	412305	412305
临沂市	Linyi	4075624	2654562	3255733	2083649
德州市	Dezhou	2385157	976955	1923129	776362
聊城市	Liaocheng	2819163	1509409	2252499	1199781
滨州市	Binzhou	1117374	570580	915250	426203
菏泽市	Heze	2959644	1240111	2534068	1074486
河南省	**Henan**				
郑州市	Zhengzhou	33588413	25288488	24186617	17791374
开封市	Kaifeng	2739559	2018729	2076189	1486125
洛阳市	Luoyang	3752780	3196592	2719471	2262467
平顶山市	Pingdingshan	1701400	1090885	1274947	853991
安阳市	Anyang	2612520	1461523	2026240	1197716
鹤壁市	Hebi	844013	602543	629567	429676
新乡市	Xinxiang	3807444	2553962	3306490	2201749
焦作市	Jiaozuo	1176696	799028	945681	638664
濮阳市	Puyang	1505962	865804	1165966	730003
许昌市	Xuchang	1946666	1084398	1473241	789378
漯河市	Luohe	874296	737297	730513	641448
三门峡市	Sanmenxia	1255334	969139	1007241	781354
南阳市	Nanyang	2089154	1321005	1623603	1059808
商丘市	Shangqiu	3179244	1089683	2297808	886370
信阳市	Xinyang	4316012	1495967	3545886	1214033
周口市	Zhoukou	2172156	790460	1722865	698627
驻马店市	Zhumadian	3033256	983325	2341593	796894
湖北省	**Hubei**				
武汉市	Wuhan	26863358	26863358	18403091	18403091
黄石市	Huangshi	1562909	662077	1114070	494314
十堰市	Shiyan	665043	465509	474682	362937
宜昌市	Yichang	1978487	1670517	1477639	1237504
襄阳市	Xiangyang	3364928	2070514	2439237	1426271
鄂州市	Ezhou	292293	292293	260417	260417
荆门市	Jingmen	943585	575032	704862	448034
孝感市	Xiaogan	1756587	1241702	1333769	895002
荆州市	Jingzhou	2381156	1358589	1760842	1071125
黄冈市	Huanggang	2843276	501777	2061602	312279
咸宁市	Xianning	627373	234686	516314	174878
随州市	Suizhou	380383	345505	301865	277313

2-14 续表 4 continued 4

单位：万元 (10 000 yuan)

城市	City	房地产开发投资完成额 Investment in Real Estate Development 全市 Total City	市辖区 Districts under City	住宅 Residential Buildings 全市 Total City	市辖区 Districts under City
湖南省	**Hunan**				
长沙市	Changsha	14896906	11824234	8077656	6375067
株洲市	Zhuzhou	3125703	2321900	2101541	1607876
湘潭市	Xiangtan	1728505	1233711	1167295	761925
衡阳市	Hengyang	1739429	1204200	1310227	888817
邵阳市	Shaoyang	1692529	762064	1251116	600526
岳阳市	Yueyang	1540070	1044553	1167008	786245
常德市	Changde	1954758	1238760	1329511	806392
张家界市	Zhangjiajie	433919	284109	284160	189496
益阳市	Yiyang	1190290	719719	853924	483244
郴州市	Chenzhou	2264196	1337554	1601718	898051
永州市	Yongzhou	1125470	337730	893077	250436
怀化市	Huaihua	1399193	643462	1070378	461741
娄底市	Loudi	730503	270989	533972	235012
广东省	**Guangdong**				
广州市	Guangzhou	27028935	27028935	17694861	17694861
韶关市	Shaoguan	1897329	1144847	1477492	839635
深圳市	Shenzhen	21358565	21358565	10140541	10140541
珠海市	Zhuhai	6661158	6661158	4252197	4252197
汕头市	Shantou	3609722	3523106	2199314	2127576
佛山市	Foshan	14539898	14539898	10174193	10174193
江门市	Jiangmen	4505563	2740133	3441166	2019595
湛江市	Zhanjiang	3176885	2122453	2415783	1498625
茂名市	Maoming	1682150	1006128	1443131	822806
肇庆市	Zhaoqing	2080393	1477342	1528253	1028095
惠州市	Huizhou	8841949	5888565	7252062	4713855
梅州市	Meizhou	2180409	1083588	1751187	811683
汕尾市	Shanwei	864157	487863	603670	331490
河源市	Heyuan	2239337	1186392	1792822	946675
阳江市	Yangjiang	1448636	907889	1127999	664875
清远市	Qingyuan	2763241	2013749	2143515	1572999
东莞市	Dongguan	7021544		5124443	
中山市	Zhongshan	6239748		4447439	
潮州市	Chaozhou	668074	583835	494875	429293
揭阳市	Jieyang	1092910	605547	923372	510402
云浮市	Yunfu	856332	336777	678573	234488
广西壮族自治区	**Guangxi**				
南宁市	Nanning	9580867	9009338	6951039	6438951
柳州市	Liuzhou	3950839	3511868	2996905	2648151
桂林市	Guilin	3004034	2418874	2373456	1943185
梧州市	Wuzhou	663998	357424	502974	253903
北海市	Beihai	1682770	1628057	1367414	1314565
防城港市	Fangchenggang	738999	616622	563169	475629
钦州市	Qinzhou	800135	501351	599189	394051
贵港市	Guigang	1365927	733519	1132337	578998

2-14 续表 5 continued 5

单位: 万元 (10 000 yuan)

城市	City	房地产开发投资完成额 Investment in Real Estate Development 全市 Total City	市辖区 Districts under City	住宅 Residential Buildings 全市 Total City	市辖区 Districts under City
玉林市	Yulin	1843532	1014697	1547492	833216
百色市	Baise	1079219	455757	937235	325004
贺州市	Hezhou	421975	274214	364684	235953
河池市	Hechi	600641	297581	528903	244654
来宾市	Laibin	499521	300642	385310	226031
崇左市	Chongzuo	602373	219231	402708	153946
海南省	**Hainan**				
海口市	Haikou	6032485	6032485	4125878	4125878
三亚市	Sanya	5497636	5497636	3295225	3295225
三沙市	Sansha				
儋州市	Danzhou	1030650		746125	
重庆市	**Chongqing**	**39800837**	**37070325**	**26328813**	**24443988**
四川省	**Sichuan**				
成都市	Chengdu	24878807	22355116	12984443	11460679
自贡市	Zigong	1225850	772686	912769	579055
攀枝花市	Panzhihua	599606	395851	436515	265299
泸州市	Luzhou	2586169	1860635	1796478	1328526
德阳市	Deyang	1050440	658703	623755	396244
绵阳市	Mianyang	1766548	1285199	1111921	794959
广元市	Guangyuan	835802	613046	541815	394659
遂宁市	Suining	1734812	814991	1287399	562958
内江市	Neijiang	1150490	523546	913191	423114
乐山市	Leshan	1941518	1083322	1341497	763663
南充市	Nanchong	2123899	792672	1594468	612324
眉山市	Meishan	1935803	661730	1409593	430105
宜宾市	Yibin	2281491	917775	1656042	668037
广安市	Guang'an	2441878	1449481	1841394	632956
达州市	Dazhou	1136436	451553	854263	365763
雅安市	Ya'an	583801	420417	282473	193402
巴中市	Bazhong	1369732	788228	975617	528876
资阳市	Ziyang	1278876	863162	932367	653948
贵州省	**Guizhou**				
贵阳市	Guiyang	10264336	6010002	5963919	3582207
六盘水市	Liupanshui	779627	476347	380592	222282
遵义市	Zunyi	3433871	1634797	2330755	1054404
安顺市	Anshun	1004811	764114	577424	422848
毕节市	Bijie	2101375	549452	1366857	353918
铜仁市	Tongren	1180800	325959	796567	207665
云南省	**Yunnan**				
昆明市	Kunming	16833325	15179547	10589031	9483090
曲靖市	Qujing	1090432	755888	821452	543155
玉溪市	Yuxi	808739	410517	446470	264225
保山市	Baoshan	850007	473406	663502	387930
昭通市	Zhaotong	810150	459546	520608	313730
丽江市	Lijiang	409161	332463	110079	84287
普洱市	Pu'er	537416	386356	277750	199324
临沧市	Lincang	280209	53481	180838	30306

2-14 续表 6 continued 6

单位：万元 (10 000 yuan)

城　　市	City	房地产开发投资完成额 Investment in Real Estate Development		住宅 Residential Buildings	
		全　市 Total City	市辖区 Districts under City	全　市 Total City	市辖区 Districts under City
西藏自治区	**Tibet**				
拉萨市	Lasa	281324	281324	116158	116158
日喀则市	Xigaze	371986			
昌都市	Qamdo				
林芝市	Linzhi	666215	43158	48342	37513
山南市	Shannan	47942	47942	37373	37373
那曲市	Naqu				
陕西省	**Shaanxi**				
西安市	Xi'an	23333400	23218500	15663673	15595290
铜川市	Tongchuan	247356	232785	31993	31993
宝鸡市	Baoji	1655956	1543147	1330917	1250191
咸阳市	Xianyang	1045027	876571	977928	823722
渭南市	Weinan	1138089	653738	788892	501265
延安市	Yan'an	639393	599685	366692	341376
汉中市	Hanzhong	976134	704560	674719	587616
榆林市	Yulin	632462	327358	458721	191684
安康市	Ankang	938749	728862	726010	531186
商洛市	Shangluo	210689	96920	165926	64518
甘肃省	**Gansu**				
兰州市	Lanzhou	4321588	3188698	2742804	1961347
嘉峪关市	Jiayuguan	419883		265379	
金昌市	Jinchang	174848	141888	130568	104985
白银市	Baiyin	291679	133741	190794	82354
天水市	Tianshui	641846	452689	447517	303360
武威市	Wuwei	579854	566480	267109	255485
张掖市	Zhangye	520776	361237	301586	187999
平凉市	Pingliang	640306	410632	430585	277187
酒泉市	Jiuquan	332900	219346	255928	180514
庆阳市	Qingyang	429035	262928	301557	176275
定西市	Dingxi	536915	201280	305578	122221
陇南市	Longnan	171805	88159	108418	53823
青海省	**Qinghai**				
西宁市	Xining	3513337	3306347	1711652	1626289
海东市	Haidong	328747	227639	258502	128410
宁夏回族自治区	**Ningxia**				
银川市	Yinchuan	4028246	3072469	2402498	1801063
石嘴山市	Shizuishan	186079	109545	92251	34509
吴忠市	Wuzhong	735207	261613	376454	136413
固原市	Guyuan	996698	760895	641945	479560
中卫市	Zhongwei	582199	384019	364384	238336
新疆维吾尔自治区	**Xinjiang**				
乌鲁木齐市	Urumqi	4287355	4212946	2479003	2431709
克拉玛依市	Karamay	327644	327644	222307	222307
吐鲁番市	Turpan	271494	149783	148331	57678
哈密市	Hami	352467	352467	237322	237322

2-15 商品房销售面积
Sales Area of Commercial Residential Building

单位：万平方米 (10 000 m²)

城　市	City	商品房销售面积 Sales Area of Commercial Residential Building 全　市 Total City	市辖区 Districts under City	住　宅 Residential Buildings 全　市 Total City	市辖区 Districts under City	待售面积 Area for Sale 全　市 Total City	市辖区 Districts under City
北京市	**Beijing**	**870**	**870**	**609**	**609**	**2080**	**2080**
天津市	**Tianjin**	**1482**	**1482**	**1343**	**1343**	**617**	**1482**
河北省	**Hebei**						
石家庄市	Shijiazhuang	1092	844	878	641	116	73
唐山市	Tangshan	735	466	638	399	176	105
秦皇岛市	Qinhuangdao	344	297	318	276	117	93
邯郸市	Handan	517	409	477	375	115	72
邢台市	Xingtai	438	249	387	217	24	5
保定市	Baoding	546	21	500	19	103	6
张家口市	Zhangjiakou	421	184	371	156	90	27
承德市	Chengde	326	82	272	74	123	32
沧州市	Cangzhou	695	416	536	313	26	19
廊坊市	Langfang	819	129	759	117	96	31
衡水市	Hengshui	494	227	442	192	75	32
山西省	**Shanxi**						
太原市	Taiyuan	793	769	730	702	147	126
大同市	Datong	201	195	190	187	157	153
阳泉市	Yangquan	80	51	78	51	36	32
长治市	Changzhi	274	158	250	141	199	153
晋城市	Jincheng	140	90	135	87	41	32
朔州市	Shuozhou	127	106	119	99	138	123
晋中市	Jinzhong	160	87	149	84	55	19
运城市	Yuncheng	353	128	326	119	180	57
忻州市	Xinzhou	90	27	83	25	125	88
临汾市	Linfen	134	93	128	87	75	52
吕梁市	Lvliang	65	19	59	19	74	13
内蒙古自治区	**Inner Mongolia**						
呼和浩特市	Hohhot	317	277	250	221	176	141
包头市	Baotou	449	423	386	366	244	214
乌海市	Wuhai	53	53	46	46	25	25
赤峰市	Chifeng	241	169	219	154	104	33
通辽市	Tongliao	226	116	199	97	130	85
鄂尔多斯市	Erdos	158	72	116	51	179	88
呼伦贝尔市	Hulunbuir	300	137	229	112	80	36
巴彦淖尔市	Bayannur	114	101	105	92	66	54
乌兰察布市	Ulanqab	31	9	28	9	79	45
辽宁省	**Liaoning**						
沈阳市	Shenyang	1300	1235	1191	1133	586	370
大连市	Dalian	840	772	758	701	797	617
鞍山市	Anshan	340	227	316	213	327	180
抚顺市	Fushun	129	103	116	94	177	129
本溪市	Benxi	82	58	69	51	98	91
丹东市	Dandong	232	121	214	107	208	40
锦州市	Jinzhou	158	75	140	64	187	100
营口市	Yingkou	207	157	199	150	307	224
阜新市	Fuxin	76	62	70	57	242	159
辽阳市	Liaoyang	99	61	90	59	66	39

2-15 续表 1 continued 1

单位：万平方米 (10 000 m²)

城市	City	商品房销售面积 Sales Area of Commercial Residential Building 全市 Total City	市辖区 Districts under City	住宅 Residential Buildings 全市 Total City	市辖区 Districts under City	待售面积 Area for Sale 全市 Total City	市辖区 Districts under City
盘锦市	Panjin	288	269	259	246	206	203
铁岭市	Tieling	91	38	83	35	134	9
朝阳市	Chaoyang	120	33	112	32	114	66
葫芦岛市	Huludao	187	62	180	59	109	43
吉林省	**Jilin**						
长春市	Changchun	1147	1037	952	873	719	583
吉林市	Jilin	296	247	255	212	186	106
四平市	Siping	23	13	21	12	84	43
辽源市	Liaoyuan	27	27	26	26	83	82
通化市	Tonghua	139	47	123	41	139	51
白山市	Baishan	49	16	42	16	95	48
松原市	Songyuan	29	5	26	5	109	42
白城市	Baicheng	27	16	24	14	24	19
黑龙江省	**Heilongjiang**						
哈尔滨市	Harbin	1249	1159	1068	997	1133	1044
齐齐哈尔市	Qiqihar	166	79	134	66	210	161
鸡西市	Jixi	52	33	46	30	87	52
鹤岗市	Hegang	13	11	12	11	19	17
双鸭山市	Shuangyashan	48	9	41	7	39	9
大庆市	Daqing	174	121	111	73	86	86
伊春市	Yichun	14	12	12	10	17	3
佳木斯市	Jiamusi	84	56	74	51	76	55
七台河市	Qitaihe	18	17	12	11	29	26
牡丹江市	Mudanjiang	177	74	150	67	250	109
黑河市	Heihe	68	37	55	31	24	6
绥化市	Suihua	168	39	130	30	620	15
上海市	**Shanghai**	**1692**	**1692**	**1342**	**1342**	**2026**	**2026**
江苏省	**Jiangsu**						
南京市	Nanjing	1430	1430	1209	1209	322	322
无锡市	Wuxi	1182	718	1037	614	972	512
徐州市	Xuzhou	1184	518	1078	466	164	98
常州市	Changzhou	1030	936	829	737	424	370
苏州市	Suzhou	1937	989	1688	845	885	492
南通市	Nantong	1658	878	1471	760	902	588
连云港市	Lianyungang	644	361	609	346	131	95
淮安市	Huai'an	880	601	730	506	224	144
盐城市	Yancheng	975	520	879	462	423	201
扬州市	Yangzhou	880	537	776	451	273	217
镇江市	Zhenjiang	705	308	650	287	293	105
泰州市	Taizhou	869	883	690	796	302	318
宿迁市	Suqian	838	315	749	281	264	105
浙江省	**Zhejiang**						
杭州市	Hangzhou	2054	1874	1520	1358	735	640
宁波市	Ningbo	1544	1026	1284	824	647	344
温州市	Wenzhou	1070	321	803	229	118	53
嘉兴市	Jiaxing	1059	331	891	254	340	147
湖州市	Huzhou	744	390	639	333	338	170

2-15 续表 2 continued 2

单位：万平方米 (10 000 ㎡)

城市	City	商品房销售面积 Sales Area of Commercial Residential Building 全市 Total City	市辖区 Districts under City	住宅 Residential Buildings 全市 Total City	市辖区 Districts under City	待售面积 Area for Sale 全市 Total City	市辖区 Districts under City
绍兴市	Shaoxing	1039	602	849	513	524	340
金华市	Jinhua	490	173	428	155	225	42
衢州市	Quzhou	287	143	220	116	98	54
舟山市	Zhoushan	218	194	204	183	108	102
台州市	Taizhou	829	383	623	305	232	91
丽水市	Lishui	266	113	209	84	38	9
安徽省	**Anhui**						
合肥市	Hefei	1283	735	960	515	205	134
芜湖市	Wuhu	805	550	721	491	114	58
蚌埠市	Bengbu	830	519	752	478	74	52
淮南市	Huainan	334	187	312	176	96	59
马鞍山市	Maanshan	507	302	460	270	141	89
淮北市	Huaibei	149	111	135	102	70	57
铜陵市	Tongling	204	161	184	142	144	105
安庆市	Anqing	457	204	402	167	202	73
黄山市	Huangshan	185	108	162	95	113	53
滁州市	Chuzhou	909	361	833	343	224	121
阜阳市	Fuyang	860	497	733	414	52	13
宿州市	Suzhou	731	424	603	324	150	90
六安市	Lu'an	711	485	644	451	146	121
亳州市	Bozhou	580	298	474	222	70	40
池州市	Chizhou	162	98	147	89	97	54
宣城市	Xuancheng	494	196	439	182	127	69
福建省	**Fujian**						
福州市	Fuzhou	1685	674	1277	476	461	100
厦门市	Xiamen	528	528	237	237	307	307
莆田市	Putian	399	302	335	260	172	145
三明市	Sanming	236	55	190	51	89	11
泉州市	Quanzhou	1245	317	1025	253	448	116
漳州市	Zhangzhou	787	217	608	151	220	38
南平市	Nanping	352	167	302	142	157	96
龙岩市	Longyan	315	191	265	159	165	91
宁德市	Ningde	307	107	286	99	60	25
江西省	**Jiangxi**						
南昌市	Nanchang	1610	885	1290	682	244	175
景德镇市	Jingdezhen	133	66	123	62	39	18
萍乡市	Pingxiang	151	103	132	89	62	24
九江市	Jiujiang	598	236	543	208	124	48
新余市	Xinyu	197	176	186	167	71	68
鹰潭市	Yingtan	181	111	158	96	31	20
赣州市	Ganzhou	1046	376	844	306	151	85
吉安市	Ji'an	340	106	290	88	74	18
宜春市	Yichun	569	158	522	146	138	66
抚州市	Fuzhou	555	94	411	88	51	10
上饶市	Shangrao	463	118	395	101	146	22
山东省	**Shandong**						
济南市	Jinan	1215	1000	974	789	140	124

2-15 续表 3 continued 3

单位：万平方米 (10 000 m²)

城 市	City	商品房销售面积 Sales Area of Commercial Residential Building		住 宅 Residential Buildings		待售面积 Area for Sale	
		全 市 Total City	市辖区 Districts under City	全 市 Total City	市辖区 Districts under City	全 市 Total City	市辖区 Districts under City
青岛市	Qingdao	1901	1423	1634	1196	470	312
淄博市	Zibo	529	421	465	365	145	123
枣庄市	Zaozhuang	445	263	406	240	244	106
东营市	Dongying	319	248	281	219	58	46
烟台市	Yantai	1056	606	948	569	297	164
潍坊市	Weifang	1302	596	1157	522	464	210
济宁市	Jining	943	366	808	326	211	63
泰安市	Tai'an	330	177	307	165	158	101
威海市	Weihai	1007	609	891	519	351	217
日照市	Rizhao	255	177	238	161	66	41
莱芜市	Laiwu	97	97	90	90	47	47
临沂市	Linyi	1159	597	1033	554	213	138
德州市	Dezhou	713	257	615	226	129	78
聊城市	Liaocheng	595	231	500	183	96	47
滨州市	Binzhou	327	144	301	129	76	31
菏泽市	Heze	623	212	555	185	93	32
河南省	**Henan**						
郑州市	Zhengzhou	3098	2078	2735	1825	457	330
开封市	Kaifeng	514	277	465	259	84	69
洛阳市	Luoyang	971	688	846	596	108	72
平顶山市	Pingdingshan	438	200	406	191	201	109
安阳市	Anyang	712	508	559	390	120	8
鹤壁市	Hebi	226	135	201	115	37	33
新乡市	Xinxiang	951	402	911	392	175	65
焦作市	Jiaozuo	303	175	277	158	58	8
濮阳市	Puyang	445	235	423	224	60	23
许昌市	Xuchang	555	286	512	256	71	15
漯河市	Luohe	214	170	194	150	10	6
三门峡市	Sanmenxia	261	154	243	148	53	28
南阳市	Nanyang	715	323	647	291	151	72
商丘市	Shangqiu	1180	277	931	229	265	57
信阳市	Xinyang	846	218	761	204	360	36
周口市	Zhoukou	585	94	506	78	294	70
驻马店市	Zhumadian	1088	261	912	220	304	91
湖北省	**Hubei**						
武汉市	Wuhan	3533	3533	3086	3086	239	239
黄石市	Huangshi	314	154	289	144	73	27
十堰市	Shiyan	233	185	226	174	174	39
宜昌市	Yichang	381	305	351	281	48	25
襄阳市	Xiangyang	659	353	578	310	187	135
鄂州市	Ezhou	112	112	111	111	4	4
荆门市	Jingmen	364	183	330	173	165	41
孝感市	Xiaogan	323	158	298	141	131	75
荆州市	Jingzhou	317	150	294	144	123	43
黄冈市	Huanggang	629	96	591	96	243	28
咸宁市	Xianning	371	139	351	133	204	101
随州市	Suizhou	157	145	150	138	48	40

2-15 续表 4 continued 4

单位：万平方米 (10 000 m²)

城市	City	商品房销售面积 Sales Area of Commercial Residential Building 全市 Total City	市辖区 Districts under City	住宅 Residential Buildings 全市 Total City	市辖区 Districts under City	待售面积 Area for Sale 全市 Total City	市辖区 Districts under City
湖南省	**Hunan**						
长沙市	Changsha	2259	1618	1824	1310	755	430
株洲市	Zhuzhou	755	520	655	468	93	47
湘潭市	Xiangtan	363	222	332	203	70	44
衡阳市	Hengyang	582	329	563	322	184	73
邵阳市	Shaoyang	449	178	377	149	137	62
岳阳市	Yueyang	486	262	450	243	172	60
常德市	Changde	529	256	483	238	91	37
张家界市	Zhangjiajie	89	46	71	32	20	7
益阳市	Yiyang	376	173	326	157	104	56
郴州市	Chenzhou	791	405	696	351	92	38
永州市	Yongzhou	594	239	549	217	603	371
怀化市	Huaihua	771	341	667	292	126	80
娄底市	Loudi	292	163	257	140	61	29
广东省	**Guangdong**						
广州市	Guangzhou	1758	1758	1367	1367	774	774
韶关市	Shaoguan	449	205	427	194	144	71
深圳市	Shenzhen	671	671	521	521	261	261
珠海市	Zhuhai	510	510	420	420	167	167
汕头市	Shantou	640	622	594	577	297	285
佛山市	Foshan	2800	2800	2077	2077	496	496
江门市	Jiangmen	788	340	711	285	290	99
湛江市	Zhanjiang	589	356	555	325	121	79
茂名市	Maoming	516	291	501	282	67	29
肇庆市	Zhaoqing	598	373	542	327	196	120
惠州市	Huizhou	1646	1107	1543	1032	382	259
梅州市	Meizhou	499	276	463	255	198	121
汕尾市	Shanwei	231	140	184	95	32	3
河源市	Heyuan	536	233	507	211	196	73
阳江市	Yangjiang	452	298	425	275	145	93
清远市	Qingyuan	901	640	809	566	338	232
东莞市	Dongguan	799		589		302	
中山市	Zhongshan	875		650		327	
潮州市	Chaozhou	146	115	135	110	100	98
揭阳市	Jieyang	221	95	212	88	70	14
云浮市	Yunfu	335	118	291	91	85	48
广西壮族自治区	**Guangxi**						
南宁市	Nanning	1544	1390	1308	1159	307	234
柳州市	Liuzhou	529	416	482	374	81	52
桂林市	Guilin	529	353	495	336	128	53
梧州市	Wuzhou	176	81	169	76	139	107
北海市	Beihai	377	315	361	302	230	170
防城港市	Fangchenggang	240	217	218	196	67	56
钦州市	Qinzhou	187	120	177	117	148	114
贵港市	Guigang	310	144	291	128	45	7

2-15 续表 5 continued 5

单位：万平方米 (10 000 ㎡)

城 市	City	商品房销售面积 Sales Area of Commercial Residential Building 全 市 Total City	市辖区 Districts under City	住宅 Residential Buildings 全 市 Total City	市辖区 Districts under City	待售面积 Area for Sale 全 市 Total City	市辖区 Districts under City
玉林市	Yulin	460	263	431	244	104	40
百色市	Baise	246	85	228	77	104	31
贺州市	Hezhou	123	83	114	79	44	32
河池市	Hechi	126	78	113	72	94	24
来宾市	Laibin	159	94	150	89	77	50
崇左市	Chongzuo	166	46	151	42	31	6
海南省	**Hainan**						
海口市	Haikou	549	549	487	487	185	185
三亚市	Sanya	214	214	195	195	114	114
三沙市	Sansha						
儋州市	Danzhou	247		244		38	
重庆市	**Chongqing**	**6711**	**6128**	**5453**	**4942**	**2052**	**1929**
四川省	**Sichuan**						
成都市	Chengdu	3922	3095	2974	2274	1105	956
自贡市	Zigong	310	186	271	158	109	48
攀枝花市	Panzhihua	176	154	129	114	30	30
泸州市	Luzhou	735	484	586	405	183	135
德阳市	Deyang	264	125	227	105	175	104
绵阳市	Mianyang	555	341	443	268	140	72
广元市	Guangyuan	169	112	141	92	122	66
遂宁市	Suining	235	106	204	82	28	18
内江市	Neijiang	353	117	309	102	33	15
乐山市	Leshan	412	219	345	187	52	14
南充市	Nanchong	579	264	500	230	81	40
眉山市	Meishan	409	186	334	149	125	96
宜宾市	Yibin	581	221	465	186	164	97
广安市	Guang'an	529	220	448	182	71	19
达州市	Dazhou	406	192	354	179	85	28
雅安市	Ya'an	122	84	96	61	14	9
巴中市	Bazhong	330	181	263	142	55	21
资阳市	Ziyang	391	248	342	232	23	
贵州省	**Guizhou**						
贵阳市	Guiyang	1078	953	878	771	235	213
六盘水市	Liupanshui	286	114	243	110	106	82
遵义市	Zunyi	1037	510	871	438	259	145
安顺市	Anshun	223	159	164	108	54	44
毕节市	Bijie	451	160	378	134	105	38
铜仁市	Tongren	309	105	256	96	94	11
云南省	**Yunnan**						
昆明市	Kunming	1827	1622	1388	1220	605	395
曲靖市	Qujing	231	97	208	94	116	56
玉溪市	Yuxi	141	68	116	62	92	52
保山市	Baoshan	193	81	181	73	89	9
昭通市	Zhaotong	169	87	141	70	146	101
丽江市	Lijiang	50	40	39	31	35	16
普洱市	Pu'er	106	58	88	51	34	17
临沧市	Lincang	88	33	62	25	24	3

2-15 续表 6 continued 6

单位：万平方米 (10 000 ㎡)

城市	City	商品房销售面积 Sales Area of Commercial Residential Building		住宅 Residential Buildings		待售面积 Area for Sale	
		全市 Total City	市辖区 Districts under City	全市 Total City	市辖区 Districts under City	全市 Total City	市辖区 Districts under City
西藏自治区	**Tibet**						
拉萨市	Lasa	36	36	28	28	23	23
日喀则市	Xigaze						
昌都市	Qamdo						
林芝市	Linzhi	17	17	13	13	12	12
山南市	Shannan					6371	6371
那曲市	Naqu						
陕西省	**Shaanxi**						
西安市	Xi'an	2510	2485	2148	2124	380	366
铜川市	Tongchuan	41	41	40	40	44	41
宝鸡市	Baoji	311	268	293	251	29	15
咸阳市	Xianyang	176	144	171	141	6	2
渭南市	Weinan	206	76	169	66	113	37
延安市	Yan'an	129	118	119	109	56	53
汉中市	Hanzhong	169	82	154	76	133	68
榆林市	Yulin	80	60	75	56	112	66
安康市	Ankang	145	80	139	78	36	4
商洛市	Shangluo	74	41	63	31	2	
甘肃省	**Gansu**						
兰州市	Lanzhou	734	477	645	425	218	133
嘉峪关市	Jiayuguan	69		61		46	
金昌市	Jinchang	26	19	21	15	38	20
白银市	Baiyin	59	34	49	25	68	44
天水市	Tianshui	99	69	91	64	68	32
武威市	Wuwei	37	35	31	29	37	37
张掖市	Zhangye	91	47	84	45	115	42
平凉市	Pingliang	90	53	85	51	22	7
酒泉市	Jiuquan	90	71	80	65	59	43
庆阳市	Qingyang	72	40	62	33	50	27
定西市	Dingxi	108	37	96	28	70	14
陇南市	Longnan	49	5	46	5	21	8
青海省	**Qinghai**						
西宁市	Xining	388	382	305	304	73	73
海东市	Haidong	85	46	75	40	46	35
宁夏回族自治区	**Ningxia**						
银川市	Yinchuan	595	406	520	352	656	457
石嘴山市	Shizuishan	80	29	67	24	94	43
吴忠市	Wuzhong	164	84	143	74	130	72
固原市	Guyuan	98	54	71	43	62	42
中卫市	Zhongwei	85	44	70	40	94	45
新疆维吾尔自治区	**Xinjiang**						
乌鲁木齐市	Urumqi	623	618	538	534	364	364
克拉玛依市	Karamay	32	32	23	23	21	21
吐鲁番市	Turpan	14	6	9	3		26
哈密市	Hami	50	50	45	45	74	74

2-16 对外经济贸易
Foreign Trade and Economic Cooperation

城 市	City	货物进口额(万美元) Import Volumeof goods (USD 10 000)	货物出口额(万美元) Export Volumeof goods (USD 10 000)	外商直接投资合同项目(个) Number of Projects for Contracted Foreign Direct Investment (unit)		当年实际使用外资金额(万美元) Amount of Foreign Capital Actually Utilized (USD 10 000)	
		全 市 Total City	全 市 Total City	全 市 Total City	市辖区 Districts under City	全 市 Total City	市辖区 Districts under City
北京市	**Beijing**	**26545000**	**5857000**			**2433000**	**2433000**
天津市	**Tianjin**	**6936000**	**4356000**	**951**	**951**	**1060784**	**1060784**
河北省	**Hebei**						
石家庄市	Shijiazhuang	489265	783662	26	20	139458	124281
唐山市	Tangshan	444688	546577	33	27	160669	81951
秦皇岛市	Qinhuangdao	181193	318125	11	10	102197	89113
邯郸市	Handan	83873	134734	26	16	109238	58839
邢台市	Xingtai	48793	163381	13	2	60349	12634
保定市	Baoding	116575	382176	11	3	73226	55931
张家口市	Zhangjiakou	18435	32964	4	2	40965	9181
承德市	Chengde	1852	42537	6	2	3770	1047
沧州市	Cangzhou	125762	238999	35	20	62394	40057
廊坊市	Langfang	308827	225646	22	5	98838	44867
衡水市	Hengshui	25728	267082	7	5	26131	8782
山西省	**Shanxi**						
太原市	Taiyuan	507550	845168	19	19	10713	10713
大同市	Datong	9527	26905	4	3	17013	4365
阳泉市	Yangquan	3706	8630			11501	
长治市	Changzhi	3708	3898	4	1	38470	7445
晋城市	Jincheng	50734	18576			20048	20048
朔州市	Shuozhou	26677	27027	3	1	2356	2000
晋中市	Jinzhong	5699	21249	4		38595	520
运城市	Yuncheng	96442	37856	4		6985	
忻州市	Xinzhou	701	19897	2		4344	
临汾市	Linfen	56022	110676	2	1	17808	2600
吕梁市	Lvliang	7288	18019	5		1285	
内蒙古自治区	**Inner Mongolia**						
呼和浩特市	Hohhot	83646	76267	14		36775	
包头市	Baotou	70700	128900	9	7	20400	18802
乌海市	Wuhai	300	5700	1	1	1291	1291
赤峰市	Chifeng	65200	24400	7	2	17000	5634
通辽市	Tongliao	6300	30500	3		200	
鄂尔多斯市	Erdos	25000	53412	9	4	205000	99073
呼伦贝尔市	Hulunbuir	229900	75100	3		4822	
巴彦淖尔市	Bayannur	238500	42600	3	1	13849	12000
乌兰察布市	Ulanqab	1431	25086	1	1		
辽宁省	**Liaoning**						
沈阳市	Shenyang	815409	469172	178	174	101263	94952
大连市	Dalian	3563022	2615965	185	179	324870	321192
鞍山市	Anshan	205000	201428	10	6	4052	2464
抚顺市	Fushun	16614	42007	5	4	2831	2338
本溪市	Benxi	114742	262763	5	5	1337	1337
丹东市	Dandong	103187	237435	26	17	15363	1362
锦州市	Jinzhou	144334	99456	14	13	13034	12221
营口市	Yingkou	232771	317768	69	69	12038	11330
阜新市	Fuxin	5239	23127	8	5	23908	21251
辽阳市	Liaoyang	35289	44171			3494	2000

2-16 续表 1 continued 1

城市	City	货物进口额(万美元) Import Volumeof goods (USD 10 000) 全市 Total City	货物出口额(万美元) Export Volumeof goods (USD 10 000) 全市 Total City	外商直接投资合同项目(个) Number of Projects for Contracted Foreign Direct Investment (unit) 全市 Total City	市辖区 Districts under City	当年实际使用外资金额(万美元) Amount of Foreign Capital Actually Utilized (USD 10 000) 全市 Total City	市辖区 Districts under City
盘锦市	Panjin	128968	31644	12	10	19744	18966
铁岭市	Tieling	11486	17473			1147	13
朝阳市	Chaoyang	6451	47948	9	2	6542	15
葫芦岛市	Huludao	72068	77301	10	5	3885	2037
吉林省	**Jilin**						
长春市	Changchun	1217092	191863				
吉林市	Jilin	30802	63116				
四平市	Siping	7522	21597	1	1	9600	9600
辽源市	Liaoyuan	6846	19252	5	4	36696	26384
通化市	Tonghua	20339	8250			51216	
白山市	Baishan	6509	19012				
松原市	Songyuan	117	16349	5	3	41701	5188
白城市	Baicheng	1737	7893	9	4	192363	11222
黑龙江省	**Heilongjiang**						
哈尔滨市	Harbin	190567	144726	52	48	344218	306795
齐齐哈尔市	Qiqihar	6797	8857	5		50859	
鸡西市	Jixi	3208	18963	4	3	15733	3333
鹤岗市	Hegang	13567	1795	1	1	3730	3730
双鸭山市	Shuangyashan	8899	5548			3182	
大庆市	Daqing	714750	121228				
伊春市	Yichun	1431	5430			500	500
佳木斯市	Jiamusi	77961	41247	2	2	1185	1185
七台河市	Qitaihe	129	429			262	262
牡丹江市	Mudanjiang			6	4	57351	23361
黑河市	Heihe	40097	17515				
绥化市	Suihua	10452	15284	4		30457	
上海市	**Shanghai**	**28255000**	**19364000**	**3950**	**3950**	**1700823**	**1700823**
江苏省	**Jiangsu**						
南京市	Nanjing	2677272	3441455	578	578	367273	367273
无锡市	Wuxi	8125337	4951890	408	307	367545	225210
徐州市	Xuzhou	780061	633413	188	100	165991	114223
常州市	Changzhou	3126643	2293947	372	341	221608	196572
苏州市	Suzhou	31607895	18716062	985	500	450392	235874
南通市	Nantong	3481992	2493778	348	168	242266	100772
连云港市	Lianyungang	821366	392169	73	48	70902	45506
淮安市	Huai'an	463640	300338	178	122	117824	83734
盐城市	Yancheng	865276	584055	157	84	78862	47675
扬州市	Yangzhou	1079930	786778	122	64	120813	99935
镇江市	Zhenjiang	1053573	698490	102	36	135267	53024
泰州市	Taizhou	1294849	821633	141	89	170242	101651
宿迁市	Suqian	294844	217225	43	25	36354	27204
浙江省	**Zhejiang**						
杭州市	Hangzhou	2406991	5099533	575	555	661001	627626
宁波市	Ningbo	3866269	7353388	555	402	402995	267351
温州市	Wenzhou	250434	1708140	66	39	35822	21239
嘉兴市	Jiaxing	1025460	2620268	360	105	299452	113352
湖州市	Huzhou	133914	1005574	115	35	105320	60549

2-16 续表 2 continued 2

城市	City	货物进口额(万美元) Import Volumeof goods (USD 10 000) 全市 Total City	货物出口额(万美元) Export Volumeof goods (USD 10 000) 全市 Total City	外商直接投资合同项目(个) Number of Projects for Contracted Foreign Direct Investment (unit) 全市 Total City	市辖区 Districts under City	当年实际使用外资金额(万美元) Amount of Foreign Capital Actually Utilized (USD 10 000) 全市 Total City	市辖区 Districts under City
绍兴市	Shaoxing	215041	2731502	407	338	128666	86804
金华市	Jinhua	138628	4882704	793	23	43044	7721
衢州市	Quzhou	154858	382332	25	11	7396	5064
舟山市	Zhoushan	588975	566470	56	39	40518	19642
台州市	Taizhou	293571	2036204	48	18	44332	23054
丽水市	Lishui	26377	302984	25	8	21665	6846
安徽省	**Anhui**						
合肥市	Hefei	1039279	1456590	128	115	302037	228813
芜湖市	Wuhu	223286	414397	28	21	268730	167537
蚌埠市	Bengbu	83152	93974	7	2	160963	108502
淮南市	Huainan	2631	27294	8	4	23859	14492
马鞍山市	Maanshan	221569	158896	20	14	227642	149970
淮北市	Huaibei	5048	55761	10	7	68128	44700
铜陵市	Tongling	497468	57098	17	16	27025	23391
安庆市	Anqing	33400	105500	13	5	19339	13169
黄山市	Huangshan	12729	61011	10	4	17321	8662
滁州市	Chuzhou	88071	189408	26	13	122355	46315
阜阳市	Fuyang	14561	96399	10	5	21934	16150
宿州市	Suzhou	7114	50745	10	7	78510	34311
六安市	Lu'an	11242	60648	13	8	43786	14416
亳州市	Bozhou	6211	60233	13		78064	21669
池州市	Chizhou	56820	20024	8	6	39006	23199
宣城市	Xuancheng	13000	140000	16	5	92386	12225
福建省	**Fujian**						
福州市	Fuzhou	1260819	2183739	362	275	198527	126194
厦门市	Xiamen	3780374	4801038	1145	1145	237830	237830
莆田市	Putian	235385	306208	31	28	45413	40413
三明市	Sanming	14144	214294	27	2	18441	3203
泉州市	Quanzhou	770839	1545306	196	38	159194	40307
漳州市	Zhangzhou	179775	756868	121	7	121662	12543
南平市	Nanping	7803	136617	10	4	23446	10527
龙岩市	Longyan	148406	233167	33	13	29553	11158
宁德市	Ningde	153437	299579	20	8	6708	1184
江西省	**Jiangxi**						
南昌市	Nanchang	356154	632405	52	42	386418	311304
景德镇市	Jingdezhen	1132	81280	9	5	20463	8240
萍乡市	Pingxiang	4169	148354	50	25	36704	19049
九江市	Jiujiang	82795	424118	81	24	198436	65340
新余市	Xinyu	143037	126215	5	5	43500	33588
鹰潭市	Yingtan	333289	93092	70	12	28901	10024
赣州市	Ganzhou	76916	396608	39	11	166738	60186
吉安市	Ji'an	78222	468588	101	12	107035	13416
宜春市	Yichun	38373	247967	28	1	77176	6250
抚州市	Fuzhou	6042	191771	26	13	35309	3629
上饶市	Shangrao	58063	461229	30	5	114046	21814
山东省	**Shandong**						
济南市	Jinan	379949	750622	110	49	187624	

2-16 续表 3 continued 3

城　市	City	货物进口额(万美元) Import Volumeof goods (USD 10 000) 全 市 Total City	货物出口额(万美元) Export Volumeof goods (USD 10 000) 全 市 Total City	外商直接投资合同项目(个) Number of Projects for Contracted Foreign Direct Investment (unit)		当年实际使用外资金额(万美元) Amount of Foreign Capital Actually Utilized (USD 10 000)	
				全 市 Total City	市辖区 Districts under City	全 市 Total City	市辖区 Districts under City
青岛市	Qingdao	4459296	2953121	650	549	773500	567502
淄博市	Zibo	451785	549162	39	34	71385	54403
枣庄市	Zaozhuang	17748	130190	14	12	9015	5650
东营市	Dongying	1504002	489283	12	9	23223	17277
烟台市	Yantai	1999187	2562051	207	138	214651	141261
潍坊市	Weifang	752393	1396149	52	30	115439	42572
济宁市	Jining	255957	348655	33	17	59423	40177
泰安市	Tai'an	51570	173000	58	25	57964	23564
威海市	Weihai	809153	1258820	191	149	128582	109551
日照市	Rizhao	824426	515035	20	16	62610	57009
莱芜市	Laiwu	54134	103086	6	6	22959	22959
临沂市	Linyi	257005	727522	36	21	18230	6370
德州市	Dezhou	95686	264983	16	5	13021	4521
聊城市	Liaocheng	329540	345107	8	3	10299	6861
滨州市	Binzhou	592241	398407	12	6	26627	7678
菏泽市	Heze	352919	230915	15	11	10807	1027
河南省	**Henan**						
郑州市	Zhengzhou	2507412	3456133	79	64	404969	298426
开封市	Kaifeng	4170	51306	18		66426	37496
洛阳市	Luoyang	22808	173694	23	15	269864	149620
平顶山市	Pingdingshan	7998	51254	9	2	44082	4231
安阳市	Anyang	50058	35620	9	4	50217	29470
鹤壁市	Hebi	6656	16412	1		81739	60587
新乡市	Xinxiang	24367	78125	10	3	108748	43663
焦作市	Jiaozuo	60544	159003	4		82792	15970
濮阳市	Puyang	9763	49238	1	1	64246	17969
许昌市	Xuchang	12660	158666	8	2	73054	26290
漯河市	Luohe	8778	69055	4	2	73794	49389
三门峡市	Sanmenxia	84268	33003	3	2	107906	47966
南阳市	Nanyang	33994	161036	11	3	60297	20096
商丘市	Shangqiu	2176	27006	9	1	36393	12416
信阳市	Xinyang	24124	29948	4		53434	18636
周口市	Zhoukou	34186	79612	4		53557	10604
驻马店市	Zhumadian	4617	30309	9	1	39929	11684
湖北省	**Hubei**						
武汉市	Wuhan	1149591	1710118	161	161	964690	964690
黄石市	Huangshi	197690	141246	18	12	15790	15527
十堰市	Shiyan	3028	56031	6	4	30583	24122
宜昌市	Yichang	36801	235355	7	5	25634	10500
襄阳市	Xiangyang	33954	190048	17	10	91560	57833
鄂州市	Ezhou	33128	22559	1	1	29256	29256
荆门市	Jingmen	39223	95061	5	4	41935	14579
孝感市	Xiaogan	33522	76678	9	4	31515	9254
荆州市	Jingzhou	20364	121815	6	4	2978	321
黄冈市	Huanggang	8669	7680	5		4125	750
咸宁市	Xianning	16292	34258	7	2	3174	416
随州市	Suizhou	16933	113470	6	2	14080	7270

2-16 续表 4 continued 4

城市	City	货物进口额(万美元) Import Volumeof goods (USD 10 000) 全市 Total City	货物出口额(万美元) Export Volumeof goods (USD 10 000) 全市 Total City	外商直接投资合同项目(个) Number of Projects for Contracted Foreign Direct Investment (unit) 全市 Total City	外商直接投资合同项目(个) 市辖区 Districts under City	当年实际使用外资金额(万美元) Amount of Foreign Capital Actually Utilized (USD 10 000) 全市 Total City	当年实际使用外资金额(万美元) 市辖区 Districts under City
湖南省	**Hunan**						
长沙市	Changsha	518142	870462	197	163	525042	388354
株洲市	Zhuzhou	54265	156235	108	68	112542	75212
湘潭市	Xiangtan	116682	157091	61	26	121220	98080
衡阳市	Hengyang	199744	248922	143	18	128314	20393
邵阳市	Shaoyang	10742	158732	23	3	26622	4936
岳阳市	Yueyang	58978	168365	10	3	48118	26742
常德市	Changde	24771	88601	7	2	107180	38220
张家界市	Zhangjiajie	795	9659	5	3	11800	7152
益阳市	Yiyang	24103	54896	6	5	27478	17005
郴州市	Chenzhou	178000	211000	48	13	171352	31982
永州市	Yongzhou	8047	127680	55	10	108190	34050
怀化市	Huaihua	1140	8100	10		5041	551
娄底市	Loudi	90655	30297	2	1	46200	23003
广东省	**Guangdong**						
广州市	Guangzhou	5792992	8531977	2459	2459	628947	628947
韶关市	Shaoguan	112799	132352	60	7	5283	1730
深圳市	Shenzhen	16978806	24435790	6757	6757	740126	740126
珠海市	Zhuhai	1636151	2788760	1565	1565	243304	243304
汕头市	Shantou	209730	671291	37	37	35535	35535
佛山市	Foshan	1778000	4648000	315	315	162349	162349
江门市	Jiangmen	464200	1612800	214	143	51096	27674
湛江市	Zhanjiang	321501	190422	48	41	8095	4091
茂名市	Maoming	57100	144400	394	31	7406	4526
肇庆市	Zhaoqing	199879	327795	132	69	18135	5251
惠州市	Huizhou	11828603	22331343	661	288	114354	97053
梅州市	Meizhou	22962	170177	889	521	5715	2435
汕尾市	Shanwei	130200	163000	91	27	10004	7848
河源市	Heyuan	96000	288000	453		10407	4666
阳江市	Yangjiang	43100	167500	20	11	4663	4397
清远市	Qingyuan	213800	272800	177	147	14390	6407
东莞市	Dongguan	7731165	10386135	925		171893	
中山市	Zhongshan	777622	3027819	271		50934	
潮州市	Chaozhou	51199	259888	38	6	3545	2501
揭阳市	Jieyang	34495	592012	63	6	1680	857
云浮市	Yunfu	62795	134000	32	18	2810	1215
广西壮族自治区	**Guangxi**						
南宁市	Nanning	489257	407743	72	70	22642	22487
柳州市	Liuzhou	173950	80151	54	46	67893	65959
桂林市	Guilin	16209	87065	21	18	4179	4179
梧州市	Wuzhou	45734	43487	10	8	1085	1085
北海市	Beihai	169687	171760	11	9	8445	8445
防城港市	Fangchenggang	965768	170280	4	2	74	74
钦州市	Qinzhou	330795	170944	15	5	23188	23188
贵港市	Guigang	19108	16288	4	4	3405	2465

2-16 续表 5 continued 5

城　市	City	货物进口额(万美元) Import Volumeof goods (USD 10 000)	货物出口额(万美元) Export Volumeof goods (USD 10 000)	外商直接投资合同项目(个) Number of Projects for Contracted Foreign Direct Investment (unit)		当年实际使用外资金额(万美元) Amount of Foreign Capital Actually Utilized (USD 10 000)	
		全　市 Total City	全　市 Total City	全　市 Total City	市辖区 Districts under City	全　市 Total City	市辖区 Districts under City
玉林市	Yulin	13301	36467	11	7	3179	1938
百色市	Baise	6	23	4	1	7331	40
贺州市	Hezhou	1396	5767	6		667	
河池市	Hechi	25488	3320	9	4	236	224
来宾市	Laibin	5118	6267	2	1	2053	2053
崇左市	Chongzuo	663339	1321816	7	1	371	87
海南省	**Hainan**						
海口市	Haikou	229091	81837	46	46	2884	2884
三亚市	Sanya	67007	6975			7043	7043
三沙市	Sansha						
儋州市	Danzhou						
重庆市	**Chongqing**	**2401000**	**4260000**	**238**	**236**	**1018255**	**836428**
四川省	**Sichuan**						
成都市	Chengdu	2775639	3055919	472		1004100	
自贡市	Zigong	19489	25889	2	2	500	500
攀枝花市	Panzhihua	26	11	1	1	3	2
泸州市	Luzhou	9279	196429	7	5	12465	8919
德阳市	Deyang	49089	104492	27	22	8296	4276
绵阳市	Mianyang	79072	90759	27	23	10330	9320
广元市	Guangyuan	594	1928	2	1	3520	2985
遂宁市	Suining	17115	17719	5	3	4108	23564
内江市	Neijiang	2888	11316	1		2728	2728
乐山市	Leshan	27214	75749	2	1	3224	2710
南充市	Nanchong	1276	27772			7147	4250
眉山市	Meishan	3255	24327	5	2	10292	6529
宜宾市	Yibin	37795	47176	3	1	3901	3251
广安市	Guang'an	1464	28181	3		4600	1553
达州市	Dazhou	482	6427	2	1	9500	
雅安市	Ya'an	702	3726	3		552	100
巴中市	Bazhong	19	3969	2		1400	
资阳市	Ziyang	5958	10933	2	2	10050	10050
贵州省	**Guizhou**						
贵阳市	Guiyang	72009	227146	33	19	134540	86565
六盘水市	Liupanshui	25201	7882	4		36152	
遵义市	Zunyi	7998	107889	15	8	39125	8560
安顺市	Anshun	1383	20306	25	17	20412	6920
毕节市	Bijie	81	20458	5		26188	
铜仁市	Tongren	82	27518	4	1	10371	7580
云南省	**Yunnan**						
昆明市	Kunming	487507	294277	115	109	80133	68322
曲靖市	Qujing	2993	84189	2	2	2345	2345
玉溪市	Yuxi	3746	206353	4	1	1133	23
保山市	Baoshan	18976	13042	8	3	1032	830
昭通市	Zhaotong	12	492	1		442	
丽江市	Lijiang	45	4702	8	7	8	8
普洱市	Pu'er	106634	17966	3	1	1088	
临沧市	Lincang	53225	12499	1		444	

2-16 续表 6 continued 6

城 市	City	货物进口额(万美元) Import Volumeof goods (USD 10 000) 全 市 Total City	货物出口额(万美元) Export Volumeof goods (USD 10 000) 全 市 Total City	外商直接投资合同项目(个) Number of Projects for Contracted Foreign Direct Investment (unit) 全 市 Total City	市辖区 Districts under City	当年实际使用外资金额(万美元) Amount of Foreign Capital Actually Utilized (USD 10 000) 全 市 Total City	市辖区 Districts under City
西藏自治区	**Tibet**						
拉萨市	Lasa	23223	42344				
日喀则市	Xigaze						
昌都市	Qamdo						
林芝市	Linzhi	1247	1285				
山南市	Shannan	3457	617				
那曲市	Naqu						
陕西省	**Shaanxi**						
西安市	Xi'an	1470765	2299213	143	143	530681	528270
铜川市	Tongchuan	28	5097	1	1	2798	2783
宝鸡市	Baoji	55071	33383	8	3	7227	1199
咸阳市	Xianyang	28646	28558	9	9	7678	4569
渭南市	Weinan	3274	16458	3	1	843	133
延安市	Yan'an	216	2525				
汉中市	Hanzhong	4447	9079	5	1	3323	2593
榆林市	Yulin	8098	10967	3	1	7003	
安康市	Ankang	1921	28552	4		1563	
商洛市	Shangluo	6321	26377			1544	
甘肃省	**Gansu**						
兰州市	Lanzhou	77363	107938	8	3	10035	1286
嘉峪关市	Jiayuguan	21427	6146				
金昌市	Jinchang	5385	126452				
白银市	Baiyin	76896	6064				
天水市	Tianshui	24251	35239				
武威市	Wuwei	24	1872	2		100	
张掖市	Zhangye	11	3618	8	5		
平凉市	Pingliang	11	3942				
酒泉市	Jiuquan	369	7337	2		1326	
庆阳市	Qingyang	9	2514				
定西市	Dingxi	1130	1725				
陇南市	Longnan	1	15852				
青海省	**Qinghai**						
西宁市	Xining	20341	28213	10		12837	
海东市	Haidong	8223	1175				
宁夏回族自治区	**Ningxia**						
银川市	Yinchuan	109764	288221	21		3065	
石嘴山市	Shizuishan	17611	37296				
吴忠市	Wuzhong	619	11684	1	1	6944	6944
固原市	Guyuan						
中卫市	Zhongwei	67959	191101				
新疆维吾尔自治区	**Xinjiang**						
乌鲁木齐市	Urumqi	147666	533046	42	42	577	577
克拉玛依市	Karamay	2176	6975	1	1	462	462
吐鲁番市	Turpan	287	639				
哈密市	Hami	11568	5180				

2-17 规模以上工业企业数
Number of Industrial Enterprises above Designated Size

单位：个　　(unit)

城市	City	工业企业数 Number of Industrial Enterprises		内资企业 Domestic Funded		港、澳、台商投资企业 Enterprises with Funds from Hong Kong, Macao and Taiwan		外商投资企业 Foreign Funded Enterprises	
		全市 Total City	市辖区 Districts under City	全市 Total City	市辖区 Districts under City	全市 Total City	市辖区 Districts under City	全市 Total City	市辖区 Districts under City
北京市	**Beijing**	**3231**	**3231**	**2512**	**2512**	**175**	**175**	**544**	**544**
天津市	**Tianjin**	**4286**	**4286**	**3066**	**3066**	**254**	**254**	**966**	**966**
河北省	**Hebei**								
石家庄市	Shijiazhuang	2638	983	2550	934	41	19	47	30
唐山市	Tangshan	1630	809	1542	756	26	12	62	41
秦皇岛市	Qinhuangdao	361	285	295	224	17	15	49	46
邯郸市	Handan	1344	455	1312	442	20	8	12	5
邢台市	Xingtai	1343	99	1305	95	10	1	28	3
保定市	Baoding	1828	425	1746	398	24	8	58	19
张家口市	Zhangjiakou	446	195	415	183	10	3	21	9
承德市	Chengde	432	83	421	80	6	2	5	1
沧州市	Cangzhou	2417	209	2321	178	36	13	60	18
廊坊市	Langfang	1180	210	1031	123	33	18	116	69
衡水市	Hengshui	1166	269	1128	255	16	9	22	5
山西省	**Shanxi**								
太原市	Taiyuan	376	271	356	255	4	3	16	13
大同市	Datong	232	113	216	105	8	2	8	6
阳泉市	Yangquan	132	54	125	49	2	2	5	3
长治市	Changzhi	353	69	343	65	5	2	5	2
晋城市	Jincheng	259	39	244	33	4	3	11	3
朔州市	Shuozhou	238	67	232	62	2	2	4	3
晋中市	Jinzhong	567	134	543	122	12	5	12	7
运城市	Yuncheng	456	78	441	76	1		14	2
忻州市	Xinzhou	349	32	346	32	1		2	
临汾市	Linfen	380	53	367	50	10	2	3	1
吕梁市	Lvliang	451	24	437	24	8		6	
内蒙古自治区	**Inner Mongolia**								
呼和浩特市	Hohhot	232	66	212	62	10	3	10	1
包头市	Baotou	401	319	382	302	6	5	13	12
乌海市	Wuhai	144	144	142	142			2	2
赤峰市	Chifeng	359	136	351	129	3	3	5	4
通辽市	Tongliao	206	61	195	55	6	2	5	4
鄂尔多斯市	Erdos	399	66	381	64	11	1	7	1
呼伦贝尔市	Hulunbuir	160	36	148	33	6	2	6	1
巴彦淖尔市	Bayannur	223	53	212	50	4	2	7	1
乌兰察布市	Ulanqab	230	23	219	21	6	1	5	1
辽宁省	**Liaoning**								
沈阳市	Shenyang	1379	1164	1109	905	69	67	201	192
大连市	Dalian	1683	1367	1097	828	115	101	471	438
鞍山市	Anshan	561	230	515	210	18	10	28	10
抚顺市	Fushun	242	177	217	155	10	9	15	13
本溪市	Benxi	179	128	157	113	12	10	10	5
丹东市	Dandong	345	85	305	69	7	5	33	11
锦州市	Jinzhou	294	142	248	105	18	13	28	24
营口市	Yingkou	576	301	482	239	33	24	61	38
阜新市	Fuxin	211	118	196	110	9	3	6	5
辽阳市	Liaoyang	194	115	179	103	5	3	10	9

2-17 续表 1 continued 1

单位：个 (unit)

城 市	City	工业企业数 Number of Industrial Enterprises		内资企业 Domestic Funded		港、澳、台商投资企业 Enterprises with Funds from Hong Kong, Macao and Taiwan		外商投资企业 Foreign Funded Enterprises	
		全 市 Total City	市辖区 Districts under City	全 市 Total City	市辖区 Districts under City	全 市 Total City	市辖区 Districts under City	全 市 Total City	市辖区 Districts under City
盘锦市	Panjin	250	184	230	169	7	6	13	9
铁岭市	Tieling	228	60	208	50	8	4	12	6
朝阳市	Chaoyang	248	64	231	61	11	3	6	
葫芦岛市	Huludao	235	79	225	76	1	1	9	2
吉林省	**Jilin**								
长春市	Changchun	1641	1071	1474	913	33	30	134	128
吉林市	Jilin	1076	476	1051	456	7	5	18	15
四平市	Siping	601	219	583	211	13	8	5	
辽源市	Liaoyuan	305	155	299	150	3	2	3	3
通化市	Tonghua	551	107	534	105	3		14	2
白山市	Baishan	360	129	345	127	6	1	9	1
松原市	Songyuan	591	160	582	155	4	1	5	4
白城市	Baicheng	349	104	333	97	6	3	10	4
黑龙江省	**Heilongjiang**								
哈尔滨市	Harbin	1275	764	1199	696	28	24	48	44
齐齐哈尔市	Qiqihar	367	180	348	173	7	3	12	4
鸡西市	Jixi	171	59	164	57	4	2	3	
鹤岗市	Hegang	123	82	118	80	3	2	2	
双鸭山市	Shuangyashan	144	52	139	51	4	1	1	
大庆市	Daqing	419	232	403	221	6	2	10	9
伊春市	Yichun	97	70	90	64			7	6
佳木斯市	Jiamusi	288	104	277	95	1	1	10	8
七台河市	Qitaihe	83	59	82	58			1	1
牡丹江市	Mudanjiang								
黑河市	Heihe	111	30	105	28	2		4	2
绥化市	Suihua	314	55	307	54	2	1	5	
上海市	**Shanghai**	**8122**	**8122**	**4729**	**4729**	**922**	**922**	**2471**	**2471**
江苏省	**Jiangsu**								
南京市	Nanjing	2348	2348	1816	1816	171	171	361	361
无锡市	Wuxi	5258	2847	4079	2064	458	265	721	518
徐州市	Xuzhou	2412	723	2255	651	68	30	89	42
常州市	Changzhou	4240	3859	3497	3156	277	259	466	444
苏州市	Suzhou	9840	4455	5729	2472	1258	604	2853	1379
南通市	Nantong	5131	1434	4109	1060	402	107	620	267
连云港市	Lianyungang	1504	682	1357	594	51	25	96	63
淮安市	Huai'an	2175	1213	1985	1082	112	76	78	55
盐城市	Yancheng	2879	1144	2537	933	123	66	219	145
扬州市	Yangzhou	2858	1475	2508	1255	172	103	178	117
镇江市	Zhenjiang	2046	766	1655	597	189	74	202	95
泰州市	Taizhou	2992	1181	2683	1038	135	59	174	84
宿迁市	Suqian	1747	515	1641	464	50	23	56	28
浙江省	**Zhejiang**								
杭州市	Hangzhou	5533	4726	4683	3942	385	342	465	442
宁波市	Ningbo	7500	3834	6032	2894	807	497	661	443
温州市	Wenzhou	4582	1497	4449	1427	56	28	77	42
嘉兴市	Jiaxing	5394	1063	4391	820	474	95	529	148
湖州市	Huzhou	2945	1118	2567	991	204	65	174	62

2-17 续表 2 continued 2

单位：个 (unit)

城市	City	工业企业数 Number of Industrial Enterprises 全市 Total City	市辖区 Districts under City	内资企业 Domestic Funded 全市 Total City	市辖区 Districts under City	港、澳、台商投资企业 Enterprises with Funds from Hong Kong, Macao and Taiwan 全市 Total City	市辖区 Districts under City	外商投资企业 Foreign Funded Enterprises 全市 Total City	市辖区 Districts under City
绍兴市	Shaoxing	4494	2437	3906	2067	380	244	208	126
金华市	Jinhua	3691	667	3509	597	99	40	83	30
衢州市	Quzhou	842	305	796	283	16	3	30	19
舟山市	Zhoushan	351	289	328	274	8	6	15	9
台州市	Taizhou	3760	1189	3608	1142	77	25	75	22
丽水市	Lishui	849	199	821	193	12	3	16	3
安徽省	**Anhui**								
合肥市	Hefei	2257	851	2085	721	61	44	111	86
芜湖市	Wuhu	1962	757	1836	661	51	37	75	59
蚌埠市	Bengbu	1115	485	1075	462	23	9	17	14
淮南市	Huainan	610	330	589	316	13	9	8	5
马鞍山市	Maanshan	1054	392	995	353	29	22	30	17
淮北市	Huaibei	738	465	720	453	6	4	12	8
铜陵市	Tongling	540	306	519	287	12	10	9	9
安庆市	Anqing	1716	252	1668	227	18	5	30	20
黄山市	Huangshan	528	227	512	216	8	5	8	6
滁州市	Chuzhou	1621	416	1529	364	35	21	57	31
阜阳市	Fuyang	1752	478	1734	471	10	6	8	1
宿州市	Suzhou	1272	540	1243	527	14	6	15	7
六安市	Lu'an	914	431	889	420	5	2	20	9
亳州市	Bozhou	1032	334	1025	331	3	1	4	2
池州市	Chizhou	580	257	563	249	5	3	12	5
宣城市	Xuancheng	1439	234	1393	229	15	2	31	3
福建省	**Fujian**								
福州市	Fuzhou	2213	1135	1655	887	306	140	252	108
厦门市	Xiamen	1894	1894	1207	1207	376	376	311	311
莆田市	Putian	1221	922	1044	762	130	119	47	41
三明市	Sanming	1770	275	1695	265	53	8	22	2
泉州市	Quanzhou	4635	667	3236	419	1070	196	329	52
漳州市	Zhangzhou	2254	367	1776	290	333	49	145	28
南平市	Nanping	1089	262	1045	250	22	5	22	7
龙岩市	Longyan	1186	595	1086	557	70	22	30	16
宁德市	Ningde	1086	99	1063	93	17	5	6	1
江西省	**Jiangxi**								
南昌市	Nanchang	1473	906	1333	807	63	42	77	57
景德镇市	Jingdezhen	327	120	306	111	8	3	13	6
萍乡市	Pingxiang	578	304	555	289	19	12	4	3
九江市	Jiujiang	1607	391	1497	350	68	21	42	20
新余市	Xinyu	369	293	352	278	11	9	6	6
鹰潭市	Yingtan	276	87	262	81	6	3	8	3
赣州市	Ganzhou	1800	814	1596	760	147	32	57	22
吉安市	Ji'an	1222	160	1134	148	58	7	30	5
宜春市	Yichun	1542	231	1464	214	51	12	27	5
抚州市	Fuzhou	994	264	947	250	33	6	14	8
上饶市	Shangrao	1303	245	1269	234	24	9	10	2
山东省	**Shandong**								
济南市	Jinan	2051	1414	1905	1308	49	29	97	77

2-17 续表 3 continued 3

单位：个 (unit)

城市	City	工业企业数 Number of Industrial Enterprises		内资企业 Domestic Funded		港、澳、台商投资企业 Enterprises with Funds from Hong Kong, Macao and Taiwan		外商投资企业 Foreign Funded Enterprises	
		全市 Total City	市辖区 Districts under City	全市 Total City	市辖区 Districts under City	全市 Total City	市辖区 Districts under City	全市 Total City	市辖区 Districts under City
青岛市	Qingdao	3569	2100	2532	1451	220	138	817	511
淄博市	Zibo	2624	2077	2479	1963	66	50	79	64
枣庄市	Zaozhuang	1264	836	1210	796	22	15	32	25
东营市	Dongying	987	538	936	500	26	21	25	17
烟台市	Yantai	2377	798	1818	489	161	72	398	237
潍坊市	Weifang	3496	694	3224	616	91	30	181	48
济宁市	Jining	2733	843	2617	791	44	19	72	33
泰安市	Tai'an	1402	333	1346	310	18	5	38	18
威海市	Weihai	1847	959	1418	713	65	37	364	209
日照市	Rizhao	735	267	661	212	18	11	56	44
莱芜市	Laiwu	578	578	554	554	15	15	9	9
临沂市	Linyi	4074	1548	3885	1466	82	35	107	47
德州市	Dezhou	3047	485	2963	450	26	10	58	25
聊城市	Liaocheng	2325	339	2286	325	16	3	23	11
滨州市	Binzhou	1259	280	1218	262	17	8	24	10
菏泽市	Heze	3455	720	3395	700	24	8	36	12
河南省	**Henan**								
郑州市	Zhengzhou	2845	627	2745	565	46	29	54	33
开封市	Kaifeng	1347	360	1315	337	13	8	19	15
洛阳市	Luoyang	1975	532	1928	512	27	8	20	12
平顶山市	Pingdingshan	885	182	863	173	10	3	12	6
安阳市	Anyang	944	302	928	295	7	2	9	5
鹤壁市	Hebi	484	250	479	246	2	1	3	3
新乡市	Xinxiang	1240	340	1190	314	14	9	36	17
焦作市	Jiaozuo	1289	203	1262	194	15	4	12	5
濮阳市	Puyang	890	193	872	185	13	3	5	5
许昌市	Xuchang	1574	380	1553	368	8	4	13	8
漯河市	Luohe	585	341	569	329	9	7	7	5
三门峡市	Sanmenxia	501	158	487	148	8	6	6	4
南阳市	Nanyang	1969	289	1932	274	25	9	12	6
商丘市	Shangqiu	1350	363	1324	352	15	3	11	8
信阳市	Xinyang	1110	347	1095	335	10	7	5	5
周口市	Zhoukou	1274	81	1252	74	12	4	10	3
驻马店市	Zhumadian	1715	192	1686	179	16	5	13	8
湖北省	**Hubei**								
武汉市	Wuhan	2633	2633	2299	2299	81	81	253	253
黄石市	Huangshi	735	299	698	276	22	11	15	12
十堰市	Shiyan	847	525	828	510	7	5	12	10
宜昌市	Yichang	1169	275	1115	249	36	15	18	11
襄阳市	Xiangyang	1626	678	1559	632	33	16	34	30
鄂州市	Ezhou	539	539	515	515	11	11	13	13
荆门市	Jingmen	1057	247	1032	235	17	8	8	4
孝感市	Xiaogan	1186	232	1132	210	29	9	25	13
荆州市	Jingzhou	1131	448	1099	426	18	13	14	9
黄冈市	Huanggang	1496	120	1449	107	32	8	15	5
咸宁市	Xianning	880	240	854	231	17	5	9	4
随州市	Suizhou	698	240	676	228	14	7	8	5

2-17 续表 4 continued 4

单位：个 (unit)

城市	City	工业企业数 Number of Industrial Enterprises		内资企业 Domestic Funded		港、澳、台商投资企业 Enterprises with Funds from Hong Kong, Macao and Taiwan		外商投资企业 Foreign Funded Enterprises	
		全市 Total City	市辖区 Districts under City	全市 Total City	市辖区 Districts under City	全市 Total City	市辖区 Districts under City	全市 Total City	市辖区 Districts under City
湖南省	**Hunan**								
长沙市	Changsha	2886	1003	2745	953	69	28	72	22
株洲市	Zhuzhou	1658	432	1613	416	22	5	23	11
湘潭市	Xiangtan	970	441	935	414	16	12	19	15
衡阳市	Hengyang	1098	273	1065	258	20	5	13	10
邵阳市	Shaoyang	1256	201	1230	189	15	8	11	4
岳阳市	Yueyang	1188	303	1149	285	15	8	24	10
常德市	Changde	1165	384	1126	367	30	13	9	4
张家界市	Zhangjiajie	213	90	208	89	4	1	1	
益阳市	Yiyang	1079	506	1047	488	23	15	9	3
郴州市	Chenzhou	1076	221	1029	209	43	11	4	1
永州市	Yongzhou	955	260	898	245	46	8	11	7
怀化市	Huaihua	630	66	616	64	8		6	2
娄底市	Loudi	794	227	784	222	6	2	4	3
广东省	**Guangdong**								
广州市	Guangzhou	4664	4664	3275	3275	749	749	640	640
韶关市	Shaoguan	536	140	466	119	55	14	15	7
深圳市	Shenzhen	7943	7943	5506	5506	1819	1819	618	618
珠海市	Zhuhai	1163	1163	672	672	294	294	197	197
汕头市	Shantou	1988	1984	1773	1772	142	141	73	71
佛山市	Foshan	6212	6212	5069	5069	713	713	430	430
江门市	Jiangmen	2112	1138	1416	771	515	275	181	92
湛江市	Zhanjiang	866	250	790	205	44	24	32	21
茂名市	Maoming	1026	389	964	377	48	6	14	6
肇庆市	Zhaoqing	1163	658	915	490	160	102	88	66
惠州市	Huizhou	2366	1316	1469	735	668	409	229	172
梅州市	Meizhou	461	157	412	140	37	10	12	7
汕尾市	Shanwei	237	48	180	27	53	19	4	2
河源市	Heyuan	602	217	442	132	132	64	28	21
阳江市	Yangjiang	545	358	468	305	56	37	21	16
清远市	Qingyuan	644	366	478	279	130	61	36	26
东莞市	Dongguan	7669		4530		2083		1056	
中山市	Zhongshan	3211		2301		578		332	
潮州市	Chaozhou	923	802	789	680	100	90	34	32
揭阳市	Jieyang	1956	1067	1796	974	126	65	34	28
云浮市	Yunfu	943	432	844	382	81	40	18	10
广西壮族自治区	**Guangxi**								
南宁市	Nanning	960	729	885	664	39	34	36	31
柳州市	Liuzhou	835	642	799	610	14	13	22	19
桂林市	Guilin	646	193	616	175	11	5	19	13
梧州市	Wuzhou	399	187	350	151	35	26	14	10
北海市	Beihai	212	137	175	109	26	20	11	8
防城港市	Fangchenggang	151	97	134	81	8	7	9	9
钦州市	Qinzhou	326	147	300	130	20	12	6	5
贵港市	Guigang	500	277	467	260	22	11	11	6

2-17 续表 5 continued 5

单位：个 (unit)

城市	City	工业企业数 Number of Industrial Enterprises		内资企业 Domestic Funded		港、澳、台商投资企业 Enterprises with Funds from Hong Kong, Macao and Taiwan		外商投资企业 Foreign Funded Enterprises	
		全市 Total City	市辖区 Districts under City	全市 Total City	市辖区 Districts under City	全市 Total City	市辖区 Districts under City	全市 Total City	市辖区 Districts under City
玉林市	Yulin	549	114	495	105	42	5	12	4
百色市	Baise	354	47	341	43	12	3	1	1
贺州市	Hezhou	204	129	188	120	13	8	3	1
河池市	Hechi	173	67	169	64	3	2	1	1
来宾市	Laibin	227	82	217	76	7	4	3	2
崇左市	Chongzuo	201	38	182	30	4	1	15	7
海南省	**Hainan**								
海口市	Haikou	151	151	114	114	14	14	23	23
三亚市	Sanya	21	21	16	16	2	2	3	3
三沙市	Sansha								
儋州市	Danzhou	18		15		1		2	
重庆市	**Chongqing**	**6684**	**6030**	**6279**	**5635**	**164**	**154**	**241**	**241**
四川省	**Sichuan**								
成都市	Chengdu	3631	2254	3318	2005	103	82	210	167
自贡市	Zigong	534	329	523	321	3	1	8	7
攀枝花市	Panzhihua	324	240	318	235	3	2	3	3
泸州市	Luzhou	662	355	646	345	7	5	9	5
德阳市	Deyang	1374	483	1334	467	15	5	25	11
绵阳市	Mianyang	971	502	935	473	18	14	18	15
广元市	Guangyuan	465	241	459	236	2	1	4	4
遂宁市	Suining	521	251	498	233	12	12	11	6
内江市	Neijiang	317	108	303	101	8	3	6	4
乐山市	Leshan	625	241	612	236	8	1	5	4
南充市	Nanchong	722	276	710	269	5	3	7	4
眉山市	Meishan	584	302	563	284	7	5	14	13
宜宾市	Yibin	692	176	683	173	6	3	3	
广安市	Guang'an	509	139	498	132	7	5	4	2
达州市	Dazhou	560	165	555	161	3	3	2	1
雅安市	Ya'an	314	86	306	83	7	3	1	
巴中市	Bazhong	290	124	288	124	1		1	
资阳市	Ziyang	323	144	311	135	5	3	7	6
贵州省	**Guizhou**								
贵阳市	Guiyang	747	454	715	432	18	12	14	10
六盘水市	Liupanshui	452	90	447	88	2		3	2
遵义市	Zunyi	1050	178	1035	174	8	2	7	2
安顺市	Anshun	368	271	362	266	5	4	1	1
毕节市	Bijie	549	38	542	38	5		2	
铜仁市	Tongren	550	131	544	129	6	2		
云南省	**Yunnan**								
昆明市	Kunming	990	556	913	499	37	28	40	29
曲靖市	Qujing	638	210	628	203	3	3	7	4
玉溪市	Yuxi	434	165	417	154	9	7	8	4
保山市	Baoshan	258	93	253	91	2	1	3	1
昭通市	Zhaotong	130	24	125	21	4	3	1	
丽江市	Lijiang	78	11	76	11	1		1	
普洱市	Pu'er	159	36	152	33	3		4	3
临沧市	Lincang	173	34	171	32			2	2

2-17 续表 6 continued 6

单位：个 (unit)

城　市	City	工业企业数 Number of Industrial Enterprises		内资企业 Domestic Funded		港、澳、台商投资企业 Enterprises with Funds from Hong Kong, Macao and Taiwan		外商投资企业 Foreign Funded Enterprises	
		全　市 Total City	市辖区 Districts under City	全　市 Total City	市辖区 Districts under City	全　市 Total City	市辖区 Districts under City	全　市 Total City	市辖区 Districts under City
西藏自治区	**Tibet**								
拉萨市	Lasa	76	65	73	62	2	2	1	1
日喀则市	Xigaze	15	7	15	7				
昌都市	Qamdo	4		3		1			
林芝市	Linzhi	3	3	3	3				
山南市	Shannan	15	4	15	4				
那曲市	Naqu								
陕西省	**Shaanxi**								
西安市	Xi'an	1434	1354	1312	1234	30	30	92	90
铜川市	Tongchuan	212	197	209	194			3	3
宝鸡市	Baoji	730	290	715	281	5		10	9
咸阳市	Xianyang	727	131	696	125	13	3	18	3
渭南市	Weinan	573	122	561	117	2	1	10	4
延安市	Yan'an	171	37	168	36	2	1	1	
汉中市	Hanzhong	586	196	576	194	7	1	3	1
榆林市	Yulin	839	122	831	118	2	1	6	3
安康市	Ankang	647	159	644	159	1		2	
商洛市	Shangluo	250	28	250	28				
甘肃省	**Gansu**								
兰州市	Lanzhou	351	193	334	185	8	2	9	6
嘉峪关市	Jiayuguan	48		48					
金昌市	Jinchang	94	40	94	40				
白银市	Baiyin	137	69	131	64	3	2	3	3
天水市	Tianshui	170	100	168	98			2	2
武威市	Wuwei	219	127	215	125	2	1	2	1
张掖市	Zhangye	224	78	220	76	4	2		
平凉市	Pingliang	66	7	66	7				
酒泉市	Jiuquan	192	44	179	43	5	1	8	
庆阳市	Qingyang	107	26	106	26			1	
定西市	Dingxi	153	53	152	53			1	
陇南市	Longnan	81	14	81	14				
青海省	**Qinghai**								
西宁市	Xining	270	173	257	163	5	3	8	7
海东市	Haidong	86	42	84	41	1		1	1
宁夏回族自治区	**Ningxia**								
银川市	Yinchuan	463	137	439	121	12	6	12	10
石嘴山市	Shizuishan	217	131	209	127	2	1	6	3
吴忠市	Wuzhong	357	131	353	129	1	1	3	1
固原市	Guyuan	50	26	50	26				
中卫市	Zhongwei	133	80	129	80	3		1	
新疆维吾尔自治区	**Xinjiang**								
乌鲁木齐市	Urumqi	360	352	344	336	5	5	11	11
克拉玛依市	Karamay	87	87	85	85	1	1	1	1
吐鲁番市	Turpan	135	42	133	40	1	1	1	1
哈密市	Hami	198	149	193	144	3	3	2	2

2-18 规模以上工业企业主要财务指标
Main Financial Indicators of Industrial Enterprises above Designated Size

单位：万元 (10 000 yuan)

城 市	City	流动资产合计 Total Current Assets		固定资产合计 Total Fixed Assets	
		全 市 Total City	市辖区 Districts under City	全 市 Total City	市辖区 Districts under City
北京市	**Beijing**	**175963717**	**175963717**	**72584189**	**72584189**
天津市	**Tianjin**	**103991498**	**103991498**	**64304888**	**64304888**
河北省	**Hebei**				
石家庄市	Shijiazhuang	30867054	23125890	24456340	13673175
唐山市	Tangshan	36923477	23808045	46369642	29457020
秦皇岛市	Qinhuangdao	9640699	7929978	5163018	4106775
邯郸市	Handan	21925015	7464875	24166838	15181567
邢台市	Xingtai	12185713	3495612	9360227	2729366
保定市	Baoding	22231707	13675179	12205068	6760765
张家口市	Zhangjiakou	8475563	5152776	9846632	3969313
承德市	Chengde	8129806	3423948	8899040	3722114
沧州市	Cangzhou	15689916	6611142	26035039	8848708
廊坊市	Langfang	14399286	4837980	8303066	2917038
衡水市	Hengshui	8908676	4080090	4107243	2179585
山西省	**Shanxi**				
太原市	Taiyuan	23563715	20947325	19096900	15596701
大同市	Datong	11760128	10548527	5734822	2862336
阳泉市	Yangquan	7422982	5733753	4962294	2707283
长治市	Changzhi	17028903	2067133	12630912	2384062
晋城市	Jincheng	15350091	2490078	10689525	983337
朔州市	Shuozhou	7418957	3277436	11560673	7842141
晋中市	Jinzhong	10943311	1707111	11557423	1544554
运城市	Yuncheng	11417218	2615082	11943026	1553426
忻州市	Xinzhou	5996106	709542	7569215	658267
临汾市	Linfen	12291255	989766	8769781	1418007
吕梁市	Lvliang	18134604	1853809	14515409	829887
内蒙古自治区	**Inner Mongolia**				
呼和浩特市	Hohhot	11602785	4298441	9000585	3415168
包头市	Baotou	16130637	13364511	20994864	18631944
乌海市	Wuhai	4858215	4858215	3954479	3954479
赤峰市	Chifeng	6038617	3129508	9561121	4359038
通辽市	Tongliao	4417398	982152	8368445	2246750
鄂尔多斯市	Erdos	29408481	5595955	36885320	5272490
呼伦贝尔市	Hulunbuir	3557798	1041951	7821544	2304230
巴彦淖尔市	Bayannur	4516395	981756	5198441	1125833
乌兰察布市	Ulanqab	3624094	415422	7826730	1137984
辽宁省	**Liaoning**				
沈阳市	Shenyang	47826898	46642733	21389051	19335214
大连市	Dalian	47509133	41683377	26804759	18426036
鞍山市	Anshan	16843679	11747319	8221444	6124950
抚顺市	Fushun	5161679	4439647	5026540	4717765
本溪市	Benxi	9342496	8694873	6121924	5751959
丹东市	Dandong	4347848	941448	2274783	681162
锦州市	Jinzhou	5074272	3311040	3555083	2559261
营口市	Yingkou	12271457	8576993	8146203	6791367
阜新市	Fuxin	2892843	1977167	2814350	2098728
辽阳市	Liaoyang	9163070	7650698	2816550	1952215

2-18 续表 1 continued 1

单位：万元 (10 000 yuan)

城　市	City	流动资产合计 Total Current Assets 全　市 Total City	市辖区 Districts under City	固定资产合计 Total Fixed Assets 全　市 Total City	市辖区 Districts under City
盘锦市	Panjin	10299844	8273697	8781340	8222720
铁岭市	Tieling	3357994	856602	3662354	787927
朝阳市	Chaoyang	3384743	1109274	3469886	993419
葫芦岛市	Huludao	4025668	2749921	3102299	1859148
吉林省	**Jilin**				
长春市	Changchun	53701260	50877742	25880518	23210285
吉林市	Jilin	9725004	5922283	9321195	6874808
四平市	Siping	3374886	1328144	3658725	1024063
辽源市	Liaoyuan	3666130	2351730	4819506	3430226
通化市	Tonghua	5671482	2174254	4040023	2567915
白山市	Baishan	2361835	1314942	3312114	2104391
松原市	Songyuan	3068557	1834371	10638291	6131458
白城市	Baicheng	3061736	907006	2710707	871544
黑龙江省	**Heilongjiang**				
哈尔滨市	Harbin	23436820	20630841	10878535	9125924
齐齐哈尔市	Qiqihar	6650050	4314136	4525321	3026161
鸡西市	Jixi	2491265	1282288	2128978	1600455
鹤岗市	Hegang	1313485	1018185	1626742	1317807
双鸭山市	Shuangyashan	2009955	1439026	2252304	1809820
大庆市	Daqing	16182127	15005170	25390098	23488675
伊春市	Yichun	1326786	1097516	1558457	1210076
佳木斯市	Jiamusi	2257420	1303754	3207062	1487161
七台河市	Qitaihe	2275070	1950186	1513747	1377242
牡丹江市	Mudanjiang				
黑河市	Heihe	958809	196271	1161152	225784
绥化市	Suihua	2406898	170905	1836310	274695
上海市	**Shanghai**	**249555896**	**249555896**	**85851890**	**85851890**
江苏省	**Jiangsu**				
南京市	Nanjing	65118000	65118000	32659335	32659335
无锡市	Wuxi	98976932	45555707	35370319	17594079
徐州市	Xuzhou	28016100	21180884	28678034	17901214
常州市	Changzhou	54953400	49282477	23246652	19531096
苏州市	Suzhou	187800527	82841145	74198549	29424026
南通市	Nantong	43979600	14981598	32045268	10974304
连云港市	Lianyungang	13414800	10328010	13564842	9402643
淮安市	Huai'an	12748500	8322440	11916938	9372832
盐城市	Yancheng	22051200	11503729	26078996	9349775
扬州市	Yangzhou	26361000	15891650	18029346	12050759
镇江市	Zhenjiang	28628800	10596356	15935353	7397422
泰州市	Taizhou	35564400	15252012	20215975	8094174
宿迁市	Suqian	13275800	7860705	9133423	4489380
浙江省	**Zhejiang**				
杭州市	Hangzhou	90095810	85530009	29806329	27007561
宁波市	Ningbo	88159049	55402557	39082400	26827125
温州市	Wenzhou	26349349	7705187	9973621	3125174
嘉兴市	Jiaxing	46820340	11251192	29899670	5867580
湖州市	Huzhou	22343231	9529817	10129099	3489385

2-18 续表 2 continued 2

单位：万元 (10 000 yuan)

城 市	City	流动资产合计 Total Current Assets		固定资产合计 Total Fixed Assets	
		全 市 Total City	市辖区 Districts under City	全 市 Total City	市辖区 Districts under City
绍兴市	Shaoxing	45056648	26148159	17866993	12793310
金华市	Jinhua	22842367	4717634	9814769	1753220
衢州市	Quzhou	8038244	4536335	5510633	2930139
舟山市	Zhoushan	7681804	5076260	5148036	3955144
台州市	Taizhou	28286714	1020174	13220961	4422778
丽水市	Lishui	6526505	2765064	3563746	951793
安徽省	**Anhui**				
合肥市	Hefei	46380220	37243862	20801513	14787216
芜湖市	Wuhu	29480260	23061653	12732263	8636545
蚌埠市	Bengbu	8616397	6467581	3763241	2672302
淮南市	Huainan	5810965	5118254	9128552	8504446
马鞍山市	Maanshan	11551082	8335906	8491905	6279513
淮北市	Huaibei	7074293	5242261	8402071	7322468
铜陵市	Tongling	10005354	9539619	5483882	4961147
安庆市	Anqing	7864113	2351039	6419979	3206514
黄山市	Huangshan	2301644	1102491	1080942	480117
滁州市	Chuzhou	10473004	3509319	6738158	2477037
阜阳市	Fuyang	6207675	2248631	4202499	1901542
宿州市	Suzhou	3302406	1690186	3792489	2111863
六安市	Lu'an	5154631	2113796	3957142	1401296
亳州市	Bozhou	4857270	3226933	4766056	2205794
池州市	Chizhou	2557257	1503733	2317723	1665182
宣城市	Xuancheng	7749997	1323193	3790022	990441
福建省	**Fujian**				
福州市	Fuzhou	33158571	16870058	25296386	10447100
厦门市	Xiamen	34751995	34751995	13000734	13000734
莆田市	Putian	8337971	6818619	5921640	5169271
三明市	Sanming	7253571	2141109	6410999	2246005
泉州市	Quanzhou	44736572	9253049	24024325	5979262
漳州市	Zhangzhou	17731756	3277626	9423976	1846645
南平市	Nanping	4977188	1838754	4210076	1555463
龙岩市	Longyan	9968298	5268159	5562839	2734700
宁德市	Ningde	11864713	5213915	10521995	2457175
江西省	**Jiangxi**				
南昌市	Nanchang	30406520	24716707	16265336	13754413
景德镇市	Jingdezhen	3537062	2629257	4074575	1001589
萍乡市	Pingxiang	2181865	1322592	4604576	2641673
九江市	Jiujiang	9124107	3311279	10794591	3922326
新余市	Xinyu	6773327	6190318	5849751	5413917
鹰潭市	Yingtan	11006579	981762	8514573	3000177
赣州市	Ganzhou	10990649	5630164	6388867	2633945
吉安市	Ji'an	4976862	754582	5663548	659790
宜春市	Yichun	10329300	1854182	10026113	956039
抚州市	Fuzhou	3924397	790738	4111134	1382383
上饶市	Shangrao	9755460	1514357	5343529	699631
山东省	**Shandong**				
济南市	Jinan	39347269	35649373	12088680	9632805

2-18 续表 3 continued 3

单位：万元 (10 000 yuan)

城市	City	流动资产合计 Total Current Assets		固定资产合计 Total Fixed Assets	
		全市 Total City	市辖区 Districts under City	全市 Total City	市辖区 Districts under City
青岛市	Qingdao	73892594	64138166	26401359	17614067
淄博市	Zibo	23169191	18405328	29405766	21296578
枣庄市	Zaozhuang	9493943	6507387	9212437	5190327
东营市	Dongying	51064609	31617079	38501820	27976514
烟台市	Yantai	47910651	28108975	32746152	11201958
潍坊市	Weifang	43619314	14217822	28994971	6608956
济宁市	Jining	39072584	15642341	31046039	9314751
泰安市	Tai'an	17086830	6232006	12072603	3073664
威海市	Weihai	23431060	15883121	19622620	10548216
日照市	Rizhao	19865158	15650178	9938647	7192192
莱芜市	Laiwu	6741513	6741513	7953990	7953990
临沂市	Linyi	24865913	11050595	30577024	11754228
德州市	Dezhou	15112046	4235501	25812361	4986921
聊城市	Liaocheng	23154919	3541141	17655830	3119444
滨州市	Binzhou	32701641	4678867	23832516	4402105
菏泽市	Heze	15196129	3025376	18630381	4072195
河南省	**Henan**				
郑州市	Zhengzhou	80698776	53098294	36701771	11537438
开封市	Kaifeng	8126344	4104418	12679071	3460252
洛阳市	Luoyang	30727881	11888139	25542347	8805575
平顶山市	Pingdingshan	13708155	6477590	12679941	5656100
安阳市	Anyang	9845871	5497418	11381596	5883164
鹤壁市	Hebi	4968074	2435206	6696365	2143475
新乡市	Xinxiang	13321579	5318141	11034121	3801704
焦作市	Jiaozuo	13837515	4322031	16303665	3540208
濮阳市	Puyang	6432522	2222412	8963136	3138729
许昌市	Xuchang	20652419	8674237	17083993	3238830
漯河市	Luohe	6205685	3413768	8270935	4190742
三门峡市	Sanmenxia	11507971	3161346	10165220	2716525
南阳市	Nanyang	15829249	4269702	15558040	4082472
商丘市	Shangqiu	9516003	1642916	9779362	1755246
信阳市	Xinyang	4634789	1770184	24150433	6065262
周口市	Zhoukou	11175397	1746702	16888391	1278463
驻马店市	Zhumadian	6446134	2182200	12731880	3212200
湖北省	**Hubei**				
武汉市	Wuhan	71146800	71146800	40803500	40803500
黄石市	Huangshi	10745900	5741300	10654300	7218900
十堰市	Shiyan	19429883	17686631	4707469	2678385
宜昌市	Yichang	11390037	5723087	19072778	14450534
襄阳市	Xiangyang	16951500	11405000	14437200	8474900
鄂州市	Ezhou	2682200	2682200	2671600	2671600
荆门市	Jingmen	7149773	3717681	6446848	2847813
孝感市	Xiaogan	6024268	1528299	6373252	866089
荆州市	Jingzhou	8415182	3489120	6366140	2481221
黄冈市	Huanggang	5828958	792283	4421813	744478
咸宁市	Xianning	4505100	1852200	3235177	863594
随州市	Suizhou	3025000	1862500	4024300	1585600

2-18 续表 4 continued 4

单位：万元 (10 000 yuan)

城市	City	流动资产合计 Total Current Assets 全市 Total City	流动资产合计 Total Current Assets 市辖区 Districts under City	固定资产合计 Total Fixed Assets 全市 Total City	固定资产合计 Total Fixed Assets 市辖区 Districts under City
湖南省	**Hunan**				
长沙市	Changsha	53668587	28986748	25404048	13288975
株洲市	Zhuzhou	14255189	10959983	12706448	3614755
湘潭市	Xiangtan	9619264	8962429	6445507	5444628
衡阳市	Hengyang	6864705	4116731	7783506	3049385
邵阳市	Shaoyang	2389907	983342	4515107	1429352
岳阳市	Yueyang	6364027	3905689	9886239	5106058
常德市	Changde	10377867	7400175	6448444	3514410
张家界市	Zhangjiajie	419233	199408	733241	422270
益阳市	Yiyang	4140252	1950368	4916917	2007854
郴州市	Chenzhou	7482979	4876788	7717101	2641724
永州市	Yongzhou	2372784	1209457	3821462	1262239
怀化市	Huaihua	1941776	177352	4494871	545170
娄底市	Loudi	4526634	2398709	5652660	2946044
广东省	**Guangdong**				
广州市	Guangzhou	96779199	96779199	39013240	39013240
韶关市	Shaoguan	5636292	3296502	5946159	3770079
深圳市	Shenzhen	230831652	230831652	39622372	39622372
珠海市	Zhuhai	42242350	42242350	12675655	12675655
汕头市	Shantou	12582905	12561183	9087002	9024567
佛山市	Foshan	66349101	66349101	37081773	37081773
江门市	Jiangmen	19134145	12305428	9462387	5771084
湛江市	Zhanjiang	9729069	5741095	9077899	7541787
茂名市	Maoming	4844065	3748543	6368667	3488328
肇庆市	Zhaoqing	7859785	5383477	7749749	4960635
惠州市	Huizhou	32949145	27696383	18750588	14408815
梅州市	Meizhou	4122479	2292548	2656849	1335173
汕尾市	Shanwei	2465252	1237663	2875577	1949032
河源市	Heyuan	4669700	2554754	3549699	2150502
阳江市	Yangjiang	4382653	2617580	10555798	7532847
清远市	Qingyuan	8893048	5341082	5330701	3800236
东莞市	Dongguan	89956725		25140928	
中山市	Zhongshan	28247786		8820932	
潮州市	Chaozhou	3660393	3145305	2789214	1885992
揭阳市	Jieyang	11365647	3544726	6381320	2398738
云浮市	Yunfu	2593057	1085936	2827727	1934180
广西壮族自治区	**Guangxi**				
南宁市	Nanning	12633413	10742994	8430985	6276390
柳州市	Liuzhou	18539075	17492994	9365413	7987133
桂林市	Guilin	5916450	3650747	4896767	2235830
梧州市	Wuzhou	3841186	2455718	4499164	2424055
北海市	Beihai	5266062	4727719	3125367	2907477
防城港市	Fangchenggang	5190739	4692468	6171105	5953253
钦州市	Qinzhou	4103977	3281991	3353844	2925686
贵港市	Guigang	4254669	2769308	2292857	1433852

2-18 续表 5 continued 5

单位：万元 (10 000 yuan)

城 市	City	流动资产合计 Total Current Assets 全 市 Total City	流动资产合计 Total Current Assets 市辖区 Districts under City	固定资产合计 Total Fixed Assets 全 市 Total City	固定资产合计 Total Fixed Assets 市辖区 Districts under City
玉林市	Yulin	4889268	2183961	2724384	1041210
百色市	Baise	6136307	1196508	6145257	1439349
贺州市	Hezhou	2012351	1222088	1263905	677822
河池市	Hechi	2971336	1134932	3642357	838227
来宾市	Laibin	2093115	1237624	2849234	1916691
崇左市	Chongzuo	3289069	911203	1780610	796562
海南省	**Hainan**				
海口市	Haikou	4304281	4304281	1507999	1507999
三亚市	Sanya	461300	461300	223482	223482
三沙市	Sansa				
儋州市	Danzhou	210747		145047	
重庆市	**Chongqing**	**92886887**	**89266555**	**72411733**	**67055725**
四川省	**Sichuan**				
成都市	Chengdu	71638018	58987958	30090060	20728999
自贡市	Zigong	5959522	4954936	2075305	1416810
攀枝花市	Panzhihua	7778376	6028333	7484909	4924594
泸州市	Luzhou	5697391	3415238	4125547	2241016
德阳市	Deyang	15821259	7238510	6449918	2723144
绵阳市	Mianyang	13515210	11305283	6129106	3092992
广元市	Guangyuan	2083623	1211394	4270706	1697007
遂宁市	Suining	3893600	1347700	4192300	2016100
内江市	Neijiang	3335102	801063	3183425	843532
乐山市	Leshan	7288122	3719351	8489183	4006733
南充市	Nanchong	4998135	3029035	6480251	3292351
眉山市	Meishan	4022071	2242378	3368255	1484269
宜宾市	Yibin	15214247	11301228	10435717	3711207
广安市	Guang'an	2364477	808413	3039053	1547014
达州市	Dazhou	3262300	1396000	5806600	2272900
雅安市	Ya'an	2393353	928958	8643377	1231147
巴中市	Bazhong	817241	284711	991547	370497
资阳市	Ziyang	2669436	2036681	1645552	1060468
贵州省	**Guizhou**				
贵阳市	Guiyang	16797825	10614825	10096319	3605084
六盘水市	Liupanshui	7082500	2448091	7163600	2266525
遵义市	Zunyi				
安顺市	Anshun	3943565	3298551	1907290	867651
毕节市	Bijie	4245100	121919	6575200	196926
铜仁市	Tongren	1677803	468498	1546690	416287
云南省	**Yunnan**				
昆明市	Kunming	26100091	19446115	16599211	10120115
曲靖市	Qujing	7955691	4120591	8379519	3378448
玉溪市	Yuxi	8970485	6709484	4422119	2537784
保山市	Baoshan	2322917	1207237	2922798	1554773
昭通市	Zhaotong	2679824	920417	11462881	1382097
丽江市	Lijiang	1981542	553704	5166922	635581
普洱市	Pu'er	1597354	431784	7272068	1779312
临沧市	Lincang	1625780	167202	3747922	526727

2-18 续表 6 continued 6

单位：万元 (10 000 yuan)

城　市	City	流动资产合计 Total Current Assets 全　市 Total City	流动资产合计 Total Current Assets 市辖区 Districts under City	固定资产合计 Total Fixed Assets 全　市 Total City	固定资产合计 Total Fixed Assets 市辖区 Districts under City
西藏自治区	**Tibet**				
拉萨市	Lasa	2683554	1559817		
日喀则市	Xigaze	250786	153841	125525	
昌都市	Qamdo	117453		53937	
林芝市	Linzhi	143830	143830	254298	254298
山南市	Shannan	145920	29908	890808	23595
那曲市	Naqu				
陕西省	**Shaanxi**				
西安市	Xi'an	36399147	35994151	20948200	20712245
铜川市	Tongchuan	1910900	1815500	1892300	1848200
宝鸡市	Baoji	11715249	7742619	9505352	5573089
咸阳市	Xianyang	7583255	1979918	11604123	3250890
渭南市	Weinan	9718241	1358008	9302965	902306
延安市	Yan'an	14181950	11151908	16662376	11339496
汉中市	Hanzhong	5677059	1557584	3783408	1148841
榆林市	Yulin	23449603	3401600	37698900	4871500
安康市	Ankang	21521098	561342	2847906	464272
商洛市	Shangluo	3002000	861800	3032000	614100
甘肃省	**Gansu**				
兰州市	Lanzhou	11108100	6760600	6712600	3788200
嘉峪关市	Jiayuguan	596125		6874904	
金昌市	Jinchang	5889423	5310478	10323048	9127439
白银市	Baiyin	4196652	3644136	3176135	2281400
天水市	Tianshui	2121832	1853813	2378181	2052240
武威市	Wuwei	2074437	1410601	2662083	1559506
张掖市	Zhangye	1533984	591649	1493094	450016
平凉市	Pingliang	1100353	47439	2068802	159170
酒泉市	Jiuquan	3292346	630713	6947402	544784
庆阳市	Qingyang	1264757	480116	6810963	421545
定西市	Dingxi	1202533	410305	1921705	638364
陇南市	Longnan	1351364	72162	1990800	352131
青海省	**Qinghai**				
西宁市	Xining	7686012	4165893	11116440	6552317
海东市	Haidong	1774694	840027	773405	628959
宁夏回族自治区	**Ningxia**				
银川市	Yinchuan	13781584	3998426	18214524	2949520
石嘴山市	Shizuishan	4969803	3285935	4031951	2077730
吴忠市	Wuzhong	4531312	1403086	6426221	1536439
固原市	Guyuan	387351	244188	1157980	490980
中卫市	Zhongwei	7080906	2071662	4426091	2709979
新疆维吾尔自治区	**Xinjiang**				
乌鲁木齐市	Urumqi	14663510	14563252	20986780	20214628
克拉玛依市	Karamay	6227692	6227692	12733240	12733240
吐鲁番市	Tulufan	2416382	450803	4947205	728110
哈密市	Hami	4808507	3154989	10392463	7433968

2-19 规模以上工业企业主要财务指标
Main Financial Indicators of Industrial Enterprises above Designated Size

单位：万元 (10 000 yuan)

城 市	City	主营业务税金及附加 Tax and Extra Charges from Principal Business		本年应交增值税 Value-added Tax Payable		利润总额 Total Profits	
		全 市 Total City	市辖区 Districts under City	全 市 Total City	市辖区 Districts under City	全 市 Total City	市辖区 Districts under City
北京市	**Beijing**	**3387181**	**3387181**	**5685501**	**5685501**	**20236731**	**20236731**
天津市	**Tianjin**	**2734929**	**2734929**	**4283379**	**4283379**	**10613738**	**10613738**
河北省	**Hebei**						
石家庄市	Shijiazhuang	1420579	1192228	1801515	1018640	9089969	5430261
唐山市	Tangshan	530448	358438	2175357	1254409	5601521	2268936
秦皇岛市	Qinhuangdao	110260	92824	288148	193897	955999	481448
邯郸市	Handan	237690	98174	960779	345022	2761110	502560
邢台市	Xingtai	115974	42583	537152	206463	1406283	292946
保定市	Baoding	734490	616390	922170	518817	1906569	796303
张家口市	Zhangjiakou	428211	397294	326497	227749	543403	134587
承德市	Chengde	142757	38880	431993	158754	558489	153612
沧州市	Cangzhou	1373667	556743	1128610	471655	2723677	627404
廊坊市	Langfang	124777	58498	486402	219890	827909	386374
衡水市	Hengshui	97144	67164	281296	177173	1050000	461540
山西省	**Shanxi**						
太原市	Taiyuan	508772	480037	911856	800664	900374	580010
大同市	Datong	248598	217100	525871	482938	421770	288683
阳泉市	Yangquan	201347	157612	324100	272132	-245218	-218456
长治市	Changzhi	537666	31598	3390592	88408	1820351	126617
晋城市	Jincheng	473642	16273	817691	52863	1271165	130276
朔州市	Shuozhou	296461	181348	597682	286032	815328	110237
晋中市	Jinzhong	306800	19533	621503	77688	648432	76069
运城市	Yuncheng	98514	10265	387794	9556	716243	52767
忻州市	Xinzhou	171600	3699	424815	31802	475813	51969
临汾市	Linfen	324899	26655	709616	52680	1080834	-57845
吕梁市	Lvliang	684839	28854	1216445	56580	2042892	62581
内蒙古自治区	**Inner Mongolia**						
呼和浩特市	Hohhot	1211300	1107682	773845	270514	1858692	833190
包头市	Baotou					854932	886560
乌海市	Wuhai					382170	382170
赤峰市	Chifeng					624201	230694
通辽市	Tongliao	155633	20412			914774	462839
鄂尔多斯市	Erdos	1581717	186360	3037735	87451	8365704	959841
呼伦贝尔市	Hulunbuir	216536	38749	299560	10358	425882	-69089
巴彦淖尔市	Bayannur					348692	268084
乌兰察布市	Ulanqab	49305	4095		28080		681231
辽宁省	**Liaoning**						
沈阳市	Shenyang	1266982	1253508	1475173	1428035	3129432	3105635
大连市	Dalian	1733211	1701785	1331377	1209300	3618026	3373263
鞍山市	Anshan	267195	224077	605530	454646	960661	683324
抚顺市	Fushun	786316	773906	472936	445909	440787	361308
本溪市	Benxi	62054	48511	189272	150409	248531	164907
丹东市	Dandong	38552	9660	111008	31555	214832	62292
锦州市	Jinzhou	640867	632289	273699	241507	466016	378866
营口市	Yingkou	345169	294349	466427	341582	605909	486644
阜新市	Fuxin	24687	17962	80639	61912	122515	52844
辽阳市	Liaoyang	567021	547320	325680	276155	706040	570878

2-19 续表 1 continued 1

单位：万元 (10 000 yuan)

城市	City	主营业务税金及附加 Tax and Extra Charges from Principal Business		本年应交增值税 Value-added Tax Payable		利润总额 Total Profits	
		全市 Total City	市辖区 Districts under City	全市 Total City	市辖区 Districts under City	全市 Total City	市辖区 Districts under City
盘锦市	Panjin	899800	890336	492244	457589	-633380	-680527
铁岭市	Tieling	74881	8433	175441	16785	121247	-7958
朝阳市	Chaoyang	49294	7829	198604	67626	339920	113047
葫芦岛市	Huludao	673602	658015	247413	195012	139693	104273
吉林省	**Jilin**						
长春市	Changchun					7691067	6945267
吉林市	Jilin					715297	813399
四平市	Siping	174490	136676	171229	60278	331868	69986
辽源市	Liaoyuan					373356	243585
通化市	Tonghua					927945	184535
白山市	Baishan					199201	-4569
松原市	Songyuan	288317	170389	175626	115126	-777601	-1443561
白城市	Baicheng					250799	65987
黑龙江省	**Heilongjiang**						
哈尔滨市	Harbin						
齐齐哈尔市	Qiqihar	67011	48218	244492	147763	216735	-53063
鸡西市	Jixi	27866	21729	134498	118543	160422	89225
鹤岗市	Hegang	29311	24313	95923	83250	76559	42015
双鸭山市	Shuangyashan	35396	29401	123997	100925	105104	89257
大庆市	Daqing	2054452	1813648	1499740	122332	2056527	1476459
伊春市	Yichun	23801	5740	35157	19903	100119	70370
佳木斯市	Jiamusi	19452	10977	60315	11381	260319	57169
七台河市	Qitaihe	43980	41084	182954	161933	131066	103885
牡丹江市	Mudanjiang						
黑河市	Heihe	17384	4542	31546	12590	102468	34426
绥化市	Suihua	24005	335	187900		140736	
上海市	**Shanghai**	**10733868**	**10733868**	**10633230**	**10633230**	**32437961**	**32437961**
江苏省	**Jiangsu**						
南京市	Nanjing					8676900	8676900
无锡市	Wuxi	695890	386361	3353629	1409498	10536128	5570920
徐州市	Xuzhou					8730750	3982317
常州市	Changzhou					7322200	6285122
苏州市	Suzhou	1371081	551361	4469687	1768037	20021491	8843656
南通市	Nantong					11281800	2693079
连云港市	Lianyungang	485242	306834	1799430	1255403	4474800	3042465
淮安市	Huai'an					3609500	2803713
盐城市	Yancheng					4343700	1503581
扬州市	Yangzhou					5310100	2849233
镇江市	Zhenjiang					4433300	2005706
泰州市	Taizhou					8616600	3411660
宿迁市	Suqian					2792500	1660513
浙江省	**Zhejiang**						
杭州市	Hangzhou	2947058	2882460	4795465	4484900	9985605	9344556
宁波市	Ningbo	4049653	3533329	4640980	2846561	12874556	8234483
温州市	Wenzhou	241747	98239	1467474	481500	2510967	750842
嘉兴市	Jiaxing	446650	98132	2562684	449144	5627869	1169911
湖州市	Huzhou	284463	65991	1217780	347926	3061938	1060857

2-19 续表 2 continued 2

单位：万元 (10 000 yuan)

城 市	City	主营业务税金及附加 Tax and Extra Charges from Principal Business		本年应交增值税 Value-added Tax Payable		利润总额 Total Profits	
		全 市 Total City	市辖区 Districts under City	全 市 Total City	市辖区 Districts under City	全 市 Total City	市辖区 Districts under City
绍兴市	Shaoxing	387409	248136	1975490	1267585	5049055	3240333
金华市	Jinhua	247430	78085	1260879	212684	1803043	265488
衢州市	Quzhou	91620	49714	569306	358184	1187475	678672
舟山市	Zhoushan	52788	46073	201826	184191	125845	115229
台州市	Taizhou	344486	90793	1499133	505782	2779066	796185
丽水市	Lishui	64825	20524	365854	128282	810700	260187
安徽省	**Anhui**						
合肥市	Hefei	922812	772749	1791833	1237211	4947266	3515506
芜湖市	Wuhu	910547	757213	1359215	783759	2937949	1926481
蚌埠市	Bengbu	602011	550237	294185	235456	761209	427081
淮南市	Huainan	180401	170068	577263	568287	533229	406623
马鞍山市	Maanshan	218660	154580	840874	509860	1694632	989037
淮北市	Huaibei	296610	206553	697090	595210	1010579	667173
铜陵市	Tongling	123855	101197	308528	262249	725531	536293
安庆市	Anqing	1110242	995659	677993	329771	1918303	503982
黄山市	Huangshan	27951	12918	103071	51370	286312	134269
滁州市	Chuzhou	227162	105360	773424	294740	3321521	1081364
阜阳市	Fuyang	409949	229793	692670	105806	1204622	232604
宿州市	Suzhou	104503	57432	236552	141319	813730	400155
六安市	Lu'an	131926	42061	215601	92421	706300	288348
亳州市	Bozhou	189239	132686	228359	156623	762124	401990
池州市	Chizhou	55976	27141	228051	173799	442912	275696
宣城市	Xuancheng	136935	41388	577510	134975	1338076	232341
福建省	**Fujian**						
福州市	Fuzhou	423789	190228	1643790	753115	5153807	2366307
厦门市	Xiamen	808538	808538	832026	832026	3509287	3509287
莆田市	Putian	184379	160720	550984	455599	2455543	2142839
三明市	Sanming	160024	54556	511441	236376	1475418	759306
泉州市	Quanzhou	1637301	955280	3387857	975468	11180245	2645735
漳州市	Zhangzhou	221645	43393	1750251	325243	4375323	966908
南平市	Nanping	107529	31966	443676	118031	968678	252215
龙岩市	Longyan	934488	861774	661753	377074	1222914	500089
宁德市	Ningde	107002	27412	457302	25085	1763790	955722
江西省	**Jiangxi**						
南昌市	Nanchang	1386463	1278069	1492892	1310448	3758497	2806125
景德镇市	Jingdezhen	90803	45658	204508	124709	543433	88686
萍乡市	Pingxiang	131422	72815	278187	208146	1211223	898014
九江市	Jiujiang	1093829	974817	1001269	400081	4742550	987263
新余市	Xinyu	90786	82954	323530	301704	971445	883396
鹰潭市	Yingtan	166048	43850	586090	91667	1070940	357166
赣州市	Ganzhou	281752	102904	984149	378788	2447474	1082141
吉安市	Ji'an	192402	35651	757073	76284	2337956	250879
宜春市	Yichun	310069	25726	1062943	168409	5120345	319393
抚州市	Fuzhou	105665	12659	481864	77520	854667	129881
上饶市	Shangrao	167682	47017	693981	157665	2275869	557059
山东省	**Shandong**						
济南市	Jinan	1000593	916685	1706672	1420131	4152327	2702603

2-19 续表 3 continued 3

单位：万元 (10 000 yuan)

城 市	City	主营业务税金及附加 Tax and Extra Charges from Principal Business		本年应交增值税 Value-added Tax Payable		利润总额 Total Profits	
		全 市 Total City	市辖区 Districts under City	全 市 Total City	市辖区 Districts under City	全 市 Total City	市辖区 Districts under City
青岛市	Qingdao	2315793	2047568	2714154	1936064	7051004	5598708
淄博市	Zibo	1825611	1556909	2907230	2468081	6396321	4795268
枣庄市	Zaozhuang	276073	200716	680767	431558	1935854	1370697
东营市	Dongying	1692616	1355397	2393032	1498634	4578351	1535055
烟台市	Yantai	741231	399016	2134966	1003601	10381247	4832814
潍坊市	Weifang	837265	195812	2448103	582664	6880048	2004208
济宁市	Jining	779197	312835	2088609	775686	4688576	2196817
泰安市	Tai'an	472244	63070	1083121	228063	3036764	647364
威海市	Weihai	482310	249581	1448548	787916	4206012	2226155
日照市	Rizhao	113926	58748	543692	361667	1637138	1193060
莱芜市	Laiwu	165387	165387	320984	320984	764404	764404
临沂市	Linyi	724495	273114	2042251	850079	5534366	2375671
德州市	Dezhou	1207254	288848	1073275	293629	6013370	1326394
聊城市	Liaocheng	405542	38296	1509468	144962	4737973	668113
滨州市	Binzhou	696488	134531	1028903	188833	2749765	476911
菏泽市	Heze	923796	182053	2415889	516383	6206510	2166967
河南省	**Henan**						
郑州市	Zhengzhou	1389305	945978	2551346	773993	10713003	2758642
开封市	Kaifeng	143499	57005	269646	127329	2392716	511515
洛阳市	Luoyang	1189618	930079	1149685	531392	3771118	1058000
平顶山市	Pingdingshan	235103	88968	637252	304965	1608561	238136
安阳市	Anyang	493337	386399	558063	342583	1318816	456297
鹤壁市	Hebi	123612	29267	168938	64146	1133891	130957
新乡市	Xinxiang	183994	36400	495080	133762	2125759	573167
焦作市	Jiaozuo	345377	49302	582304		3827126	630195
濮阳市	Puyang	270217	117995	361329	153810	2085150	-733663
许昌市	Xuchang	986660	589351	1299647	391765	5570933	892013
漯河市	Luohe	264222	208901	347500	257613	3064148	1403083
三门峡市	Sanmenxia	147043	22797	388835	94533	1486801	204382
南阳市	Nanyang	360682	220889	653996	189029	1657362	-435108
商丘市	Shangqiu	247578	35832	471433	62374	2097439	262807
信阳市	Xinyang	153336	48178	239668	107364	1375482	364914
周口市	Zhoukou	321336	56648	392367	78818	5859762	540579
驻马店市	Zhumadian	320753	126300	557043	119400	2350442	288900
湖北省	**Hubei**						
武汉市	Wuhan	6244600	6244600	4208500	4208500	7595600	7595600
黄石市	Huangshi	189200	82600	487200	293400	1121200	452200
十堰市	Shiyan	176643	144684	503660	379886	2389008	2108921
宜昌市	Yichang	242535	107509	986974	593659	2890745	2111927
襄阳市	Xiangyang	377900	226900	974900	493300	4249600	2388000
鄂州市	Ezhou	81500	81500	244000	244000	355700	355700
荆门市	Jingmen	785433	654866	569019	301637	1461278	520707
孝感市	Xiaogan	372258	12357	485801	50703	1189194	176722
荆州市	Jingzhou	138448	37459	415664	150299	1283976	485166
黄冈市	Huanggang	124183	7603	268099	24037	775328	38894
咸宁市	Xianning	118900	27700	238000	76200	926000	299500
随州市	Suizhou	81700	16200	163600	48500	920700	187200

2-19 续表 4 continued 4

单位：万元 (10 000 yuan)

城市	City	主营业务税金及附加 Tax and Extra Charges from Principal Business		本年应交增值税 Value-added Tax Payable		利润总额 Total Profits	
		全市 Total City	市辖区 Districts under City	全市 Total City	市辖区 Districts under City	全市 Total City	市辖区 Districts under City
湖南省	**Hunan**						
长沙市	Changsha	6422320	5416436	3693179	2027486	7515701	3032432
株洲市	Zhuzhou	374300	78489	565076	396725	1884439	878073
湘潭市	Xiangtan	185636	114715	436887	329909	991517	718445
衡阳市	Hengyang	200398	54899	299108	167311	1340428	250774
邵阳市	Shaoyang	171078	62996	184321	73354	1376907	154887
岳阳市	Yueyang	1626127	1172265	544255	389429	1516598	542558
常德市	Changde	3367457	3258408	1024622	826234	1809128	1012067
张家界市	Zhangjiajie	13019	5518	29399	14940	76926	31234
益阳市	Yiyang	175885	91531	234435	122375	821825	289483
郴州市	Chenzhou	594582	328206	347523	184503	1643381	295392
永州市	Yongzhou	328198	269066	214180	118336	531841	169495
怀化市	Huaihua	71671	10843	247628	18662	464408	27787
娄底市	Loudi	157116	50844	338668	185872	1550624	761420
广东省	**Guangdong**						
广州市	Guangzhou	4012517	4012517	5228958	5228958	13488898	13488898
韶关市	Shaoguan	371847	338058	381346	252269	857490	506556
深圳市	Shenzhen					21013273	21013273
珠海市	Zhuhai	352953	352953	1175068	1175068	4100456	4100456
汕头市	Shantou					2757741	2748615
佛山市	Foshan	1092468	1092468	5281914	5281914	15607623	15607623
江门市	Jiangmen	228271	155914	1355848	917278	2369823	1680528
湛江市	Zhanjiang	1095376	1027769	699625	578488	1610862	1423242
茂名市	Maoming	1871649	1757997	1113311	711699	3139133	2125264
肇庆市	Zhaoqing	183161	109039	756209	445694	1589022	946508
惠州市	Huizhou	644579	566974	1866817	1528715	4995930	3274727
梅州市	Meizhou	414855	390097	281758	187512	335497	260201
汕尾市	Shanwei					257048	149581
河源市	Heyuan	67614	34299	278714	139158	619804	260843
阳江市	Yangjiang	70064	48170	463267	344376	1391310	985200
清远市	Qingyuan	77856	43689	495083	268715	988653	509254
东莞市	Dongguan	699041		3859612		7220424	
中山市	Zhongshan	231374		1478019		2255010	
潮州市	Chaozhou	71909	60968	391452	319850	1041350	869457
揭阳市	Jieyang	270971	99655			2756866	1065430
云浮市	Yunfu	43472	18717	158629	94989	278769	132518
广西壮族自治区	**Guangxi**						
南宁市	Nanning	669509	643952	674107	606887	2085921	1727236
柳州市	Liuzhou	1141732	1122004	1030632	938204	1862519	1794382
桂林市	Guilin	114226	63218	489263	164698	961661	467111
梧州市	Wuzhou	163808	74294	1071333	591432	2867623	1511211
北海市	Beihai	1005245	991516	808486	783138	2533399	2426603
防城港市	Fangchenggang	45971	39788	323867	293794	942118	822310
钦州市	Qinzhou	766987	678588	554935	413846	943637	657407
贵港市	Guigang	57078	20235	221354	113123	707488	175395

2-19 续表 5 continued 5

单位：万元 (10 000 yuan)

城 市	City	主营业务税金及附加 Tax and Extra Charges from Principal Business		本年应交增值税 Value-added Tax Payable		利润总额 Total Profits	
		全 市 Total City	市辖区 Districts under City	全 市 Total City	市辖区 Districts under City	全 市 Total City	市辖区 Districts under City
玉林市	Yulin	84579	26193	439669	100495	904186	228430
百色市	Baise	67970	12526	291225	56946	620088	51571
贺州市	Hezhou	39673	13736	114887	67298	253633	154746
河池市	Hechi	39903	4644	239892	42628	620612	158764
来宾市	Laibin	29338	8390	107701	51957	-4377	-68112
崇左市	Chongzuo	42064	14445	213147	44502	1402942	500011
海南省	**Hainan**						
海口市	Haikou	174615	174615	244277	244277	326785	326785
三亚市	Sanya	4638	4638	24134	24134	39058	39058
三沙市	Sansha						
儋州市	Danzhou	1805		17198		11755	
重庆市	**Chongqing**	**2928500**	**2841998**	**6631573**	**6289840**	**15018747**	**14327772**
四川省	**Sichuan**						
成都市	Chengdu	3255474	2314990	3233162	2438153	9942305	8180611
自贡市	Zigong	115056	77277	465120	366449	762113	534015
攀枝花市	Panzhihua	114633	87192	507473	370486	890438	344811
泸州市	Luzhou	521181	334567	501850	311456	1172581	849805
德阳市	Deyang	248204	72183	1019548	370519	2496531	516310
绵阳市	Mianyang	203587	149530	892201	610359	1400368	933024
广元市	Guangyuan	62756	40592	161729	94088	591759	368802
遂宁市	Suining	450200	44700	426600	201700	2036700	788500
内江市	Neijiang	50800	18466	169990	57742	336379	103730
乐山市	Leshan	92976	39705	348092	138752	901815	466703
南充市	Nanchong	318601	149361	591556	307107	1657514	746644
眉山市	Meishan	69649	37543	334261	200043	732088	422132
宜宾市	Yibin	680924	438720	882755	483793	2632707	1575366
广安市	Guang'an	92493	23317	200899	43885	969439	218639
达州市	Dazhou	118800	23000	254300	79600	511000	119900
雅安市	Ya'an	35264	12572	204454	68402	294732	83247
巴中市	Bazhong	88076	19956	78902	23866	225276	120046
资阳市	Ziyang	51965	37094	127147	83892	457024	169499
贵州省	**Guizhou**						
贵阳市	Guiyang	1132365	1046092	860482	614723	2178686	1653920
六盘水市	Liupanshui	214700	39952	466000	103232	385800	319105
遵义市	Zunyi						
安顺市	Anshun	40446	28357	132581	76336	434959	357538
毕节市	Bijie	233300	4486	469400	13825	392800	14994
铜仁市	Tongren	55011	13918	177435	54869	517690	93391
云南省	**Yunnan**						
昆明市	Kunming	2347268	1799419	1249811	1015595	1767460	1550257
曲靖市	Qujing	1143951	760389	582704	316962	1347772	1044440
玉溪市	Yuxi	2557327	2512324	791249	683225	1125494	852863
保山市	Baoshan	40140	12535	162585	43862	321530	59160
昭通市	Zhaotong	432409	377869	416827	111682	770699	99639
丽江市	Lijiang	11346	1810	94521	14439	-9360	-2791
普洱市	Pu'er	26034	6573	163641	38666	170100	66520
临沧市	Lincang	16533	2662	78677	9318	129679	2266

2-19 续表 6 continued 6

单位：万元 (10 000 yuan)

城市	City	主营业务税金及附加 Tax and Extra Charges from Principal Business		本年应交增值税 Value-added Tax Payable		利润总额 Total Profits	
		全市 Total City	市辖区 Districts under City	全市 Total City	市辖区 Districts under City	全市 Total City	市辖区 Districts under City
西藏自治区	**Tibet**						
拉萨市	Lasa	16217	12023	-64791	380927	52972	122921
日喀则市	Xigaze	4578	3503	18833	10109	69369	42566
昌都市	Qamdo	16984				7893	
林芝市	Linzhi	1165	1165	8076	8076	32292	32292
山南市	Shannan	2823	352	10932	317	60120	25228
那曲市	Naqu						
陕西省	**Shaanxi**						
西安市	Xi'an	337984	333748	1078951	1065039	3330446	3278464
铜川市	Tongchuan	34500	28500	118800	105800	153500	128500
宝鸡市	Baoji	643722	536418	6736382	3258125	1623354	641157
咸阳市	Xianyang	1129302	775592	995572	349200	3126824	555597
渭南市	Weinan	150519	4674	397129	17376	1066307	102846
延安市	Yan'an	368450	282548	1051162	805993	374315	-243960
汉中市	Hanzhong	318613	304348	357444	170893	633305	208803
榆林市	Yulin	1608341	252600	2906223	494400	8085041	1517600
安康市	Ankang	94836	15640	294443	66360	1431075	300893
商洛市	Shangluo	89000	4700	272700	7600	614000	123300
甘肃省	**Gansu**						
兰州市	Lanzhou	2090400	2067000	880700	825800	806100	795200
嘉峪关市	Jiayuguan	83866		219816		227264	
金昌市	Jinchang	80259	76438	269325	257095	142140	167181
白银市	Baiyin	52147	48982	175371	165219	174740	171753
天水市	Tianshui	14490	12665	49686	48037	138390	165691
武威市	Wuwei	13423	8617	-22234	-7136	51437	9749
张掖市	Zhangye	17574	3283	33526	6258	51551	7016
平凉市	Pingliang	35492	1701	137938	9711	120827	28738
酒泉市	Jiuquan	314019	4441	68599	8421	-112781	15468
庆阳市	Qingyang	692259	584575	337913	155185	541966	169901
定西市	Dingxi	5800	1638	19902	9506	56907	27739
陇南市	Longnan	43093	678	84522	3342	211027	8510
青海省	**Qinghai**						
西宁市	Xining	46426	26101	159276	86088	5457	227924
海东市	Haidong	23169	1897	37482	7705	49528	728
宁夏回族自治区	**Ningxia**						
银川市	Yinchuan	878595	635005			650068	496884
石嘴山市	Shizuishan	47987	36596	192344	122847	572588	301141
吴忠市	Wuzhong	117219	90371	7943	40785	315884	123885
固原市	Guyuan	16413	1454	19044	1005	77487	25063
中卫市	Zhongwei	26468	11615	71579	55514	390732	99853
新疆维吾尔自治区	**Xinjiang**						
乌鲁木齐市	Urumqi	1275987	1272030	786579	781297	557847	543670
克拉玛依市	Karamay	1463195	1463195	790776	790776	505321	505321
吐鲁番市	Turpan	78530	5241	149565	16812	-60423	14313
哈密市	Hami	67778	49308	272171	202418	585760	359561

2-20 社会消费品零售总额及批发零售贸易业情况
Total Retail Sales of Consumer Goods and Basic Conditions of Wholesale and Retail Trades

城 市	City	社会消费品零售总额 (万元) Total Retail Sales of Consumer Goods (10 000 yuan)		限额以上批发零售商贸企业数(法人数) (个) Number of Enterprises above Designated Size of Wholesale and Retail Trades (Number of Legal Entities) (unit)		限额以上批发零售业商品销售总额 (万元) Total Sales of Commodities of Enterprises above Designated Size in Wholesale and Retail Trades (10 000 yuan)	
		全市 Total City	市辖区 Districts under City	全市 Total City	市辖区 Districts under City	全市 Total City	市辖区 Districts under City
北京市	**Beijing**	**115754000**	**115754000**	**6341**	**6341**	**633859143**	**633859143**
天津市	**Tianjin**	**57296691**	**57296691**	**4791**	**4791**	**302583756**	**302583756**
河北省	**Hebei**						
石家庄市	Shijiazhuang	29833374	18525264	463	336	23715463	9921325
唐山市	Tangshan	26171695	13249210	447	273	15214323	10319409
秦皇岛市	Qinhuangdao	7751785	6137241	248	212	8642685	8246203
邯郸市	Handan	16742363	8159520	372	181	21811096	19082277
邢台市	Xingtai	10761579	2632191	365	102	4174010	2847961
保定市	Baoding	18491338	7607077	475	243	17027333	14555344
张家口市	Zhangjiakou	7525211	4286311	199	136	2842346	2257451
承德市	Chengde	6033630	1808724	157	66	3740245	2942539
沧州市	Cangzhou	13551723	2697086	482	181	7992780	5126062
廊坊市	Langfang	9803501	2950908	331	131	7337527	5783368
衡水市	Hengshui	7514849	2792893	390	176	4816450	3094751
山西省	**Shanxi**						
太原市	Taiyuan	17678210	16344328	738	664	35456612	33484258
大同市	Datong	6545060	5122638	186	150	16700214	14669361
阳泉市	Yangquan	3249817	2375114	145	117	9813608	9424234
长治市	Changzhi	6078161	4001233	361	187	9538426	3063528
晋城市	Jincheng	4149836	2203905	271	126	3019693	1747543
朔州市	Shuozhou	3116719	1169200	175	64	3387451	1009813
晋中市	Jinzhong	6073120	1920587	250	92	5483923	2066391
运城市	Yuncheng	7528075	2454689	277	59	4462571	2297963
忻州市	Xinzhou	3615490	1101377	187	45	3015789	995997
临汾市	Linfen	6530791	2562228	235	92	7629964	2656409
吕梁市	Lvliang	4615657	713114	203	47	3210016	1031984
内蒙古自治区	**Inner Mongolia**						
呼和浩特市	Hohhot	15188153	14135625	398	335	9978703	8716193
包头市	Baotou	14864066	13890924	253	229	6800012	6454459
乌海市	Wuhai	1618385	1618385	139	139	1036234	1036234
赤峰市	Chifeng	7581912	3768335	126	68	3091334	1881929
通辽市	Tongliao	5510895	2737167	241	114	10370379	4988044
鄂尔多斯市	Erdos	7779034	3236529	262	101	26541682	6295859
呼伦贝尔市	Hulunbuir	6443039	1941556	238	67	2908412	1125622
巴彦淖尔市	Bayannur	2781383	1310306	66	33	1564100	922208
乌兰察布市	Ulanqab	3416593	924346	55	35	932938	559588
辽宁省	**Liaoning**						
沈阳市	Shenyang	39898331	37658527	1563	1487	88976944	88157670
大连市	Dalian	37225011	32393877	1209	1007	33424523	25966066
鞍山市	Anshan	9381057	4437646	403	285	6988270	6086081
抚顺市	Fushun	6856652	5924592	107	95	1660801	1607746
本溪市	Benxi	3721371	2650753	81	59	893301	842386
丹东市	Dandong	5724073	268804	139	88	1466401	1371903
锦州市	Jinzhou	6346281	3851319	210	143	4637641	4195912
营口市	Yingkou	5305447	3029054	214	123	3965857	2756575
阜新市	Fuxin	2894816	2246517	123	87	1355102	1240937
辽阳市	Liaoyang	2881167	1746244	111	79	8664416	8000214

2-20 续表 1 continued 1

城市	City	社会消费品零售总额(万元) Total Retail Sales of Consumer Goods (10 000 yuan)		限额以上批发零售商贸企业数(法人数)(个) Number of Enterprises above Designated Size of Wholesale and Retail Trades (Number of Legal Entities) (unit)		限额以上批发零售业商品销售总额(万元) Total Sales of Commodities of Enterprises above Designated Size in Wholesale and Retail Trades (10 000 yuan)	
		全市 Total City	市辖区 Districts under City	全市 Total City	市辖区 Districts under City	全市 Total City	市辖区 Districts under City
盘锦市	Panjin	3932545	3626080	189	160	7613772	2891943
铁岭市	Tieling	4380160	949096	85	36	1300948	900258
朝阳市	Chaoyang	4545899	1233689	123	56	4193166	1066335
葫芦岛市	Huludao	4979547	2812408	202	85	2306463	971517
吉林省	**Jilin**						
长春市	Changchun	29227537	24415500	1344	1236	22381195	21822286
吉林市	Jilin	15347691	10849918	546	318	6373087	5816600
四平市	Siping	6492535	1938778	208	71	2701291	1090810
辽源市	Liaoyuan	2391810	1550218	65	46	657305	437120
通化市	Tonghua	5601352	1558452	207	82	2559568	1620085
白山市	Baishan	3103756	1340663	57	18	671444	339570
松原市	Songyuan	7057726	1706236	111	49	1252336	854144
白城市	Baicheng	3565041	1880326	68	21	1115459	893151
黑龙江省	**Heilongjiang**						
哈尔滨市	Harbin	40447521	33737278	828	623	26644828	22658162
齐齐哈尔市	Qiqihar	8148366		177		12592912	
鸡西市	Jixi	2737517	1633430	87	48	1150142	625569
鹤岗市	Hegang	1362243	1086768	55	49	390185	357135
双鸭山市	Shuangyashan	1392580	713342	49	14	584712	272582
大庆市	Daqing	11597420	10670090	256	229	13299470	12759389
伊春市	Yichun	1311844	951248	23	18	285764	230162
佳木斯市	Jiamusi	4998439	2587212	55	22		
七台河市	Qitaihe	1053123	767833	18	15	303963	266456
牡丹江市	Mudanjiang	6430948	3298911	223	71	3625788	1135762
黑河市	Heihe	1253451	77366	54	10	717370	306040
绥化市	Suihua	6201791	1046369	79	12	1728140	465915
上海市	**Shanghai**	**118303000**	**118303000**	**6453**	**6453**	**953403220**	**953403220**
江苏省	**Jiangsu**						
南京市	Nanjing	56046602	56046602	2770	2770	127048903	127048903
无锡市	Wuxi	34580410	19818317	1596	963	76703295	39991021
徐州市	Xuzhou	28869207	17950894	2439	1060	41104915	26029167
常州市	Changzhou	24440467	21123853	1866	1692	45846022	42965215
苏州市	Suzhou	54428192	28049519	3101	1402	134480741	45836658
南通市	Nantong	28734118	11196136	2231	882	44019644	23925239
连云港市	Lianyungang	10383081	6050525	500	300	9812926	7888412
淮安市	Huai'an	11970899	8149585	935	649	10607277	7930688
盐城市	Yancheng	18062000	8107000	1407	536	15507837	8162161
扬州市	Yangzhou	14940055	10204757	748	466	13759568	7474596
镇江市	Zhenjiang	13660251	6472999	551	271	11596470	8155648
泰州市	Taizhou	12542199	6291755	1021	538	19289134	13947602
宿迁市	Suqian	7813862	3329381	548	203	8268160	5797747
浙江省	**Zhejiang**						
杭州市	Hangzhou	57174278	53336336	4406	4097	207067738	204716783
宁波市	Ningbo	40478094	26159302	3999	3136	179586978	163143812
温州市	Wenzhou	30625719	15538952	2172	1196	37085539	28284221
嘉兴市	Jiaxing	18066242	4965927	1522	431	25466566	10699094
湖州市	Huzhou	11881547	6046805	743	357	22037205	6776763

2-20 续表 2 continued 2

城 市	City	社会消费品零售总额 (万元) Total Retail Sales of Consumer Goods (10 000 yuan)		限额以上批发零售商贸企业数(法人数) (个) Number of Enterprises above Designated Size of Wholesale and Retail Trades (Number of Legal Entities) (unit)		限额以上批发零售业商品销售总额 (万元) Total Sales of Commodities of Enterprises above Designated Size in Wholesale and Retail Trades (10 000 yuan)	
		全 市 Total City	市辖区 Districts under City	全 市 Total City	市辖区 Districts under City	全 市 Total City	市辖区 Districts under City
绍兴市	Shaoxing	19776588	10814258	2243	1548	28076652	20842791
金华市	Jinhua	21911910	6191651	1165	310	17935235	7339624
衢州市	Quzhou	6778923	2616631	368	194	4344348	3137703
舟山市	Zhoushan	5056834	3927019	339	306	18795128	18566468
台州市	Taizhou	22357308	8899664	1136	486	19913899	13248139
丽水市	Lishui	6359616	1959794	287	89	5267927	2978666
安徽省	**Anhui**						
合肥市	Hefei	27285104	22286518	1336	1018	48000453	45184378
芜湖市	Wuhu	9308637	6221964	810	474	12364884	10957587
蚌埠市	Bengbu	7251307	4548163	430	241	5118885	4215611
淮南市	Huainan	5734456	3977907	342	222	2961447	2534187
马鞍山市	Maanshan	5294536	3187521	212	119	4429501	3661262
淮北市	Huaibei	3531274	2563126	239	142	2777516	2324851
铜陵市	Tongling	3432784	2629150	216	166	2396490	2226082
安庆市	Anqing	7641675	3159908	556	190	3931771	2834397
黄山市	Huangshan	3488116	1931117	171	98	1251415	1078590
滁州市	Chuzhou	5743943	1476046	441	112	4590088	2718170
阜阳市	Fuyang	8520195	3531580	582	194	11895313	6720892
宿州市	Suzhou	5336759	1210656	463	196	13052660	8298246
六安市	Lu'an	6048134	3007473	323	154	3472781	2259390
亳州市	Bozhou	5285906	1990330	477	163	4166461	2384703
池州市	Chizhou	2487175	1394416	202	109	1111108	861704
宣城市	Xuancheng	5315140	2018456	330	107	2669791	1776585
福建省	**Fujian**						
福州市	Fuzhou	41938675	30989907	2227	1720	60396083	53269387
厦门市	Xiamen	14467448	14467448	1902	1902	117527613	117527613
莆田市	Putian	6954108	6003550	1076	972	12627801	11442534
三明市	Sanming	5334337	1259983	668	242	7409364	4523157
泉州市	Quanzhou	30339515	7956723	2587	541	47007676	14611436
漳州市	Zhangzhou	9824346	3347399	1024	304	11330516	6869952
南平市	Nanping	6152590	2028462	422	145	3592709	1876793
龙岩市	Longyan	8131876	4421004	1891	902	13228561	8129150
宁德市	Ningde	5650870	1367272	506	136	3858745	2011553
江西省	**Jiangxi**						
南昌市	Nanchang	20969616	18084056	926	816	22848883	19102537
景德镇市	Jingdezhen	3359346	2179865	82	51	1244366	701191
萍乡市	Pingxiang	3791542	2487276	148	98	1156027	985913
九江市	Jiujiang	7392073	3433987	365	137	3349187	2293063
新余市	Xinyu	2695849	2113375	102	81	1057759	1015192
鹰潭市	Yingtan	2177302	990159	179	55	1897684	815731
赣州市	Ganzhou	8870487	4266814	511	189	4572214	3515864
吉安市	Ji'an	5049690	938157	436	83	2539620	1630064
宜春市	Yichun	6674972	2141832	355	166	6434308	2639139
抚州市	Fuzhou	5376602	1947618	247	35	1896524	1010737
上饶市	Shangrao	8123422	2179436	546	134	4326270	1576820
山东省	**Shandong**						
济南市	Jinan	41461481	38020896	1624	1339	45243117	43372933

2-20 续表 3 continued 3

城 市	City	社会消费品零售总额 (万元) Total Retail Sales of Consumer Goods (10 000 yuan)		限额以上批发零售商贸企业数(法人数) (个) Number of Enterprises above Designated Size of Wholesale and Retail Trades (Number of Legal Entities) (unit)		限额以上批发零售业商品销售总额 (万元) Total Sales of Commodities of Enterprises above Designated Size in Wholesale and Retail Trades (10 000 yuan)	
		全 市 Total City	市辖区 Districts under City	全 市 Total City	市辖区 Districts under City	全 市 Total City	市辖区 Districts under City
青岛市	Qingdao	45410086	33267439	1861	1545	67741549	63087575
淄博市	Zibo	23739818	19014571	929	780	18178013	16815154
枣庄市	Zaozhuang	9821356	5359392	747	471	6402690	4056801
东营市	Dongying	8622917	6148351	493	306	14711038	8761672
烟台市	Yantai	32730810	13624510	1283	719	29084404	17811852
潍坊市	Weifang	27379198	8516121	998	278	24456119	12229399
济宁市	Jining	22591887	8709765	1555	420	17726548	7772458
泰安市	Tai'an	16083137	5927813	977	348	15254074	6564011
威海市	Weihai	16079378	9450223	564	381	7917516	6463763
日照市	Rizhao	7202940	4384145	166	120	12373476	10801933
莱芜市	Laiwu	3800041	3800041	246	246	6140744	6140744
临沂市	Linyi	22870677	11526786	1488	658	60344464	19524934
德州市	Dezhou	15371166	4639223	1138	246	12498536	3913662
聊城市	Liaocheng	12788278	4125922	638	182	13038158	3387006
滨州市	Binzhou	9687096	3548076	400	135	9870955	1832677
菏泽市	Heze	16504485	4288396	1135	330	11157299	3457437
河南省	**Henan**						
郑州市	Zhengzhou	40572205	23725317	1935	1307	56512694	49163743
开封市	Kaifeng	9448066	5156083	753	241	5904081	3368602
洛阳市	Luoyang	20254532	10582160	857	534	12124305	9366520
平顶山市	Pingdingshan	8645347	4116704	728	156	8296080	4759542
安阳市	Anyang	8394834	4257996	346	108	5506751	3634929
鹤壁市	Hebi	2305110	1231966	150	85	4629274	3387813
新乡市	Xinxiang	9662310	4634394	555	236	4706660	3544141
焦作市	Jiaozuo	7843429	2604431	571	243	4429872	2606401
濮阳市	Puyang	5941759	1592991	431	131	3134530	1945899
许昌市	Xuchang	8912762	3151358	626	173	6131691	2480671
漯河市	Luohe	5503137	3414552	258	171	4080387	2995892
三门峡市	Sanmenxia	4938742	1722040	301	134	2566809	1819848
南阳市	Nanyang	19509179	5483647	1412	365	8778355	4943495
商丘市	Shangqiu	10323007	4021387	827	246	10076599	4217881
信阳市	Xinyang	10857694	3205240	620	160	5975067	4183909
周口市	Zhoukou	12271617	1775345	513	97	5381550	2335548
驻马店市	Zhumadian	9571734	1969699	690	142	6790438	3975769
湖北省	**Hubei**						
武汉市	Wuhan	61962978	61962978	1922	1922	119799067	119799067
黄石市	Huangshi	7232800	3836500	346	164	8752990	6737941
十堰市	Shiyan	8181370	5245247	301	169	4529546	4143152
宜昌市	Yichang	13303340	7138946	1031	342	9623667	4211286
襄阳市	Xiangyang	14819016	7302883	777	328	7024040	4679214
鄂州市	Ezhou	3368038	3368038	63	63	2153332	2153332
荆门市	Jingmen	6880800	2633700	477	171	5737731	3957733
孝感市	Xiaogan	9732910	1819257	329	84	3595803	2071306
荆州市	Jingzhou	11685700	4179100	710	253	5405200	3326500
黄冈市	Huanggang	10831627	1430131	484	61	3101118	1806031
咸宁市	Xianning	4972366	1295685	229	54	2644486	860237
随州市	Suizhou	4913922	2308510	255	104	3405474	1958115

2-20 续表 4 continued 4

城 市	City	社会消费品零售总额(万元) Total Retail Sales of Consumer Goods (10 000 yuan)		限额以上批发零售商贸企业数(法人数)(个) Number of Enterprises above Designated Size of Wholesale and Retail Trades (Number of Legal Entities) (unit)		限额以上批发零售业商品销售总额(万元) Total Sales of Commodities of Enterprises above Designated Size in Wholesale and Retail Trades (10 000 yuan)	
		全 市 Total City	市辖区 Districts under City	全 市 Total City	市辖区 Districts under City	全 市 Total City	市辖区 Districts under City
湖南省	**Hunan**						
长沙市	Changsha	45476752	34299332	1820	1091	48083578	33892453
株洲市	Zhuzhou	10384623	5537812	614	225	22988936	13619581
湘潭市	Xiangtan	6449685	4175820	325	204	2945380	2562226
衡阳市	Hengyang	12483825	5453877	642	310	6155172	4277185
邵阳市	Shaoyang	9262369	2107125	776	120	4859879	2294694
岳阳市	Yueyang	12566128	6554559	453	214	5558522	3298881
常德市	Changde	11715218	4663096	596	190	4792467	3420761
张家界市	Zhangjiajie	2192134	1216436	68	33	855959	718963
益阳市	Yiyang	7097963	3004679	350	107	3072439	2017633
郴州市	Chenzhou	9996989	4809250	642	208	9146604	5043981
永州市	Yongzhou	6530048	2270597	375	104	3238006	1164411
怀化市	Huaihua	6206461	2147275	185	88	2226762	1934772
娄底市	Loudi	5374433	1225298	420	114	3981423	1594090
广东省	**Guangdong**						
广州市	Guangzhou	94025908	94025908	6775	6775	294225932	294225932
韶关市	Shaoguan	6873895	4248881	483	195	6015665	2919569
深圳市	Shenzhen	60161866	60161866	6283	6283	250019970	250019970
珠海市	Zhuhai	11281763	11281763	918	918	33010658	33010658
汕头市	Shantou	16831597	16587145	881	873	17144213	17096948
佛山市	Foshan	33204313	33204313	3063	3063	83319250	83319250
江门市	Jiangmen	12796336	5830703	837	512	11830648	9446791
湛江市	Zhanjiang	15780802	9055083	743	426	9838655	811513
茂名市	Maoming	14569997	7994410	880	589	17253930	15052231
肇庆市	Zhaoqing	8099323	4723854	297	193	4463860	3515225
惠州市	Huizhou	13634635	8334707	639	328	10997656	7857694
梅州市	Meizhou	6776300	2966761	176	111	2556579	2078432
汕尾市	Shanwei	5726228	1183230	97	35	1010317	758397
河源市	Heyuan	5855654	1701689	230		1860517	
阳江市	Yangjiang	6899009	3843580	217	146	2147736	1589446
清远市	Qingyuan	6838438	3979264	301	181	3991839	2275353
东莞市	Dongguan	26878849		2241		51413974	
中山市	Zhongshan	13098884		1065		16000953	
潮州市	Chaozhou	5401053	4241013	218	189	1955785	1838519
揭阳市	Jieyang	10809610	4465152	1018	479	10132423	5577354
云浮市	Yunfu	3815989	1341964	371	141	3343054	1062262
广西壮族自治区	**Guangxi**						
南宁市	Nanning	22041551	19157836	1007	915	34354200	33929460
柳州市	Liuzhou	11556391	9902509	451	398	12370108	12146113
桂林市	Guilin	9281166	5720836	316	170	4531612	3619493
梧州市	Wuzhou	4458693	2279922	250	154	1576221	1422716
北海市	Beihai	2501314	1609208	156	128	1954696	1854063
防城港市	Fangchenggang	1240208	741937	85	50	1904292	1335578
钦州市	Qinzhou	4117461	2010052	189	94	2939588	1539429
贵港市	Guigang	4807022	2791944	155	101	1911705	1747998

2-20 续表 5 continued 5

城市	City	社会消费品零售总额 (万元) Total Retail Sales of Consumer Goods (10 000 yuan)		限额以上批发零售商贸企业数(法人数) (个) Number of Enterprises above Designated Size of Wholesale and Retail Trades (Number of Legal Entities) (unit)		限额以上批发零售业商品销售总额 (万元) Total Sales of Commodities of Enterprises above Designated Size in Wholesale and Retail Trades (10 000 yuan)	
		全市 Total City	市辖区 Districts under City	全市 Total City	市辖区 Districts under City	全市 Total City	市辖区 Districts under City
玉林市	Yulin	7288640	3383775	270	141	3448055	2567153
百色市	Baise	2773530	864761	277	70	2574795	1636440
贺州市	Hezhou	1788472	961660	76	57	904988	845727
河池市	Hechi	3012018	1306908	150	72	1368432	1083785
来宾市	Laibin	1802945	798595	83	47	893165	798522
崇左市	Chongzuo	1460926	304764	159	27	3575775	538319
海南省	**Hainan**						
海口市	Haikou	7261240	7261240	210	210	9561925	9561925
三亚市	Sanya	2237692	2237692	38	38	1926469	1926469
三沙市	Sansha						
儋州市	Danzhou	851509		6		241035	
重庆市	**Chongqing**	**80676654**	**70824037**	**5990**	**4876**	**116779725**	**109203422**
四川省	**Sichuan**						
成都市	Chengdu	64035285	53086251	1576	1365	82669812	76521093
自贡市	Zigong	6240353	4111275	218	127	3906233	3141524
攀枝花市	Panzhihua	3524076	2967966	175	149	2707848	2315846
泸州市	Luzhou	7220721	3642262	584	311	8411927	5734292
德阳市	Deyang	7907827	2574794	309	116	3219971	1522183
绵阳市	Mianyang	11124769	6277693	466	258	8397914	6780134
广元市	Guangyuan	3717899	1948090	159	117	1498073	1389990
遂宁市	Suining	5091935	2361593	254	137	2313146	1685945
内江市	Neijiang	5118750	2206101	309	114	2427734	1628549
乐山市	Leshan	7052509	3204414	262	115	4154599	2476769
南充市	Nanchong	8882684	3799202	407	184	3605391	2728841
眉山市	Meishan	4869349	2230499	225	99	2664415	565265
宜宾市	Yibin	8679138	3635338	402	126	5076486	2519783
广安市	Guang'an	5249640	1908117	336	103	2291760	1027559
达州市	Dazhou	8603660	3122455	307	100	5370120	2495914
雅安市	Ya'an	2480685	1191752	72	36	1104322	975648
巴中市	Bazhong	3242269	1319475	315	122	1578172	85842
资阳市	Ziyang	3656535	1333243	162	56	1214970	862240
贵州省	**Guizhou**						
贵阳市	Guiyang	13352766	12564277	567	461	21111394	18863222
六盘水市	Liupanshui	3719396	2067094	194	77	2375922	1285453
遵义市	Zunyi	8116900	4538700	711	299	17697692	5897214
安顺市	Anshun	1971130	1069745	204	152	1945371	1843653
毕节市	Bijie	3819848	1367815	307	56	3287176	1919278
铜仁市	Tongren	2108514	644602	322	84	1899532	1367696
云南省	**Yunnan**						
昆明市	Kunming	25909538	22625084	814	650	55040119	48052885
曲靖市	Qujing	6353332	2246087	345	103	6917108	4585960
玉溪市	Yuxi	3674488	1996742	216	101	5015434	3236568
保山市	Baoshan	2249011	1284415	163	55	2019596	1663945
昭通市	Zhaotong	2667434	1079954	117	39	2231573	1889219
丽江市	Lijiang	1177030	565314	79	37	1095260	839830
普洱市	Pu'er	1828611	610151	121	44	2016909	1436408
临沧市	Lincang	1952842	579125	138	30	1881367	1097584

2-20 续表 6 continued 6

城　市	City	社会消费品零售总额 (万元) Total Retail Sales of Consumer Goods (10 000 yuan)		限额以上批发零售商贸企业数(法人数) (个) Number of Enterprises above Designated Size of Wholesale and Retail Trades (Number of Legal Entities) (unit)		限额以上批发零售业商品销售总额 (万元) Total Sales of Commodities of Enterprises above Designated Size in Wholesale and Retail Trades (10 000 yuan)	
		全 市 Total City	市辖区 Districts under City	全 市 Total City	市辖区 Districts under City	全 市 Total City	市辖区 Districts under City
西藏自治区	**Tibet**						
拉萨市	Lasa	2587588	2266255	106	62	3448260	
日喀则市	Xigaze	973177	201254	11	11	283415	283415
昌都市	Qamdo	477400	188724	5		143116	
林芝市	Linzhi	361268	361268	10	10	12756	12756
山南市	Shannan	507398	376516	11	10	169988	165353
那曲市	Naqu	212653		6		122735	
陕西省	**Shaanxi**						
西安市	Xi'an	43295100	42020100	1123	1091	69002726	68923526
铜川市	Tongchuan	1532557	33727	145	134	1232398	1107733
宝鸡市	Baoji	8008799	5388161	639	393	12506380	10585808
咸阳市	Xianyang	6130418	1674875	603	74	4650243	1983664
渭南市	Weinan	6518481	2028158	461	108	4165051	3036428
延安市	Yan'an	2846503	1267267	308	106	7731775	3519786
汉中市	Hanzhong	4210518	2058708	696	120	533377	2475293
榆林市	Yulin	4721183	1368341	456	90	1676	379
安康市	Ankang	2971429	1321991	531	171	2924339	1673432
商洛市	Shangluo	1937338	475506	136	36	3243131	1215560
甘肃省	**Gansu**						
兰州市	Lanzhou	13587245	12366298	640	545	33497868	29505360
嘉峪关市	Jiayuguan	643826		68		788523	
金昌市	Jinchang	890608	613133	53	35	345609	277389
白银市	Baiyin	2071921	1359695	103	44	891727	599247
天水市	Tianshui	3131097	2014935	157	99	2346588	2044068
武威市	Wuwei	1917220	1130355	84	46	3179892	1438687
张掖市	Zhangye	1730520	951358	116	53	966592	745751
平凉市	Pingliang	2098139	764927	71	26	3489930	454174
酒泉市	Jiuquan	2076397	881274	172	69	5021073	743600
庆阳市	Qingyang	2389481	730330	106	34	767722	610024
定西市	Dingxi	1261366	414693	70	18	849824	543250
陇南市	Longnan	1071177	423766	63	21	595070	428820
青海省	**Qinghai**						
西宁市	Xining	5607851	5090996	268	253	11651634	10416419
海东市	Haidong	973991	361992	18	6	282654	277478
宁夏回族自治区	**Ningxia**						
银川市	Yinchuan	5623113	3817313	258	140	9147018	6896939
石嘴山市	Shizuishan	1112811	852531	42	33	458882	438419
吴忠市	Wuzhong	1126905	572604	74	51	366124	203350
固原市	Guyuan	710953	351782	24	14	443113	427834
中卫市	Zhongwei	730682	399884	48	28	2424442	904735
新疆维吾尔自治区	**Xinjiang**						
乌鲁木齐市	Urumqi	13171211	13076428	747	747	53253224	53253224
克拉玛依市	Karamay	661490	661490	86	86	1328834	1328834
吐鲁番市	Turpan	506717	282530	41	17	507301	414643
哈密市	Hami	1123265	832224	72	70	1608102	891558

2-21 旅游发展情况(全市)
Development of Tourism (Total City)

城　市	City	入境游客(人次) Inbound Tourists (Person-time)	国际旅游(外汇)收入(万美元) International TourismIncome (Foreignexchange) (USD 10 000)	国内游客(人次) Domestic Tourists (Person-time)	国内旅游收入(万元) Domestic Tourism Income (10 000 yuan)
北京市	**Beijing**	**3926000**	**512980**	**293536000**	**51224000**
天津市	**Tianjin**	**792100**	**375147**	**207693500**	**32921300**
河北省	**Hebei**				
石家庄市	Shijiazhuang	204657	9460	92164200	9880500
唐山市	Tangshan	116500	6699	55913100	5827900
秦皇岛市	Qinhuangdao	306470	21145	52235000	6440100
邯郸市	Handan	66642	18545	58531400	6371000
邢台市	Xingtai	30476	785	26285600	2388300
保定市	Baoding	174921	21145	96298200	9679700
张家口市	Zhangjiakou	122613	6699	62475600	6943200
承德市	Chengde	350137	18540	57615400	6709600
沧州市	Cangzhou	33165	1159	18290700	1623800
廊坊市	Langfang	177445	5741	33617300	3688200
衡水市	Hengshui	19392	416	17312300	1343700
山西省	**Shanxi**				
太原市	Taiyuan	229451	9999	67577700	8157200
大同市	Datong	73784	4285	53837000	4803200
阳泉市	Yangquan	5380	120	53060000	2838400
长治市	Changzhi	26603	1620	48084200	4602200
晋城市	Jincheng	13706	769	48483200	4440800
朔州市	Shuozhou	6706	229	22139900	2037900
晋中市	Jinzhong	244655	13137	79276308	8156000
运城市	Yuncheng	33651	980	67042300	5558700
忻州市	Xinzhou	58318	1964	42142500	4071300
临汾市	Linfen	40688	1686	52513700	4829300
吕梁市	Lvliang	5917	227	45698500	3891100
内蒙古自治区	**Inner Mongolia**				
呼和浩特市	Hohhot	139561	16471	38938100	7483700
包头市	Baotou	39954	4602	14276300	5022100
乌海市	Wuhai	1921	157	2933021	647100
赤峰市	Chifeng	47100	3770	16312900	2596000
通辽市	Tongliao	26724	2267	6421800	1583300
鄂尔多斯市	Erdos	34856	2764	12286000	3783000
呼伦贝尔市	Hulunbuir	715600	50800	16495400	6074000
巴彦淖尔市	Bayannur	38050	3400	5480000	539748
乌兰察布市	Ulanqab	42354	3583	16000000	1500000
辽宁省	**Liaoning**				
沈阳市	Shenyang	695186	35127	7262243	6372000
大连市	Dalian	1063938	55081	84100000	12429000
鞍山市	Anshan	206106	15842	45232000	3703000
抚顺市	Fushun	156235	12799	34583000	2763000
本溪市	Benxi	76124	12085	38224011	2851123
丹东市	Dandong	137200	8684	45335000	4025000
锦州市	Jinzhou	96000	11557	26210000	1870000
营口市	Yingkou	79018	6578	26760000	2307000
阜新市	Fuxin	22346	918	13096000	894000
辽阳市	Liaoyang	40474	2563	24896000	1982000

2-21 续表 1 continued 1

城　市	City	入境游客（人次）Inbound Tourists (Person-time)	国际旅游(外汇)收入（万美元）International TourismIncome (Foreignexchange) (USD 10 000)	国内游客（人次）Domestic Tourists (Person-time)	国内旅游收入（万元）Domestic Tourism Income (10 000 yuan)
盘锦市	Panjin	114315	9978	26250000	2132000
铁岭市	Tieling	36000	2865	20031000	1461000
朝阳市	Chaoyang	21343	1304	24382336	1641245
葫芦岛市	Huludao	46000	2425	22310000	1794000
吉林省	**Jilin**				
长春市	Changchun	464875	35602	77813000	15948000
吉林市	Jilin	123756	4441	50708000	7982000
四平市	Siping	7192	203	4144000	631000
辽源市	Liaoyuan	2839	120	3052000	501000
通化市	Tonghua	204500	5070	12131000	1911000
白山市	Baishan	52541	2354	10639000	1570000
松原市	Songyuan	26400	1360	7312000	1402300
白城市	Baicheng	9820	329	4284000	749000
黑龙江省	**Heilongjiang**				
哈尔滨市	Harbin	238834	13499	76888856	11683550
齐齐哈尔市	Qiqihar	8331	240	24490900	1183000
鸡西市	Jixi	122700	4663		641340
鹤岗市	Hegang	20974	935	4675088	476000
双鸭山市	Shuangyashan	7948	59	5473116	175030
大庆市	Daqing	14850	330	12510000	731100
伊春市	Yichun			12575565	1129696
佳木斯市	Jiamusi	5555000	990	5500000	226000
七台河市	Qitaihe	437000		436830	80300
牡丹江市	Mudanjiang	746000	48256	22062700	1213800
黑河市	Heihe	382000		8933000	688000
绥化市	Suihua			3800000	118000
上海市	**Shanghai**	**7193300**	**669865**	**328452700**	**40251300**
江苏省	**Jiangsu**				
南京市	Nanjing	745117	79227	113833200	20204331
无锡市	Wuxi	495425	42482	91793400	17026395
徐州市	Xuzhou	39884	4963	50977700	6589173
常州市	Changzhou	177143	15468	65827100	9367869
苏州市	Suzhou	1756298	230448	120464200	21613247
南通市	Nantong	185745	12581	42470000	6014287
连云港市	Lianyungang	26140	2716	33841800	4541201
淮安市	Huai'an	23977	2125	29317400	3536640
盐城市	Yancheng	64635	8212	29268300	3117520
扬州市	Yangzhou	67818	7506	62906000	7852882
镇江市	Zhenjiang	69615	8539	59645600	8128685
泰州市	Taizhou	40808	4161	25583200	3213859
宿迁市	Suqian	8433	1044	16945200	1869023
浙江省	**Zhejiang**				
杭州市	Hangzhou	4022300	354286	158844000	30059200
宁波市	Ningbo	1869109	98980	109102500	16491180
温州市	Wenzhou	1390820	68549	102370600	11037200
嘉兴市	Jiaxing	715222	22587	91432900	10108400
湖州市	Huzhou	1116602	43799	10553	11049471

2-21 续表 2 continued 2

城　市	City	入境游客（人次）Inbound Tourists (Person-time)	国际旅游(外汇)收入（万美元）International TourismIncome (Foreignexchange) (USD 10 000)	国内游客（人次）Domestic Tourists (Person-time)	国内旅游收入（万元）Domestic Tourism Income (10 000 yuan)
绍兴市	Shaoxing	891332	31934	95411200	10066091
金华市	Jinhua	1102661	59612	102993900	11071354
衢州市	Quzhou	13480	552	64791113	4490306
舟山市	Zhoushan	344313	17631	54727300	7944453
台州市	Taizhou	198827	6750	107579000	11618532
丽水市	Lishui	379148	106188	67853590	5726720
安徽省	**Anhui**				
合肥市	Hefei	459258	33136	111054900	14906800
芜湖市	Wuhu	403857	24610	48390500	6061200
蚌埠市	Bengbu	83535	5261	38005200	2496300
淮南市	Huainan	51950	3661		1641400
马鞍山市	Maanshan	163405	11719	33633124	2546893
淮北市	Huaibei	19931	937	14774200	964400
铜陵市	Tongling	37075	1170	19849140	1565700
安庆市	Anqing	258000	17019	60890300	5992800
黄山市	Huangshan	2375896	75010	55395900	4554715
滁州市	Chuzhou	129621	3569		2061097
阜阳市	Fuyang	17443	879	23740961	1700249
宿州市	Suzhou	44976	2052		1514800
六安市	Lu'an	127002	6933	30904000	2437300
亳州市	Bozhou	78549	1763	22786800	1716400
池州市	Chizhou	1035271	69751	56623929	6151478
宣城市	Xuancheng	205113	11047		2700200
福建省	**Fujian**				
福州市	Fuzhou	1314800	150100	66063300	7772100
厦门市	Xiamen	3863200	322100	74442000	9510900
莆田市	Putian	449300	41055	27957300	2382900
三明市	Sanming	77705	7169	27492300	2411938
泉州市	Quanzhou	1452600	135200	53292300	7525500
漳州市	Zhangzhou	610800	50200	32078600	3558600
南平市	Nanping	370300	25800	41127300	5747100
龙岩市	Longyan	164086	11200	37677300	3252100
宁德市	Ningde	40067	2801	26489900	2524000
江西省	**Jiangxi**				
南昌市	Nanchang	278600	9971	120289400	11983000
景德镇市	Jingdezhen	636543	28516	53909511	5094721
萍乡市	Pingxiang	83100	2689	40890900	3333204
九江市	Jiujiang	428029	17453	161580600	14754300
新余市	Xinyu	32731	1080	30001100	2786600
鹰潭市	Yingtan	453500	8120	38860000	3450000
赣州市	Ganzhou	414000	13983	82654500	7856500
吉安市	Ji'an	232600	7834	82343500	7820400
宜春市	Yichun	186016	10288	71782500	6045100
抚州市	Fuzhou	63700	2044	39900000	360000
上饶市	Shangrao	1016000	43000	159000000	14809000
山东省	**Shandong**				
济南市	Jinan	375469	20841	72480600	8753100

2-21 续表 3 continued 3

城 市	City	入境游客(人次) Inbound Tourists (Person-time)	国际旅游(外汇)收入(万美元) International TourismIncome (Foreignexchange) (USD 10 000)	国内游客(人次) Domestic Tourists (Person-time)	国内旅游收入(万元) Domestic Tourism Income (10 000 yuan)
青岛市	Qingdao	1443715	102074	86721000	14680600
淄博市	Zibo	209798	10135	53411000	5762100
枣庄市	Zaozhuang	34400	823	22558000	1881600
东营市	Dongying	62000	5489	16667900	1449300
烟台市	Yantai	637800	58500	70935700	8701400
潍坊市	Weifang	347700	24419	67707200	7224200
济宁市	Jining	327917	15859	67282132	6461712
泰安市	Tai'an	394698	24174	68554400	7227200
威海市	Weihai	491847	27293	42627400	5535500
日照市	Rizhao	276200	12000	44699300	3453900
莱芜市	Laiwu	7862	674	11323100	636800
临沂市	Linyi	186631	9944	67808400	6935900
德州市	Dezhou	22400	548	27701700	1734000
聊城市	Liaocheng	58106	2582	22713600	1710800
滨州市	Binzhou	51400	1659	16913700	1382300
菏泽市	Heze	16300	370	19556700	1384400
河南省	**Henan**				
郑州市	Zhengzhou	546936	20919	100418000	11931000
开封市	Kaifeng	309000	12089	61590800	4795100
洛阳市	Luoyang	1332800	39930	123000000	10170000
平顶山市	Pingdingshan	29876	899	42346000	2186446
安阳市	Anyang	73500	1748	53487500	4630600
鹤壁市	Hebi	9002	267	21418000	987000
新乡市	Xinxiang	48351	976	37169300	2628600
焦作市	Jiaozuo	373105	9470	46586100	3729900
濮阳市	Puyang	20262	140	13660600	230100
许昌市	Xuchang	4611	238	21090000	1071000
漯河市	Luohe	9518	256	5891000	416000
三门峡市	Sanmenxia	107186	2347	34571800	2962200
南阳市	Nanyang	23885	1201	53326000	2826143
商丘市	Shangqiu	8558	269	16661600	342400
信阳市	Xinyang	16470	429	30550000	19880
周口市	Zhoukou	70652	1710	32071200	1548914
驻马店市	Zhumadian	47065	4610	32603100	1851900
湖北省	**Hubei**				
武汉市	Wuhan	2500000	169300	257140000	26985300
黄石市	Huangshi	4000	142	22203000	1412000
十堰市	Shiyan	193606	6440	55384704	4299887
宜昌市	Yichang	453347	16751	65729000	7025600
襄阳市	Xiangyang	53950	3059	45410100	3384300
鄂州市	Ezhou	642	15	5959000	546000
荆门市	Jingmen	18188	871	26564800	1644100
孝感市	Xiaogan	12068	693	23898000	1505600
荆州市	Jingzhou	21359	511	41600000	2600000
黄冈市	Huanggang	22500	500	30850000	2003000
咸宁市	Xianning	30100	988	57300000	2925000
随州市	Suizhou	19830	937	22500000	1411000

2-21 续表 4 continued 4

城 市	City	入境游客（人次）Inbound Tourists (Person-time)	国际旅游(外汇)收入（万美元）International TourismIncome (Foreignexchange) (USD 10 000)	国内游客（人次）Domestic Tourists (Person-time)	国内旅游收入（万元）Domestic Tourism Income (10 000 yuan)
湖南省	**Hunan**				
长沙市	Changsha	1292000	84519	136730600	17136200
株洲市	Zhuzhou	68535	1823	48562320	4265321
湘潭市	Xiangtan	119809	3595	61750800	5595000
衡阳市	Hengyang	44765	1642	61971400	5669450
邵阳市	Shaoyang	103741	2580	12395500	3304300
岳阳市	Yueyang	303171	13949	48624700	4183500
常德市	Changde	164380	7183	43803000	3573400
张家界市	Zhangjiajie	3558900	66329	69799200	5823205
益阳市	Yiyang	29959	904	30032125	2591200
郴州市	Chenzhou	369926	16702	58485000	4467000
永州市	Yongzhou	42678	1081	49794800	4059700
怀化市	Huaihua	102650	2475	49900900	3922700
娄底市	Loudi	24536	767	34636700	2508600
广东省	**Guangdong**				
广州市	Guangzhou	9004753	631422	53751483	31878867
韶关市	Shaoguan	40889	2408	16450175	3713369
深圳市	Shenzhen	33229600	498420	98244900	14854600
珠海市	Zhuhai	4994606	121001	34812254	2859978
汕头市	Shantou	290992	15931	32466105	4345885
佛山市	Foshan	3189823	151468	46102381	6085700
江门市	Jiangmen	4883696	129048	52040013	4054000
湛江市	Zhanjiang	445278	10761	43058528	4141585
茂名市	Maoming	44524	2178	10918697	3283327
肇庆市	Zhaoqing	519426	34945	12778287	2846830
惠州市	Huizhou	2389300	96975	20000000	4392800
梅州市	Meizhou	344324	15443	41336098	4347518
汕尾市	Shanwei	59195	3581	8392026	1302300
河源市	Heyuan	76454	1574	15408086	2728568
阳江市	Yangjiang	70201	4252	13104802	2647381
清远市	Qingyuan	173862	16991	39686622	3032346
东莞市	Dongguan	4036735	159582	37381789	4889011
中山市	Zhongshan	661070	35327	12674143	2870000
潮州市	Chaozhou	718000	28167	14628000	2157415
揭阳市	Jieyang	150331	1942	47091613	2909000
云浮市	Yunfu	175096	5056	25128300	2542000
广西壮族自治区	**Guangxi**				
南宁市	Nanning	591288	25996	110010800	11097981
柳州市	Liuzhou	200355	9463	40187800	4434904
桂林市	Guilin	2489026	131627	79838900	8828883
梧州市	Wuzhou	209257	8019	22050600	2403321
北海市	Beihai	145410	6077	30698200	3645176
防城港市	Fangchenggang	176622	6321	20163500	1648324
钦州市	Qinzhou	68793	2772	25643000	2526801
贵港市	Guigang	96278	3980	20907100	2351582

2-21 续表 5 continued 5

城　市	City	入境游客（人次）Inbound Tourists (Person-time)	国际旅游(外汇)收入（万美元）International TourismIncome (Foreignexchange) (USD 10 000)	国内游客（人次）Domestic Tourists (Person-time)	国内旅游收入（万元）Domestic Tourism Income (10 000 yuan)
玉林市	Yulin	136733	6119	39898800	4154877
百色市	Baise	83200	3855	32652100	3344600
贺州市	Hezhou	389077	14474	21714715	2628442
河池市	Hechi	112560	5037	26355800	2972234
来宾市	Laibin	22733	1090	22602800	1802318
崇左市	Chongzuo	403094	15002	25394800	2346651
海南省	**Hainan**				
海口市	Haikou	181931	5938	24094696	2622400
三亚市	Sanya	692798	53062	17616876	3703500
三沙市	Sansha			18625	
儋州市	Danzhou	7325	208	2137300	144800
重庆市	**Chongqing**	**2248500**	**194759**	**538718565**	**31765459**
四川省	**Sichuan**				
成都市	Chengdu	3013364	130656	207038036	29462252
自贡市	Zigong	2398	48	40255400	3409500
攀枝花市	Panzhihua	2377	60	23174500	2793041
泸州市	Luzhou	3162	82	49345869	4418245
德阳市	Deyang	291221	21500	33125300	2836000
绵阳市	Mianyang	4447	118	52923200	5331400
广元市	Guangyuan	800	27	45144700	3345600
遂宁市	Suining	555	11	43565100	3859100
内江市	Neijiang	38500		38985500	2633456
乐山市	Leshan	212425	4566	51008000	7657199
南充市	Nanchong	28725	1428	47936275	4577863
眉山市	Meishan	329	12	43566000	3566600
宜宾市	Yibin	847	20	52183600	5387100
广安市	Guang'an	7675	210	38792300	3507100
达州市	Dazhou	145	3	22330000	1710777
雅安市	Ya'an	5728	137	31922500	2550500
巴中市	Bazhong	8981	450	26291138	2098800
资阳市	Ziyang	16402	392	22438500	1618900
贵州省	**Guizhou**				
贵阳市	Guiyang	409538	18563	148365900	18602400
六盘水市	Liupanshui	9663	322	30008700	2004900
遵义市	Zunyi	18323	485	118780300	11429000
安顺市	Anshun	66181	1370	74575000	7646700
毕节市	Bijie	55370	1340	77353300	604870
铜仁市	Tongren	6542			
云南省	**Yunnan**				
昆明市	Kunming	1340690	53222	132084500	15727398
曲靖市	Qujing	31653	1654	26057600	2801143
玉溪市	Yuxi	6481	212	35799800	2830699
保山市	Baoshan	190782	6897	24922800	2588398
昭通市	Zhaotong	1616	60	32784300	2132700
丽江市	Lijiang	1185837	49831	39508700	7882640
普洱市	Pu'er	256998	4733	28876100	2668035
临沧市	Lincang	496797	9233	18072393	1711772

2-21 续表 6 continued 6

城　　市	City	入境游客（人次）Inbound Tourists (Person-time)	国际旅游(外汇)收入（万美元）International TourismIncome (Foreignexchange) (USD 10 000)	国内游客（人次）Domestic Tourists (Person-time)	国内旅游收入（万元）Domestic Tourism Income (10 000 yuan)
西藏自治区	**Tibet**				
拉萨市	Lasa	163098	9690	15902961	
日喀则市	Xigaze	62505	1964	5099800	406200
昌都市	Qamdo			2002000	164200
林芝市	Linzhi	5186603	817	5166864	454664
山南市	Shannan	3480051	420	3453000	142000
那曲市	Naqu			1401178	27000
陕西省	**Shaanxi**				
西安市	Xi'an	1751300	122723	179180100	15504400
铜川市	Tongchuan	29394	452	17503300	1049100
宝鸡市	Baoji	340029	9692	79524971	5748600
咸阳市	Xianyang	123000	3485	45650000	2899000
渭南市	Weinan	373643	7350	53112000	414876
延安市	Yan'an	39483	380	50550517	2984531
汉中市	Hanzhong	47180	2450	42353000	2300000
榆林市	Yulin	3800	35	32260000	1908000
安康市	Ankang	34000	759	37846000	2280300
商洛市	Shangluo	19200	236	47801500	2605180
甘肃省	**Gansu**				
兰州市	Lanzhou	39810	1320	65872100	5609200
嘉峪关市	Jiayuguan	11426	189	8571421	572080
金昌市	Jinchang	339	9	4113000	22500
白银市	Baiyin	500	10	10804000	642000
天水市	Tianshui	9155	159	37110000	2120000
武威市	Wuwei	984	18	11848000	633000
张掖市	Zhangye	23800	229	25966200	1571535
平凉市	Pingliang	2380	44	19560600	1095700
酒泉市	Jiuquan	29965	834	26465035	2442800
庆阳市	Qingyang			8399668	423000
定西市	Dingxi	429	9	6590000	296000
陇南市	Longnan			2014200	98423
青海省	**Qinghai**				
西宁市	Xining	37706	2824	21345200	2490635
海东市	Haidong	20647	245	11613700	446900
宁夏回族自治区	**Ningxia**				
银川市	Yinchuan	45839	2581	12839000	1495300
石嘴山市	Shizuishan	1074	25	3274200	238959
吴忠市	Wuzhong	1619	88	4718700	331731
固原市	Guyuan	6123	455	4926800	307700
中卫市	Zhongwei	123600	3861	30785200	2752200
新疆维吾尔自治区	**Xinjiang**				
乌鲁木齐市	Urumqi	321200	17974	32705200	4377691
克拉玛依市	Karamay	15226	441		444500
吐鲁番市	Turpan	110500		9924600	875300
哈密市	Hami	4189	19	7287700	204200

(四)科技创新
Scientific and Technological Innovation

2-22 科技创新情况(全市)
Scientific and Technological Innovation (Total City)

城　　市	City	R&D人员 (人) R&D Personnel (Person)	R&D内部经费支出 (万元) R&D Internal Outlay (10 000 yuan)	专利申请数 (件) Number of Patent Applications (piece)	专利授权数 (件) Number of Patent Authorizations (piece)	发明 (件) Invention (piece)
北京市	**Beijing**	**397281**	**15796512**	**185928**	**106948**	**46091**
天津市	**Tianjin**	**165638**	**4587227**	**86996**	**41675**	**5844**
河北省	**Hebei**					
石家庄市	Shijiazhuang	51536	1282442	12966	7501	1351
唐山市	Tangshan	22393	779860	6712	3677	640
秦皇岛市	Qinhuangdao	9680	177740	4833	3021	543
邯郸市	Handan	9802	284351	4896	2435	345
邢台市	Xingtai	9771	220658	4932	2828	175
保定市	Baoding	31562	753649	9386	5506	867
张家口市	Zhangjiakou	3553	63007	1717	985	105
承德市	Chengde	3943	92017	1470	774	82
沧州市	Cangzhou	10699	232391	5016	3041	224
廊坊市	Langfang	18268	40721	6293	3494	432
衡水市	Hengshui	5282	113855	3082	2086	163
山西省	**Shanxi**					
太原市	Taiyuan	12856	420913	8971	5503	1714
大同市	Datong	7072	93751	1440	849	88
阳泉市	Yangquan	4139	35227	1107	360	18
长治市	Changzhi	5861	178179	1147	627	84
晋城市	Jincheng	7233	120893	987	427	72
朔州市	Shuozhou					
晋中市	Jinzhong	2831	56437	1832	978	108
运城市	Yuncheng	5563	110289	1926	1037	108
忻州市	Xinzhou			681	341	49
临汾市	Linfen	2333	46625			
吕梁市	Lvliang	1136	25054	749	422	179
内蒙古自治区	**Inner Mongolia**					
呼和浩特市	Hohhot	12579	331357	3653	1889	292
包头市	Baotou	19860	451833	2511	1464	283
乌海市	Wuhai	945	39085	267	141	14
赤峰市	Chifeng	2386	43956	921	467	55
通辽市	Tongliao	1082	18434	129	46	8
鄂尔多斯市	Erdos	6520	339389	1524	868	80
呼伦贝尔市	Hulunbuir	544	9766	586	302	32
巴彦淖尔市	Bayannur	308	4042	482	245	21
乌兰察布市	Ulanqab	799	5076	89	38	
辽宁省	**Liaoning**					
沈阳市	Shenyang	52527	1401044	20879	9891	3373
大连市	Dalian	51666	1641843	13784	7768	2604
鞍山市	Anshan	7103	221975	1702	1882	503
抚顺市	Fushun	3890	75168	1342	730	145
本溪市	Benxi	3689	132580	698	402	51
丹东市	Dandong	3121	45702	1113	743	150
锦州市	Jinzhou	5403	129886	1751	1274	262
营口市	Yingkou	4034	147727	1250	618	457
阜新市	Fuxin	2109	27437	933	467	147
辽阳市	Liaoyang	2627	101612	1006	527	74

2-22 续表 1 continued 1

城　　市	City	R&D人员（人）R&D Personnel (Person)	R&D内部经费支出（万元）R&D Internal Outlay (10 000 yuan)	专利申请数（件）Number of Patent Applications (piece)	专利授权数（件）Number of Patent Authorizations (piece)	发明（件）Invention (piece)
盘锦市	Panjin	4904	229975	1445	656	71
铁岭市	Tieling	1344	14630	231	419	56
朝阳市	Chaoyang	1445	58662	700	412	54
葫芦岛市	Huludao	2540	70585	260	19	1
吉林省	**Jilin**					
长春市	Changchun	63765	938412	14995	8190	2607
吉林市	Jilin	8654	235039	2124	1155	217
四平市	Siping	1992	16834	855	334	48
辽源市	Liaoyuan	1146	11019	268	161	6
通化市	Tonghua	2650	39211	496	260	47
白山市	Baishan	447	6263	258	128	40
松原市	Songyuan	1417	9785	388	265	19
白城市	Baicheng	639	5651	318	184	25
黑龙江省	**Heilongjiang**					
哈尔滨市	Harbin	43416	966979	21314	12115	4275
齐齐哈尔市	Qiqihar	3161	53411	278	278	141
鸡西市	Jixi	93	1447	440	238	14
鹤岗市	Hegang	29	775	215	125	9
双鸭山市	Shuangyashan	683	21533	29	8	6
大庆市	Daqing			2286	1639	285
伊春市	Yichun	531	23668	198	139	10
佳木斯市	Jiamusi	571	5588	1258	744	205
七台河市	Qitaihe	537	27089	164	131	22
牡丹江市	Mudanjiang	2156	21350	977	489	61
黑河市	Heihe	14	297	4		
绥化市	Suihua	702	7510	56	520	19
上海市	**Shanghai**	**262299**	**12052052**	**131740**	**72806**	**20681**
江苏省	**Jiangsu**					
南京市	Nanjing	82812	2346269	75406	32073	10723
无锡市	Wuxi	87174	2969989	52252	28926	4825
徐州市	Xuzhou	33797		18548	10523	1792
常州市	Changzhou			33973	16423	2830
苏州市	Suzhou	158945	3934301	113694	53223	11618
南通市	Nantong	55791	1872424	54742	19057	2630
连云港市	Lianyungang			9134	6311	500
淮安市	Huai'an			16777	7331	358
盐城市	Yancheng	34332	1006397	31146	10017	1390
扬州市	Yangzhou	33793		32638	14214	996
镇江市	Zhenjiang	31414	904562	33539	14825	2693
泰州市	Taizhou	30711	1119764	31476	9924	956
宿迁市	Suqian	13326	375290	11126	4368	213
浙江省	**Zhejiang**					
杭州市	Hangzhou	102597	3968200	75709	42227	9872
宁波市	Ningbo	83200	2419100	62104	36993	5382
温州市	Wenzhou	55534	1055100	46000	29511	2758
嘉兴市	Jiaxing	45970	1205318	33029	18244	1850
湖州市	Huzhou	24168	655700	28808	12025	2190

2-22 续表 2 continued 2

城市	City	R&D人员(人) R&D Personnel (Person)	R&D内部经费支出(万元) R&D Internal Outlay (10 000 yuan)	专利申请数(件) Number of Patent Applications (piece)	专利授权数(件) Number of Patent Authorizations (piece)	发明(件) Invention (piece)
绍兴市	Shaoxing	46724	1194690	51107	25741	2118
金华市	Jinhua	33272	603699	28852	17444	1285
衢州市	Quzhou	8349	176224	8241	4146	493
舟山市	Zhoushan	4766	125598	3649	1920	501
台州市	Taizhou	38424	711978	28071	19143	1844
丽水市	Lishui	7381	153431	10887	5697	333
安徽省	**Anhui**					
合肥市	Hefei	85153	2268601	61340	21469	4917
芜湖市	Wuhu	29116	853348	28911	8910	2507
蚌埠市	Bengbu	11575	263059	7614	2190	548
淮南市	Huainan	5715	141813	5381	2358	395
马鞍山市	Maanshan	10964	389841	10116	4049	970
淮北市	Huaibei	7631	119404	3181	970	192
铜陵市	Tongling	10719	278163	2721	1040	213
安庆市	Anqing	7091	137953	8163	2499	387
黄山市	Huangshan	4426	70618	1303	829	173
滁州市	Chuzhou	9109	263728	10083	3131	611
阜阳市	Fuyang	4900	102000	10336	2396	243
宿州市	Suzhou	2983	72826	3061	882	183
六安市	Lu'an	5482	96603	10768	2645	217
亳州市	Bozhou	3378	61325	3750	1310	275
池州市	Chizhou	2207	63895	4286	1562	98
宣城市	Xuancheng	8965	195043	4857	1973	511
福建省	**Fujian**					
福州市	Fuzhou	62160	1549977	25580	11266	2725
厦门市	Xiamen	56704	1423882	24599	14678	2333
莆田市	Putian	7298	237817	3533	1894	164
三明市	Sanming	6310	206761	4294	2765	141
泉州市	Quanzhou	31614	814179	47179	25525	2483
漳州市	Zhangzhou	18971	446800	9958	4904	249
南平市	Nanping	6359	168017	2238	1489	167
龙岩市	Longyan	9368	324106	6601	3457	223
宁德市	Ningde	8832	259342	3333	2110	227
江西省	**Jiangxi**					
南昌市	Nanchang	18767	567827	18424	8241	1084
景德镇市	Jingdezhen	4579	146210	405	189	85
萍乡市	Pingxiang	2485	78064	3252	1875	82
九江市	Jiujiang	6678	187000	6200	3006	114
新余市	Xinyu	4996	148529	2210	942	71
鹰潭市	Yingtan	4496	325672	1222	759	84
赣州市	Ganzhou	6590	267814	14706	5934	287
吉安市	Ji'an	6815	101401	4858	2922	115
宜春市	Yichun	8381	213989	5335	2718	159
抚州市	Fuzhou	3294	101035	5616	2819	104
上饶市	Shangrao	5385	143679	4601	2484	62
山东省	**Shandong**					
济南市	Jinan	84762	1851539	30737	17330	5043

2-22 续表 3 continued 3

城 市	City	R&D人员(人) R&D Personnel (Person)	R&D内部经费支出(万元) R&D Internal Outlay (10 000 yuan)	专利申请数(件) Number of Patent Applications (piece)	专利授权数(件) Number of Patent Authorizations (piece)	发明(件) Invention (piece)
青岛市	Qingdao	79895	3070935	54331	23870	5939
淄博市	Zibo	34909	1174947	12284	5163	1063
枣庄市	Zaozhuang	11601	396472	5120	2257	277
东营市	Dongying	15264	917155	5058	2385	419
烟台市	Yantai	43934	1895956	11986	6152	1238
潍坊市	Weifang	38837	1532499	19086	9914	1278
济宁市	Jining	23476	990395	12726	6764	563
泰安市	Tai'an	26519	899876	6579	3251	425
威海市	Weihai	24088	889397	8326	3870	552
日照市	Rizhao	10428	336569	2764	1549	213
莱芜市	Laiwu	7409	229974	2970	1863	295
临沂市	Linyi	26060	1004505	9410	4746	569
德州市	Dezhou	15108	513970	5460	2893	308
聊城市	Liaocheng	16160	661197	5957	2959	375
滨州市	Binzhou	19992	683562	5541	2736	310
菏泽市	Heze	11527	389837	6527	2299	223
河南省	**Henan**					
郑州市	Zhengzhou	82182	1588272	50544	21249	8954
开封市	Kaifeng	9060	199784	2132	1237	185
洛阳市	Luoyang	32779	863837	10724	5692	1598
平顶山市	Pingdingshan	12895	253104	3350	1719	988
安阳市	Anyang	9289	186476	2881	1516	181
鹤壁市	Hebi	3158	45206	1028	526	65
新乡市	Xinxiang	22389	480318	8995	4265	642
焦作市	Jiaozuo	16335	389431	4610	2642	451
濮阳市	Puyang	6275	150622	1769	1124	327
许昌市	Xuchang	16202	485270	12472	4594	377
漯河市	Luohe	4455	111045	1854	1270	391
三门峡市	Sanmenxia	5288	116146	898	485	72
南阳市	Nanyang	17117	329620	6129	3111	415
商丘市	Shangqiu	9488	150309	3003	1708	80
信阳市	Xinyang	4318	84889	2241	1325	112
周口市	Zhoukou	5360	104950	2201	1244	83
驻马店市	Zhumadian	5675	100373	2450	1375	77
湖北省	**Hubei**					
武汉市	Wuhan			49726	25528	8444
黄石市	Huangshi	9879	271944	4999	1409	144
十堰市	Shiyan	9703	252111	4056	1624	106
宜昌市	Yichang	19812	542600	11349	4271	666
襄阳市	Xiangyang	23767	764207	9936	2602	380
鄂州市	Ezhou	3021	107488	1514	421	41
荆门市	Jingmen	12697	325441	3899	1388	178
孝感市	Xiaogan	15614	306601	5929	2196	293
荆州市	Jingzhou	6330	146090	4387	2014	272
黄冈市	Huanggang	6821	154799	3788	1496	122
咸宁市	Xianning	9890	59500	3307	1386	64
随州市	Suizhou	2042	51081	1680	577	39

2-22 续表 4 continued 4

城　市	City	R&D人员（人） R&D Personnel (Person)	R&D内部经费支出（万元） R&D Internal Outlay (10 000 yuan)	专利申请数（件） Number of Patent Applications (piece)	专利授权数（件） Number of Patent Authorizations (piece)	发明（件） Invention (piece)
湖南省	**Hunan**					
长沙市	Changsha	100462	2479808	37050	17170	4873
株洲市	Zhuzhou	17802	524086	7476	3728	919
湘潭市	Xiangtan	14718	381386	4523	2315	577
衡阳市	Hengyang	9404	301167	5087	2666	331
邵阳市	Shaoyang	6136	187926	3202	1766	86
岳阳市	Yueyang	13657	572310	2801	1782	215
常德市	Changde	9287	354794	3557	1592	164
张家界市	Zhangjiajie	821	15938	697	348	34
益阳市	Yiyang	7092	189201	3405	1551	160
郴州市	Chenzhou	7994	251214	2572	1216	194
永州市	Yongzhou	3267	131000	2810	1246	97
怀化市	Huaihua	3628	123174	1820	886	67
娄底市	Loudi	2099	159144	1871	1143	106
广东省	**Guangdong**					
广州市	Guangzhou	128568	3415528	118332	60201	9345
韶关市	Shaoguan	6692	145406	3551	1786	141
深圳市	Shenzhen	281369	9769377	177103	94250	18926
珠海市	Zhuhai	27759	671525	20737	12544	2479
汕头市	Shantou	11581	193146	14463	9593	384
佛山市	Foshan	96072	2160172	73948	36767	4901
江门市	Jiangmen	24461	514319	17966	8577	589
湛江市	Zhanjiang			6861	3006	195
茂名市	Maoming	7822	177681	6629	1867	114
肇庆市	Zhaoqing			5341	2332	188
惠州市	Huizhou	45917	839795	30448	11706	1469
梅州市	Meizhou	3265	31602	2562	1671	97
汕尾市	Shanwei	2853	62461	2407	903	26
河源市	Heyuan			3693	1866	66
阳江市	Yangjiang	2151	101043	3265	2179	32
清远市	Qingyuan	5117	70723	4174	1906	137
东莞市	Dongguan	82130	18814187	81275	45204	4969
中山市	Zhongshan	45775	774170	42168	27444	1493
潮州市	Chaozhou	4161	63965	5688	4227	94
揭阳市	Jieyang	6090	133302	5188	3932	65
云浮市	Yunfu	1541	26482	1884	891	30
广西壮族自治区	**Guangxi**					
南宁市	Nanning	25646	477249	3985	1358	818
柳州市	Liuzhou	28954	728145	7565	2154	899
桂林市	Guilin	13632	165841	9750	2421	785
梧州市	Wuzhou	2735	20231	2093	595	154
北海市	Beihai	270	40728	1725	415	189
防城港市	Fangchenggang	1178	76780	1012	127	22
钦州市	Qinzhou	2242	22836	342	108	11
贵港市	Guigang	594	11289	2217	659	58

2-22 续表 5 continued 5

城 市	City	R&D人员(人) R&D Personnel (Person)	R&D内部经费支出(万元) R&D Internal Outlay (10 000 yuan)	专利申请数(件) Number of Patent Applications (piece)	专利授权数(件) Number of Patent Authorizations (piece)	发明(件) Invention (piece)
玉林市	Yulin	762	1633	816	298	58
百色市	Baise	1898	23119	310	87	11
贺州市	Hezhou	294	4901	1808	391	43
河池市	Hechi	1116	21922	1988	393	81
来宾市	Laibin	587	5754	908	304	67
崇左市	Chongzuo	1180	16079	131	64	12
海南省	**Hainan**					
海口市	Haikou	9848	122590	3193	1451	257
三亚市	Sanya	1663	51862	275	129	36
三沙市	Sansha					
儋州市	Danzhou	1997	44558	229	112	
重庆市	**Chongqing**	**131977**	**3646308**	**64648**	**34780**	**6138**
四川省	**Sichuan**					
成都市	Chengdu	135137	3312620	113956	41088	7990
自贡市	Zigong	5944	96980	2469	1141	196
攀枝花市	Panzhihua	4120	113953	2797	1304	413
泸州市	Luzhou	5705	97045	3217	1451	94
德阳市	Deyang	14532	528337	7282	3211	331
绵阳市	Mianyang	34355	1355883	10889	4749	1277
广元市	Guangyuan	2157	33634	1673	841	54
遂宁市	Suining	2660	57886	2232	1003	122
内江市	Neijiang			2343	731	323
乐山市	Leshan	5133	128399	2498	1197	128
南充市	Nanchong	3130	87424	2791	895	52
眉山市	Meishan	3686	149242	1729	604	129
宜宾市	Yibin	9050	218720	3267	1728	229
广安市	Guang'an	1260	22700	2152	546	20
达州市	Dazhou	3805	576204	2219	1032	55
雅安市	Ya'an	2634	56901	1678	553	75
巴中市	Bazhong	554	14555	1248	323	22
资阳市	Ziyang	1018	16002	1096	437	78
贵州省	**Guizhou**					
贵阳市	Guiyang		475527	14118	5641	1072
六盘水市	Liupanshui	2735	43876	421	277	14
遵义市	Zunyi	6894	112432	6056	1892	349
安顺市	Anshun	1939	36726	2129	590	100
毕节市	Bijie	1635	34434	1129	420	31
铜仁市	Tongren			1758	609	84
云南省	**Yunnan**					
昆明市	Kunming	13269	351978	16925	8217	1756
曲靖市	Qujing	6992	171047	1952	1082	85
玉溪市	Yuxi	3332	90882	1819	1003	110
保山市	Baoshan	1330	24465	518	229	20
昭通市	Zhaotong	187	3030	499	205	19
丽江市	Lijiang	1204	14662	457	256	14
普洱市	Pu'er	1401	23479	543	354	23
临沧市	Lincang	1047	23382	429	213	17

2-22 续表 6 continued 6

城 市	City	R&D人员(人) R&D Personnel (Person)	R&D内部经费支出(万元) R&D Internal Outlay (10 000 yuan)	专利申请数(件) Number of Patent Applications (piece)	专利授权数(件) Number of Patent Authorizations (piece)	发明(件) Invention (piece)
西藏自治区	**Tibet**					
拉萨市	Lasa	219	2475	18		
日喀则市	Xigaze	366				
昌都市	Qamdo	100	113	30	22	
林芝市	Linzhi	1600	305	13	10	
山南市	Shannan	28	95			
那曲市	Naqu	1811	1843			
陕西省	**Shaanxi**					
西安市	Xi'an	107874	3601731	81110	25042	7902
铜川市	Tongchuan	375	8712	301	172	8
宝鸡市	Baoji	10556	288074	3478	1951	246
咸阳市	Xianyang	5185	91416	3166	1788	150
渭南市	Weinan	8405	198630	2087	824	152
延安市	Yan'an	775	84140	1092	514	179
汉中市	Hanzhong	4333	105304	2118	1257	811
榆林市	Yulin	1346	74004	2539	952	763
安康市	Ankang	1468	24800	787	541	172
商洛市	Shangluo	5026	18985	1583	798	21
甘肃省	**Gansu**					
兰州市	Lanzhou	22742	469071	7793	4244	907
嘉峪关市	Jiayuguan	178	104221	458	6	1
金昌市	Jinchang	2305	95849	781	408	58
白银市	Baiyin	1655	43476	1052	394	48
天水市	Tianshui	3622	43022	2251	503	42
武威市	Wuwei	2075	22311	601	109	2
张掖市	Zhangye	1699	47090	3506	832	194
平凉市	Pingliang	179	2048	794	273	79
酒泉市	Jiuquan	776	11724	245	15	
庆阳市	Qingyang	1940	9484	2418	490	20
定西市	Dingxi	674	8348	878	253	40
陇南市	Longnan	195	1363	110	130	6
青海省	**Qinghai**					
西宁市	Xining			2442	1187	272
海东市	Haidong	30	321	152	93	59
宁夏回族自治区	**Ningxia**					
银川市	Yinchuan	12471	251046	4372	2105	457
石嘴山市	Shizuishan	2293	44500	2287	267	13
吴忠市	Wuzhong	1195	44500	1141	511	51
固原市	Guyuan	309	5482	371	73	6
中卫市	Zhongwei	753	31383	403	167	163
新疆维吾尔自治区	**Xinjiang**					
乌鲁木齐市	Urumqi	13699	227620	6080	3571	504
克拉玛依市	Karamay	1189	4126	835	411	76
吐鲁番市	Turpan	686	12112	35		
哈密市	Hami	177	2217	533	267	14

（五）人民生活
People's Livelihood

2-23 劳动力就业状况
Labour Force and Employment

单位：人 (person)

城市	City	城镇单位从业人员期末人数 Persons Employed in Urban Units at Year-end		城镇私营和个体从业人员 Persons Employed in Private Enterprises and Self-Employed Individuals in Urban Areas		城镇登记失业人员数 Registered Unemployed Persons in Urban Areas	
		全市 Total City	市辖区 Districts under City	全市 Total City	市辖区 Districts under City	全市 Total City	市辖区 Districts under City
北京市	**Beijing**	**8128589**	**8128589**	**3533000**	**3533000**	**81000**	**81000**
天津市	**Tianjin**	**2694780**	**2694780**	**3364700**	**3364700**	**260025**	**260025**
河北省	**Hebei**						
石家庄市	Shijiazhuang	916116	661444	1930987	1024903	51008	42637
唐山市	Tangshan	761383	541897	458855	327026	44246	15197
秦皇岛市	Qinhuangdao	292848	238966	315361	266689	23529	19683
邯郸市	Handan	601286	360310	679330	371112	61551	6744
邢台市	Xingtai	350056	140062	562372	76224	19427	4091
保定市	Baoding	743811	401624	570674	149343	43820	12300
张家口市	Zhangjiakou	318224	177757	357597	189347	36879	13170
承德市	Chengde	266006	134503	263418	59947	22761	9171
沧州市	Cangzhou	434901	160589	591034	44775	23203	5660
廊坊市	Langfang	960827	356953	622056	108232	10476	3473
衡水市	Hengshui	227921	102398	345490	133518	23284	4352
山西省	**Shanxi**						
太原市	Taiyuan	1044066	983940	891828	891828	50888	40272
大同市	Datong	397536	324769	395965		41714	30793
阳泉市	Yangquan	254151	191576	188117	119234	8141	4465
长治市	Changzhi	429955	144915	360513	55924	14435	1406
晋城市	Jincheng	356698	170944	203279	90899	6176	3924
朔州市	Shuozhou	185965	106013	307420	114814	5040	2874
晋中市	Jinzhong	351763	121117	483183	284801	12696	5374
运城市	Yuncheng	342450	79384	343649		12057	1709
忻州市	Xinzhou	239652	74686				
临汾市	Linfen	364550	87914	300045	91352	18722	3147
吕梁市	Lvliang	340016	58643			11780	8177
内蒙古自治区	**Inner Mongolia**						
呼和浩特市	Hohhot	402323	315753			41697	
包头市	Baotou	359713	330624	966549		55240	55240
乌海市	Wuhai	82941	82941	256000	256000	8625	8625
赤峰市	Chifeng	314015	139583	494908	153487	27414	10866
通辽市	Tongliao	264110	103492	382148	103260	17466	6149
鄂尔多斯市	Erdos	319390	99055	557433	198785	21952	7346
呼伦贝尔市	Hulunbuir	345999	86556	371397	108856	17524	2151
巴彦淖尔市	Bayannur	140051	66258	282465	71701	13976	4328
乌兰察布市	Ulanqab	159780	63456	262986	95993	7129	1547
辽宁省	**Liaoning**						
沈阳市	Shenyang	1210682	1157877	1794519		102240	91991
大连市	Dalian	972937	878225	1426236		60852	51529
鞍山市	Anshan	417936	302484	249198	222962	31223	23914
抚顺市	Fushun	237029	202044	258119		21283	16993
本溪市	Benxi	218339	180611	280807	199502	23152	19501
丹东市	Dandong	196639	111099	201437		19820	7579
锦州市	Jinzhou	241390	167246			25619	16101
营口市	Yingkou	251853	198631	530874	348641	18896	8879
阜新市	Fuxin	151617	108488	223762	201124	19169	16016
辽阳市	Liaoyang	168824	138062	167209	128858	16512	13610

2-23 续表 1 continued 1

单位：人 (person)

城市	City	城镇单位从业人员期末人数 Persons Employed in Urban Units at Year-end		城镇私营和个体从业人员 Persons Employed in Private Enterprises and Self-Employed Individuals in Urban Areas		城镇登记失业人员数 Registered Unemployed Persons in Urban Areas	
		全市 Total City	市辖区 Districts under City	全市 Total City	市辖区 Districts under City	全市 Total City	市辖区 Districts under City
盘锦市	Panjin	416888	355083	170314	142728	16634	14911
铁岭市	Tieling	222443	56832	372404		21609	4622
朝阳市	Chaoyang	230903	89596	296856	89474	22047	12661
葫芦岛市	Huludao	201495	125691	241002		26989	
吉林省	**Jilin**						
长春市	Changchun	1254258	1122439	1512512	1330261	70970	55558
吉林市	Jilin	372286	251529	930407	551773	48691	24435
四平市	Siping	183024	78220	349550	184032	13945	2693
辽源市	Liaoyuan	131923	98287	239881	108379	12831	6737
通化市	Tonghua	191440	74487	282141	122867	8472	1999
白山市	Baishan	166661	91508	182232	82518	12431	6984
松原市	Songyuan	245339	110752	588250	276236	13130	5561
白城市	Baicheng	200241	95099	277562	102601	12355	4143
黑龙江省	**Heilongjiang**						
哈尔滨市	Harbin	1280195	1080732	1304852	1060855	88206	73401
齐齐哈尔市	Qiqihar	365101	242067			45189	
鸡西市	Jixi	215311	97054	205939		15503	10223
鹤岗市	Hegang	185299	85655			17218	13803
双鸭山市	Shuangyashan	137212	85526			15439	7082
大庆市	Daqing	507948	448292			42850	39057
伊春市	Yichun	164885	125132	107082	76489	21311	18785
佳木斯市	Jiamusi	160920	78120	257133	129224	23229	13235
七台河市	Qitaihe	88453	74098			10028	8032
牡丹江市	Mudanjiang	217625	89942			28197	18192
黑河市	Heihe	118216	32269			9926	2611
绥化市	Suihua	247523	26000	394455	19485	22321	1752
上海市	**Shanghai**	**6323090**	**6323090**	**7144000**	**7144000**	**220600**	**220600**
江苏省	**Jiangsu**						
南京市	Nanjing	2044900	2044900	4848761	4848761	63231	63231
无锡市	Wuxi	1130850	750541	2879107	1797574	39169	28600
徐州市	Xuzhou	977418	503215	1575154	860475	30375	13254
常州市	Changzhou	688780	632173	2318476	2056809	32409	28004
苏州市	Suzhou	2909719	1507671	5003535	4676597	38816	20585
南通市	Nantong	2097413	749050	1274362	723007	36149	17958
连云港市	Lianyungang	456562	307303	644055	452152	11746	7339
淮安市	Huai'an	645330	470419	967817	646659	19666	14557
盐城市	Yancheng	833912	357242	1259756	712667	17895	7504
扬州市	Yangzhou	981300	688268	1473360	994063	23830	14482
镇江市	Zhenjiang	430604	203166	1063315	460439	13932	6327
泰州市	Taizhou	1140307	576968	1270536	641946	15553	7168
宿迁市	Suqian	467950	246285	1056985		11300	4896
浙江省	**Zhejiang**						
杭州市	Hangzhou	2870218	2741717	2052584	1891812	37637	33687
宁波市	Ningbo	1612816	1005682	3488366		67189	46436
温州市	Wenzhou	1191095	432655	2698010	1452655	31540	11582
嘉兴市	Jiaxing	791343	281874	1111213	374941	26863	9488
湖州市	Huzhou	503797	271636	887034	530081	14925	9110

2-23 续表 2 continued 2

单位：人 (person)

城 市	City	城镇单位从业人员期末人数 Persons Employed in Urban Units at Year-end		城镇私营和个体从业人员 Persons Employed in Private Enterprises and Self-Employed Individuals in Urban Areas		城镇登记失业人员数 Registered Unemployed Persons in Urban Areas	
		全 市 Total City	市辖区 Districts under City	全 市 Total City	市辖区 Districts under City	全 市 Total City	市辖区 Districts under City
绍兴市	Shaoxing	1202466	818429	1425458	705938	37498	21926
金华市	Jinhua	764906	164514	3151966	279875	23639	5957
衢州市	Quzhou	204470	117848	522664	277916	13662	6437
舟山市	Zhoushan	183781	147335	248933	199051	11453	6211
台州市	Taizhou	1012319	415689	1203013	476868	25435	12750
丽水市	Lishui	190208	64922	470184	125949	8724	5108
安徽省	**Anhui**						
合肥市	Hefei	1513899	1211362	1975962	1683698	291727	
芜湖市	Wuhu	447443	334441	638441	309702	16494	9837
蚌埠市	Bengbu	257380	191696	176196	79594	18091	13407
淮南市	Huainan	293118	206529	327037	144839	23659	21862
马鞍山市	Maanshan	220779	155986	390425	190349	24823	
淮北市	Huaibei	215591	171648	460997	278655	16395	15642
铜陵市	Tongling	170911	146370	269252	205476	9402	9151
安庆市	Anqing	330556	142704			11172	
黄山市	Huangshan	112563	69007	285348	168725	5669	2923
滁州市	Chuzhou	238704	98267	718437	132902	10065	2942
阜阳市	Fuyang	344839	169824	1282059	461500	5505	1282
宿州市	Suzhou	3804000		410000		11488	4844
六安市	Lu'an	1179409	101459	263909		8968	
亳州市	Bozhou	239245	96537	508204		4936	
池州市	Chizhou	105011	62664	304067	150545	5752	4196
宣城市	Xuancheng	171798	47504	707282		8841	1048
福建省	**Fujian**						
福州市	Fuzhou	1587716	1077799	1690081	1315755	34191	24230
厦门市	Xiamen	1459940	1459940	2326655	2326655	30700	30700
莆田市	Putian	541410	445264	848551	556448	8401	6252
三明市	Sanming	243536	83369	543807	162821	10227	2862
泉州市	Quanzhou	1399105	366300	1542272	564125	22217	15396
漳州市	Zhangzhou	567033	173082	602310	205976	12771	4138
南平市	Nanping	254527	105343	539193	111880	20632	8373
龙岩市	Longyan	316217	130619	359622	199697	17143	8865
宁德市	Ningde	317039	123847	743437	174419	12461	2068
江西省	**Jiangxi**						
南昌市	Nanchang	1209457	1012978	1338775		62993	57454
景德镇市	Jingdezhen	189744	146800	255252		16792	
萍乡市	Pingxiang	188495	141556	429120	253932	9600	8640
九江市	Jiujiang	444135	158540	671915	282519	19560	5862
新余市	Xinyu	135438	112046	164861	134650	13896	13554
鹰潭市	Yingtan	160415	55099	218447	159928	9545	3277
赣州市	Ganzhou	565691	219130	1182499	456290	29247	8353
吉安市	Ji'an	380972	85000	348300	78516	25667	5128
宜春市	Yichun	461940	87105	897979	133289	28549	1964
抚州市	Fuzhou	358035	155236	681423	113486	13180	671
上饶市	Shangrao	433024	129517	751007	155964	45291	16614
山东省	**Shandong**						
济南市	Jinan	1312092	1182743	2207971	1766377	32250	

2-23 续表 3 continued 3

单位：人 (person)

城市	City	城镇单位从业人员期末人数 Persons Employed in Urban Units at Year-end		城镇私营和个体从业人员 Persons Employed in Private Enterprises and Self-Employed Individuals in Urban Areas		城镇登记失业人员数 Registered Unemployed Persons in Urban Areas	
		全市 Total City	市辖区 Districts under City	全市 Total City	市辖区 Districts under City	全市 Total City	市辖区 Districts under City
青岛市	Qingdao	1458789	1161324	4397473		78499	68957
淄博市	Zibo	808699	529007	453540	394657	34101	28782
枣庄市	Zaozhuang	427472	267674	443311	275632	19416	11895
东营市	Dongying	399552	324908	224919	191428	12814	10940
烟台市	Yantai	998001	521097	1092639	695761	55195	23459
潍坊市	Weifang	839055	344680	6296321	471776	39296	16349
济宁市	Jining	823694	352512	458210	141511	33458	17507
泰安市	Tai'an	672424	254329	450401	301851	25010	9476
威海市	Weihai	575072	386292	330686	236133	10338	7013
日照市	Rizhao	315535	202748	152306	129050	12525	10260
莱芜市	Laiwu	165117	165117	133557	133557	6954	6954
临沂市	Linyi	878597	404631	944878	304791	27020	10458
德州市	Dezhou	546271	193055	308559	118958	17494	4932
聊城市	Liaocheng	470138	174343	271633	116914	24732	10019
滨州市	Binzhou	468966	162185	368109	220045	11516	4986
菏泽市	Heze	525091	213504	529746	238850	17100	4218
河南省	**Henan**						
郑州市	Zhengzhou	2075551	1539158	1737325	1106778	60851	35245
开封市	Kaifeng	521432	204917	574429		27077	
洛阳市	Luoyang	730389	389054	983231	451509	48766	24238
平顶山市	Pingdingshan	542946	293886	327683	119873	21790	
安阳市	Anyang	525677	206970	618340	323675	28469	17806
鹤壁市	Hebi	225102	140962	216753	111327	1297	332
新乡市	Xinxiang	609881	191472	800063	247803	42920	20739
焦作市	Jiaozuo	540092	209985	315798	188647	23766	16742
濮阳市	Puyang	412237	216717	411932	214245	15236	9515
许昌市	Xuchang	477984	200026	517130	184924	30189	10476
漯河市	Luohe	361200	226970	222432	142141	7772	
三门峡市	Sanmenxia	232184	88157	237000	71249	7956	3879
南阳市	Nanyang	894108	218782	843857	284538	36070	14046
商丘市	Shangqiu	823061	245087	703641	199498	25686	10709
信阳市	Xinyang	619483	208130	438917	125423	6879	2679
周口市	Zhoukou	690657	122509	660367	74330	29281	4762
驻马店市	Zhumadian	746648	211368	694046	204888	12675	3561
湖北省	**Hubei**						
武汉市	Wuhan	2199031	2199031	2284000	2284000	125500	125500
黄石市	Huangshi	307260	159364	690340	463961	23455	11092
十堰市	Shiyan	679518	479876	507093	393785	32284	24585
宜昌市	Yichang	876621	356441	988134	419061	25858	14185
襄阳市	Xiangyang	1014964	377435	420096	193632	33961	19724
鄂州市	Ezhou	221615	221615	114577	114577	7994	7994
荆门市	Jingmen	396900	166023	387202	54661	15388	8320
孝感市	Xiaogan	834151	282300	1493885	130780	26693	2593
荆州市	Jingzhou	409730	179703	1314900	450100	33639	17628
黄冈市	Huanggang	783152	128749	270299	51550	14641	843
咸宁市	Xianning	225125	89458	290358	60076	10676	3986
随州市	Suizhou	144607	86103	625107	239996	4612	1287

2-23 续表 4 continued 4

单位：人 (person)

城 市	City	城镇单位从业人员期末人数 Persons Employed in Urban Units at Year-end		城镇私营和个体从业人员 Persons Employed in Private Enterprises and Self-Employed Individuals in Urban Areas		城镇登记失业人员数 Registered Unemployed Persons in Urban Areas	
		全 市 Total City	市辖区 Districts under City	全 市 Total City	市辖区 Districts under City	全 市 Total City	市辖区 Districts under City
湖南省	**Hunan**						
长沙市	Changsha	1233178	847711	1523200	1114700	38988	26512
株洲市	Zhuzhou	443686	255493	735264	418562	23782	13969
湘潭市	Xiangtan	333070	199632	162743	106678	19829	16343
衡阳市	Hengyang	521130	205089	1059833	444018	44695	14889
邵阳市	Shaoyang	374769	126677	922600	209800	27956	7168
岳阳市	Yueyang	430035	186427	861780	318985	41624	13586
常德市	Changde	423513	187000	1071055	456697	27255	10868
张家界市	Zhangjiajie	87819	48347	119759	63173	5709	3276
益阳市	Yiyang	267731	143001	319312	125322	16058	7865
郴州市	Chenzhou	363130	157891	681000	286400	37489	15999
永州市	Yongzhou	335331	106954	286523	110950	28354	12028
怀化市	Huaihua	251440	67470	498845	110581	35722	10229
娄底市	Loudi	293059	120649	269100	98200	21723	7024
广东省	**Guangdong**						
广州市	Guangzhou	3291696	3291696	4086460	4086460	209608	209608
韶关市	Shaoguan	319991	180479	307270	162104	13800	1930
深圳市	Shenzhen	4637941	4637941	4773517	4773517	41370	41370
珠海市	Zhuhai	761979	761979	309966	309966	10972	10972
汕头市	Shantou	596239	591501			18369	18369
佛山市	Foshan	1651618	1651618	1405723	1405723	23127	23127
江门市	Jiangmen	567127	321139	896303	496625	62693	32087
湛江市	Zhanjiang	508659	230591	665746	424515	21434	11122
茂名市	Maoming	493582	261351	439501	268200	27879	10837
肇庆市	Zhaoqing	392871	252770	645490	332636	12248	6204
惠州市	Huizhou	987638	736442	1233472	608777	23125	16131
梅州市	Meizhou	291302	115584	177995	108158	14062	6123
汕尾市	Shanwei	204021	81458	397953	292197	13196	2093
河源市	Heyuan	281032	144792	381626		9135	
阳江市	Yangjiang	237408	136746	287629	179499	12930	7276
清远市	Qingyuan	328986	200696	394366	212872	13894	7527
东莞市	Dongguan	2423988		3941144		13687	
中山市	Zhongshan	778995		1031086		10562	
潮州市	Chaozhou	185440	155018	162602	147459	8034	3751
揭阳市	Jieyang	378608	149831	640075	239786	8845	4226
云浮市	Yunfu	194325	64719	347032	153811	5781	1298
广西壮族自治区	**Guangxi**						
南宁市	Nanning	987743	874426	1353262	744838	28366	23325
柳州市	Liuzhou	600093	519916	757934	534120	23097	16230
桂林市	Guilin	419575	266389	107707	53970	20726	3662
梧州市	Wuzhou	213193	112757	269277	109875	9080	4732
北海市	Beihai	143904	107507	403407	325992	4519	3265
防城港市	Fangchenggang	83188	57808	124074	74747	2419	1880
钦州市	Qinzhou	207263	133278	70207	43427	9191	1559
贵港市	Guigang	186051	90109	513548	243290	5631	1457

2-23 续表 5 continued 5

单位：人 (person)

城 市	City	城镇单位从业人员期末人数 Persons Employed in Urban Units at Year-end		城镇私营和个体从业人员 Persons Employed in Private Enterprises and Self-Employed Individuals in Urban Areas		城镇登记失业人员数 Registered Unemployed Persons in Urban Areas	
		全 市 Total City	市辖区 Districts under City	全 市 Total City	市辖区 Districts under City	全 市 Total City	市辖区 Districts under City
玉林市	Yulin	294750	101521	677633	263654	6805	1066
百色市	Baise	222144	68560	170673	15767	8063	646
贺州市	Hezhou	106717	59466	182772	117559	6975	4639
河池市	Hechi	186160	74573	246613	99613	10413	3006
来宾市	Laibin	125157	63616	331757	176282	4988	1026
崇左市	Chongzuo	137221	40515	180860	30736	6955	1590
海南省	**Hainan**						
海口市	Haikou	521552	521552	849793	849793	9926	9926
三亚市	Sanya	138832	138832	218746	218746	3434	3434
三沙市	Sansha						
儋州市	Danzhou	434096		57685		2194	
重庆市	**Chongqing**	**4063869**	**3599662**	**9219000**		**142617**	**119039**
四川省	**Sichuan**						
成都市	Chengdu	5935521		2749113		184600	
自贡市	Zigong	201723	154342	398049	273127	24317	14343
攀枝花市	Panzhihua	290955	245645	186051	142702	14370	7457
泸州市	Luzhou	297095	148266	475910	240241	17015	9766
德阳市	Deyang	309351	139795	371137		20983	14093
绵阳市	Mianyang	506379	327835	587300		33527	19561
广元市	Guangyuan	172688	100958	227000	146700	14914	5137
遂宁市	Suining	208813	95023	243958	134481	42195	27766
内江市	Neijiang	260382	96165	324940	53325	17939	6369
乐山市	Leshan	260164	132492	329762	139550	24583	11552
南充市	Nanchong	455351	197320	691440	325070	28609	10896
眉山市	Meishan	201363	94840	276200	73829	15998	7585
宜宾市	Yibin	361110	181752	350469	149102	30753	13636
广安市	Guang'an	328966	63170	160173	24365	11290	1515
达州市	Dazhou	484233	216166	586627	94677	19811	3703
雅安市	Ya'an	115962	53615	40733	13321	5146	2223
巴中市	Bazhong	324033	129557	184864	33594	16146	6844
资阳市	Ziyang	176102	89805	122802	59028	14139	3650
贵州省	**Guizhou**						
贵阳市	Guiyang	1090636	983483	502301		34971	26691
六盘水市	Liupanshui	240948	91301	450958	88213	17494	8280
遵义市	Zunyi	433706	198996				
安顺市	Anshun	203204	144752	159394	95691	8566	6442
毕节市	Bijie	339041	87390	592231	88627	14400	2747
铜仁市	Tongren	209222	64820	192676	63477	17698	4502
云南省	**Yunnan**						
昆明市	Kunming	1347986	1117668	1348491	471194	53196	43745
曲靖市	Qujing	471502	190324	774987	277627	52882	17200
玉溪市	Yuxi	276648	146154	318656	181798	9964	5024
保山市	Baoshan	206620	102605	139292	113059	8237	2480
昭通市	Zhaotong	249494	73174	184255	60018	11209	1219
丽江市	Lijiang	104177	43038	149850	85889	6024	1873
普洱市	Pu'er	176104	58770	150754	51844	10701	2706
临沧市	Lincang	151017	39656	186640	41433	10922	1736

2-23 续表 6 continued 6

单位：人 (person)

城 市	City	城镇单位从业人员期末人数 Persons Employed in Urban Units at Year-end		城镇私营和个体从业人员 Persons Employed in Private Enterprises and Self-Employed Individuals in Urban Areas		城镇登记失业人员数 Registered Unemployed Persons in Urban Areas	
		全 市 Total City	市辖区 Districts under City	全 市 Total City	市辖区 Districts under City	全 市 Total City	市辖区 Districts under City
西藏自治区	**Tibet**						
拉萨市	Lasa	273166				138	
日喀则市	Xigaze	48345		64014		5000	
昌都市	Qamdo	42725	3763	47580	16240	1119	180
林芝市	Linzhi	25833		39566	16727	634	58
山南市	Shannan	34128	6581	43332	12963	1136	37
那曲市	Naqu	32820		59291		154	
陕西省	**Shaanxi**						
西安市	Xi'an	2022926	1959458	1680402	1615970	115121	107760
铜川市	Tongchuan	112739	105692	81230	77181	7801	7302
宝鸡市	Baoji	411981	238513	412114	102530	19300	15684
咸阳市	Xianyang	478807	157443	131280	35183	24642	7025
渭南市	Weinan	471847	148451	156220	40825	14652	3046
延安市	Yan'an	333459	115649	327296	99013	9890	2497
汉中市	Hanzhong	302168	136052	634221	184381	13780	7648
榆林市	Yulin	435957	101546	142810	28043	11458	2850
安康市	Ankang	197809	95607	86935	44309	8940	4017
商洛市	Shangluo	205282	62263	162078	6085	1994	19
甘肃省	**Gansu**						
兰州市	Lanzhou	741401	652488	865486	718353	15541	14113
嘉峪关市	Jiayuguan	80855		60862		2913	
金昌市	Jinchang	98565	77253	115439	62847	4765	3714
白银市	Baiyin	168727	109455	65671	38250	5403	1902
天水市	Tianshui	233946	145902	243306	131739	14757	8621
武威市	Wuwei	127841	87905	235797	133017	5694	3230
张掖市	Zhangye	113731	60169	96243	42978	27325	13852
平凉市	Pingliang	166746	53136	268765	71568	10003	3282
酒泉市	Jiuquan	129377	51072	128000	63612	5035	2938
庆阳市	Qingyang	169761	70542	148220	124981	17000	2672
定西市	Dingxi	147327	39202	377469	63754	6718	1619
陇南市	Longnan	181090	36610	42550	5263	3569	2435
青海省	**Qinghai**						
西宁市	Xining	345078	275431	381446	288754	16400	13776
海东市	Haidong	69899	23202	137113	2604	9007	1983
宁夏回族自治区	**Ningxia**						
银川市	Yinchuan	354341	272709	444567		29273	
石嘴山市	Shizuishan	90967	66742	114803	69637	33099	26721
吴忠市	Wuzhong	98561	37552	102579	71731	15700	905
固原市	Guyuan	69194	31576	84185	49048	3418	1255
中卫市	Zhongwei	65324	33062	121595	53682	12944	7997
新疆维吾尔自治区	**Xinjiang**						
乌鲁木齐市	Urumqi	723739	719482	1052396	1052121	38090	38017
克拉玛依市	Karamay	176365	176365	101907	101907	1538	1538
吐鲁番市	Turpan	146702	54423	60492	25093	3409	1445
哈密市	Hami	141343	116703	105486	93214	3302	2159

2-24 按产业划分的年末城镇单位从业人员
Employed Persons in Urban Units by Three Strata of Industry at Year-end

单位：人 (person)

城 市	City	第一产业(农林牧渔业) Primary Industry		第二产业 Secondary Industry		第三产业 Tertiary Industry	
		全 市 Total City	市辖区 Districts under City	全 市 Total City	市辖区 Districts under City	全 市 Total City	市辖区 Districts under City
北京市	**Beijing**	**34116**	**34116**	**1421518**	**1421518**	**6672955**	**6672955**
天津市	**Tianjin**	**6226**	**6226**	**1170374**	**1170374**	**1518180**	**1518180**
河北省	**Hebei**						
石家庄市	Shijiazhuang	1868	591	279866	212779	634382	448074
唐山市	Tangshan	16529	16216	324203	254493	420651	271188
秦皇岛市	Qinhuangdao	464	274	93907	88270	198477	150422
邯郸市	Handan	1652	780	223357	156281	376277	203249
邢台市	Xingtai	604	65	99626	57339	249826	82658
保定市	Baoding	978	380	288810	203945	454023	197299
张家口市	Zhangjiakou	1759	196	69629	50873	246836	126688
承德市	Chengde	3007	38	63601	38876	199398	95589
沧州市	Cangzhou	5775	5173	109018	48430	320108	106986
廊坊市	Langfang	5278	1299	432439	183170	523110	172484
衡水市	Hengshui	1186	26	48909	26444	177826	75928
山西省	**Shanxi**						
太原市	Taiyuan	1769	1262	490183	466075	552114	516603
大同市	Datong	1321	771	201460	185037	194755	138961
阳泉市	Yangquan	322	61	158505	121901	95324	69614
长治市	Changzhi	1360	347	222884	50443	205711	94125
晋城市	Jincheng	1354	72	219979	113878	135365	56994
朔州市	Shuozhou	949	235	78148	41602	106868	64176
晋中市	Jinzhong	1140	232	140555	32003	210068	88882
运城市	Yuncheng	1903		108842	15594	231705	63790
忻州市	Xinzhou	2291	459	64807	15342	172554	58885
临汾市	Linfen	3352	287	122910	21170	238288	66457
吕梁市	Lvliang	703	36	145542	11672	193771	46935
内蒙古自治区	**Inner Mongolia**						
呼和浩特市	Hohhot	3147	1669	104247	63260	294929	250824
包头市	Baotou	2634	1659	171614	162107	185465	166858
乌海市	Wuhai	147	147	41230	41230	41564	41564
赤峰市	Chifeng	14874	667	91738	55931	207403	82985
通辽市	Tongliao	53602	10605	56895	29249	153613	63638
鄂尔多斯市	Erdos	2572	614	145404	32249	171414	66192
呼伦贝尔市	Hulunbuir	90461	2565	71444	33464	184094	50527
巴彦淖尔市	Bayannur	17370	5318	22572	12456	100109	48484
乌兰察布市	Ulanqab	2403	11	25587	10812	131790	52633
辽宁省	**Liaoning**						
沈阳市	Shenyang	2543	1257	478540	466417	729599	690203
大连市	Dalian	5748	1061	393935	358365	573254	518799
鞍山市	Anshan	1551	706	204308	166718	212077	135060
抚顺市	Fushun	4043	1221	119892	111072	113094	89751
本溪市	Benxi	783	20	109595	94164	107961	86427
丹东市	Dandong	1541	87	69554	41841	125544	69171
锦州市	Jinzhou	8754	1330	79950	69850	152686	96066
营口市	Yingkou	907	812	86962	73015	163984	124804
阜新市	Fuxin	2929	54	51450	44836	97238	63598
辽阳市	Liaoyang	6678	5784	81576	75764	80570	56514

2-24 续表 1 continued 1

单位：人 (person)

城市	City	第一产业(农林牧渔业) Primary Industry 全市 Total City	市辖区 Districts under City	第二产业 Secondary Industry 全市 Total City	市辖区 Districts under City	第三产业 Tertiary Industry 全市 Total City	市辖区 Districts under City
盘锦市	Panjin	160430	112279	155492	152398	100966	90406
铁岭市	Tieling	15614	63	82375	16074	124454	40695
朝阳市	Chaoyang	1157	30	58871	21455	170875	68111
葫芦岛市	Huludao	2031	273	79809	65846	119655	59572
吉林省	**Jilin**						
长春市	Changchun	11695	4537	567022	531269	675541	586633
吉林市	Jilin	9439	887	151898	117378	210949	133264
四平市	Siping	6569	1485	40070	20615	136385	56120
辽源市	Liaoyuan	2374	158	72329	66341	57220	31788
通化市	Tonghua	3539	106	70457	29058	117444	45323
白山市	Baishan	19119	4604	58042	39752	89500	47152
松原市	Songyuan	19341	379	103531	62044	122467	48329
白城市	Baicheng	19406	8407	38857	19232	141978	67460
黑龙江省	**Heilongjiang**						
哈尔滨市	Harbin	32699	3934	390389	358234	857107	718564
齐齐哈尔市	Qiqihar	45114	40953	87818	65875	232169	135239
鸡西市	Jixi	55553	422	62512	48496	97246	48136
鹤岗市	Hegang	55133	1088	63739	50578	66427	33989
双鸭山市	Shuangyashan	6282	2716	40879	37155	90051	45655
大庆市	Daqing	2896	467	252065	242267	252987	205558
伊春市	Yichun	88207	63976	21014	18460	55664	42696
佳木斯市	Jiamusi	19220	3683	34837	21226	106863	53211
七台河市	Qitaihe	4124	2562	44901	41192	39428	30344
牡丹江市	Mudanjiang	33443	214	42682	22435	141500	67293
黑河市	Heihe	23577	2295	17639	6003	77000	23971
绥化市	Suihua	10709	629	55911	5519	180903	19852
上海市	**Shanghai**	**27646**	**27646**	**2075352**	**2075352**	**4220092**	**4220092**
江苏省	**Jiangsu**						
南京市	Nanjing	1400	1400	906200	906200	1137300	1137300
无锡市	Wuxi	663	114	726550	469042	403637	281385
徐州市	Xuzhou	13225	5300	541673	269928	422520	227987
常州市	Changzhou	862	674	415864	389281	272054	242218
苏州市	Suzhou	142	122	2124206	1048238	785371	459311
南通市	Nantong	4873	1257	1717529	561561	375011	186232
连云港市	Lianyungang	6671	4864	195752	126773	254139	175666
淮安市	Huai'an	4356	2280	409274	301045	231700	167094
盐城市	Yancheng	15283	5486	507624	211670	311005	140086
扬州市	Yangzhou	300	146	726600	516142	254400	171980
镇江市	Zhenjiang	785	240	236506	90701	193313	112225
泰州市	Taizhou	1686	378	885009	452356	253612	124234
宿迁市	Suqian	500	165	288264	181239	179186	64881
浙江省	**Zhejiang**						
杭州市	Hangzhou	1077	612	1385878	1331765	1483263	1409340
宁波市	Ningbo	367	121	984120	544902	628329	460659
温州市	Wenzhou	748		696509	187898	493838	244757
嘉兴市	Jiaxing	386	101	502898	158505	288059	123268
湖州市	Huzhou	260	182	325181	169448	178356	102006

2-24 续表 2 continued 2

单位：人 (person)

城 市	City	第一产业(农林牧渔业) Primary Industry		第二产业 Secondary Industry		第三产业 Tertiary Industry	
		全 市 Total City	市辖区 Districts under City	全 市 Total City	市辖区 Districts under City	全 市 Total City	市辖区 Districts under City
绍兴市	Shaoxing	123	17	944904	652690	257439	165722
金华市	Jinhua	242	91	438879	62641	325785	101782
衢州市	Quzhou	230	27	80269	46416	123971	71405
舟山市	Zhoushan	66	61	61018	48306	122697	98968
台州市	Taizhou	484	307	695304	260662	316531	154720
丽水市	Lishui	650	52	41519	9188	148039	55682
安徽省	**Anhui**						
合肥市	Hefei	1072	116	861398	694235	651429	517011
芜湖市	Wuhu	308	62	238027	185064	209108	149315
蚌埠市	Bengbu	373	259	109413	95175	147594	96262
淮南市	Huainan	5474	1056	141484	104031	146160	101442
马鞍山市	Maanshan	721	46	115880	90214	104178	65726
淮北市	Huaibei	6	6	135994	118044	79591	53598
铜陵市	Tongling	3300	2126	95664	87730	71947	56514
安庆市	Anqing	12924	7724	132945	67333	184687	67647
黄山市	Huangshan	991	221	34281	24022	77291	44764
滁州市	Chuzhou	5030	179	107092	55655	126582	42433
阜阳市	Fuyang	1747	303	104144	57331	238948	112190
宿州市	Suzhou						
六安市	Lu'an	34427	372	231623	28570	913359	72517
亳州市	Bozhou	185		74949	31044	164111	65493
池州市	Chizhou	719	141	38663	25274	65629	37249
宣城市	Xuancheng	1949	989	67543	7162	102306	39353
福建省	**Fujian**						
福州市	Fuzhou	2949	1041	902855	565735	681912	511023
厦门市	Xiamen	1630	1630	911489	911489	546821	546821
莆田市	Putian	762	303	375711	310034	164937	134927
三明市	Sanming	3749	676	86180	36650	153607	46043
泉州市	Quanzhou	3696	839	1036762	216388	358647	149073
漳州市	Zhangzhou	17788	71	323239	80188	226006	92823
南平市	Nanping	7019	1317	94652	46292	152856	57734
龙岩市	Longyan	3880	2067	126093	30484	186244	98068
宁德市	Ningde	1375	274	149221	67536	166443	56037
江西省	**Jiangxi**						
南昌市	Nanchang	3664	3026	713965	581557	491828	428395
景德镇市	Jingdezhen	6054	6049	87127	59671	96563	81080
萍乡市	Pingxiang	568	201	98116	79859	89811	61496
九江市	Jiujiang	7104	515	211728	63154	225303	94871
新余市	Xinyu	348	54	84038	71737	51052	40255
鹰潭市	Yingtan	315		97815	21733	62285	33366
赣州市	Ganzhou	5053	354	199494	72271	361144	146505
吉安市	Ji'an	7679	241	186088	31380	187205	53379
宜春市	Yichun	3654	94	231807	18888	226479	68123
抚州市	Fuzhou	2602	113	183783	101656	171650	53467
上饶市	Shangrao	5497	80	184210	59976	243317	69461
山东省	**Shandong**						
济南市	Jinan	544	429	539491	464380	772057	717934

2-24 续表 3 continued 3

单位：人 (person)

城　市	City	第一产业(农林牧渔业) Primary Industry 全 市 Total City	市辖区 Districts under City	第二产业 Secondary Industry 全 市 Total City	市辖区 Districts under City	第三产业 Tertiary Industry 全 市 Total City	市辖区 Districts under City
青岛市	Qingdao	1085	350	747856	561759	709848	599215
淄博市	Zibo	735	578	521816	297911	286148	230518
枣庄市	Zaozhuang	414	106	240411	142260	186647	125308
东营市	Dongying	365	173	230261	184412	168926	140323
烟台市	Yantai	493	7	543964	273845	453544	247245
潍坊市	Weifang	814	22	424801	184113	413440	160545
济宁市	Jining	822	93	473425	207625	349447	144794
泰安市	Tai'an	2187	1032	384192	104558	286045	148739
威海市	Weihai	689	251	373414	252586	200969	133455
日照市	Rizhao	519	515	156135	91626	158881	110607
莱芜市	Laiwu			109132	109132	55985	55985
临沂市	Linyi	2104	115	437668	208659	438825	195857
德州市	Dezhou	767	170	248528	99281	296976	93604
聊城市	Liaocheng	399	79	187812	45532	281927	128732
滨州市	Binzhou	60	9	282440	86223	186466	75953
菏泽市	Heze	592	188	177846	78403	346653	134913
河南省	**Henan**						
郑州市	Zhengzhou	2346	333	1087418	775608	985787	763217
开封市	Kaifeng	667	181	282478	94428	238287	110308
洛阳市	Luoyang	988	235	355814	183914	373587	204905
平顶山市	Pingdingshan	436	21	296661	190771	245849	103094
安阳市	Anyang	590	29	314170	105052	210917	101889
鹤壁市	Hebi	103		149141	92355	75858	48607
新乡市	Xinxiang	399	36	369895	110586	239587	80850
焦作市	Jiaozuo	384	9	327043	105811	212665	104165
濮阳市	Puyang	106	57	238405	140078	173726	76582
许昌市	Xuchang	18	18	281595	116633	196371	83375
漯河市	Luohe	33	9	228357	138795	132810	88166
三门峡市	Sanmenxia	684	60	118309	30958	113191	57139
南阳市	Nanyang	4835	1592	369715	83692	519558	133498
商丘市	Shangqiu	935	130	385839	116461	436287	128496
信阳市	Xinyang	1011	211	270479	91865	347993	116054
周口市	Zhoukou	1271		334196	45264	355190	77245
驻马店市	Zhumadian	6511	808	334047	93957	406090	116603
湖北省	**Hubei**						
武汉市	Wuhan	3229	3229	1037628	1037628	1158174	1158174
黄石市	Huangshi	1086	8	184142	94239	122032	65117
十堰市	Shiyan	7430	4592	321369	239943	350719	235341
宜昌市	Yichang	3359	1747	472930	184847	400332	169847
襄阳市	Xiangyang	28030	2449	502163	202966	484771	172020
鄂州市	Ezhou	239	239	148022	148022	73354	73354
荆门市	Jingmen	7464	1185	207469	73331	181967	91507
孝感市	Xiaogan	8753	695	458038	146481	367360	135124
荆州市	Jingzhou	14218	218	169027	93632	226485	85853
黄冈市	Huanggang	21278	1370	441142	77541	320732	49838
咸宁市	Xianning	409	329	86995	36586	137721	52543
随州市	Suizhou	577		66979	50888	77051	35215

2-24 续表 4 continued 4

单位：人 (person)

城　市	City	第一产业(农林牧渔业) Primary Industry		第二产业 Secondary Industry		第三产业 Tertiary Industry	
		全 市 Total City	市辖区 Districts under City	全 市 Total City	市辖区 Districts under City	全 市 Total City	市辖区 Districts under City
湖南省	**Hunan**						
长沙市	Changsha	1407	1170	570111	315834	661660	530707
株洲市	Zhuzhou	1518	245	243604	134377	198564	120871
湘潭市	Xiangtan	51	10	194968	114774	138051	84848
衡阳市	Hengyang	1266	318	234181	88645	285683	116126
邵阳市	Shaoyang	3445	214	140282	62423	231042	64040
岳阳市	Yueyang	7968	1272	179504	90461	242563	94694
常德市	Changde	591	409	179296	76330	243626	110261
张家界市	Zhangjiajie	366	333	19386	9709	68067	38305
益阳市	Yiyang	784	305	109276	66230	157671	76466
郴州市	Chenzhou	1916	120	135136	58346	226078	99425
永州市	Yongzhou	2987	312	113065	29242	219279	77400
怀化市	Huaihua	1139		52955	11334	197346	56136
娄底市	Loudi	1453	60	144106	64680	147500	55909
广东省	**Guangdong**						
广州市	Guangzhou	1735	1735	1073204	1073204	2216757	2216757
韶关市	Shaoguan	1482	226	149961	95359	168548	84894
深圳市	Shenzhen	498	498	2670745	2670745	1966698	1966698
珠海市	Zhuhai	6467	6467	450247	450247	305265	305265
汕头市	Shantou	548	531	348189	347822	247502	243148
佛山市	Foshan	195	195	1168602	1168602	482821	482821
江门市	Jiangmen	566	18	326799	183287	239762	137834
湛江市	Zhanjiang	14420	2203	186626	73717	307613	154671
茂名市	Maoming	7303	1373	230923	125095	255356	134883
肇庆市	Zhaoqing	861	113	194867	145416	197143	107241
惠州市	Huizhou	1111	205	690380	539597	296147	196640
梅州市	Meizhou	358	39	109168	46205	181776	69340
汕尾市	Shanwei	1225	21	109629	48409	93167	33028
河源市	Heyuan	729	102	134604	86598	145699	58092
阳江市	Yangjiang	4174	2493	108589	62155	124645	72098
清远市	Qingyuan	1410	151	154215	105717	173361	94828
东莞市	Dongguan	308		1965314		458366	
中山市	Zhongshan			580231		198764	
潮州市	Chaozhou	143	38	104305	96036	80992	58944
揭阳市	Jieyang	1855	121	205754	78447	170999	71263
云浮市	Yunfu	435	42	82473	27976	111417	36701
广西壮族自治区	**Guangxi**						
南宁市	Nanning	9411	5843	399491	373806	578841	494777
柳州市	Liuzhou	4187	2328	341133	322886	254773	194702
桂林市	Guilin	4403	1061	154958	108991	260214	156337
梧州市	Wuzhou	736	204	91901	51088	120556	61465
北海市	Beihai	4894	4107	51128	43416	87882	59984
防城港市	Fangchenggang	9750	5365	19176	14406	54262	38037
钦州市	Qinzhou	2896	1328	85131	68113	119236	63837
贵港市	Guigang	1040	384	49816	24297	135195	65428

2-24 续表 5 continued 5

单位：人 (person)

城市	City	第一产业(农林牧渔业) Primary Industry 全市 Total City	市辖区 Districts under City	第二产业 Secondary Industry 全市 Total City	市辖区 Districts under City	第三产业 Tertiary Industry 全市 Total City	市辖区 Districts under City
玉林市	Yulin	6751	806	98202	27412	189797	73303
百色市	Baise	2427	193	57944	23441	161773	44926
贺州市	Hezhou	1574	736	17969	9910	87174	48820
河池市	Hechi	3287	430	38594	19027	144279	55116
来宾市	Laibin	9038	6550	31202	17054	84917	40012
崇左市	Chongzuo	12181	409	31110	10668	93930	29438
海南省	**Hainan**						
海口市	Haikou	36824	36824	98846	98846	385882	385882
三亚市	Sanya	3878	3878	11272	11272	123682	123682
三沙市	Sansha						
儋州市	Danzhou						
重庆市	**Chongqing**	**11669**	**9256**	**1920394**	**1752315**	**2131806**	**1838091**
四川省	**Sichuan**						
成都市	Chengdu	37375		2018926		3879220	
自贡市	Zigong	624	406	88421	73036	112678	80900
攀枝花市	Panzhihua	3240	2556	152559	127628	135156	115461
泸州市	Luzhou	482	13	127045	57233	169568	91020
德阳市	Deyang	199		154051	65837	155101	73958
绵阳市	Mianyang	750	200	221785	149668	283844	177967
广元市	Guangyuan	444		49611	34929	122633	66029
遂宁市	Suining			104692	40949	104121	54074
内江市	Neijiang	720	223	132430	37932	127232	58010
乐山市	Leshan	2366	1200	108083	57454	149715	73838
南充市	Nanchong	884	428	182043	68146	272424	128746
眉山市	Meishan	629	2	87724	43278	113010	51560
宜宾市	Yibin	2026	1508	174076	93636	185008	86608
广安市	Guang'an	3399	118	176423	13472	149144	49580
达州市	Dazhou	4076	517	220185	97833	259972	117816
雅安市	Ya'an	748	87	34607	12667	80607	40861
巴中市	Bazhong	1600	405	176500	62117	145933	67035
资阳市	Ziyang	268	201	73928	38660	101906	50944
贵州省	**Guizhou**						
贵阳市	Guiyang	1397	302	544699	504539	544540	478642
六盘水市	Liupanshui	643	15	110843	40251	129462	51035
遵义市	Zunyi	771	12	124312	64161	308623	134823
安顺市	Anshun	1116	725	72028	62667	130060	81360
毕节市	Bijie	1210	264	62292	14443	275539	72683
铜仁市	Tongren	876	162	29301	9974	179045	54684
云南省	**Yunnan**						
昆明市	Kunming	3277	1600	553305	427966	791404	688102
曲靖市	Qujing	1124	239	254766	112823	215612	77262
玉溪市	Yuxi	2039	339	133308	71116	141301	74699
保山市	Baoshan	2752	1377	96093	53825	107775	47403
昭通市	Zhaotong	1685	57	59448	19005	188361	54112
丽江市	Lijiang	568	98	17454	4971	86155	37969
普洱市	Pu'er	1447	11	64970	20636	109687	38123
临沧市	Lincang	10114	411	43556	12104	97347	27141

2-24 续表 6 continued 6

单位：人 (person)

城 市	City	第一产业(农林牧渔业) Primary Industry		第二产业 Secondary Industry		第三产业 Tertiary Industry	
		全 市 Total City	市辖区 Districts under City	全 市 Total City	市辖区 Districts under City	全 市 Total City	市辖区 Districts under City
西藏自治区	**Tibet**						
拉萨市	Lasa	88780		45405		138981	
日喀则市	Xigaze	372		3836		44137	
昌都市	Qamdo	446	74	5398	88	36881	3601
林芝市	Linzhi	877		1724		23232	
山南市	Shannan	71	8	4797	387	29260	6186
那曲市	Naqu	1506		582		30732	
陕西省	**Shaanxi**						
西安市	Xi'an	1973	1154	753207	740997	1267746	1217307
铜川市	Tongchuan	176	176	49871	48193	62692	57323
宝鸡市	Baoji	2488	331	207900	124846	201593	113336
咸阳市	Xianyang	1900	463	237719	73310	239188	83670
渭南市	Weinan	6217	1329	186923	47871	278707	99251
延安市	Yan'an	2409	268	138999	27569	192051	87812
汉中市	Hanzhong	1401	169	105716	43680	195051	92203
榆林市	Yulin	4159	613	179455	32706	252343	68227
安康市	Ankang	354	84	54809	28144	142646	67379
商洛市	Shangluo	1937	930	87953	20591	115392	40742
甘肃省	**Gansu**						
兰州市	Lanzhou	570	570	311892	271772	428939	380146
嘉峪关市	Jiayuguan	8174		46363		26318	
金昌市	Jinchang	2511		63781	55744	32273	21509
白银市	Baiyin	2083		74158	61573	92486	47882
天水市	Tianshui	5544	1741	70612	59335	157790	84826
武威市	Wuwei	2757	2005	41385	32349	83699	53551
张掖市	Zhangye	2680	1110	29396	12939	81655	46120
平凉市	Pingliang	2962	130	62816	18064	100968	34942
酒泉市	Jiuquan	6791	1060	43918	16608	78668	33404
庆阳市	Qingyang	394	10	56101	35479	113266	35053
定西市	Dingxi	1205		35797	9517	110325	29685
陇南市	Longnan	19380	1160	37100	4100	124610	31350
青海省	**Qinghai**						
西宁市	Xining	1101	331	133579	98688	210398	176412
海东市	Haidong	2203	878	13159	4767	54537	17557
宁夏回族自治区	**Ningxia**						
银川市	Yinchuan	5031	1897	138406	95236	210904	175576
石嘴山市	Shizuishan	629	548	41912	30736	48426	35458
吴忠市	Wuzhong	2463	1365	34132	10279	61966	25908
固原市	Guyuan	1269	833	9198	3885	58727	26858
中卫市	Zhongwei	2717	690	12634	9323	49973	23049
新疆维吾尔自治区	**Xinjiang**						
乌鲁木齐市	Urumqi	9742	9706	229961	229705	484036	480071
克拉玛依市	Karamay	93	93	103729	103729	72543	72543
吐鲁番市	Turpan	1136	784	46570	7648	98996	45991
哈密市	Hami	14694	11366	41516	34142	85133	71195

2-25 按产业划分的年末城镇单位从业人员构成
Composition of Employed Persons in Urban Units by Three Strata of Industry at Year-end

单位：% (%)

城　市	City	第一产业从业人员比重 Primary Industry		第二产业从业人员比重 Secondary Industry		第三产业从业人员比重 Tertiary Industry	
		全　市 Total City	市辖区 Districts under City	全　市 Total City	市辖区 Districts under City	全　市 Total City	市辖区 Districts under City
北京市	**Beijing**	**0.42**	**0.42**	**17.49**	**17.49**	**82.09**	**82.09**
天津市	**Tianjin**	**0.23**	**0.23**	**43.43**	**43.43**	**56.34**	**56.34**
河北省	**Hebei**						
石家庄市	Shijiazhuang	0.20	0.09	30.55	32.17	69.25	67.74
唐山市	Tangshan	2.17	2.99	42.58	46.96	55.25	50.04
秦皇岛市	Qinhuangdao	0.16	0.11	32.07	36.94	67.77	62.95
邯郸市	Handan	0.27	0.22	37.15	43.37	62.58	56.41
邢台市	Xingtai	0.17	0.05	28.46	40.94	71.37	59.02
保定市	Baoding	0.13	0.09	38.83	50.78	61.04	49.13
张家口市	Zhangjiakou	0.55	0.11	21.88	28.62	77.57	71.27
承德市	Chengde	1.13	0.03	23.91	28.90	74.96	71.07
沧州市	Cangzhou	1.33	3.22	25.07	30.16	73.60	66.62
廊坊市	Langfang	0.55	0.36	45.01	51.31	54.44	48.32
衡水市	Hengshui	0.52	0.03	21.46	25.82	78.02	74.15
山西省	**Shanxi**						
太原市	Taiyuan	0.17	0.13	46.95	47.37	52.88	52.50
大同市	Datong	0.33	0.24	50.68	56.97	48.99	42.79
阳泉市	Yangquan	0.13	0.03	62.37	63.63	37.51	36.34
长治市	Changzhi	0.32	0.24	51.84	34.81	47.84	64.95
晋城市	Jincheng	0.38	0.04	61.67	66.62	37.95	33.34
朔州市	Shuozhou	0.51	0.22	42.02	39.24	57.47	60.54
晋中市	Jinzhong	0.32	0.19	39.96	26.42	59.72	73.39
运城市	Yuncheng	0.56		31.78	19.64	67.66	80.36
忻州市	Xinzhou	0.96	0.61	27.04	20.54	72.00	78.84
临汾市	Linfen	0.92	0.33	33.72	24.08	65.36	75.59
吕梁市	Lvliang	0.21	0.06	42.80	19.90	56.99	80.04
内蒙古自治区	**Inner Mongolia**						
呼和浩特市	Hohhot	0.78	0.53	25.91	20.03	73.31	79.44
包头市	Baotou	0.73	0.50	47.71	49.03	51.56	50.47
乌海市	Wuhai	0.18	0.18	49.71	49.71	50.11	50.11
赤峰市	Chifeng	4.74	0.48	29.21	40.07	66.05	59.45
通辽市	Tongliao	20.30	10.25	21.54	28.26	58.16	61.49
鄂尔多斯市	Erdos	0.81	0.62	45.53	32.56	53.67	66.82
呼伦贝尔市	Hulunbuir	26.14	2.96	20.65	38.66	53.21	58.37
巴彦淖尔市	Bayannur	12.40	8.03	16.12	18.80	71.48	73.17
乌兰察布市	Ulanqab	1.50	0.02	16.01	17.04	82.48	82.94
辽宁省	**Liaoning**						
沈阳市	Shenyang	0.21	0.11	39.53	40.28	60.26	59.61
大连市	Dalian	0.59	0.12	40.49	40.81	58.92	59.07
鞍山市	Anshan	0.37	0.23	48.88	55.12	50.74	44.65
抚顺市	Fushun	1.71	0.60	50.58	54.97	47.71	44.42
本溪市	Benxi	0.36	0.01	50.19	52.14	49.45	47.85
丹东市	Dandong	0.78	0.08	35.37	37.66	63.84	62.26
锦州市	Jinzhou	3.63	0.80	33.12	41.76	63.25	57.44
营口市	Yingkou	0.36	0.41	34.53	36.76	65.11	62.83
阜新市	Fuxin	1.93	0.05	33.93	41.33	64.13	58.62
辽阳市	Liaoyang	3.96	4.19	48.32	54.88	47.72	40.93

2-25 续表 1 continued 1

单位：% (%)

城市	City	第一产业从业人员比重 Primary Industry 全市 Total City	市辖区 Districts under City	第二产业从业人员比重 Secondary Industry 全市 Total City	市辖区 Districts under City	第三产业从业人员比重 Tertiary Industry 全市 Total City	市辖区 Districts under City
盘锦市	Panjin	38.48	31.62	37.30	42.92	24.22	25.46
铁岭市	Tieling	7.02	0.11	37.03	28.28	55.95	71.61
朝阳市	Chaoyang	0.50	0.03	25.50	23.95	74.00	76.02
葫芦岛市	Huludao	1.01	0.22	39.61	52.39	59.38	47.40
吉林省	**Jilin**						
长春市	Changchun	0.93	0.40	45.21	47.33	53.86	52.26
吉林市	Jilin	2.54	0.35	40.80	46.67	56.66	52.98
四平市	Siping	3.59	1.90	21.89	26.36	74.52	71.75
辽源市	Liaoyuan	1.80	0.16	54.83	67.50	43.37	32.34
通化市	Tonghua	1.85	0.14	36.80	39.01	61.35	60.85
白山市	Baishan	11.47	5.03	34.83	43.44	53.70	51.53
松原市	Songyuan	7.88	0.34	42.20	56.02	49.92	43.64
白城市	Baicheng	9.69	8.84	19.41	20.22	70.90	70.94
黑龙江省	**Heilongjiang**						
哈尔滨市	Harbin	2.55	0.36	30.49	33.15	66.95	66.49
齐齐哈尔市	Qiqihar	12.36	16.92	24.05	27.21	63.59	55.87
鸡西市	Jixi	25.80	0.43	29.03	49.97	45.17	49.60
鹤岗市	Hegang	29.75	1.27	34.40	59.05	35.85	39.68
双鸭山市	Shuangyashan	4.58	3.18	29.79	43.44	65.63	53.38
大庆市	Daqing	0.57	0.10	49.62	54.04	49.81	45.85
伊春市	Yichun	53.50	51.13	12.74	14.75	33.76	34.12
佳木斯市	Jiamusi	11.94	4.71	21.65	27.17	66.41	68.11
七台河市	Qitaihe	4.66	3.46	50.76	55.59	44.58	40.95
牡丹江市	Mudanjiang	15.37	0.24	19.61	24.94	65.02	74.82
黑河市	Heihe	19.94	7.11	14.92	18.60	65.14	74.28
绥化市	Suihua	4.33	2.42	22.59	21.23	73.09	76.35
上海市	**Shanghai**	**0.44**	**0.44**	**32.82**	**32.82**	**66.74**	**66.74**
江苏省	**Jiangsu**						
南京市	Nanjing	0.07	0.07	44.32	44.32	55.62	55.62
无锡市	Wuxi	0.06	0.02	64.25	62.49	35.69	37.49
徐州市	Xuzhou	1.35	1.05	55.42	53.64	43.23	45.31
常州市	Changzhou	0.13	0.11	60.38	61.58	39.50	38.32
苏州市	Suzhou		0.01	73.00	69.53	26.99	30.46
南通市	Nantong	0.23	0.17	81.89	74.97	17.88	24.86
连云港市	Lianyungang	1.46	1.58	42.88	41.25	55.66	57.16
淮安市	Huai'an	0.68	0.48	63.42	64.00	35.90	35.52
盐城市	Yancheng	1.83	1.54	60.87	59.25	37.29	39.21
扬州市	Yangzhou	0.03	0.02	74.04	74.99	25.92	24.99
镇江市	Zhenjiang	0.18	0.12	54.92	44.64	44.89	55.24
泰州市	Taizhou	0.15	0.07	77.61	78.40	22.24	21.53
宿迁市	Suqian	0.11	0.07	61.60	73.59	38.29	26.34
浙江省	**Zhejiang**						
杭州市	Hangzhou	0.04	0.02	48.28	48.57	51.68	51.40
宁波市	Ningbo	0.02	0.01	61.02	54.18	38.96	45.81
温州市	Wenzhou	0.06		58.48	43.43	41.46	56.57
嘉兴市	Jiaxing	0.05	0.04	63.55	56.23	36.40	43.73
湖州市	Huzhou	0.05	0.07	64.55	62.38	35.40	37.55

2-25 续表 2 continued 2

单位：% (%)

城 市	City	第一产业从业人员比重 Primary Industry		第二产业从业人员比重 Secondary Industry		第三产业从业人员比重 Tertiary Industry	
		全 市 Total City	市辖区 Districts under City	全 市 Total City	市辖区 Districts under City	全 市 Total City	市辖区 Districts under City
绍兴市	Shaoxing	0.01		78.58	79.75	21.41	20.25
金华市	Jinhua	0.03	0.06	57.38	38.08	42.59	61.87
衢州市	Quzhou	0.11	0.02	39.26	39.39	60.63	60.59
舟山市	Zhoushan	0.04	0.04	33.20	32.79	66.76	67.17
台州市	Taizhou	0.05	0.07	68.68	62.71	31.27	37.22
丽水市	Lishui	0.34	0.08	21.83	14.15	77.83	85.77
安徽省	**Anhui**						
合肥市	Hefei	0.07	0.01	56.90	57.31	43.03	42.68
芜湖市	Wuhu	0.07	0.02	53.20	55.34	46.73	44.65
蚌埠市	Bengbu	0.14	0.14	42.51	49.65	57.34	50.22
淮南市	Huainan	1.87	0.51	48.27	50.37	49.86	49.12
马鞍山市	Maanshan	0.33	0.03	52.49	57.83	47.19	42.14
淮北市	Huaibei			63.08	68.77	36.92	31.23
铜陵市	Tongling	1.93	1.45	55.97	59.94	42.10	38.61
安庆市	Anqing	3.91	5.41	40.22	47.18	55.87	47.40
黄山市	Huangshan	0.88	0.32	30.45	34.81	68.66	64.87
滁州市	Chuzhou	2.11	0.18	44.86	56.64	53.03	43.18
阜阳市	Fuyang	0.51	0.18	30.20	33.76	69.29	66.06
宿州市	Suzhou						
六安市	Lu'an	2.92	0.37	19.64	28.16	77.44	71.47
亳州市	Bozhou	0.08		31.33	32.16	68.60	67.84
池州市	Chizhou	0.68	0.23	36.82	40.33	62.50	59.44
宣城市	Xuancheng	1.13	2.08	39.32	15.08	59.55	82.84
福建省	**Fujian**						
福州市	Fuzhou	0.19	0.10	56.87	52.49	42.95	47.41
厦门市	Xiamen	0.11	0.11	62.43	62.43	37.46	37.46
莆田市	Putian	0.14	0.07	69.39	69.63	30.46	30.30
三明市	Sanming	1.54	0.81	35.39	43.96	63.07	55.23
泉州市	Quanzhou	0.26	0.23	74.10	59.07	25.63	40.70
漳州市	Zhangzhou	3.14	0.04	57.01	46.33	39.86	53.63
南平市	Nanping	2.76	1.25	37.19	43.94	60.05	54.81
龙岩市	Longyan	1.23	1.58	39.88	23.34	58.90	75.08
宁德市	Ningde	0.43	0.22	47.07	54.53	52.50	45.25
江西省	**Jiangxi**						
南昌市	Nanchang	0.30	0.30	59.03	57.41	40.67	42.29
景德镇市	Jingdezhen	3.19	4.12	45.92	40.65	50.89	55.23
萍乡市	Pingxiang	0.30	0.14	52.05	56.42	47.65	43.44
九江市	Jiujiang	1.60	0.32	47.67	39.83	50.73	59.84
新余市	Xinyu	0.26	0.05	62.05	64.02	37.69	35.93
鹰潭市	Yingtan	0.20		60.98	39.44	38.83	60.56
赣州市	Ganzhou	0.89	0.16	35.27	32.98	63.84	66.86
吉安市	Ji'an	2.02	0.28	48.85	36.92	49.14	62.80
宜春市	Yichun	0.79	0.11	50.18	21.68	49.03	78.21
抚州市	Fuzhou	0.73	0.07	51.33	65.48	47.94	34.44
上饶市	Shangrao	1.27	0.06	42.54	46.31	56.19	53.63
山东省	**Shandong**						
济南市	Jinan	0.04	0.04	41.12	39.26	58.84	60.70

2-25 续表 3 continued 3

单位：% (%)

城　市	City	第一产业从业人员比重 Primary Industry		第二产业从业人员比重 Secondary Industry		第三产业从业人员比重 Tertiary Industry	
		全　市 Total City	市辖区 Districts under City	全　市 Total City	市辖区 Districts under City	全　市 Total City	市辖区 Districts under City
青岛市	Qingdao	0.07	0.03	51.27	48.37	48.66	51.60
淄博市	Zibo	0.09	0.11	64.53	56.32	35.38	43.58
枣庄市	Zaozhuang	0.10	0.04	56.24	53.15	43.66	46.81
东营市	Dongying	0.09	0.05	57.63	56.76	42.28	43.19
烟台市	Yantai	0.05		54.51	52.55	45.45	47.45
潍坊市	Weifang	0.10	0.01	50.63	53.42	49.27	46.58
济宁市	Jining	0.10	0.03	57.48	58.90	42.42	41.07
泰安市	Tai'an	0.33	0.41	57.14	41.11	42.54	58.48
威海市	Weihai	0.12	0.06	64.93	65.39	34.95	34.55
日照市	Rizhao	0.16	0.25	49.48	45.19	50.35	54.55
莱芜市	Laiwu			66.09	66.09	33.91	33.91
临沂市	Linyi	0.24	0.03	49.81	51.57	49.95	48.40
德州市	Dezhou	0.14	0.09	45.50	51.43	54.36	48.49
聊城市	Liaocheng	0.08	0.05	39.95	26.12	59.97	73.84
滨州市	Binzhou	0.01	0.01	60.23	53.16	39.76	46.83
菏泽市	Heze	0.11	0.09	33.87	36.72	66.02	63.19
河南省	**Henan**						
郑州市	Zhengzhou	0.11	0.02	52.39	50.39	47.50	49.59
开封市	Kaifeng	0.13	0.09	54.17	46.08	45.70	53.83
洛阳市	Luoyang	0.14	0.06	48.72	47.27	51.15	52.67
平顶山市	Pingdingshan	0.08	0.01	54.64	64.91	45.28	35.08
安阳市	Anyang	0.11	0.01	59.76	50.76	40.12	49.23
鹤壁市	Hebi	0.05		66.25	65.52	33.70	34.48
新乡市	Xinxiang	0.07	0.02	60.65	57.76	39.28	42.23
焦作市	Jiaozuo	0.07		60.55	50.39	39.38	49.61
濮阳市	Puyang	0.03	0.03	57.83	64.64	42.14	35.34
许昌市	Xuchang		0.01	58.91	58.31	41.08	41.68
漯河市	Luohe	0.01		63.22	61.15	36.77	38.84
三门峡市	Sanmenxia	0.29	0.07	50.95	35.12	48.75	64.82
南阳市	Nanyang	0.54	0.73	41.35	38.25	58.11	61.02
商丘市	Shangqiu	0.11	0.05	46.88	47.52	53.01	52.43
信阳市	Xinyang	0.16	0.10	43.66	44.14	56.17	55.76
周口市	Zhoukou	0.18		48.39	36.95	51.43	63.05
驻马店市	Zhumadian	0.87	0.38	44.74	44.45	54.39	55.17
湖北省	**Hubei**						
武汉市	Wuhan	0.15	0.15	47.19	47.19	52.67	52.67
黄石市	Huangshi	0.35	0.01	59.93	59.13	39.72	40.86
十堰市	Shiyan	1.09	0.96	47.29	50.00	51.61	49.04
宜昌市	Yichang	0.38	0.49	53.95	51.86	45.67	47.65
襄阳市	Xiangyang	2.76	0.65	49.48	53.78	47.76	45.58
鄂州市	Ezhou	0.11	0.11	66.79	66.79	33.10	33.10
荆门市	Jingmen	1.88	0.71	52.27	44.17	45.85	55.12
孝感市	Xiaogan	1.05	0.25	54.91	51.89	44.04	47.87
荆州市	Jingzhou	3.47	0.12	41.25	52.10	55.28	47.77
黄冈市	Huanggang	2.72	1.06	56.33	60.23	40.95	38.71
咸宁市	Xianning	0.18	0.37	38.64	40.90	61.18	58.73
随州市	Suizhou	0.40		46.32	59.10	53.28	40.90

2-25 续表 4 continued 4

单位：% (%)

城 市	City	第一产业从业人员比重 Primary Industry		第二产业从业人员比重 Secondary Industry		第三产业从业人员比重 Tertiary Industry	
		全 市 Total City	市辖区 Districts under City	全 市 Total City	市辖区 Districts under City	全 市 Total City	市辖区 Districts under City
湖南省	**Hunan**						
长沙市	Changsha	0.11	0.14	46.23	37.26	53.65	62.60
株洲市	Zhuzhou	0.34	0.10	54.90	52.60	44.75	47.31
湘潭市	Xiangtan	0.02	0.01	58.54	57.49	41.45	42.50
衡阳市	Hengyang	0.24	0.16	44.94	43.22	54.82	56.62
邵阳市	Shaoyang	0.92	0.17	37.43	49.28	61.65	50.55
岳阳市	Yueyang	1.85	0.68	41.74	48.52	56.41	50.79
常德市	Changde	0.14	0.22	42.34	40.82	57.53	58.96
张家界市	Zhangjiajie	0.42	0.69	22.07	20.08	77.51	79.23
益阳市	Yiyang	0.29	0.21	40.82	46.31	58.89	53.47
郴州市	Chenzhou	0.53	0.08	37.21	36.95	62.26	62.97
永州市	Yongzhou	0.89	0.29	33.72	27.34	65.39	72.37
怀化市	Huaihua	0.45		21.06	16.80	78.49	83.20
娄底市	Loudi	0.50	0.05	49.17	53.61	50.33	46.34
广东省	**Guangdong**						
广州市	Guangzhou	0.05	0.05	32.60	32.60	67.34	67.34
韶关市	Shaoguan	0.46	0.13	46.86	52.84	52.67	47.04
深圳市	Shenzhen	0.01	0.01	57.58	57.58	42.40	42.40
珠海市	Zhuhai	0.85	0.85	59.09	59.09	40.06	40.06
汕头市	Shantou	0.09	0.09	58.40	58.80	41.51	41.11
佛山市	Foshan	0.01	0.01	70.75	70.75	29.23	29.23
江门市	Jiangmen	0.10	0.01	57.62	57.07	42.28	42.92
湛江市	Zhanjiang	2.83	0.96	36.69	31.97	60.48	67.08
茂名市	Maoming	1.48	0.53	46.79	47.86	51.74	51.61
肇庆市	Zhaoqing	0.22	0.04	49.60	57.53	50.18	42.43
惠州市	Huizhou	0.11	0.03	69.90	73.27	29.99	26.70
梅州市	Meizhou	0.12	0.03	37.48	39.98	62.40	59.99
汕尾市	Shanwei	0.60	0.03	53.73	59.43	45.67	40.55
河源市	Heyuan	0.26	0.07	47.90	59.81	51.84	40.12
阳江市	Yangjiang	1.76	1.82	45.74	45.45	52.50	52.72
清远市	Qingyuan	0.43	0.08	46.88	52.68	52.70	47.25
东莞市	Dongguan	0.01		81.08		18.91	
中山市	Zhongshan			74.48		25.52	
潮州市	Chaozhou	0.08	0.02	56.25	61.95	43.68	38.02
揭阳市	Jieyang	0.49	0.08	54.34	52.36	45.17	47.56
云浮市	Yunfu	0.22	0.06	42.44	43.23	57.34	56.71
广西壮族自治区	**Guangxi**						
南宁市	Nanning	0.95	0.67	40.44	42.75	58.60	56.58
柳州市	Liuzhou	0.70	0.45	56.85	62.10	42.46	37.45
桂林市	Guilin	1.05	0.40	36.93	40.91	62.02	58.69
梧州市	Wuzhou	0.35	0.18	43.11	45.31	56.55	54.51
北海市	Beihai	3.40	3.82	35.53	40.38	61.07	55.80
防城港市	Fangchenggang	11.72	9.28	23.05	24.92	65.23	65.80
钦州市	Qinzhou	1.40	1.00	41.07	51.11	57.53	47.90
贵港市	Guigang	0.56	0.43	26.78	26.96	72.67	72.61

2-25 续表 5 continued 5

单位：% (%)

城市	City	第一产业从业人员比重 Primary Industry 全市 Total City	第一产业从业人员比重 Primary Industry 市辖区 Districts under City	第二产业从业人员比重 Secondary Industry 全市 Total City	第二产业从业人员比重 Secondary Industry 市辖区 Districts under City	第三产业从业人员比重 Tertiary Industry 全市 Total City	第三产业从业人员比重 Tertiary Industry 市辖区 Districts under City
玉林市	Yulin	2.29	0.79	33.32	27.00	64.39	72.20
百色市	Baise	1.09	0.28	26.08	34.19	72.82	65.53
贺州市	Hezhou	1.47	1.24	16.84	16.66	81.69	82.10
河池市	Hechi	1.77	0.58	20.73	25.51	77.50	73.91
来宾市	Laibin	7.22	10.30	24.93	26.81	67.85	62.90
崇左市	Chongzuo	8.88	1.01	22.67	26.33	68.45	72.66
海南省	**Hainan**						
海口市	Haikou	7.06	7.06	18.95	18.95	73.99	73.99
三亚市	Sanya	2.79	2.79	8.12	8.12	89.09	89.09
三沙市	Sansha						
儋州市	Danzhou						
重庆市	**Chongqing**	**0.29**	**0.26**	**47.26**	**48.68**	**52.46**	**51.06**
四川省	**Sichuan**						
成都市	Chengdu	0.63		34.01		65.36	
自贡市	Zigong	0.31	0.26	43.83	47.32	55.86	52.42
攀枝花市	Panzhihua	1.11	1.04	52.43	51.96	46.45	47.00
泸州市	Luzhou	0.16	0.01	42.76	38.60	57.08	61.39
德阳市	Deyang	0.06		49.80	47.10	50.14	52.90
绵阳市	Mianyang	0.15	0.06	43.80	45.65	56.05	54.29
广元市	Guangyuan	0.26		28.73	34.60	71.01	65.40
遂宁市	Suining			50.14	43.09	49.86	56.91
内江市	Neijiang	0.28	0.23	50.86	39.44	48.86	60.32
乐山市	Leshan	0.91	0.91	41.54	43.36	57.55	55.73
南充市	Nanchong	0.19	0.22	39.98	34.54	59.83	65.25
眉山市	Meishan	0.31		43.57	45.63	56.12	54.37
宜宾市	Yibin	0.56	0.83	48.21	51.52	51.23	47.65
广安市	Guang'an	1.03	0.19	53.63	21.33	45.34	78.49
达州市	Dazhou	0.84	0.24	45.47	45.26	53.69	54.50
雅安市	Ya'an	0.65	0.16	29.84	23.63	69.51	76.21
巴中市	Bazhong	0.49	0.31	54.47	47.95	45.04	51.74
资阳市	Ziyang	0.15	0.22	41.98	43.05	57.87	56.73
贵州省	**Guizhou**						
贵阳市	Guiyang	0.13	0.03	49.94	51.30	49.93	48.67
六盘水市	Liupanshui	0.27	0.02	46.00	44.09	53.73	55.90
遵义市	Zunyi	0.18	0.01	28.66	32.24	71.16	67.75
安顺市	Anshun	0.55	0.50	35.45	43.29	64.00	56.21
毕节市	Bijie	0.36	0.30	18.37	16.53	81.27	83.17
铜仁市	Tongren	0.42	0.25	14.00	15.39	85.58	84.36
云南省	**Yunnan**						
昆明市	Kunming	0.24	0.14	41.05	38.29	58.71	61.57
曲靖市	Qujing	0.24	0.13	54.03	59.28	45.73	40.59
玉溪市	Yuxi	0.74	0.23	48.19	48.66	51.08	51.11
保山市	Baoshan	1.33	1.34	46.51	52.46	52.16	46.20
昭通市	Zhaotong	0.68	0.08	23.83	25.97	75.50	73.95
丽江市	Lijiang	0.55	0.23	16.75	11.55	82.70	88.22
普洱市	Pu'er	0.82	0.02	36.89	35.11	62.29	64.87
临沧市	Lincang	6.70	1.04	28.84	30.52	64.46	68.44

2-25 续表 6 continued 6

单位：% (%)

城 市	City	第一产业从业人员比重 Primary Industry		第二产业从业人员比重 Secondary Industry		第三产业从业人员比重 Tertiary Industry	
		全 市 Total City	市辖区 Districts under City	全 市 Total City	市辖区 Districts under City	全 市 Total City	市辖区 Districts under City
西藏自治区	**Tibet**						
拉萨市	Lasa	32.50		16.62		50.88	
日喀则市	Xigaze	0.77		7.93		91.30	
昌都市	Qamdo	1.04	1.97	12.63	2.34	86.32	95.69
林芝市	Linzhi	3.39		6.67		89.93	
山南市	Shannan	0.21	0.12	14.06	5.88	85.74	94.00
那曲市	Naqu	4.59		1.77		93.64	
陕西省	**Shaanxi**						
西安市	Xi'an	0.10	0.06	37.23	37.82	62.67	62.12
铜川市	Tongchuan	0.16	0.17	44.24	45.60	55.61	54.24
宝鸡市	Baoji	0.60	0.14	50.46	52.34	48.93	47.52
咸阳市	Xianyang	0.40	0.29	49.65	46.56	49.95	53.14
渭南市	Weinan	1.32	0.90	39.62	32.25	59.07	66.86
延安市	Yan'an	0.72	0.23	41.68	23.84	57.59	75.93
汉中市	Hanzhong	0.46	0.12	34.99	32.11	64.55	67.77
榆林市	Yulin	0.95	0.60	41.16	32.21	57.88	67.19
安康市	Ankang	0.18	0.09	27.71	29.44	72.11	70.47
商洛市	Shangluo	0.94	1.49	42.84	33.07	56.21	65.44
甘肃省	**Gansu**						
兰州市	Lanzhou	0.08	0.09	42.07	41.65	57.86	58.26
嘉峪关市	Jiayuguan	10.11		57.34		32.55	
金昌市	Jinchang	2.55		64.71	72.16	32.74	27.84
白银市	Baiyin	1.23		43.95	56.25	54.81	43.75
天水市	Tianshui	2.37	1.19	30.18	40.67	67.45	58.14
武威市	Wuwei	2.16	2.28	32.37	36.80	65.47	60.92
张掖市	Zhangye	2.36	1.84	25.85	21.50	71.80	76.65
平凉市	Pingliang	1.78	0.24	37.67	34.00	60.55	65.76
酒泉市	Jiuquan	5.25	2.08	33.95	32.52	60.81	65.41
庆阳市	Qingyang	0.23	0.01	33.05	50.29	66.72	49.69
定西市	Dingxi	0.82		24.30	24.28	74.88	75.72
陇南市	Longnan	10.70	3.17	20.49	11.20	68.81	85.63
青海省	**Qinghai**						
西宁市	Xining	0.32	0.12	38.71	35.83	60.97	64.05
海东市	Haidong	3.15	3.78	18.83	20.55	78.02	75.67
宁夏回族自治区	**Ningxia**						
银川市	Yinchuan	1.42	0.70	39.06	34.92	59.52	64.38
石嘴山市	Shizuishan	0.69	0.82	46.07	46.05	53.23	53.13
吴忠市	Wuzhong	2.50	3.63	34.63	27.37	62.87	68.99
固原市	Guyuan	1.83	2.64	13.29	12.30	84.87	85.06
中卫市	Zhongwei	4.16	2.09	19.34	28.20	76.50	69.71
新疆维吾尔自治区	**Xinjiang**						
乌鲁木齐市	Urumqi	1.35	1.35	31.77	31.93	66.88	66.72
克拉玛依市	Karamay	0.05	0.05	58.81	58.81	41.13	41.13
吐鲁番市	Turpan	0.77	1.44	31.74	14.05	67.48	84.51
哈密市	Hami	10.40	9.74	29.37	29.26	60.23	61.01

2-26 按行业分组的年末城镇单位从业人员(一)
Persons Employed in Urban Units by Sector in Detail at Year-end(Ⅰ)

单位：人 (person)

城　市	City	第一产业(农、林、牧、渔业) Primary Industry		第二产业(1)采矿业 Secondary Industry: Mining		(2)制造业 Manufacturing	
		全　市 Total City	市辖区 Districts under City	全　市 Total City	市辖区 Districts under City	全　市 Total City	市辖区 Districts under City
北京市	**Beijing**	**34116**	**34116**	**41200**	**41200**	**823796**	**823796**
天津市	**Tianjin**	**6226**	**6226**	**65986**	**65986**	**782405**	**782405**
河北省	**Hebei**						
石家庄市	Shijiazhuang	1868	591			193854	142489
唐山市	Tangshan	16529	16216	84916	80458	187726	130741
秦皇岛市	Qinhuangdao	464	274	243		68696	66888
邯郸市	Handan	1652	780	49435	46478	99812	49233
邢台市	Xingtai	604	65	22825	22697	46623	16844
保定市	Baoding	978	380	566		163503	116030
张家口市	Zhangjiakou	1759	196	10865	3272	38014	31936
承德市	Chengde	3007	38	6310	3778	30827	21381
沧州市	Cangzhou	5775	5173	22934		56310	30211
廊坊市	Langfang	5278	1299	13951	13891	314172	96379
衡水市	Hengshui	1186	26			23652	10824
山西省	**Shanxi**						
太原市	Taiyuan	1769	1262	89158	83691	217861	203711
大同市	Datong	1321	771	137247	131265	37427	30893
阳泉市	Yangquan	322	61	106716	80992	26271	19024
长治市	Changzhi	1360	347	124565	3554	71789	27967
晋城市	Jincheng	1354	72	137819	56705	61155	42839
朔州市	Shuozhou	949	235	42953	20279	11682	5747
晋中市	Jinzhong	1140	232	79680	3807	35476	13650
运城市	Yuncheng	1903		3347		76088	9136
忻州市	Xinzhou	2291	459	30434	280	11099	6419
临汾市	Linfen	3352	287	62504	4887	36624	4847
吕梁市	Lvliang	703	36	78739	6223	54442	682
内蒙古自治区	**Inner Mongolia**						
呼和浩特市	Hohhot	3147	1669	351	300	45178	11101
包头市	Baotou	2634	1659	7213	5167	114472	112261
乌海市	Wuhai	147	147	1238	1238	23018	23018
赤峰市	Chifeng	14874	667	23007	17739	36331	22445
通辽市	Tongliao	53602	10605	6776	390	28406	13946
鄂尔多斯市	Erdos	2572	614	63612	7092	54957	11473
呼伦贝尔市	Hulunbuir	90461	2565	22253	19320	13972	5196
巴彦淖尔市	Bayannur	17370	5318	768		7512	1777
乌兰察布市	Ulanqab	2403	11	376		10499	1789
辽宁省	**Liaoning**						
沈阳市	Shenyang	2543	1257	20139	20139	260301	254674
大连市	Dalian	5748	1061	1726	1726	316320	291657
鞍山市	Anshan	1551	706	3018	1254	135686	112151
抚顺市	Fushun	4043	1221	30204	26301	59399	57864
本溪市	Benxi	783	20	11506	9324	66869	59574
丹东市	Dandong	1541	87	1347	177	41023	27500
锦州市	Jinzhou	8754	1330	578		40517	35599
营口市	Yingkou	907	812	295	54	64388	54514
阜新市	Fuxin	2929	54	19927	19776	9802	7562
辽阳市	Liaoyang	6678	5784	6610	6610	54428	52312

2-26 续表 1 continued 1

单位：人 (person)

城市	City	第一产业(农、林、牧、渔业) Primary Industry 全市 Total City	市辖区 Districts under City	第二产业(1)采矿业 Secondary Industry: Mining 全市 Total City	市辖区 Districts under City	(2)制造业 Manufacturing 全市 Total City	市辖区 Districts under City
盘锦市	Panjin	160430	112279	94158	94158	31808	29493
铁岭市	Tieling	15614	63	39127		19199	5817
朝阳市	Chaoyang	1157	30	1358		31627	8787
葫芦岛市	Huludao	2031	273	6833	4783	46397	40157
吉林省	**Jilin**						
长春市	Changchun	11695	4537	9402	9402	363127	336947
吉林市	Jilin	9439	887	7529		105282	87253
四平市	Siping	6569	1485	730	730	23173	12916
辽源市	Liaoyuan	2374	158	17894	17894	46685	41781
通化市	Tonghua	3539	106	5693	238	40947	18865
白山市	Baishan	19119	4604	23527	22155	20415	9177
松原市	Songyuan	19341	379	46765	44914	35678	9601
白城市	Baicheng	19406	8407	74	74	20654	9386
黑龙江省	**Heilongjiang**						
哈尔滨市	Harbin	32699	3934	3331	261	225037	209083
齐齐哈尔市	Qiqihar	45114	40953	43	24	61321	47569
鸡西市	Jixi	55553	422	34758	34656	11677	3716
鹤岗市	Hegang	55133	1088	35264	35088	14637	5892
双鸭山市	Shuangyashan	6282	2716	23847	23847	6189	5564
大庆市	Daqing	2896	467	115735	115595	61079	56643
伊春市	Yichun	88207	63976	517	166	11437	9773
佳木斯市	Jiamusi	19220	3683	313		13697	10812
七台河市	Qitaihe	4124	2562	34899	33519	5911	4357
牡丹江市	Mudanjiang	33443	214	1475		14708	10944
黑河市	Heihe	23577	2295	3379	1454	5744	774
绥化市	Suihua	10709	629	3652	1349	30636	2085
上海市	**Shanghai**	**27646**	**27646**	**545**	**545**	**1720932**	**1720932**
江苏省	**Jiangsu**						
南京市	Nanjing	1400	1400	800	800	453900	453900
无锡市	Wuxi	663	114			630983	420320
徐州市	Xuzhou	13225	5300	55142	28079	209983	133845
常州市	Changzhou	862	674			329863	314106
苏州市	Suzhou	142	122	479	479	1995450	975419
南通市	Nantong	4873	1257			427554	171209
连云港市	Lianyungang	6671	4864	759	219	97943	65082
淮安市	Huai'an	4356	2280	3575	3455	192236	129344
盐城市	Yancheng	15283	5486	1196		211259	94185
扬州市	Yangzhou	300	146	8000	7976	243800	156034
镇江市	Zhenjiang	785	240	839	839	183918	58690
泰州市	Taizhou	1686	378			291868	154850
宿迁市	Suqian	500	165	902		161731	107083
浙江省	**Zhejiang**						
杭州市	Hangzhou	1077	612	613	308	656656	611901
宁波市	Ningbo	367	121			670670	441449
温州市	Wenzhou	748		465		304858	69626
嘉兴市	Jiaxing	386	101			440822	124990
湖州市	Huzhou	260	182	1087	661	190409	71475

2-26 续表 2 continued 2

单位：人 (person)

城市	City	第一产业(农、林、牧、渔业) Primary Industry		第二产业(1)采矿业 Secondary Industry: Mining		(2)制造业 Manufacturing	
		全市 Total City	市辖区 Districts under City	全市 Total City	市辖区 Districts under City	全市 Total City	市辖区 Districts under City
绍兴市	Shaoxing	123	17	1660	1408	302135	186773
金华市	Jinhua	242	91	92		134206	32312
衢州市	Quzhou	230	27	255		57685	34185
舟山市	Zhoushan	66	61	251		32028	24700
台州市	Taizhou	484	307	96		327880	141007
丽水市	Lishui	650	52	188		29559	6692
安徽省	**Anhui**						
合肥市	Hefei	1072	116	640		354882	255301
芜湖市	Wuhu	308	62	93	32	172610	148340
蚌埠市	Bengbu	373	259			51131	43458
淮南市	Huainan	5474	1056	76747	57461	22936	20646
马鞍山市	Maanshan	721	46	20304	20082	60496	51987
淮北市	Huaibei			79651	79203	34492	19306
铜陵市	Tongling	3300	2126	1535	1475	60371	57485
安庆市	Anqing	12924	7724	841	56	86624	41728
黄山市	Huangshan	991	221			16828	11246
滁州市	Chuzhou	5030	179	1056	1016	84005	42727
阜阳市	Fuyang	1747	303	8577	2946	51913	24089
宿州市	Suzhou						
六安市	Lu'an	34427	372	8602		176343	19781
亳州市	Bozhou	185		3476		49028	22572
池州市	Chizhou	719	141	1331	1120	22520	15334
宣城市	Xuancheng	1949	989			52849	3444
福建省	**Fujian**						
福州市	Fuzhou	2949	1041	958	800	353641	193204
厦门市	Xiamen	1630	1630	20	20	467228	467228
莆田市	Putian	762	303	897	897	220089	179601
三明市	Sanming	3749	676	6799	98	39055	16782
泉州市	Quanzhou	3696	839	3848	1150	628443	124239
漳州市	Zhangzhou	17788	71	429		219873	44850
南平市	Nanping	7019	1317	1726	67	53101	17658
龙岩市	Longyan	3880	2067	5175	2654	51617	15615
宁德市	Ningde	1375	274			98443	38281
江西省	**Jiangxi**						
南昌市	Nanchang	3664	3026			268602	223520
景德镇市	Jingdezhen	6054	6049	2229	496	70011	50945
萍乡市	Pingxiang	568	201	9902	9902	61309	50244
九江市	Jiujiang	7104	515	2615	159	148678	33587
新余市	Xinyu	348	54	1163	891	61951	53124
鹰潭市	Yingtan	315		901		68098	16691
赣州市	Ganzhou	5053	354	7485	413	156073	53053
吉安市	Ji'an	7679	241	1909		146535	21163
宜春市	Yichun	3654	94	15531	1165	170847	12198
抚州市	Fuzhou	2602	113	1628		64465	5307
上饶市	Shangrao	5497	80	3334		97678	13816
山东省	**Shandong**						
济南市	Jinan	544	429	2109	69	259983	216338

2-26 续表 3 continued 3

单位：人 (person)

城　市	City	第一产业(农、林、牧、渔业) Primary Industry		第二产业(1)采矿业 Secondary Industry: Mining		(2)制造业 Manufacturing	
		全　市 Total City	市辖区 Districts under City	全　市 Total City	市辖区 Districts under City	全　市 Total City	市辖区 Districts under City
青岛市	Qingdao	1085	350	646	623	585155	439020
淄博市	Zibo	735	578	6282	4155	273075	199243
枣庄市	Zaozhuang	414	106	68531	60757	85922	47789
东营市	Dongying	365	173	104809	104436	80159	46008
烟台市	Yantai	493		38102	381	423580	241154
潍坊市	Weifang	814	22	1404	743	323173	134720
济宁市	Jining	822	93	170183	31287	180499	125179
泰安市	Tai'an	2187	1032	67785	249	173847	68132
威海市	Weihai	689	251	490		330334	223870
日照市	Rizhao	519	515	89	32	107853	56739
莱芜市	Laiwu			14217	14217	74183	74183
临沂市	Linyi	2104	115	20837	17691	283292	135804
德州市	Dezhou	767	170	3077		183663	64167
聊城市	Liaocheng	399	79			145770	28464
滨州市	Binzhou	60		1488	175	236930	68827
菏泽市	Heze	592	188	13342		77711	27375
河南省	**Henan**						
郑州市	Zhengzhou	2346	333	47474	26146	687744	477982
开封市	Kaifeng	667	181			193670	36769
洛阳市	Luoyang	988	235	13529	10	241219	115675
平顶山市	Pingdingshan	436	21	107483	97175	118819	40359
安阳市	Anyang	590	29	6019	6019	109241	54296
鹤壁市	Hebi	103		27318	27318	94428	40024
新乡市	Xinxiang	399	36	21		183627	63826
焦作市	Jiaozuo	384		27880	27129	263989	57924
濮阳市	Puyang	106	57	36113	36113	105433	25156
许昌市	Xuchang	18	18	11047	3439	226529	89378
漯河市	Luohe	33		26		199227	117401
三门峡市	Sanmenxia	684	60	59001	1001	35834	13047
南阳市	Nanyang	4835	1592	15569	615	216923	34659
商丘市	Shangqiu	935	130	39751		219902	68995
信阳市	Xinyang	1011	211	6787	773	134948	54223
周口市	Zhoukou	1271				232156	16671
驻马店市	Zhumadian	6511	808	215	89	200673	35622
湖北省	**Hubei**						
武汉市	Wuhan	3229	3229	1059	1059	508926	508926
黄石市	Huangshi	1086		11811	3721	101691	62139
十堰市	Shiyan	7430	4592	4467	615	239981	189476
宜昌市	Yichang	3359	1747	27884	3501	308785	66705
襄阳市	Xiangyang	28030	2449	6354		337000	139157
鄂州市	Ezhou	239	239	6414	6414	78895	78895
荆门市	Jingmen	7464	1185	10595	3410	140067	50397
孝感市	Xiaogan	8753	695	5681		274181	41562
荆州市	Jingzhou	14218	218	167	58	110589	70996
黄冈市	Huanggang	21278	1370	9221	341	207159	12994
咸宁市	Xianning	409	329	558		51400	18487
随州市	Suizhou	577		705	81	38527	29205

2-26 续表 4 continued 4

单位：人 (person)

城市	City	第一产业(农、林、牧、渔业) Primary Industry 全市 Total City	市辖区 Districts under City	第二产业(1)采矿业 Secondary Industry: Mining 全市 Total City	市辖区 Districts under City	(2)制造业 Manufacturing 全市 Total City	市辖区 Districts under City
湖南省	**Hunan**						
长沙市	Changsha	1407	1170	421	80	336828	116573
株洲市	Zhuzhou	1518	245	7496	334	140797	82756
湘潭市	Xiangtan	51	10	390	149	70157	33082
衡阳市	Hengyang	1266	318	15726	999	94411	37494
邵阳市	Shaoyang	3445	214	4654	72	46842	17705
岳阳市	Yueyang	7968	1272	2076	134	84332	44729
常德市	Changde	591	409	2376		70668	30203
张家界市	Zhangjiajie	366	333	128	38	6282	2534
益阳市	Yiyang	784	305	131		51501	30133
郴州市	Chenzhou	1916	120	22094	5308	50072	23336
永州市	Yongzhou	2987	312	1654	54	52882	12504
怀化市	Huaihua	1139		1634		17064	1664
娄底市	Loudi	1453	60	12472	2261	53440	23788
广东省	**Guangdong**						
广州市	Guangzhou	1735	1735			769562	769562
韶关市	Shaoguan	1482	226	4246	1577	82454	51846
深圳市	Shenzhen	498	498	3653	3653	2315546	2315546
珠海市	Zhuhai	6467	6467	287	287	380085	380085
汕头市	Shantou	548	531	693	693	201870	201856
佛山市	Foshan	195	195	417	417	1101962	1101962
江门市	Jiangmen	566	18	72	72	271835	169886
湛江市	Zhanjiang	14420	2203	4126	3170	67867	35940
茂名市	Maoming	7303	1373	1904	853	76750	27994
肇庆市	Zhaoqing	861	113	1348	668	164711	126836
惠州市	Huizhou	1111	205	199	98	663611	522305
梅州市	Meizhou	358	39	1012	794	59949	28948
汕尾市	Shanwei	1225	21	306	306	99122	44842
河源市	Heyuan	729	102	653	23	113008	78582
阳江市	Yangjiang	4174	2493	124		58467	35012
清远市	Qingyuan	1410	151	392	142	120310	81253
东莞市	Dongguan	308		35		1891340	
中山市	Zhongshan					534535	
潮州市	Chaozhou	143	38	23	23	86370	80943
揭阳市	Jieyang	1855	121			164855	63531
云浮市	Yunfu	435	42	2461	2334	63489	21712
广西壮族自治区	**Guangxi**						
南宁市	Nanning	9411	5843	201	101	116298	96759
柳州市	Liuzhou	4187	2328	76	76	147362	133890
桂林市	Guilin	4403	1061	4278	545	72502	47397
梧州市	Wuzhou	736	204	1978	222	76516	45222
北海市	Beihai	4894	4107	1118	876	37234	35340
防城港市	Fangchenggang	9750	5365	40	40	6612	5362
钦州市	Qinzhou	2896	1328	950	950	28066	18645
贵港市	Guigang	1040	384			33111	14097

2-26 续表 5 continued 5

单位：人 (person)

城 市	City	第一产业(农、林、牧、渔业) Primary Industry		第二产业(1)采矿业 Secondary Industry: Mining		(2)制造业 Manufacturing	
		全 市 Total City	市辖区 Districts under City	全 市 Total City	市辖区 Districts under City	全 市 Total City	市辖区 Districts under City
玉林市	Yulin	6751	806	21	21	57081	16477
百色市	Baise	2427	193	13627	10449	25573	5625
贺州市	Hezhou	1574	736	742	28	11598	7113
河池市	Hechi	3287	430	5778	4407	17863	8742
来宾市	Laibin	9038	6550	1079		16408	11527
崇左市	Chongzuo	12181	409	4365	4026	19238	4608
海南省	**Hainan**						
海口市	Haikou	36824	36824	12	12	45584	45584
三亚市	Sanya	3878	3878	36	36	3479	3479
三沙市	Sansha						
儋州市	Danzhou						
重庆市	**Chongqing**	**11669**	**9256**	**40503**	**35728**	**837781**	**795995**
四川省	**Sichuan**						
成都市	Chengdu	37375		28142		1101953	
自贡市	Zigong	624	406	4392	3702	32646	24890
攀枝花市	Panzhihua	3240	2556	35357	21926	72448	66434
泸州市	Luzhou	482	13	2622		41967	22698
德阳市	Deyang	199		3385	1333	110856	46656
绵阳市	Mianyang	750	200	784	29	120659	96143
广元市	Guangyuan	444		6465	4892	12781	9935
遂宁市	Suining			803		41988	23029
内江市	Neijiang	720	223	3326		54583	19884
乐山市	Leshan	2366	1200	6124	2640	59043	27146
南充市	Nanchong	884	428	233	233	79377	41863
眉山市	Meishan	629		400		48135	24950
宜宾市	Yibin	2026	1508	9240	40	96578	77351
广安市	Guang'an	3399	118	10958	30	67403	3324
达州市	Dazhou	4076	517	45702	21297	66552	28801
雅安市	Ya'an	748	87	2096		13193	8752
巴中市	Bazhong	1600	405	5750	166	37403	13469
资阳市	Ziyang	268	201			24089	20383
贵州省	**Guizhou**						
贵阳市	Guiyang	1397	302	6491	4355	144558	113583
六盘水市	Liupanshui	643	15	67649	18073	22081	11920
遵义市	Zunyi	771	12	8651	3687	70391	32895
安顺市	Anshun	1116	725	4989	3657	59927	54756
毕节市	Bijie	1210	264	24537	49	20491	8276
铜仁市	Tongren	876	162	3182	844	14589	3769
云南省	**Yunnan**						
昆明市	Kunming	3277	1600	20503	15493	170628	112735
曲靖市	Qujing	1124	239	53738	8744	92116	47531
玉溪市	Yuxi	2039	339	7648	347	78095	41828
保山市	Baoshan	2752	1377	2411	352	35775	11894
昭通市	Zhaotong	1685	57	11860		16575	6328
丽江市	Lijiang	568	98	936		3656	1051
普洱市	Pu'er	1447	11	2779	504	33165	11971
临沧市	Lincang	10114	411	1390	40	22217	2833

2-26 续表 6 continued 6

单位：人 (person)

城 市	City	第一产业(农、林、牧、渔业) Primary Industry		第二产业(1)采矿业 Secondary Industry: Mining		(2)制造业 Manufacturing	
		全 市 Total City	市辖区 Districts under City	全 市 Total City	市辖区 Districts under City	全 市 Total City	市辖区 Districts under City
西藏自治区	**Tibet**						
拉萨市	Lasa	88780		2958		11428	
日喀则市	Xigaze	372		633		713	
昌都市	Qamdo	446	74	655		728	
林芝市	Linzhi	877				1156	
山南市	Shannan	71		453	26	613	49
那曲市	Naqu	1506				97	
陕西省	**Shaanxi**						
西安市	Xi'an	1973	1154	5064	5064	484423	479254
铜川市	Tongchuan	176	176	22547	21767	18548	18044
宝鸡市	Baoji	2488	331	11205	105	141317	87356
咸阳市	Xianyang	1900	463	29151		108676	37034
渭南市	Weinan	6217	1329	45431		81138	20534
延安市	Yan'an	2409	268	76184	1035	26508	1510
汉中市	Hanzhong	1401	169	9947	163	52693	15860
榆林市	Yulin	4159	613	71614	8476	65321	10701
安康市	Ankang	354	84	4210	210	18526	5942
商洛市	Shangluo	1937	930	7209	186	24356	8114
甘肃省	**Gansu**						
兰州市	Lanzhou	570	570	11184	11079	102462	69554
嘉峪关市	Jiayuguan	8174		17		37943	
金昌市	Jinchang	2511		171		39589	33899
白银市	Baiyin	2083		17514	16757	30061	27383
天水市	Tianshui	5544	1741	652	340	34196	30871
武威市	Wuwei	2757	2005	2199	90	12114	8821
张掖市	Zhangye	2680	1110	2791		10731	4295
平凉市	Pingliang	2962	130	26677		4248	2915
酒泉市	Jiuquan	6791	1060	2661	58	19943	5577
庆阳市	Qingyang	394	10	21136	19910	3160	1817
定西市	Dingxi	1205		453		10246	2626
陇南市	Longnan	19380	1160	8700	200	12500	239
青海省	**Qinghai**						
西宁市	Xining	1101	331	826	69	59564	32769
海东市	Haidong	2203	878	375	178	8423	2333
宁夏回族自治区	**Ningxia**						
银川市	Yinchuan	5031	1897	31008	31008	65573	32083
石嘴山市	Shizuishan	629	548	1343	1343	31533	21069
吴忠市	Wuzhong	2463	1365	602	497	19394	5960
固原市	Guyuan	1269	833	2940	267	1949	1136
中卫市	Zhongwei	2717	690			6432	5635
新疆维吾尔自治区	**Xinjiang**						
乌鲁木齐市	Urumqi	9742	9706	14607	14407	67580	67537
克拉玛依市	Karamay	93	93	66308	66308	26159	26159
吐鲁番市	Turpan	1136	784	18029	457	21166	5227
哈密市	Hami	14694	11366	15457	13736	15146	11724

2-27 按行业分组的年末城镇单位从业人员(二)
Persons Employed in Urban Units by Sector in Detail at Year-end(Ⅱ)

单位：人 (person)

城市	City	(3)电力、热力、燃气及水生产和供应业 Production and Distribution of Electricity, Gas and Water		(4)建筑业 Construction		第三产业(1)批发和零售业 Wholesale and Retail Trades	
		全市 Total City	市辖区 Districts under City	全市 Total City	市辖区 Districts under City	全市 Total City	市辖区 Districts under City
北京市	**Beijing**	**90362**	**90362**	**466160**	**466160**	**767973**	**767973**
天津市	**Tianjin**	**40786**	**40786**	**281197**	**281197**	**153182**	**153182**
河北省	**Hebei**						
石家庄市	Shijiazhuang	22899	18399	63113	51891	48971	41681
唐山市	Tangshan	22383	20331	29178	22963	29914	15570
秦皇岛市	Qinhuangdao	10096	9517	14872	11865	3853	3399
邯郸市	Handan	25577	23133	48533	37437	19477	15829
邢台市	Xingtai	18680	9489	11498	8309	6917	5198
保定市	Baoding	18784	16847	105957	71068	19208	14724
张家口市	Zhangjiakou	13214	10311	7536	5354	9498	6846
承德市	Chengde	7629	5556	18835	8161	5803	4033
沧州市	Cangzhou	13400	10259	16374	7960	9735	6893
廊坊市	Langfang	19759	11774	84557	61126	32306	7694
衡水市	Hengshui	12304	11557	12953	4063	12659	7612
山西省	**Shanxi**						
太原市	Taiyuan	36038	34107	147126	144566	42408	38975
大同市	Datong	11500	9746	15286	13133	12618	9758
阳泉市	Yangquan	8641	5193	16877	16692	8708	6879
长治市	Changzhi	11895	7198	14635	11724	8983	4499
晋城市	Jincheng	9059	3981	11946	10353	13780	6150
朔州市	Shuozhou	10500	8105	13013	7471	7931	3706
晋中市	Jinzhong	8613	4780	16786	9766	10235	5701
运城市	Yuncheng	7435	3475	21972	2983	11870	5272
忻州市	Xinzhou	7099	636	16175	8007	12409	6207
临汾市	Linfen	12681	6637	11101	4799	8544	3605
吕梁市	Lvliang	5590	624	6771	4143	10800	3282
内蒙古自治区	**Inner Mongolia**						
呼和浩特市	Hohhot	24019	19301	34699	32558	22471	21240
包头市	Baotou	16426	15158	33503	29521	10291	10006
乌海市	Wuhai	6797	6797	10177	10177	1587	1587
赤峰市	Chifeng	10203	7347	22197	8400	8362	5585
通辽市	Tongliao	12273	9091	9440	5822	6180	5354
鄂尔多斯市	Erdos	16202	6706	10633	6978	8713	5117
呼伦贝尔市	Hulunbuir	15090	6156	20129	2792	7622	4808
巴彦淖尔市	Bayannur	7637	5270	6655	5409	4958	3513
乌兰察布市	Ulanqab	10943	7082	3769	1941	6312	5027
辽宁省	**Liaoning**						
沈阳市	Shenyang	32125	29499	165975	162105	71401	70319
大连市	Dalian	15528	13728	60361	51254	45310	44353
鞍山市	Anshan	10616	8077	54988	45236	15599	11216
抚顺市	Fushun	10967	10267	19322	16640	6640	6169
本溪市	Benxi	7044	6264	24176	19002	6421	5911
丹东市	Dandong	7261	5083	19923	9081	6038	5057
锦州市	Jinzhou	9409	8311	29446	25940	6830	6037
营口市	Yingkou	9067	8290	13212	10157	12443	9766
阜新市	Fuxin	7662	6381	14059	11117	4304	3313
辽阳市	Liaoyang	1347	1071	19191	15771	3345	3127

2-27 续表 1 continued 1

单位：人 (person)

城市	City	(3)电力、热力、燃气及水生产和供应业 Production and Distribution of Electricity, Gas and Water		(4)建筑业 Construction		第三产业(1)批发和零售业 Wholesale and Retail Trades	
		全市 Total City	市辖区 Districts under City	全市 Total City	市辖区 Districts under City	全市 Total City	市辖区 Districts under City
盘锦市	Panjin	5123	5077	24403	23670	6026	5697
铁岭市	Tieling	8519	6070	15530	4187	6866	5007
朝阳市	Chaoyang	8789	6590	17097	6077	8271	7009
葫芦岛市	Huludao	6181	4020	20398	16886	4567	3003
吉林省	**Jilin**						
长春市	Changchun	58539	53834	135954	131086	63672	57458
吉林市	Jilin	13348	9166	25739	20959	10161	7369
四平市	Siping	7235	3714	8932	3255	6618	4300
辽源市	Liaoyuan	3365	2591	4385	4075	2909	1772
通化市	Tonghua	7203	3827	16614	6128	6884	2805
白山市	Baishan	6475	3552	7625	4868	2797	1923
松原市	Songyuan	8221	1569	12867	5960	6502	2999
白城市	Baicheng	5529	2213	12600	7559	6233	4022
黑龙江省	**Heilongjiang**						
哈尔滨市	Harbin	58842	51631	103179	97259	92580	85317
齐齐哈尔市	Qiqihar	13388	8748	13066	9534	9787	7034
鸡西市	Jixi	6831	3774	9246	6350	8780	2972
鹤岗市	Hegang	6444	4512	7394	5086	7223	2359
双鸭山市	Shuangyashan	6296	3665	4547	4079	3887	2111
大庆市	Daqing	30827	28561	44424	41468	18104	11506
伊春市	Yichun	4665	4597	4395	3924	1708	1628
佳木斯市	Jiamusi	7113	4540	13714	5874	9252	4143
七台河市	Qitaihe	2195	1869	1896	1447	1489	1220
牡丹江市	Mudanjiang	10334	7229	16165	4262	8165	3293
黑河市	Heihe	5941	2774	2575	1001	3946	491
绥化市	Suihua	8569	84	13054	2001	13485	4014
上海市	**Shanghai**	**41367**	**41367**	**312508**	**312508**	**800561**	**800561**
江苏省	**Jiangsu**						
南京市	Nanjing	16900	16900	434600	434600	155300	155300
无锡市	Wuxi	12563	6533	83004	42189	49166	38269
徐州市	Xuzhou	7876	5530	268672	102474	34761	18955
常州市	Changzhou	5638	5044	80363	70131	20466	18760
苏州市	Suzhou	14599	5953	113678	66387	114973	52642
南通市	Nantong	8862	4523	1281113	385829	37277	23041
连云港市	Lianyungang	6651	5673	90399	55799	19413	16880
淮安市	Huai'an	5239	4370	208224	163876	16119	11956
盐城市	Yancheng	7570	2871	287599	114614	21602	10867
扬州市	Yangzhou	7000	5999	467800	346133	17600	13375
镇江市	Zhenjiang	6163	4031	45586	27141	13046	6795
泰州市	Taizhou	5970	1867	587171	295639	25936	17060
宿迁市	Suqian	3913	913	121718	73243	12902	9225
浙江省	**Zhejiang**						
杭州市	Hangzhou	18581	16061	710028	703495	172071	166729
宁波市	Ningbo	16272	9277	297178	94176	68317	56998
温州市	Wenzhou	18475	7596	372711	110676	26205	14613
嘉兴市	Jiaxing	10819	3212	51257	30303	23633	11883
湖州市	Huzhou	8053	2537	125632	94775	13499	7591

2-27 续表 2 continued 2

单位：人 (person)

城市	City	(3)电力、热力、燃气及水生产和供应业 Production and Distribution of Electricity, Gas and Water		(4)建筑业 Construction		第三产业(1)批发和零售业 Wholesale and Retail Trades	
		全市 Total City	市辖区 Districts under City	全市 Total City	市辖区 Districts under City	全市 Total City	市辖区 Districts under City
绍兴市	Shaoxing	12432	9320	628677	455189	22503	15311
金华市	Jinhua	9659	2677	294922	27652	18981	10419
衢州市	Quzhou	5016	2569	17313	9662	5489	3956
舟山市	Zhoushan	4046	3647	24693	19959	6511	5686
台州市	Taizhou	11678	5063	355650	114592	23584	12140
丽水市	Lishui	6420	1784	5352	712	3443	1966
安徽省	**Anhui**						
合肥市	Hefei	42117	38120	463759	400814	83586	75370
芜湖市	Wuhu	4153	3224	61171	33468	24780	21277
蚌埠市	Bengbu	3821	1731	54461	49986	11137	9037
淮南市	Huainan	18694	8014	23107	17910	10135	8296
马鞍山市	Maanshan	3618	2656	31462	15489	5149	3354
淮北市	Huaibei	3171	2622	18680	16913	2648	2011
铜陵市	Tongling	1926	1801	31832	26969	4466	4189
安庆市	Anqing	5210	2079	40270	23470	12882	7906
黄山市	Huangshan	1484	988	15969	11788	3096	2518
滁州市	Chuzhou	2223	750	19808	11162	7691	4445
阜阳市	Fuyang	8133	2842	35521	27454	17052	11455
宿州市	Suzhou						
六安市	Lu'an	18108	1312	28570	7477	210440	7125
亳州市	Bozhou	885	376	21560	8096	14738	8045
池州市	Chizhou	1087	759	13725	8061	4369	3136
宣城市	Xuancheng	1469	447	13225	3271	6709	3741
福建省	**Fujian**						
福州市	Fuzhou	17325	9839	530931	361892	76528	66275
厦门市	Xiamen	7225	7225	437016	437016	82305	82305
莆田市	Putian	4714	3974	150011	125562	25641	22915
三明市	Sanming	8877	1774	31449	17996	8187	5104
泉州市	Quanzhou	14559	2957	389912	88042	42411	21186
漳州市	Zhangzhou	9595	2918	93342	32420	15551	8011
南平市	Nanping	7246	2874	32579	25693	7779	4620
龙岩市	Longyan	6759	3008	62542	9207	17660	10080
宁德市	Ningde	10924	3473	39854	25782	10369	4873
江西省	**Jiangxi**						
南昌市	Nanchang	9419	8027	435935	350001	76305	65024
景德镇市	Jingdezhen	2613	1837	12274	6393	13135	12634
萍乡市	Pingxiang	2271	864	24634	18849	4031	3796
九江市	Jiujiang	5058	3120	55377	26288	12962	7799
新余市	Xinyu	2012	1201	18912	16521	2610	2261
鹰潭市	Yingtan	1908	253	26908	4789	4282	1707
赣州市	Ganzhou	3467	1403	32469	17402	11930	8893
吉安市	Ji'an	4429	1447	33215	8770	9635	5447
宜春市	Yichun	4322	615	41107	4910	20819	3874
抚州市	Fuzhou	1788	419	115902	95930	7346	3614
上饶市	Shangrao	2716	954	80482	45206	14687	4158
山东省	**Shandong**						
济南市	Jinan	12848	11581	264551	236392	97231	92064

2-27 续表 3 continued 3

单位：人 (person)

城 市	City	(3)电力、热力、燃气及水生产和供应业 Production and Distribution of Electricity, Gas and Water		(4)建筑业 Construction		第三产业(1)批发和零售业 Wholesale and Retail Trades	
		全 市 Total City	市辖区 Districts under City	全 市 Total City	市辖区 Districts under City	全 市 Total City	市辖区 Districts under City
青岛市	Qingdao	20430	16552	141625	105564	81842	73802
淄博市	Zibo	15797	13823	226662	80690	24484	21140
枣庄市	Zaozhuang	5450	3014	80508	30700	14584	8511
东营市	Dongying	2117	1674	43176	32294	11877	11327
烟台市	Yantai	11639	5730	70643	26580	38159	26107
潍坊市	Weifang	8481	4005	91743	44645	39594	28189
济宁市	Jining	11582	5847	111161	45312	23983	14322
泰安市	Tai'an	8507	3304	134053	32873	38096	15123
威海市	Weihai	9400	7235	33190	21481	18156	15820
日照市	Rizhao	3628	2202	44565	32653	15444	10096
莱芜市	Laiwu	2014	2014	18718	18718	6183	6183
临沂市	Linyi	6856	4066	126683	51098	43549	26167
德州市	Dezhou	6537	3517	55251	31597	26640	10424
聊城市	Liaocheng	5192	1588	36850	15480	16000	11691
滨州市	Binzhou	8474	3448	35548	13773	15228	7583
菏泽市	Heze	5287	2651	81506	48377	15155	10060
河南省	**Henan**						
郑州市	Zhengzhou	28696	10356	323504	261124	103958	89231
开封市	Kaifeng	8983	4259	79825	53400	34753	17107
洛阳市	Luoyang	15458	8198	85608	60031	27793	20676
平顶山市	Pingdingshan	27934	25605	42425	27632	21646	12307
安阳市	Anyang	9765	5404	189145	39333	14183	5134
鹤壁市	Hebi	2111	1718	25284	23295	5660	4329
新乡市	Xinxiang	9647	3457	176600	43303	15717	8246
焦作市	Jiaozuo	11460	5590	23714	15168	23593	17305
濮阳市	Puyang	15466	11606	81393	67203	14300	7641
许昌市	Xuchang	8143	3193	35876	20623	17297	10418
漯河市	Luohe	3816	2830	25288	18564	16820	11387
三门峡市	Sanmenxia	7454	4890	16020	12020	7433	4733
南阳市	Nanyang	7383	2921	129840	45497	40160	13785
商丘市	Shangqiu	9163	1876	117023	45590	53911	19353
信阳市	Xinyang	11055	3999	117689	32870	41477	23599
周口市	Zhoukou	4558	984	97482	27609	30146	6998
驻马店市	Zhumadian	10491	4703	122668	53543	65043	20328
湖北省	**Hubei**						
武汉市	Wuhan	16008	16008	511635	511635	198133	198133
黄石市	Huangshi	4240	2102	66400	26277	9863	7379
十堰市	Shiyan	15532	4749	61389	45103	114190	92791
宜昌市	Yichang	13619	7310	122642	107331	98778	39314
襄阳市	Xiangyang	7039	3951	151770	59858	117629	14342
鄂州市	Ezhou	3293	3293	59420	59420	12512	12512
荆门市	Jingmen	6844	4503	49963	15021	35895	11120
孝感市	Xiaogan	7776	1442	170400	103477	72740	29952
荆州市	Jingzhou	6781	2096	51490	20482	16019	10343
黄冈市	Huanggang	9034	798	215728	63408	38147	10802
咸宁市	Xianning	3120	1184	31917	16915	7408	2151
随州市	Suizhou	1088	599	26659	21003	7613	3067

2-27 续表 4 continued 4

单位：人 (person)

城市	City	(3)电力、热力、燃气及水生产和供应业 Production and Distribution of Electricity, Gas and Water		(4)建筑业 Construction		第三产业(1)批发和零售业 Wholesale and Retail Trades	
		全市 Total City	市辖区 Districts under City	全市 Total City	市辖区 Districts under City	全市 Total City	市辖区 Districts under City
湖南省	**Hunan**						
长沙市	Changsha	8225	6485	224637	192696	68510	60221
株洲市	Zhuzhou	5424	2732	89887	48555	13015	9927
湘潭市	Xiangtan	3672	1809	120749	79734	7592	1979
衡阳市	Hengyang	8229	1972	115815	48180	12965	10054
邵阳市	Shaoyang	6295	1429	82491	43217	10461	3416
岳阳市	Yueyang	6516	3038	86580	42560	16728	8201
常德市	Changde	5780	2021	100472	44106	17046	14015
张家界市	Zhangjiajie	1009	591	11967	6546	2773	2436
益阳市	Yiyang	3194	1398	54450	34691	5339	3727
郴州市	Chenzhou	12464	4328	50506	25374	13754	10141
永州市	Yongzhou	7920	1379	50609	15305	8555	5892
怀化市	Huaihua	8064	713	26193	8957	6952	5356
娄底市	Loudi	3374	535	74820	38096	5878	2601
广东省	**Guangdong**						
广州市	Guangzhou	36555	36555	267087	267087	281509	281509
韶关市	Shaoguan	8431	4064	54830	37872	12559	9771
深圳市	Shenzhen	21082	21082	330464	330464	279880	279880
珠海市	Zhuhai	5835	5835	64040	64040	37075	37075
汕头市	Shantou	4781	4536	140845	140737	31050	30722
佛山市	Foshan	14388	14388	51835	51835	64119	64119
江门市	Jiangmen	8263	4511	46629	8818	28404	21734
湛江市	Zhanjiang	7268	4821	107365	29786	24396	12030
茂名市	Maoming	8772	5573	143497	90675	24336	17130
肇庆市	Zhaoqing	10122	7149	18686	10763	19373	16001
惠州市	Huizhou	9412	5855	17158	11339	25230	17980
梅州市	Meizhou	9068	2834	39139	13629	11401	6522
汕尾市	Shanwei	2845	464	7356	2797	5925	3280
河源市	Heyuan	3227	1153	17716	6840	8098	4700
阳江市	Yangjiang	6553	3891	43445	23252	10481	6888
清远市	Qingyuan	6285	2127	27228	22195	11355	8766
东莞市	Dongguan	8065		65874		73063	
中山市	Zhongshan	9177		36519		33587	
潮州市	Chaozhou	8358	5910	9554	9160	5459	4281
揭阳市	Jieyang	5826	2813	35073	12103	23223	8733
云浮市	Yunfu	3843	1448	12680	2482	15865	4274
广西壮族自治区	**Guangxi**						
南宁市	Nanning	49921	48476	233071	228470	45282	44055
柳州市	Liuzhou	6117	3902	187578	185018	17662	16902
桂林市	Guilin	9690	2765	68488	58284	14893	10597
梧州市	Wuzhou	6311	2717	7096	2927	4692	3390
北海市	Beihai	1960	1829	10816	5371	3991	3637
防城港市	Fangchenggang	2560	1742	9964	7262	1283	849
钦州市	Qinzhou	2554	2303	53561	46215	4625	3540
贵港市	Guigang	7224	6559	9481	3641	5312	4346

2-27 续表 5 continued 5

单位：人 (person)

城市	City	(3)电力、热力、燃气及水生产和供应业 Production and Distribution of Electricity, Gas and Water		(4)建筑业 Construction		第三产业(1)批发和零售业 Wholesale and Retail Trades	
		全市 Total City	市辖区 Districts under City	全市 Total City	市辖区 Districts under City	全市 Total City	市辖区 Districts under City
玉林市	Yulin	6063	2978	35037	7936	8405	4575
百色市	Baise	7426	1754	11318	5613	7319	3518
贺州市	Hezhou	4348	2525	1281	244	2113	1618
河池市	Hechi	6277	2368	8676	3510	5376	2938
来宾市	Laibin	3496	1899	10219	3628	2640	1402
崇左市	Chongzuo	3958	699	3549	1335	3410	1494
海南省	**Hainan**						
海口市	Haikou	10301	10301	42949	42949	39730	39730
三亚市	Sanya	2218	2218	5539	5539	6140	6140
三沙市	Sansha						
儋州市	Danzhou						
重庆市	**Chongqing**	**64709**	**57680**	**977401**	**862912**	**194727**	**179437**
四川省	**Sichuan**						
成都市	Chengdu	50226		838605		864470	
自贡市	Zigong	3862	2514	47521	41930	4378	3794
攀枝花市	Panzhihua	6832	3710	37922	35558	27454	25325
泸州市	Luzhou	3416	2315	79040	32220	15481	8353
德阳市	Deyang	3040	1976	36770	15872	9167	4696
绵阳市	Mianyang	11630	7655	88712	45841	17252	15098
广元市	Guangyuan	3186	1705	27179	18397	4020	2823
遂宁市	Suining	4846	2559	57055	15361	7185	2954
内江市	Neijiang	3685	2106	70836	15942	3869	2579
乐山市	Leshan	8004	3429	34912	24239	9827	7036
南充市	Nanchong	11602	5004	90831	21046	11848	8469
眉山市	Meishan	6163	4276	33026	14052	5823	3714
宜宾市	Yibin	9656	2205	58602	14040	5842	4913
广安市	Guang'an	6685	3955	91377	6163	13062	2226
达州市	Dazhou	14819	5183	93112	42552	30851	17653
雅安市	Ya'an	3624	1653	15694	2262	3317	2657
巴中市	Bazhong	2601	670	130746	47812	7571	4170
资阳市	Ziyang	1539	433	48300	17844	5379	2949
贵州省	**Guizhou**						
贵阳市	Guiyang	58122	55779	335528	330822	53173	49814
六盘水市	Liupanshui	7916	2156	13197	8102	7328	4227
遵义市	Zunyi	5821	2175	39449	25404	20705	13420
安顺市	Anshun	1839	619	5273	3635	7245	6426
毕节市	Bijie	7642	1349	9622	4769	13675	7328
铜仁市	Tongren	1851	404	9679	4957	5337	3846
云南省	**Yunnan**						
昆明市	Kunming	18203	13690	343971	286048	94366	88391
曲靖市	Qujing	15460	5385	93452	51163	23291	10219
玉溪市	Yuxi	5423	1716	42142	27225	26027	17964
保山市	Baoshan	3849	3191	54058	38388	7219	4776
昭通市	Zhaotong	8777	1766	22236	10911	7988	5298
丽江市	Lijiang	3451	1032	9411	2888	5578	4028
普洱市	Pu'er	6196	2151	22830	6010	6174	3290
临沧市	Lincang	3895	1794	16054	7437	5996	2115

2-27 续表 6 continued 6

单位：人 (person)

城 市	City	(3)电力、热力、燃气及水生产和供应业 Production and Distribution of Electricity, Gas and Water		(4)建筑业 Construction		第三产业(1)批发和零售业 Wholesale and Retail Trades	
		全 市 Total City	市辖区 Districts under City	全 市 Total City	市辖区 Districts under City	全 市 Total City	市辖区 Districts under City
西藏自治区	**Tibet**						
拉萨市	Lasa	22599		8420		13303	
日喀则市	Xigaze	761		1729		1233	
昌都市	Qamdo	565	70	3450	18	422	29
林芝市	Linzhi	410		158		460	
山南市	Shannan	297	32	3434	280	511	56
那曲市	Naqu	365		111		920	
陕西省	**Shaanxi**						
西安市	Xi'an	44127	43327	219593	213352	134430	129585
铜川市	Tongchuan	2448	2340	6328	6042	6099	5895
宝鸡市	Baoji	5875	2932	49503	34453	28799	20582
咸阳市	Xianyang	7733	3327	92159	32949	14652	8070
渭南市	Weinan	11480	845	48874	26492	19568	9885
延安市	Yan'an	11092	4457	25215	20567	14190	10389
汉中市	Hanzhong	3635	836	39441	26821	11218	6888
榆林市	Yulin	17256	1159	25264	12370	18978	7429
安康市	Ankang	2038	365	30035	21627	10161	7023
商洛市	Shangluo	1521	366	54867	11925	5853	3062
甘肃省	**Gansu**						
兰州市	Lanzhou	26600	24472	171646	166667	30119	27425
嘉峪关市	Jiayuguan	3199		5204		1639	
金昌市	Jinchang	2432	748	21589	21097	1801	1517
白银市	Baiyin	6582	5283	20001	12150	2465	1820
天水市	Tianshui	6899	5204	28865	22920	12792	9838
武威市	Wuwei	4704	3208	22368	20230	3389	2686
张掖市	Zhangye	6093	3408	9781	5236	3204	2597
平凉市	Pingliang	5612	2613	26279	12536	3352	2417
酒泉市	Jiuquan	5682	801	15632	10172	5910	3620
庆阳市	Qingyang	6167	4968	25638	8784	4471	3673
定西市	Dingxi	4622	1181	20476	5710	2635	1189
陇南市	Longnan	6200	1047	9700	2614	12400	12400
青海省	**Qinghai**						
西宁市	Xining	18453	16788	54736	49062	16506	15922
海东市	Haidong	581	315	3780	1941	1528	814
宁夏回族自治区	**Ningxia**						
银川市	Yinchuan	20774	17002	21051	15143	17591	15497
石嘴山市	Shizuishan	4294	3886	4742	4438	1861	1805
吴忠市	Wuzhong	6104	1424	8032	2398	2264	1828
固原市	Guyuan	624	307	3685	2175	1454	991
中卫市	Zhongwei	2287	1252	3915	2436	895	514
新疆维吾尔自治区	**Xinjiang**						
乌鲁木齐市	Urumqi	44291	44278	103483	103483	37371	37371
克拉玛依市	Karamay	756	756	10506	10506	1769	1769
吐鲁番市	Turpan	2831	874	4544	1090	28740	13268
哈密市	Hami	6571	5051	4342	3631	10226	8911

2-28 按行业分组的年末城镇单位从业人员(三)
Persons Employed in Urban Units by Sector in Detail at Year-end(Ⅲ)

单位：人 (person)

城市	City	(2)交通运输、仓储和邮政业 Traffic,Transport, Storage and Post		(3)住宿和餐饮业 Hotels and Catering Services		(4)信息传输、计算机服务和软件业 Information Transmission, Computer Services and Software	
		全市 Total City	市辖区 Districts under City	全市 Total City	市辖区 Districts under City	全市 Total City	市辖区 Districts under City
北京市	**Beijing**	**576935**	**576935**	**311052**	**311052**	**774400**	**774400**
天津市	**Tianjin**	**145358**	**145358**	**49280**	**49280**	**53464**	**53464**
河北省	**Hebei**						
石家庄市	Shijiazhuang	64559	51428	10738	9354	26236	24909
唐山市	Tangshan	41401	38615	2962	2010	5450	3829
秦皇岛市	Qinhuangdao	24757	23288	2682	2480	4885	4544
邯郸市	Handan	24596	18891	3376	1984	4815	4515
邢台市	Xingtai	8998	6948	1989	1279	3039	2969
保定市	Baoding	18675	13936	3103	1903	7421	6703
张家口市	Zhangjiakou	13060	8281	2475	1496	4971	3442
承德市	Chengde	9497	6993	1730	1501	5355	4988
沧州市	Cangzhou	15080	9462	2086	731	4508	3776
廊坊市	Langfang	25935	15882	106433	20266	53079	24242
衡水市	Hengshui	11003	7810	1619	1157	3596	2510
山西省	**Shanxi**						
太原市	Taiyuan	129856	129063	16198	16073	18687	18642
大同市	Datong	16570	15685	4151	3849	2645	2519
阳泉市	Yangquan	8072	7104	1480	726	1889	1855
长治市	Changzhi	12128	8458	2202	1014	2901	2583
晋城市	Jincheng	10622	7615	2225	992	2283	1727
朔州市	Shuozhou	5321	4100	785	737	2460	2369
晋中市	Jinzhong	9913	6951	1691	796	2528	2385
运城市	Yuncheng	10829	5823	1357	597	4130	3243
忻州市	Xinzhou	11788	9045	3065	1667	3060	2610
临汾市	Linfen	31461	5656	1085	562	4281	3836
吕梁市	Lvliang	7955	1897	2616	1369	3785	3457
内蒙古自治区	**Inner Mongolia**						
呼和浩特市	Hohhot	29622	27862	8405	7771	11237	10202
包头市	Baotou	14599	13895	7261	7182	4248	4146
乌海市	Wuhai	3317	3317	280	280	1405	1405
赤峰市	Chifeng	9909	5886	2802	1383	5539	4106
通辽市	Tongliao	8865	4836	2119	1139	5051	3848
鄂尔多斯市	Erdos	13888	6238	3926	1447	4234	3380
呼伦贝尔市	Hulunbuir	25061	3308	3576	1371	4862	4241
巴彦淖尔市	Bayannur	3827	2657	630	384	2333	2198
乌兰察布市	Ulanqab	7836	6470	2306	966	3286	2764
辽宁省	**Liaoning**						
沈阳市	Shenyang	111690	109344	25652	25565	22940	22627
大连市	Dalian	66047	63730	16504	16041	68219	68161
鞍山市	Anshan	17066	11193	2797	1886	3392	3236
抚顺市	Fushun	8831	6695	824	707	2340	2165
本溪市	Benxi	12772	12062	1376	890	2597	1936
丹东市	Dandong	7037	4583	1935	1851	3380	2537
锦州市	Jinzhou	12228	7998	858	668	6044	4708
营口市	Yingkou	35639	32783	3303	3039	3752	3114
阜新市	Fuxin	3533	2653	462	362	3954	3599
辽阳市	Liaoyang	3724	3476	286	270	2092	2092

2-28 续表 1 continued 1

单位：人 (person)

城市	City	(2)交通运输、仓储和邮政业 Traffic,Transport, Storage and Post		(3)住宿和餐饮业 Hotels and Catering Services		(4)信息传输、计算机服务和软件业 Information Transmission, Computer Services and Software	
		全市 Total City	市辖区 Districts under City	全市 Total City	市辖区 Districts under City	全市 Total City	市辖区 Districts under City
盘锦市	Panjin	7229	6837	1959	1834	1930	1930
铁岭市	Tieling	6861	3142	274	115	3082	2460
朝阳市	Chaoyang	6360	1647	489	280	3132	262
葫芦岛市	Huludao	7288	4160	833	612	2182	2159
吉林省	**Jilin**						
长春市	Changchun	50864	46168	16563	16228	35676	34321
吉林市	Jilin	10665	7142	2284	2087	5422	4951
四平市	Siping	7432	3701	1039	599	4150	2524
辽源市	Liaoyuan	2906	2029	252	159	1696	1401
通化市	Tonghua	5766	3260	1122	638	4102	2397
白山市	Baishan	4112	3063	829	356	2288	1791
松原市	Songyuan	7105	2054	2122	712	2932	2613
白城市	Baicheng	4967	1446	1014	599	3802	2749
黑龙江省	**Heilongjiang**						
哈尔滨市	Harbin	103146	92075	26260	25957	45968	43967
齐齐哈尔市	Qiqihar	43233	32354	466	321	5087	4450
鸡西市	Jixi	8587	3724	2483	174	2233	2197
鹤岗市	Hegang	4948	1727	2873	332	1332	1135
双鸭山市	Shuangyashan	6149	2113	202	68	2149	1889
大庆市	Daqing	14583	13045	1979	1364	6699	6594
伊春市	Yichun	3767	2681	503	480	2490	2476
佳木斯市	Jiamusi	8080	3260	640	385	2983	2762
七台河市	Qitaihe	3054	2516	96	96	1199	1098
牡丹江市	Mudanjiang	8490	1152	1135	706	3506	2523
黑河市	Heihe	7374	3206	865	512	2406	1869
绥化市	Suihua	11209	595	577	248	4342	24
上海市	**Shanghai**	**511430**	**511430**	**255494**	**255494**	**307312**	**307312**
江苏省	**Jiangsu**						
南京市	Nanjing	142300	142300	45100	45100	145100	145100
无锡市	Wuxi	29855	21865	21889	19019	26268	24180
徐州市	Xuzhou	46058	33452	4368	3383	6616	4826
常州市	Changzhou	19245	17634	16037	14790	6507	6088
苏州市	Suzhou	73206	38046	38326	30928	41493	31559
南通市	Nantong	27618	19189	5685	2106	10324	5522
连云港市	Lianyungang	29959	25637	2572	2153	5542	4537
淮安市	Huai'an	16836	12132	4767	3310	5415	4438
盐城市	Yancheng	24949	10491	6704	3357	7572	5540
扬州市	Yangzhou	23400	16265	8800	7453	9200	8434
镇江市	Zhenjiang	12377	9190	4675	3411	4121	3096
泰州市	Taizhou	26440	12116	4623	3030	6855	4997
宿迁市	Suqian	9126	5999	2030	1365	4433	2861
浙江省	**Zhejiang**						
杭州市	Hangzhou	113731	109199	68136	64461	161076	160011
宁波市	Ningbo	61473	51706	15310	10617	24061	17407
温州市	Wenzhou	35825	22131	11605	5763	7990	5559
嘉兴市	Jiaxing	17997	8493	6311	3122	5515	3747
湖州市	Huzhou	9017	5835	11954	9157	4303	3441

2-28 续表 2 continued 2

单位：人 (person)

城市	City	(2)交通运输、仓储和邮政业 Traffic,Transport, Storage and Post		(3)住宿和餐饮业 Hotels and Catering Services		(4)信息传输、计算机服务和软件业 Information Transmission, Computer Services and Software	
		全市 Total City	市辖区 Districts under City	全市 Total City	市辖区 Districts under City	全市 Total City	市辖区 Districts under City
绍兴市	Shaoxing	14627	11262	5834	4786	4882	4347
金华市	Jinhua	21766	8077	7317	1332	8259	4626
衢州市	Quzhou	5209	4243	1592	865	3058	2558
舟山市	Zhoushan	18592	15381	3671	3456	2443	2350
台州市	Taizhou	13475	7310	6473	2142	5587	4645
丽水市	Lishui	6348	2601	2008	1092	3180	1908
安徽省	**Anhui**						
合肥市	Hefei	93653	85362	24503	22234	39948	37525
芜湖市	Wuhu	28593	25640	5096	4543	4046	3721
蚌埠市	Bengbu	13656	11433	1587	1395	2242	1832
淮南市	Huainan	9529	7996	1243	933	1676	1604
马鞍山市	Maanshan	6875	5631	402	402	3557	3248
淮北市	Huaibei	4887	3942	652	652	2203	2107
铜陵市	Tongling	6033	5588	1367	1327	1300	1099
安庆市	Anqing	10406	7421	3707	2103	5429	3817
黄山市	Huangshan	3966	3020	3690	2901	1898	1612
滁州市	Chuzhou	9158	5680	1145	614	2340	2070
阜阳市	Fuyang	17810	11758	1497	1006	3360	2817
宿州市	Suzhou						
六安市	Lu'an	165844	3250	78911	778	15720	5234
亳州市	Bozhou	14061	3595	3159	1602	2411	1572
池州市	Chizhou	4140	2764	1250	634	1476	1140
宣城市	Xuancheng	4338	1706	1445	689	2722	819
福建省	**Fujian**						
福州市	Fuzhou	47532	40367	25574	21035	40706	40047
厦门市	Xiamen	66658	66658	35979	35979	33212	33212
莆田市	Putian	8657	7672	4945	4338	4760	4488
三明市	Sanming	9725	4407	1120	311	3624	2960
泉州市	Quanzhou	24959	14841	14942	5822	13510	10864
漳州市	Zhangzhou	10693	7038	5496	2211	3413	2902
南平市	Nanping	10668	5730	3500	325	3294	2612
龙岩市	Longyan	10649	7506	5425	2900	2754	2076
宁德市	Ningde	11096	4883	2761	1468	3217	2179
江西省	**Jiangxi**						
南昌市	Nanchang	41649	39679	12505	11928	34125	33963
景德镇市	Jingdezhen	8307	5245	2348	1843	1588	1436
萍乡市	Pingxiang	4449	4063	686	576	1636	1599
九江市	Jiujiang	14613	7731	5911	1962	4304	3532
新余市	Xinyu	3792	3173	1942	1839	955	774
鹰潭市	Yingtan	6327	4241	2184	1266	1502	1241
赣州市	Ganzhou	15222	9726	4737	2979	5413	4968
吉安市	Ji'an	14378	6481	3218	939	3282	2866
宜春市	Yichun	15993	7948	3326	1394	2763	1786
抚州市	Fuzhou	11849	3314	1598	890	2542	2222
上饶市	Shangrao	7986	3856	3876	788	3820	2909
山东省	**Shandong**						
济南市	Jinan	47014	45624	24141	23683	83820	83762

2-28 续表 3 continued 3

单位：人 (person)

城 市	City	(2)交通运输、仓储和邮政业 Traffic,Transport, Storage and Post		(3)住宿和餐饮业 Hotels and Catering Services		(4)信息传输、计算机服务和软件业 Information Transmission, Computer Services and Software	
		全 市 Total City	市辖区 Districts under City	全 市 Total City	市辖区 Districts under City	全 市 Total City	市辖区 Districts under City
青岛市	Qingdao	71938	67888	28223	27064	17075	16828
淄博市	Zibo	14554	11655	5996	4979	14699	13987
枣庄市	Zaozhuang	9739	6472	2524	1562	2016	2016
东营市	Dongying	6461	6043	11408	10416	3897	3897
烟台市	Yantai	48246	35200	11329	6430	10665	8772
潍坊市	Weifang	21122	13327	8826	4912	12271	10584
济宁市	Jining	21236	12957	7679	3898	4496	3743
泰安市	Tai'an	17227	9784	6574	4853	5995	5389
威海市	Weihai	15659	11855	6910	4676	3535	3047
日照市	Rizhao	26958	24952	2545	2207	2161	2086
莱芜市	Laiwu	8233	8233	1343	1343	974	974
临沂市	Linyi	22939	11407	6460	4398	10167	9296
德州市	Dezhou	16341	7741	5884	3870	5429	3272
聊城市	Liaocheng	20090	10382	4198	2429	3256	2495
滨州市	Binzhou	13590	5239	2602	1408	4454	3257
菏泽市	Heze	15637	12641	2682	1906	3733	3345
河南省	**Henan**						
郑州市	Zhengzhou	79268	69743	29616	25394	44004	43216
开封市	Kaifeng	11505	6876	6028	5147	4342	2989
洛阳市	Luoyang	19225	12960	8022	6126	13825	13780
平顶山市	Pingdingshan	13129	6547	4602	2641	2950	2234
安阳市	Anyang	12960	8350	3004	1357	4623	3540
鹤壁市	Hebi	3325	2205	1515	1415	1503	1429
新乡市	Xinxiang	10538	5583	3852	1726	4465	3719
焦作市	Jiaozuo	28482	15538	3223	1957	4811	3864
濮阳市	Puyang	10084	5189	1678	1181	3874	2787
许昌市	Xuchang	7968	3956	5181	3207	4535	4025
漯河市	Luohe	11691	8960	1987	1206	1384	1298
三门峡市	Sanmenxia	6140	4017	2300	1479	2993	2993
南阳市	Nanyang	27751	5784	8737	2809	5349	502
商丘市	Shangqiu	28791	13043	5211	1324	9962	5160
信阳市	Xinyang	20123	8942	6642	3726	9223	5120
周口市	Zhoukou	23326	9766	3025	876	7447	6317
驻马店市	Zhumadian	24689	11863	11724	2448	6915	3807
湖北省	**Hubei**						
武汉市	Wuhan	118522	118522	54605	54605	50113	50113
黄石市	Huangshi	8952	6174	3324	2560	1854	1460
十堰市	Shiyan	14642	10471	10225	4785	7978	6976
宜昌市	Yichang	50792	13256	24111	13890	6762	6039
襄阳市	Xiangyang	36626	11979	16885	3520	10323	3973
鄂州市	Ezhou	5353	5353	4184	4184	1841	1841
荆门市	Jingmen	17800	8203	7803	4032	6084	963
孝感市	Xiaogan	19476	3857	33769	24551	6832	2990
荆州市	Jingzhou	14778	9115	3241	1340	5800	3251
黄冈市	Huanggang	12418	3489	15608	1657	6003	2809
咸宁市	Xianning	8849	2788	1909	884	3500	2288
随州市	Suizhou	3957	2469	1874	1502	1185	308

2-28 续表 4 continued 4

单位：人 (person)

城 市	City	(2)交通运输、仓储和邮政业 Traffic,Transport, Storage and Post		(3)住宿和餐饮业 Hotels and Catering Services		(4)信息传输、计算机服务和软件业 Information Transmission, Computer Services and Software	
		全 市 Total City	市辖区 Districts under City	全 市 Total City	市辖区 Districts under City	全 市 Total City	市辖区 Districts under City
湖南省	**Hunan**						
长沙市	Changsha	47086	33350	26194	23002	20230	19519
株洲市	Zhuzhou	9253	7463	4929	3615	4139	3468
湘潭市	Xiangtan	6523	6291	2858	1745	2157	1908
衡阳市	Hengyang	14008	9446	5703	4590	4791	3872
邵阳市	Shaoyang	11069	6425	1490	181	4179	2255
岳阳市	Yueyang	10408	7537	5142	2442	6331	5427
常德市	Changde	10301	5997	5074	1964	5391	3911
张家界市	Zhangjiajie	3053	2801	4396	3764	1909	1758
益阳市	Yiyang	5169	4426	1429	1338	3013	2407
郴州市	Chenzhou	9187	6424	4235	2661	3903	2861
永州市	Yongzhou	10590	6255	1393	501	4419	2801
怀化市	Huaihua	11922	7653	1683	549	3688	2766
娄底市	Loudi	7439	3969	1802	1162	2589	2222
广东省	**Guangdong**						
广州市	Guangzhou	302267	302267	99847	99847	165897	165897
韶关市	Shaoguan	8441	5913	4603	1959	2839	2609
深圳市	Shenzhen	262179	262179	106309	106309	192466	192466
珠海市	Zhuhai	26271	26271	24995	24995	28360	28360
汕头市	Shantou	15527	15279	6714	6575	6396	6346
佛山市	Foshan	43181	43181	19695	19695	14439	14439
江门市	Jiangmen	17536	13171	9986	6144	5967	5471
湛江市	Zhanjiang	24453	17464	8010	4854	7133	4209
茂名市	Maoming	13576	8075	4617	3319	4395	2486
肇庆市	Zhaoqing	10176	7691	4914	3200	3984	3519
惠州市	Huizhou	19568	15217	9675	5446	7129	6228
梅州市	Meizhou	7399	4258	2512	1033	4465	3407
汕尾市	Shanwei	4624	2400	2175	1358	3828	2630
河源市	Heyuan	7665	4171	3283	1764	3090	2773
阳江市	Yangjiang	8335	5426	2575	1263	2620	1997
清远市	Qingyuan	6664	3994	6091	3963	3382	2346
东莞市	Dongguan	29296		28609		25104	
中山市	Zhongshan	13662		13132		6407	
潮州市	Chaozhou	3067	2449	1334	1118	2551	2134
揭阳市	Jieyang	5587	3711	3149	1412	5308	3806
云浮市	Yunfu	3466	1666	2763	1414	2217	1793
广西壮族自治区	**Guangxi**						
南宁市	Nanning	50257	48685	20070	19926	14146	13936
柳州市	Liuzhou	15731	14786	3963	3531	2739	2686
桂林市	Guilin	9869	7662	6947	6416	3710	3506
梧州市	Wuzhou	5618	3928	1090	834	1530	1251
北海市	Beihai	4044	3608	2292	2239	1490	1393
防城港市	Fangchenggang	6762	6416	855	761	1072	1067
钦州市	Qinzhou	4864	3679	1106	743	1447	1427
贵港市	Guigang	6230	3720	763	476	1566	1313

2-28 续表 5 continued 5

单位：人 (person)

城 市	City	(2)交通运输、仓储和邮政业 Traffic,Transport, Storage and Post		(3)住宿和餐饮业 Hotels and Catering Services		(4)信息传输、计算机服务和软件业 Information Transmission, Computer Services and Software	
		全 市 Total City	市辖区 Districts under City	全 市 Total City	市辖区 Districts under City	全 市 Total City	市辖区 Districts under City
玉林市	Yulin	5063	3052	1614	976	3173	3167
百色市	Baise	8361	6255	1480	397	2537	2537
贺州市	Hezhou	2187	1704	466	122	1310	1097
河池市	Hechi	7454	4619	1517	673	2474	2434
来宾市	Laibin	2858	1580	364	212	1502	1089
崇左市	Chongzuo	2641	1083	1084	413	1369	1352
海南省	**Hainan**						
海口市	Haikou	53131	53131	16236	16236	16254	16254
三亚市	Sanya	5501	5501	31589	31589	1338	1338
三沙市	Sansha						
儋州市	Danzhou						
重庆市	**Chongqing**	**270137**	**254362**	**60656**	**55086**	**47844**	**46526**
四川省	**Sichuan**						
成都市	Chengdu	411595		396820		314432	
自贡市	Zigong	12918	10413	1697	1572	3123	3088
攀枝花市	Panzhihua	12536	10262	9353	8574	4324	4140
泸州市	Luzhou	10049	7446	1788	1327	2542	2101
德阳市	Deyang	7999	3648	2812	1503	2737	2468
绵阳市	Mianyang	12457	9094	5057	3897	8501	7654
广元市	Guangyuan	6302	3876	1298	579	2933	2669
遂宁市	Suining	3595	2360	1338	815	2475	2245
内江市	Neijiang	8702	3637	1683	813	1801	1562
乐山市	Leshan	9289	5011	1941	1104	2238	2144
南充市	Nanchong	14423	8579	3420	1652	5721	3327
眉山市	Meishan	6176	4315	1532	529	1903	1834
宜宾市	Yibin	9326	6966	1313	622	2476	2311
广安市	Guang'an	10052	2335	5252	877	2754	1823
达州市	Dazhou	21773	13365	12275	8001	8676	5498
雅安市	Ya'an	3451	2431	903	422	2345	1952
巴中市	Bazhong	7775	5200	10556	4996	4437	2770
资阳市	Ziyang	6785	4258	756	168	2535	2303
贵州省	**Guizhou**						
贵阳市	Guiyang	80483	79112	13610	12206	21218	17675
六盘水市	Liupanshui	3004	2472	1152	849	1767	1700
遵义市	Zunyi	11363	8830	3618	2111	2932	2609
安顺市	Anshun	4379	3566	1936	1176	1565	1513
毕节市	Bijie	5453	3359	1740	827	2226	1962
铜仁市	Tongren	3475	2264	1809	796	1991	1842
云南省	**Yunnan**						
昆明市	Kunming	116337	114689	35881	32129	25528	25113
曲靖市	Qujing	8932	4705	7611	2766	2139	1918
玉溪市	Yuxi	4211	2945	3268	1736	2042	1915
保山市	Baoshan	3798	2580	3887	1291	1123	1055
昭通市	Zhaotong	3989	3222	2923	1622	2017	1962
丽江市	Lijiang	3697	2691	7499	6972	1393	1189
普洱市	Pu'er	4336	2609	1033	419	1704	1571
临沧市	Lincang	3309	2491	1150	537	1408	1189

2-28 续表 6 continued 6

单位：人 (person)

城市	City	(2)交通运输、仓储和邮政业 Traffic,Transport, Storage and Post		(3)住宿和餐饮业 Hotels and Catering Services		(4)信息传输、计算机服务和软件业 Information Transmission, Computer Services and Software	
		全市 Total City	市辖区 Districts under City	全市 Total City	市辖区 Districts under City	全市 Total City	市辖区 Districts under City
西藏自治区	**Tibet**						
拉萨市	Lasa	17890		10154		3620	
日喀则市	Xigaze	532		686			
昌都市	Qamdo	726	62	96	8	329	27
林芝市	Linzhi	1106		722		295	
山南市	Shannan	1017	306	329	41	397	36
那曲市	Naqu	591		124		308	
陕西省	**Shaanxi**						
西安市	Xi'an	164794	159955	56953	55785	91660	89152
铜川市	Tongchuan	2684	2684	1462	1413	1164	1164
宝鸡市	Baoji	9555	6756	8917	5456	3440	2890
咸阳市	Xianyang	9672	6181	4374	2287	4090	3564
渭南市	Weinan	12560	5974	7846	2004	3222	3073
延安市	Yan'an	10269	6276	6319	4293	3022	2975
汉中市	Hanzhong	9206	7146	2511	1226	2860	2673
榆林市	Yulin	20375	4103	6306	2991	3487	3013
安康市	Ankang	5078	3300	4081	2561	2600	2440
商洛市	Shangluo	7476	3539	2189	759	2052	1782
甘肃省	**Gansu**						
兰州市	Lanzhou	26380	22585	11963	10502	11946	11896
嘉峪关市	Jiayuguan	1139		1617		400	
金昌市	Jinchang	2449	1851	748	594	991	929
白银市	Baiyin	3402	2022	284	118	1054	1054
天水市	Tianshui	5826	4194	3390	2336	2143	1722
武威市	Wuwei	3027	2462	1069	870	1278	1236
张掖市	Zhangye	4157	3142	997	804	1493	913
平凉市	Pingliang	4221	2935	2159	1548	1810	1449
酒泉市	Jiuquan	4454	1633	3321	468	1232	790
庆阳市	Qingyang	5681	3586	1898	828	1816	1403
定西市	Dingxi	4122	2384	1320	544	1153	1153
陇南市	Longnan	7700	2700	8500	110	2580	220
青海省	**Qinghai**						
西宁市	Xining	39864	38528	3793	3772	8376	8338
海东市	Haidong	1518	965	399	246	244	33
宁夏回族自治区	**Ningxia**						
银川市	Yinchuan	12392	9083	3275	3154	4533	4520
石嘴山市	Shizuishan	1203	1046	467	202	822	761
吴忠市	Wuzhong	1740	828	1051	274	1036	999
固原市	Guyuan	3187	2432	575	138	884	777
中卫市	Zhongwei	2400	1842	193	193	846	846
新疆维吾尔自治区	**Xinjiang**						
乌鲁木齐市	Urumqi	97871	97871	9517	9517	9941	9941
克拉玛依市	Karamay	2746	2746	491	491	1212	1212
吐鲁番市	Turpan	3837	2209	9495	4261	1122	865
哈密市	Hami	7008	5133	4099	3425	1048	859

2-29 按行业分组的年末城镇单位从业人员(四)
Persons Employed in Urban Units by Sector in Detail at Year-end (Ⅳ)

单位：人 (person)

城 市	City	(5)金融业 Financial Intermediation		(6)房地产业 Real Estate		(7)租赁和商务服务业 Leasing and Business Services	
		全 市 Total City	市辖区 Districts under City	全 市 Total City	市辖区 Districts under City	全 市 Total City	市辖区 Districts under City
北京市	**Beijing**	**544498**	**544498**	**442784**	**442784**	**882695**	**882695**
天津市	**Tianjin**	**191651**	**191651**	**81795**	**81795**	**127149**	**127149**
河北省	**Hebei**						
石家庄市	Shijiazhuang	53452	43302	17335	16151	31686	29892
唐山市	Tangshan	50048	46747	7599	6866	15062	10189
秦皇岛市	Qinhuangdao	27124	25369	2902	2661	3312	2945
邯郸市	Handan	31503	27108	3419	2796	5579	3458
邢台市	Xingtai	19990	8102	3242	2646	2603	2484
保定市	Baoding	43119	33713	4339	2925	9380	7974
张家口市	Zhangjiakou	16839	10098	5876	3354	6978	5552
承德市	Chengde	33158	29054	2746	1784	5015	2737
沧州市	Cangzhou	33839	29597	4110	1757	11169	4213
廊坊市	Langfang	18266	10490	14873	8623	9111	2189
衡水市	Hengshui	18584	12410	1406	1226	1539	1197
山西省	**Shanxi**						
太原市	Taiyuan	30687	30687	14482	14205	29346	27139
大同市	Datong	11457	11292	4206	4097	6967	6215
阳泉市	Yangquan	6711	4903	2817	2405	5896	5026
长治市	Changzhi	21950	17060	3558	2238	9696	6030
晋城市	Jincheng	15164	9449	2951	2440	5703	2856
朔州市	Shuozhou	8912	8885	2529	1345	2717	2571
晋中市	Jinzhong	38204	31609	1835	1006	4892	1877
运城市	Yuncheng	13054	7582	1470	780	8118	1622
忻州市	Xinzhou	9877	5850	1020	589	4321	3009
临汾市	Linfen	17100	7088	1834	733	2758	1572
吕梁市	Lvliang	12673	5795	889	247	1525	130
内蒙古自治区	**Inner Mongolia**						
呼和浩特市	Hohhot	22821	20212	13762	12615	8635	7620
包头市	Baotou	17317	16040	11260	10761	12045	12002
乌海市	Wuhai	3786	3786	2678	2678	1071	1071
赤峰市	Chifeng	11617	5992	4231	2793	1021	450
通辽市	Tongliao	8758	4148	3516	2714	3783	1513
鄂尔多斯市	Erdos	11427	6555	8206	4387	8800	2244
呼伦贝尔市	Hulunbuir	10728	3718	5165	1733	3886	1604
巴彦淖尔市	Bayannur	7292	4738	2484	1814	2309	1163
乌兰察布市	Ulanqab	7381	4064	1141	562	4120	1843
辽宁省	**Liaoning**						
沈阳市	Shenyang	68611	68611	22949	22744	32933	32212
大连市	Dalian	70616	64769	34325	33638	28093	24897
鞍山市	Anshan	13011	11536	8743	5825	13113	11010
抚顺市	Fushun	11070	9726	3973	3506	3346	2977
本溪市	Benxi	11089	10810	2446	2057	6367	6118
丹东市	Dandong	7853	5083	8444	7014	2493	1626
锦州市	Jinzhou	13421	12646	2582	1811	7580	5173
营口市	Yingkou	14829	14829	3013	2568	5069	4632
阜新市	Fuxin	12229	10760	1982	1890	1197	1010
辽阳市	Liaoyang	6810	5699	3106	2607	1967	1618

2-29 续表 1 continued 1

单位：人 (person)

城市	City	(5)金融业 Financial Intermediation 全市 Total City	市辖区 Districts under City	(6)房地产业 Real Estate 全市 Total City	市辖区 Districts under City	(7)租赁和商务服务业 Leasing and Business Services 全市 Total City	市辖区 Districts under City
盘锦市	Panjin	10956	10604	3387	3300	2942	2792
铁岭市	Tieling	10973	5372	3071	267	1790	185
朝阳市	Chaoyang	20346	15319	3286	1172	2451	2135
葫芦岛市	Huludao	11257	8704	2239	1529	5224	3624
吉林省	**Jilin**						
长春市	Changchun	49578	45018	43446	41826	40200	39126
吉林市	Jilin	11277	8411	7482	5562	2733	2249
四平市	Siping	8260	3608	3309	2051	846	615
辽源市	Liaoyuan	4756	3307	2152	1497	1413	1332
通化市	Tonghua	9686	5705	3862	2112	2104	645
白山市	Baishan	6978	5194	1597	1066	14367	6678
松原市	Songyuan	6993	3644	1957	820	1549	368
白城市	Baicheng	8917	5154	2260	1118	2079	917
黑龙江省	**Heilongjiang**						
哈尔滨市	Harbin	81106	74196	35631	33894	57593	44373
齐齐哈尔市	Qiqihar	29119	21570	4228	3330	5300	5447
鸡西市	Jixi	11537	10672	1158	556	180	82
鹤岗市	Hegang	4433	3035	841	727	300	40
双鸭山市	Shuangyashan	5546	3039	7800	3000	2843	292
大庆市	Daqing	28571	26889	10928	10325	727	487
伊春市	Yichun	4837	3710	1261	1168	746	684
佳木斯市	Jiamusi	8525	6065	1538	905	668	473
七台河市	Qitaihe	4194	3780	635	519	497	459
牡丹江市	Mudanjiang	24891	18583	2593	1591	6888	1703
黑河市	Heihe	5923	2753	765	108	605	111
绥化市	Suihua	14158	330	3611	354	1311	37
上海市	**Shanghai**	**341780**	**341780**	**267351**	**267351**	**554411**	**554411**
江苏省	**Jiangsu**						
南京市	Nanjing	47300	47300	62000	62000	79500	79500
无锡市	Wuxi	40884	31833	19667	15368	15067	11320
徐州市	Xuzhou	27738	16832	9585	6515	20047	15227
常州市	Changzhou	24893	23843	7477	6964	17347	16703
苏州市	Suzhou	62064	41652	59095	43932	48987	32947
南通市	Nantong	46529	31381	12814	6088	31556	13833
连云港市	Lianyungang	28431	21698	5074	3798	17064	13934
淮安市	Huai'an	25199	23049	8825	6486	7735	4242
盐城市	Yancheng	29452	17394	10427	6122	14880	5459
扬州市	Yangzhou	18000	11802	11200	7351	16100	11104
镇江市	Zhenjiang	20309	12525	10572	6898	15080	11670
泰州市	Taizhou	25538	11673	9281	6207	12581	4865
宿迁市	Suqian	7219	4012	4669	2765	6568	1556
浙江省	**Zhejiang**						
杭州市	Hangzhou	114924	110370	113017	111259	125346	120783
宁波市	Ningbo	83738	76089	28542	25076	49778	42361
温州市	Wenzhou	64071	57784	22702	14258	24841	14407
嘉兴市	Jiaxing	27380	24430	16877	9947	21232	6482
湖州市	Huzhou	23148	20372	6447	4549	7830	5782

2-29 续表 2 continued 2

单位：人 (person)

城市	City	(5)金融业 Financial Intermediation		(6)房地产业 Real Estate		(7)租赁和商务服务业 Leasing and Business Services	
		全市 Total City	市辖区 Districts under City	全市 Total City	市辖区 Districts under City	全市 Total City	市辖区 Districts under City
绍兴市	Shaoxing	26126	23512	6196	4595	9799	7526
金华市	Jinhua	36959	15256	7255	2951	17792	5578
衢州市	Quzhou	21716	19910	715	414	3376	2049
舟山市	Zhoushan	10187	9593	5226	4598	10777	7846
台州市	Taizhou	54296	48621	8971	4774	11439	5670
丽水市	Lishui	21985	17174	1080	222	4218	1618
安徽省	**Anhui**						
合肥市	Hefei	40732	34930	37048	32097	27496	24143
芜湖市	Wuhu	17649	15069	8959	7210	6338	5617
蚌埠市	Bengbu	15749	12789	8533	6636	3968	2240
淮南市	Huainan	17057	15054	4192	3424	7242	2595
马鞍山市	Maanshan	14191	11954	2618	1644	3769	3376
淮北市	Huaibei	7955	7434	1754	1585	2266	1996
铜陵市	Tongling	5481	5025	4482	4211	2785	2785
安庆市	Anqing	12789	5804	8827	5291	3346	1468
黄山市	Huangshan	8062	5144	2879	2145	1433	858
滁州市	Chuzhou	7727	3959	4522	1887	1951	1635
阜阳市	Fuyang	30630	21385	5799	2967	2027	1502
宿州市	Suzhou						
六安市	Lu'an	17525	3573	13808	3670	37580	948
亳州市	Bozhou	14687	9823	6274	3286	2786	1707
池州市	Chizhou	8128	6126	1834	879	1751	1414
宣城市	Xuancheng	11472	7605	3142	788	1529	876
福建省	**Fujian**						
福州市	Fuzhou	36592	30112	43418	36647	62949	54383
厦门市	Xiamen	38128	38128	52743	52743	38856	38856
莆田市	Putian	11777	11006	6033	4733	12933	11730
三明市	Sanming	17092	9734	3445	1041	3700	1224
泉州市	Quanzhou	22383	12150	18329	9091	14585	7323
漳州市	Zhangzhou	20156	14306	16949	8663	9595	7778
南平市	Nanping	14975	7203	4748	1699	6177	3050
龙岩市	Longyan	23883	17855	6058	4077	9303	5300
宁德市	Ningde	23218	14369	4551	1749	4499	1067
江西省	**Jiangxi**						
南昌市	Nanchang	29842	29842	22524	18188	27069	25869
景德镇市	Jingdezhen	5091	4905	4188	3378	1281	837
萍乡市	Pingxiang	8925	8901	2533	1992	408	322
九江市	Jiujiang	9723	8181	6717	2676	11530	7106
新余市	Xinyu	3626	2937	1938	1704	925	590
鹰潭市	Yingtan	5168	5168	1933	1178	1982	1038
赣州市	Ganzhou	21177	18619	11003	6702	6192	2212
吉安市	Ji'an	9462	9328	4007	1461	3336	199
宜春市	Yichun	18837	15871	5071	1168	2592	526
抚州市	Fuzhou	8922	7137	6594	1920	1960	479
上饶市	Shangrao	11863	9538	6581	2175	7389	2589
山东省	**Shandong**						
济南市	Jinan	99726	98849	42968	41073	33754	33095

2-29 续表 3 continued 3

单位：人 (person)

城　市	City	(5)金融业 Financial Intermediation		(6)房地产业 Real Estate		(7)租赁和商务服务业 Leasing and Business Services	
		全　市 Total City	市辖区 Districts under City	全　市 Total City	市辖区 Districts under City	全　市 Total City	市辖区 Districts under City
青岛市	Qingdao	60733	55657	38432	33767	37909	35843
淄博市	Zibo	20706	17356	12982	11240	9465	8581
枣庄市	Zaozhuang	8183	7183	8078	4425	2669	2139
东营市	Dongying	11807	10040	4547	3663	33753	33693
烟台市	Yantai	26202	11481	33777	25415	11895	8050
潍坊市	Weifang	17388	6988	17686	10749	6641	4922
济宁市	Jining	31895	19618	9918	4800	7202	2370
泰安市	Tai'an	30538	25172	13306	5622	11579	10070
威海市	Weihai	13482	10282	18556	12042	4489	2150
日照市	Rizhao	6262	4528	5504	3869	12354	10819
莱芜市	Laiwu	3384	3384	3747	3747	960	960
临沂市	Linyi	33780	20929	15942	8695	12915	9808
德州市	Dezhou	20051	8027	12917	5839	6966	1483
聊城市	Liaocheng	43698	33253	6806	3622	3273	2388
滨州市	Binzhou	10480	7075	7976	5429	13064	1171
菏泽市	Heze	24310	15187	7560	3556	2847	1268
河南省	**Henan**						
郑州市	Zhengzhou	85987	81825	66155	53827	65699	55206
开封市	Kaifeng	7650	5442	11949	6952	9129	5272
洛阳市	Luoyang	17926	12345	19630	17383	6837	3952
平顶山市	Pingdingshan	17712	12619	8539	5939	8481	5356
安阳市	Anyang	14514	8629	7619	4732	11076	9544
鹤壁市	Hebi	5161	4093	3248	2350	2323	1816
新乡市	Xinxiang	12381	6109	9987	4341	7531	2245
焦作市	Jiaozuo	14824	10767	6695	4851	5033	2702
濮阳市	Puyang	6480	3029	18006	16175	6620	5465
许昌市	Xuchang	8646	5688	11705	6759	4650	2395
漯河市	Luohe	5716	4759	4474	3818	6280	5336
三门峡市	Sanmenxia	11317	8602	2240	1266	2586	1328
南阳市	Nanyang	30389	12977	10513	3426	16024	4725
商丘市	Shangqiu	12955	4511	35532	12187	13993	3992
信阳市	Xinyang	13737	6319	15409	5720	8926	4045
周口市	Zhoukou	16077	11694	12337	5975	8355	361
驻马店市	Zhumadian	13024	5175	24331	12127	13266	6236
湖北省	**Hubei**						
武汉市	Wuhan	78607	78607	78083	78083	47218	47218
黄石市	Huangshi	5345	3402	3860	2597	3801	2162
十堰市	Shiyan	20663	17445	19085	10316	9603	6996
宜昌市	Yichang	12195	6787	21021	17201	28269	18039
襄阳市	Xiangyang	15344	11444	24567	7442	20039	3612
鄂州市	Ezhou	2954	2954	4022	4022	2542	2542
荆门市	Jingmen	8463	6932	4708	2306	3632	1633
孝感市	Xiaogan	11843	6273	19942	7499	22920	14178
荆州市	Jingzhou	14853	8653	4818	3076	2694	1405
黄冈市	Huanggang	18379	1706	17229	2878	30523	3593
咸宁市	Xianning	5868	3831	3450	1982	2640	1660
随州市	Suizhou	3912	3063	1544	1343	1403	1140

2-29 续表 4 continued 4

单位：人 (person)

城市	City	(5)金融业 Financial Intermediation 全市 Total City	市辖区 Districts under City	(6)房地产业 Real Estate 全市 Total City	市辖区 Districts under City	(7)租赁和商务服务业 Leasing and Business Services 全市 Total City	市辖区 Districts under City
湖南省	**Hunan**						
长沙市	Changsha	70620	67622	45555	39676	27810	25030
株洲市	Zhuzhou	16127	14206	16312	13961	10448	7759
湘潭市	Xiangtan	15443	13814	5686	4474	4173	3248
衡阳市	Hengyang	19611	15103	9941	6283	7954	5428
邵阳市	Shaoyang	23279	16835	4364	1902	3672	1224
岳阳市	Yueyang	22678	20288	8590	5108	5782	2630
常德市	Changde	12659	10132	7413	5286	12593	10091
张家界市	Zhangjiajie	4941	3865	1088	717	1669	1554
益阳市	Yiyang	23207	21150	2286	1666	1696	1172
郴州市	Chenzhou	21378	18783	11153	6357	7456	3927
永州市	Yongzhou	11578	6780	4037	1872	8730	6482
怀化市	Huaihua	9210	6262	5855	1654	1828	494
娄底市	Loudi	8111	6074	2694	1416	6375	5547
广东省	**Guangdong**						
广州市	Guangzhou	92815	92815	199640	199640	242283	242283
韶关市	Shaoguan	11465	7162	7916	4662	4794	2316
深圳市	Shenzhen	97209	97209	218837	218837	310387	310387
珠海市	Zhuhai	18245	18245	34022	34022	28629	28629
汕头市	Shantou	19272	19015	10399	10063	17595	17519
佛山市	Foshan	25746	25746	42801	42801	30898	30898
江门市	Jiangmen	23193	15428	12174	6432	10177	7331
湛江市	Zhanjiang	21866	16887	10888	7771	15072	8984
茂名市	Maoming	16710	11813	9965	6869	5986	4462
肇庆市	Zhaoqing	12066	7541	8530	4399	3451	2668
惠州市	Huizhou	38281	33988	21504	16052	7043	5208
梅州市	Meizhou	11758	7443	3276	771	1633	960
汕尾市	Shanwei	3730	1697	1321	889	2578	1805
河源市	Heyuan	10478	8403	7986	5395	5899	3512
阳江市	Yangjiang	6425	4645	4000	2327	2585	734
清远市	Qingyuan	17786	15397	9554	7357	1870	1425
东莞市	Dongguan	27447		30488		53571	
中山市	Zhongshan	15299		20361		13715	
潮州市	Chaozhou	5254	4394	2576	1915	1455	1395
揭阳市	Jieyang	8864	5179	3433	1923	2387	572
云浮市	Yunfu	4871	2455	3184	1162	1366	335
广西壮族自治区	**Guangxi**						
南宁市	Nanning	52564	48005	29580	28347	32526	30051
柳州市	Liuzhou	10336	8787	14481	13515	22681	20989
桂林市	Guilin	18071	14353	8382	6235	17647	15203
梧州市	Wuzhou	6843	4482	3442	2242	1992	1332
北海市	Beihai	7078	6051	2895	2572	3016	2149
防城港市	Fangchenggang	1784	1784	1550	986	1703	1265
钦州市	Qinzhou	4447	1842	2385	1838	2359	1648
贵港市	Guigang	8008	5666	1870	990	1989	674

2-29 续表 5 continued 5

单位：人 (person)

城市	City	(5)金融业 Financial Intermediation 全市 Total City	市辖区 Districts under City	(6)房地产业 Real Estate 全市 Total City	市辖区 Districts under City	(7)租赁和商务服务业 Leasing and Business Services 全市 Total City	市辖区 Districts under City
玉林市	Yulin	8826	5635	4684	3371	5523	2944
百色市	Baise	4378	2119	2634	1138	5430	779
贺州市	Hezhou	7058	4993	1309	901	2740	2302
河池市	Hechi	5127	3392	2044	1439	2947	1253
来宾市	Laibin	5616	2914	1624	1093	1861	1162
崇左市	Chongzuo	6475	5620	1683	732	4335	1940
海南省	**Hainan**						
海口市	Haikou	31639	31639	50263	50263	14081	14081
三亚市	Sanya	11926	11926	15649	15649	1556	1556
三沙市	Sansha						
儋州市	Danzhou						
重庆市	**Chongqing**	**143960**	**125671**	**138819**	**132176**	**133035**	**121551**
四川省	**Sichuan**						
成都市	Chengdu	126581		206280		293777	
自贡市	Zigong	9015	8447	3744	3495	3163	3057
攀枝花市	Panzhihua	8859	8743	7225	7048	5189	4423
泸州市	Luzhou	10284	7522	5856	4791	4996	3272
德阳市	Deyang	14257	9910	4948	3045	4103	2804
绵阳市	Mianyang	23533	17393	12051	9536	12642	1687
广元市	Guangyuan	9757	7176	2041	1595	2326	1476
遂宁市	Suining	6479	4131	6770	3128	1854	1268
内江市	Neijiang	11363	9296	3403	1304	2390	1633
乐山市	Leshan	9047	5826	6336	3930	3909	3133
南充市	Nanchong	20482	15042	8773	3154	19210	12560
眉山市	Meishan	2893	1731	4152	1789	1223	989
宜宾市	Yibin	18456	14661	5852	3861	4110	2408
广安市	Guang'an	10884	7475	8287	2190	3852	1378
达州市	Dazhou	11722	6725	12685	5318	6034	3284
雅安市	Ya'an	5003	3674	2093	1679	2046	1212
巴中市	Bazhong	6143	4647	6138	2810	2932	997
资阳市	Ziyang	10368	8538	3899	2880	2860	1189
贵州省	**Guizhou**						
贵阳市	Guiyang	26620	24506	49164	47691	33055	31651
六盘水市	Liupanshui	6640	4194	4035	1757	2639	1254
遵义市	Zunyi	10741	7105	12096	6143	11613	7172
安顺市	Anshun	6066	4785	6000	4958	6507	4193
毕节市	Bijie	8799	5539	6361	1025	4188	1088
铜仁市	Tongren	9684	7516	2578	1180	1243	1010
云南省	**Yunnan**						
昆明市	Kunming	36086	33940	46889	43682	60053	54302
曲靖市	Qujing	6848	3461	9894	5288	8195	5418
玉溪市	Yuxi	7262	5023	8792	7080	5249	3653
保山市	Baoshan	3539	2500	7107	3390	2194	1870
昭通市	Zhaotong	3709	1643	4875	2420	3396	1928
丽江市	Lijiang	4632	3159	3149	1252	2009	1819
普洱市	Pu'er	3799	2520	1915	1294	4276	3652
临沧市	Lincang	2685	1230	7342	1392	863	67

2-29 续表 6 continued 6

单位：人 (person)

城　市	City	(5)金融业 Financial Intermediation		(6)房地产业 Real Estate		(7)租赁和商务服务业 Leasing and Business Services	
		全　市 Total City	市辖区 Districts under City	全　市 Total City	市辖区 Districts under City	全　市 Total City	市辖区 Districts under City
西藏自治区	**Tibet**						
拉萨市	Lasa	13376		1324		4355	
日喀则市	Xigaze			93		60	
昌都市	Qamdo			98	25	31	
林芝市	Linzhi			90			
山南市	Shannan			42	42	367	367
那曲市	Naqu	12				89	
陕西省	**Shaanxi**						
西安市	Xi'an	102074	97626	75465	72425	59186	57469
铜川市	Tongchuan	5130	5130	2541	2481	2154	2136
宝鸡市	Baoji	12033	8596	6540	5400	3326	2494
咸阳市	Xianyang	18915	16009	5250	2342	2771	1193
渭南市	Weinan	23871	22287	6350	3182	4828	1168
延安市	Yan'an	4084	2323	5089	4386	1673	491
汉中市	Hanzhong	22875	20218	4616	2971	1833	498
榆林市	Yulin	9548	6034	4114	2457	5087	2216
安康市	Ankang	10833	8761	3497	2048	951	554
商洛市	Shangluo	7097	4299	1994	691	1792	1197
甘肃省	**Gansu**						
兰州市	Lanzhou	27226	25433	29586	27722	47373	46124
嘉峪关市	Jiayuguan	1812		1399		2169	
金昌市	Jinchang	2128	1853	662	518	694	194
白银市	Baiyin	6394	5701	2412	1824	438	355
天水市	Tianshui	5568	3148	3702	2863	699	272
武威市	Wuwei	4158	4158	2070	1846	1948	1920
张掖市	Zhangye	3068	2020	1673	1338	761	591
平凉市	Pingliang	4098	1987	3040	2483	410	329
酒泉市	Jiuquan	12358	10312	1172	416	4864	1689
庆阳市	Qingyang	4781	1825	1047	587	329	244
定西市	Dingxi	3813	2416	2229	559	895	79
陇南市	Longnan	3200	1600	4200	120	1280	410
青海省	**Qinghai**						
西宁市	Xining	14380	13231	8564	8286	5720	4825
海东市	Haidong	2407	406	898	341	662	262
宁夏回族自治区	**Ningxia**						
银川市	Yinchuan	27582	24135	10904	9532	9673	8376
石嘴山市	Shizuishan	3469	2696	1016	946	3247	2221
吴忠市	Wuzhong	3814	1499	655	528	3074	1421
固原市	Guyuan	2349	1078	264	67	2079	1824
中卫市	Zhongwei	2876	1955	654	607	292	282
新疆维吾尔自治区	**Xinjiang**						
乌鲁木齐市	Urumqi	22331	22089	21876	21876	22385	22366
克拉玛依市	Karamay	3180	3180	8731	8731	22758	22758
吐鲁番市	Turpan	3542	3016	2174	1050	4297	1938
哈密市	Hami	6483	6334	1118	1110	2966	2918

2-30 按行业分组的年末城镇单位从业人员(五)

Persons Employed in Urban Units by Sector in Detail at Year-end(Ⅴ)

单位：人 (person)

城 市	City	(8)科学研究、技术服务和地质勘查业 Scientific Research and Technical Service		(9)水利、环境和公共设施管理业 Management of Water Conservancy, Environment		(10)居民服务、修理和其他服务业 Services to Households and Other Services	
		全 市 Total City	市辖区 Districts under City	全 市 Total City	市辖区 Districts under City	全 市 Total City	市辖区 Districts under City
北京市	**Beijing**	**712481**	**712481**	**106640**	**106640**	**86000**	**86000**
天津市	**Tianjin**	**119441**	**119441**	**40589**	**40589**	**64742**	**64742**
河北省	**Hebei**						
石家庄市	Shijiazhuang	35730	33424	22162	13247	2458	968
唐山市	Tangshan	5619	4036	15718	9302	1264	814
秦皇岛市	Qinhuangdao	4449	3930	7236	6704	222	201
邯郸市	Handan	9377	8322	16946	11245	885	657
邢台市	Xingtai	4453	3626	11151	6526	301	180
保定市	Baoding	41341	5173	7675	4221	9198	8498
张家口市	Zhangjiakou	5877	4795	12988	6503	4565	3923
承德市	Chengde	4872	2409	6387	3094	305	74
沧州市	Cangzhou	19527	2095	8882	4250	1730	1553
廊坊市	Langfang	7713	3974	12462	9208	28350	7599
衡水市	Hengshui	2150	1604	6935	2495	296	46
山西省	**Shanxi**						
太原市	Taiyuan	39563	38993	21295	17958	4833	4764
大同市	Datong	5237	4105	11235	9433	1714	1701
阳泉市	Yangquan	3543	2786	3400	2697	130	125
长治市	Changzhi	3968	2736	12034	4752	70	58
晋城市	Jincheng	2294	1600	6882	2872	564	214
朔州市	Shuozhou	1585	1090	5169	1999	197	145
晋中市	Jinzhong	4512	3262	9025	3748	95	49
运城市	Yuncheng	3263	1192	6139	1231	606	210
忻州市	Xinzhou	2480	1594	7963	2295	1056	172
临汾市	Linfen	3470	1364	10305	3036	406	71
吕梁市	Lvliang	961	297	7863	1219	22	14
内蒙古自治区	**Inner Mongolia**						
呼和浩特市	Hohhot	21231	19652	18931	15142	2413	916
包头市	Baotou	6776	6469	8908	7634	1015	849
乌海市	Wuhai	1539	1539	2798	2798	74	74
赤峰市	Chifeng	4828	3720	7952	5312	414	196
通辽市	Tongliao	3919	2320	5964	1242	568	102
鄂尔多斯市	Erdos	3779	3047	11083	6417	152	73
呼伦贝尔市	Hulunbuir	5934	1978	6610	642	2214	242
巴彦淖尔市	Bayannur	2972	1751	5902	1815	207	144
乌兰察布市	Ulanqab	2453	1414	6205	2148	528	184
辽宁省	**Liaoning**						
沈阳市	Shenyang	44855	43691	31873	28937	7075	6740
大连市	Dalian	19588	18806	12355	11387	2163	2080
鞍山市	Anshan	12655	9331	11984	7266	2909	2111
抚顺市	Fushun	3588	2986	7448	6110	573	484
本溪市	Benxi	2184	1733	4580	2647	359	312
丹东市	Dandong	8298	3797	7836	4828	552	386
锦州市	Jinzhou	5938	3539	5700	3513	1929	1032
营口市	Yingkou	3100	2233	7779	5122	590	401
阜新市	Fuxin	2229	1563	7051	4828	360	103
辽阳市	Liaoyang	1887	1317	5589	3636	366	215

2-30 续表 1 continued 1

单位：人 (person)

城市	City	(8)科学研究、技术服务和地质勘查业 Scientific Research and Technical Service		(9)水利、环境和公共设施管理业 Management of Water Conservancy, Environment		(10)居民服务、修理和其他服务业 Services to Households and Other Services	
		全市 Total City	市辖区 Districts under City	全市 Total City	市辖区 Districts under City	全市 Total City	市辖区 Districts under City
盘锦市	Panjin	3770	3681	8070	7482	875	859
铁岭市	Tieling	5464	1899	7011	2679	523	54
朝阳市	Chaoyang	2828	896	8738	4961	3876	3645
葫芦岛市	Huludao	4083	2219	6165	2425	676	377
吉林省	**Jilin**						
长春市	Changchun	45334	42878	28912	24309	13110	12854
吉林市	Jilin	5977	4405	12194	7720	527	249
四平市	Siping	5356	2376	7425	3817	845	408
辽源市	Liaoyuan	1460	956	2697	1367	173	86
通化市	Tonghua	3383	1207	5901	1805	1152	793
白山市	Baishan	1902	1170	3639	1971	236	207
松原市	Songyuan	3518	1393	6276	3246	2119	1416
白城市	Baicheng	5976	4587	9315	3575	4605	4456
黑龙江省	**Heilongjiang**						
哈尔滨市	Harbin	39314	33115	30917	24572	7846	7363
齐齐哈尔市	Qiqihar	5504	3363	12296	6982	722	387
鸡西市	Jixi	1014	605	9400	3267	1267	156
鹤岗市	Hegang	674	285	4229	2883	1687	101
双鸭山市	Shuangyashan	1159	731	5502	3025	242	96
大庆市	Daqing	44379	43837	4785	3957	21143	21051
伊春市	Yichun	1687	1525	2588	1844	120	103
佳木斯市	Jiamusi	2804	1592	4788	1214	332	116
七台河市	Qitaihe	1154	900	2194	1559	167	105
牡丹江市	Mudanjiang	2694	1620	5239	1400	415	
黑河市	Heihe	1512	869	4297	619	214	103
绥化市	Suihua	3181	179	7897	491	533	
上海市	**Shanghai**	**245506**	**245506**	**86987**	**86987**	**74547**	**74547**
江苏省	**Jiangsu**						
南京市	Nanjing	86200	86200	24100	24100	9200	9200
无锡市	Wuxi	17095	14480	8600	5830	4334	2280
徐州市	Xuzhou	11094	7183	14915	5879	1588	665
常州市	Changzhou	13779	13297	8178	5850	502	462
苏州市	Suzhou	26308	18560	19511	9482	8044	4692
南通市	Nantong	15419	6270	10545	4221	1612	1096
连云港市	Lianyungang	7910	6430	10390	7420	2541	1160
淮安市	Huai'an	4887	3974	11364	8788	1121	658
盐城市	Yancheng	6954	3671	10409	4290	2147	1251
扬州市	Yangzhou	11300	9893	8100	4747	1700	418
镇江市	Zhenjiang	8312	4547	7736	3474	470	150
泰州市	Taizhou	9348	4949	6729	2877	980	703
宿迁市	Suqian	1841	905	8212	1737	285	197
浙江省	**Zhejiang**						
杭州市	Hangzhou	114182	112914	24981	21886	10956	10788
宁波市	Ningbo	19147	14936	14010	7799	5654	5163
温州市	Wenzhou	11025	6257	6901	2243	1037	345
嘉兴市	Jiaxing	14305	6585	10218	2367	810	464
湖州市	Huzhou	4577	3149	5099	2317	384	155

2-30 续表 2 continued 2

单位：人 (person)

城 市	City	(8)科学研究、技术服务和地质勘查业 Scientific Research and Technical Service		(9)水利、环境和公共设施管理业 Management of Water Conservancy, Environment		(10)居民服务、修理和其他服务业 Services to Households and Other Services	
		全 市 Total City	市辖区 Districts under City	全 市 Total City	市辖区 Districts under City	全 市 Total City	市辖区 Districts under City
绍兴市	Shaoxing	6365	4969	10756	5993	1847	869
金华市	Jinhua	5748	2559	13502	2358	3163	1699
衢州市	Quzhou	2158	1533	1742	1013	356	74
舟山市	Zhoushan	2297	2049	4304	3206	597	541
台州市	Taizhou	6786	3498	6697	3030	658	225
丽水市	Lishui	3379	1718	4253	1286	305	49
安徽省	**Anhui**						
合肥市	Hefei	39517	37466	9318	6097	1825	1418
芜湖市	Wuhu	5810	5039	5529	4112	849	670
蚌埠市	Bengbu	5530	4835	5018	3564	926	860
淮南市	Huainan	3897	3409	9261	6182	390	233
马鞍山市	Maanshan	4382	3661	2775	996	223	38
淮北市	Huaibei	1314	848	870	519	115	90
铜陵市	Tongling	2104	1706	1113	818	786	657
安庆市	Anqing	4031	1780	5113	1950	1756	403
黄山市	Huangshan	1611	1431	3516	2461	85	62
滁州市	Chuzhou	3922	1423	3956	728	219	26
阜阳市	Fuyang	2472	1478	2875	1586	227	21
宿州市	Suzhou						
六安市	Lu'an	11708	2142	17788	3780	121946	267
亳州市	Bozhou	2511	893	5046	2299	514	289
池州市	Chizhou	2050	1295	1184	517	410	410
宣城市	Xuancheng	2026	619	3951	1973	120	32
福建省	**Fujian**						
福州市	Fuzhou	32142	30105	14766	10930	8175	7313
厦门市	Xiamen	22000	22000	15493	15493	22762	22762
莆田市	Putian	2564	2062	3721	3344	1408	1178
三明市	Sanming	2973	1173	4788	910	361	118
泉州市	Quanzhou	3862	2964	3774	1271	1454	561
漳州市	Zhangzhou	4857	1862	5231	646	1283	163
南平市	Nanping	3717	961	4951	667	485	171
龙岩市	Longyan	3559	2858	2910	964	716	216
宁德市	Ningde	2300	1045	2732	490	1235	71
江西省	**Jiangxi**						
南昌市	Nanchang	27817	26819	21232	17558	1470	1030
景德镇市	Jingdezhen	3994	3799	3545	2782	695	194
萍乡市	Pingxiang	1666	1519	1852	1599	223	223
九江市	Jiujiang	8213	5097	7199	2686	755	478
新余市	Xinyu	1388	724	891	360	180	67
鹰潭市	Yingtan	1666	891	2683	1214	38	38
赣州市	Ganzhou	6553	5313	13263	5163	3436	2076
吉安市	Ji'an	4800	1514	8122	1155	967	23
宜春市	Yichun	2254	918	7319	1622	547	43
抚州市	Fuzhou	2091	1126	6374	1028	2074	295
上饶市	Shangrao	1801	654	4357	1007	643	28
山东省	**Shandong**						
济南市	Jinan	37958	37294	14763	13599	2948	2526

2-30 续表 3 continued 3

单位：人 (person)

城市	City	(8)科学研究、技术服务和地质勘查业 Scientific Research and Technical Service		(9)水利、环境和公共设施管理业 Management of Water Conservancy, Environment		(10)居民服务、修理和其他服务业 Services to Households and Other Services	
		全市 Total City	市辖区 Districts under City	全市 Total City	市辖区 Districts under City	全市 Total City	市辖区 Districts under City
青岛市	Qingdao	32061	29424	18309	14884	8370	8022
淄博市	Zibo	7356	5642	10143	8300	1268	726
枣庄市	Zaozhuang	3122	1943	6517	4564	950	783
东营市	Dongying	8245	8183	4491	4183	141	115
烟台市	Yantai	18930	13765	13859	7116	1535	909
潍坊市	Weifang	8567	4409	28230	2028	460	146
济宁市	Jining	6091	4324	8808	1799	1111	534
泰安市	Tai'an	6423	3870	4549	1887	2791	1475
威海市	Weihai	14175	6302	9638	2428	1678	1326
日照市	Rizhao	1854	1165	9442	8032	118	69
莱芜市	Laiwu	577	577	851	851	3754	3754
临沂市	Linyi	10532	4805	22863	11327	1246	362
德州市	Dezhou	8179	965	6738	1794	1946	1092
聊城市	Liaocheng	3178	2186	6913	4117	433	184
滨州市	Binzhou	3036	1396	2895	842	1710	1557
菏泽市	Heze	5080	2133	11503	3648	823	274
河南省	**Henan**						
郑州市	Zhengzhou	62042	57613	23541	16060	5339	4076
开封市	Kaifeng	5498	2138	4230	3203	1999	1060
洛阳市	Luoyang	28278	25816	9451	1909	1312	331
平顶山市	Pingdingshan	5647	2534	10557	4826	1539	368
安阳市	Anyang	2810	1949	5493	3915	581	163
鹤壁市	Hebi	2083	1652	4533	3322	170	170
新乡市	Xinxiang	6280	3356	6802	1569	1104	433
焦作市	Jiaozuo	3829	2482	5234	632	2381	1898
濮阳市	Puyang	2865	2295	3708	1395	2760	1580
许昌市	Xuchang	4813	2088	6478	1899	1696	848
漯河市	Luohe	1397	1112	3191	2827	251	75
三门峡市	Sanmenxia	2021	1419	2054	1268	766	628
南阳市	Nanyang	15621	5577	16876	4613	2424	1078
商丘市	Shangqiu	3706	592	10858	3945	2855	773
信阳市	Xinyang	9427	2503	9189	3341	3177	1529
周口市	Zhoukou	5360	1430	4730	559	1403	328
驻马店市	Zhumadian	9036	3105	7227	1088	3281	1221
湖北省	**Hubei**						
武汉市	Wuhan	84448	84448	32277	32277	7396	7396
黄石市	Huangshi	5069	3243	2328	864	453	198
十堰市	Shiyan	5179	2698	5895	3025	11108	9899
宜昌市	Yichang	17091	7292	9162	4407	7255	2684
襄阳市	Xiangyang	23482	14238	16784	6715	7414	942
鄂州市	Ezhou	1769	1769	2928	2928	1522	1522
荆门市	Jingmen	4038	2909	4842	1831	883	829
孝感市	Xiaogan	6807	3415	8564	2048	10269	2768
荆州市	Jingzhou	6217	2824	7829	2928	809	188
黄冈市	Huanggang	4551	1570	7098	443	2673	395
咸宁市	Xianning	2394	1160	2508	488	101	34
随州市	Suizhou	2065	804	4021	2403	38	23

2-30 续表 4 continued 4

单位：人 (person)

城市	City	(8)科学研究、技术服务和地质勘查业 Scientific Research and Technical Service		(9)水利、环境和公共设施管理业 Management of Water Conservancy, Environment		(10)居民服务、修理和其他服务业 Services to Households and Other Services	
		全市 Total City	市辖区 Districts under City	全市 Total City	市辖区 Districts under City	全市 Total City	市辖区 Districts under City
湖南省	**Hunan**						
长沙市	Changsha	49438	47861	10593	7250	4070	3646
株洲市	Zhuzhou	5684	5071	4931	1815	1741	593
湘潭市	Xiangtan	3177	2849	5166	3915	329	329
衡阳市	Hengyang	4911	2196	7791	2749	1028	816
邵阳市	Shaoyang	2690	980	3617	645	1018	315
岳阳市	Yueyang	13001	2464	6640	959	1168	82
常德市	Changde	13010	4820	5537	1639	1471	230
张家界市	Zhangjiajie	403	307	1437	1052	22	22
益阳市	Yiyang	1798	1424	4346	1118	106	
郴州市	Chenzhou	8828	3282	5471	2016	1523	452
永州市	Yongzhou	3673	1569	4839	1463	810	371
怀化市	Huaihua	2738	1590	4659	899	120	104
娄底市	Loudi	2119	1374	5395	1814	1500	462
广东省	**Guangdong**						
广州市	Guangzhou	138669	138669	53371	53371	31723	31723
韶关市	Shaoguan	3489	2714	5326	3200	2195	209
深圳市	Shenzhen	103084	103084	13097	13097	24223	24223
珠海市	Zhuhai	12059	12059	8555	8555	2797	2797
汕头市	Shantou	4279	4219	5382	5156	774	726
佛山市	Foshan	18458	18458	14092	14092	4878	4878
江门市	Jiangmen	4088	1876	5925	1724	1757	397
湛江市	Zhanjiang	6218	4174	12402	6913	1149	894
茂名市	Maoming	4221	3475	5150	2432	418	288
肇庆市	Zhaoqing	3003	2238	5223	3538	621	272
惠州市	Huizhou	6329	4649	8279	5033	1342	930
梅州市	Meizhou	3247	2329	7935	2194	311	155
汕尾市	Shanwei	707	428	1950	501	187	78
河源市	Heyuan	1949	1219	2775	642	1425	995
阳江市	Yangjiang	2096	1010	4355	2743	342	128
清远市	Qingyuan	2372	1796	3357	1255	980	842
东莞市	Dongguan	16307		4743		12916	
中山市	Zhongshan	4084		2846		595	
潮州市	Chaozhou	1496	1233	2469	2047	220	220
揭阳市	Jieyang	1429	996	3089	895	566	309
云浮市	Yunfu	999	232	1725	119	58	
广西壮族自治区	**Guangxi**						
南宁市	Nanning	34061	33352	19136	16941	1533	1386
柳州市	Liuzhou	10982	9242	13513	11324	1306	1243
桂林市	Guilin	8062	6591	10122	5363	1004	863
梧州市	Wuzhou	3110	2228	3255	2318	156	
北海市	Beihai	2966	2107	4420	3020	248	219
防城港市	Fangchenggang	1196	699	2330	1735	136	91
钦州市	Qinzhou	2748	1197	3044	2084	107	60
贵港市	Guigang	2023	1257	2145	272	796	434

2-30 续表 5 continued 5

单位：人 (person)

城　市	City	(8)科学研究、技术服务和地质勘查业 Scientific Research and Technical Service		(9)水利、环境和公共设施管理业 Management of Water Conservancy, Environment		(10)居民服务、修理和其他服务业 Services to Households and Other Services	
		全　市 Total City	市辖区 Districts under City	全　市 Total City	市辖区 Districts under City	全　市 Total City	市辖区 Districts under City
玉林市	Yulin	5694	2378	6506	2851	334	196
百色市	Baise	2317	1021	5395	1828	224	203
贺州市	Hezhou	1925	1183	1797	1205	68	68
河池市	Hechi	1415	1033	4055	1213	206	138
来宾市	Laibin	2319	1124	1620	374	51	46
崇左市	Chongzuo	3670	471	1676	160	77	27
海南省	**Hainan**						
海口市	Haikou	15068	15068	14545	14545	1865	1865
三亚市	Sanya	1436	1436	7511	7511	2681	2681
三沙市	Sansha						
儋州市	Danzhou						
重庆市	**Chongqing**	**82186**	**78584**	**68184**	**58461**	**14264**	**12876**
四川省	**Sichuan**						
成都市	Chengdu	179665		48283		293329	
自贡市	Zigong	3413	2526	2951	2261	582	475
攀枝花市	Panzhihua	5335	5092	2762	2451	6489	6163
泸州市	Luzhou	2015	1716	3661	2119	337	216
德阳市	Deyang	6023	4927	6059	3371	1419	1248
绵阳市	Mianyang	38474	37683	6957	3016	5156	2468
广元市	Guangyuan	1757	596	7552	5936	218	191
遂宁市	Suining	1159	305	2182	400	168	59
内江市	Neijiang	1491	833	1456	453	272	130
乐山市	Leshan	3926	910	7925	2643	1445	1264
南充市	Nanchong	5454	1788	11254	6107	1183	334
眉山市	Meishan	2850	1691	6163	4799	77	27
宜宾市	Yibin	2077	1383	2834	1724	738	132
广安市	Guang'an	1621	455	4096	583	578	119
达州市	Dazhou	5752	3543	5939	2455	7354	3654
雅安市	Ya'an	744	611	2484	1493	446	211
巴中市	Bazhong	1956	1108	2771	996	768	454
资阳市	Ziyang	2708	1333	3480	1729	85	41
贵州省	**Guizhou**						
贵阳市	Guiyang	30145	28246	10562	9642	9032	8013
六盘水市	Liupanshui	2097	1122	5507	4538	1309	177
遵义市	Zunyi	6943	3716	10103	5054	778	566
安顺市	Anshun	2830	2033	3990	2370	1858	1615
毕节市	Bijie	15443	3778	6113	2330	2110	555
铜仁市	Tongren	4308	1614	4304	2450	238	29
云南省	**Yunnan**						
昆明市	Kunming	52362	50207	14261	9997	13482	13043
曲靖市	Qujing	3939	2501	6407	3258	1236	311
玉溪市	Yuxi	3470	2246	2972	736	865	545
保山市	Baoshan	2482	1167	4073	1110	202	83
昭通市	Zhaotong	7357	1438	4341	1147	814	323
丽江市	Lijiang	2784	503	6421	2038	171	31
普洱市	Pu'er	5998	1803	3837	1648	341	194
临沧市	Lincang	1350	406	1926	613	792	78

2-30 续表 6 continued 6

单位：人 (person)

城市	City	(8)科学研究、技术服务和地质勘查业 Scientific Research and Technical Service 全市 Total City	市辖区 Districts under City	(9)水利、环境和公共设施管理业 Management of Water Conservancy, Environment 全市 Total City	市辖区 Districts under City	(10)居民服务、修理和其他服务业 Services to Households and Other Services 全市 Total City	市辖区 Districts under City
西藏自治区	**Tibet**						
拉萨市	Lasa	5688		1241		2188	
日喀则市	Xigaze	1354		164		424	
昌都市	Qamdo	1142	105	12			
林芝市	Linzhi	113		282		61	
山南市	Shannan	649	56	18		49	49
那曲市	Naqu	968		28		45	
陕西省	**Shaanxi**						
西安市	Xi'an	141423	139339	27304	26686	9546	8421
铜川市	Tongchuan	1929	1825	1442	1068	105	31
宝鸡市	Baoji	5540	3748	9273	5121	444	327
咸阳市	Xianyang	7882	4374	12224	3704	409	67
渭南市	Weinan	8606	2988	15796	3573	6915	5631
延安市	Yan'an	4935	2942	5667	1169	930	711
汉中市	Hanzhong	5725	3171	7935	2587	524	263
榆林市	Yulin	6789	3178	13974	3518	1056	241
安康市	Ankang	3025	1817	2263	1078	550	469
商洛市	Shangluo	3204	974	3511	1774	169	131
甘肃省	**Gansu**						
兰州市	Lanzhou	41772	40826	22282	18266	624	624
嘉峪关市	Jiayuguan	763		2140		1545	
金昌市	Jinchang	597	428	2371	1034	83	83
白银市	Baiyin	1294	1109	2975	959	131	16
天水市	Tianshui	5820	5349	2834	1059	334	276
武威市	Wuwei	2149	1718	6384	4060	90	90
张掖市	Zhangye	5133	4816	4941	1436	20	20
平凉市	Pingliang	2844	1547	3602	1457	448	45
酒泉市	Jiuquan	2550	1901	4111	1025	438	46
庆阳市	Qingyang	2098	1125	2610	1082	22	22
定西市	Dingxi	1624	793	3871	516	103	103
陇南市	Longnan	1000	420	5050	470	2000	120
青海省	**Qinghai**						
西宁市	Xining	16151	13433	6030	4666	554	520
海东市	Haidong	2262	892	2477	1278	56	31
宁夏回族自治区	**Ningxia**						
银川市	Yinchuan	9853	9252	7545	6815	359	344
石嘴山市	Shizuishan	1262	924	4138	3303	153	153
吴忠市	Wuzhong	1242	601	4175	1436	38	38
固原市	Guyuan	1510	694	2800	1446	16	16
中卫市	Zhongwei	1113	1073	4049	1472	15	15
新疆维吾尔自治区	**Xinjiang**						
乌鲁木齐市	Urumqi	27509	27472	6790	6790	1479	1479
克拉玛依市	Karamay	1998	1998	929	929	2206	2206
吐鲁番市	Turpan	1883	925	966	707	5962	1884
哈密市	Hami	3147	2751	5744	5205	2607	2513

2-31 按行业分组的年末城镇单位从业人员(六)
Persons Employed in Urban Units by Sector in Detail at Year-end(Ⅵ)

单位：人 (person)

城市	City	(11)教育 Education		(12)卫生、社会保障和社会福利业 Health and Social Work		(13)文化、体育和娱乐业 Culture, Sports and Entertainment		(14)公共管理和社会组织 Public Management, Social Security and Social Organization	
		全市 Total City	市辖区 Districts under City	全市 Total City	市辖区 Districts under City	全市 Total City	市辖区 Districts under City	全市 Total City	市辖区 Districts under City
北京市	**Beijing**	**505697**	**505697**	**293252**	**293252**	**190189**	**190189**	**478359**	**478359**
天津市	**Tianjin**	**180238**	**180238**	**111410**	**111410**	**25330**	**25330**	**174551**	**174551**
河北省	**Hebei**								
石家庄市	Shijiazhuang	132261	69090	62394	40973	14229	11867	112171	61788
唐山市	Tangshan	91763	46736	46700	26232	5333	3471	101818	56771
秦皇岛市	Qinhuangdao	43104	26422	22200	15246	3854	3166	47897	30067
邯郸市	Handan	108478	41412	46269	24122	4330	2079	97227	40831
邢台市	Xingtai	75294	16934	32214	9340	2157	1180	77478	15246
保定市	Baoding	122633	38520	48831	21387	4231	1993	114869	35629
张家口市	Zhangjiakou	55776	24263	26726	14800	3265	2160	77942	31175
承德市	Chengde	45600	10856	22326	8594	3614	2547	52990	16925
沧州市	Cangzhou	86210	11609	36491	13601	4744	2214	81997	15235
廊坊市	Langfang	84300	23709	49320	18399	4960	1563	76002	18646
衡水市	Hengshui	50874	14358	20721	9515	2060	1339	44384	12649
山西省	**Shanxi**								
太原市	Taiyuan	82080	71129	44080	40879	15079	14795	63520	53301
大同市	Datong	45163	26307	16532	11107	3640	2775	52620	30118
阳泉市	Yangquan	17650	10767	8001	5458	1345	1047	25682	17836
长治市	Changzhi	49184	15619	23479	10706	3617	1958	51941	16414
晋城市	Jincheng	26533	7342	12112	4150	1851	1205	32401	8382
朔州市	Shuozhou	24684	14155	8166	4188	1861	980	34551	17906
晋中市	Jinzhong	48727	10604	20098	5910	3433	1014	54880	13970
运城市	Yuncheng	65033	10649	27201	8120	4351	2113	74284	15356
忻州市	Xinzhou	44469	9774	15917	4709	2049	862	53080	10502
临汾市	Linfen	52829	12851	21700	8189	4093	1116	78422	16778
吕梁市	Lvliang	56362	7350	13847	2672	3063	1210	71410	17996
内蒙古自治区	**Inner Mongolia**								
呼和浩特市	Hohhot	50654	39022	20133	17282	11558	11187	53056	40101
包头市	Baotou	31448	26396	20058	18207	3134	2738	37105	30533
乌海市	Wuhai	7153	7153	3843	3843	723	723	11310	11310
赤峰市	Chifeng	65349	19799	23248	9524	2526	1309	59605	16930
通辽市	Tongliao	43587	13669	17552	8325	2533	1380	41218	13048
鄂尔多斯市	Erdos	29625	7120	11727	3889	3931	2525	51923	13753
呼伦贝尔市	Hulunbuir	33434	7610	21560	6138	4558	1424	48884	11710
巴彦淖尔市	Bayannur	19587	8069	12619	6397	1611	857	33378	12984
乌兰察布市	Ulanqab	26673	7781	10298	4123	2136	1258	51115	14029
辽宁省	**Liaoning**								
沈阳市	Shenyang	114320	103005	75939	69848	14527	13917	84834	72643
大连市	Dalian	85700	70635	49513	39643	10053	9420	64768	51239
鞍山市	Anshan	38184	19912	23887	14830	4680	3483	44057	22225
抚顺市	Fushun	22291	16195	14624	11607	2643	2388	24903	18036
本溪市	Benxi	16557	11349	15894	12660	1376	817	23943	17125
丹东市	Dandong	26055	9010	16456	9273	1425	776	27742	13350
锦州市	Jinzhou	31554	15738	19093	11751	2980	2394	35949	19058
营口市	Yingkou	20724	10742	13008	7996	1798	1444	38937	26135
阜新市	Fuxin	21180	10410	13080	8719	1511	1211	24166	13177
辽阳市	Liaoyang	16888	9832	10546	7488	1025	794	22939	14343

2-31 续表 1 continued 1

单位：人 (person)

城市	City	(11)教育 Education 全市 Total City	(11)教育 Education 市辖区 Districts under City	(12)卫生、社会保障和社会福利业 Health and Social Work 全市 Total City	(12)卫生、社会保障和社会福利业 Health and Social Work 市辖区 Districts under City	(13)文化、体育和娱乐业 Culture, Sports and Entertainment 全市 Total City	(13)文化、体育和娱乐业 Culture, Sports and Entertainment 市辖区 Districts under City	(14)公共管理和社会组织 Public Management, Social Security and Social Organization 全市 Total City	(14)公共管理和社会组织 Public Management, Social Security and Social Organization 市辖区 Districts under City
盘锦市	Panjin	17228	14151	8483	7734	1425	1318	26686	22187
铁岭市	Tieling	27827	5322	14255	4407	1180	652	35277	9134
朝阳市	Chaoyang	38171	8332	18451	5582	1337	723	53139	16148
葫芦岛市	Huludao	26219	9398	12936	5207	782	236	35204	15919
吉林省	**Jilin**								
长春市	Changchun	126586	93672	63832	53939	16370	15001	81398	63835
吉林市	Jilin	51806	27874	31647	19728	4382	3801	54392	31716
四平市	Siping	36623	11569	23463	9926	2868	921	28151	9705
辽源市	Liaoyuan	13417	5399	7667	3744	1003	576	14719	8163
通化市	Tonghua	23411	6740	14894	5017	2019	1036	33158	11163
白山市	Baishan	16045	6801	9245	4694	1249	650	24216	11588
松原市	Songyuan	31460	10646	14391	4267	2054	1039	33489	13112
白城市	Baicheng	31244	13758	14757	7193	2533	1731	44276	16155
黑龙江省	**Heilongjiang**								
哈尔滨市	Harbin	137457	104666	72284	58441	16273	14484	110732	76144
齐齐哈尔市	Qiqihar	43607	16521	27864	16692	3296	2118	41660	14670
鸡西市	Jixi	17303	7477	9245	4071	1490	955	22569	11228
鹤岗市	Hegang	10933	5649	9919	6624	1215	851	15820	8241
双鸭山市	Shuangyashan	12964	5131	7136	3719	1394	818	33078	19623
大庆市	Daqing	39892	24971	20576	15738	3751	3190	36870	22604
伊春市	Yichun	12241	9469	7144	5902	1086	983	15486	10043
佳木斯市	Jiamusi	23295	11105	12736	7364	1700	1219	29522	12608
七台河市	Qitaihe	7517	5289	4949	3808	696	476	11587	8519
牡丹江市	Mudanjiang	26398	11840	19330	12060	2523	1435	29233	9387
黑河市	Heihe	13720	3643	8146	1804	1260	800	25967	7083
绥化市	Suihua	50666	8149	18821	1613	2342	279	48770	3539
上海市	**Shanghai**	**308006**	**308006**	**191078**	**191078**	**64103**	**64103**	**211526**	**211526**
江苏省	**Jiangsu**								
南京市	Nanjing	147300	147300	70700	70700	27500	27500	95700	95700
无锡市	Wuxi	65909	34204	43160	25604	6468	4490	55275	32643
徐州市	Xuzhou	102334	42613	59449	30666	4607	3382	79360	38409
常州市	Changzhou	55845	48495	32793	28457	7411	6926	41574	33949
苏州市	Suzhou	107283	60483	71206	37236	9004	5336	105871	51816
南通市	Nantong	71142	27790	42547	19417	5022	2944	56921	23334
连云港市	Lianyungang	52538	27941	26620	15987	1901	1594	44184	26497
淮安市	Huai'an	61055	39708	24666	19133	2819	2097	40892	27123
盐城市	Yancheng	73482	28034	38428	17129	4318	2647	59681	23834
扬州市	Yangzhou	56500	36665	25600	15356	3900	3104	43000	26013
镇江市	Zhenjiang	36407	18923	22200	11712	3131	2366	34877	17468
泰州市	Taizhou	49227	20464	30127	12612	2336	1485	43611	21196
宿迁市	Suqian	60718	11505	24748	7879	1616	723	34819	14152
浙江省	**Zhejiang**								
杭州市	Hangzhou	186867	171302	117606	106641	22459	21584	137911	121413
宁波市	Ningbo	91684	53547	63711	40590	9276	5254	93628	53116
温州市	Wenzhou	107755	33791	57932	27125	6901	3438	109048	37043
嘉兴市	Jiaxing	57245	17097	34808	13146	4344	1712	47384	13793
湖州市	Huzhou	32845	14425	21795	10798	3613	971	33845	13464

2-31 续表 2 continued 2

单位：人 (person)

城 市	City	(11)教育 Education		(12)卫生、社会保障和社会福利业 Health and Social Work		(13)文化、体育和娱乐业 Culture, Sports and Entertainment		(14)公共管理和社会组织 Public Management, Social Security and Social Organization	
		全 市 Total City	市辖区 Districts under City	全 市 Total City	市辖区 Districts under City	全 市 Total City	市辖区 Districts under City	全 市 Total City	市辖区 Districts under City
绍兴市	Shaoxing	60276	31857	35433	19936	4202	2813	48593	27946
金华市	Jinhua	69192	17483	43255	11913	5342	2113	67254	15418
衢州市	Quzhou	25548	10908	15433	7365	1717	960	35862	15557
舟山市	Zhoushan	14813	11981	10570	8379	2264	1769	30445	22133
台州市	Taizhou	64238	19483	40233	14875	3873	1907	70221	26400
丽水市	Lishui	32841	7577	19368	7513	2809	1180	42822	9778
安徽省	**Anhui**								
合肥市	Hefei	104190	66553	56822	42289	11191	10277	81600	41250
芜湖市	Wuhu	44344	22409	23047	15232	1906	1350	32162	17426
蚌埠市	Bengbu	36219	17081	17866	10557	1601	1383	23562	12620
淮南市	Huainan	35487	21676	18210	12904	1577	984	26264	16152
马鞍山市	Maanshan	23572	11456	11203	6914	1036	707	24426	12345
淮北市	Huaibei	22713	11580	13834	8245	474	422	17906	12167
铜陵市	Tongling	15837	8790	8662	6230	995	805	16536	13284
安庆市	Anqing	49753	9779	22042	7855	2743	1019	41863	11051
黄山市	Huangshan	14043	5777	9267	5207	1760	860	21985	10768
滁州市	Chuzhou	36935	7383	17010	4414	696	299	29310	7870
阜阳市	Fuyang	70641	22037	33526	13295	1555	777	49477	20106
宿州市	Suzhou								
六安市	Lu'an	79627	18045	49519	11101	16839	878	76104	11726
亳州市	Bozhou	49938	15030	17982	5694	1666	753	28338	10905
池州市	Chizhou	14527	7264	6925	3414	748	583	16837	7673
宣城市	Xuancheng	21622	7015	13744	3796	1223	451	28263	9243
福建省	**Fujian**								
福州市	Fuzhou	119770	54295	58380	42470	14119	11500	101261	65544
厦门市	Xiamen	63372	63372	29817	29817	10009	10009	35487	35487
莆田市	Putian	39676	27937	15594	12079	2334	2101	24894	19344
三明市	Sanming	38229	5802	17415	4172	1586	733	41362	8354
泉州市	Quanzhou	98584	24377	32596	13116	4553	2563	62705	22944
漳州市	Zhangzhou	55962	13445	26344	10435	3062	1413	47414	13950
南平市	Nanping	35039	9973	18670	6881	2952	610	35901	13232
龙岩市	Longyan	40036	15926	22163	10250	2797	1575	38331	16485
宁德市	Ningde	40118	7976	18828	4497	2078	754	39441	10616
江西省	**Jiangxi**								
南昌市	Nanchang	77476	61484	41761	34806	13067	12575	64986	49630
景德镇市	Jingdezhen	12971	10030	9469	8457	2506	2469	27445	23071
萍乡市	Pingxiang	21107	11355	11198	7642	849	730	30248	17179
九江市	Jiujiang	52607	15553	29981	11658	3240	1635	57548	18777
新余市	Xinyu	12148	9789	5422	4119	919	760	14316	11158
鹰潭市	Yingtan	12246	3834	4607	2106	684	418	16983	9026
赣州市	Ganzhou	114350	29510	55486	22413	3683	1562	88699	26369
吉安市	Ji'an	47937	6015	23607	4096	2367	738	52087	13117
宜春市	Yichun	58947	11940	29213	7510	1923	706	56875	12817
抚州市	Fuzhou	52079	15100	18434	5545	1931	723	47856	10074
上饶市	Shangrao	73057	13605	29709	9109	2874	983	74674	18062
山东省	**Shandong**								
济南市	Jinan	105279	91058	69947	62899	14748	14527	97760	77881

2-31 续表 3 continued 3

单位：人 (person)

城 市	City	(11)教育 Education		(12)卫生、社会保障和社会福利业 Health and Social Work		(13)文化、体育和娱乐业 Culture, Sports and Entertainment		(14)公共管理和社会组织 Public Management, Social Security and Social Organization	
		全 市 Total City	市辖区 Districts under City	全 市 Total City	市辖区 Districts under City	全 市 Total City	市辖区 Districts under City	全 市 Total City	市辖区 Districts under City
青岛市	Qingdao	134100	99251	66856	52264	11647	10472	102353	74049
淄博市	Zibo	66287	48475	37533	30078	7069	6779	53606	41580
枣庄市	Zaozhuang	45115	25935	25724	17013	1786	1462	55640	41300
东营市	Dongying	25022	16270	13250	9187	1100	820	32927	22486
烟台市	Yantai	104049	46008	51396	21744	6692	2629	76810	33619
潍坊市	Weifang	104994	23042	55941	16124	2869	813	88851	34312
济宁市	Jining	80277	22419	49994	23042	3464	1487	93293	29481
泰安市	Tai'an	63084	23335	31715	15173	1994	1397	52174	25589
威海市	Weihai	37017	24393	21269	16411	2767	2363	33638	20360
日照市	Rizhao	29924	15938	16844	8736	2448	1989	27023	16121
莱芜市	Laiwu	5642	5642	7972	7972	321	321	12044	12044
临沂市	Linyi	109076	34832	57396	23132	3619	1841	88341	28858
德州市	Dezhou	66060	15274	30332	10016	3331	1756	86162	22051
聊城市	Liaocheng	67073	20927	36540	15613	2523	1394	67946	18051
滨州市	Binzhou	36960	10414	21731	8864	1610	863	51130	20855
菏泽市	Heze	94044	25409	47434	14187	3066	1601	112779	39698
河南省	**Henan**								
郑州市	Zhengzhou	148229	84461	103804	76028	22104	19423	146041	87114
开封市	Kaifeng	49585	18565	29463	12489	3576	2355	58580	20713
洛阳市	Luoyang	82645	25672	46741	24383	6104	4180	85798	35392
平顶山市	Pingdingshan	53739	17081	28754	8021	4512	1629	64042	20992
安阳市	Anyang	52131	19178	28022	12557	3026	1456	50875	21385
鹤壁市	Hebi	16021	8244	8832	4681	591	411	20893	12490
新乡市	Xinxiang	65842	16982	26085	8710	2290	990	66713	16841
焦作市	Jiaozuo	37811	11890	20730	7211	2450	1226	53569	21842
濮阳市	Puyang	38751	7157	17680	7299	1537	560	45383	14829
许昌市	Xuchang	45275	13865	25061	10187	3064	1101	50002	16939
漯河市	Luohe	31907	18269	14086	9175	2132	1298	31494	18646
三门峡市	Sanmenxia	26630	9264	14847	6492	1675	808	30189	12842
南阳市	Nanyang	172124	35393	69246	19746	6520	2842	97824	20241
商丘市	Shangqiu	104767	19161	50467	11202	3195	1006	100084	32247
信阳市	Xinyang	99163	18177	33072	9766	4067	1068	74361	22199
周口市	Zhoukou	110918	10477	37019	5980	3649	1662	91398	14822
驻马店市	Zhumadian	102266	17014	40285	9570	7081	2241	77922	20380
湖北省	**Hubei**								
武汉市	Wuhan	181126	181126	96083	96083	32441	32441	99122	99122
黄石市	Huangshi	28376	10592	19054	11391	2454	1797	27299	11298
十堰市	Shiyan	46055	23795	35015	21341	4583	2687	46498	22116
宜昌市	Yichang	43716	14050	28283	9219	10205	4405	42692	13264
襄阳市	Xiangyang	76193	35095	42026	19575	6670	2449	70789	36694
鄂州市	Ezhou	13128	13128	8237	8237	1389	1389	10973	10973
荆门市	Jingmen	31243	17208	20710	8943	3550	3106	32316	21492
孝感市	Xiaogan	59499	15045	33168	8707	7864	749	53667	13092
荆州市	Jingzhou	51046	14681	35097	13828	3526	1800	59758	12421
黄冈市	Huanggang	65164	6666	35381	4382	4852	1080	62706	8368
咸宁市	Xianning	35763	13315	21945	10409	1886	951	39500	10602
随州市	Suizhou	19854	7255	11957	4917	910	533	16718	6388

2-31 续表 4 continued 4

单位：人 (person)

城市	City	(11)教育 Education 全市 Total City	市辖区 Districts under City	(12)卫生、社会保障和社会福利业 Health and Social Work 全市 Total City	市辖区 Districts under City	(13)文化、体育和娱乐业 Culture, Sports and Entertainment 全市 Total City	市辖区 Districts under City	(14)公共管理和社会组织 Public Management, Social Security and Social Organization 全市 Total City	市辖区 Districts under City
湖南省	**Hunan**								
长沙市	Changsha	110687	75194	73495	54219	22803	21481	84569	52636
株洲市	Zhuzhou	31627	15739	24592	13322	3218	2365	52548	21567
湘潭市	Xiangtan	30889	16834	19382	11153	2339	1360	32337	14949
衡阳市	Hengyang	70262	17730	39865	15380	3813	2014	83040	20465
邵阳市	Shaoyang	59568	7444	34331	9286	1446	450	69858	12682
岳阳市	Yueyang	45701	14059	24968	6931	3125	385	72301	18181
常德市	Changde	52895	14570	31975	10959	3803	1712	64458	24935
张家界市	Zhangjiajie	13539	3514	7235	2458	1996	1106	23606	12951
益阳市	Yiyang	39856	13042	24794	9681	2347	1460	42285	13852
郴州市	Chenzhou	47401	12430	27956	10845	2564	1491	61269	17755
永州市	Yongzhou	55212	12336	28202	9804	2432	830	74809	20444
怀化市	Huaihua	48128	7168	30374	8750	2947	1154	67242	11737
娄底市	Loudi	34569	8506	20363	7221	1983	1101	46683	12440
广东省	**Guangdong**								
广州市	Guangzhou	247900	247900	131566	131566	39082	39082	190188	190188
韶关市	Shaoguan	39189	15110	20423	10369	1902	1100	43407	17800
深圳市	Shenzhen	110712	110712	66686	66686	29451	29451	152178	152178
珠海市	Zhuhai	28539	28539	16245	16245	3231	3231	36242	36242
汕头市	Shantou	63740	62976	25598	25270	3064	3043	37712	36239
佛山市	Foshan	86626	86626	46904	46904	4484	4484	66500	66500
江门市	Jiangmen	41456	19196	29186	14219	2207	904	47706	23807
湛江市	Zhanjiang	87684	29758	36307	17246	2813	1866	49222	21621
茂名市	Maoming	88765	37429	30541	13263	2297	1404	44379	22438
肇庆市	Zhaoqing	50751	20394	27315	13556	1948	1357	45788	20867
惠州市	Huizhou	52694	27439	29554	18795	3749	2547	65770	37128
梅州市	Meizhou	54610	13614	23570	10669	1820	1121	47839	14864
汕尾市	Shanwei	30607	6323	9461	3181	1181	231	24893	8227
河源市	Heyuan	38148	6972	15478	4418	2090	976	37335	12152
阳江市	Yangjiang	31171	15653	14643	7433	1108	550	33909	21301
清远市	Qingyuan	38128	14322	20570	9045	1564	887	49688	23433
东莞市	Dongguan	41932		50355		6212		58323	
中山市	Zhongshan	27473		20627		2377		24599	
潮州市	Chaozhou	26470	17066	10089	7457	1410	1292	17142	11943
揭阳市	Jieyang	59389	19700	18134	6880	1722	970	34719	16177
云浮市	Yunfu	27601	4234	13520	3547	805	237	32977	15233
广西壮族自治区	**Guangxi**								
南宁市	Nanning	114904	83346	61493	46306	13815	13342	89474	67099
柳州市	Liuzhou	54245	35125	36034	25436	3347	2691	47753	28445
桂林市	Guilin	63684	31640	34001	17432	4523	3961	59299	26515
梧州市	Wuzhou	37487	12327	20968	11171	1507	1122	28866	14840
北海市	Beihai	22174	11579	12598	6315	1344	1012	19326	14083
防城港市	Fangchenggang	11350	6338	6548	4292	369	282	17324	11472
钦州市	Qinzhou	42373	17780	21108	10409	674	482	27949	17108
贵港市	Guigang	47964	15682	23823	12450	507	345	32199	17803

2-31 续表 5 continued 5

单位：人 (person)

城 市	City	(11)教育 Education 全 市 Total City	市辖区 Districts under City	(12)卫生、社会保障和社会福利业 Health and Social Work 全 市 Total City	市辖区 Districts under City	(13)文化、体育和娱乐业 Culture, Sports and Entertainment 全 市 Total City	市辖区 Districts under City	(14)公共管理和社会组织 Public Management, Social Security and Social Organization 全 市 Total City	市辖区 Districts under City
玉林市	Yulin	70044	17687	31099	12458	1902	1042	36930	12971
百色市	Baise	42951	8098	24571	6523	1041	496	53135	10014
贺州市	Hezhou	26297	13583	10727	6126	1015	577	28162	13341
河池市	Hechi	41911	11439	23680	10182	1253	632	44820	13731
来宾市	Laibin	24250	11486	13090	5937	872	415	26250	11178
崇左市	Chongzuo	24773	5911	13141	2634	857	305	28739	7296
海南省	**Hainan**								
海口市	Haikou	48191	48191	30420	30420	8191	8191	46268	46268
三亚市	Sanya	11172	11172	6473	6473	1921	1921	18789	18789
三沙市	Sansha								
儋州市	Danzhou								
重庆市	**Chongqing**	**417137**	**320592**	**202619**	**168771**	**31754**	**28004**	**326484**	**255994**
四川省	**Sichuan**								
成都市	Chengdu	263282		188650		88313		203743	
自贡市	Zigong	25462	14485	17569	11788	1674	1371	22989	14128
攀枝花市	Panzhihua	14831	10672	9872	7560	1963	1774	18964	13234
泸州市	Luzhou	48365	18561	23113	13323	1403	1039	39678	19234
德阳市	Deyang	37914	13614	22441	8573	1464	519	33758	13632
绵阳市	Mianyang	62482	33396	28612	14208	2795	2210	47875	20627
广元市	Guangyuan	26494	8219	17610	9335	1265	960	39060	20598
遂宁市	Suining	26230	10495	14320	7375	1356	821	29010	17718
内江市	Neijiang	36228	12891	15476	5998	1872	937	37226	15944
乐山市	Leshan	27444	8248	18553	9236	1869	1510	45966	21843
南充市	Nanchong	72270	25776	30607	13152	4098	2234	63681	26572
眉山市	Meishan	30648	9724	14137	6580	758	558	34675	13280
宜宾市	Yibin	53122	16308	25026	11582	2578	964	51258	18773
广安市	Guang'an	36613	9411	17903	5733	1452	979	32738	13996
达州市	Dazhou	58903	18064	26037	9080	2827	1459	49144	19717
雅安市	Ya'an	18407	8652	11478	5786	560	408	27330	9673
巴中市	Bazhong	37271	13253	16671	6094	3220	1616	37724	17924
资阳市	Ziyang	24274	7763	14265	6430	1479	988	23033	10375
贵州省	**Guizhou**								
贵阳市	Guiyang	76692	59118	42992	35345	9203	8440	88591	67183
六盘水市	Liupanshui	38131	9970	11472	3664	2503	895	41878	14216
遵义市	Zunyi	88485	27942	44905	21172	2798	1340	81543	27643
安顺市	Anshun	34184	17577	12754	7534	1081	755	39665	22859
毕节市	Bijie	98831	17095	31978	9376	1601	711	77021	17710
铜仁市	Tongren	63290	10955	20389	5222	1574	700	58825	15260
云南省	**Yunnan**								
昆明市	Kunming	119769	90047	69657	56969	14082	12773	92651	62820
曲靖市	Qujing	72601	16732	16041	5935	1782	853	46696	13897
玉溪市	Yuxi	28950	11095	16674	7492	1531	843	29988	11426
保山市	Baoshan	28517	9827	14889	6742	952	427	27793	10585
昭通市	Zhaotong	66541	12905	23413	5899	1581	669	55417	13636
丽江市	Lijiang	18263	4377	6588	1702	2470	522	21501	7686
普洱市	Pu'er	27416	5629	14622	4561	1663	616	32573	8317
临沧市	Lincang	26836	5280	12374	3094	928	275	30388	8374

2-31 续表 6 continued 6

单位：人 (person)

城 市	City	(11)教育 Education		(12)卫生、社会保障和社会福利业 Health and Social Work		(13)文化、体育和娱乐业 Culture, Sports and Entertainment		(14)公共管理和社会组织 Public Management, Social Security and Social Organization	
		全 市 Total City	市辖区 Districts under City	全 市 Total City	市辖区 Districts under City	全 市 Total City	市辖区 Districts under City	全 市 Total City	市辖区 Districts under City
西藏自治区	**Tibet**								
拉萨市	Lasa	16197		6572		4498		38575	
日喀则市	Xigaze	11045		3907		789		23850	
昌都市	Qamdo	6083	518	2204	95	460	38	25278	2688
林芝市	Linzhi	3903		1409		214		14570	
山南市	Shannan	5742	630	2382	561	591	52	17166	3982
那曲市	Naqu	7067		2363		1113		17104	
陕西省	**Shaanxi**								
西安市	Xi'an	162982	160825	86649	79277	24477	19256	130803	121506
铜川市	Tongchuan	8308	7762	7084	6355	952	845	21638	18534
宝鸡市	Baoji	41141	18463	27382	14414	3492	1618	41711	17471
咸阳市	Xianyang	63204	11437	27148	11193	4585	981	64012	12268
渭南市	Weinan	68203	18475	28121	6720	4658	1193	68163	13098
延安市	Yan'an	37423	13863	22168	11679	6264	4077	70018	22238
汉中市	Hanzhong	45578	15177	25866	11593	2945	1291	51359	16501
榆林市	Yulin	49396	11372	22396	6029	4125	1490	86712	14156
安康市	Ankang	34809	12978	19000	7924	1898	981	43900	15445
商洛市	Shangluo	33622	10015	13637	4650	1967	638	30829	7231
甘肃省	**Gansu**								
兰州市	Lanzhou	68055	54782	35805	31763	11493	10632	64315	51566
嘉峪关市	Jiayuguan	2708		2041		770		6176	
金昌市	Jinchang	5982	3215	3438	2296	431	422	9898	6575
白银市	Baiyin	27772	7950	9467	5349	459	322	33939	19283
天水市	Tianshui	46162	18751	17040	8966	1945	1078	49535	24974
武威市	Wuwei	24848	13621	10486	6446	548	319	22255	12119
张掖市	Zhangye	20031	11135	9252	4502	1726	1055	25199	11751
平凉市	Pingliang	31863	7071	12049	3354	1363	536	29709	7784
酒泉市	Jiuquan	10167	2232	5456	1540	2361	425	20274	7307
庆阳市	Qingyang	35137	7393	10889	3619	1742	512	40745	9154
定西市	Dingxi	36626	5945	13690	3522	1529	406	36715	10076
陇南市	Longnan	30900	6300	10400	1600	2000	120	33400	4760
青海省	**Qinghai**								
西宁市	Xining	28915	16890	25112	21635	4893	4402	31540	21964
海东市	Haidong	17794	5902	5524	1236	857	251	17911	4900
宁夏回族自治区	**Ningxia**								
银川市	Yinchuan	33028	24407	22827	19791	6081	5771	45261	34899
石嘴山市	Shizuishan	9453	6038	6345	4630	704	618	14286	10115
吴忠市	Wuzhong	10838	170	6601	2438	895	426	24543	13422
固原市	Guyuan	19993	6466	6744	3353	630	384	16242	7192
中卫市	Zhongwei	15443	4997	6010	2926	1584	1319	13603	5008
新疆维吾尔自治区	**Xinjiang**								
乌鲁木齐市	Urumqi	54857	54088	39680	39313	11185	11185	121244	118713
克拉玛依市	Karamay	7018	7018	3542	3542	577	577	15386	15386
吐鲁番市	Turpan	12502	5308	4695	2432	1160	711	18621	7417
哈密市	Hami	11962	9160	6383	5398	2018	1813	20324	15665

2-32 在岗职工人数及工资状况
Number and Wages of Staff and Workers

城 市	City	在岗职工平均人数(万人) Average Number of Employed Staff and Workers (10 000 persons)		在岗职工工资总额(万元) Total Wage Bill of Employed Staff and Workers (10 000 yuan)		在岗职工平均工资(元) Average Wage of Employed Staff and Workers (yuan)	
		全 市 Total City	市辖区 Districts under City	全 市 Total City	市辖区 Districts under City	全 市 Total City	市辖区 Districts under City
北京市	**Beijing**	**754**	**754**	**101828000**	**101828000**	**134994**	**134994**
天津市	**Tianjin**	**231**	**231**	**23167447**	**23167447**	**96965**	**96965**
河北省	**Hebei**						
石家庄市	Shijiazhuang	87	63	5908489	4604965	67880	73136
唐山市	Tangshan	67	47	4574185	3331628	66843	66612
秦皇岛市	Qinhuangdao	27	21	1880620	1603280	70753	75181
邯郸市	Handan	55	33	3227573	2027117	58917	61750
邢台市	Xingtai	33	13	1959458	894641	59431	68607
保定市	Baoding	67	36	4495528	2401346	63835	66043
张家口市	Zhangjiakou	28	15	1777275	1075542	63976	69476
承德市	Chengde	23	10	1408334	705133	60270	69430
沧州市	Cangzhou	39	13	2643821	943026	66984	69986
廊坊市	Langfang	39	22	3036036	1765243	77665	80423
衡水市	Hengshui	21	9	1244019	627559	58014	67367
山西省	**Shanxi**						
太原市	Taiyuan	101	95	7269789	6962752	72114	73486
大同市	Datong	37	30	2222881	1834429	59924	55654
阳泉市	Yangquan	24	17	1342686	1042836	56255	59889
长治市	Changzhi	41	13	2363880	734391	57750	54440
晋城市	Jincheng	33	15	2062657	1051365	62656	68132
朔州市	Shuozhou	18	10	1050585	633499	59831	61551
晋中市	Jinzhong	30	9	1866478	595467	61554	69701
运城市	Yuncheng	31	7	1701219	437134	55267	60236
忻州市	Xinzhou	23	7	1191680	318109	52191	45944
临汾市	Linfen	32	8	1830272	549237	56866	63940
吕梁市	Lvliang	31	5	1913664	278314	61378	58273
内蒙古自治区	**Inner Mongolia**						
呼和浩特市	Hohhot	40	32	2532647	2014647	63084	63850
包头市	Baotou	34	31	2369047	2171659	69706	69935
乌海市	Wuhai	9	9	607776	607776	67658	67658
赤峰市	Chifeng	31	14	1967162	897949	63809	65688
通辽市	Tongliao	26	10	1594999	620017	61470	61169
鄂尔多斯市	Erdos	32	10	2499110	859733	78166	82854
呼伦贝尔市	Hulunbuir	33	7	2154428	450914	64449	70737
巴彦淖尔市	Bayannur	14	7	909594	444635	64696	68031
乌兰察布市	Ulanqab	15	6	1012058	370783	66332	61488
辽宁省	**Liaoning**						
沈阳市	Shenyang	113	108	8347042	8078407	74181	75106
大连市	Dalian	91	82	7457317	6860607	81884	83285
鞍山市	Anshan	40	29	2001721	1516354	50187	52524
抚顺市	Fushun	23	20	1316600	1155977	56941	58860
本溪市	Benxi	20	19	1037680	853566	50881	45899
丹东市	Dandong	18	10	768906	429313	42230	40180
锦州市	Jinzhou	24	17	1326461	1004826	54892	59950
营口市	Yingkou	26	20	1287954	1037430	50074	51225
阜新市	Fuxin	14	10	744222	536209	54331	55715
辽阳市	Liaoyang	16	13	975607	831918	60361	64062

2-32 续表 1 continued 1

城市	City	在岗职工平均人数(万人) Average Number of Employed Staff and Workers (10 000 persons)		在岗职工工资总额(万元) Total Wage Bill of Employed Staff and Workers (10 000 yuan)		在岗职工平均工资(元) Average Wage of Employed Staff and Workers (yuan)	
		全市 Total City	市辖区 Districts under City	全市 Total City	市辖区 Districts under City	全市 Total City	市辖区 Districts under City
盘锦市	Panjin	40	34	1840852	1694162	45890	49838
铁岭市	Tieling	21	5	1018836	276263	47615	53417
朝阳市	Chaoyang	21	8	1119494	420172	52732	53984
葫芦岛市	Huludao	19	12	1029803	650808	55037	56220
吉林省	**Jilin**						
长春市	Changchun	121	109	8883533	8271438	73469	76205
吉林市	Jilin	37	25	2196323	1570853	59923	63635
四平市	Siping	18	7	983902	427054	56235	58627
辽源市	Liaoyuan	13	9	637843	473325	50474	50554
通化市	Tonghua	18	7	930942	382454	52054	54763
白山市	Baishan	15	8	740061	403843	50230	48826
松原市	Songyuan	24	11	1310486	677302	55434	63508
白城市	Baicheng	18	9	902268	444006	49749	48569
黑龙江省	**Heilongjiang**						
哈尔滨市	Harbin	120	101	8100582	7152716	67542	70208
齐齐哈尔市	Qiqihar	32	18	1854890	1177942		
鸡西市	Jixi	15	9	790559	492238	54626	56208
鹤岗市	Hegang	10	8	539190	440926	54001	54975
双鸭山市	Shuangyashan	11	7	626029	408405	58133	59897
大庆市	Daqing	51	45	3814464	3524432	74583	77469
伊春市	Yichun	15	11	585261	451583	38713	39337
佳木斯市	Jiamusi	15	7	816752	458108	54018	62920
七台河市	Qitaihe	9	7	461817	398235	53467	55261
牡丹江市	Mudanjiang	19	8	1081394	514649	110393	64875
黑河市	Heihe	12	3	611420	202733	52329	62332
绥化市	Suihua	23	3	1087708	130528	48316	50530
上海市	**Shanghai**	**592**	**592**	**77425598**	**77425598**	**130765**	**130765**
江苏省	**Jiangsu**						
南京市	Nanjing	187	187	18978866	18978866	101502	101502
无锡市	Wuxi	102	66	9094333	6225537	89551	93835
徐州市	Xuzhou	87	44	5591259	3169448	63917	71510
常州市	Changzhou	66	61	5587297	5133278	84744	84643
苏州市	Suzhou	282	146	24636246	13390325	87350	91772
南通市	Nantong	194	69	14639301	5282651	75315	76950
连云港市	Lianyungang	42	27	2938594	2080002	69726	76477
淮安市	Huai'an	57	41	3665646	2730534	64631	67370
盐城市	Yancheng	70	29	4532027	1999301	64280	69070
扬州市	Yangzhou	92	65	6574821	4818368	71663	74058
镇江市	Zhenjiang	40	18	3012086	1500771	75315	81563
泰州市	Taizhou	101	53	6594320	3516841	65509	66932
宿迁市	Suqian	44	6	2645216	393346	59740	64936
浙江省	**Zhejiang**						
杭州市	Hangzhou	264	252	25542936	24531012	96670	97243
宁波市	Ningbo	135	86	12344162	8287381	91705	96873
温州市	Wenzhou	97	35	7363877	3187926	75881	91575
嘉兴市	Jiaxing	69	23	5726639	2020225	82934	87340
湖州市	Huzhou	42	22	3057077	1527711	72335	71003

2-32 续表 2 continued 2

城　市	City	在岗职工平均人数(万人) Average Number of Employed Staff and Workers (10 000 persons)		在岗职工工资总额(万元) Total Wage Bill of Employed Staff and Workers (10 000 yuan)		在岗职工平均工资(元) Average Wage of Employed Staff and Workers (yuan)	
		全　市 Total City	市辖区 Districts under City	全　市 Total City	市辖区 Districts under City	全　市 Total City	市辖区 Districts under City
绍兴市	Shaoxing	116	78	7836846	5234563	67489	67210
金华市	Jinhua	50	14	4150201	1234814	82199	90956
衢州市	Quzhou	16	9	1595791	871583	96843	96787
舟山市	Zhoushan			1574188	1268329	93018	
台州市	Taizhou	88	34	6203577	2524056	70825	73803
丽水市	Lishui	17	5	1624460	536869	92581	82269
安徽省	**Anhui**						
合肥市	Hefei	133	105	10272245	8480021	77484	80690
芜湖市	Wuhu	41	31	2766356	2256452	66883	72908
蚌埠市	Bengbu	20	14	1222171	878372	61537	63721
淮南市	Huainan	26	20	1841911	1400266	71218	69505
马鞍山市	Maanshan	22	16	1582405	1168454	71809	74708
淮北市	Huaibei	18		1161559	947942	65286	
铜陵市	Tongling	16	14	1048227	897591	65944	66380
安庆市	Anqing	29		1715142	761861	58310	
黄山市	Huangshan	10	6	713066	440918	68668	68606
滁州市	Chuzhou	24	10	1613925	692907	67264	69291
阜阳市	Fuyang	31	14	1846270	862165		60158
宿州市	Suzhou	25	10	1434562	634853	56452	66558
六安市	Lu'an	18	7	1184457	405284	65070	61570
亳州市	Bozhou	21	8	1191735	522119	57350	65265
池州市	Chizhou	10	6	598115	361342	62289	64468
宣城市	Xuancheng	15	4	1024535	305621	68760	75091
福建省	**Fujian**						
福州市	Fuzhou	136	94	10236285	6927955	75133	76408
厦门市	Xiamen	139	139	10221752	10221752	75452	75452
莆田市	Putian	49	40	2916227	2410681	59358	59785
三明市	Sanming	22	7	1575111	589653	71555	81084
泉州市	Quanzhou	131	34	8050645	2299987	61253	67055
漳州市	Zhangzhou	49	15	3247376	1011956	66483	69713
南平市	Nanping	22	9	1434512	609323	64347	65356
龙岩市	Longyan	28	11	1793061	809213	64211	72091
宁德市	Ningde	28	10	1887542	761414	68669	77503
江西省	**Jiangxi**						
南昌市	Nanchang	102	83	7416789	6353314	72686	76462
景德镇市	Jingdezhen	17	10	996450	591368	57851	57956
萍乡市	Pingxiang	19	13	1083455	827765	61464	63236
九江市	Jiujiang	41	15	2548623	1040785	61938	68043
新余市	Xinyu	13	10	769589	643674	59185	66907
鹰潭市	Yingtan	16	6	1039509	348244	65632	63264
赣州市	Ganzhou	53	20	3206879	1359375	60337	68746
吉安市	Ji'an	35	8	1853605	504820	54256	65094
宜春市	Yichun	43	8	2317747	509408	53568	64278
抚州市	Fuzhou	34	15	1971455	919986	59542	62836
上饶市	Shangrao	39	11	2274455	726799	58376	63321
山东省	**Shandong**						
济南市	Jinan	120	107	10116356	9401617	84645	87773

2-32 续表 3 continued 3

城 市	City	在岗职工平均人数(万人) Average Number of Employed Staff and Workers (10 000 persons)		在岗职工工资总额(万元) Total Wage Bill of Employed Staff and Workers (10 000 yuan)		在岗职工平均工资(元) Average Wage of Employed Staff and Workers (yuan)	
		全 市 Total City	市辖区 Districts under City	全 市 Total City	市辖区 Districts under City	全 市 Total City	市辖区 Districts under City
青岛市	Qingdao	137	110	11412649	9635658	83539	87438
淄博市	Zibo	76	51	5090979	3585391	67003	70658
枣庄市	Zaozhuang	41	26	2418505	1600173	58353	60682
东营市	Dongying	39	31	2976799	2513630	76938	80273
烟台市	Yantai	97	51	6711751	3914868	68979	76062
潍坊市	Weifang	84	34	5488145	2403458	68139	69746
济宁市	Jining	76	32	4684887	2147550	61909	66307
泰安市	Tai'an	63	23	3736663	1496119	59653	63855
威海市	Weihai	57	38	3527704	2383398	62344	62892
日照市	Rizhao	29	19	1860968	1249100	63418	65983
莱芜市	Laiwu	15	15	891707	891707	59740	59740
临沂市	Linyi	82	36	5054560	2323097	63440	65292
德州市	Dezhou	52	19	3071361	1121328	58912	60157
聊城市	Liaocheng	43	15	2593721	1027809	60034	68338
滨州市	Binzhou	46	16	2981181	1043302	64749	66644
菏泽市	Heze	49	20	2736119	1136238	55298	57265
河南省	**Henan**						
郑州市	Zhengzhou	190	139	13397786	10693798	70486	76834
开封市	Kaifeng	46	17	2149649	946078	51541	55075
洛阳市	Luoyang	68	37	3957087	2437888	57863	66078
平顶山市	Pingdingshan	51	28	2685038	1592380	52728	56788
安阳市	Anyang	48	19	2449340	1092799	51098	56352
鹤壁市	Hebi	21	13	981164	640243	46871	49746
新乡市	Xinxiang	56	17	2725144	995298	48886	57251
焦作市	Jiaozuo	51	20	2616268	1063822	50980	54115
濮阳市	Puyang	38	20	1931489	1121489	51319	57227
许昌市	Xuchang	46	19	2437129	1087975	53268	57683
漯河市	Luohe	34	21	1727566	1136928	50681	53213
三门峡市	Sanmenxia	22	8	1278553	540170	57207	67670
南阳市	Nanyang	84	29	4332165	1706132	51871	59544
商丘市	Shangqiu	73	21	3835784	1130320	52542	54131
信阳市	Xinyang	58	19	2883456	971428	50013	50396
周口市	Zhoukou	66	12	3329775	781968	50259	65127
驻马店市	Zhumadian	65	20	3242915	1002639	49801	50349
湖北省	**Hubei**						
武汉市	Wuhan	201	201	16042574	16042574	79684	79684
黄石市	Huangshi	46	19	2240972	1518464	48801	56428
十堰市	Shiyan	63	44	3117280	2261842	49733	51664
宜昌市	Yichang	86	35	4344274	1864452	50498	53043
襄阳市	Xiangyang	52	31	3069059	1958864	58706	63123
鄂州市	Ezhou	21	21	984153	984153	46920	46920
荆门市	Jingmen	38	16	1827057	826547	48129	51886
孝感市	Xiaogan	80	26	3588190	1290760	45100	49511
荆州市	Jingzhou	35	15	1995553	919473	56499	60057
黄冈市	Huanggang	81	11	3531044	513948	44922	44937
咸宁市	Xianning	35	12	1554647	613024	44700	50207
随州市	Suizhou	13	7	716085	403349	48909	49468

2-32 续表 4 continued 4

城 市	City	在岗职工平均人数(万人) Average Number of Employed Staff and Workers (10 000 persons)		在岗职工工资总额(万元) Total Wage Bill of Employed Staff and Workers (10 000 yuan)		在岗职工平均工资(元) Average Wage of Employed Staff and Workers (yuan)	
		全 市 Total City	市辖区 Districts under City	全 市 Total City	市辖区 Districts under City	全 市 Total City	市辖区 Districts under City
湖南省	**Hunan**						
长沙市	Changsha	113	78	9664535	7118639	85187	91522
株洲市	Zhuzhou	41	23	2489475	1632671	61418	70264
湘潭市	Xiangtan	27	15	1725105	970892	62933	65153
衡阳市	Hengyang	48	19	2671406	1189545	55761	63675
邵阳市	Shaoyang	33	10	1945678	613078	58665	58722
岳阳市	Yueyang	37	16	2057651	956146	54893	61430
常德市	Changde	39	17	2332141	1122878	59399	65094
张家界市	Zhangjiajie	8	4	503033	276006	63884	63952
益阳市	Yiyang	22	11	1354589	693427	60754	60518
郴州市	Chenzhou	33	14	1982405	929808	60820	67001
永州市	Yongzhou	31	10	1727928	585722	56212	60446
怀化市	Huaihua	23	6	1411581	406361	62046	68221
娄底市	Loudi	27	11	1452946	666322	53301	59256
广东省	**Guangdong**						
广州市	Guangzhou	316	316	31032760	31032760	98612	98612
韶关市	Shaoguan	31	17	2013320	1254799	65739	72160
深圳市	Shenzhen	446	446	44697603	44697603	100173	100173
珠海市	Zhuhai	68	68	5604148	5604148	81014	81014
汕头市	Shantou	56	56	3468035	3437457	61819	61825
佛山市	Foshan	162	162	11787845	11787845	72712	72712
江门市	Jiangmen	54	31	3533840	2168093	66107	70950
湛江市	Zhanjiang	46	21	2871626	1563513	62094	75509
茂名市	Maoming	46	24	2823127	1519775	61442	63468
肇庆市	Zhaoqing	38	25	2467867	1686460	65227	65755
惠州市	Huizhou	94	70	6683244	5072282	70890	72748
梅州市	Meizhou	28	11	1881615	870924	67186	79613
汕尾市	Shanwei	19	8	1098626	455672	57160	59264
河源市	Heyuan	27	14	1662186	866459	61561	63450
阳江市	Yangjiang	22	12	1319776	775139	59559	62351
清远市	Qingyuan	31	19	2288144	1355300	73323	72391
东莞市	Dongguan	241		14844731		61619	
中山市	Zhongshan	76		5158695		68039	
潮州市	Chaozhou	19	16	1107833	958990	59540	61772
揭阳市	Jieyang	37	14	1876099	800403	50598	55949
云浮市	Yunfu	22	6	1162227	428379	63527	69205
广西壮族自治区	**Guangxi**						
南宁市	Nanning	89	79	6719750	6072518	75481	76545
柳州市	Liuzhou	56	49	3614429	3121175	64958	64275
桂林市	Guilin	37	22	2438514	1503753	65694	69531
梧州市	Wuzhou	19	10	1084288	607694	57618	60859
北海市	Beihai	12	9	743219	570290	60622	60203
防城港市	Fangchenggang	7	5	440945	330215	63484	67849
钦州市	Qinzhou	19	12	1105661	739871	56863	59426
贵港市	Guigang	16	8	1005686	517502	61245	65514

2-32 续表 5 continued 5

城市	City	在岗职工平均人数(万人) Average Number of Employed Staff and Workers (10 000 persons)		在岗职工工资总额(万元) Total Wage Bill of Employed Staff and Workers (10 000 yuan)		在岗职工平均工资(元) Average Wage of Employed Staff and Workers (yuan)	
		全市 Total City	市辖区 Districts under City	全市 Total City	市辖区 Districts under City	全市 Total City	市辖区 Districts under City
玉林市	Yulin	27	10	1633362	687322	60901	69753
百色市	Baise	22	7	1341156	436674	62528	66446
贺州市	Hezhou	9	5	611663	360987	65799	67665
河池市	Hechi	16	7	1084070	457315	66085	67520
来宾市	Laibin	11	5	695044	351032	64152	65392
崇左市	Chongzuo	12	4	723707	241820	59250	66469
海南省	**Hainan**						
海口市	Haikou	49	49	3338371	3338371	68037	68037
三亚市	Sanya	13	13	969641	969641	72826	72826
三沙市	Sansha						
儋州市	Danzhou	4		255112		68979	
重庆市	**Chongqing**	**364**	**323**	**26681112**	**23886210**	**73272**	**74041**
四川省	**Sichuan**						
成都市	Chengdu	254		20146522		79292	
自贡市	Zigong	16	12	1139628	832203	72099	72311
攀枝花市	Panzhihua	17	15	1300891	1135366	76879	75322
泸州市	Luzhou	28	14	1821036	1026304	65725	75480
德阳市	Deyang	27	12	2005184	986948	74061	80496
绵阳市	Mianyang	46	29	3171953	2241368	69621	78506
广元市	Guangyuan	14	8	975610	549122	68646	69287
遂宁市	Suining	17	7	1065507	508086	61289	69995
内江市	Neijiang	23	8	1310818	554154	49780	
乐山市	Leshan	23	11	1533691	729887	66329	63835
南充市	Nanchong	42	19	2535657	1187572	60989	63501
眉山市	Meishan	18	11	1165856	763673	64276	51185
宜宾市	Yibin	33	17	2224670	1209904	66834	72667
广安市	Guang'an	17	5	1111015	410454	69813	77764
达州市	Dazhou	48	22	2457777	1119336	50756	50646
雅安市	Ya'an	11	5	596036	305661	56503	64350
巴中市	Bazhong	17	8	1041238	434044	55611	55504
资阳市	Ziyang	14	7	874565	488408	60891	66616
贵州省	**Guizhou**						
贵阳市	Guiyang	97	87	7149404	6486537	73939	74551
六盘水市	Liupanshui	20	7	1550764	564588	77366	77156
遵义市	Zunyi	37	16	3002763	1278449	80638	77717
安顺市	Anshun	18	13	1275695	882584	69391	67784
毕节市	Bijie	32	8	2163096	587770	68844	78308
铜仁市	Tongren	17	5	1473325	443235	86671	86429
云南省	**Yunnan**						
昆明市	Kunming	116	95	8891207	7423346	76350	77912
曲靖市	Qujing	42	17	2720410	1090976	63591	62654
玉溪市	Yuxi	24	13	1707518	883071	70106	68273
保山市	Baoshan	19	9	1191673	567486	62176	61532
昭通市	Zhaotong	23	6	1640860	490791	71849	78173
丽江市	Lijiang	9	4	671935	267051	73865	73641
普洱市	Pu'er	15	5	1197112	372772	80910	79842
临沧市	Lincang	13	4	953033	281546	73920	74181

2-32 续表 6 continued 6

城市	City	在岗职工平均人数(万人) Average Number of Employed Staff and Workers (10 000 persons)		在岗职工工资总额(万元) Total Wage Bill of Employed Staff and Workers (10 000 yuan)		在岗职工平均工资(元) Average Wage of Employed Staff and Workers (yuan)	
		全市 Total City	市辖区 Districts under City	全市 Total City	市辖区 Districts under City	全市 Total City	市辖区 Districts under City
西藏自治区	**Tibet**						
拉萨市	Lasa	12		1414643		111092	
日喀则市	Xigaze	4		487263		110613	
昌都市	Qamdo	4		419833	34406	108633	98000
林芝市	Linzhi	2		242052		116092	
山南市	Shannan	3	1	309498	54917	115339	81418
那曲市	Naqu	3		372036		120373	
陕西省	**Shaanxi**						
西安市	Xi'an	191	187	14887058	14677222	77774	78311
铜川市	Tongchuan	10	9	553761	518013	57697	57330
宝鸡市	Baoji	37	21	2146110	1280583	57729	59798
咸阳市	Xianyang	43	13	2274404	744264	52592	57183
渭南市	Weinan	41	10	2205958	559552	55706	59526
延安市	Yan'an	28	10	1817935	533173	67918	54966
汉中市	Hanzhong	26	10	1565416	611871	60395	63277
榆林市	Yulin	37	8	2486823	580191	67120	69330
安康市	Ankang	17	8	996671	456043	58722	59009
商洛市	Shangluo	17	5	856286	257212	49030	49027
甘肃省	**Gansu**						
兰州市	Lanzhou	60	53	4529861	4024973	75709	58822
嘉峪关市	Jiayuguan	5		398320		78480	
金昌市	Jinchang	9	7	520032	415784	61136	63654
白银市	Baiyin	16	10	956662	638021	60464	62467
天水市	Tianshui	19	11	1121328	635459	57322	55281
武威市	Wuwei	12	8	712621	471231	61170	58474
张掖市	Zhangye	9	5	638962	327657	68655	66050
平凉市	Pingliang	16	5	964674	232525	61615	50584
酒泉市	Jiuquan	11	5	700927	257247	61395	54709
庆阳市	Qingyang	16	6	1037686	465455	68699	76645
定西市	Dingxi	14	4	862499	235157	61813	63649
陇南市	Longnan	14	5	740055	107429	54566	50000
青海省	**Qinghai**						
西宁市	Xining	33	26	2398115	1966192	73540	69783
海东市	Haidong	7	1	514898	153045	73312	128242
宁夏回族自治区	**Ningxia**						
银川市	Yinchuan	34	27	2639998	2121858	77206	79775
石嘴山市	Shizuishan	9	6	510358	376526	59896	61528
吴忠市	Wuzhong	9	4	604462	213985	66529	61451
固原市	Guyuan	6	3	463165	193862	77723	74774
中卫市	Zhongwei	6	3			66687	67179
新疆维吾尔自治区	**Xinjiang**						
乌鲁木齐市	Urumqi	78	78	6120361	6095084	78072	78142
克拉玛依市	Karamay	16	16	1601551	1601551	96948	96948
吐鲁番市	Turpan	8	3	620926	186372	79102	74367
哈密市	Hami	8	6	531445	431916	70425	70667

(六)公共服务
Public Service

2-33 学校数(一)
Number of Schools (Ⅰ)

单位：所 (unit)

城 市	City	普通高等学校 Regular Institutions of Higher Education	中等职业教育学校 Vocational Secondary Schools	
		全 市 Total City	全 市 Total City	市辖区 Districts under City
北京市	**Beijing**	**92**	**117**	**117**
天津市	**Tianjin**	**57**	**79**	**79**
河北省	**Hebei**			
石家庄市	Shijiazhuang	49	143	93
唐山市	Tangshan	10	65	45
秦皇岛市	Qinhuangdao	13	45	36
邯郸市	Handan	5	67	43
邢台市	Xingtai	4	62	21
保定市	Baoding	16	76	27
张家口市	Zhangjiakou	5	43	22
承德市	Chengde	5	24	10
沧州市	Cangzhou	8	42	8
廊坊市	Langfang	13	30	12
衡水市	Hengshui	2	34	15
山西省	**Shanxi**			
太原市	Taiyuan	44	89	85
大同市	Datong	1	48	25
阳泉市	Yangquan	2	18	14
长治市	Changzhi	6	49	24
晋城市	Jincheng	1	14	6
朔州市	Shuozhou	3	27	7
晋中市	Jinzhong	17	23	7
运城市	Yuncheng	7	59	25
忻州市	Xinzhou	2	52	15
临汾市	Linfen	5	53	21
吕梁市	Lvliang	1	40	12
内蒙古自治区	**Inner Mongolia**			
呼和浩特市	Hohhot	24	60	45
包头市	Baotou	5	20	18
乌海市	Wuhai	1	1	1
赤峰市	Chifeng	4	42	18
通辽市	Tongliao		24	10
鄂尔多斯市	Erdos	4	3	3
呼伦贝尔市	Hulunbuir	4	27	3
巴彦淖尔市	Bayannur	2	11	5
乌兰察布市	Ulanqab	3	24	
辽宁省	**Liaoning**			
沈阳市	Shenyang	47	109	
大连市	Dalian	30	79	71
鞍山市	Anshan	2	21	12
抚顺市	Fushun	7	13	10
本溪市	Benxi	7	13	11
丹东市	Dandong	3	13	8
锦州市	Jinzhou	9	9	5
营口市	Yingkou	3	16	14
阜新市	Fuxin	2	13	11
辽阳市	Liaoyang	2	10	7

2-33 续表 1 continued 1

单位：所 (unit)

城 市	City	普通高等学校 Regular Institutions of Higher Education	中等职业教育学校 Vocational Secondary Schools	
		全 市 Total City	全 市 Total City	市辖区 Districts under City
盘锦市	Panjin	2	7	2
铁岭市	Tieling	4	20	14
朝阳市	Chaoyang	1	14	9
葫芦岛市	Huludao	1	12	6
吉林省	**Jilin**			
长春市	Changchun	40	94	83
吉林市	Jilin	8	35	22
四平市	Siping	4	27	17
辽源市	Liaoyuan	1	10	6
通化市	Tonghua	1	26	9
白山市	Baishan	1	16	10
松原市	Songyuan	1	23	12
白城市	Baicheng	3	18	8
黑龙江省	**Heilongjiang**			
哈尔滨市	Harbin	51	86	76
齐齐哈尔市	Qiqihar	6	20	9
鸡西市	Jixi	1	10	5
鹤岗市	Hegang	1	6	3
双鸭山市	Shuangyashan	1	6	3
大庆市	Daqing	6	13	11
伊春市	Yichun	1	7	5
佳木斯市	Jiamusi	5	14	8
七台河市	Qitaihe	1	2	1
牡丹江市	Mudanjiang	7	13	5
黑河市	Heihe	1	15	5
绥化市	Suihua		16	1
上海市	**Shanghai**	**64**	**94**	**94**
江苏省	**Jiangsu**			
南京市	Nanjing	44	20	20
无锡市	Wuxi	12	38	25
徐州市	Xuzhou	10	25	17
常州市	Changzhou	10		
苏州市	Suzhou	22	26	14
南通市	Nantong	8		
连云港市	Lianyungang	5	25	19
淮安市	Huai'an	7	14	11
盐城市	Yancheng	6	20	12
扬州市	Yangzhou	7	9	8
镇江市	Zhenjiang	6	10	7
泰州市	Taizhou	3	9	9
宿迁市	Suqian	3	15	8
浙江省	**Zhejiang**			
杭州市	Hangzhou	39	59	48
宁波市	Ningbo	14	39	20
温州市	Wenzhou	11	37	13
嘉兴市	Jiaxing	6	17	5
湖州市	Huzhou	3	12	4

2-33 续表 2 continued 2

单位：所 (unit)

城市	City	普通高等学校 Regular Institutions of Higher Education	中等职业教育学校 Vocational Secondary Schools	
		全市 Total City	全市 Total City	市辖区 Districts under City
绍兴市	Shaoxing	11	20	12
金华市	Jinhua	8	32	12
衢州市	Quzhou	2	13	7
舟山市	Zhoushan	4	4	3
台州市	Taizhou	4	30	9
丽水市	Lishui	2	17	5
安徽省	**Anhui**			
合肥市	Hefei	50	54	31
芜湖市	Wuhu	9	24	14
蚌埠市	Bengbu	5	24	12
淮南市	Huainan	6	21	12
马鞍山市	Maanshan	4	9	4
淮北市	Huaibei	3	8	5
铜陵市	Tongling	3	9	6
安庆市	Anqing	5	33	19
黄山市	Huangshan	2	17	6
滁州市	Chuzhou	4	5	3
阜阳市	Fuyang	5	41	19
宿州市	Suzhou	3	23	5
六安市	Lu'an	4	33	20
亳州市	Bozhou	2	26	3
池州市	Chizhou	3	7	4
宣城市	Xuancheng	1	13	5
福建省	**Fujian**			
福州市	Fuzhou	35	49	34
厦门市	Xiamen	16	20	20
莆田市	Putian	2	16	10
三明市	Sanming	3	14	4
泉州市	Quanzhou	18	32	14
漳州市	Zhangzhou	7	17	5
南平市	Nanping	4	19	11
龙岩市	Longyan	2	18	10
宁德市	Ningde	2	11	3
江西省	**Jiangxi**			
南昌市	Nanchang	53	51	42
景德镇市	Jingdezhen	4	11	7
萍乡市	Pingxiang	3	20	12
九江市	Jiujiang	7	23	10
新余市	Xinyu	5	12	10
鹰潭市	Yingtan	2	13	4
赣州市	Ganzhou	10	53	27
吉安市	Ji'an	2	43	10
宜春市	Yichun	4	35	10
抚州市	Fuzhou	4	36	15
上饶市	Shangrao	4	43	16
山东省	**Shandong**			
济南市	Jinan	69	55	50

2-33 续表 3 continued 3

单位：所 (unit)

城市	City	普通高等学校 Regular Institutions of Higher Education	中等职业教育学校 Vocational Secondary Schools	
		全市 Total City	全市 Total City	市辖区 Districts under City
青岛市	Qingdao	25	50	46
淄博市	Zibo	7	17	14
枣庄市	Zaozhuang	3	18	13
东营市	Dongying	4	8	6
烟台市	Yantai	12	51	21
潍坊市	Weifang	15	34	16
济宁市	Jining	7	20	6
泰安市	Tai'an	9	16	10
威海市	Weihai	9	18	15
日照市	Rizhao	3	14	10
莱芜市	Laiwu	3	8	8
临沂市	Linyi	4	33	17
德州市	Dezhou	4	27	12
聊城市	Liaocheng	3	34	10
滨州市	Binzhou	3	17	8
菏泽市	Heze	4	36	23
河南省	**Henan**			
郑州市	Zhengzhou	58	151	82
开封市	Kaifeng	5	32	19
洛阳市	Luoyang	7	83	51
平顶山市	Pingdingshan	5	30	12
安阳市	Anyang	6	23	5
鹤壁市	Hebi	3	9	3
新乡市	Xinxiang	9	35	13
焦作市	Jiaozuo	6	27	9
濮阳市	Puyang	2	27	9
许昌市	Xuchang	4	27	15
漯河市	Luohe	3	29	14
三门峡市	Sanmenxia	2	21	10
南阳市	Nanyang	6	83	34
商丘市	Shangqiu	6	37	12
信阳市	Xinyang	5	35	10
周口市	Zhoukou	3	37	10
驻马店市	Zhumadian	3	30	7
湖北省	**Hubei**			
武汉市	Wuhan	84	105	105
黄石市	Huangshi	4	17	11
十堰市	Shiyan	6	17	8
宜昌市	Yichang	5	15	7
襄阳市	Xiangyang	5	30	19
鄂州市	Ezhou	1	10	10
荆门市	Jingmen	2	12	6
孝感市	Xiaogan	3	17	9
荆州市	Jingzhou	8	21	10
黄冈市	Huanggang	4	28	15
咸宁市	Xianning	2	15	8
随州市	Suizhou	1	7	4

2-33 续表 4 continued 4

单位：所 (unit)

城市	City	普通高等学校 Regular Institutions of Higher Education	中等职业教育学校 Vocational Secondary Schools	
		全市 Total City	全市 Total City	市辖区 Districts under City
湖南省	**Hunan**			
长沙市	Changsha	51	56	37
株洲市	Zhuzhou	9	23	12
湘潭市	Xiangtan	10	21	10
衡阳市	Hengyang	9	42	20
邵阳市	Shaoyang	3	62	26
岳阳市	Yueyang	4	33	16
常德市	Changde	5	43	17
张家界市	Zhangjiajie	3	12	6
益阳市	Yiyang	4	22	13
郴州市	Chenzhou	3	25	9
永州市	Yongzhou	3	36	8
怀化市	Huaihua	3	43	14
娄底市	Loudi	3	22	5
广东省	**Guangdong**			
广州市	Guangzhou	82	83	83
韶关市	Shaoguan	2	16	9
深圳市	Shenzhen	12	15	15
珠海市	Zhuhai	10	9	9
汕头市	Shantou	2	24	23
佛山市	Foshan	13	47	47
江门市	Jiangmen	3	24	12
湛江市	Zhanjiang	6	54	35
茂名市	Maoming	4	20	8
肇庆市	Zhaoqing	5	18	13
惠州市	Huizhou	5	36	
梅州市	Meizhou	1	27	13
汕尾市	Shanwei	1	14	6
河源市	Heyuan	1	15	7
阳江市	Yangjiang	1	5	3
清远市	Qingyuan	1	13	5
东莞市	Dongguan	9	28	
中山市	Zhongshan	5	11	
潮州市	Chaozhou	1	9	5
揭阳市	Jieyang	2	16	8
云浮市	Yunfu	1	14	4
广西壮族自治区	**Guangxi**			
南宁市	Nanning	33	70	65
柳州市	Liuzhou	6	26	20
桂林市	Guilin	11	27	13
梧州市	Wuzhou	2	12	12
北海市	Beihai	4	7	5
防城港市	Fangchenggang	1	3	1
钦州市	Qinzhou	3	20	6
贵港市	Guigang		11	8

2-33 续表 5 continued 5

单位：所 (unit)

城 市	City	普通高等学校 Regular Institutions of Higher Education	中等职业教育学校 Vocational Secondary Schools	
		全 市 Total City	全 市 Total City	市辖区 Districts under City
玉林市	Yulin	1	21	12
百色市	Baise	5	20	8
贺州市	Hezhou	1	8	4
河池市	Hechi	2	15	5
来宾市	Laibin	2	11	6
崇左市	Chongzuo	7	15	5
海南省	**Hainan**			
海口市	Haikou	11	53	53
三亚市	Sanya	6	3	3
三沙市	Sansha			
儋州市	Danzhou		3	
重庆市	**Chongqing**	**65**	**132**	
四川省	**Sichuan**			
成都市	Chengdu	56	88	
自贡市	Zigong	2	19	15
攀枝花市	Panzhihua	2	4	3
泸州市	Luzhou	5	22	13
德阳市	Deyang	8	18	13
绵阳市	Mianyang	10	23	15
广元市	Guangyuan	2	12	5
遂宁市	Suining	1	14	5
内江市	Neijiang	3	23	14
乐山市	Leshan	3	23	12
南充市	Nanchong	4	37	21
眉山市	Meishan	2	16	8
宜宾市	Yibin	2	24	10
广安市	Guang'an	1	22	5
达州市	Dazhou	2	34	17
雅安市	Ya'an	2	8	4
巴中市	Bazhong	1	22	8
资阳市	Ziyang	1	7	3
贵州省	**Guizhou**			
贵阳市	Guiyang	34	56	48
六盘水市	Liupanshui	2	18	6
遵义市	Zunyi	7	23	8
安顺市	Anshun	2	9	4
毕节市	Bijie	5	15	1
铜仁市	Tongren	5	18	9
云南省	**Yunnan**			
昆明市	Kunming	49	77	54
曲靖市	Qujing	3	32	15
玉溪市	Yuxi	2	20	5
保山市	Baoshan	3	12	4
昭通市	Zhaotong	2	29	9
丽江市	Lijiang	2	12	4
普洱市	Pu'er	1	25	7
临沧市	Lincang	1	20	2

2-33 续表 6 continued 6

单位：所 (unit)

城市	City	普通高等学校 Regular Institutions of Higher Education	中等职业教育学校 Vocational Secondary Schools	
		全市 Total City	全市 Total City	市辖区 Districts under City
西藏自治区	**Tibet**			
拉萨市	Lasa	5	3	3
日喀则市	Xigaze		2	2
昌都市	Qamdo		1	
林芝市	Linzhi	1	1	1
山南市	Shannan		2	
那曲市	Naqu		1	
陕西省	**Shaanxi**			
西安市	Xi'an	63	163	158
铜川市	Tongchuan	1	5	4
宝鸡市	Baoji	3	27	18
咸阳市	Xianyang	11	29	15
渭南市	Weinan	1	36	16
延安市	Yan'an	2	14	3
汉中市	Hanzhong	3	12	4
榆林市	Yulin	2	25	14
安康市	Ankang	2	12	5
商洛市	Shangluo	2	8	1
甘肃省	**Gansu**			
兰州市	Lanzhou	23	56	49
嘉峪关市	Jiayuguan	1	3	
金昌市	Jinchang	1	2	1
白银市	Baiyin	1	14	7
天水市	Tianshui	4	23	15
武威市	Wuwei	4	14	8
张掖市	Zhangye	1	11	5
平凉市	Pingliang	2	11	5
酒泉市	Jiuquan	1	10	5
庆阳市	Qingyang	3	13	13
定西市	Dingxi		19	4
陇南市	Longnan	1	11	2
青海省	**Qinghai**			
西宁市	Xining	10	20	12
海东市	Haidong		6	1
宁夏回族自治区	**Ningxia**			
银川市	Yinchuan	17	14	10
石嘴山市	Shizuishan	1	2	1
吴忠市	Wuzhong	1	3	
固原市	Guyuan	1	5	1
中卫市	Zhongwei		3	1
新疆维吾尔自治区	**Xinjiang**			
乌鲁木齐市	Urumqi	22	29	29
克拉玛依市	Karamay	3	1	1
吐鲁番市	Turpan	1	3	1
哈密市	Hami	1	3	3

2-34 学校数(二)
Number of Schools (II)

单位：所 (unit)

城市	City	普通中学 Regular Secondary Schools		普通小学 Regular Primary Schools	
		全市 Total City	市辖区 Districts under City	全市 Total City	市辖区 Districts under City
北京市	**Beijing**	**649**	**649**	**984**	**984**
天津市	**Tianjin**	**525**	**525**	**857**	**857**
河北省	**Hebei**				
石家庄市	Shijiazhuang	411	162	1418	504
唐山市	Tangshan	333	134	1129	411
秦皇岛市	Qinhuangdao	156	84	419	174
邯郸市	Handan	397	144	1651	517
邢台市	Xingtai	277	43	1107	125
保定市	Baoding	464	113	2144	393
张家口市	Zhangjiakou	164	63	524	208
承德市	Chengde	123	24	447	57
沧州市	Cangzhou	322	19	1314	54
廊坊市	Langfang	187	26	798	134
衡水市	Hengshui	171	49	746	90
山西省	**Shanxi**				
太原市	Taiyuan	220	173	441	238
大同市	Datong	204	91	367	159
阳泉市	Yangquan	82	38	265	79
长治市	Changzhi	208	49	525	89
晋城市	Jincheng	158	32	471	67
朔州市	Shuozhou	87	25	177	31
晋中市	Jinzhong	232	34	673	100
运城市	Yuncheng	334	52	815	80
忻州市	Xinzhou	253	46	461	88
临汾市	Linfen	274	61	876	198
吕梁市	Lvliang	288	23	575	47
内蒙古自治区	**Inner Mongolia**				
呼和浩特市	Hohhot	104	68	206	113
包头市	Baotou	94	81	134	102
乌海市	Wuhai	15	15	24	24
赤峰市	Chifeng	143	52	383	101
通辽市	Tongliao	138	31	222	78
鄂尔多斯市	Erdos	69	21	134	37
呼伦贝尔市	Hulunbuir	132	24	140	22
巴彦淖尔市	Bayannur	48	17	88	30
乌兰察布市	Ulanqab	68	19	122	25
辽宁省	**Liaoning**				
沈阳市	Shenyang	299	242	273	235
大连市	Dalian	291	207	485	300
鞍山市	Anshan	164	67	467	65
抚顺市	Fushun	105	61	112	58
本溪市	Benxi	59	38	63	34
丹东市	Dandong	125	36	441	66
锦州市	Jinzhou	128	42	305	50
营口市	Yingkou	100	40	145	55
阜新市	Fuxin	96	40	69	36
辽阳市	Liaoyang	78	37	128	34

2-34 续表 1 continued 1

单位：所 (unit)

城 市	City	普通中学 Regular Secondary Schools		普通小学 Regular Primary Schools	
		全 市 Total City	市辖区 Districts under City	全 市 Total City	市辖区 Districts under City
盘锦市	Panjin	73	65	35	33
铁岭市	Tieling	126	23	189	28
朝阳市	Chaoyang	160	27	496	82
葫芦岛市	Huludao	131	24	426	84
吉林省	**Jilin**				
长春市	Changchun	339	193	1065	380
吉林市	Jilin	180	70	553	131
四平市	Siping	134	35	605	94
辽源市	Liaoyuan	61	17	267	37
通化市	Tonghua	131	19	211	34
白山市	Baishan	106	36	143	44
松原市	Songyuan	149	28	714	87
白城市	Baicheng	120	30	256	53
黑龙江省	**Heilongjiang**				
哈尔滨市	Harbin	446	243		358
齐齐哈尔市	Qiqihar	240	69	234	64
鸡西市	Jixi	82	31	65	23
鹤岗市	Hegang	34	22	46	22
双鸭山市	Shuangyashan	63	21	60	8
大庆市	Daqing	144	75	170	89
伊春市	Yichun	48	38	48	33
佳木斯市	Jiamusi	103	34	113	33
七台河市	Qitaihe	38	24	34	19
牡丹江市	Mudanjiang	106	35	105	39
黑河市	Heihe	59	11	59	10
绥化市	Suihua	249	32	174	36
上海市	**Shanghai**	**818**	**818**	**741**	**741**
江苏省	**Jiangsu**				
南京市	Nanjing	232	232	349	349
无锡市	Wuxi	186	96	202	105
徐州市	Xuzhou	344	124	937	264
常州市	Changzhou	161	129	211	167
苏州市	Suzhou	297	149	400	208
南通市	Nantong	202	61	325	91
连云港市	Lianyungang	177	76	445	177
淮安市	Huai'an	191	105	246	194
盐城市	Yancheng	278	97	336	97
扬州市	Yangzhou	164	87	206	102
镇江市	Zhenjiang	110	42	108	46
泰州市	Taizhou	184	62	146	48
宿迁市	Suqian	186	50	164	44
浙江省	**Zhejiang**				
杭州市	Hangzhou	331	271	458	364
宁波市	Ningbo	299	150	440	201
温州市	Wenzhou	449	103	564	131
嘉兴市	Jiaxing	172	54	146	27
湖州市	Huzhou	124	54	127	47

2-34 续表 2 continued 2

单位：所 (unit)

城市	City	普通中学 Regular Secondary Schools 全市 Total City	普通中学 Regular Secondary Schools 市辖区 Districts under City	普通小学 Regular Primary Schools 全市 Total City	普通小学 Regular Primary Schools 市辖区 Districts under City
绍兴市	Shaoxing	187	86	335	161
金华市	Jinhua	242	60	393	75
衢州市	Quzhou	96	36	200	53
舟山市	Zhoushan	42	33	57	38
台州市	Taizhou	277	87	352	82
丽水市	Lishui	96	21	214	19
安徽省	**Anhui**				
合肥市	Hefei	353	124	542	157
芜湖市	Wuhu	210	78	298	132
蚌埠市	Bengbu	171	52	653	130
淮南市	Huainan	188	95	447	187
马鞍山市	Maanshan	104	28	227	46
淮北市	Huaibei	121	54	313	80
铜陵市	Tongling	85	44	212	74
安庆市	Anqing	312	43	802	71
黄山市	Huangshan	118	37	129	32
滁州市	Chuzhou	267	32	232	36
阜阳市	Fuyang	425	47	1361	71
宿州市	Suzhou	245	73	777	249
六安市	Lu'an	335	132	638	236
亳州市	Bozhou	288	59	1100	260
池州市	Chizhou	98	32	208	91
宣城市	Xuancheng	152	48	169	56
福建省	**Fujian**				
福州市	Fuzhou	315	116	897	295
厦门市	Xiamen	95	95	298	298
莆田市	Putian	145	90	570	372
三明市	Sanming	156	20	234	26
泉州市	Quanzhou	326	49	1341	158
漳州市	Zhangzhou	208	31	845	85
南平市	Nanping	163	41	300	80
龙岩市	Longyan	168	57	391	132
宁德市	Ningde	172	29	278	30
江西省	**Jiangxi**				
南昌市	Nanchang	292	197	525	228
景德镇市	Jingdezhen	98	22	328	54
萍乡市	Pingxiang	104	40	364	134
九江市	Jiujiang	281	53	607	95
新余市	Xinyu	40	34	94	73
鹰潭市	Yingtan	87	19	254	47
赣州市	Ganzhou	472	100	1651	350
吉安市	Ji'an	314	27	696	88
宜春市	Yichun	248	49	864	188
抚州市	Fuzhou	180	41	708	249
上饶市	Shangrao	457	74	1669	231
山东省	**Shandong**				
济南市	Jinan	238	188	580	468

2-34 续表 3 continued 3

单位：所 (unit)

城 市	City	普通中学 Regular Secondary Schools		普通小学 Regular Primary Schools	
		全 市 Total City	市辖区 Districts under City	全 市 Total City	市辖区 Districts under City
青岛市	Qingdao	311	200	722	466
淄博市	Zibo	183	119	303	182
枣庄市	Zaozhuang	127	80	503	294
东营市	Dongying	94	62	112	72
烟台市	Yantai	261	75	291	118
潍坊市	Weifang	339	80	804	184
济宁市	Jining	293	71	1051	158
泰安市	Tai'an	183	66	516	169
威海市	Weihai	104	52	90	65
日照市	Rizhao	95	41	293	110
莱芜市	Laiwu	49	49	121	121
临沂市	Linyi	338	57	1304	98
德州市	Dezhou	185	31	707	143
聊城市	Liaocheng	217	49	674	152
滨州市	Binzhou	169	50	309	75
菏泽市	Heze	380	81	1358	333
河南省	**Henan**				
郑州市	Zhengzhou	442	230	922	409
开封市	Kaifeng	259	82	931	336
洛阳市	Luoyang	409	104	867	169
平顶山市	Pingdingshan	250	54	1272	143
安阳市	Anyang	308	94	1302	273
鹤壁市	Hebi	83	38	323	88
新乡市	Xinxiang	393	61	1313	138
焦作市	Jiaozuo	214	55	526	77
濮阳市	Puyang	202	70	944	104
许昌市	Xuchang	234	58	838	157
漯河市	Luohe	117	54	499	192
三门峡市	Sanmenxia	126	41	237	78
南阳市	Nanyang	513	94	2217	243
商丘市	Shangqiu	439	85	2115	494
信阳市	Xinyang	378	66	1349	220
周口市	Zhoukou	565	34	2482	116
驻马店市	Zhumadian	353	41	2099	159
湖北省	**Hubei**				
武汉市	Wuhan	367	367	601	601
黄石市	Huangshi	127	31	441	61
十堰市	Shiyan	177	66	426	148
宜昌市	Yichang	174	62	254	78
襄阳市	Xiangyang	240	95	462	159
鄂州市	Ezhou	50	50	247	247
荆门市	Jingmen	125	33	221	56
孝感市	Xiaogan	226	46	456	71
荆州市	Jingzhou	180	39	392	62
黄冈市	Huanggang	299	25	690	35
咸宁市	Xianning	147	33	354	60
随州市	Suizhou	100	34	190	41

2-34 续表 4 continued 4

单位：所 (unit)

城 市	City	普通中学 Regular Secondary Schools		普通小学 Regular Primary Schools	
		全 市 Total City	市辖区 Districts under City	全 市 Total City	市辖区 Districts under City
湖南省	**Hunan**				
长沙市	Changsha	313	127	888	369
株洲市	Zhuzhou	195	45	355	87
湘潭市	Xiangtan	165	31	376	71
衡阳市	Hengyang	441	51	1301	143
邵阳市	Shaoyang	466	39	1112	94
岳阳市	Yueyang	295	53	707	130
常德市	Changde	281	68	449	80
张家界市	Zhangjiajie	98	28	116	47
益阳市	Yiyang	221	56	394	119
郴州市	Chenzhou	289	49	381	59
永州市	Yongzhou	325	63	457	94
怀化市	Huaihua	363	39	250	30
娄底市	Loudi	281	27	759	47
广东省	**Guangdong**				
广州市	Guangzhou	518	518	961	961
韶关市	Shaoguan	151	44	196	64
深圳市	Shenzhen	368	368	342	342
珠海市	Zhuhai	74	74	122	122
汕头市	Shantou	304	299	745	741
佛山市	Foshan	200	200	409	409
江门市	Jiangmen	189	80	319	127
湛江市	Zhanjiang	308	89	802	82
茂名市	Maoming	261	89	1385	304
肇庆市	Zhaoqing	179	64	221	74
惠州市	Huizhou	263	131	463	241
梅州市	Meizhou	230	46	452	66
汕尾市	Shanwei	169	26	470	62
河源市	Heyuan	191	80	343	49
阳江市	Yangjiang	113	69	147	71
清远市	Qingyuan	181	65	330	121
东莞市	Dongguan	234		329	
中山市	Zhongshan	103		207	
潮州市	Chaozhou	139	98	615	380
揭阳市	Jieyang	289	109	1231	252
云浮市	Yunfu	104	24	168	58
广西壮族自治区	**Guangxi**				
南宁市	Nanning	358	219	1168	525
柳州市	Liuzhou	153	85	339	195
桂林市	Guilin	214	60	559	160
梧州市	Wuzhou	135	35	672	137
北海市	Beihai	92	54	326	101
防城港市	Fangchenggang	43	28	521	197
钦州市	Qinzhou	123	50	1004	371
贵港市	Guigang	215	83	855	353

2-34 续表 5 continued 5

单位：所 (unit)

城　市	City	普通中学 Regular Secondary Schools		普通小学 Regular Primary Schools	
		全　市 Total City	市辖区 Districts under City	全　市 Total City	市辖区 Districts under City
玉林市	Yulin	279	56	1339	240
百色市	Baise	165	18	1427	51
贺州市	Hezhou	103	45	316	158
河池市	Hechi	189	45	709	185
来宾市	Laibin	79	41	223	114
崇左市	Chongzuo	86	14	267	23
海南省	**Hainan**				
海口市	Haikou	109	109	157	157
三亚市	Sanya	47	47	116	116
三沙市	Sansha			1	
儋州市	Danzhou	52		228	
重庆市	**Chongqing**	**1118**	**842**	**2954**	**1978**
四川省	**Sichuan**				
成都市	Chengdu	601		569	
自贡市	Zigong	138	54	119	60
攀枝花市	Panzhihua	53	40	61	32
泸州市	Luzhou	216	61	223	51
德阳市	Deyang	147	34	348	59
绵阳市	Mianyang	219	76	409	94
广元市	Guangyuan	152	50	267	85
遂宁市	Suining	159	58	198	79
内江市	Neijiang	176	57	273	83
乐山市	Leshan	203	71	229	64
南充市	Nanchong	493	113	258	94
眉山市	Meishan	192	61	169	66
宜宾市	Yibin	279	58	308	49
广安市	Guang'an	271	73	198	40
达州市	Dazhou	386	108	1501	346
雅安市	Ya'an	87	37	158	37
巴中市	Bazhong	217	88	203	48
资阳市	Ziyang	195	63	181	80
贵州省	**Guizhou**				
贵阳市	Guiyang	315	242	542	361
六盘水市	Liupanshui	221	55	473	76
遵义市	Zunyi	437	93	1211	252
安顺市	Anshun	138	66	448	190
毕节市	Bijie	459	98	1686	276
铜仁市	Tongren	258	37	824	82
云南省	**Yunnan**				
昆明市	Kunming	314	184	755	355
曲靖市	Qujing	251	62	1692	225
玉溪市	Yuxi	107	38	526	126
保山市	Baoshan	121	37	859	283
昭通市	Zhaotong	232	36	1620	156
丽江市	Lijiang	72	11	412	41
普洱市	Pu'er	106	10	507	38
临沧市	Lincang	121	23	1025	113

2-34 续表 6 continued 6

单位：所 (unit)

城市	City	普通中学 Regular Secondary Schools		普通小学 Regular Primary Schools	
		全市 Total City	市辖区 Districts under City	全市 Total City	市辖区 Districts under City
西藏自治区	**Tibet**				
拉萨市	Lasa	22	15	71	30
日喀则市	Xigaze	31	7	224	17
昌都市	Qamdo	19	1	190	22
林芝市	Linzhi	11	5	61	9
山南市	Shannan	17	4	90	7
那曲市	Naqu	19		137	
陕西省	**Shaanxi**				
西安市	Xi'an	448	368	1125	917
铜川市	Tongchuan	44	37	81	68
宝鸡市	Baoji	202	81	504	140
咸阳市	Xianyang	270	48	684	35
渭南市	Weinan	332	60	755	130
延安市	Yan'an	114	38	225	78
汉中市	Hanzhong	210	55	476	119
榆林市	Yulin	192	44	341	72
安康市	Ankang	192	71	409	121
商洛市	Shangluo	162	40	410	89
甘肃省	**Gansu**				
兰州市	Lanzhou	199	118	518	217
嘉峪关市	Jiayuguan	11		18	
金昌市	Jinchang	20	11	27	13
白银市	Baiyin	142	36	645	86
天水市	Tianshui	255	81	730	208
武威市	Wuwei	133	75	542	238
张掖市	Zhangye	67	40	207	80
平凉市	Pingliang	163	35	816	154
酒泉市	Jiuquan	59	21	140	41
庆阳市	Qingyang	163	26	802	101
定西市	Dingxi	263	48	699	65
陇南市	Longnan	231	16	1611	262
青海省	**Qinghai**				
西宁市	Xining	135	46	142	66
海东市	Haidong	100	20	244	53
宁夏回族自治区	**Ningxia**				
银川市	Yinchuan	78	50	194	108
石嘴山市	Shizuishan	38	24	65	43
吴忠市	Wuzhong	60	19	299	60
固原市	Guyuan	69	18	502	158
中卫市	Zhongwei	65	25	288	59
新疆维吾尔自治区	**Xinjiang**				
乌鲁木齐市	Urumqi	155	145	130	119
克拉玛依市	Karamay	21	21	29	29
吐鲁番市	Turpan	51	22	102	40
哈密市	Hami	48	34	50	36

2-35 专任教师数(一)
Number of Full-time Teachers (Ⅰ)

单位：人 (person)

城市	City	普通高等学校 Regular Institutions of Higher Education	中等职业教育学校 Vocational Secondary Schools	
		全市 Total City	全市 Total City	市辖区 Districts under City
北京市	**Beijing**	**69715**	**7634**	**7634**
天津市	**Tianjin**	**31060**	**7387**	**7387**
河北省	**Hebei**			
石家庄市	Shijiazhuang	26491	8716	5493
唐山市	Tangshan	6528	6983	4318
秦皇岛市	Qinhuangdao	6295	3875	2558
邯郸市	Handan	3656	5567	2691
邢台市	Xingtai	2530	4397	1481
保定市	Baoding	9972	6669	2358
张家口市	Zhangjiakou	2957	3292	1820
承德市	Chengde	2702	2047	699
沧州市	Cangzhou	3145	3716	662
廊坊市	Langfang	7551	1938	492
衡水市	Hengshui	849	2613	1251
山西省	**Shanxi**			
太原市	Taiyuan	23185	6847	6646
大同市	Datong	1697	3382	1633
阳泉市	Yangquan	631	975	767
长治市	Changzhi	2023	2634	1481
晋城市	Jincheng	378	1563	795
朔州市	Shuozhou	483	1457	517
晋中市	Jinzhong	9681	2665	312
运城市	Yuncheng	2530	2905	1174
忻州市	Xinzhou	1370	1962	412
临汾市	Linfen	2979	2438	789
吕梁市	Lvliang	873	2262	699
内蒙古自治区	**Inner Mongolia**			
呼和浩特市	Hohhot	12102	2045	1322
包头市	Baotou	4547	1388	1194
乌海市	Wuhai	243	154	154
赤峰市	Chifeng	1891	2662	918
通辽市	Tongliao		1068	441
鄂尔多斯市	Erdos	880	342	342
呼伦贝尔市	Hulunbuir	1020	1692	385
巴彦淖尔市	Bayannur	657	1093	622
乌兰察布市	Ulanqab	1191	1227	
辽宁省	**Liaoning**			
沈阳市	Shenyang	26473	6474	
大连市	Dalian	18202	4357	3836
鞍山市	Anshan	1958	1474	660
抚顺市	Fushun	2421	1083	925
本溪市	Benxi	3315	1804	1574
丹东市	Dandong	1492	1011	560
锦州市	Jinzhou	4946	1228	803
营口市	Yingkou	1056	1414	1151
阜新市	Fuxin	1872	1058	865
辽阳市	Liaoyang	981	926	736

2-35 续表 1 continued 1

单位：人 (person)

城 市	City	普通高等学校 Regular Institutions of Higher Education	中等职业教育学校 Vocational Secondary Schools	
		全 市 Total City	全 市 Total City	市辖区 Districts under City
盘锦市	Panjin	502	532	429
铁岭市	Tieling	2071	805	411
朝阳市	Chaoyang	488	1481	722
葫芦岛市	Huludao	478	819	529
吉林省	**Jilin**			
长春市	Changchun	27229	3819	2981
吉林市	Jilin	5681	2697	1970
四平市	Siping	2416	1121	635
辽源市	Liaoyuan	326	464	279
通化市	Tonghua	881	1123	369
白山市	Baishan	248	570	313
松原市	Songyuan	352	1148	481
白城市	Baicheng	1043	968	324
黑龙江省	**Heilongjiang**			
哈尔滨市	Harbin	32090	6363	5756
齐齐哈尔市	Qiqihar	3206	1210	678
鸡西市	Jixi	495	347	130
鹤岗市	Hegang	209	573	383
双鸭山市	Shuangyashan		339	72
大庆市	Daqing	3919	1020	530
伊春市	Yichun	196	369	281
佳木斯市	Jiamusi	1646	585	220
七台河市	Qitaihe	144	30	4
牡丹江市	Mudanjiang	2825	707	172
黑河市	Heihe	537	696	239
绥化市	Suihua		920	168
上海市	**Shanghai**	**43484**	**8125**	**8125**
江苏省	**Jiangsu**			
南京市	Nanjing	50017	3658	3658
无锡市	Wuxi	6189	6315	3936
徐州市	Xuzhou	8366	3875	2361
常州市	Changzhou	5810		
苏州市	Suzhou	12413	5166	2399
南通市	Nantong	5029	4773	1692
连云港市	Lianyungang	2254	3494	2476
淮安市	Huai'an	4093	3029	2187
盐城市	Yancheng	3605	4013	2175
扬州市	Yangzhou	5251	1406	1179
镇江市	Zhenjiang	5695	1589	779
泰州市	Taizhou	3223	1624	794
宿迁市	Suqian	943	2636	1802
浙江省	**Zhejiang**			
杭州市	Hangzhou	29843	6339	5687
宁波市	Ningbo	8432	5307	2742
温州市	Wenzhou	5580	4439	1558
嘉兴市	Jiaxing	3080	3035	796
湖州市	Huzhou	1628	2109	719

2-35 续表 2 continued 2

单位：人 (person)

城 市	City	普通高等学校 Regular Institutions of Higher Education	中等职业教育学校 Vocational Secondary Schools	
		全 市 Total City	全 市 Total City	市辖区 Districts under City
绍兴市	Shaoxing	4431	3086	1780
金华市	Jinhua	4525	4302	1722
衢州市	Quzhou	723	1636	746
舟山市	Zhoushan	1307	583	482
台州市	Taizhou	1741	4723	1517
丽水市	Lishui	1152	1991	405
安徽省	**Anhui**			
合肥市	Hefei	26931	3699	1942
芜湖市	Wuhu	6877	1704	830
蚌埠市	Bengbu	3034	1801	832
淮南市	Huainan	3307	1225	744
马鞍山市	Maanshan	2998	1158	685
淮北市	Huaibei	2197	790	334
铜陵市	Tongling	1487	516	305
安庆市	Anqing	2230	2123	872
黄山市	Huangshan	1022	514	144
滁州市	Chuzhou	2621	1894	814
阜阳市	Fuyang	2124	3217	947
宿州市	Suzhou	1234	1827	576
六安市	Lu'an	1923	2108	1073
亳州市	Bozhou	773	3155	966
池州市	Chizhou	1313	581	322
宣城市	Xuancheng	358	1492	623
福建省	**Fujian**			
福州市	Fuzhou	19955	4343	3208
厦门市	Xiamen	9300	2235	2235
莆田市	Putian	867	1177	830
三明市	Sanming	1194	1290	230
泉州市	Quanzhou	7095	2955	990
漳州市	Zhangzhou	3868	1313	541
南平市	Nanping	1256	1205	648
龙岩市	Longyan	955	1239	582
宁德市	Ningde	609	1224	320
江西省	**Jiangxi**			
南昌市	Nanchang	31886	2280	1928
景德镇市	Jingdezhen	1553	406	316
萍乡市	Pingxiang	1280	689	506
九江市	Jiujiang	4761	1044	368
新余市	Xinyu	2772	779	758
鹰潭市	Yingtan	462	284	119
赣州市	Ganzhou	5958	2462	1030
吉安市	Ji'an	1415	1101	196
宜春市	Yichun	2257	1023	93
抚州市	Fuzhou	1658	852	327
上饶市	Shangrao	1684	1049	375
山东省	**Shandong**			
济南市	Jinan	33282	7216	6652

2-35 续表 3 continued 3

单位：人 (person)

城市	City	普通高等学校 Regular Institutions of Higher Education	中等职业教育学校 Vocational Secondary Schools	
		全市 Total City	全市 Total City	市辖区 Districts under City
青岛市	Qingdao	21231	8126	6271
淄博市	Zibo	5586	2099	1555
枣庄市	Zaozhuang	1569	1792	1094
东营市	Dongying	1915	1124	750
烟台市	Yantai	9303	6561	2587
潍坊市	Weifang	9773	4665	897
济宁市	Jining	5777	3113	1017
泰安市	Tai'an	6491	2231	1042
威海市	Weihai	3899	1969	1496
日照市	Rizhao	1439	1766	1071
莱芜市	Laiwu	606	521	521
临沂市	Linyi	3549	3855	1374
德州市	Dezhou	3204	2976	1400
聊城市	Liaocheng	2679	4652	1295
滨州市	Binzhou	2950	1968	760
菏泽市	Heze	2356	2847	1101
河南省	**Henan**			
郑州市	Zhengzhou	48858	11856	7820
开封市	Kaifeng	5881	1852	1076
洛阳市	Luoyang	6408	4878	2777
平顶山市	Pingdingshan	3397	2560	1485
安阳市	Anyang	4332	2496	773
鹤壁市	Hebi	1194	1205	340
新乡市	Xinxiang	8743	3749	1765
焦作市	Jiaozuo	4692	1877	642
濮阳市	Puyang	815	2102	702
许昌市	Xuchang	2479	1910	553
漯河市	Luohe	2177	1593	1195
三门峡市	Sanmenxia	1007	1239	662
南阳市	Nanyang	4614	4270	1265
商丘市	Shangqiu	5029	2593	818
信阳市	Xinyang	4441	3387	715
周口市	Zhoukou	2392	3413	1033
驻马店市	Zhumadian	1395	2586	942
湖北省	**Hubei**			
武汉市	Wuhan	58285	6955	6955
黄石市	Huangshi	2277	763	453
十堰市	Shiyan	2543	1721	941
宜昌市	Yichang	3539	1741	636
襄阳市	Xiangyang	2326	2002	1148
鄂州市	Ezhou	727	222	222
荆门市	Jingmen	773	1154	600
孝感市	Xiaogan	1842	1184	493
荆州市	Jingzhou	4214	1794	936
黄冈市	Huanggang	2449	2317	453
咸宁市	Xianning	1797	691	279
随州市	Suizhou	415	331	99

2-35 续表 4 continued 4

单位：人 (person)

城　市	City	普通高等学校 Regular Institutions of Higher Education	中等职业教育学校 Vocational Secondary Schools	
		全　市 Total City	全　市 Total City	市辖区 Districts under City
湖南省	**Hunan**			
长沙市	Changsha	34320	3386	2328
株洲市	Zhuzhou	4199	1533	668
湘潭市	Xiangtan	7108	1257	659
衡阳市	Hengyang	6554	2908	1220
邵阳市	Shaoyang	1962	2321	497
岳阳市	Yueyang	2354	2106	729
常德市	Changde	2619	2226	587
张家界市	Zhangjiajie	808	653	254
益阳市	Yiyang	2114	1614	606
郴州市	Chenzhou	1609	1557	544
永州市	Yongzhou	1606	2880	549
怀化市	Huaihua	1741	2009	545
娄底市	Loudi	1731	1429	222
广东省	**Guangdong**			
广州市	Guangzhou	61239	8044	8044
韶关市	Shaoguan	1728	1364	740
深圳市	Shenzhen	5572	2636	2636
珠海市	Zhuhai	6528	952	952
汕头市	Shantou	911	1878	1868
佛山市	Foshan	3485	4681	4681
江门市	Jiangmen	2114	2444	1401
湛江市	Zhanjiang	5938	2741	1942
茂名市	Maoming	1855	2551	886
肇庆市	Zhaoqing	3409	2582	1874
惠州市	Huizhou	2055	3470	
梅州市	Meizhou	1257	1555	852
汕尾市	Shanwei	457	920	387
河源市	Heyuan	534	1582	1048
阳江市	Yangjiang	468	584	341
清远市	Qingyuan	525	1613	789
东莞市	Dongguan	5257	3741	
中山市	Zhongshan	2189	1559	
潮州市	Chaozhou	826	730	528
揭阳市	Jieyang	576	2002	772
云浮市	Yunfu	312	1059	357
广西壮族自治区	**Guangxi**			
南宁市	Nanning	19633	10426	9594
柳州市	Liuzhou	4235	2910	2600
桂林市	Guilin	9110	1652	800
梧州市	Wuzhou	829	1109	496
北海市	Beihai	2089	813	676
防城港市	Fangchenggang	155	176	117
钦州市	Qinzhou	1086	1080	590
贵港市	Guigang		999	458

2-35 续表 5 continued 5

单位：人 (person)

城市	City	普通高等学校 Regular Institutions of Higher Education	中等职业教育学校 Vocational Secondary Schools	
		全市 Total City	全市 Total City	市辖区 Districts under City
玉林市	Yulin	929	1353	724
百色市	Baise	2267	962	376
贺州市	Hezhou	743	784	423
河池市	Hechi	869	1051	575
来宾市	Laibin	618	690	417
崇左市	Chongzuo	1872	614	183
海南省	**Hainan**			
海口市	Haikou	6682	2621	2621
三亚市	Sanya	2356	341	341
三沙市	Sansha			
儋州市	Danzhou		164	
重庆市	**Chongqing**	**41708**	**14932**	
四川省	**Sichuan**			
成都市	Chengdu	48449	9556	
自贡市	Zigong	1906	1193	783
攀枝花市	Panzhihua	1155	555	471
泸州市	Luzhou	2345	2311	1078
德阳市	Deyang	4820	1269	703
绵阳市	Mianyang	7195	1640	822
广元市	Guangyuan	607	1126	411
遂宁市	Suining	635	1435	558
内江市	Neijiang	1540	1182	519
乐山市	Leshan	2407	1512	802
南充市	Nanchong	3891	2822	1457
眉山市	Meishan	1076	1260	503
宜宾市	Yibin	1421	2806	1238
广安市	Guang'an	528	1449	247
达州市	Dazhou	1255	3517	1489
雅安市	Ya'an	3115	414	221
巴中市	Bazhong	255	1253	401
资阳市	Ziyang	208	855	406
贵州省	**Guizhou**			
贵阳市	Guiyang	20289	5565	5008
六盘水市	Liupanshui	862	902	318
遵义市	Zunyi	3585	2547	982
安顺市	Anshun	1023	732	380
毕节市	Bijie	1594	2079	130
铜仁市	Tongren	1947	1695	792
云南省	**Yunnan**			
昆明市	Kunming	28808	5658	3761
曲靖市	Qujing	1447	2665	1595
玉溪市	Yuxi	875	1406	928
保山市	Baoshan	654	1127	367
昭通市	Zhaotong	555	1437	691
丽江市	Lijiang	1241	504	260
普洱市	Pu'er	420	1292	494
临沧市	Lincang	370	860	36

2-35 续表 6 continued 6

单位：人 (person)

城　市	City	普通高等学校 Regular Institutions of Higher Education	中等职业教育学校 Vocational Secondary Schools	
		全 市 Total City	全 市 Total City	市辖区 Districts under City
西藏自治区	**Tibet**			
拉萨市	Lasa	2080	574	574
日喀则市	Xigaze		221	221
昌都市	Qamdo		164	
林芝市	Linzhi	335	128	128
山南市	Shannan		314	
那曲市	Naqu			
陕西省	**Shaanxi**			
西安市	Xi'an	47917	11002	10785
铜川市	Tongchuan	254	158	133
宝鸡市	Baoji	1826	1689	1689
咸阳市	Xianyang	5712	1468	267
渭南市	Weinan	1561	1988	665
延安市	Yan'an	1313	742	149
汉中市	Hanzhong	2041	957	398
榆林市	Yulin	947	2096	838
安康市	Ankang	919	614	133
商洛市	Shangluo	1325	411	130
甘肃省	**Gansu**			
兰州市	Lanzhou	17468	1662	1344
嘉峪关市	Jiayuguan	187	241	
金昌市	Jinchang	140	236	88
白银市	Baiyin	184	1268	551
天水市	Tianshui	1765	1616	775
武威市	Wuwei	843	903	462
张掖市	Zhangye	923	750	350
平凉市	Pingliang	457	1545	490
酒泉市	Jiuquan	429	576	281
庆阳市	Qingyang	1115	1300	480
定西市	Dingxi		1689	323
陇南市	Longnan	381	985	109
青海省	**Qinghai**			
西宁市	Xining	4358	1446	977
海东市	Haidong		330	85
宁夏回族自治区	**Ningxia**			
银川市	Yinchuan	7029	1047	753
石嘴山市	Shizuishan	442	352	263
吴忠市	Wuzhong	389	192	
固原市	Guyuan	412	692	219
中卫市	Zhongwei		394	190
新疆维吾尔自治区	**Xinjiang**			
乌鲁木齐市	Urumqi	11347	2316	2316
克拉玛依市	Karamay	529	248	248
吐鲁番市	Turpan	226	89	
哈密市	Hami	242	246	246

2-36 专任教师数(二)
Number of Full-time Teachers (Ⅱ)

单位：人 (person)

城　市	City	普通中学 Regular Secondary Schools		普通小学 Regular Primary Schools	
		全　市 Total City	市辖区 Districts under City	全　市 Total City	市辖区 Districts under City
北京市	**Beijing**	**66635**	**66635**	**53782**	**53782**
天津市	**Tianjin**	**43373**	**43373**	**43023**	**43023**
河北省	**Hebei**				
石家庄市	Shijiazhuang	38289	18095	46223	17982
唐山市	Tangshan	30602	13055	31211	13262
秦皇岛市	Qinhuangdao	14609	7923	15586	7920
邯郸市	Handan	44137	19007	51784	16925
邢台市	Xingtai	26358	5111	39784	5055
保定市	Baoding	46163	12227	50065	11368
张家口市	Zhangjiakou	17602	7599	19427	7048
承德市	Chengde	12401	2600	18060	2926
沧州市	Cangzhou	28048	3181	37001	3164
廊坊市	Langfang	17611	3258	23890	4279
衡水市	Hengshui	21545	9342	19706	4528
山西省	**Shanxi**				
太原市	Taiyuan	19365	15433	17810	13362
大同市	Datong	15329	8237	17145	8809
阳泉市	Yangquan	5784	2934	5361	2658
长治市	Changzhi	15146	5576	14507	2655
晋城市	Jincheng	11036	3013	8944	1940
朔州市	Shuozhou	11176	3941	7866	2526
晋中市	Jinzhong	16528	2907	14033	2536
运城市	Yuncheng	28463	5085	22710	3154
忻州市	Xinzhou	13961	3535	15309	2398
临汾市	Linfen	20827	5756	21713	4200
吕梁市	Lvliang	24079	2418	20160	1931
内蒙古自治区	**Inner Mongolia**				
呼和浩特市	Hohhot	11022	7479	8685	5579
包头市	Baotou	10340	8804	9239	7188
乌海市	Wuhai	1371	1371	2124	2124
赤峰市	Chifeng	16889	5842	18406	5472
通辽市	Tongliao	12450	4241	14771	3399
鄂尔多斯市	Erdos	8117	2782	9290	2812
呼伦贝尔市	Hulunbuir	10412	2020	10665	1215
巴彦淖尔市	Bayannur	4789	2166	5394	2460
乌兰察布市	Ulanqab	6615	2699	6830	1572
辽宁省	**Liaoning**				
沈阳市	Shenyang	25016	20428	22901	17678
大连市	Dalian	22027	15929	19317	13942
鞍山市	Anshan	12016	5908	9279	2881
抚顺市	Fushun	7079	4766	6414	3825
本溪市	Benxi	6200	3857	5606	3238
丹东市	Dandong	8521	2556	8188	1861
锦州市	Jinzhou	9336	3317	9776	3038
营口市	Yingkou	8108	3740	7139	2944
阜新市	Fuxin	6806	2882	7086	2588
辽阳市	Liaoyang	6986	3517	4271	2092

2-36 续表 1 continued 1

单位：人 (person)

城　市	City	普通中学 Regular Secondary Schools 全　市 Total City	普通中学 Regular Secondary Schools 市辖区 Districts under City	普通小学 Regular Primary Schools 全　市 Total City	普通小学 Regular Primary Schools 市辖区 Districts under City
盘锦市	Panjin	6361	5292	5410	3259
铁岭市	Tieling	10253	2314	10106	1522
朝阳市	Chaoyang	13982	2985	13576	2559
葫芦岛市	Huludao	11490	4222	8936	2803
吉林省	**Jilin**				
长春市	Changchun	31535	20796	26050	12510
吉林市	Jilin	14870	6151	13793	5184
四平市	Siping	8313	2793	9796	2851
辽源市	Liaoyuan	4458	1668	5210	1479
通化市	Tonghua	9971	1717	6346	1337
白山市	Baishan	6856	2503	3784	1248
松原市	Songyuan	10144	2777	11973	2313
白城市	Baicheng	9022	2073	7478	1485
黑龙江省	**Heilongjiang**				
哈尔滨市	Harbin	35423	23041	30621	16044
齐齐哈尔市	Qiqihar	17707	5291	10557	3229
鸡西市	Jixi	5927	2922	4618	2114
鹤岗市	Hegang	3104	2330	2073	1279
双鸭山市	Shuangyashan	4737	1990	3609	1379
大庆市	Daqing	10649	6325	9706	4840
伊春市	Yichun	4051	3222	3394	2641
佳木斯市	Jiamusi	7301	2540	6508	2329
七台河市	Qitaihe	1991	1405	2278	1443
牡丹江市	Mudanjiang	8365	2975	7271	2768
黑河市	Heihe	4766	895	4091	775
绥化市	Suihua	21711	3369	12711	2762
上海市	**Shanghai**	**57213**	**57213**	**54697**	**54697**
江苏省	**Jiangsu**				
南京市	Nanjing	23517	23517	25171	25171
无锡市	Wuxi	20370	10632	20941	12523
徐州市	Xuzhou	34781	11958	44606	14718
常州市	Changzhou	14508	11776	14924	12520
苏州市	Suzhou	29023	15875	38240	20371
南通市	Nantong	24299	6935	19947	6645
连云港市	Lianyungang	20951	9838	24813	10976
淮安市	Huai'an	19887	11478	21793	12590
盐城市	Yancheng	27160	8911	26999	7544
扬州市	Yangzhou	16177	8813	13510	7779
镇江市	Zhenjiang	10116	3583	9782	3636
泰州市	Taizhou	18787	6640	13791	4779
宿迁市	Suqian	17002	5045	25699	7102
浙江省	**Zhejiang**				
杭州市	Hangzhou	30574	25628	34150	29786
宁波市	Ningbo	24119	12546	27037	14149
温州市	Wenzhou	32548	8601	35571	9833
嘉兴市	Jiaxing	14558	4190	14612	4059
湖州市	Huzhou	10141	4191	9079	4105

2-36 续表 2 continued 2

单位：人 (person)

城市	City	普通中学 Regular Secondary Schools 全市 Total City	普通中学 Regular Secondary Schools 市辖区 Districts under City	普通小学 Regular Primary Schools 全市 Total City	普通小学 Regular Primary Schools 市辖区 Districts under City
绍兴市	Shaoxing	19436	9535	15863	7878
金华市	Jinhua	19608	4545	21836	4528
衢州市	Quzhou	9092	3375	8880	3070
舟山市	Zhoushan	3199	2455	3521	2700
台州市	Taizhou	25403	8359	21714	6316
丽水市	Lishui	8390	1918	10103	1996
安徽省	**Anhui**				
合肥市	Hefei	29737	12263	26406	11831
芜湖市	Wuhu	13225	3543	11946	3443
蚌埠市	Bengbu	12363	4326	14482	5015
淮南市	Huainan	14762	7690	11700	5488
马鞍山市	Maanshan	8434	3207	7441	2423
淮北市	Huaibei	8375	4087	8170	3239
铜陵市	Tongling	6510	3114	5134	2648
安庆市	Anqing	20409	4474	17218	2580
黄山市	Huangshan	4932	1744	5047	1602
滁州市	Chuzhou	15869	4283	13989	2850
阜阳市	Fuyang	29946	5297	37746	4382
宿州市	Suzhou	17555	5550	23263	6748
六安市	Lu'an	19529	8996	19554	7985
亳州市	Bozhou	19094	5814	26445	7144
池州市	Chizhou	5902	2414	5454	2283
宣城市	Xuancheng	8859	2505	8939	1790
福建省	**Fujian**				
福州市	Fuzhou	25755	11275	26701	12515
厦门市	Xiamen	11412	11412	16645	16645
莆田市	Putian	14287	9868	14334	10028
三明市	Sanming	11397	1620	12011	1431
泉州市	Quanzhou	31181	6679	34391	6401
漳州市	Zhangzhou	20294	3752	20939	3292
南平市	Nanping	11534	3203	13086	3666
龙岩市	Longyan	12871	4880	12430	4858
宁德市	Ningde	12539	2158	14218	2620
江西省	**Jiangxi**				
南昌市	Nanchang	25491	17484	17795	10138
景德镇市	Jingdezhen	7616	2299	6620	1763
萍乡市	Pingxiang	7253	3391	8707	3881
九江市	Jiujiang	17467	4166	22425	4350
新余市	Xinyu	4169	3590	5333	4093
鹰潭市	Yingtan	4601	1287	6322	1552
赣州市	Ganzhou	37212	9264	47100	12017
吉安市	Ji'an	21166	2431	20313	2445
宜春市	Yichun	20312	4044	25892	5168
抚州市	Fuzhou	14615	3092	20576	5463
上饶市	Shangrao	26155	4880	36145	5802
山东省	**Shandong**				
济南市	Jinan	25676	19877	29109	22458

2-36 续表 3 continued 3

单位：人 (person)

城 市	City	普通中学 Regular Secondary Schools		普通小学 Regular Primary Schools	
		全 市 Total City	市辖区 Districts under City	全 市 Total City	市辖区 Districts under City
青岛市	Qingdao	34667	23323	34713	23006
淄博市	Zibo	22077	15062	15942	10807
枣庄市	Zaozhuang	14630	8894	19522	12698
东营市	Dongying	11887	7331	8531	5595
烟台市	Yantai	33689	9458	14823	5836
潍坊市	Weifang	39182	9337	42050	9623
济宁市	Jining	32508	8910	37139	8459
泰安市	Tai'an	24806	8283	19062	5104
威海市	Weihai	12461	7040	7836	4754
日照市	Rizhao	12340	6171	11682	5440
莱芜市	Laiwu	6247	6247	4153	4153
临沂市	Linyi	46403	11836	50101	9035
德州市	Dezhou	22445	5184	27457	6094
聊城市	Liaocheng	23681	6288	30656	7833
滨州市	Binzhou	17178	4653	16431	4912
菏泽市	Heze	35703	8523	49925	12035
河南省	**Henan**				
郑州市	Zhengzhou	42981	22163	39424	21958
开封市	Kaifeng	17878	7055	25633	9032
洛阳市	Luoyang	33699	9882	28401	7400
平顶山市	Pingdingshan	20466	5005	25296	5580
安阳市	Anyang	23024	6998	25472	7859
鹤壁市	Hebi	6776	3149	7706	3383
新乡市	Xinxiang	28674	5311	26376	4328
焦作市	Jiaozuo	17728	5029	14594	3749
濮阳市	Puyang	19819	7838	20668	3270
许昌市	Xuchang	18376	5338	24532	6113
漯河市	Luohe	10465	5348	10156	5544
三门峡市	Sanmenxia	10688	3357	10097	2989
南阳市	Nanyang	42650	8125	58939	9822
商丘市	Shangqiu	35472	8080	46093	8788
信阳市	Xinyang	35997	6908	36671	5934
周口市	Zhoukou	46795	3660	54100	3140
驻马店市	Zhumadian	33657	4700	44601	4808
湖北省	**Hubei**				
武汉市	Wuhan	31286	31286	29063	29063
黄石市	Huangshi	9706	2704	10920	2249
十堰市	Shiyan	13566	6749	12228	4654
宜昌市	Yichang	12417	5289	10973	4134
襄阳市	Xiangyang	22041	10342	23724	11231
鄂州市	Ezhou	3788	3788	4938	4938
荆门市	Jingmen	8952	2512	9075	2424
孝感市	Xiaogan	17754	3344	15454	3093
荆州市	Jingzhou	19587	4148	14147	2335
黄冈市	Huanggang	22258	1378	23361	672
咸宁市	Xianning	8832	2104	11151	2346
随州市	Suizhou	7200	2640	7443	2345

2-36 续表 4 continued 4

单位：人 (person)

城市	City	普通中学 Regular Secondary Schools		普通小学 Regular Primary Schools	
		全市 Total City	市辖区 Districts under City	全市 Total City	市辖区 Districts under City
湖南省	**Hunan**				
长沙市	Changsha	28184	15495	29321	17245
株洲市	Zhuzhou	13469	4418	13757	4522
湘潭市	Xiangtan	9033	2458	8526	2732
衡阳市	Hengyang	27681	4198	28967	5209
邵阳市	Shaoyang	24651	2698	27454	2914
岳阳市	Yueyang	19450	4952	18795	4640
常德市	Changde	19093	4952	17312	4179
张家界市	Zhangjiajie	5590	1947	5638	2190
益阳市	Yiyang	14339	4514	14182	4384
郴州市	Chenzhou	19183	4145	24479	5205
永州市	Yongzhou	21087	4489	26725	5705
怀化市	Huaihua	18028	2934	20995	2539
娄底市	Loudi	16307	3062	16473	2666
广东省	**Guangdong**				
广州市	Guangzhou	42796	42796	54867	54867
韶关市	Shaoguan	12725	4029	13663	4213
深圳市	Shenzhen	32590	32590	50805	50805
珠海市	Zhuhai	8359	8359	6900	6900
汕头市	Shantou	32057	31696	22254	21930
佛山市	Foshan	24135	24135	27970	27970
江门市	Jiangmen	16151	6938	16061	7414
湛江市	Zhanjiang	33216	9473	36599	8931
茂名市	Maoming	35492	12323	34509	13423
肇庆市	Zhaoqing	19473	7112	17652	5739
惠州市	Huizhou	20870	10774	27471	14230
梅州市	Meizhou	22496	4922	19763	4175
汕尾市	Shanwei	14305	2672	16075	2443
河源市	Heyuan	18972	4229	15907	2770
阳江市	Yangjiang	13748	7923	11152	5059
清远市	Qingyuan	15223	6136	18728	7243
东莞市	Dongguan	19991		34400	
中山市	Zhongshan	11127		15283	
潮州市	Chaozhou	11602	7364	10843	7395
揭阳市	Jieyang	28790	9327	30242	8844
云浮市	Yunfu	10719	2528	13514	3351
广西壮族自治区	**Guangxi**				
南宁市	Nanning	26941	16034	35362	21695
柳州市	Liuzhou	13402	7943	16830	9177
桂林市	Guilin	16111	5357	21624	6812
梧州市	Wuzhou	12060	2909	15973	3865
北海市	Beihai	7656	4260	8376	3412
防城港市	Fangchenggang	3469	2033	5317	2835
钦州市	Qinzhou	12364	4800	19264	6680
贵港市	Guigang	21358	9071	22678	8722

2-36 续表 5 continued 5

单位：人 (person)

城 市	City	普通中学 Regular Secondary Schools		普通小学 Regular Primary Schools	
		全 市 Total City	市辖区 Districts under City	全 市 Total City	市辖区 Districts under City
玉林市	Yulin	24399	4944	31034	4862
百色市	Baise	13311	1748	18429	1973
贺州市	Hezhou	7679	3941	11368	5549
河池市	Hechi	13140	3356	19940	4127
来宾市	Laibin	8171	1642	10574	4998
崇左市	Chongzuo	7042	1351	9759	1522
海南省	**Hainan**				
海口市	Haikou	9305	9305	8271	8271
三亚市	Sanya	3260	3260	3706	3706
三沙市	Sansha			4	
儋州市	Danzhou	5532		5355	
重庆市	**Chongqing**	**115645**	**83910**	**125270**	**86957**
四川省	**Sichuan**				
成都市	Chengdu	51111		51118	
自贡市	Zigong	8171	3559	9440	4378
攀枝花市	Panzhihua	5189	3485	5024	2818
泸州市	Luzhou	17893	6253	19205	5596
德阳市	Deyang	10817	3261	11028	3020
绵阳市	Mianyang	18785	9140	16049	5932
广元市	Guangyuan	10432	3980	11692	4004
遂宁市	Suining	11592	5149	11521	4925
内江市	Neijiang	13825	4736	10541	3712
乐山市	Leshan	10862	3922	11251	2960
南充市	Nanchong	23498	7302	23404	6932
眉山市	Meishan	10219	3668	9833	3417
宜宾市	Yibin	19267	5692	21291	5116
广安市	Guang'an	16116	4788	14440	3899
达州市	Dazhou	21129	6101	24859	6764
雅安市	Ya'an	5153	2044	5969	1895
巴中市	Bazhong	14788	5873	15289	5163
资阳市	Ziyang	9244	3331	10076	3402
贵州省	**Guizhou**				
贵阳市	Guiyang	18492	12920	19747	14000
六盘水市	Liupanshui	15055	4213	14817	3599
遵义市	Zunyi	35918	8920	30204	7661
安顺市	Anshun	10806	5091	13222	5601
毕节市	Bijie	40846	8457	39546	7169
铜仁市	Tongren	22184	3695	22239	2816
云南省	**Yunnan**				
昆明市	Kunming	25664	13586	28480	15806
曲靖市	Qujing	26181	5995	31545	5401
玉溪市	Yuxi	9508	3523	10563	2961
保山市	Baoshan	10735	3737	11259	3836
昭通市	Zhaotong	22812	4092	28325	4710
丽江市	Lijiang	5447	1142	6807	996
普洱市	Pu'er	8468	1293	11651	1245
临沧市	Lincang	8639	1848	12140	1729

2-36 续表 6 continued 6

单位：人 (person)

城 市	City	普通中学 Regular Secondary Schools 全 市 Total City	普通中学 Regular Secondary Schools 市辖区 Districts under City	普通小学 Regular Primary Schools 全 市 Total City	普通小学 Regular Primary Schools 市辖区 Districts under City
西藏自治区	**Tibet**				
拉萨市	Lasa	3284		3805	
日喀则市	Xigaze	3634	1120	4753	536
昌都市	Qamdo	2492	120	3643	348
林芝市	Linzhi	1174	457	1981	320
山南市	Shannan	1905	683	2150	404
那曲市	Naqu	2621	216	3605	512
陕西省	**Shaanxi**				
西安市	Xi'an	36565	31710	34163	29633
铜川市	Tongchuan	3606	3212	2802	2412
宝鸡市	Baoji	15573	6159	13206	5184
咸阳市	Xianyang	24003	5191	17338	1472
渭南市	Weinan	25664	5524	19856	3219
延安市	Yan'an	10143	3687	11830	3987
汉中市	Hanzhong	15646	4637	12049	3675
榆林市	Yulin	17324	4131	16197	4205
安康市	Ankang	11350	5304	10709	3724
商洛市	Shangluo	6063	2688	8372	1869
甘肃省	**Gansu**				
兰州市	Lanzhou	13887	9282	14672	9097
嘉峪关市	Jiayuguan	1063		902	
金昌市	Jinchang	2298	1148	1704	887
白银市	Baiyin	11433	3542	10228	2468
天水市	Tianshui	18474	6311	17158	5670
武威市	Wuwei	9698	4461	9525	5377
张掖市	Zhangye	5407	2432	6126	2384
平凉市	Pingliang	12497	2696	11710	2347
酒泉市	Jiuquan	4840	2013	4821	1891
庆阳市	Qingyang	11596	2675	14986	2838
定西市	Dingxi	17257	2910	12559	1831
陇南市	Longnan	11636	1709	14594	3166
青海省	**Qinghai**				
西宁市	Xining	9093	4516	7465	3904
海东市	Haidong	6669	1963	7469	1725
宁夏回族自治区	**Ningxia**				
银川市	Yinchuan	9201	6031	8693	5218
石嘴山市	Shizuishan	3410	2248	3224	2011
吴忠市	Wuzhong	6374	2035	7644	2183
固原市	Guyuan	7062	2504	8128	2585
中卫市	Zhongwei	5844	1959	5535	1601
新疆维吾尔自治区	**Xinjiang**				
乌鲁木齐市	Urumqi	12615	12393	11491	11136
克拉玛依市	Karamay	2509	2509	1688	1688
吐鲁番市	Turpan	5296	2362	3442	1326
哈密市	Hami	3463	2789	4182	3233

2-37 在校学生数(一)
Number of Students Enrollment (Ⅰ)

单位：人 (person)

城　市	City	普通本专科在校学生数 Undergraduate in Regular HEIs	中等职业教育学校 Vocational Secondary Schools	
		全　市 Total City	全　市 Total City	市辖区 Districts under City
北京市	**Beijing**	**592878**	**92277**	**92277**
天津市	**Tianjin**	**514669**	**115798**	**115798**
河北省	**Hebei**			
石家庄市	Shijiazhuang	460695	177358	146916
唐山市	Tangshan	123287	74080	48262
秦皇岛市	Qinhuangdao	153914	34807	21172
邯郸市	Handan	60299	83439	50806
邢台市	Xingtai	52136	50285	15761
保定市	Baoding	171818	77993	28705
张家口市	Zhangjiakou	53969	43671	26455
承德市	Chengde	44883	37419	14476
沧州市	Cangzhou	60584	85709	15546
廊坊市	Langfang	122827	30180	11351
衡水市	Hengshui	22643	33064	22941
山西省	**Shanxi**			
太原市	Taiyuan	440173	119796	117815
大同市	Datong	27337	28222	18608
阳泉市	Yangquan	15067	6633	4956
长治市	Changzhi	36200	31687	22290
晋城市	Jincheng	5754	24561	17415
朔州市	Shuozhou	10522	21940	5714
晋中市	Jinzhong	182770	40358	11225
运城市	Yuncheng	55342	43354	22368
忻州市	Xinzhou	27035	22984	5631
临汾市	Linfen	43766	25547	12344
吕梁市	Lvliang	19308	23170	6340
内蒙古自治区	**Inner Mongolia**			
呼和浩特市	Hohhot	239330	40530	31313
包头市	Baotou	75977	25061	23546
乌海市	Wuhai	5030	2537	2537
赤峰市	Chifeng	22591	32265	15885
通辽市	Tongliao		10526	5509
鄂尔多斯市	Erdos	9156	7337	7337
呼伦贝尔市	Hulunbuir	7479	14252	2921
巴彦淖尔市	Bayannur	11442	16523	7845
乌兰察布市	Ulanqab	21687	8700	
辽宁省	**Liaoning**			
沈阳市	Shenyang	397776	95938	
大连市	Dalian	284856	68473	62680
鞍山市	Anshan	33863	15615	11037
抚顺市	Fushun	40475	11331	9091
本溪市	Benxi	32582	7484	6883
丹东市	Dandong	26278	16411	10269
锦州市	Jinzhou	76546	25014	19683
营口市	Yingkou	21554	18812	16216
阜新市	Fuxin	36520	12254	10540
辽阳市	Liaoyang	16413	14485	12053

2-37 续表 1 continued 1

单位：人 (person)

城市	City	普通本专科在校学生数 Undergraduate in Regular HEIs	中等职业教育学校 Vocational Secondary Schools	
		全市 Total City	全市 Total City	市辖区 Districts under City
盘锦市	Panjin	6783	11896	10181
铁岭市	Tieling	18196	13329	8183
朝阳市	Chaoyang	5393	20896	8070
葫芦岛市	Huludao	7737	13946	5596
吉林省	**Jilin**			
长春市	Changchun	437812	46838	43265
吉林市	Jilin	102474	28589	22671
四平市	Siping	38242	15501	10951
辽源市	Liaoyuan	5248	2779	1517
通化市	Tonghua	12985	7507	3352
白山市	Baishan	1391	4105	1870
松原市	Songyuan	2940	6916	2319
白城市	Baicheng	20119	7645	3886
黑龙江省	**Heilongjiang**			
哈尔滨市	Harbin	508884	100352	92716
齐齐哈尔市	Qiqihar	55284	29669	4697
鸡西市	Jixi	1901	2489	969
鹤岗市	Hegang	2512	3555	2208
双鸭山市	Shuangyashan		2447	140
大庆市	Daqing	46404	5898	5309
伊春市	Yichun	1803	4543	4126
佳木斯市	Jiamusi	23027	4263	679
七台河市	Qitaihe	3374	220	108
牡丹江市	Mudanjiang	50151	7943	1375
黑河市	Heihe	10073	7356	3772
绥化市	Suihua		9560	657
上海市	**Shanghai**	**514917**	**106110**	**106110**
江苏省	**Jiangsu**			
南京市	Nanjing	721540	46771	46771
无锡市	Wuxi	112689	67345	47416
徐州市	Xuzhou	129254	79609	36518
常州市	Changzhou	102676		
苏州市	Suzhou	209735	50468	32623
南通市	Nantong	90388	78134	37026
连云港市	Lianyungang	39855	57263	36196
淮安市	Huai'an	70093	56035	33587
盐城市	Yancheng	62357	52436	33758
扬州市	Yangzhou	75619		
镇江市	Zhenjiang	80370	16096	9715
泰州市	Taizhou	61748	21992	14979
宿迁市	Suqian	20984	41474	30296
浙江省	**Zhejiang**			
杭州市	Hangzhou	425769	103724	95061
宁波市	Ningbo	156110	67880	35906
温州市	Wenzhou	88680	75692	23293
嘉兴市	Jiaxing	69153	48939	14578
湖州市	Huzhou	26383	28732	10391

2-37 续表 2 continued 2

单位：人 (person)

城市	City	普通本专科在校学生数 Undergraduate in Regular HEIs	中等职业教育学校 Vocational Secondary Schools	
		全市 Total City	全市 Total City	市辖区 Districts under City
绍兴市	Shaoxing	97345	49300	28612
金华市	Jinhua	75378	74333	30618
衢州市	Quzhou	16022	28304	14055
舟山市	Zhoushan	22059	7964	7423
台州市	Taizhou	34728	81935	25646
丽水市	Lishui	21046	29305	6048
安徽省	**Anhui**			
合肥市	Hefei	502943	99452	58364
芜湖市	Wuhu	166698	51750	20405
蚌埠市	Bengbu	60887	53722	19154
淮南市	Huainan	62643	39436	24508
马鞍山市	Maanshan	53635	32967	9996
淮北市	Huaibei	39539	18013	9622
铜陵市	Tongling	36074	13828	8242
安庆市	Anqing	37475	37400	12140
黄山市	Huangshan	22959	15666	5434
滁州市	Chuzhou	53503	48704	23105
阜阳市	Fuyang	37380	110089	26176
宿州市	Suzhou	28280	54065	21766
六安市	Lu'an	38965	67523	36533
亳州市	Bozhou	11247	73374	24482
池州市	Chizhou	25629	14160	9108
宣城市	Xuancheng	7246	30523	6079
福建省	**Fujian**			
福州市	Fuzhou	313857	84331	61271
厦门市	Xiamen	140266	43423	43423
莆田市	Putian	25180	28204	18387
三明市	Sanming	25266	29253	9307
泉州市	Quanzhou	126125	75229	26354
漳州市	Zhangzhou	71688	26199	11338
南平市	Nanping	25765	22196	14209
龙岩市	Longyan	17313	21471	21471
宁德市	Ningde	11206	22829	6237
江西省	**Jiangxi**			
南昌市	Nanchang	609801	87971	83302
景德镇市	Jingdezhen	32276	7538	4496
萍乡市	Pingxiang	27419	21610	15999
九江市	Jiujiang	92651	25241	11626
新余市	Xinyu	37848	13673	13262
鹰潭市	Yingtan	9144	8640	6086
赣州市	Ganzhou	95302	77394	44250
吉安市	Ji'an	33876	26114	8065
宜春市	Yichun	42330	22402	7750
抚州市	Fuzhou	29422	7966	3638
上饶市	Shangrao	31451	39088	22836
山东省	**Shandong**			
济南市	Jinan	544448	90580	90580

2-37 续表 3 continued 3

单位：人 (person)

城市	City	普通本专科在校学生数 Undergraduate in Regular HEIs	中等职业教育学校 Vocational Secondary Schools	
		全市 Total City	全市 Total City	市辖区 Districts under City
青岛市	Qingdao	346238	87916	69326
淄博市	Zibo	106251	28943	18906
枣庄市	Zaozhuang	35933	48736	35400
东营市	Dongying	32782	23672	16655
烟台市	Yantai	182645	79011	46241
潍坊市	Weifang	179905	81718	25069
济宁市	Jining	112468	47900	15804
泰安市	Tai'an	122606	44904	25059
威海市	Weihai	78109	21092	17098
日照市	Rizhao	23559	29338	18817
莱芜市	Laiwu	10796	10054	10054
临沂市	Linyi	84796	77304	33974
德州市	Dezhou	63654	50480	28849
聊城市	Liaocheng	46489	52018	21619
滨州市	Binzhou	54062	36133	15861
菏泽市	Heze	48666	62126	27542
河南省	**Henan**			
郑州市	Zhengzhou	935332	302648	217916
开封市	Kaifeng	95453	42046	27810
洛阳市	Luoyang	118132	101313	59244
平顶山市	Pingdingshan	80085	43003	15973
安阳市	Anyang	83951	41175	20863
鹤壁市	Hebi	15908	31620	18496
新乡市	Xinxiang	155090	74531	32116
焦作市	Jiaozuo	79804	38438	20234
濮阳市	Puyang	14642	40305	22540
许昌市	Xuchang	43517	29640	12572
漯河市	Luohe	30763	29423	26940
三门峡市	Sanmenxia	16342	15439	9498
南阳市	Nanyang	86448	79825	40546
商丘市	Shangqiu	97740	43954	20727
信阳市	Xinyang	79252	71470	17529
周口市	Zhoukou	42530	48845	22506
驻马店市	Zhumadian	26211	45122	21211
湖北省	**Hubei**			
武汉市	Wuhan	947651	83861	83861
黄石市	Huangshi	43309	13734	9107
十堰市	Shiyan	51404	22245	13004
宜昌市	Yichang	57233	26608	11992
襄阳市	Xiangyang	50348	29624	20043
鄂州市	Ezhou	16108	5926	5926
荆门市	Jingmen	13544	14444	6260
孝感市	Xiaogan	34278	19756	9441
荆州市	Jingzhou	95423	29545	19412
黄冈市	Huanggang	43565	42035	6856
咸宁市	Xianning	31299	18491	8281
随州市	Suizhou	6111	9941	4028

2-37 续表 4 continued 4

单位：人 (person)

城市	City	普通本专科在校学生数 Undergraduate in Regular HEIs	中等职业教育学校 Vocational Secondary Schools	
		全市 Total City	全市 Total City	市辖区 Districts under City
湖南省	**Hunan**			
长沙市	Changsha	610379	104685	71148
株洲市	Zhuzhou	88916	29603	14467
湘潭市	Xiangtan	133231	22004	11986
衡阳市	Hengyang	159110	80665	44791
邵阳市	Shaoyang	31048	72376	24782
岳阳市	Yueyang	48536	60905	19318
常德市	Changde	50097	55137	19166
张家界市	Zhangjiajie	13816	13445	6819
益阳市	Yiyang	37237	33677	17123
郴州市	Chenzhou	28023	41008	17860
永州市	Yongzhou	28496	63940	15707
怀化市	Huaihua	30465	48646	21066
娄底市	Loudi	29162	35075	14570
广东省	**Guangdong**			
广州市	Guangzhou	1067335	196796	196796
韶关市	Shaoguan	38798	25339	16348
深圳市	Shenzhen	80613	39234	39234
珠海市	Zhuhai	136829	20117	20117
汕头市	Shantou	10765	71800	71800
佛山市	Foshan	121681	82865	82865
江门市	Jiangmen	40641	53599	38624
湛江市	Zhanjiang	132917	65433	55478
茂名市	Maoming	39100	50046	19474
肇庆市	Zhaoqing	88520	55274	44157
惠州市	Huizhou	39212	81250	
梅州市	Meizhou	25443	29074	17825
汕尾市	Shanwei	6145	14940	6766
河源市	Heyuan	12015	30404	24484
阳江市	Yangjiang	10397	14399	7460
清远市	Qingyuan	11535	30927	11078
东莞市	Dongguan	118416	80294	
中山市	Zhongshan	53611	23133	
潮州市	Chaozhou	17155	8731	6863
揭阳市	Jieyang	11793	100097	19121
云浮市	Yunfu	9325	18999	9486
广西壮族自治区	**Guangxi**			
南宁市	Nanning	425726	324639	289661
柳州市	Liuzhou	82210	68517	65118
桂林市	Guilin	179297	36871	19004
梧州市	Wuzhou	20736	45565	15200
北海市	Beihai	33974	28088	18554
防城港市	Fangchenggang	5460	5401	3740
钦州市	Qinzhou	19232	36500	13718
贵港市	Guigang		26132	13146

2-37 续表 5 continued 5

单位：人 (person)

城 市	City	普通本专科在校学生数 Undergraduate in Regular HEIs	中等职业教育学校 Vocational Secondary Schools	
		全 市 Total City	全 市 Total City	市辖区 Districts under City
玉林市	Yulin	17542	36340	23406
百色市	Baise		39300	16400
贺州市	Hezhou	15880	25535	18917
河池市	Hechi	20981	33479	16298
来宾市	Laibin	13581	23980	13560
崇左市	Chongzuo	41825	8850	2968
海南省	**Hainan**			
海口市	Haikou	127323	76158	76158
三亚市	Sanya	48767	7426	7426
三沙市	Sansha			
儋州市	Danzhou		2710	
重庆市	**Chongqing**	**746859**	**398252**	**260911**
四川省	**Sichuan**			
成都市	Chengdu	817432	219074	
自贡市	Zigong	36227	23828	16283
攀枝花市	Panzhihua	26018	11465	
泸州市	Luzhou	47325	68640	40534
德阳市	Deyang	109492	26589	13529
绵阳市	Mianyang	134368	45988	26279
广元市	Guangyuan	13869	19891	7410
遂宁市	Suining	13683	22579	11335
内江市	Neijiang	32155	22695	12022
乐山市	Leshan	44613	34291	20382
南充市	Nanchong	76126	60342	38449
眉山市	Meishan	24356	27491	12673
宜宾市	Yibin	26645	64369	26372
广安市	Guang'an	10136	39111	8932
达州市	Dazhou	24549	63230	14226
雅安市	Ya'an	49589	12059	8279
巴中市	Bazhong	5049	29572	8961
资阳市	Ziyang	4223	19942	8250
贵州省	**Guizhou**			
贵阳市	Guiyang	349952	129482	114768
六盘水市	Liupanshui	17009	24114	7359
遵义市	Zunyi	68028	67525	26198
安顺市	Anshun	17169	23346	13098
毕节市	Bijie	31450	47295	3276
铜仁市	Tongren	37692	41507	18890
云南省	**Yunnan**			
昆明市	Kunming	503538	177593	125607
曲靖市	Qujing	29200	70608	58626
玉溪市	Yuxi	16148	22749	17106
保山市	Baoshan	13621	43003	13882
昭通市	Zhaotong	13032	27272	14178
丽江市	Lijiang	22533	7658	5553
普洱市	Pu'er	11286	19915	10991
临沧市	Lincang	8684	20804	12003

2-37 续表 6 continued 6

单位：人 (person)

城 市	City	普通本专科在校学生数 Undergraduate in Regular HEIs	中等职业教育学校 Vocational Secondary Schools	
		全 市 Total City	全 市 Total City	市辖区 Districts under City
西藏自治区	**Tibet**			
拉萨市	Lasa	20404	7122	7122
日喀则市	Xigaze		2572	
昌都市	Qamdo		3210	
林芝市	Linzhi	6000	1329	1329
山南市	Shannan		3215	
那曲市	Naqu	2319	1197	
陕西省	**Shaanxi**			
西安市	Xi'an	726752	190624	187343
铜川市	Tongchuan	3326	169	169
宝鸡市	Baoji	34075	34261	22897
咸阳市	Xianyang	127287	43154	12961
渭南市	Weinan	16300	23480	10540
延安市	Yan'an	31623	17345	4329
汉中市	Hanzhong	46200	15688	4086
榆林市	Yulin	19570	17870	8005
安康市	Ankang	22491	18180	6209
商洛市	Shangluo	17900	12600	2503
甘肃省	**Gansu**			
兰州市	Lanzhou	406279	41018	37040
嘉峪关市	Jiayuguan	3042	2070	
金昌市	Jinchang	2953	2711	1171
白银市	Baiyin	3763	11230	3492
天水市	Tianshui	37813	24333	10550
武威市	Wuwei	16560	13670	7167
张掖市	Zhangye	19233	10085	4781
平凉市	Pingliang	7704	22517	4835
酒泉市	Jiuquan	8840	13783	9458
庆阳市	Qingyang	17875	13341	5728
定西市	Dingxi		12941	3702
陇南市	Longnan	6419	18594	5018
青海省	**Qinghai**			
西宁市	Xining	74222	34690	16810
海东市	Haidong		17333	4512
宁夏回族自治区	**Ningxia**			
银川市	Yinchuan	101638	38294	27847
石嘴山市	Shizuishan	8957	7881	4616
吴忠市	Wuzhong	3734	8481	3418
固原市	Guyuan	7037	11771	3558
中卫市	Zhongwei		8315	4810
新疆维吾尔自治区	**Xinjiang**			
乌鲁木齐市	Urumqi	193853	61707	61707
克拉玛依市	Karamay	12015	272	272
吐鲁番市	Turpan	814	4643	3305
哈密市	Hami	1775	4216	4216

2-38 在校学生数(二)
Number of Students Enrollment (Ⅱ)

单位：万人 (10 000 persons)

城市	City	普通中学 Regular Secondary Schools		普通小学 Regular Primary Schools	
		全市 Total City	市辖区 Districts under City	全市 Total City	市辖区 Districts under City
北京市	**Beijing**	**43**	**43**	**88**	**88**
天津市	**Tianjin**	**43**	**43**	**65**	**65**
河北省	**Hebei**				
石家庄市	Shijiazhuang	51	28	84	36
唐山市	Tangshan	36	15	51	21
秦皇岛市	Qinhuangdao	13	7	20	10
邯郸市	Handan	59	22	104	34
邢台市	Xingtai	38	7	68	10
保定市	Baoding	62	15	98	23
张家口市	Zhangjiakou	21	9	30	11
承德市	Chengde	18	3	28	5
沧州市	Cangzhou	37	5	72	5
廊坊市	Langfang	23	4	46	8
衡水市	Hengshui	31	13	36	9
山西省	**Shanxi**				
太原市	Taiyuan	20	16	30	25
大同市	Datong	15	8	20	12
阳泉市	Yangquan	7	3	8	4
长治市	Changzhi	17	6	21	6
晋城市	Jincheng	12	4	11	4
朔州市	Shuozhou	12	4	13	5
晋中市	Jinzhong	17	3	24	5
运城市	Yuncheng	25	6	29	6
忻州市	Xinzhou	14	4	18	4
临汾市	Linfen	22	6	27	6
吕梁市	Lvliang	20	3	27	4
内蒙古自治区	**Inner Mongolia**				
呼和浩特市	Hohhot	14	10	17	13
包头市	Baotou	11	10	14	12
乌海市	Wuhai	2	2	3	3
赤峰市	Chifeng	21	7	25	8
通辽市	Tongliao	16	5	18	5
鄂尔多斯市	Erdos	8	3	14	5
呼伦贝尔市	Hulunbuir	5	2	10	2
巴彦淖尔市	Bayannur	6	2	7	3
乌兰察布市	Ulanqab	7	3	8	2
辽宁省	**Liaoning**				
沈阳市	Shenyang	27	22	38	32
大连市	Dalian	22	17	31	24
鞍山市	Anshan	13	5	16	6
抚顺市	Fushun	6	4	7	5
本溪市	Benxi	5	3	5	3
丹东市	Dandong	9	3	9	3
锦州市	Jinzhou	11	4	12	4
营口市	Yingkou	8	4	11	5
阜新市	Fuxin	7	3	8	3
辽阳市	Liaoyang	6	3	7	3

2-38 续表 1 continued 1

单位：万人 (10 000 persons)

城市	City	普通中学 Regular Secondary Schools		普通小学 Regular Primary Schools	
		全市 Total City	市辖区 Districts under City	全市 Total City	市辖区 Districts under City
盘锦市	Panjin	7	6	7	6
铁岭市	Tieling	10	2	11	2
朝阳市	Chaoyang	16	4	18	4
葫芦岛市	Huludao	12	4	14	5
吉林省	**Jilin**				
长春市	Changchun	30	18	39	24
吉林市	Jilin	15	6	17	7
四平市	Siping	9	3	11	3
辽源市	Liaoyuan	5	2	5	2
通化市	Tonghua	8	2	9	2
白山市	Baishan	4	2	4	2
松原市	Songyuan	13	4	15	4
白城市	Baicheng	8	2	8	2
黑龙江省	**Heilongjiang**				
哈尔滨市	Harbin	38	25	41	24
齐齐哈尔市	Qiqihar	11	3	20	5
鸡西市	Jixi	6	3	4	2
鹤岗市	Hegang	3	2	3	2
双鸭山市	Shuangyashan	5	2	4	1
大庆市	Daqing	10	4	12	5
伊春市	Yichun	3	2	3	2
佳木斯市	Jiamusi	9	3	9	3
七台河市	Qitaihe	2	2	3	2
牡丹江市	Mudanjiang	8	3	10	3
黑河市	Heihe	5	1	5	1
绥化市	Suihua	22	4	16	3
上海市	**Shanghai**	**57**	**57**	**78**	**78**
江苏省	**Jiangsu**				
南京市	Nanjing	23	23	39	39
无锡市	Wuxi	22	12	37	22
徐州市	Xuzhou	40	14	94	31
常州市	Changzhou	17	14	29	25
苏州市	Suzhou	33	17	73	38
南通市	Nantong	24	8	33	12
连云港市	Lianyungang	24	11	44	19
淮安市	Huai'an	23	13	35	20
盐城市	Yancheng	28	9	45	13
扬州市	Yangzhou	18	10	21	13
镇江市	Zhenjiang	10	4	15	6
泰州市	Taizhou	17	7	22	8
宿迁市	Suqian	24	6	51	14
浙江省	**Zhejiang**				
杭州市	Hangzhou	34	29	56	50
宁波市	Ningbo	29	15	48	25
温州市	Wenzhou	38	9	62	17
嘉兴市	Jiaxing	16	5	25	8
湖州市	Huzhou	11	5	16	7

2-38 续表 2 continued 2

单位：万人 (10 000 persons)

城市	City	普通中学 Regular Secondary Schools		普通小学 Regular Primary Schools	
		全市 Total City	市辖区 Districts under City	全市 Total City	市辖区 Districts under City
绍兴市	Shaoxing	23	11	26	14
金华市	Jinhua	26	6	41	8
衢州市	Quzhou	11	4	13	5
舟山市	Zhoushan	3	3	5	4
台州市	Taizhou	31	9	45	14
丽水市	Lishui	11	2	16	4
安徽省	**Anhui**				
合肥市	Hefei	38	17	50	26
芜湖市	Wuhu	16	3	19	6
蚌埠市	Bengbu	16	5	29	9
淮南市	Huainan	16	7	24	11
马鞍山市	Maanshan	7	3	11	4
淮北市	Huaibei	8	3	15	6
铜陵市	Tongling	7	3	7	4
安庆市	Anqing	16	3	26	5
黄山市	Huangshan	5	2	7	3
滁州市	Chuzhou	14	4	24	6
阜阳市	Fuyang	41	6	77	10
宿州市	Suzhou	26	8	47	14
六安市	Lu'an	19	12	32	14
亳州市	Bozhou	25	8	51	13
池州市	Chizhou	8	3	8	4
宣城市	Xuancheng	8	2	13	3
福建省	**Fujian**				
福州市	Fuzhou	32	16	55	28
厦门市	Xiamen	16	16	31	31
莆田市	Putian	18	12	26	19
三明市	Sanming	13	2	19	3
泉州市	Quanzhou	40	9	74	13
漳州市	Zhangzhou	24	5	36	7
南平市	Nanping	14	4	21	6
龙岩市	Longyan	13	5	19	8
宁德市	Ningde	14	2	24	5
江西省	**Jiangxi**				
南昌市	Nanchang	30	19	42	26
景德镇市	Jingdezhen	10	3	16	5
萍乡市	Pingxiang	10	4	15	6
九江市	Jiujiang	29	7	40	8
新余市	Xinyu	7	5	10	8
鹰潭市	Yingtan	7	2	11	3
赣州市	Ganzhou	64	16	90	23
吉安市	Ji'an	29	3	48	5
宜春市	Yichun	34	7	50	11
抚州市	Fuzhou	24	9	35	10
上饶市	Shangrao	45	9	65	12
山东省	**Shandong**				
济南市	Jinan	31	23	45	35

2-38 续表 3 continued 3

单位：万人 (10 000 persons)

城　市	City	普通中学 Regular Secondary Schools		普通小学 Regular Primary Schools	
		全　市 Total City	市辖区 Districts under City	全　市 Total City	市辖区 Districts under City
青岛市	Qingdao	37	23	55	39
淄博市	Zibo	26	17	20	13
枣庄市	Zaozhuang	20	12	36	24
东营市	Dongying	13	9	11	8
烟台市	Yantai	29	9	26	11
潍坊市	Weifang	44	10	59	14
济宁市	Jining	42	12	65	14
泰安市	Tai'an	33	11	28	8
威海市	Weihai	11	7	12	8
日照市	Rizhao	15	7	19	9
莱芜市	Laiwu	8	8	5	5
临沂市	Linyi	56	13	101	24
德州市	Dezhou	30	7	42	10
聊城市	Liaocheng	30	8	59	14
滨州市	Binzhou	19	5	25	7
菏泽市	Heze	51	12	101	23
河南省	**Henan**				
郑州市	Zhengzhou	56	29	87	46
开封市	Kaifeng	30	11	47	15
洛阳市	Luoyang	42	12	60	17
平顶山市	Pingdingshan	31	6	55	10
安阳市	Anyang	34	10	62	18
鹤壁市	Hebi	11	5	15	6
新乡市	Xinxiang	38	7	63	10
焦作市	Jiaozuo	20	5	26	7
濮阳市	Puyang	26	10	41	10
许昌市	Xuchang	25	7	42	11
漯河市	Luohe	14	8	21	11
三门峡市	Sanmenxia	11	4	15	5
南阳市	Nanyang	69	15	126	25
商丘市	Shangqiu	48	11	78	16
信阳市	Xinyang	52	9	67	14
周口市	Zhoukou	70	4	92	6
驻马店市	Zhumadian	51	7	79	10
湖北省	**Hubei**				
武汉市	Wuhan	32	32	53	53
黄石市	Huangshi	11	3	21	5
十堰市	Shiyan	15	7	24	10
宜昌市	Yichang	13	6	17	7
襄阳市	Xiangyang	24	11	37	16
鄂州市	Ezhou	4	4	7	7
荆门市	Jingmen	10	3	13	4
孝感市	Xiaogan	18	4	26	6
荆州市	Jingzhou	22	5	30	5
黄冈市	Huanggang	28	1	42	1
咸宁市	Xianning	13	3	23	5
随州市	Suizhou	9	3	13	4

2-38 续表 4 continued 4

单位：万人 (10 000 persons)

城 市	City	普通中学 Regular Secondary Schools		普通小学 Regular Primary Schools	
		全 市 Total City	市辖区 Districts under City	全 市 Total City	市辖区 Districts under City
湖南省	**Hunan**				
长沙市	Changsha	38	21	57	32
株洲市	Zhuzhou	17	6	28	9
湘潭市	Xiangtan	12	3	15	5
衡阳市	Hengyang	42	6	57	10
邵阳市	Shaoyang	43	5	62	6
岳阳市	Yueyang	25	6	35	9
常德市	Changde	21	5	30	7
张家界市	Zhangjiajie	8	3	11	4
益阳市	Yiyang	17	6	25	8
郴州市	Chenzhou	31	6	48	10
永州市	Yongzhou	32	7	51	10
怀化市	Huaihua	23	4	37	6
娄底市	Loudi	22	5	34	6
广东省	**Guangdong**				
广州市	Guangzhou	51	51	100	100
韶关市	Shaoguan	15	5	24	8
深圳市	Shenzhen	42	42	96	96
珠海市	Zhuhai	9	9	16	16
汕头市	Shantou	36	36	53	52
佛山市	Foshan	33	33	54	54
江门市	Jiangmen	21	9	32	15
湛江市	Zhanjiang	41	12	63	17
茂名市	Maoming	45	16	62	23
肇庆市	Zhaoqing	23	8	37	13
惠州市	Huizhou	29	16	56	30
梅州市	Meizhou	23	6	34	8
汕尾市	Shanwei	18	3	26	4
河源市	Heyuan	18	4	30	7
阳江市	Yangjiang	13	6	23	11
清远市	Qingyuan	20	9	34	15
东莞市	Dongguan	31		77	
中山市	Zhongshan	15		30	
潮州市	Chaozhou	13	9	20	14
揭阳市	Jieyang	36	11	51	16
云浮市	Yunfu	13	3	23	6
广西壮族自治区	**Guangxi**				
南宁市	Nanning	41	24	65	39
柳州市	Liuzhou	20	12	30	17
桂林市	Guilin	23	7	38	11
梧州市	Wuzhou	19	5	29	7
北海市	Beihai	11	5	16	8
防城港市	Fangchenggang	6	3	10	6
钦州市	Qinzhou	22	11	37	15
贵港市	Guigang	35	15	46	17

2-38 续表 5 continued 5

单位：万人 (10 000 persons)

城　　市	City	普通中学 Regular Secondary Schools		普通小学 Regular Primary Schools	
		全　市 Total City	市辖区 Districts under City	全　市 Total City	市辖区 Districts under City
玉林市	Yulin	42	8	65	12
百色市	Baise	23	3	34	4
贺州市	Hezhou	12	6	21	11
河池市	Hechi	24	6	36	8
来宾市	Laibin	13	7	19	9
崇左市	Chongzuo	11	2	17	3
海南省	**Hainan**				
海口市	Haikou	12	12	20	20
三亚市	Sanya	4	4	7	7
三沙市	Sansha				
儋州市	Danzhou	5		9	
重庆市	**Chongqing**	**159**	**111**	**210**	**151**
四川省	**Sichuan**				
成都市	Chengdu	58		94	
自贡市	Zigong	12	5	18	8
攀枝花市	Panzhihua	6	4	7	4
泸州市	Luzhou	28	9	38	11
德阳市	Deyang	13	4	18	5
绵阳市	Mianyang	24	13	27	12
广元市	Guangyuan	12	5	15	5
遂宁市	Suining	13	6	17	8
内江市	Neijiang	17	6	22	8
乐山市	Leshan	12	4	18	5
南充市	Nanchong	30	10	36	11
眉山市	Meishan	12	4	15	6
宜宾市	Yibin	26	7	38	9
广安市	Guang'an	21	6	21	6
达州市	Dazhou	32	10	41	12
雅安市	Ya'an	7	3	9	3
巴中市	Bazhong	19	8	20	7
资阳市	Ziyang	13	4	19	6
贵州省	**Guizhou**				
贵阳市	Guiyang	23	16	37	26
六盘水市	Liupanshui	23	6	28	7
遵义市	Zunyi	47	11	57	14
安顺市	Anshun	17	8	24	10
毕节市	Bijie	66	13	83	15
铜仁市	Tongren	32	5	33	5
云南省	**Yunnan**				
昆明市	Kunming	33	17	49	29
曲靖市	Qujing	43	9	53	10
玉溪市	Yuxi	12	4	14	5
保山市	Baoshan	15	5	19	6
昭通市	Zhaotong	42	7	53	8
丽江市	Lijiang	7	1	8	2
普洱市	Pu'er	11	2	18	3
临沧市	Lincang	12	3	19	3

2-38 续表 6 continued 6

单位：万人 (10 000 persons)

城 市	City	普通中学 Regular Secondary Schools		普通小学 Regular Primary Schools	
		全 市 Total City	市辖区 Districts under City	全 市 Total City	市辖区 Districts under City
西藏自治区	**Tibet**				
拉萨市	Lasa	4		6	
日喀则市	Xigaze	4	1	7	1
昌都市	Qamdo	3		7	1
林芝市	Linzhi	1	1	2	
山南市	Shannan	2	1	2	
那曲市	Naqu	3		6	
陕西省	**Shaanxi**				
西安市	Xi'an	42	36	67	60
铜川市	Tongchuan	3	3	4	3
宝鸡市	Baoji	17	8	30	8
咸阳市	Xianyang	22	5	28	5
渭南市	Weinan	26	6	29	6
延安市	Yan'an	13	5	21	8
汉中市	Hanzhong	18	6	20	6
榆林市	Yulin	16	5	29	8
安康市	Ankang	15	6	19	6
商洛市	Shangluo	11	2	15	3
甘肃省	**Gansu**				
兰州市	Lanzhou	17	11	22	15
嘉峪关市	Jiayuguan	1		2	
金昌市	Jinchang	3	1	3	1
白银市	Baiyin	10	3	11	3
天水市	Tianshui	21	7	25	9
武威市	Wuwei	9	5	10	6
张掖市	Zhangye	6	3	8	3
平凉市	Pingliang	13	3	15	4
酒泉市	Jiuquan	6	3	6	3
庆阳市	Qingyang	13	3	19	4
定西市	Dingxi	16	2	18	2
陇南市	Longnan	15	2	21	5
青海省	**Qinghai**				
西宁市	Xining	12	6	15	8
海东市	Haidong	9	2	12	2
宁夏回族自治区	**Ningxia**				
银川市	Yinchuan	13	9	17	11
石嘴山市	Shizuishan	4	3	5	3
吴忠市	Wuzhong	9	3	13	4
固原市	Guyuan	9	4	12	5
中卫市	Zhongwei	7	2	10	3
新疆维吾尔自治区	**Xinjiang**				
乌鲁木齐市	Urumqi	17	17	22	22
克拉玛依市	Karamay	2	2	3	3
吐鲁番市	Turpan	4	2	6	3
哈密市	Hami	4	3	4	4

2-39 文化体育设施
Cultural and Sports Facilities

城 市	City	公共图书馆图书藏量（万册）Collections of Public Libraries (10 000 copies)		博物馆数（个）Number of Museums (unit)		体育场馆数（个）Number of Stadiums and Gymnasiums (unit)	
		全 市 Total City	市辖区 Districts under City	全 市 Total City	市辖区 Districts under City	全 市 Total City	市辖区 Districts under City
北京市	**Beijing**	**2759**	**2759**	**71**	**71**		
天津市	**Tianjin**	**1662**	**1662**	**62**	**62**		
河北省	**Hebei**						
石家庄市	Shijiazhuang	384	240	9	6	42	22
唐山市	Tangshan	279	167	19	11	51	22
秦皇岛市	Qinhuangdao	156	119	5	5	18	15
邯郸市	Handan	201	79	13	4	5	5
邢台市	Xingtai	172	52	5	1	12	6
保定市	Baoding	241	94	4	1		
张家口市	Zhangjiakou	151	96	9	3	10	6
承德市	Chengde	100	41	13	3	71	50
沧州市	Cangzhou	175	83	10	1	30	12
廊坊市	Langfang	287	170	4	1	16	6
衡水市	Hengshui	80	29	4	2	9	6
山西省	**Shanxi**						
太原市	Taiyuan	742	673	14	13	41	37
大同市	Datong	76	31			9	5
阳泉市	Yangquan	67	48	3	2	2	1
长治市	Changzhi	198	72	18	1	7	1
晋城市	Jincheng	117	66	4	1	21	8
朔州市	Shuozhou	64	12	4	2	12	5
晋中市	Jinzhong	171	23	9		27	11
运城市	Yuncheng	170	18	23	1	11	2
忻州市	Xinzhou	110	1	14		25	3
临汾市	Linfen	162	16			37	11
吕梁市	Lvliang	127	12	7		10	3
内蒙古自治区	**Inner Mongolia**						
呼和浩特市	Hohhot	509	477	5	4	27	13
包头市	Baotou	178	147	3	1	36	34
乌海市	Wuhai	71	71	3	3	6	6
赤峰市	Chifeng	171	51	12	1	36	9
通辽市	Tongliao	115	70	5	1		
鄂尔多斯市	Erdos	254	163	9	3	14	5
呼伦贝尔市	Hulunbuir	172	7	44	6	28	11
巴彦淖尔市	Bayannur	85	45	15	4	50	1
乌兰察布市	Ulanqab	79	7	9	4	72	2
辽宁省	**Liaoning**						
沈阳市	Shenyang	1451	1415	13	13	19	17
大连市	Dalian	2371	2249	10	8	58	49
鞍山市	Anshan	325	275	4	3	7	4
抚顺市	Fushun	116	103	6	4	16	13
本溪市	Benxi	164	140	10	3	8	8
丹东市	Dandong	138	36	3	2	7	
锦州市	Jinzhou	151	102	6	3	7	4
营口市	Yingkou	148	124	2	1	19	10
阜新市	Fuxin	52	39	2	1	17	14
辽阳市	Liaoyang	118	106	4	4	9	4

2-39 续表 1 continued 1

城市	City	公共图书馆图书藏量(万册) Collections of Public Libraries (10 000 copies)		博物馆数(个) Number of Museums (unit)		体育场馆数(个) Number of Stadiums and Gymnasiums (unit)	
		全市 Total City	市辖区 Districts under City	全市 Total City	市辖区 Districts under City	全市 Total City	市辖区 Districts under City
盘锦市	Panjin	56	47	1	1	8	5
铁岭市	Tieling	85	85	3	2		
朝阳市	Chaoyang	95	57	12	6	7	2
葫芦岛市	Huludao	102	25	1		5	
吉林省	**Jilin**						
长春市	Changchun	522	427	23	15	64	62
吉林市	Jilin	313	189	16	10	62	20
四平市	Siping	62	43	5	2	9	3
辽源市	Liaoyuan	43	27	7	3	4	2
通化市	Tonghua	113		10	4	9	4
白山市	Baishan	92	28	10	7	7	2
松原市	Songyuan	88	32	6	2	7	3
白城市	Baicheng	55	29	6	2	16	4
黑龙江省	**Heilongjiang**						
哈尔滨市	Harbin	966	900	48	40	81	70
齐齐哈尔市	Qiqihar	237	148	18	8	14	
鸡西市	Jixi	35		2		22	5
鹤岗市	Hegang	53	35	2	1	3	1
双鸭山市	Shuangyashan	50	30	6	1	7	5
大庆市	Daqing	135		12	7	56	49
伊春市	Yichun	161	138	7	5	17	10
佳木斯市	Jiamusi	106	69	10	1	12	7
七台河市	Qitaihe	30	20	1	1	5	4
牡丹江市	Mudanjiang	112	61	25	4	19	5
黑河市	Heihe	41	14	21	6	14	4
绥化市	Suihua	157	14	17			
上海市	**Shanghai**	**7773**	**7773**	**98**	**98**		
江苏省	**Jiangsu**						
南京市	Nanjing	701	701	60	60	100	100
无锡市	Wuxi	788	465	62	42	72	16
徐州市	Xuzhou	373	168	21	15	92	65
常州市	Changzhou	500	456	27	25	57	48
苏州市	Suzhou	2218	1344	44	27	136	69
南通市	Nantong	631	230	24	15	84	52
连云港市	Lianyungang	303	164	10	6	22	13
淮安市	Huai'an	333	250	10	6	33	26
盐城市	Yancheng	384	231	11	7	74	45
扬州市	Yangzhou	395	296	16	10	14	9
镇江市	Zhenjiang	348	198	14	7	129	70
泰州市	Taizhou	289	158	19	10	9	2
宿迁市	Suqian	156	95	6		10	3
浙江省	**Zhejiang**						
杭州市	Hangzhou	2281	2100	68	61		
宁波市	Ningbo	817	611	48	31		
温州市	Wenzhou	1120	244	47	16	36	12
嘉兴市	Jiaxing	829	251	39	13	62	18
湖州市	Huzhou	290	98	25	6	42	16

2-39 续表 2 continued 2

城市	City	公共图书馆图书藏量（万册）Collections of Public Libraries (10 000 copies) 全市 Total City	市辖区 Districts under City	博物馆数（个）Number of Museums (unit) 全市 Total City	市辖区 Districts under City	体育场馆数（个）Number of Stadiums and Gymnasiums (unit) 全市 Total City	市辖区 Districts under City
绍兴市	Shaoxing	424	279	12	8	25	17
金华市	Jinhua	413	111	32	12	18	6
衢州市	Quzhou	2649	1572	5	3	44	20
舟山市	Zhoushan	200	156	18	12	18	11
台州市	Taizhou	827	343	41	12	71	15
丽水市	Lishui	204	39	17	4	18	1
安徽省	**Anhui**						
合肥市	Hefei	564	468	31	17	188	129
芜湖市	Wuhu	233	108	11	4	46	24
蚌埠市	Bengbu	133	102	3	1	21	10
淮南市	Huainan	66	31	4	2	20	16
马鞍山市	Maanshan	164	135	5	2	17	11
淮北市	Huaibei	93	84	5	3	8	7
铜陵市	Tongling	209	131	5	2	10	9
安庆市	Anqing	217	92	18	8	34	8
黄山市	Huangshan	118	66	53	25	10	5
滁州市	Chuzhou	136	31	11	1	10	1
阜阳市	Fuyang	91	18	11	5	7	1
宿州市	Suzhou	116	69	6	2	23	10
六安市	Lu'an	70	20	10	6		
亳州市	Bozhou	103	75	4	2	9	5
池州市	Chizhou	82	22	4	1	11	6
宣城市	Xuancheng	115	29	12	1	35	18
福建省	**Fujian**						
福州市	Fuzhou	845	469	37	29	85	22
厦门市	Xiamen	673	673	4	4	79	79
莆田市	Putian	78	64	2	1	58	44
三明市	Sanming	264	54	13	2	21	3
泉州市	Quanzhou	479	173	12	4	82	20
漳州市	Zhangzhou	161	32	13	2	19	7
南平市	Nanping	216	71	10	2	37	6
龙岩市	Longyan	178	106	16	5	33	22
宁德市	Ningde	126	20	12	3	15	3
江西省	**Jiangxi**						
南昌市	Nanchang	213	176	17	14	10	7
景德镇市	Jingdezhen	97	70	14	8	29	22
萍乡市	Pingxiang	139	104	3	2	12	9
九江市	Jiujiang	426	89	19	15	40	18
新余市	Xinyu	101	80	4	3	19	15
鹰潭市	Yingtan	36	2	5	2	26	15
赣州市	Ganzhou	479	83	20	2	71	23
吉安市	Ji'an	316	121	17	2	30	8
宜春市	Yichun	47	25	11	1	42	15
抚州市	Fuzhou	132	42	11	3	37	10
上饶市	Shangrao	332	136	19	1	45	5
山东省	**Shandong**						
济南市	Jinan	1363	1323	20	17	95	84

2-39 续表 3 continued 3

城　市	City	公共图书馆图书藏量（万册） Collections of Public Libraries (10 000 copies)		博物馆数（个） Number of Museums (unit)		体育场馆数（个） Number of Stadiums and Gymnasiums (unit)	
		全　市 Total City	市辖区 Districts under City	全　市 Total City	市辖区 Districts under City	全　市 Total City	市辖区 Districts under City
青岛市	Qingdao	700	611	12	9		
淄博市	Zibo	270	203	54	2	14	10
枣庄市	Zaozhuang	150	119	21	14	15	12
东营市	Dongying	274	174	5	3	55	41
烟台市	Yantai	817	404	33	12	63	32
潍坊市	Weifang	422	145	34	4	7	1
济宁市	Jining	421	197	43	13	24	12
泰安市	Tai'an	962	213	39	19	27	19
威海市	Weihai	243	164	6	3	6	4
日照市	Rizhao	106	66	3	1	31	20
莱芜市	Laiwu	55	55	16	16	2	2
临沂市	Linyi	337	120	37	12	8	4
德州市	Dezhou	177	48	15	4	19	12
聊城市	Liaocheng	381	40	14	6	14	7
滨州市	Binzhou	109	55	8	3	6	3
菏泽市	Heze	141	83	18	6	7	3
河南省	**Henan**						
郑州市	Zhengzhou	770	653	37	26	34	20
开封市	Kaifeng	191	62	29	26	41	30
洛阳市	Luoyang	283	165	66	53	14	10
平顶山市	Pingdingshan	146	75	13	5	20	5
安阳市	Anyang	131	90	15	8	6	2
鹤壁市	Hebi	66	51	2	2	5	4
新乡市	Xinxiang	146	89	12	4	13	4
焦作市	Jiaozuo	214	70	11	6	10	6
濮阳市	Puyang	202	171	7	1	4	2
许昌市	Xuchang	122	81	14	5	8	5
漯河市	Luohe	60	48	12	6	3	3
三门峡市	Sanmenxia	154	106	7	3	8	4
南阳市	Nanyang	188	85	20	5	50	18
商丘市	Shangqiu	100	33	14	5	4	1
信阳市	Xinyang	111	48	37	3	11	4
周口市	Zhoukou	98	34	6	2	2	2
驻马店市	Zhumadian	84	18	11	3	5	1
湖北省	**Hubei**						
武汉市	Wuhan	827	827	71	71		
黄石市	Huangshi	150	123	10		12	6
十堰市	Shiyan	148	93	12	3	39	11
宜昌市	Yichang	322	88	18	5	22	8
襄阳市	Xiangyang	229	115	11	1	40	22
鄂州市	Ezhou	45	45	1	1	4	4
荆门市	Jingmen	115	64	4	1	13	8
孝感市	Xiaogan	124	21	13	1	10	3
荆州市	Jingzhou	124	70	12	2	7	3
黄冈市	Huanggang	256	12	23	5	5	2
咸宁市	Xianning	114	17	7	1	6	4
随州市	Suizhou	36	21	3		2	1

2-39 续表 4 continued 4

城市	City	公共图书馆图书藏量(万册) Collections of Public Libraries (10 000 copies)		博物馆数(个) Number of Museums (unit)		体育场馆数(个) Number of Stadiums and Gymnasiums (unit)	
		全市 Total City	市辖区 Districts under City	全市 Total City	市辖区 Districts under City	全市 Total City	市辖区 Districts under City
湖南省	**Hunan**						
长沙市	Changsha	965	899	17	8	125	62
株洲市	Zhuzhou	216	121	2	1	23	17
湘潭市	Xiangtan	114	99	5	5	13	11
衡阳市	Hengyang	205	86	15	2	60	34
邵阳市	Shaoyang	234	112	1	1	22	3
岳阳市	Yueyang	122	46	12	1	102	38
常德市	Changde	170	69	13	5	55	21
张家界市	Zhangjiajie	77	57	3	2	13	5
益阳市	Yiyang	122	58	9	5	43	27
郴州市	Chenzhou	144	60	10	3	37	13
永州市	Yongzhou	180	89	3	3	29	3
怀化市	Huaihua	115	21	7	1	7	2
娄底市	Loudi	105	14	4	2	12	3
广东省	**Guangdong**						
广州市	Guangzhou	2614	2614				
韶关市	Shaoguan	195	96	9	2	43	23
深圳市	Shenzhen	4075	4075				
珠海市	Zhuhai	170	170	2	2		
汕头市	Shantou	447	431	15	6	8	8
佛山市	Foshan	567	567	18	18		
江门市	Jiangmen	446	255	6	2	23	9
湛江市	Zhanjiang	163	119	8	1		
茂名市	Maoming	444	54	6	3	27	13
肇庆市	Zhaoqing	251	127	10	5	33	14
惠州市	Huizhou	231	143	6	3	35	8
梅州市	Meizhou	326	153	8	2	45	17
汕尾市	Shanwei	31	14	4	1		
河源市	Heyuan	172	104	8	2	8	2
阳江市	Yangjiang	104	78	3	2	3	2
清远市	Qingyuan	189	82	9	3	23	6
东莞市	Dongguan	1049		54			
中山市	Zhongshan	230		6			
潮州市	Chaozhou	108		6		8	5
揭阳市	Jieyang	120	34	6	3	2	1
云浮市	Yunfu	89	40	5	2	3	1
广西壮族自治区	**Guangxi**						
南宁市	Nanning	702	628	7	6	49	42
柳州市	Liuzhou	251	190	58	46	15	6
桂林市	Guilin	452	318	18	8	39	18
梧州市	Wuzhou	111	60	1	1	6	2
北海市	Beihai	67	47	1		6	2
防城港市	Fangchenggang	45	31	2	1	3	1
钦州市	Qinzhou	331	297	4	2	16	11
贵港市	Guigang	123	67	3	1	3	3

2-39 续表 5 continued 5

城市	City	公共图书馆图书藏量（万册）Collections of Public Libraries (10 000 copies)		博物馆数（个）Number of Museums (unit)		体育场馆数（个）Number of Stadiums and Gymnasiums (unit)	
		全市 Total City	市辖区 Districts under City	全市 Total City	市辖区 Districts under City	全市 Total City	市辖区 Districts under City
玉林市	Yulin	194	77	4	1	5	5
百色市	Baise	189	35	16	3	13	2
贺州市	Hezhou	76	29	9	4	8	4
河池市	Hechi	124	37	7	2	14	4
来宾市	Laibin	80	44	6	1	18	7
崇左市	Chongzuo	81	17	7	1	17	8
海南省	**Hainan**						
海口市	Haikou	49	49	6	6		
三亚市	Sanya	84	84	1	1	4	4
三沙市	Sansha	1		1		3	
儋州市	Danzhou	11		1		2	
重庆市	**Chongqing**	**1672**	**1474**	**94**	**76**	**109**	**82**
四川省	**Sichuan**						
成都市	Chengdu	1998		35			
自贡市	Zigong	44	4	3	3	17	10
攀枝花市	Panzhihua	99	72	3	3	10	6
泸州市	Luzhou	111	76	13	8	17	8
德阳市	Deyang	383	302	10	3	10	2
绵阳市	Mianyang	208	87	14	3	16	6
广元市	Guangyuan	122	50	13	8	22	11
遂宁市	Suining	92	5	3	1	8	4
内江市	Neijiang	70	32	4	2	26	13
乐山市	Leshan	128	69			12	4
南充市	Nanchong	180	125	8	2	14	7
眉山市	Meishan	50	10	6	2	7	2
宜宾市	Yibin	133	68	9	3	16	7
广安市	Guang'an	208	148	4	3	7	1
达州市	Dazhou	141	22	2	1	11	2
雅安市	Ya'an	80	40	11	4	17	5
巴中市	Bazhong	116	19	11	1	3	1
资阳市	Ziyang	50	16			3	2
贵州省	**Guizhou**						
贵阳市	Guiyang	473	192	8	5	12	7
六盘水市	Liupanshui	70	21	5	1	5	2
遵义市	Zunyi	219	37	17	4	35	14
安顺市	Anshun	56	30			6	3
毕节市	Bijie	124	59	2	1	3	2
铜仁市	Tongren	305	67	12	3	18	5
云南省	**Yunnan**						
昆明市	Kunming	396	324	34	30	21	11
曲靖市	Qujing	295	73	10	1	20	2
玉溪市	Yuxi	142	30	5	2	13	4
保山市	Baoshan	99	12	15	8	16	4
昭通市	Zhaotong	93	7	4	1	6	
丽江市	Lijiang	61	7	6		9	2
普洱市	Pu'er	101	29	7		9	3
临沧市	Lincang	73	14	2		5	1

2-39 续表 6 continued 6

城市	City	公共图书馆图书藏量(万册) Collections of Public Libraries (10 000 copies)		博物馆数(个) Number of Museums (unit)		体育场馆数(个) Number of Stadiums and Gymnasiums (unit)	
		全市 Total City	市辖区 Districts under City	全市 Total City	市辖区 Districts under City	全市 Total City	市辖区 Districts under City
西藏自治区	**Tibet**						
拉萨市	Lasa	40	40	6	6		
日喀则市	Xigaze			1		1	1
昌都市	Qamdo	20	2	1	1	6	
林芝市	Linzhi	20		2		1	
山南市	Shannan	17	2				
那曲市	Naqu					38	7
陕西省	**Shaanxi**						
西安市	Xi'an	1234	1171	101	92	5	3
铜川市	Tongchuan	82	72	10	8	8	4
宝鸡市	Baoji	176	103	243	84	10	7
咸阳市	Xianyang	174	57	10	5	8	6
渭南市	Weinan	130	13	5	1	25	3
延安市	Yan'an	108	9	46	4	26	2
汉中市	Hanzhong	96	36	22	1	17	8
榆林市	Yulin	103	16	23	6	19	4
安康市	Ankang	734	105	10	1	12	1
商洛市	Shangluo	70	21	8	1	12	1
甘肃省	**Gansu**						
兰州市	Lanzhou	111	93	28	19		
嘉峪关市	Jiayuguan	21		2		9	
金昌市	Jinchang	72	59	5	2	2	1
白银市	Baiyin	84	56	6	3	12	6
天水市	Tianshui	96	62	10	5	6	3
武威市	Wuwei	38	17	10	1	5	1
张掖市	Zhangye	72	30	6	1	16	9
平凉市	Pingliang	79	24	8	2	11	2
酒泉市	Jiuquan	77	12	41	4	7	2
庆阳市	Qingyang	79	3	15	1	6	3
定西市	Dingxi	77	13	8	1	12	2
陇南市	Longnan	80	17	9	2	9	2
青海省	**Qinghai**						
西宁市	Xining	174	67	11	8	13	7
海东市	Haidong	52	24	5	2	10	2
宁夏回族自治区	**Ningxia**						
银川市	Yinchuan	422	374	9	3		
石嘴山市	Shizuishan	71	57	3	2	4	3
吴忠市	Wuzhong			14	2	7	4
固原市	Guyuan	66	26	7	2	6	2
中卫市	Zhongwei	50		8	1		
新疆维吾尔自治区	**Xinjiang**						
乌鲁木齐市	Urumqi	313	313	6	6	6	5
克拉玛依市	Karamay	270	270	2	2		
吐鲁番市	Turpan	38	24	1			
哈密市	Hami	47	35	4	2	4	4

2-40 医院、床位和医生数
Number of Hospitals, Beds and Doctors

城　市	City	医院数(个) Number of Hospitals (unit)		医院床位数(张) Number of Beds of Hospitals (bed)		执业(助理)医师数(人) Number of Licensed (Assistant) Doctors (person)	
		全　市 Total City	市辖区 Districts under City	全　市 Total City	市辖区 Districts under City	全　市 Total City	市辖区 Districts under City
北京市	**Beijing**	**656**	**656**	**113700**	**113700**	**94417**	**94417**
天津市	**Tianjin**	**426**	**426**	**60158**	**60158**	**41127**	**41127**
河北省	**Hebei**						
石家庄市	Shijiazhuang	235	136	46036	31179	34487	22680
唐山市	Tangshan	173	83	33458	14112	18690	8308
秦皇岛市	Qinhuangdao	71	51	13776	9781	9448	6565
邯郸市	Handan	214	117	35057	19207	20836	10723
邢台市	Xingtai	177	57	26654	9012	17533	4730
保定市	Baoding	365	110	44388	17930	28300	11042
张家口市	Zhangjiakou	100	57	18554	11257	9401	5636
承德市	Chengde	79	32	17603	6322	9732	3319
沧州市	Cangzhou	154	17	31469	10699	19233	5036
廊坊市	Langfang	153	43	16913	4923	11877	3511
衡水市	Hengshui	126	32	15941	6544	11010	4752
山西省	**Shanxi**						
太原市	Taiyuan	175	152	36566	34155	21476	19606
大同市	Datong	143	108	15553	13148	9464	7162
阳泉市	Yangquan	49	38	5812	4882	3893	2820
长治市	Changzhi	114	37	14118	7816	8252	4428
晋城市	Jincheng	83	38	8392	4202	5730	2624
朔州市	Shuozhou	63	35	6068	3020	2884	1611
晋中市	Jinzhong	106	33	11656	4334	7129	2376
运城市	Yuncheng	269	4	22414	530	11583	1262
忻州市	Xinzhou	112	36	8739	2706	5923	1583
临汾市	Linfen	189	62	15955	6418	11043	3767
吕梁市	Lvliang	104	21	8613	1636	7201	1250
内蒙古自治区	**Inner Mongolia**						
呼和浩特市	Hohhot	108	97	17788	16022	10225	9011
包头市	Baotou	84	72	15818	14773	8588	7716
乌海市	Wuhai	27	27	3087	3087	1536	1536
赤峰市	Chifeng	98	53	20383	11171	11601	5399
通辽市	Tongliao	81	44	14348	621	7114	3129
鄂尔多斯市	Erdos	90	39	9494	3902	5652	2180
呼伦贝尔市	Hulunbuir	219	21	13854	3669	9623	2437
巴彦淖尔市	Bayannur	53	38	7368	3251	4956	3160
乌兰察布市	Ulanqab	51	24	6549	1138	3942	1555
辽宁省	**Liaoning**						
沈阳市	Shenyang	274	268	64196	62854	28193	27211
大连市	Dalian	153	124	41444	31841	20301	16646
鞍山市	Anshan	104	62	19076	13240	6680	4266
抚顺市	Fushun	58	45	11446	9611	5656	4516
本溪市	Benxi	42	30	10785	8610	3966	2990
丹东市	Dandong	44	30	11486	6264	5659	2673
锦州市	Jinzhou	77	40	15147	8906	6111	3758
营口市	Yingkou	126	82	12553	7880	5952	3812
阜新市	Fuxin	55	45	9758	7978	4547	2907
辽阳市	Liaoyang	62	50	11794	9690	4593	3479

2-40 续表 1 continued 1

城 市	City	医院数(个) Number of Hospitals (unit)		医院床位数(张) Number of Beds of Hospitals (bed)		执业(助理)医师数(人) Number of Licensed (Assistant) Doctors (person)	
		全 市 Total City	市辖区 Districts under City	全 市 Total City	市辖区 Districts under City	全 市 Total City	市辖区 Districts under City
盘锦市	Panjin	62	58	9019	8333	4058	3724
铁岭市	Tieling	153	38	12765	4238	5700	1823
朝阳市	Chaoyang	80	27	13284	5152	7464	2477
葫芦岛市	Huludao	75	30	10156	4622	4780	2456
吉林省	**Jilin**						
长春市	Changchun	162	125	44756	36704	21119	16858
吉林市	Jilin	148	100	23937	16112	12862	8511
四平市	Siping	63	31	12880	6408	7178	2554
辽源市	Liaoyuan	21	15	4702	2902	2808	1539
通化市	Tonghua	66	25	10019	4418	6007	1558
白山市	Baishan	36	18	7337	4081	3568	1774
松原市	Songyuan	51	22	7661	3278	5681	2067
白城市	Baicheng	40	21	6297	2712	4687	1730
黑龙江省	**Heilongjiang**						
哈尔滨市	Harbin	310	247	70500	62114	22000	20531
齐齐哈尔市	Qiqihar	116	65	25219		10377	
鸡西市	Jixi	68	36	11135	6185	4368	2023
鹤岗市	Hegang	49	32	8444	6385	3067	1949
双鸭山市	Shuangyashan	54	27	8412	4731	1972	874
大庆市	Daqing	113	92	16276	13614	9926	6829
伊春市	Yichun	40	28	6319	4566	2684	1958
佳木斯市	Jiamusi	92	54	14351	9574	5694	3159
七台河市	Qitaihe	27	23	3959	3401	1789	1423
牡丹江市	Mudanjiang	79	36	15700	10636	7797	4159
黑河市	Heihe	63	8	7290	1210	4030	616
绥化市	Suihua	64				10613	
上海市	**Shanghai**	**363**	**363**	**115916**	**115916**	**67907**	**67907**
江苏省	**Jiangsu**						
南京市	Nanjing	220	220	46960	46960	28100	28100
无锡市	Wuxi	166	110	36544	24889	19610	12439
徐州市	Xuzhou	135	74	39764	25491	22900	10822
常州市	Changzhou	67	55	21049	19348	13100	11178
苏州市	Suzhou	193	97	56135	33631	30300	16141
南通市	Nantong	222	48	33283	14986	18800	7989
连云港市	Lianyungang	80	47	16769	9859	11500	6222
淮安市	Huai'an	59	41	17876	11927	12700	8610
盐城市	Yancheng	163	64	29767	12285	18200	6855
扬州市	Yangzhou	69	48	16260	11321	10900	6825
镇江市	Zhenjiang	50	29	10859	6769	8100	4109
泰州市	Taizhou	71	36	17925	8595	11600	4677
宿迁市	Suqian	232	42	27100	3729	11500	1418
浙江省	**Zhejiang**						
杭州市	Hangzhou	302	273	70187	64524	41833	38333
宁波市	Ningbo	154	103	34135	23935	24268	15247
温州市	Wenzhou	142	59	36327	17663	26674	10512
嘉兴市	Jiaxing	75	27	22044	8876	11392	4150
湖州市	Huzhou	58	30	13962	7406	8080	4033

2-40 续表 2 continued 2

城 市	City	医院数（个）Number of Hospitals (unit) 全 市 Total City	市辖区 Districts under City	医院床位数（张）Number of Beds of Hospitals (bed) 全 市 Total City	市辖区 Districts under City	执业(助理)医师数（人）Number of Licensed (Assistant) Doctors (person) 全 市 Total City	市辖区 Districts under City
绍兴市	Shaoxing	76	42	21242	12464	15195	8286
金华市	Jinhua	131	32	26814	8418	16372	4320
衢州市	Quzhou	75	29	11621	5552	6930	3182
舟山市	Zhoushan	30	24	5056	4326	3581	2918
台州市	Taizhou	111	46	24955	8867	17235	5915
丽水市	Lishui	54	13	12042	4834	7913	2663
安徽省	**Anhui**						
合肥市	Hefei	172	116	42707	32773	20964	14776
芜湖市	Wuhu	83	54	17741	12794	8702	5447
蚌埠市	Bengbu	81	40	15289	8299	6297	3458
淮南市	Huainan	72	55	13645	10171	6201	4340
马鞍山市	Maanshan	62	37	7610	4631	4756	2872
淮北市	Huaibei	69	47	9241	6091	4524	2882
铜陵市	Tongling	28	21	6678	5033	3337	2317
安庆市	Anqing	69	27	15530	6785	8638	2757
黄山市	Huangshan	32	19	6368	3791	3398	1654
滁州市	Chuzhou	64	9	13721	3708	6625	1678
阜阳市	Fuyang	115	59	28433	12162	13915	5119
宿州市	Suzhou	81	27	15415	7193	9221	3842
六安市	Lu'an	29	19	12302	7498	9062	4880
亳州市	Bozhou	62	29	12545	3832	6397	1871
池州市	Chizhou	30	13	5188	2855	2932	1387
宣城市	Xuancheng	46	13	10043	3746	5344	1573
福建省	**Fujian**						
福州市	Fuzhou	116	74	30152	22840	20417	15254
厦门市	Xiamen	51	51	14106	14106	12705	12705
莆田市	Putian	47	40	10843	8845	5376	4193
三明市	Sanming	46	8	10365	2616	5439	1327
泉州市	Quanzhou	130	56	25633	12796	15903	6378
漳州市	Zhangzhou	76	27	17192	7380	10356	4014
南平市	Nanping	51	15	12211	4552	5382	1848
龙岩市	Longyan	47	23	16615	8361	5995	3318
宁德市	Ningde	44	10	10333	2880	5455	1403
江西省	**Jiangxi**						
南昌市	Nanchang	118	99	27302	23948	14143	11964
景德镇市	Jingdezhen	31	15	7205	4147	3147	1752
萍乡市	Pingxiang	32	24	8025	6227	4433	2906
九江市	Jiujiang	62	18	16363	7426	10027	3589
新余市	Xinyu	14	8	4402	3348	4201	3582
鹰潭市	Yingtan	35	14	5309	1978	2586	872
赣州市	Ganzhou	85	24	42064	16123	14048	5401
吉安市	Ji'an	57	14	15044	3985	8028	1778
宜春市	Yichun	40	10	13832	4917	8102	1909
抚州市	Fuzhou	48	14	9830	2959	5528	1998
上饶市	Shangrao	147	48	24271	7930	11101	2775
山东省	**Shandong**						
济南市	Jinan	238	219	47575	43663	29035	26464

2-40 续表 3 continued 3

城 市	City	医院数 (个) Number of Hospitals (unit)		医院床位数 (张) Number of Beds of Hospitals (bed)		执业(助理)医师数 (人) Number of Licensed (Assistant) Doctors (person)	
		全 市 Total City	市辖区 Districts under City	全 市 Total City	市辖区 Districts under City	全 市 Total City	市辖区 Districts under City
青岛市	Qingdao	410	278	53341	38659	30867	24770
淄博市	Zibo	157	126	24022	19432	14452	11413
枣庄市	Zaozhuang	78	49	18645	12220	9536	5903
东营市	Dongying	76	60	11213	8388	6482	4788
烟台市	Yantai	196	107	31801	13825	18097	8237
潍坊市	Weifang	188	84	40685	16076	25432	8919
济宁市	Jining	164	76	36430	16807	21605	9317
泰安市	Tai'an	103	47	24953	11386	13535	6353
威海市	Weihai	50	31	14068	9624	8097	5432
日照市	Rizhao	53	29	9637	5127	6200	3765
莱芜市	Laiwu	30	30	5462	5462	3293	3293
临沂市	Linyi	188	84	39595	15911	21287	9204
德州市	Dezhou	104	50	17932	7321	13010	4454
聊城市	Liaocheng	148	63	24156	11212	12797	5412
滨州市	Binzhou	110	54	15718	8597	9695	4054
菏泽市	Heze	233	73	34670	11115	21360	6362
河南省	**Henan**						
郑州市	Zhengzhou	219	155	79725	61827	38049	28250
开封市	Kaifeng	105	40	22474	10553	11280	5582
洛阳市	Luoyang	142	80	35734	21800	17586	9155
平顶山市	Pingdingshan	87	48	21915	8833	11355	4060
安阳市	Anyang	100	39	21548	10727	13263	5449
鹤壁市	Hebi	43	22	7893	4802	3845	2137
新乡市	Xinxiang	115	46	26808	10044	14298	4902
焦作市	Jiaozuo	92	50	17230	9110	8994	3680
濮阳市	Puyang	61	27	14242	8366	7939	3756
许昌市	Xuchang	101	55	18011	7479	9884	3827
漯河市	Luohe	47	40	10659	7659	5228	3585
三门峡市	Sanmenxia	51	18	10942	5499	5297	2059
南阳市	Nanyang	108	42	33636	14113	17993	6974
商丘市	Shangqiu	79	21	24336	6206	14756	3765
信阳市	Xinyang	270	60	24487	7275	9940	3201
周口市	Zhoukou	140	28	27661	5147	16413	2761
驻马店市	Zhumadian	79	7	24380	5920	12896	2312
湖北省	**Hubei**						
武汉市	Wuhan	354	354	78447	78447	36266	36266
黄石市	Huangshi	36	24	12094	7986	6070	3498
十堰市	Shiyan	58	26	18245	10989	9469	5347
宜昌市	Yichang	91	52	21309	12295	10919	5766
襄阳市	Xiangyang	84	50	24194	12272	13934	7570
鄂州市	Ezhou	20	20	4486	4486	2236	2236
荆门市	Jingmen	60	21	12303	6275	7297	2721
孝感市	Xiaogan	56	20	14866	4604	8781	2196
荆州市	Jingzhou	67	32	20440	9194	12639	4356
黄冈市	Huanggang	68	22	20700	3989	13400	1508
咸宁市	Xianning	32	10	9632	3197	6743	1760
随州市	Suizhou	46	31	7156	4541	4268	2159

2-40 续表 4 continued 4

城 市	City	医院数(个) Number of Hospitals (unit)		医院床位数(张) Number of Beds of Hospitals (bed)		执业(助理)医师数(人) Number of Licensed (Assistant) Doctors (person)	
		全 市 Total City	市辖区 Districts under City	全 市 Total City	市辖区 Districts under City	全 市 Total City	市辖区 Districts under City
湖南省	**Hunan**						
长沙市	Changsha	287	157	58899	46969	29265	20540
株洲市	Zhuzhou	190	56	25998	16235	10620	6523
湘潭市	Xiangtan	63	27	14909	12913	7526	3819
衡阳市	Hengyang	127	56	28774	13909	17760	5131
邵阳市	Shaoyang	293	29	26638	8632	12799	3039
岳阳市	Yueyang	242	40	21880	9757	15306	4321
常德市	Changde	85	42	21533	9454	15367	4758
张家界市	Zhangjiajie	30	12	6293	2500	3207	1414
益阳市	Yiyang	82	43	17648	7878	10996	4228
郴州市	Chenzhou	339	36	22673	9515	11028	4061
永州市	Yongzhou	128	37	25998	8268	12477	3564
怀化市	Huaihua	398	25	23556	6290	11607	3057
娄底市	Loudi	86	24	17707	6219	9548	2549
广东省	**Guangdong**						
广州市	Guangzhou	243	243	81747	81747	49747	49747
韶关市	Shaoguan	54	31	12546	7200	5079	2203
深圳市	Shenzhen	135	135	39899	39899	33299	33299
珠海市	Zhuhai	43	43	8335	8335	6427	6427
汕头市	Shantou	44	43	15343	15243	9741	9603
佛山市	Foshan	110	110	32646	32646	18134	18134
江门市	Jiangmen	44	24	16605	10604	9859	5184
湛江市	Zhanjiang	103	44	25338	12131	12810	5625
茂名市	Maoming	71	31	20383	9857	13362	6076
肇庆市	Zhaoqing	54	36	12678	6940	7620	3984
惠州市	Huizhou	72	47	15550	10907	12582	8239
梅州市	Meizhou	42	18	11811	6843	9548	3256
汕尾市	Shanwei	33	11	6339	1774	5153	1484
河源市	Heyuan	52	23	7922	3273	5742	1851
阳江市	Yangjiang	51	34	10119	5924	5201	3079
清远市	Qingyuan	57	34	11005	5757	7493	3756
东莞市	Dongguan	97		29046		17506	
中山市	Zhongshan	59		15140		8115	
潮州市	Chaozhou	31		4930		4600	
揭阳市	Jieyang	50	25	12871	5978	10172	4153
云浮市	Yunfu	22	7	6695	2321	4397	1472
广西壮族自治区	**Guangxi**						
南宁市	Nanning	115	82	35623	28786	23412	18474
柳州市	Liuzhou	65	47	17890	13566	10330	7598
桂林市	Guilin	66	29	15738	7090	11614	5443
梧州市	Wuzhou	37	23	9988	5702	5945	3131
北海市	Beihai	25	14	5793	2747	3514	2118
防城港市	Fangchenggang	14	7	2635	1740	2042	1308
钦州市	Qinzhou	22	13	8632	4311	5316	1653
贵港市	Guigang	51	25	10408	5190	6589	2861

2-40 续表 5 continued 5

城　市	City	医院数（个）Number of Hospitals (unit)		医院床位数（张）Number of Beds of Hospitals (bed)		执业(助理)医师数（人）Number of Licensed (Assistant) Doctors (person)	
		全　市 Total City	市辖区 Districts under City	全　市 Total City	市辖区 Districts under City	全　市 Total City	市辖区 Districts under City
玉林市	Yulin	47	16	15348	7267	9116	3576
百色市	Baise	34	7	11026	3311	6382	1662
贺州市	Hezhou	28	16	5197	3429	3449	2076
河池市	Hechi	34	14	11679	6380	6286	2854
来宾市	Laibin	21	9	6046	2985	3772	1763
崇左市	Chongzuo	30	8	5076	1059	3374	717
海南省	**Hainan**						
海口市	Haikou	123	123	12860	12860	12417	12417
三亚市	Sanya	11	11	2361	2361	2219	2219
三沙市	Sansha	1		30		1	
儋州市	Danzhou	22		3204		1680	
重庆市	**Chongqing**	**749**		**150500**		**68549**	
四川省	**Sichuan**						
成都市	Chengdu	888		127445		58159	
自贡市	Zigong	68	43	15197	10337	4531	2845
攀枝花市	Panzhihua	24	14	9005	7678	3966	3095
泸州市	Luzhou	140	67	20052	11858	9237	5068
德阳市	Deyang	85	33	15571	5771	8953	3560
绵阳市	Mianyang	90	36	23645	11134	11738	5639
广元市	Guangyuan	73	44	15312	9535	5886	2992
遂宁市	Suining	72	43	13655	8480	6546	3095
内江市	Neijiang	72	35	16080	8203	5507	2720
乐山市	Leshan	97	50	16111	8807	7537	3626
南充市	Nanchong	112	53	29686	12381	13077	5275
眉山市	Meishan	91	31	12663	6081	6163	2941
宜宾市	Yibin	172	49	24117	11713	9022	4212
广安市	Guang'an	67	23	12566	4314	3952	1582
达州市	Dazhou	398	117	28848	11933	6937	2836
雅安市	Ya'an	44	19	10460	6151	3941	1944
巴中市	Bazhong	75	31	12019	4436	6607	2760
资阳市	Ziyang	43	23	10984	6183	5145	2197
贵州省	**Guizhou**						
贵阳市	Guiyang	185	149	31366	26317	16858	14087
六盘水市	Liupanshui	111	41	12563	5079	5106	2188
遵义市	Zunyi	193	66	36986	15534	14432	7216
安顺市	Anshun	73	47	9725	6324	3743	2455
毕节市	Bijie	509	77	35143	4532	11505	1516
铜仁市	Tongren	99	32	12220	3820	6432	1913
云南省	**Yunnan**						
昆明市	Kunming	308	227	53072	41154	27317	22580
曲靖市	Qujing	113	41	24113	7789	9345	3574
玉溪市	Yuxi	72	33	11119	5649	5889	2892
保山市	Baoshan	50	22	8912	3877	4360	1841
昭通市	Zhaotong	297	50	24506	5676	7676	832
丽江市	Lijiang	30	14	4452	1475	2085	727
普洱市	Pu'er	43	12	8600	3410	4215	1471
临沧市	Lincang	53	13	8192	3173	3315	1112

2-40 续表 6 continued 6

城 市	City	医院数（个）Number of Hospitals (unit)		医院床位数（张）Number of Beds of Hospitals (bed)		执业(助理)医师数（人）Number of Licensed (Assistant) Doctors (person)	
		全 市 Total City	市辖区 Districts under City	全 市 Total City	市辖区 Districts under City	全 市 Total City	市辖区 Districts under City
西藏自治区	**Tibet**						
拉萨市	Lasa	28		3519		2552	
日喀则市	Xigaze	22	1	1951	120	1383	180
昌都市	Qamdo	28		1163		836	125
林芝市	Linzhi	17		801		431	
山南市	Shannan	17	1	1284		1701	120
那曲市	Naqu	21		1245		766	
陕西省	**Shaanxi**						
西安市	Xi'an	329	311	58219	55789	30820	29307
铜川市	Tongchuan	47	45	5531	5301	2505	2350
宝鸡市	Baoji	105	58	20029	11447	9858	5827
咸阳市	Xianyang	151	62	23217	11155	10820	5137
渭南市	Weinan	155	36	20433	6107	9605	4577
延安市	Yan'an	63	24	10152	5176	5266	2707
汉中市	Hanzhong	80	47	17488	1941	6990	2890
榆林市	Yulin	109	30	16359	5980	7390	2468
安康市	Ankang	48	17	10358	5210	8577	2257
商洛市	Shangluo	180	5	11765	2725	4362	1435
甘肃省	**Gansu**						
兰州市	Lanzhou	127	100	25382	22075	13692	12122
嘉峪关市	Jiayuguan	10		1668		864	
金昌市	Jinchang	13	9	2442	1774	1385	847
白银市	Baiyin	102	30	7734	3995	3341	1700
天水市	Tianshui	49	23	10771	6679	5045	1800
武威市	Wuwei	12	6	6826	4605	3695	2364
张掖市	Zhangye	53	26	6343	2775	3308	1676
平凉市	Pingliang	149	23	12490	4316	4594	1214
酒泉市	Jiuquan	36	18	5169	2752	3430	1232
庆阳市	Qingyang	28	13	7530	3528	4149	1652
定西市	Dingxi	47	12	11876	3355	4783	1162
陇南市	Longnan	290	2	11777	1210	3869	469
青海省	**Qinghai**						
西宁市	Xining	73		18051	14638	8522	7005
海东市	Haidong	53	6	2875	1318	1863	579
宁夏回族自治区	**Ningxia**						
银川市	Yinchuan	70	54	15726	12821	8990	7756
石嘴山市	Shizuishan	35	26	3998	3059	2171	1605
吴忠市	Wuzhong	50	26	5783	2600	2647	1191
固原市	Guyuan	13		5572		2513	1142
中卫市	Zhongwei	28	11	3993	1990	1866	813
新疆维吾尔自治区	**Xinjiang**						
乌鲁木齐市	Urumqi	127	119	27464	27389	14482	14398
克拉玛依市	Karamay	5	5	2040	2040	2480	2480
吐鲁番市	Turpan	22	12	2918	1443	1590	713
哈密市	Hami	34	30	3360	3143	2238	1957

2-41 社会保障主要指标
Main Indicators of Social Security

单位：人 (person)

城市	City	城镇职工基本养老保险参保人数 Number of Employees Joining Urban Basic Pension Insurance		城镇职工基本医疗保险参保人数 Number of Employees Joining Urban Basic Medical Care System		失业保险参保人数 Persons Covered of Unemployment Insurance	
		全市 Total City	市辖区 Districts under City	全市 Total City	市辖区 Districts under City	全市 Total City	市辖区 Districts under City
北京市	**Beijing**	**15143284**	**15143284**	**15691611**	**15691611**	**11709000**	**11709000**
天津市	**Tianjin**	**6550142**	**6550142**	**5541431**	**5541431**	**3113000**	**3113000**
河北省	**Hebei**						
石家庄市	Shijiazhuang	2298471	1844618	1446094	1199247	921679	792230
唐山市	Tangshan	2297875	1591406	1595527	1182763	862276	628442
秦皇岛市	Qinhuangdao	853499	696157	649568	556398	361079	312717
邯郸市	Handan	1482040	356846	898489	664573	695145	489110
邢台市	Xingtai	897596	377028	669500	376073	357641	180957
保定市	Baoding	1438067	734929	1193991	655786	534495	359347
张家口市	Zhangjiakou	1032830	681047	664692	462132	392200	287925
承德市	Chengde	729264	343130	437308	214162	227114	130841
沧州市	Cangzhou	1102811	414470	705829	103836	373116	68441
廊坊市	Langfang	963606	505655	650381	336292	305335	203634
衡水市	Hengshui	525345	246979	356000	177664	187223	98117
山西省	**Shanxi**						
太原市	Taiyuan	1439035	329820	1477538		938002	169916
大同市	Datong	719388	537745	820000	459500	449773	386490
阳泉市	Yangquan	310948	243016	385962	320252	251236	208621
长治市	Changzhi	603009	321498	607406	366800	415687	219547
晋城市	Jincheng	448007	233118	414308	234109	305721	198349
朔州市	Shuozhou	202997	52238	193115	48205	182784	42200
晋中市	Jinzhong	507100	148300	547179	86071	321822	76377
运城市	Yuncheng	565033	40871	496500	25377	339492	22750
忻州市	Xinzhou	427700	86400	407300	29900	208300	16800
临汾市	Linfen	600863	259493	573203	214970	347000	203636
吕梁市	Lvliang	393000	32600	336700	22200	319500	35100
内蒙古自治区	**Inner Mongolia**						
呼和浩特市	Hohhot	431031	370281	637745	529144	505000	450203
包头市	Baotou	988424	891570	754009	726142	425148	404107
乌海市	Wuhai	180398	180398	221073	221073	90065	90065
赤峰市	Chifeng	437049	116401	608500	176627	271201	58563
通辽市	Tongliao	533600	134400	358700	158900	183000	62500
鄂尔多斯市	Erdos	400027	168768	374397	179637	221930	107093
呼伦贝尔市	Hulunbuir	711462	113209	580037	105125	265003	32391
巴彦淖尔市	Bayannur	430672	93918	218321	41916	102003	20270
乌兰察布市	Ulanqab	443216	61211	281234	36693	132541	19500
辽宁省	**Liaoning**						
沈阳市	Shenyang	4073167	3860969	3290668	3145300	1430207	1371944
大连市	Dalian	2053686	1823504	3963797	3458613	1524292	1404000
鞍山市	Anshan	1144849	754298	966107	759597	551520	497277
抚顺市	Fushun	930829		939277		492063	
本溪市	Benxi	806585	643257	742332	614310	360661	313231
丹东市	Dandong	956135	508592	728738	489366	232316	168542
锦州市	Jinzhou	794236	496241	968820	580680	334040	255619
营口市	Yingkou	794690	502868	741384	516627	241052	176917
阜新市	Fuxin	544060	400528	561756	478538	201937	79367
辽阳市	Liaoyang	661274	227295	570185	468685	231398	70756

2-41 续表 1 continued 1

单位：人 (person)

城市	City	城镇职工基本养老保险参保人数 Number of Employees Joining Urban Basic Pension Insurance		城镇职工基本医疗保险参保人数 Number of Employees Joining Urban Basic Medical Care System		失业保险参保人数 Persons Covered of Unemployment Insurance	
		全市 Total City	市辖区 Districts under City	全市 Total City	市辖区 Districts under City	全市 Total City	市辖区 Districts under City
盘锦市	Panjin	564313	447265	546753	495364	352017	319867
铁岭市	Tieling	563122	261548	614286	19463	262000	
朝阳市	Chaoyang	418540	167659	440982	187003	240006	107006
葫芦岛市	Huludao	593151	145997	584836	106527	243260	37353
吉林省	**Jilin**						
长春市	Changchun	2177444	1939851	1614758	1139522	969712	853545
吉林市	Jilin	1135077	742473	946391	610216	428791	315396
四平市	Siping	250377	162528	563108	242278	234276	120233
辽源市	Liaoyuan	275941	193284	264006	185905	72160	45031
通化市	Tonghua	573954	242392	1155162	15955	181259	97964
白山市	Baishan	211658	96110	281355	153991	115517	50302
松原市	Songyuan	368437	190828	404043	222891	161643	102560
白城市	Baicheng	345281	130589	372167	116445	135551	73648
黑龙江省	**Heilongjiang**						
哈尔滨市	Harbin	2439546	1888029	2251257	1871056	973600	
齐齐哈尔市	Qiqihar	520458	297600	717700	512700	195400	
鸡西市	Jixi	250000		393300	321000	158500	127300
鹤岗市	Hegang	193074	116949	213961	185388	79060	73392
双鸭山市	Shuangyashan	183834	128458	276693	196767	126717	81500
大庆市	Daqing	426152	337406	488149	392813	174129	159828
伊春市	Yichun	308750		341641	255962	125725	99335
佳木斯市	Jiamusi	253946	143277	304626	211389	137500	110993
七台河市	Qitaihe	189248	159755	168753	138796	99568	87568
牡丹江市	Mudanjiang	335803	200644	483058	339715	155031	121060
黑河市	Heihe	112099	27111	179546	55255	44100	18485
绥化市	Suihua	554649	38765			102025	8441
上海市	**Shanghai**	**15482200**	**15482200**	**14951000**	**14951000**	**9618400**	**9618400**
江苏省	**Jiangsu**						
南京市	Nanjing	3091040	3091040	3092941	3092941	2678539	2678539
无锡市	Wuxi	2457730	1515448	3262900	2025562	2106436	1373300
徐州市	Xuzhou	1818912	1183281	1562327	986825	899017	579133
常州市	Changzhou	1378528	1212524	1484183	1803910	1163737	1032490
苏州市	Suzhou	5486280	2797222	6883148	3426614	4645731	2459364
南通市	Nantong	2179190	1040931	1434358	901404	1063632	503900
连云港市	Lianyungang	948640	629483	758034	552941	401109	275078
淮安市	Huai'an	980000	182000	602522	215000	659858	150000
盐城市	Yancheng	1168600	534500	934094	584800	761709	352800
扬州市	Yangzhou	1078981	651058	980946	847219	665692	439676
镇江市	Zhenjiang	898038	413051	667168	525683	534723	268170
泰州市	Taizhou	1229453	541605	922576	595364	666923	300078
宿迁市	Suqian	600400	244700	433949	228800	325260	146100
浙江省	**Zhejiang**						
杭州市	Hangzhou	6283162	5800198	5804998	5408697	4160126	3956678
宁波市	Ningbo	4295880	2434538	3808226	2404334	2693271	1818795
温州市	Wenzhou	2722226	1000762	1789990	821375	1144576	522420
嘉兴市	Jiaxing	1722283	528564	2165179	679693	1221003	367706
湖州市	Huzhou	1438368	546911	1247800	500600	723158	295412

2-41 续表 2 continued 2

单位：人 (person)

城市	City	城镇职工基本养老保险参保人数 Number of Employees Joining Urban Basic Pension Insurance		城镇职工基本医疗保险参保人数 Number of Employees Joining Urban Basic Medical Care System		失业保险参保人数 Persons Covered of Unemployment Insurance	
		全市 Total City	市辖区 Districts under City	全市 Total City	市辖区 Districts under City	全市 Total City	市辖区 Districts under City
绍兴市	Shaoxing	2249032	1371650	1793268	1093221	1318144	884217
金华市	Jinhua	1991043	517335	1497770	408520	850114	260137
衢州市	Quzhou	775429	350397	643285	336050	287926	148387
舟山市	Zhoushan	621357	319627	405566	226251	222988	137141
台州市	Taizhou	2133587	825670	1358141	572097	975871	367691
丽水市	Lishui	822250	163695	485387	122867	231345	86941
安徽省	**Anhui**						
合肥市	Hefei	1748605	1505682	1834094	1491050	1413620	1237143
芜湖市	Wuhu	838043	604812	747084	577402	429033	330420
蚌埠市	Bengbu	642672	427862	478511	372505	228743	173504
淮南市	Huainan	418474	288296	574704	385401	312086	254510
马鞍山市	Maanshan	594214	442954	505121	396500	263367	200969
淮北市	Huaibei	491876	404391	425458	380736	257105	223702
铜陵市	Tongling	345291	304768	338216	280041	188718	181056
安庆市	Anqing	576720		443226	250007	266500	145480
黄山市	Huangshan	206055	119324	202366	121262	100796	63254
滁州市	Chuzhou	717712	151100	423544	164009	231047	88309
阜阳市	Fuyang	526827	246777	426544	217446	257291	120327
宿州市	Suzhou	420047	140910	326962	163707	204000	96000
六安市	Lu'an	441950	237505	331102	176720	178600	94172
亳州市	Bozhou	348409	118934	244484	115736	157100	57644
池州市	Chizhou	116726	68627	143651	79140	80593	47283
宣城市	Xuancheng	563766	106150	333040	62058	154900	20550
福建省	**Fujian**						
福州市	Fuzhou	2063452	1544327	1629978	1229394	1232208	1000771
厦门市	Xiamen	2500000	2500000	2427500	2427500	2110900	2110900
莆田市	Putian	427730	341041	348868	269818	328500	263353
三明市	Sanming	421449	124654	404595	156574	330780	104145
泉州市	Quanzhou	1540292	565833	1163502	501728	684055	280414
漳州市	Zhangzhou	743031	192926	627879	272945	411862	176040
南平市	Nanping	502880	206067	432093	184369	371503	171073
龙岩市	Longyan	456965	212130	424291	260563	393373	194395
宁德市	Ningde	331025	101501	361598	128465	260091	90670
江西省	**Jiangxi**						
南昌市	Nanchang	1906643	1572884	1172146	1039371	622517	549642
景德镇市	Jingdezhen	416671	78032	322253	235926	131000	83400
萍乡市	Pingxiang	499072	359711	419499	307819	160138	130755
九江市	Jiujiang	766359	276201	693212	284753	351978	175621
新余市	Xinyu	273207	227421	190300	163715	113208	100136
鹰潭市	Yingtan	240415	100414	132536	58652	91477	47106
赣州市	Ganzhou	1191232	456597	650764	110545	370000	113500
吉安市	Ji'an	754301	192073	374548	94880	230366	44445
宜春市	Yichun	842084	243111		40669	270000	26100
抚州市	Fuzhou	510549	140726	377737	105669	210000	57735
上饶市	Shangrao	1112666	278384	475586	134405	300703	91783
山东省	**Shandong**						
济南市	Jinan	3046308	2843403	2286836	2127903	1471891	1380871

2-41 续表 3 continued 3

单位：人 (person)

城市	City	城镇职工基本养老保险参保人数 Number of Employees Joining Urban Basic Pension Insurance		城镇职工基本医疗保险参保人数 Number of Employees Joining Urban Basic Medical Care System		失业保险参保人数 Persons Covered of Unemployment Insurance	
		全市 Total City	市辖区 Districts under City	全市 Total City	市辖区 Districts under City	全市 Total City	市辖区 Districts under City
青岛市	Qingdao	4333558	3557379	3474162	2959421	2102543	1764685
淄博市	Zibo	1188201	952521	1322684	1115214	816100	644188
枣庄市	Zaozhuang	844204	536127	603470	427869	434227	306019
东营市	Dongying	568497	420586	727494	622977	292393	211000
烟台市	Yantai	2480768	1478363	2170193	1135518	1110600	662327
潍坊市	Weifang	1926175	726578	1695293	684506	973144	366845
济宁市	Jining	1523758	689701	1145435	652547	830622	331894
泰安市	Tai'an	1352717	459471	1054513	545423	619546	312366
威海市	Weihai	1202760	773182	929734	601920	577191	397673
日照市	Rizhao	712792	490716	406069	266459	277214	190754
莱芜市	Laiwu	433600	433600	277300	277300	216514	216514
临沂市	Linyi	1483216	547419	1122467	515250	624276	252540
德州市	Dezhou	848886	148101	700161	106382	375287	57503
聊城市	Liaocheng	798317	241148	625223	247429	358595	119167
滨州市	Binzhou	767786	275798	586930	242027	404124	166012
菏泽市	Heze	1057863	356211	726325	252173	388155	147524
河南省	**Henan**						
郑州市	Zhengzhou	3778000	2076618	1642000	1261416	1893282	1658019
开封市	Kaifeng	675901	469442	574202	446398	250477	161086
洛阳市	Luoyang	1129438	859606	1138492	821933	637959	459194
平顶山市	Pingdingshan	707875	293057	905120	685383	464789	320700
安阳市	Anyang	931629	574438	577226	393270	427551	267875
鹤壁市	Hebi	221633	145448	181958	130959	146501	103474
新乡市	Xinxiang	1178639	615089	871973	473683	495851	215251
焦作市	Jiaozuo	705783	376367	554804	350467	353238	204788
濮阳市	Puyang	405135	145860	271000	133829	316774	183602
许昌市	Xuchang	709593	338631	440098	249830	280100	133770
漯河市	Luohe	412400	315400	446300	364000	180234	123834
三门峡市	Sanmenxia	422237	215295	360706	238506	231754	93490
南阳市	Nanyang	979102	338036	819108	317061	635310	262623
商丘市	Shangqiu	415023	161466	535711	162976	367651	146132
信阳市	Xinyang	509723	257197	548757	228010	336206	133303
周口市	Zhoukou	628991	100748	585691	96012	398663	60000
驻马店市	Zhumadian	660162	192942	481924	154013	399484	98870
湖北省	**Hubei**						
武汉市	Wuhan	4261600	4261600	4465800	4465800	2106600	2106600
黄石市	Huangshi	719015	476361	502415	364212	264101	210638
十堰市	Shiyan	512913	296912	485082	323476	264218	173785
宜昌市	Yichang	1192546	524860	847983	451906	522560	319164
襄阳市	Xiangyang	1075453	606961	806361	562485	413551	277703
鄂州市	Ezhou	292819	292819	174998	174998	86271	86271
荆门市	Jingmen	558838	254390	420000	190000	191561	92749
孝感市	Xiaogan	682691	169926	388445	144534	248506	63159
荆州市	Jingzhou	1182556	467544	654163	375311	337695	149708
黄冈市	Huanggang	889657	157496	489819	56102	228966	38800
咸宁市	Xianning	430350	139813	258700	98300	145302	58597
随州市	Suizhou	246733	88277	158858	48562	74669	21459

2-41 续表 4 continued 4

单位：人 (person)

城市	City	城镇职工基本养老保险参保人数 Number of Employees Joining Urban Basic Pension Insurance		城镇职工基本医疗保险参保人数 Number of Employees Joining Urban Basic Medical Care System		失业保险参保人数 Persons Covered of Unemployment Insurance	
		全市 Total City	市辖区 Districts under City	全市 Total City	市辖区 Districts under City	全市 Total City	市辖区 Districts under City
湖南省	**Hunan**						
长沙市	Changsha	2261111	1731082	2091144	1688196	1429219	1139470
株洲市	Zhuzhou	660118	446082	624033	428259	379185	289737
湘潭市	Xiangtan	603406	423805	470992	359596	330019	267008
衡阳市	Hengyang	1095385	476658	1637071	821066	610018	312005
邵阳市	Shaoyang	553403	241641	538100	209100	308638	114914
岳阳市	Yueyang	831976	451882	626829	350291	381436	218216
常德市	Changde	1146249	526092	566132	249047	314805	158212
张家界市	Zhangjiajie	186700	59900	134884	44450	102856	28142
益阳市	Yiyang	595990	259357	358300	185019	215355	89453
郴州市	Chenzhou	315050	162173	523575	267751	301473	186075
永州市	Yongzhou	542113	210094	426499	146506	305048	129254
怀化市	Huaihua	388700	95360	409000	31513	303028	99839
娄底市	Loudi	673200	213139	367400	149500	330100	194000
广东省	**Guangdong**						
广州市	Guangzhou	11964499	11964499	6842761	6842761	5407969	5407969
韶关市	Shaoguan	752852	408269	576427	361394	297982	187227
深圳市	Shenzhen	11335302	11335302	11510112	11510112	10894867	10894867
珠海市	Zhuhai	1063953	1063953	1751105	1751105	981782	981782
汕头市	Shantou	1144578	1132848	547005	541178	799929	792153
佛山市	Foshan	4817252	4817252	3029694	3029694	2448370	2448370
江门市	Jiangmen	1862082	975210	1323598	826188	818075	499054
湛江市	Zhanjiang	1249200	635300	680339	420339	424573	262573
茂名市	Maoming	1064936	436094	465238	284590	278202	163457
肇庆市	Zhaoqing	820873	480651	645844	426609	450171	298902
惠州市	Huizhou	2117000		1550800		1252000	
梅州市	Meizhou	779602	358081	461207	220129	299203	150014
汕尾市	Shanwei	589522	176584	320672	123859	210190	79166
河源市	Heyuan	496685	255837	333359	153293	293935	144174
阳江市	Yangjiang	384314	248132	279587	177442	165221	113643
清远市	Qingyuan	1184815	712511	595520	357370	376464	247974
东莞市	Dongguan	6781806		5660857		4040060	
中山市	Zhongshan	2711088		1568558		1432420	
潮州市	Chaozhou	416203	323371	336174	271472	341528	281980
揭阳市	Jieyang	590684	283001	361672	152253	240018	119018
云浮市	Yunfu	487107	157941	244111	89420	183276	64215
广西壮族自治区	**Guangxi**						
南宁市	Nanning	1333182	1066256	989695	827626	547046	468008
柳州市	Liuzhou	1083599	855243	859439	719533	422905	356190
桂林市	Guilin	912542	544228	702182	443323	365326	254895
梧州市	Wuzhou	429831	261083	303450	194785	142940	81882
北海市	Beihai	205463	96220	217328	152411	112599	85335
防城港市	Fangchenggang	127922	91982	109367	76279	70778	50461
钦州市	Qinzhou	173270	70468	219921	500601	94754	17625
贵港市	Guigang	207423	105271	223433	112315	103440	49115

2-41 续表 5 continued 5

单位：人 (person)

城 市	City	城镇职工基本养老保险参保人数 Number of Employees Joining Urban Basic Pension Insurance		城镇职工基本医疗保险参保人数 Number of Employees Joining Urban Basic Medical Care System		失业保险参保人数 Persons Covered of Unemployment Insurance	
		全 市 Total City	市辖区 Districts under City	全 市 Total City	市辖区 Districts under City	全 市 Total City	市辖区 Districts under City
玉林市	Yulin	544109	174263	375642	136429	168325	65586
百色市	Baise	360620	270238			129610	92186
贺州市	Hezhou	191371	108270	161080	100406	81941	47773
河池市	Hechi	241907	64259	268912	56150	124590	27490
来宾市	Laibin	222579	88875	129214	65933	86932	27344
崇左市	Chongzuo	240010	60160	166137	45053	81765	22366
海南省	**Hainan**						
海口市	Haikou	632028	632028	435300	435300	462180	462180
三亚市	Sanya	193848	193848	224297	224297	218967	218967
三沙市	Sansha	334		336		163	
儋州市	Danzhou	133546		119128		51983	
重庆市	**Chongqing**	**9892000**		**6402751**	**5454633**	**4662718**	**3984276**
四川省	**Sichuan**						
成都市	Chengdu	7195900		7439200		4169100	
自贡市	Zigong	355213	245451	377591	296833	151582	117338
攀枝花市	Panzhihua	298994	34391	397781	361615	172979	24955
泸州市	Luzhou	1031662	549096	455279	286184	250497	153937
德阳市	Deyang	660898	284645	720736	367069	328064	172444
绵阳市	Mianyang	1215163	626217	706711	436196	363126	252729
广元市	Guangyuan	561932	270465	316455	168924	155334	100195
遂宁市	Suining	697740	317161	257962	136180	104832	59365
内江市	Neijiang	317555	115586	399840	194168	146736	56555
乐山市	Leshan	625726	311955	561452	351721	210113	136834
南充市	Nanchong	1164863	505223	565557	312639	184604	80890
眉山市	Meishan	395778	223192	307178	172021	157036	94706
宜宾市	Yibin	933343	471036	512400	316848	239324	163844
广安市	Guang'an	609200	171900	235405	57284	120631	25462
达州市	Dazhou	450116	124189	389868	73451	132741	35957
雅安市	Ya'an	391436	122706	242975	56034	98495	20430
巴中市	Bazhong	539928		181781		126335	29845
资阳市	Ziyang	266556	139360	214695	120446	87119	47267
贵州省	**Guizhou**						
贵阳市	Guiyang	1864859	754717	1384451	457611	745731	300417
六盘水市	Liupanshui	352343	39777	315992	31238	176058	21291
遵义市	Zunyi	938413	455665	668893	374259	335535	156594
安顺市	Anshun	257975	177074	220810	158448	107634	68065
毕节市	Bijie	462200	79959	325427	49380	224376	31690
铜仁市	Tongren	203862	28346	188336	23857	105014	10587
云南省	**Yunnan**						
昆明市	Kunming	1572259	1306968	1530419	1164622	993000	786885
曲靖市	Qujing	452475	98097	434007	71958	246812	112606
玉溪市	Yuxi	321071	93987	269842	138539	158305	73552
保山市	Baoshan	218149	64843	155746	37500	89943	18042
昭通市	Zhaotong	148909	25015	227629	32245	127874	15009
丽江市	Lijiang	139730	28790	117425	22636	48331	15682
普洱市	Pu'er	268175	60335	210500	25902	113580	39789
临沧市	Lincang	183806	37454	155752	21186	93939	28718

2-41 续表 6 continued 6

单位：人 (person)

城市	City	城镇职工基本养老保险参保人数 Number of Employees Joining Urban Basic Pension Insurance		城镇职工基本医疗保险参保人数 Number of Employees Joining Urban Basic Medical Care System		失业保险参保人数 Persons Covered of Unemployment Insurance	
		全市 Total City	市辖区 Districts under City	全市 Total City	市辖区 Districts under City	全市 Total City	市辖区 Districts under City
西藏自治区	**Tibet**						
拉萨市	Lasa	45503		64775		29710	
日喀则市	Xigaze	11814		49979		27598	2337
昌都市	Qamdo	39047	3373	40406	3342	16568	1639
林芝市	Linzhi	11769	2355	28383	2682	14389	1009
山南市	Shannan	6594	447	35045	2333	11744	318
那曲市	Naqu	4471		34610		16863	
陕西省	**Shaanxi**						
西安市	Xi'an	3891200	3813600			1549600	1533500
铜川市	Tongchuan	192459	85663	190610	183771	96133	78024
宝鸡市	Baoji	585627	424854	552000	413110	296815	228065
咸阳市	Xianyang	810470	380752	665183	379218	394760	193053
渭南市	Weinan	604877	195205	640000	198000	319557	99290
延安市	Yan'an	389008	65551	324041	32364	204362	34851
汉中市	Hanzhong	543300	211649	381600	212999	232400	157466
榆林市	Yulin	354500	121600	397245	268351	263746	20496
安康市	Ankang	129200	87519	197124	90550	86758	48682
商洛市	Shangluo	98234	18296	146068	21508	115833	18012
甘肃省	**Gansu**						
兰州市	Lanzhou	762970	704621	929935	859557	567286	498766
嘉峪关市	Jiayuguan	122569		92597		60964	
金昌市	Jinchang	68149	50247	119692	96564	70486	62389
白银市	Baiyin	87689	57971	235429	175861	126713	93471
天水市	Tianshui	129850	102072	254174	173375	139902	103458
武威市	Wuwei	193268	128610	133538	91380	77968	31551
张掖市	Zhangye	175930	55262	124122	26141	78530	19016
平凉市	Pingliang	193947	26750	128402	24038	86904	11257
酒泉市	Jiuquan	140090	49590	121869	27210	75411	15433
庆阳市	Qingyang	77393	19367	142731	49557	82922	5928
定西市	Dingxi	107248	18297	161427	24469	89644	13660
陇南市	Longnan	76269	7324	141958	18800	42343	6710
青海省	**Qinghai**						
西宁市	Xining	572600	500591	256215	197753	273821	230225
海东市	Haidong	63585	25166			46538	17712
宁夏回族自治区	**Ningxia**						
银川市	Yinchuan	833852	694847	727213	616685	497773	401080
石嘴山市	Shizuishan	163475	117271	185744	158968	129584	109984
吴忠市	Wuzhong	242400	103000	136300	63000	92500	34000
固原市	Guyuan	88485	51006	86819	48417	68650	41585
中卫市	Zhongwei	164792	96323	97509	45890	62902	35679
新疆维吾尔自治区	**Xinjiang**						
乌鲁木齐市	Urumqi	1268004	1268004	1220090	1220090	820006	820006
克拉玛依市	Karamay	57098	57098	209283	209283	156389	156389
吐鲁番市	Turpan	99437	29403	87073	24409	50470	12628
哈密市	Hami	168236	145593	190893	170177	105818	94564

(七)基础设施
Infrastructure

2-42 市政公用事业(市辖区)
Municipal Public Utilities(Districts under City)

城 市	City	城市环境基础设施建设投资额(万元) Investment in Urban Environmental Infrastructure Construction (10 000 yuan)	年末实有城市道路面积(万平方米) Area of City Paved Roads at Year-end (10 000 sq.m)	排水管道长度(公里) Length of City Sewage Pipes (km)
北京市	**Beijing**	**6400020**	**10347**	**19706**
天津市	**Tianjin**		**14742**	**21240**
河北省	**Hebei**			
石家庄市	Shijiazhuang	1423503	5688	1985
唐山市	Tangshan	493429	3343	2595
秦皇岛市	Qinhuangdao	238803	2222	1582
邯郸市	Handan	97582	4134	2255
邢台市	Xingtai	40041	1519	845
保定市	Baoding	32529	3266	1290
张家口市	Zhangjiakou	41775	1574	843
承德市	Chengde	86938	864	615
沧州市	Cangzhou	175555	1093	636
廊坊市	Langfang	241294	1018	647
衡水市	Hengshui	167276	994	605
山西省	**Shanxi**			
太原市	Taiyuan		5254	2417
大同市	Datong		2302	605
阳泉市	Yangquan	137156	646	435
长治市	Changzhi	191202	790	513
晋城市	Jincheng	232483	604	370
朔州市	Shuozhou		785	363
晋中市	Jinzhong			939
运城市	Yuncheng		840	267
忻州市	Xinzhou	177600	690	519
临汾市	Linfen	331200	748	206
吕梁市	Lvliang	216120	432	340
内蒙古自治区	**Inner Mongolia**			
呼和浩特市	Hohhot	2137266	2949	2053
包头市	Baotou	1036714	3018	2387
乌海市	Wuhai	324216	1435	289
赤峰市	Chifeng	754251	2382	689
通辽市	Tongliao	94661	1226	741
鄂尔多斯市	Erdos	135790	2998	2191
呼伦贝尔市	Hulunbuir	121282	790	322
巴彦淖尔市	Bayannur	230512	1105	1209
乌兰察布市	Ulanqab	184408	1041	349
辽宁省	**Liaoning**			
沈阳市	Shenyang		7731	6393
大连市	Dalian		5362	3062
鞍山市	Anshan		1723	1072
抚顺市	Fushun		1416	954
本溪市	Benxi	114656	1057	431
丹东市	Dandong		987	463
锦州市	Jinzhou		1199	426
营口市	Yingkou		1744	1527
阜新市	Fuxin	10100	910	603
辽阳市	Liaoyang	19630	1394	954

2-42 续表 1 continued 1

城　市	City	城市环境基础设施建设投资额（万元）Investment in Urban Environmental Infrastructure Construction (10 000 yuan)	年末实有城市道路面积（万平方米）Area of City Paved Roads at Year-end (10 000 sq.m)	排水管道长度（公里）Length of City Sewage Pipes (km)
盘锦市	Panjin	933138	1329	888
铁岭市	Tieling			441
朝阳市	Chaoyang	18487	572	469
葫芦岛市	Huludao	38201	598	702
吉林省	**Jilin**			
长春市	Changchun	1403269	7168	5565
吉林市	Jilin	108868	1652	1083
四平市	Siping	179291	701	270
辽源市	Liaoyuan	24252	440	228
通化市	Tonghua	78119	417	267
白山市	Baishan	32871	428	213
松原市	Songyuan	9835	936	267
白城市	Baicheng	131496	350	340
黑龙江省	**Heilongjiang**			
哈尔滨市	Harbin			3262
齐齐哈尔市	Qiqihar			
鸡西市	Jixi		684	335
鹤岗市	Hegang	80704	477	322
双鸭山市	Shuangyashan	53546	486	323
大庆市	Daqing		3665	2542
伊春市	Yichun		962	574
佳木斯市	Jiamusi		637	541
七台河市	Qitaihe		487	208
牡丹江市	Mudanjiang		1046	546
黑河市	Heihe	18736	180	104
绥化市	Suihua			
上海市	**Shanghai**	**974677**	**10896**	**19766**
江苏省	**Jiangsu**			
南京市	Nanjing	6867844	15264	9290
无锡市	Wuxi	991684	7017	13254
徐州市	Xuzhou		4554	2351
常州市	Changzhou	1174327	4953	6334
苏州市	Suzhou	1882089	10930	10477
南通市	Nantong	1118026	5092	4673
连云港市	Lianyungang		2693	2029
淮安市	Huai'an	6840	3654	3178
盐城市	Yancheng	533920	3272	1768
扬州市	Yangzhou	421050	2610	2653
镇江市	Zhenjiang	1815957	2370	1744
泰州市	Taizhou	533298	2664	2003
宿迁市	Suqian	191615		1738
浙江省	**Zhejiang**			
杭州市	Hangzhou	3672816	8291	8614
宁波市	Ningbo	188806	4152	5100
温州市	Wenzhou	1405587	3245	3400
嘉兴市	Jiaxing	230754	1431	870
湖州市	Huzhou	336215	2606	2222

2-42 续表 2 continued 2

城 市	City	城市环境基础设施建设投资额(万元) Investment in Urban Environmental Infrastructure Construction (10 000 yuan)	年末实有城市道路面积(万平方米) Area of City Paved Roads at Year-end (10 000 sq.m)	排水管道长度(公里) Length of City Sewage Pipes (km)
绍兴市	Shaoxing	505911	2733	3832
金华市	Jinhua	280225	2034	1901
衢州市	Quzhou	158773	1230	1453
舟山市	Zhoushan	74391	1308	1016
台州市	Taizhou		2358	2890
丽水市	Lishui	146130	548	755
安徽省	**Anhui**			
合肥市	Hefei		9312	7485
芜湖市	Wuhu		3654	2934
蚌埠市	Bengbu	257664	3036	2039
淮南市	Huainan	328025	1789	755
马鞍山市	Maanshan	406037	1480	1580
淮北市	Huaibei	504936	1302	800
铜陵市	Tongling	315595	725	1481
安庆市	Anqing			1457
黄山市	Huangshan	233528	924	807
滁州市	Chuzhou			2015
阜阳市	Fuyang	360651	4959	1090
宿州市	Suzhou		4219	918
六安市	Lu'an		3071	759
亳州市	Bozhou			1217
池州市	Chizhou		793	811
宣城市	Xuancheng			844
福建省	**Fujian**			
福州市	Fuzhou	1258696	3650	2693
厦门市	Xiamen	4858897	5450	3361
莆田市	Putian	499593	1305	1722
三明市	Sanming	74003	327	241
泉州市	Quanzhou	96569	3748	1637
漳州市	Zhangzhou	297046	1337	872
南平市	Nanping	84950	444	273
龙岩市	Longyan	376455	815	494
宁德市	Ningde	37959	487	272
江西省	**Jiangxi**			
南昌市	Nanchang	35451	3440	3421
景德镇市	Jingdezhen		808	755
萍乡市	Pingxiang	220631	733	87
九江市	Jiujiang	415263	1669	1437
新余市	Xinyu	88715	1165	894
鹰潭市	Yingtan		546	318
赣州市	Ganzhou	1103617	2640	2289
吉安市	Ji'an	523926	1938	1239
宜春市	Yichun	62505	925	726
抚州市	Fuzhou	613318	1301	971
上饶市	Shangrao		1669	1061
山东省	**Shandong**			
济南市	Jinan	2538821	9420	5759

2-42 续表 3 continued 3

城 市	City	城市环境基础设施建设投资额（万元） Investment in Urban Environmental Infrastructure Construction (10 000 yuan)	年末实有城市道路面积（万平方米） Area of City Paved Roads at Year-end (10 000 sq.m)	排水管道长度（公里） Length of City Sewage Pipes (km)
青岛市	Qingdao		8496	7367
淄博市	Zibo	574775	4839	3384
枣庄市	Zaozhuang	237951	2657	1309
东营市	Dongying	661109	2778	1635
烟台市	Yantai	483550	5722	3854
潍坊市	Weifang	231580	3715	2344
济宁市	Jining	124362	5011	2121
泰安市	Tai'an	522307	2894	1795
威海市	Weihai	312736	3252	3966
日照市	Rizhao	591720	1871	1669
莱芜市	Laiwu	74000	1830	1130
临沂市	Linyi	393993	4260	3370
德州市	Dezhou	118724	2917	1319
聊城市	Liaocheng	154786	2376	1495
滨州市	Binzhou	127302	2199	1913
菏泽市	Heze		2159	1104
河南省	**Henan**			
郑州市	Zhengzhou	4292964	5821	4461
开封市	Kaifeng	218549	1882	1054
洛阳市	Luoyang	378686	2654	1847
平顶山市	Pingdingshan	86286	1327	575
安阳市	Anyang	158553	1119	1038
鹤壁市	Hebi	76363	847	506
新乡市	Xinxiang	200150	1179	907
焦作市	Jiaozuo	68182	1301	966
濮阳市	Puyang	672250	884	635
许昌市	Xuchang	211060	1701	162
漯河市	Luohe	178067	1025	784
三门峡市	Sanmenxia	58045	621	272
南阳市	Nanyang	317997	2130	1490
商丘市	Shangqiu	501913	1132	478
信阳市	Xinyang	60742	903	352
周口市	Zhoukou	69871	840	651
驻马店市	Zhumadian	221836	1206	754
湖北省	**Hubei**			
武汉市	Wuhan	164247	10353	9350
黄石市	Huangshi	198624	1759	1552
十堰市	Shiyan	94001	866	975
宜昌市	Yichang	619931	2148	1276
襄阳市	Xiangyang		2189	2018
鄂州市	Ezhou	195666	531	701
荆门市	Jingmen	1380000	1168	938
孝感市	Xiaogan	312718	1323	784
荆州市	Jingzhou		1051	635
黄冈市	Huanggang	4390	1001	450
咸宁市	Xianning	23253	1261	290
随州市	Suizhou	39396	596	320

2-42 续表 4 continued 4

城 市	City	城市环境基础设施建设投资额（万元）Investment in Urban Environmental Infrastructure Construction (10 000 yuan)	年末实有城市道路面积（万平方米）Area of City Paved Roads at Year-end (10 000 sq.m)	排水管道长度（公里）Length of City Sewage Pipes (km)
湖南省	**Hunan**			
长沙市	Changsha	2964447	4800	3353
株洲市	Zhuzhou	1057800	2242	1404
湘潭市	Xiangtan		2313	1194
衡阳市	Hengyang		2292	1036
邵阳市	Shaoyang	283136	1346	590
岳阳市	Yueyang	492006	1388	1412
常德市	Changde	584059	1194	1271
张家界市	Zhangjiajie		621	254
益阳市	Yiyang	203677	862	929
郴州市	Chenzhou	40871	1049	1520
永州市	Yongzhou	42967	1161	583
怀化市	Huaihua	330000	499	454
娄底市	Loudi		348	291
广东省	**Guangdong**			
广州市	Guangzhou	5024914	13013	10369
韶关市	Shaoguan	517896	830	639
深圳市	Shenzhen		12151	13815
珠海市	Zhuhai	1587976	6123	2831
汕头市	Shantou			
佛山市	Foshan			2904
江门市	Jiangmen		2024	1058
湛江市	Zhanjiang		1325	672
茂名市	Maoming			
肇庆市	Zhaoqing		1513	966
惠州市	Huizhou	310229	2841	2586
梅州市	Meizhou			555
汕尾市	Shanwei	55000	361	279
河源市	Heyuan		510	461
阳江市	Yangjiang	40254	1069	779
清远市	Qingyuan		1139	1054
东莞市	Dongguan			
中山市	Zhongshan			
潮州市	Chaozhou		520	
揭阳市	Jieyang	39263	646	316
云浮市	Yunfu	7482	279	200
广西壮族自治区	**Guangxi**			
南宁市	Nanning	304533	4775	1720
柳州市	Liuzhou	47091	2426	1620
桂林市	Guilin	46401	1501	868
梧州市	Wuzhou	39187	1105	473
北海市	Beihai	29626	955	913
防城港市	Fangchenggang	15235	666	562
钦州市	Qinzhou	23020	1371	968
贵港市	Guigang	7080	1014	475

2-42 续表 5 continued 5

城 市	City	城市环境基础设施建设投资额 (万元) Investment in Urban Environmental Infrastructure Construction (10 000 yuan)	年末实有城市道路面积 (万平方米) Area of City Paved Roads at Year-end (10 000 sq.m)	排水管道长度 (公里) Length of City Sewage Pipes (km)
玉林市	Yulin	226994	1175	805
百色市	Baise	9245	534	406
贺州市	Hezhou	217117	456	327
河池市	Hechi	21891	823	813
来宾市	Laibin	51774	654	1742
崇左市	Chongzuo	140743	322	308
海南省	**Hainan**			
海口市	Haikou	4564662	1909	1741
三亚市	Sanya		427	1545
三沙市	Sansha			
儋州市	Danzhou			
重庆市	**Chongqing**		**19015**	**17335**
四川省	**Sichuan**			
成都市	Chengdu			10816
自贡市	Zigong	195315	1705	54
攀枝花市	Panzhihua			
泸州市	Luzhou	505797	1591	1304
德阳市	Deyang		1014	691
绵阳市	Mianyang	367719	1814	2713
广元市	Guangyuan		707	800
遂宁市	Suining	246703	2095	847
内江市	Neijiang			559
乐山市	Leshan	150359	1092	722
南充市	Nanchong	194900	1900	1600
眉山市	Meishan			665
宜宾市	Yibin	444513	1078	654
广安市	Guang'an	25972	875	430
达州市	Dazhou	9800	419	454
雅安市	Ya'an	197905	395	343
巴中市	Bazhong		425	882
资阳市	Ziyang		552	485
贵州省	**Guizhou**			
贵阳市	Guiyang	1016758	2937	3676
六盘水市	Liupanshui	615900	535	669
遵义市	Zunyi	2203455	1086	789
安顺市	Anshun		940	
毕节市	Bijie		442	281
铜仁市	Tongren			
云南省	**Yunnan**			
昆明市	Kunming	2156543	6071	5034
曲靖市	Qujing	114188	827	903
玉溪市	Yuxi	317821	726	843
保山市	Baoshan	496000	563	249
昭通市	Zhaotong	236639	454	272
丽江市	Lijiang		190	594
普洱市	Pu'er	95179	216	560
临沧市	Lincang		267	281

2-42 续表 6 continued 6

城市	City	城市环境基础设施建设投资额(万元) Investment in Urban Environmental Infrastructure Construction (10 000 yuan)	年末实有城市道路面积(万平方米) Area of City Paved Roads at Year-end (10 000 sq.m)	排水管道长度(公里) Length of City Sewage Pipes (km)
西藏自治区	**Tibet**			
拉萨市	Lasa		966	994
日喀则市	Xigaze		176	136
昌都市	Qamdo	5900	400	26
林芝市	Linzhi		174	100
山南市	Shannan		52	21
那曲市	Naqu			
陕西省	**Shaanxi**			
西安市	Xi'an	6095790	11029	5653
铜川市	Tongchuan	47320	416	478
宝鸡市	Baoji	58904	1359	612
咸阳市	Xianyang	74598	1057	302
渭南市	Weinan	716100	1630	747
延安市	Yan'an	41061		157
汉中市	Hanzhong	21035	502	322
榆林市	Yulin		1145	741
安康市	Ankang	185000	559	237
商洛市	Shangluo	12133	209	107
甘肃省	**Gansu**			
兰州市	Lanzhou	1452106	2384	1258
嘉峪关市	Jiayuguan			
金昌市	Jinchang	3306	485	102
白银市	Baiyin	134138	1122	437
天水市	Tianshui	232512	645	356
武威市	Wuwei	38218	539	207
张掖市	Zhangye	27146	609	253
平凉市	Pingliang	74683	684	464
酒泉市	Jiuquan	5311	603	326
庆阳市	Qingyang	61015	335	241
定西市	Dingxi		282	145
陇南市	Longnan	1530	73	62
青海省	**Qinghai**			
西宁市	Xining		1295	865
海东市	Haidong			
宁夏回族自治区	**Ningxia**			
银川市	Yinchuan		2535	1136
石嘴山市	Shizuishan	89848	1580	137
吴忠市	Wuzhong		543	172
固原市	Guyuan	3127	796	296
中卫市	Zhongwei		549	97
新疆维吾尔自治区	**Xinjiang**			
乌鲁木齐市	Urumqi	2249917	3106	1890
克拉玛依市	Karamay	483544	1239	527
吐鲁番市	Turpan	50103	160	151
哈密市	Hami	558080	585	405

2-43 公共汽车、出租车拥有情况(市辖区)
Number of Public Transportation Vehicles and Taxis (Districts under City)

城　市	City	年末实有公共汽(电)车营运车辆数(辆) Number of Buses and Trolley Buses under Operation at Year-end (unit)	全年公共汽(电)车客运总量(万人次) Total Annual Volume of Passengers Transported by Buses and Trolley Buses (10 000 person-times)	年末实有出租汽车数(辆) Number of Taxis at Year-end (unit)
北京市	**Beijing**	**25624**	**335595**	**68484**
天津市	**Tianjin**	**12686**	**138124**	**31940**
河北省	**Hebei**			
石家庄市	Shijiazhuang	5730	42000	10398
唐山市	Tangshan	2130	21385	3507
秦皇岛市	Qinhuangdao	1047	10582	3815
邯郸市	Handan	2854	14909	5210
邢台市	Xingtai	1191	6534	2863
保定市	Baoding	1935	14049	3728
张家口市	Zhangjiakou	2174	15028	4204
承德市	Chengde	739	10431	2470
沧州市	Cangzhou	781	14612	2066
廊坊市	Langfang	739	11408	2237
衡水市	Hengshui	929	6485	1445
山西省	**Shanxi**			
太原市	Taiyuan	2780	39437	8719
大同市	Datong	1076	22000	4705
阳泉市	Yangquan	896	15946	1885
长治市	Changzhi	537	10515	1901
晋城市	Jincheng	471	5994	1483
朔州市	Shuozhou	260	2200	1274
晋中市	Jinzhong	390	15281	1330
运城市	Yuncheng	502	7250	1801
忻州市	Xinzhou	230	2847	712
临汾市	Linfen	448	5731	1862
吕梁市	Lvliang	218	2183	453
内蒙古自治区	**Inner Mongolia**			
呼和浩特市	Hohhot	2335	43000	7228
包头市	Baotou	1471	25644	6395
乌海市	Wuhai	366	4750	1117
赤峰市	Chifeng	563	8658	3231
通辽市	Tongliao	528	4723	3059
鄂尔多斯市	Erdos	482	4867	3293
呼伦贝尔市	Hulunbuir	579	4506	3204
巴彦淖尔市	Bayannur	136	536	1238
乌兰察布市	Ulanqab	732	350	2177
辽宁省	**Liaoning**			
沈阳市	Shenyang	5902	104264	17549
大连市	Dalian	5453	96197	11645
鞍山市	Anshan	1710	27650	5375
抚顺市	Fushun	1121	18300	4121
本溪市	Benxi	716	26134	2744
丹东市	Dandong	674	14675	1932
锦州市	Jinzhou	684	14513	4018
营口市	Yingkou	882	12179	3241
阜新市	Fuxin	678	21430	2771
辽阳市	Liaoyang	590	10108	2611

2-43 续表 1 continued 1

城 市	City	年末实有公共汽(电)车营运车辆数(辆) Number of Buses and Trolley Buses under Operation at Year-end (unit)	全年公共汽(电)车客运总量(万人次) Total Annual Volume of Passengers Transported by Buses and Trolley Buses (10 000 person-times)	年末实有出租汽车数(辆) Number of Taxis at Year-end (unit)
盘锦市	Panjin	700	9645	3281
铁岭市	Tieling	350	4350	2249
朝阳市	Chaoyang	285	6081	1968
葫芦岛市	Huludao	448	7920	3079
吉林省	**Jilin**			
长春市	Changchun	4387	71909	15401
吉林市	Jilin	1654	26747	5259
四平市	Siping	385	5942	2797
辽源市	Liaoyuan	395	6200	1201
通化市	Tonghua	386	8101	1504
白山市	Baishan	370	3975	1402
松原市	Songyuan	474	7300	2177
白城市	Baicheng	234	2480	1815
黑龙江省	**Heilongjiang**			
哈尔滨市	Harbin	7519	136246	18193
齐齐哈尔市	Qiqihar	990	4365	1800
鸡西市	Jixi	665	10038	2915
鹤岗市	Hegang	514	8537	2037
双鸭山市	Shuangyashan	404	4950	1100
大庆市	Daqing	2034	14939	3550
伊春市	Yichun	380	3781	4742
佳木斯市	Jiamusi	601	9562	2559
七台河市	Qitaihe	424	8943	1000
牡丹江市	Mudanjiang	771	14027	2919
黑河市	Heihe	95	1040	957
绥化市	Suihua	322		2344
上海市	**Shanghai**	**17461**	**220072**	**46397**
江苏省	**Jiangsu**			
南京市	Nanjing	8765	89802	14057
无锡市	Wuxi	3015	39845	4040
徐州市	Xuzhou	2377	35068	4319
常州市	Changzhou	2870	27360	3321
苏州市	Suzhou	5423	58569	5638
南通市	Nantong	1829	18539	1468
连云港市	Lianyungang	1292	13501	1814
淮安市	Huai'an	1705	26036	1373
盐城市	Yancheng	1186	14977	1450
扬州市	Yangzhou	1976	20691	2461
镇江市	Zhenjiang	1437	16288	1623
泰州市	Taizhou	1001	12855	1079
宿迁市	Suqian	1091	14143	770
浙江省	**Zhejiang**			
杭州市	Hangzhou	9672	151263	13233
宁波市	Ningbo	7271	44434	4827
温州市	Wenzhou	2522	28166	3985
嘉兴市	Jiaxing	1325	8503	1073
湖州市	Huzhou	1159	4370	875

2-43 续表 2 continued 2

城 市	City	年末实有公共汽(电)车营运车辆数(辆) Number of Buses and Trolley Buses under Operation at Year-end (unit)	全年公共汽(电)车客运总量(万人次) Total Annual Volume of Passengers Transported by Buses and Trolley Buses (10 000 person-times)	年末实有出租汽车数(辆) Number of Taxis at Year-end (unit)
绍兴市	Shaoxing	2323	19034	1746
金华市	Jinhua	835	6713	868
衢州市	Quzhou	367	4382	521
舟山市	Zhoushan	749	7199	572
台州市	Taizhou	1245	7390	1595
丽水市	Lishui	531	4043	409
安徽省	**Anhui**			
合肥市	Hefei	5762	57238	9902
芜湖市	Wuhu	1404	15400	3700
蚌埠市	Bengbu	1810	19003	2407
淮南市	Huainan	884	11330	3059
马鞍山市	Maanshan	674	7290	2348
淮北市	Huaibei	426	6177	1637
铜陵市	Tongling	562	8015	1584
安庆市	Anqing	530	5107	1782
黄山市	Huangshan	187	1778	625
滁州市	Chuzhou	547	5666	1357
阜阳市	Fuyang	655	9336	1788
宿州市	Suzhou	476	5670	1678
六安市	Lu'an	463	5370	1850
亳州市	Bozhou	400	2088	1151
池州市	Chizhou	163	2642	600
宣城市	Xuancheng	283	2877	999
福建省	**Fujian**			
福州市	Fuzhou	4788	47699	6684
厦门市	Xiamen	4536	83909	5630
莆田市	Putian	1074	8039	1291
三明市	Sanming	400	7779	404
泉州市	Quanzhou	2122	11594	1966
漳州市	Zhangzhou	676	4603	965
南平市	Nanping	487	7810	608
龙岩市	Longyan	438	7347	608
宁德市	Ningde	782	11556	1924
江西省	**Jiangxi**			
南昌市	Nanchang	3691	39103	5453
景德镇市	Jingdezhen	296	4430	762
萍乡市	Pingxiang	360	4800	700
九江市	Jiujiang	561	9023	1539
新余市	Xinyu	626	5689	636
鹰潭市	Yingtan	264	2774	271
赣州市	Ganzhou	926	6939	1092
吉安市	Ji'an	959	9950	984
宜春市	Yichun	358	5046	509
抚州市	Fuzhou	943	12593	1028
上饶市	Shangrao	350	5719	511
山东省	**Shandong**			
济南市	Jinan	7157	77000	9693

2-43 续表 3 continued 3

城 市	City	年末实有公共汽(电)车营运车辆数(辆) Number of Buses and Trolley Buses under Operation at Year-end (unit)	全年公共汽(电)车客运总量(万人次) Total Annual Volume of Passengers Transported by Buses and Trolley Buses (10 000 person-times)	年末实有出租汽车数(辆) Number of Taxis at Year-end (unit)
青岛市	Qingdao	7208	104898	10055
淄博市	Zibo	2251	15836	6110
枣庄市	Zaozhuang	1675	7643	834
东营市	Dongying	1129	6184	3105
烟台市	Yantai	2090	31225	2169
潍坊市	Weifang	1697	11585	2296
济宁市	Jining	1968	13126	2060
泰安市	Tai'an	2146	8617	1292
威海市	Weihai	2292	21900	2490
日照市	Rizhao	798	6934	968
莱芜市	Laiwu	1456	5666	1600
临沂市	Linyi	2424	14603	2750
德州市	Dezhou	734	3300	2045
聊城市	Liaocheng	1389	5219	1444
滨州市	Binzhou	2333	8778	1874
菏泽市	Heze	1365	4475	1668
河南省	**Henan**			
郑州市	Zhengzhou	6180	85569	10908
开封市	Kaifeng	1237	8571	2663
洛阳市	Luoyang	2303	24357	4268
平顶山市	Pingdingshan	1020	7823	2000
安阳市	Anyang	1180	7980	1359
鹤壁市	Hebi	429	2953	673
新乡市	Xinxiang	1284	11058	1768
焦作市	Jiaozuo	935	10300	1398
濮阳市	Puyang	604	3448	1745
许昌市	Xuchang	683	5700	1396
漯河市	Luohe	980	15120	1100
三门峡市	Sanmenxia	410	6872	798
南阳市	Nanyang	700	6670	1800
商丘市	Shangqiu	2343	9000	2854
信阳市	Xinyang	323	3463	1905
周口市	Zhoukou	719	2658	928
驻马店市	Zhumadian	845	4303	1548
湖北省	**Hubei**			
武汉市	Wuhan	9049	148991	17508
黄石市	Huangshi	985	15004	1022
十堰市	Shiyan	1079	26176	891
宜昌市	Yichang	817	15923	1857
襄阳市	Xiangyang	1783	24419	2951
鄂州市	Ezhou	433	4069	516
荆门市	Jingmen	544	9500	800
孝感市	Xiaogan	484	6000	900
荆州市	Jingzhou	939	16658	1988
黄冈市	Huanggang	162	1350	693
咸宁市	Xianning	442	3800	656
随州市	Suizhou	340	6317	547

2-43 续表 4 continued 4

城　市	City	年末实有公共汽(电)车营运车辆数(辆) Number of Buses and Trolley Buses under Operation at Year-end (unit)	全年公共汽(电)车客运总量(万人次) Total Annual Volume of Passengers Transported by Buses and Trolley Buses (10 000 person-times)	年末实有出租汽车数(辆) Number of Taxis at Year-end (unit)
湖南省	**Hunan**			
长沙市	Changsha	8361	69118	7820
株洲市	Zhuzhou	1369	24527	3009
湘潭市	Xiangtan	1356	15489	1853
衡阳市	Hengyang	1215	14258	1323
邵阳市	Shaoyang	518	8930	1100
岳阳市	Yueyang	1405	19974	2952
常德市	Changde	766	11232	1119
张家界市	Zhangjiajie	524	9470	1248
益阳市	Yiyang	1496	7651	867
郴州市	Chenzhou	1406	15865	929
永州市	Yongzhou	587	12745	699
怀化市	Huaihua	354	7645	800
娄底市	Loudi	202	5400	950
广东省	**Guangdong**			
广州市	Guangzhou	14852	238503	22279
韶关市	Shaoguan	693	5976	443
深圳市	Shenzhen	35809	202504	
珠海市	Zhuhai	2081	32212	3627
汕头市	Shantou	1111	8183	694
佛山市	Foshan	6920	60465	3962
江门市	Jiangmen	1129	9154	486
湛江市	Zhanjiang	1138	6079	1192
茂名市	Maoming	543	4139	516
肇庆市	Zhaoqing	707	7235	789
惠州市	Huizhou	2746	23742	1899
梅州市	Meizhou	1649	3800	468
汕尾市	Shanwei	667	1760	268
河源市	Heyuan	277	3666	495
阳江市	Yangjiang	334	4400	163
清远市	Qingyuan	456	4639	348
东莞市	Dongguan			
中山市	Zhongshan			
潮州市	Chaozhou	349	1230	915
揭阳市	Jieyang	610	974	190
云浮市	Yunfu	117	746	112
广西壮族自治区	**Guangxi**			
南宁市	Nanning	3575	38142	6853
柳州市	Liuzhou	1385	21691	2056
桂林市	Guilin	774	19673	2249
梧州市	Wuzhou	419	6836	806
北海市	Beihai	521	2162	555
防城港市	Fangchenggang	300	1433	335
钦州市	Qinzhou	127		192
贵港市	Guigang	289	1627	330

2-43 续表 5 continued 5

城　市	City	年末实有公共汽(电)车营运车辆数(辆) Number of Buses and Trolley Buses under Operation at Year-end (unit)	全年公共汽(电)车客运总量(万人次) Total Annual Volume of Passengers Transported by Buses and Trolley Buses (10 000 person-times)	年末实有出租汽车数(辆) Number of Taxis at Year-end (unit)
玉林市	Yulin	185	3356	699
百色市	Baise	215	2424	509
贺州市	Hezhou	352	1016	300
河池市	Hechi	248	3702	475
来宾市	Laibin	509	3158	758
崇左市	Chongzuo	92	367	71
海南省	**Hainan**			
海口市	Haikou	2140	20753	2895
三亚市	Sanya	862		2550
三沙市	Sansha			
儋州市	Danzhou			
重庆市	**Chongqing**	**12768**	**248136**	**21871**
四川省	**Sichuan**			
成都市	Chengdu	14402	168527	11968
自贡市	Zigong	883	17604	1096
攀枝花市	Panzhihua	610	10566	5847
泸州市	Luzhou	1459	22647	1574
德阳市	Deyang	479	5395	892
绵阳市	Mianyang	1472	24613	2239
广元市	Guangyuan	387	5934	627
遂宁市	Suining	231	8490	753
内江市	Neijiang			
乐山市	Leshan	509	9070	957
南充市	Nanchong	737	15568	1207
眉山市	Meishan	432		518
宜宾市	Yibin	849	15180	1413
广安市	Guang'an	211	3208	479
达州市	Dazhou	373	6327	504
雅安市	Ya'an	152	2548	358
巴中市	Bazhong	224	3400	771
资阳市	Ziyang	242	1742	438
贵州省	**Guizhou**			
贵阳市	Guiyang	4023	55663	9600
六盘水市	Liupanshui	592	13015	1347
遵义市	Zunyi	1100	54300	2802
安顺市	Anshun	496	14600	1021
毕节市	Bijie	246	4564	881
铜仁市	Tongren	170	5350	860
云南省	**Yunnan**			
昆明市	Kunming	6159	83793	8257
曲靖市	Qujing	481	10362	1639
玉溪市	Yuxi	526	4924	732
保山市	Baoshan	349	2765	450
昭通市	Zhaotong	521	6642	581
丽江市	Lijiang	322	4804	776
普洱市	Pu'er	187	1570	399
临沧市	Lincang	62	341	480

2-43 续表 6 continued 6

城 市	City	年末实有公共汽(电)车营运车辆数(辆) Number of Buses and Trolley Buses under Operation at Year-end (unit)	全年公共汽(电)车客运总量(万人次) Total Annual Volume of Passengers Transported by Buses and Trolley Buses (10 000 person-times)	年末实有出租汽车数(辆) Number of Taxis at Year-end (unit)
西藏自治区	**Tibet**			
拉萨市	Lasa	552	8067	1670
日喀则市	Xigaze	58		185
昌都市	Qamdo	7	590	140
林芝市	Linzhi	16	63	120
山南市	Shannan	40	56	84
那曲市	Naqu			
陕西省	**Shaanxi**			
西安市	Xi'an	7780	134467	12435
铜川市	Tongchuan	329	3854	1041
宝鸡市	Baoji	1192	24805	2030
咸阳市	Xianyang	581	13492	1589
渭南市	Weinan	370	191	900
延安市	Yan'an	541	15542	1180
汉中市	Hanzhong	406	9209	951
榆林市	Yulin	354	9070	1121
安康市	Ankang	251	3637	616
商洛市	Shangluo	101	1900	319
甘肃省	**Gansu**			
兰州市	Lanzhou	3034	76511	9845
嘉峪关市	Jiayuguan			
金昌市	Jinchang	159	1900	510
白银市	Baiyin	490	7193	3374
天水市	Tianshui	538	12037	2065
武威市	Wuwei	332	6661	1139
张掖市	Zhangye	213	1640	1225
平凉市	Pingliang	271	6986	821
酒泉市	Jiuquan	218	2789	860
庆阳市	Qingyang	129	1532	1079
定西市	Dingxi	108	1046	583
陇南市	Longnan	82	4880	675
青海省	**Qinghai**			
西宁市	Xining	1703	34440	5666
海东市	Haidong			
宁夏回族自治区	**Ningxia**			
银川市	Yinchuan	2202	29321	5364
石嘴山市	Shizuishan	345	2438	2699
吴忠市	Wuzhong	344	3076	1042
固原市	Guyuan	409	2688	3285
中卫市	Zhongwei	454	904	1138
新疆维吾尔自治区	**Xinjiang**			
乌鲁木齐市	Urumqi	4412	112920	13003
克拉玛依市	Karamay	521	4182	1508
吐鲁番市	Turpan	49	729	683
哈密市	Hami	306	2768	1088

2-44 按运输方式分类的客运量(全市)
Passenger Traffic by Mode of Transport (Total City)

单位：万人 (10 000 persons)

城　市	City	公路客运量 Highway Passenger Traffic	水运客运量 Waterway Passenger Traffic	民用航空客运量 Civil Aviation Passenger Traffic
北京市	**Beijing**	**44940**		**8607**
天津市	**Tianjin**	**12538**		**1863**
河北省	**Hebei**			
石家庄市	Shijiazhuang	3824		958
唐山市	Tangshan	2887		52
秦皇岛市	Qinhuangdao	1442	2	33
邯郸市	Handan	5515	30	68
邢台市	Xingtai	2364		
保定市	Baoding	11012		
张家口市	Zhangjiakou	1664		60
承德市	Chengde	966		15
沧州市	Cangzhou	4794		
廊坊市	Langfang	2424		
衡水市	Hengshui	1231		
山西省	**Shanxi**			
太原市	Taiyuan			1240
大同市	Datong			64
阳泉市	Yangquan			
长治市	Changzhi	3187	42	56
晋城市	Jincheng			
朔州市	Shuozhou	1247		
晋中市	Jinzhong	1860		
运城市	Yuncheng	2761		144
忻州市	Xinzhou	1282	7	26
临汾市	Linfen			31
吕梁市	Lvliang			28
内蒙古自治区	**Inner Mongolia**			
呼和浩特市	Hohhot	435		1035
包头市	Baotou	675		109
乌海市	Wuhai	99		45
赤峰市	Chifeng	2367		121
通辽市	Tongliao	1560		92
鄂尔多斯市	Erdos	578		211
呼伦贝尔市	Hulunbuir	1429		273
巴彦淖尔市	Bayannur	1165		28
乌兰察布市	Ulanqab	299		32
辽宁省	**Liaoning**			
沈阳市	Shenyang	14780		699
大连市	Dalian	7564	420	860
鞍山市	Anshan	5608		
抚顺市	Fushun	2046		
本溪市	Benxi	2175		
丹东市	Dandong	3783	88	
锦州市	Jinzhou	4413		
营口市	Yingkou	2703		
阜新市	Fuxin	1131		
辽阳市	Liaoyang	2982		

2-44 续表 1 continued 1

单位：万人 (10 000 persons)

城　市	City	公路客运量 Highway Passenger Traffic	水运客运量 Waterway Passenger Traffic	民用航空客运量 Civil Aviation Passenger Traffic
盘锦市	Panjin	2309		
铁岭市	Tieling	3498		
朝阳市	Chaoyang	2106		
葫芦岛市	Huludao	2567	44	
吉林省	**Jilin**			
长春市	Changchun	6592	19	589
吉林市	Jilin	3559	57	
四平市	Siping	3084	2	
辽源市	Liaoyuan	875		
通化市	Tonghua	2326	29	5
白山市	Baishan	1626	3	31
松原市	Songyuan	2632	11	2
白城市	Baicheng	1381	1	2
黑龙江省	**Heilongjiang**			
哈尔滨市	Harbin	6784		946
齐齐哈尔市	Qiqihar	4368		20
鸡西市	Jixi	3170		22
鹤岗市	Hegang	543	24	
双鸭山市	Shuangyashan	1112		
大庆市	Daqing	1385	9	62
伊春市	Yichun	674		14
佳木斯市	Jiamusi	1324	101	67
七台河市	Qitaihe	539		
牡丹江市	Mudanjiang	1298		79
黑河市	Heihe	450	26	15
绥化市	Suihua	2612		
上海市	**Shanghai**	**3420**	**176**	**5644**
江苏省	**Jiangsu**			
南京市	Nanjing	8404	22	2582
无锡市	Wuxi	5727	425	345
徐州市	Xuzhou	11013		192
常州市	Changzhou	4519	388	251
苏州市	Suzhou	31272	631	
南通市	Nantong	7310	491	201
连云港市	Lianyungang	4607	14	109
淮安市	Huai'an	6438	17	129
盐城市	Yancheng	6902		130
扬州市	Yangzhou	3421	6	184
镇江市	Zhenjiang	3184		
泰州市	Taizhou	6504	330	
宿迁市	Suqian	5265		
浙江省	**Zhejiang**			
杭州市	Hangzhou	13019	638	1825
宁波市	Ningbo	4303	185	939
温州市	Wenzhou	21845	34	492
嘉兴市	Jiaxing	2984	80	
湖州市	Huzhou	5166	95	

2-44 续表 2 continued 2

单位：万人 (10 000 persons)

城　市	City	公路客运量 Highway Passenger Traffic	水运客运量 Waterway Passenger Traffic	民用航空客运量 Civil Aviation Passenger Traffic
绍兴市	Shaoxing	2805	121	
金华市	Jinhua	11828	3	130
衢州市	Quzhou	5210	6	20
舟山市	Zhoushan	2629	2806	102
台州市	Taizhou	8236	209	82
丽水市	Lishui	2556	112	
安徽省	**Anhui**			
合肥市	Hefei	8284	28	498
芜湖市	Wuhu	2781	3	
蚌埠市	Bengbu	2343		
淮南市	Huainan	3216		
马鞍山市	Maanshan	2178		
淮北市	Huaibei	1507		
铜陵市	Tongling	1730	585	
安庆市	Anqing	4978	50	46
黄山市	Huangshan	3050	112	73
滁州市	Chuzhou	4055		
阜阳市	Fuyang	6517		62
宿州市	Suzhou	3671		
六安市	Lu'an	4920	52	
亳州市	Bozhou	4034		
池州市	Chizhou	1339		48
宣城市	Xuancheng	2765	8	
福建省	**Fujian**			
福州市	Fuzhou	9390	190	1247
厦门市	Xiamen	4336	707	2449
莆田市	Putian	2849	300	
三明市	Sanming	2329	27	20
泉州市	Quanzhou	5806	14	534
漳州市	Zhangzhou	2172	238	
南平市	Nanping	1908		49
龙岩市	Longyan	2034	51	14
宁德市	Ningde	6763	397	
江西省	**Jiangxi**			
南昌市	Nanchang	2953		1094
景德镇市	Jingdezhen	1772		62
萍乡市	Pingxiang	6220		
九江市	Jiujiang	8677	51	
新余市	Xinyu	1228	45	
鹰潭市	Yingtan	1037		
赣州市	Ganzhou	8658	131	128
吉安市	Ji'an	4668	11	63
宜春市	Yichun	4096		54
抚州市	Fuzhou	4281		
上饶市	Shangrao	8025	28	15
山东省	**Shandong**			
济南市	Jinan	3192	37	786

2-44 续表 3 continued 3

单位：万人 (10 000 persons)

城　市	City	公路客运量 Highway Passenger Traffic	水运客运量 Waterway Passenger Traffic	民用航空客运量 Civil Aviation Passenger Traffic
青岛市	Qingdao	4534	215	2321
淄博市	Zibo	599		
枣庄市	Zaozhuang	2497	104	
东营市	Dongying	610	29	53
烟台市	Yantai	5076	721	301
潍坊市	Weifang	5968		60
济宁市	Jining	3606	290	97
泰安市	Tai'an	2955	31	
威海市	Weihai	2834	488	204
日照市	Rizhao	2452	56	74
莱芜市	Laiwu	149		
临沂市	Linyi	4961	24	133
德州市	Dezhou	1875	11	
聊城市	Liaocheng	1863		
滨州市	Binzhou	1067		
菏泽市	Heze	4873		
河南省	**Henan**			
郑州市	Zhengzhou	8815		519
开封市	Kaifeng	3144		
洛阳市	Luoyang	10965	32	88
平顶山市	Pingdingshan	6600		
安阳市	Anyang	5246		
鹤壁市	Hebi	985		
新乡市	Xinxiang	5391		
焦作市	Jiaozuo	1603	50	
濮阳市	Puyang	3105	49	
许昌市	Xuchang	4144		
漯河市	Luohe	2437	4	
三门峡市	Sanmenxia	2291		
南阳市	Nanyang	11035	60	78
商丘市	Shangqiu	7499	9	
信阳市	Xinyang	4495	31	
周口市	Zhoukou	6119	70	
驻马店市	Zhumadian	12839	14	
湖北省	**Hubei**			
武汉市	Wuhan	10410		1466
黄石市	Huangshi	3418		
十堰市	Shiyan	3398	16	87
宜昌市	Yichang	11038	319	224
襄阳市	Xiangyang	11115	28	103
鄂州市	Ezhou	1960	76	
荆门市	Jingmen	2999	11	
孝感市	Xiaogan	6831		
荆州市	Jingzhou	6324	25	
黄冈市	Huanggang	9826		
咸宁市	Xianning	5910	72	
随州市	Suizhou	3242	17	

2-44 续表 4 continued 4

单位：万人 (10 000 persons)

城 市	City	公路客运量 Highway Passenger Traffic	水运客运量 Waterway Passenger Traffic	民用航空客运量 Civil Aviation Passenger Traffic
湖南省	**Hunan**			
长沙市	Changsha	6558		1108
株洲市	Zhuzhou	6165	6	
湘潭市	Xiangtan	1509	10	
衡阳市	Hengyang	8791		47
邵阳市	Shaoyang	11919	46	8
岳阳市	Yueyang	9383	3	
常德市	Changde	9585		44
张家界市	Zhangjiajie	6028	173	177
益阳市	Yiyang	5972	79	
郴州市	Chenzhou	4251	268	
永州市	Yongzhou	8314	256	12
怀化市	Huaihua	11440	682	18
娄底市	Loudi	5450	24	
广东省	**Guangdong**			
广州市	Guangzhou	91323	285	8085
韶关市	Shaoguan	5291		
深圳市	Shenzhen	6001	466	4633
珠海市	Zhuhai	2760	633	193
汕头市	Shantou	1604		2734
佛山市	Foshan	5205	63	47
江门市	Jiangmen	9556		
湛江市	Zhanjiang	8641	788	209
茂名市	Maoming	6493	22	
肇庆市	Zhaoqing	3042		
惠州市	Huizhou	6617		
梅州市	Meizhou	2844	12	40
汕尾市	Shanwei	1371		
河源市	Heyuan	3487	40	
阳江市	Yangjiang	1544	5	
清远市	Qingyuan	2753	244	
东莞市	Dongguan	4319	23	
中山市	Zhongshan	1383	134	
潮州市	Chaozhou	2364	13	
揭阳市	Jieyang	2221		485
云浮市	Yunfu	3179		
广西壮族自治区	**Guangxi**			
南宁市	Nanning	5482		722
柳州市	Liuzhou	2186	17	114
桂林市	Guilin	7376	236	786
梧州市	Wuzhou	1617		3
北海市	Beihai	1958	355	170
防城港市	Fangchenggang	823	23	
钦州市	Qinzhou	1525	7	
贵港市	Guigang	2713	1	

2-44 续表 5 continued 5

单位：万人 (10 000 persons)

城　市	City	公路客运量 Highway Passenger Traffic	水运客运量 Waterway Passenger Traffic	民用航空客运量 Civil Aviation Passenger Traffic
玉林市	Yulin	2997		
百色市	Baise	3892	1	11
贺州市	Hezhou	1141	2	
河池市	Hechi	3519	13	1
来宾市	Laibin	1603		
崇左市	Chongzuo	1250	2	
海南省	**Hainan**			
海口市	Haikou	2666	1012	3198
三亚市	Sanya	871	541	528
三沙市	Sansha		3	
儋州市	Danzhou	782		
重庆市	**Chongqing**	**53307**	**866**	**2776**
四川省	**Sichuan**			
成都市	Chengdu	10053	64	4980
自贡市	Zigong	3975	67	
攀枝花市	Panzhihua	2063	37	27
泸州市	Luzhou	7339	30	40
德阳市	Deyang	4247		
绵阳市	Mianyang	4268	16	354
广元市	Guangyuan	1654	90	27
遂宁市	Suining	2674	50	
内江市	Neijiang	12745	199	
乐山市	Leshan	3859	241	
南充市	Nanchong	5611	641	75
眉山市	Meishan	4127	108	
宜宾市	Yibin	4708	158	83
广安市	Guang'an		159	
达州市	Dazhou	5879	372	43
雅安市	Ya'an	2044		
巴中市	Bazhong	2657	155	
资阳市	Ziyang	2900	3	
贵州省	**Guizhou**			
贵阳市	Guiyang	68522	184	1811
六盘水市	Liupanshui	3888	34	39
遵义市	Zunyi	90241	123	156
安顺市	Anshun	8724	198	43
毕节市	Bijie			111
铜仁市	Tongren	10698	362	134
云南省	**Yunnan**			
昆明市	Kunming	5461	148	4473
曲靖市	Qujing	3970	39	
玉溪市	Yuxi	2011		
保山市	Baoshan	2264	149	160
昭通市	Zhaotong	1918	20	27
丽江市	Lijiang	2414	27	711
普洱市	Pu'er	1550	85	58
临沧市	Lincang	1034	90	48

2-44 续表 6 continued 6

单位：万人 (10 000 persons)

城 市	City	公路客运量 Highway Passenger Traffic	水运客运量 Waterway Passenger Traffic	民用航空客运量 Civil Aviation Passenger Traffic
西藏自治区	**Tibet**			
拉萨市	Lasa	362		
日喀则市	Xigaze	276		6
昌都市	Qamdo	158		23
林芝市	Linzhi	147		47
山南市	Shannan	135		
那曲市	Naqu			
陕西省	**Shaanxi**			
西安市	Xi'an	15601		4186
铜川市	Tongchuan	1355		
宝鸡市	Baoji	9434		
咸阳市	Xianyang	8528		
渭南市	Weinan	9179	13	
延安市	Yan'an	3105		37
汉中市	Hanzhong	2311		41
榆林市	Yulin	2763	19	177
安康市	Ankang	3416	311	
商洛市	Shangluo	3302	37	
甘肃省	**Gansu**			
兰州市	Lanzhou	4364	75	1282
嘉峪关市	Jiayuguan	8473		43
金昌市	Jinchang	459		15
白银市	Baiyin	1825		
天水市	Tianshui	3525		18
武威市	Wuwei	4231		
张掖市	Zhangye	1533		14
平凉市	Pingliang	4106		
酒泉市	Jiuquan	9072		53
庆阳市	Qingyang	3096		34
定西市	Dingxi	2234		
陇南市	Longnan	3289		
青海省	**Qinghai**			
西宁市	Xining	2112		626
海东市	Haidong	1855		
宁夏回族自治区	**Ningxia**			
银川市	Yinchuan	2862		351
石嘴山市	Shizuishan	859	106	
吴忠市	Wuzhong	1112		
固原市	Guyuan	976		16
中卫市	Zhongwei	904	78	16
新疆维吾尔自治区	**Xinjiang**			
乌鲁木齐市	Urumqi	1467		1104
克拉玛依市	Karamay	76		39
吐鲁番市	Turpan	955		
哈密市	Hami	584		30

2-45 按运输方式分类的货运量(全市)
Freight Traffic by Mode of Transport (Total City)

城　市	City	公路货运量 (万吨) Highway Freight Traffic (10 000 tons)	水运货运量 (万吨) Waterway Freight Traffic (10 000 tons)	民用航空货邮运量 (吨) Civil Aviation Freight Traffic (ton)
北京市	**Beijing**	**19374**		**1749346**
天津市	**Tianjin**	**34720**	**8344**	**73800**
河北省	**Hebei**			
石家庄市	Shijiazhuang	45802		41013
唐山市	Tangshan	41340	1690	1261
秦皇岛市	Qinhuangdao	6684	1623	506
邯郸市	Handan	20867		703
邢台市	Xingtai	21950		
保定市	Baoding	11889		
张家口市	Zhangjiakou	13378		123
承德市	Chengde	4528		
沧州市	Cangzhou	24100	1131	
廊坊市	Langfang	10937		
衡水市	Hengshui	5262		
山西省	**Shanxi**			
太原市	Taiyuan			48400
大同市	Datong			4431
阳泉市	Yangquan			
长治市	Changzhi	8802		465
晋城市	Jincheng			
朔州市	Shuozhou	3440		
晋中市	Jinzhong	12522		
运城市	Yuncheng	15567		3200
忻州市	Xinzhou	9013	2	26
临汾市	Linfen			773
吕梁市	Lvliang			43
内蒙古自治区	**Inner Mongolia**			
呼和浩特市	Hohhot	19076		39611
包头市	Baotou	33664		3438
乌海市	Wuhai	5956		600
赤峰市	Chifeng	15293		1841
通辽市	Tongliao	10520		1700
鄂尔多斯市	Erdos	19689		12000
呼伦贝尔市	Hulunbuir	11358		19500
巴彦淖尔市	Bayannur	10009		596
乌兰察布市	Ulanqab	7197		
辽宁省	**Liaoning**			
沈阳市	Shenyang	22364		63162
大连市	Dalian	28603	13239	80540
鞍山市	Anshan	19902		
抚顺市	Fushun	9131		
本溪市	Benxi	8130		
丹东市	Dandong	7100	338	
锦州市	Jinzhou	16653	167	
营口市	Yingkou	16050	283	
阜新市	Fuxin	4763		
辽阳市	Liaoyang	14024		

2-45 续表 1 continued 1

城　市	City	公路货运量 (万吨) Highway Freight Traffic (10 000 tons)	水运货运量 (万吨) Waterway Freight Traffic (10 000 tons)	民用航空货邮运量 (吨) Civil Aviation Freight Traffic (ton)
盘锦市	Panjin	13427	48	
铁岭市	Tieling	7292		
朝阳市	Chaoyang	5088		
葫芦岛市	Huludao	11746	48	
吉林省	**Jilin**			
长春市	Changchun	11948	35	65995
吉林市	Jilin	5975		
四平市	Siping	8789		
辽源市	Liaoyuan	1932		
通化市	Tonghua	2407		317
白山市	Baishan	1164		2084
松原市	Songyuan	6712	38	
白城市	Baicheng	1669	6	45
黑龙江省	**Heilongjiang**			
哈尔滨市	Harbin	7492	431	44000
齐齐哈尔市	Qiqihar	11200		70
鸡西市	Jixi	3926		257
鹤岗市	Hegang	1196	71	
双鸭山市	Shuangyashan	1211		
大庆市	Daqing	3989	25	1399
伊春市	Yichun	558		53
佳木斯市	Jiamusi	4572	278	1076
七台河市	Qitaihe	1162		
牡丹江市	Mudanjiang	2823		987
黑河市	Heihe	746	22	72
绥化市	Suihua	2548		
上海市	**Shanghai**	**39743**	**56619**	**4231800**
江苏省	**Jiangsu**			
南京市	Nanjing	13806	14560	81822
无锡市	Wuxi	14511	2769	49600
徐州市	Xuzhou	19485	6287	9232
常州市	Changzhou	12174	2375	18871
苏州市	Suzhou	13614	1323	
南通市	Nantong	12656	9051	48922
连云港市	Lianyungang	9283	1991	
淮安市	Huai'an	6633	7131	5006
盐城市	Yancheng	5515	11770	5541
扬州市	Yangzhou	7112	6262	93800
镇江市	Zhenjiang	7551	1557	
泰州市	Taizhou	2800	18226	
宿迁市	Suqian	4194	2390	
浙江省	**Zhejiang**			
杭州市	Hangzhou	29378	5044	589461
宁波市	Ningbo	29002	21054	169559
温州市	Wenzhou	10978	3283	43893
嘉兴市	Jiaxing	12832	9109	
湖州市	Huzhou	9817	6939	

2-45 续表 2 continued 2

城　市	City	公路货运量 (万吨) Highway Freight Traffic (10 000 tons)	水运货运量 (万吨) Waterway Freight Traffic (10 000 tons)	民用航空货邮运量 (吨) Civil Aviation Freight Traffic (ton)
绍兴市	Shaoxing	12055	1371	
金华市	Jinhua	8768	16	15493
衢州市	Quzhou	11263	5	602
舟山市	Zhoushan	8460	23245	197
台州市	Taizhou	14377	13482	6842
丽水市	Lishui	4985	235	
安徽省	**Anhui**			
合肥市	Hefei	33702	5159	
芜湖市	Wuhu	7902	20358	
蚌埠市	Bengbu	23559	13594	
淮南市	Huainan	12580	6942	
马鞍山市	Maanshan	7292	6880	
淮北市	Huaibei	14130	159	
铜陵市	Tongling	3722	4631	
安庆市	Anqing	14084	4020	1434
黄山市	Huangshan	5467	74	2291
滁州市	Chuzhou	17009	1954	
阜阳市	Fuyang	48987	19160	2511
宿州市	Suzhou	25227	1041	
六安市	Lu'an	23532	9515	
亳州市	Bozhou	29758	4724	
池州市	Chizhou	4553	6293	408
宣城市	Xuancheng	9470	9511	
福建省	**Fujian**			
福州市	Fuzhou	17673	10551	125603
厦门市	Xiamen	20650	8801	338700
莆田市	Putian	5346	668	
三明市	Sanming	10619		374
泉州市	Quanzhou	16537	11241	59200
漳州市	Zhangzhou	8040	1280	
南平市	Nanping	3680	104	827
龙岩市	Longyan	9293	46	797
宁德市	Ningde	3760	1035	
江西省	**Jiangxi**			
南昌市	Nanchang	12436	1122	52300
景德镇市	Jingdezhen	3536	185	2100
萍乡市	Pingxiang	3670		
九江市	Jiujiang	12102	1137	
新余市	Xinyu	18663	41	
鹰潭市	Yingtan	4262	257	
赣州市	Ganzhou	10485	2910	6629
吉安市	Ji'an	11584	2002	2220
宜春市	Yichun	21085	2644	370
抚州市	Fuzhou	14183	236	
上饶市	Shangrao	24344	860	
山东省	**Shandong**			
济南市	Jinan	24058	134	49982

2-45 续表 3 continued 3

城 市	City	公路货运量 (万吨) Highway Freight Traffic (10 000 tons)	水运货运量 (万吨) Waterway Freight Traffic (10 000 tons)	民用航空货邮运量 (吨) Civil Aviation Freight Traffic (ton)
青岛市	Qingdao	24716	1800	230747
淄博市	Zibo	19030		
枣庄市	Zaozhuang	6288	867	
东营市	Dongying	6024	258	329
烟台市	Yantai	19915	4581	23454
潍坊市	Weifang	27156	2423	26469
济宁市	Jining	29257	4304	2247
泰安市	Tai'an	7742	73	
威海市	Weihai	7896	1916	5729
日照市	Rizhao	8581	882	1027
莱芜市	Laiwu	7526		
临沂市	Linyi	35083		6275
德州市	Dezhou	15305	15	
聊城市	Liaocheng	20054		
滨州市	Binzhou	13387	276	
菏泽市	Heze	16016	114	
河南省	**Henan**			
郑州市	Zhengzhou	22073		229000
开封市	Kaifeng	3667		
洛阳市	Luoyang	24287	71	1463
平顶山市	Pingdingshan	11792		
安阳市	Anyang	13351		
鹤壁市	Hebi	8028		
新乡市	Xinxiang	14175		
焦作市	Jiaozuo	10545		
濮阳市	Puyang	5576	140	
许昌市	Xuchang	9083		
漯河市	Luohe	6124	890	
三门峡市	Sanmenxia	6554		
南阳市	Nanyang	20144	944	900
商丘市	Shangqiu	13174	436	
信阳市	Xinyang	5386	3518	
周口市	Zhoukou	14201	2472	
驻马店市	Zhumadian	11260	4254	
湖北省	**Hubei**			
武汉市	Wuhan	34982	15292	160434
黄石市	Huangshi	7044	1075	
十堰市	Shiyan	6508	495	
宜昌市	Yichang	10552	5291	13474
襄阳市	Xiangyang	30511	967	2915
鄂州市	Ezhou	1830	637	
荆门市	Jingmen	3002	67	
孝感市	Xiaogan	3958	339	
荆州市	Jingzhou	8755	7987	
黄冈市	Huanggang	9517	3600	
咸宁市	Xianning	9829	12	
随州市	Suizhou	7987	55	

2-45 续表 4 continued 4

城　　市	City	公路货运量(万吨) Highway Freight Traffic (10 000 tons)	水运货运量(万吨) Waterway Freight Traffic (10 000 tons)	民用航空货邮运量(吨) Civil Aviation Freight Traffic (ton)
湖南省	**Hunan**			
长沙市	Changsha	38808	2603	
株洲市	Zhuzhou	17211	844	
湘潭市	Xiangtan	7962	686	
衡阳市	Hengyang	17647	1575	602
邵阳市	Shaoyang	23659	311	
岳阳市	Yueyang	23379	8926	
常德市	Changde	12126	3140	368
张家界市	Zhangjiajie	2203	174	1426
益阳市	Yiyang	10469	2568	
郴州市	Chenzhou	20373	144	
永州市	Yongzhou	6359	432	14
怀化市	Huaihua	5680	400	
娄底市	Loudi	10355	560	
广东省	**Guangdong**			
广州市	Guangzhou	77099	37506	1321700
韶关市	Shaoguan	14876	4629	
深圳市	Shenzhen	23953	8147	1158800
珠海市	Zhuhai	9599	1871	15000
汕头市	Shantou	5627	776	
佛山市	Foshan	26457	4540	1777
江门市	Jiangmen	10361	4921	
湛江市	Zhanjiang	13352	4207	5239
茂名市	Maoming	9856	664	
肇庆市	Zhaoqing	5448	1723	
惠州市	Huizhou	11401	13292	
梅州市	Meizhou	8344	12	127
汕尾市	Shanwei	2713	9	
河源市	Heyuan	6686	16	
阳江市	Yangjiang	9923	91	
清远市	Qingyuan	12847	3019	
东莞市	Dongguan	10521	6204	
中山市	Zhongshan	15241	3095	
潮州市	Chaozhou	4472	1010	
揭阳市	Jieyang	4063	29	53684
云浮市	Yunfu	4981	1255	
广西壮族自治区	**Guangxi**			
南宁市	Nanning	31212	3698	63079
柳州市	Liuzhou	13829	753	5906
桂林市	Guilin	9351	45	24188
梧州市	Wuzhou	5435	2700	
北海市	Beihai	6074	905	5009
防城港市	Fangchenggang	4042	1382	
钦州市	Qinzhou	11386	2402	
贵港市	Guigang	9324	15408	

2-45 续表 5 continued 5

城　市	City	公路货运量 (万吨) Highway Freight Traffic (10 000 tons)	水运货运量 (万吨) waterway Freight Traffic (10 000 tons)	民用航空货邮运量 (吨) Civil Aviation Freight Traffic (ton)
玉林市	Yulin	21978	138	
百色市	Baise	9432	347	
贺州市	Hezhou	4449	103	
河池市	Hechi	6726	15	
来宾市	Laibin	1928	479	
崇左市	Chongzuo	4436	30	
海南省	**Hainan**			
海口市	Haikou	3023	6006	351349
三亚市	Sanya	1648		311
三沙市	Sansha		2	
儋州市	Danzhou	311		
重庆市	**Chongqing**	**95019**	**18506**	**132613**
四川省	**Sichuan**			
成都市	Chengdu	26245	321	643000
自贡市	Zigong	5299	177	
攀枝花市	Panzhihua	9628	18	1345
泸州市	Luzhou	8614	1830	1062
德阳市	Deyang	9292		
绵阳市	Mianyang	6575		
广元市	Guangyuan	4985	1125	320
遂宁市	Suining	4225	167	
内江市	Neijiang	3608	322	
乐山市	Leshan	13765	280	
南充市	Nanchong	7626	1669	2914
眉山市	Meishan	7941	340	
宜宾市	Yibin	6378	682	2491
广安市	Guang'an		689	
达州市	Dazhou	11360	378	1464
雅安市	Ya'an	5435		
巴中市	Bazhong	3308	222	
资阳市	Ziyang	4018	208	
贵州省	**Guizhou**			
贵阳市	Guiyang	44839	12	102370
六盘水市	Liupanshui	18005	7	49
遵义市	Zunyi	69800	612	1618
安顺市	Anshun	6531	4	897
毕节市	Bijie			1056
铜仁市	Tongren	5917	7	132
云南省	**Yunnan**			
昆明市	Kunming	26352	33	418600
曲靖市	Qujing	18519		
玉溪市	Yuxi	80973		
保山市	Baoshan	4361		3520
昭通市	Zhaotong	4409	344	249
丽江市	Lijiang	3510	28	10266
普洱市	Pu'er	3352	102	1079
临沧市	Lincang	3679	80	751

2-45 续表 6 continued 6

城　市	City	公路货运量(万吨) Highway Freight Traffic (10 000 tons)	水运货运量(万吨) Waterway Freight Traffic (10 000 tons)	民用航空货邮运量(吨) Civil Aviation Freight Traffic (ton)
西藏自治区	**Tibet**			
拉萨市	Lasa	890		
日喀则市	Xigaze	374		31
昌都市	Qamdo	215		714
林芝市	Linzhi	170		1943
山南市	Shannan	252		35000
那曲市	Naqu			
陕西省	**Shaanxi**			
西安市	Xi'an	24477		259900
铜川市	Tongchuan	9568		
宝鸡市	Baoji	12956		
咸阳市	Xianyang	12944		
渭南市	Weinan	17953	73	
延安市	Yan'an	4508		359
汉中市	Hanzhong	4197		630
榆林市	Yulin	27261		4179
安康市	Ankang	4050	158	
商洛市	Shangluo	3424	1	
甘肃省	**Gansu**			
兰州市	Lanzhou	12039		60906
嘉峪关市	Jiayuguan	10438		1616
金昌市	Jinchang	1590		102
白银市	Baiyin	8343		
天水市	Tianshui	4085		54
武威市	Wuwei	5790		
张掖市	Zhangye	2482		137
平凉市	Pingliang	4563		
酒泉市	Jiuquan	3858		510
庆阳市	Qingyang	3985		47
定西市	Dingxi	4434		
陇南市	Longnan	2372		
青海省	**Qinghai**			
西宁市	Xining	6963		30000
海东市	Haidong	3601		
宁夏回族自治区	**Ningxia**			
银川市	Yinchuan	7797		16000
石嘴山市	Shizuishan	4219	2003	
吴忠市	Wuzhong	9957		
固原市	Guyuan	5570		15
中卫市	Zhongwei	5403	42	127
新疆维吾尔自治区	**Xinjiang**			
乌鲁木齐市	Urumqi	17145		68500
克拉玛依市	Karamay	3947		275
吐鲁番市	Turpan	1645		
哈密市	Hami	3738		483

2-46 邮政、电信业发展情况(全市)
Development of Postal and Telecommunications Industry (Total City)

城　市	City	邮政业务收入(万元) Revenue from Postal Services (10 000 yuan)	电信业务收入(万元) Revenue from Telecommunication Services (10 000 yuan)	移动电话年末用户数(万户) Number of Subscribers of Mobile Telephones at Year-end (10 000 households)	互联网宽带接入用户数(万户) Number of Subscribers of Internet Services (10 000 households)
北京市	**Beijing**	**830179**	**8755281**	**3752**	**542**
天津市	**Tianjin**	**1061300**	**3006800**	**1580**	**339**
河北省	**Hebei**				
石家庄市	Shijiazhuang	509215	869762	1265	318
唐山市	Tangshan	153937	551276	954	193
秦皇岛市	Qinhuangdao	71623	239792	401	96
邯郸市	Handan	105894	460398	867	190
邢台市	Xingtai	117435	357353	625	161
保定市	Baoding	338149	729698	1079	284
张家口市	Zhangjiakou	61776	269353	417	105
承德市	Chengde	44936	216247	374	74
沧州市	Cangzhou	60754	442425	742	178
廊坊市	Langfang	30812	473642	575	164
衡水市	Hengshui	86846	217687	446	110
山西省	**Shanxi**				
太原市	Taiyuan	75068	549329	743	141
大同市	Datong	36279	215977	304	67
阳泉市	Yangquan	11816	139497	142	43
长治市	Changzhi	25439	415574	326	67
晋城市	Jincheng	14417	316445	249	56
朔州市	Shuozhou	12040	104141	190	31
晋中市	Jinzhong	23270	225624	331	72
运城市	Yuncheng	94000	973000	523	113
忻州市	Xinzhou	35946	169700	295	51
临汾市	Linfen	34140	569780	415	94
吕梁市	Lvliang	27451	382880	355	66
内蒙古自治区	**Inner Mongolia**				
呼和浩特市	Hohhot	135757	608024	438	52
包头市	Baotou	20552	265601	400	58
乌海市	Wuhai	12379	61747	85	17
赤峰市	Chifeng	37301	531100	423	65
通辽市	Tongliao	32600	220709	373	47
鄂尔多斯市	Erdos	30000	189000	251	37
呼伦贝尔市	Hulunbuir	22584	228654	314	46
巴彦淖尔市	Bayannur	17103	140000	211	34
乌兰察布市	Ulanqab	21727	96206	170	25
辽宁省	**Liaoning**				
沈阳市	Shenyang	368584	1110084	1244	201
大连市	Dalian	292494	866327	888	167
鞍山市	Anshan	66368	290010	353	86
抚顺市	Fushun	31692	158024	203	57
本溪市	Benxi	28139	125663	151	44
丹东市	Dandong	45528	196576	226	60
锦州市	Jinzhou	41235	206398	277	75
营口市	Yingkou	43005	222511	231	61
阜新市	Fuxin	18518	124103	164	50
辽阳市	Liaoyang	38559	138320	178	46

2-46 续表 1 continued 1

城市	City	邮政业务收入 (万元) Revenue from Postal Services (10 000 yuan)	电信业务收入 (万元) Revenue from Telecommunication Services (10 000 yuan)	移动电话年末用户数 (万户) Number of Subscribers of Mobile Telephones at Year-end (10 000 households)	互联网宽带接入用户数 (万户) Number of Subscribers of Internet Services (10 000 households)
盘锦市	Panjin	47996	165033	155	36
铁岭市	Tieling	42258	162836	220	55
朝阳市	Chaoyang	47079	172510	239	61
葫芦岛市	Huludao	65038	380245	226	59
吉林省	**Jilin**				
长春市	Changchun	267942	727000	1018	178
吉林市	Jilin	86027	270000	442	81
四平市	Siping	48690	161675	338	52
辽源市	Liaoyuan	21619	73000	115	19
通化市	Tonghua	46041	132000	204	39
白山市	Baishan	31955	80000	118	24
松原市	Songyuan	31304	139826	304	38
白城市	Baicheng	25401	120000	193	30
黑龙江省	**Heilongjiang**				
哈尔滨市	Harbin	149776	901626	1223	223
齐齐哈尔市	Qiqihar	30500	769908	355	80
鸡西市	Jixi	35738	223020	177	26
鹤岗市	Hegang	17258	62581	114	22
双鸭山市	Shuangyashan	27166	73587	140	27
大庆市	Daqing	47771	226957	398	52
伊春市	Yichun	13685	62442	100	22
佳木斯市	Jiamusi	13000	151000	273	137
七台河市	Qitaihe	8171	50631	100	18
牡丹江市	Mudanjiang	72152	220211	270	58
黑河市	Heihe	15210	89293	151	24
绥化市	Suihua	43025			
上海市	**Shanghai**	**733995**	**5681000**	**3299**	**681**
江苏省	**Jiangsu**				
南京市	Nanjing	963100	1370690	1124	457
无锡市	Wuxi	702449	1070425	880	298
徐州市	Xuzhou	291300	631665	811	269
常州市	Changzhou	400400	649622	587	232
苏州市	Suzhou	1583000	2053346	1596	616
南通市	Nantong	457800	682113	727	290
连云港市	Lianyungang	139100	324370	409	146
淮安市	Huai'an	185800	323986	412	146
盐城市	Yancheng	184700	509118	631	222
扬州市	Yangzhou	233600	441921	463	185
镇江市	Zhenjiang	147400	313443	325	137
泰州市	Taizhou	169800	399482	432	175
宿迁市	Suqian	148800	340161	414	137
浙江省	**Zhejiang**				
杭州市	Hangzhou	2750911	1926784	1724	509
宁波市	Ningbo	823397	1155940	1219	384
温州市	Wenzhou	653495	1122492	1165	365
嘉兴市	Jiaxing	56981	845536	632	175
湖州市	Huzhou	44473	360328	443	158

2-46 续表 2 continued 2

城　市	City	邮政业务收入（万元）Revenue from Postal Services (10 000 yuan)	电信业务收入（万元）Revenue from Telecommunication Services (10 000 yuan)	移动电话年末用户数（万户）Number of Subscribers of Mobile Telephones at Year-end (10 000 households)	互联网宽带接入用户数（万户）Number of Subscribers of Internet Services (10 000 households)
绍兴市	Shaoxing	63523	531404	883	201
金华市	Jinhua	190965	737437	1030	254
衢州市	Quzhou	61603	165726	238	84
舟山市	Zhoushan	13748	136142	179	52
台州市	Taizhou	67831	678804	826	226
丽水市	Lishui	99954	184359	268	77
安徽省	**Anhui**				
合肥市	Hefei	497700	908120	877	258
芜湖市	Wuhu	172094	366885	348	92
蚌埠市	Bengbu	31818	250946	267	69
淮南市	Huainan	54637	199161	244	68
马鞍山市	Maanshan	22853	166622	188	56
淮北市	Huaibei	19587	123523	180	52
铜陵市	Tongling	23618	90100	127	82
安庆市	Anqing	64626	240813	372	88
黄山市	Huangshan	15991	97349	124	34
滁州市	Chuzhou	34449	424762	356	87
阜阳市	Fuyang	92935	94289	617	140
宿州市	Suzhou	60393	313565	409	99
六安市	Lu'an	43123	247516	345	70
亳州市	Bozhou	43121		388	89
池州市	Chizhou	11950	88165	121	35
宣城市	Xuancheng	24541	178487	226	63
福建省	**Fujian**				
福州市	Fuzhou	461427	1106600	890	286
厦门市	Xiamen	563900	1452400	596	209
莆田市	Putian	165433	268771	292	266
三明市	Sanming	69980	206350	244	76
泉州市	Quanzhou	676479	858081	940	287
漳州市	Zhangzhou	128057	434968	477	142
南平市	Nanping	45013	215809	260	80
龙岩市	Longyan	67124	694570	259	84
宁德市	Ningde	86237	498907	290	91
江西省	**Jiangxi**				
南昌市	Nanchang	430300	1682000	613	185
景德镇市	Jingdezhen	14395	110617	149	25
萍乡市	Pingxiang	19366	133303	170	45
九江市	Jiujiang	36379	284336	426	96
新余市	Xinyu	23700	207300	117	33
鹰潭市	Yingtan	25029	70949	79	29
赣州市	Ganzhou	152844	479200	721	153
吉安市	Ji'an	91200	301682	396	92
宜春市	Yichun	83580	266400	414	96
抚州市	Fuzhou	54300	190805	268	73
上饶市	Shangrao	83400	308800	501	112
山东省	**Shandong**				
济南市	Jinan	487300	829300	971	299

2-46 续表 3 continued 3

城　市	City	邮政业务收入 (万元) Revenue from Postal Services (10 000 yuan)	电信业务收入 (万元) Revenue from Telecommunication Services (10 000 yuan)	移动电话年末用户数 (万户) Number of Subscribers of Mobile Telephones at Year-end (10 000 households)	互联网宽带接入用户数 (万户) Number of Subscribers of Internet Services (10 000 households)
青岛市	Qingdao	534344	1082183	1291	369
淄博市	Zibo	114906	334711	506	128
枣庄市	Zaozhuang	64300	202587	339	95
东营市	Dongying	42762	197598	266	58
烟台市	Yantai	71436	528741	798	196
潍坊市	Weifang	102495	588593	923	223
济宁市	Jining	147201	452297	730	183
泰安市	Tai'an	100784	267881	491	130
威海市	Weihai	109764	239516	356	95
日照市	Rizhao	46700	250199	292	75
莱芜市	Laiwu	24240	69182	120	40
临沂市	Linyi	216297	618728	931	227
德州市	Dezhou	113100	269462	466	126
聊城市	Liaocheng	74515	224395	378	121
滨州市	Binzhou	75900	224395	378	121
菏泽市	Heze	147200	380875	687	157
河南省	**Henan**				
郑州市	Zhengzhou	746477	1390499	1506	320
开封市	Kaifeng	59967	256747	377	86
洛阳市	Luoyang	154900	482708	715	194
平顶山市	Pingdingshan	67374	264386	412	51
安阳市	Anyang	92800	315247	487	130
鹤壁市	Hebi	10950	88670	146	36
新乡市	Xinxiang	142697	432828	635	158
焦作市	Jiaozuo	37720	210896	357	87
濮阳市	Puyang	39514	216251	322	88
许昌市	Xuchang	73219	258693	385	97
漯河市	Luohe	68043	35450	64	29
三门峡市	Sanmenxia	41799	141960	221	57
南阳市	Nanyang	164985	489602	840	147
商丘市	Shangqiu	97866	402995	670	142
信阳市	Xinyang	95838	349817	466	104
周口市	Zhoukou	128653	413890	633	131
驻马店市	Zhumadian	117700	380731	596	114
湖北省	**Hubei**				
武汉市	Wuhan	1011000	2075851	1601	430
黄石市	Huangshi	70864	205000	223	53
十堰市	Shiyan	38525	183314	308	82
宜昌市	Yichang	41589	306300	381	103
襄阳市	Xiangyang	63700	341912	507	129
鄂州市	Ezhou	27454	84037	102	29
荆门市	Jingmen	61340	173063	226	50
孝感市	Xiaogan	89668	240274	331	70
荆州市	Jingzhou	111300	324688	430	108
黄冈市	Huanggang	99700	298200	445	94
咸宁市	Xianning	48764	92512	130	59
随州市	Suizhou	41600	116335	179	40

2-46 续表 4 continued 4

城 市	City	邮政业务收入（万元）Revenue from Postal Services (10 000 yuan)	电信业务收入（万元）Revenue from Telecommunication Services (10 000 yuan)	移动电话年末用户数（万户）Number of Subscribers of Mobile Telephones at Year-end (10 000 households)	互联网宽带接入用户数（万户）Number of Subscribers of Internet Services (10 000 households)
湖南省	**Hunan**				
长沙市	Changsha	481560	1141809	1203	279
株洲市	Zhuzhou	93426	299599	372	92
湘潭市	Xiangtan	44860	211972	262	64
衡阳市	Hengyang	110166	357685	501	115
邵阳市	Shaoyang	72414	647120	492	55
岳阳市	Yueyang	79170	329527	427	101
常德市	Changde	52638	360819	511	110
张家界市	Zhangjiajie	21154	113123	138	36
益阳市	Yiyang	72586	234042	339	66
郴州市	Chenzhou	82145	277365	406	90
永州市	Yongzhou	46406	239544	357	77
怀化市	Huaihua	61630	282809	366	76
娄底市	Loudi	52392	229303	310	69
广东省	**Guangdong**				
广州市	Guangzhou	4159351	3400899	3083	522
韶关市	Shaoguan	59726	171556	258	206
深圳市	Shenzhen	4127200	3408000	2679	463
珠海市	Zhuhai			332	141
汕头市	Shantou	334228	493989	612	133
佛山市	Foshan	597057	1377382	1167	268
江门市	Jiangmen	54916	477600	690	148
湛江市	Zhanjiang	134405	475757	570	147
茂名市	Maoming	98186	446272	450	105
肇庆市	Zhaoqing	90397	297370	480	366
惠州市	Huizhou	28877	644799	717	183
梅州市	Meizhou	89177	225000	319	88
汕尾市	Shanwei	50501	178821	198	54
河源市	Heyuan	50792	178410	217	59
阳江市	Yangjiang	76334	194365	250	60
清远市	Qingyuan	61673	265198	348	82
东莞市	Dongguan	1672002	1679919	1681	173
中山市	Zhongshan	383609	649433	606	176
潮州市	Chaozhou	82693	196636	230	66
揭阳市	Jieyang	1139074	887533	589	107
云浮市	Yunfu	45281	381939	230	54
广西壮族自治区	**Guangxi**				
南宁市	Nanning	83477	877048	912	235
柳州市	Liuzhou	59052	326153	438	104
桂林市	Guilin	67745	334763	469	107
梧州市	Wuzhou	38800	150316	225	49
北海市	Beihai	25830	334763	469	107
防城港市	Fangchenggang	7150	85078	104	22
钦州市	Qinzhou	36803	172989	249	49
贵港市	Guigang	57932	300378	427	87

2-46 续表 5 continued 5

城　市	City	邮政业务收入 (万元) Revenue from Postal Services (10 000 yuan)	电信业务收入 (万元) Revenue from Telecommunication Services (10 000 yuan)	移动电话年末用户数 (万户) Number of Subscribers of Mobile Telephones at Year-end (10 000 households)	互联网宽带接入用户数 (万户) Number of Subscribers of Internet Services (10 000 households)
玉林市	Yulin	74712	300378	427	87
百色市	Baise	36458	227913	311	54
贺州市	Hezhou	20945	204828	152	31
河池市	Hechi	35709	204828	277	56
来宾市	Laibin	20122	117685	165	35
崇左市	Chongzuo	19990	133380	199	33
海南省	**Hainan**				
海口市	Haikou	115186	385946	387	85
三亚市	Sanya	9717	150880	123	35
三沙市	Sansha		93		
儋州市	Danzhou	11974	74800	72	14
重庆市	**Chongqing**	924500	2584000	3275	867
四川省	**Sichuan**				
成都市	Chengdu	1013700	2113923	2673	678
自贡市	Zigong	31204	160026	270	71
攀枝花市	Panzhihua			139	39
泸州市	Luzhou	76221	271086	449	105
德阳市	Deyang	53280	499163	406	157
绵阳市	Mianyang	51098	347443	570	149
广元市	Guangyuan	38002	165462	248	63
遂宁市	Suining	27350	177891	246	59
内江市	Neijiang	59536	173800	309	283
乐山市	Leshan	47742	245836	361	93
南充市	Nanchong	113588	322162	543	117
眉山市	Meishan	67178	499600	314	89
宜宾市	Yibin	59394	277955	453	104
广安市	Guang'an	38226	44508	273	66
达州市	Dazhou	70123	234635	397	112
雅安市	Ya'an	11495	105486	161	43
巴中市	Bazhong	46673	169980	269	58
资阳市	Ziyang	45590	113860	194	44
贵州省	**Guizhou**				
贵阳市	Guiyang	200304	636276	749	146
六盘水市	Liupanshui	28670	191500	320	40
遵义市	Zunyi	92700	444900	659	95
安顺市	Anshun	24970	152500	257	36
毕节市	Bijie	44500	335100	519	380
铜仁市	Tongren	38884	207800	297	43
云南省	**Yunnan**				
昆明市	Kunming	303521	1029800	1051	212
曲靖市	Qujing	31882	229556	486	85
玉溪市	Yuxi	18345	77206	120	37
保山市	Baoshan	19434	153357	236	37
昭通市	Zhaotong	27903	249657	387	49
丽江市	Lijiang	17867	91477	111	23
普洱市	Pu'er	18860	15943	256	43
临沧市	Lincang	13551	139024	215	27

2-46 续表 6 continued 6

城 市	City	邮政业务收入(万元) Revenue from Postal Services (10 000 yuan)	电信业务收入(万元) Revenue from Telecommunication Services (10 000 yuan)	移动电话年末用户数(万户) Number of Subscribers of Mobile Telephones at Year-end (10 000 households)	互联网宽带接入用户数(万户) Number of Subscribers of Internet Services (10 000 households)
西藏自治区	**Tibet**				
拉萨市	Lasa		194960	115	
日喀则市	Xigaze	3537	29113	65	7
昌都市	Qamdo	4149	25425	32	30
林芝市	Linzhi	5059	39727	24	4
山南市	Shannan	3852	15700	16	3
那曲市	Naqu	2231	40890	29	4
陕西省	**Shaanxi**				
西安市	Xi'an	544555	1451625	1854	347
铜川市	Tongchuan	8316	14624	82	19
宝鸡市	Baoji	61300	231400	389	72
咸阳市	Xianyang	44013	290414	477	105
渭南市	Weinan	43722	306130	512	87
延安市	Yan'an	30977	207486	296	179
汉中市	Hanzhong	60600	500600	351	57
榆林市	Yulin	47735	83746	326	60
安康市	Ankang	29886	161513	263	48
商洛市	Shangluo	23085	123027	138	27
甘肃省	**Gansu**				
兰州市	Lanzhou	37323	532375	587	138
嘉峪关市	Jiayuguan	6256	34283	49	12
金昌市	Jinchang	5791	86248	63	15
白银市	Baiyin	12900	189100	158	34
天水市	Tianshui	36280	168109	301	96
武威市	Wuwei	12800	111806	158	35
张掖市	Zhangye	8045	74738	120	38
平凉市	Pingliang	7733	287700	119	107
酒泉市	Jiuquan	13566	99751	140	37
庆阳市	Qingyang	15562	93385	222	43
定西市	Dingxi	15700	141463	224	40
陇南市	Longnan	19072	159930	252	14
青海省	**Qinghai**				
西宁市	Xining	38095	677641	322	61
海东市	Haidong	7396	21132	137	17
宁夏回族自治区	**Ningxia**				
银川市	Yinchuan	20411	326715	415	68
石嘴山市	Shizuishan	5454	99446	90	22
吴忠市	Wuzhong	9269	29150	69	24
固原市	Guyuan	9994	27031	107	19
中卫市	Zhongwei	8172	76147	109	22
新疆维吾尔自治区	**Xinjiang**				
乌鲁木齐市	Urumqi	54012	632498	486	133
克拉玛依市	Karamay	7569	59531	68	21
吐鲁番市	Turpan	11155	53353	87	17
哈密市	Hami	13276	69937	65	23

2-47 售水、用水及用电情况
Water Sale, Water Consumption and Electricity Consumption

城　市	City	售水量（万吨）Water Supply (10 000 tons)	居民家庭用水量 Consumption for Residential use	全社会用电量（万千瓦时）Annual Electricity Consumption (10 000 kwh)	其中：工业用电 Electricity Consumption for Industrial	城镇居民生活用电 Household Electricity Consumption for Urban and Rural Residential
		市辖区 Districts under City	市辖区 Districts under City	全 市 Total City	全 市 Total City	全 市 Total City
北京市	**Beijing**	**110587**	**95559**	**10668903**	**3104137**	**1853331**
天津市	**Tianjin**	**72750**	**28093**	**8055945**	**5179830**	**766362**
河北省	**Hebei**					
石家庄市	Shijiazhuang	27679	10393	4681026	2860549	270688
唐山市	Tangshan	13158	6568	7613981	6390236	212455
秦皇岛市	Qinhuangdao	8121	4251	1474871	955719	93865
邯郸市	Handan	14380	7304	3733728	2923111	169923
邢台市	Xingtai	4680	1838	2506398	1657344	126958
保定市	Baoding	11515	4532	3578052	1932992	283838
张家口市	Zhangjiakou	6954	2698	1468548	899579	118051
承德市	Chengde	6303	1709	1639948	1274523	67136
沧州市	Cangzhou	3837	1937	2980607	1996220	132451
廊坊市	Langfang	5153	1848	2738800	1782600	245500
衡水市	Hengshui	4585	1953	1383440	821718	89729
山西省	**Shanxi**					
太原市	Taiyuan	31047	13402	2705500	1732495	322415
大同市	Datong	9944	5983	1051366	668931	126453
阳泉市	Yangquan	3453	1650	829295	663721	18393
长治市	Changzhi	4920	3465	1449666	1154564	67775
晋城市	Jincheng	2899	1502	1925375	1699686	39816
朔州市	Shuozhou	1639	893	768153	608328	33423
晋中市	Jinzhong	2653	1807	1750562	1336565	88494
运城市	Yuncheng	3875	1674	3002206	2345801	127563
忻州市	Xinzhou	1202	754	1057597	642184	68135
临汾市	Linfen	2705	1693	1736241	1216950	107386
吕梁市	Lvliang	1112	790	1665715	1303322	102254
内蒙古自治区	**Inner Mongolia**					
呼和浩特市	Hohhot	12034	3909	2178782	1547292	156898
包头市	Baotou	17806	3982	5179275	4719867	252825
乌海市	Wuhai	8120	1505	1764744	1686604	34651
赤峰市	Chifeng	5592	2872	1386802	967117	110952
通辽市	Tongliao	2767	1232	3507776	3124917	70012
鄂尔多斯市	Erdos	3459	1950	5776985	5314913	109004
呼伦贝尔市	Hulunbuir	1909	1415	993321	724715	98524
巴彦淖尔市	Bayannur	1230	715	1373838	1096001	60033
乌兰察布市	Ulanqab	1480	949	3866135	3645666	74286
辽宁省	**Liaoning**					
沈阳市	Shenyang	50336	26237	3385848	1644535	481597
大连市	Dalian	49569	14550	3380471	2133806	323235
鞍山市	Anshan	10633	4007	2681725	2252925	137791
抚顺市	Fushun	8943	2841	1049445	821516	93342

2-47 续表 1 continued 1

城 市	City	售水量(万吨) Water Supply (10 000 tons)	居民家庭用水量 Consumption for Residential use	全社会用电量(万千瓦时) Annual Electricity Consumption (10 000 kwh)	其中：工业用电 Electricity Consumption for Industrial	城镇居民生活用电 Household Electricity Consumption for Urban and Rural Residential
		市辖区 Districts under City	市辖区 Districts under City	全 市 Total City	全 市 Total City	全 市 Total City
本溪市	Benxi	5305	1885	1343024	1167515	71713
丹东市	Dandong	4447	1888	931045	647191	84348
锦州市	Jinzhou	6761	2335	869734	504630	64408
营口市	Yingkou	6542	2598	2427460	2075408	77197
阜新市	Fuxin	5958	1040	491976	303585	57611
辽阳市	Liaoyang	4074	2043	1068832	861044	53448
盘锦市	Panjin	3393	1973	885537	677672	42919
铁岭市	Tieling	2453	1419	747127	471223	62874
朝阳市	Chaoyang	2107	991	910589	657529	60632
葫芦岛市	Huludao	4125	2565	973453	664037	52448
吉林省	**Jilin**					
长春市	Changchun	24977	10360	2247695	1192460	263455
吉林市	Jilin	7753	4763	1480560	1097538	120739
四平市	Siping	1736	1248	588001	309655	59534
辽源市	Liaoyuan	1233	670	301849	215296	31118
通化市	Tonghua	1971	1304	496407	316511	60409
白山市	Baishan	1545	875	320885	196634	49779
松原市	Songyuan	4903	2263	535722	320651	41698
白城市	Baicheng	1440	850	440973	237386	50408
黑龙江省	**Heilongjiang**					
哈尔滨市	Harbin	27361	11005	2217776	909671	372004
齐齐哈尔市	Qiqihar			830777	413189	144362
鸡西市	Jixi	4130	1617	443111	259573	27665
鹤岗市	Hegang	2276	1209	412189	278191	28722
双鸭山市	Shuangyashan	2136	1447	475373	351855	17500
大庆市	Daqing	23783	3914	2234659	1906299	151560
伊春市	Yichun	2527	1407	230474	142004	37165
佳木斯市	Jiamusi	3710	1720	369557	108041	71759
七台河市	Qitaihe	2287	911	256487	169819	15149
牡丹江市	Mudanjiang	3323	1457			
黑河市	Heihe	592	314	294075	107032	70096
绥化市	Suihua			601936	246248	94513
上海市	**Shanghai**	**245215**	**104952**	**15267716**	**7982214**	**2252891**
江苏省	**Jiangsu**					
南京市	Nanjing	92115	69663	5569607	3181389	635088
无锡市	Wuxi	37843	15263	6866704	5246766	280570
徐州市	Xuzhou	14454	8156	3612266	2453497	234791
常州市	Changzhou	23910	16141	4550311	3512077	201974
苏州市	Suzhou	62267	24478	15035283	12020351	743590
南通市	Nantong	20151	8704	4005524	2757619	232835
连云港市	Lianyungang	10114	4484	1827913	1205886	129157

2-47 续表 2 continued 2

城市	City	售水量(万吨) Water Supply (10 000 tons)	居民家庭用水量 Consumption for Residential use	全社会用电量(万千瓦时) Annual Electricity Consumption (10 000 kwh)	其中：工业用电 Electricity Consumption for Industrial	城镇居民生活用电 Household Electricity Consumption for Urban and Rural Residential
		市辖区 Districts under City	市辖区 Districts under City	全市 Total City	全市 Total City	全市 Total City
淮安市	Huai'an	9465	4701	1729175	1110172	146938
盐城市	Yancheng	8617	5638	2872645	1901789	190519
扬州市	Yangzhou	14395	6834	2370454	1622145	212387
镇江市	Zhenjiang	11431	4427	2438595	1800153	137469
泰州市	Taizhou	8315	4303	2739038	2017467	141450
宿迁市	Suqian	6097	3412	1715543	1139320	115569
浙江省	**Zhejiang**					
杭州市	Hangzhou	71076	33960	7380288	4322669	724900
宁波市	Ningbo	52943	21847	7092306	5254029	408297
温州市	Wenzhou	29189	12985	3991164	2389334	506946
嘉兴市	Jiaxing	7748	3056	4839624	3900849	231339
湖州市	Huzhou	8700	4165	2443329	1821630	152348
绍兴市	Shaoxing	39741	8963	4115520	3214714	225207
金华市	Jinhua	8034	4407	3376777	2282794	280242
衢州市	Quzhou	5010	2053	1552838	1200262	67142
舟山市	Zhoushan	4715	2072	525234	243918	67574
台州市	Taizhou	15439	8137	3105087	2053891	224313
丽水市	Lishui	3948	1909	869518	528795	92344
安徽省	**Anhui**					
合肥市	Hefei	42501	26430	2960923	1503879	393676
芜湖市	Wuhu	14728	7252	1799925	1336210	88452
蚌埠市	Bengbu	10592	5992	784435	431194	76013
淮南市	Huainan	7760	4672	847547	529385	85184
马鞍山市	Maanshan	8072	4345	1970956	1684424	69665
淮北市	Huaibei	3137	2752	594942	414574	48829
铜陵市	Tongling	6400	3767	856403	706324	35507
安庆市	Anqing	6748	2957	961954	604775	67156
黄山市	Huangshan	3558	2020	315736	146932	38073
滁州市	Chuzhou	5286	2308	1511635	1045307	82279
阜阳市	Fuyang	4662	2961	1250605	605005	103263
宿州市	Suzhou	2166	1684	781111	349526	85692
六安市	Lu'an	4681	2762	784917	376519	64647
亳州市	Bozhou	2192	1596	584061	190882	75559
池州市	Chizhou	3137	1592	612125	472842	28083
宣城市	Xuancheng	2897	1737	1057144	745067	66783
福建省	**Fujian**					
福州市	Fuzhou	31256	16708	4562487	2665723	531523
厦门市	Xiamen	45816	17477	2489140	1258177	387984
莆田市	Putian	6263	3361	1231746	746744	125569
三明市	Sanming	3306	1659	1447863	1076664	117391
泉州市	Quanzhou	13937	7321	4703658	3291119	314045

2-47 续表 3 continued 3

城　市	City	售水量(万吨) Water Supply (10 000 tons)	居民家庭用水量 Consumption for Residential use	全社会用电量(万千瓦时) Annual Electricity Consumption (10 000 kwh)	其中：工业用电 Electricity Consumption for Industrial	城镇居民生活用电 Household Electricity Consumption for Urban and Rural Residential
		市辖区 Districts under City	市辖区 Districts under City	全　市 Total City	全　市 Total City	全　市 Total City
漳州市	Zhangzhou	6129	3240	2220618	1341866	181510
南平市	Nanping	2995	1587	1110247	700662	125127
龙岩市	Longyan	5114	1773	1234020	840461	109556
宁德市	Ningde	1858	1438	1679300	1226400	145900
江西省	**Jiangxi**					
南昌市	Nanchang	33534	15332	2059733	1054552	299763
景德镇市	Jingdezhen	5111	3492	525206	345039	59597
萍乡市	Pingxiang	3375	2322	647649	458762	48927
九江市	Jiujiang	7355	4385	1775425	1303970	147776
新余市	Xinyu	5467	2600	917549	790131	42346
鹰潭市	Yingtan	1940	1089	447182	319968	30612
赣州市	Ganzhou	12704	6457	1655735	903833	205578
吉安市	Ji'an	3521	1615	991400	619514	87562
宜春市	Yichun	4611	2970	1793373	1319912	97964
抚州市	Fuzhou	5783	2488	695582	393941	92431
上饶市	Shangrao	6003	3053	1430991	896945	137589
山东省	**Shandong**					
济南市	Jinan	38918	16550	2762869	1319975	342701
青岛市	Qingdao	38962	17438	4010565	2318315	492441
淄博市	Zibo	18116	6396	3245681	2639436	182500
枣庄市	Zaozhuang	4793	3248	1352071	923116	109061
东营市	Dongying	14991	3339	2775628	2471323	56801
烟台市	Yantai	16025	6519	4879740	3862689	239326
潍坊市	Weifang	11927	4367	4938500	3678900	306000
济宁市	Jining	15299	5420	2811150	1883045	235408
泰安市	Tai'an	5529	2680	1812812	1254687	158281
威海市	Weihai	9353	2753	1170307	719675	120225
日照市	Rizhao	6205	2609	1961422	1584647	86425
莱芜市	Laiwu	2276	1617	1101647	977865	23121
临沂市	Linyi	14258	6047	4378608	3195602	260129
德州市	Dezhou	3597	2493	1875580	1276498	129982
聊城市	Liaocheng	3539	2268	2622638	2020325	133690
滨州市	Binzhou	8681	2945	10353925	9916048	106554
菏泽市	Heze	4673	1977	2049252	1254224	189708
河南省	**Henan**					
郑州市	Zhengzhou	33288	20964	5432187	3079457	665321
开封市	Kaifeng	7126	3243	1044213	690960	91976
洛阳市	Luoyang	14820	7183	4181000	3337434	242494
平顶山市	Pingdingshan	11239	4509	1957345	1398137	144917
安阳市	Anyang	5013	3600	2110328	1571611	108330
鹤壁市	Hebi	3316	1936	521710	329815	32817

2-47 续表 4 continued 4

城　市	City	售水量(万吨) Water Supply (10 000 tons)	居民家庭用水量 Consumption for Residential use	全社会用电量(万千瓦时) Annual Electricity Consumption (10 000 kwh)	其中：工业用电 Electricity Consumption for Industrial	城镇居民生活用电 Household Electricity Consumption for Urban and Rural Residential
		市辖区 Districts under City	市辖区 Districts under City	全 市 Total City	全 市 Total City	全 市 Total City
新乡市	Xinxiang	6818	4048	2258749	1500117	163117
焦作市	Jiaozuo	4516	3076	2266279	1815324	93888
濮阳市	Puyang	6562	3359	888933	538230	82263
许昌市	Xuchang	3334	2199	1213912	748382	114535
漯河市	Luohe	2569	1346	593742	353543	80572
三门峡市	Sanmenxia	2595	1815	1127262	834093	61102
南阳市	Nanyang	8219	2979	2045653	1162327	231065
商丘市	Shangqiu	7300	5110	1804449	1118674	170527
信阳市	Xinyang	3525	1944	1096623	540100	86243
周口市	Zhoukou	2056	1481	991604	428627	105857
驻马店市	Zhumadian	4721	2250	1244102	671751	121471
湖北省	**Hubei**					
武汉市	Wuhan	116946	59836	5193651	2625262	848336
黄石市	Huangshi	7733	3678	1231823	963625	94208
十堰市	Shiyan	10785	6513	901064	578400	116293
宜昌市	Yichang	12803	4827	2192764	1738120	143923
襄阳市	Xiangyang	9861	5208	1427019	890201	166709
鄂州市	Ezhou	5584	3884	611488	489774	42252
荆门市	Jingmen	4214	2418	945983	677541	87502
孝感市	Xiaogan	4809	2286	1196327	781773	124115
荆州市	Jingzhou	7742	4765	1158361	640191	147268
黄冈市	Huanggang	3953	1712	1084132	619707	133907
咸宁市	Xianning	3075	2075	715717	422852	99445
随州市	Suizhou	3234	1792	375296	203304	58704
湖南省	**Hunan**					
长沙市	Changsha	55199	38883	3129032	1302867	591172
株洲市	Zhuzhou	18329	8859	1112056	631370	136859
湘潭市	Xiangtan	9102	4568	1093832	741637	85613
衡阳市	Hengyang	10122	5930	1370640	753508	158254
邵阳市	Shaoyang	9317	3963	812183	350797	131792
岳阳市	Yueyang	9342	4445	1362506	798625	124173
常德市	Changde	7287	4464	1015908	488793	102037
张家界市	Zhangjiajie	3303	1317	246744	69236	41057
益阳市	Yiyang	4572	3167	735665	369034	75491
郴州市	Chenzhou	6605	3684	1171284	818720	102043
永州市	Yongzhou	7196	3610	829113	425179	127114
怀化市	Huaihua	6050	2998	870783	420429	136740
娄底市	Loudi	5058	3267	1299290	931473	94558
广东省	**Guangdong**					
广州市	Guangzhou	194549	102235	8695865	4364466	1101528
韶关市	Shaoguan	7861	5204	1194808	800456	86527

2-47 续表 5 continued 5

城 市	City	售水量(万吨) Water Supply (10 000 tons)	居民家庭用水量 Consumption for Residential use	全社会用电量(万千瓦时) Annual Electricity Consumption (10 000 kwh)	其中：工业用电 Electricity Consumption for Industrial	城镇居民生活用电 Household Electricity Consumption for Urban and Rural Residential
		市辖区 Districts under City	市辖区 Districts under City	全 市 Total City	全 市 Total City	全 市 Total City
深圳市	Shenzhen	155496	63533	8844861	4872227	1409230
珠海市	Zhuhai	35087	12201	1626700	971234	125547
汕头市	Shantou			2009276	1274034	198280
佛山市	Foshan	121485	49535	6738234	4686285	474846
江门市	Jiangmen	20426	7600	2671250	1867461	208036
湛江市	Zhanjiang	11454	7051	1814464	1124467	152112
茂名市	Maoming			1069381	601833	109657
肇庆市	Zhaoqing	12859	5385	1687944	1170618	
惠州市	Huizhou	29251	12343	3683458	2619593	345594
梅州市	Meizhou	5061	2989	895179	478873	125720
汕尾市	Shanwei	3296	1638	549598	234458	88855
河源市	Heyuan	5207	2384	862622	517937	95464
阳江市	Yangjiang	6002	3540	1122528	811999	97871
清远市	Qingyuan	8912	4094	1772592	1219734	160036
东莞市	Dongguan			7606805	5553946	384997
中山市	Zhongshan			2794307	1811881	99018
潮州市	Chaozhou			857046	530892	105946
揭阳市	Jieyang	9299	3515	1486811	919170	164007
云浮市	Yunfu	3879	2244	641557	408544	52899
广西壮族自治区	**Guangxi**					
南宁市	Nanning	45651	29375	1962368	736587	332639
柳州市	Liuzhou	45245	11271	1768733	1260618	193378
桂林市	Guilin	12291	7591	1137960	579378	172912
梧州市	Wuzhou	6007	3368	667392	405777	76094
北海市	Beihai	6839	3671	714972	421599	95088
防城港市	Fangchenggang	4352	1711	667715	496798	51623
钦州市	Qinzhou	5340	3243	817167	542972	64048
贵港市	Guigang	3911	2464	864273	537006	101169
玉林市	Yulin	5998	3889	829311	391501	120119
百色市	Baise	3177	2096	2212569	1875440	103520
贺州市	Hezhou	2327	1541	561884	378490	36013
河池市	Hechi	3888	2778	695237	394006	85772
来宾市	Laibin	2620	2235	873979	694716	51131
崇左市	Chongzuo	1446	846	656580	485734	50086
海南省	**Hainan**					
海口市	Haikou	18173	11974	734482	120039	91858
三亚市	Sanya	12546	5652	389778	50849	60408
三沙市	Sansha			464		
儋州市	Danzhou			120205	30283	19365

2-47 续表 6 continued 6

城 市	City	售水量(万吨) Water Supply (10 000 tons)	居民家庭用水量 Consumption for Residential use	全社会用电量(万千瓦时) Annual Electricity Consumption (10 000 kwh)	其中：工业用电 Electricity Consumption for Industrial	城镇居民生活用电 Household Electricity Consumption for Urban and Rural Residential
		市辖区 Districts under City	市辖区 Districts under City	全 市 Total City	全 市 Total City	全 市 Total City
重庆市	**Chongqing**			**9926346**	**5870002**	**1143199**
四川省	**Sichuan**					
成都市	Chengdu	110953	61440	5699242	2574020	921480
自贡市	Zigong	6297	3429	359050	157182	72908
攀枝花市	Panzhihua			1147522	1003041	45580
泸州市	Luzhou	7605	4766	770637	435659	90415
德阳市	Deyang	5749	2716	1080912	715638	124711
绵阳市	Mianyang	9660	6797	953728	516932	133489
广元市	Guangyuan	3534	2578	602703	389527	60409
遂宁市	Suining	4523	3470	431942	196578	71558
内江市	Neijiang	3967	2801	668111	415240	70644
乐山市	Leshan	5076	3668	1832169	1459886	107579
南充市	Nanchong	8945	5035	657012	246648	113935
眉山市	Meishan	3519	2915	1000374	722718	74581
宜宾市	Yibin	5069	3165	797102	473710	103022
广安市	Guang'an	2532	1526	526648	303892	
达州市	Dazhou	4815	3534	787494	535659	48834
雅安市	Ya'an	2178	1179	973945	806953	40674
巴中市	Bazhong	4631	3015	300978	95392	49060
资阳市	Ziyang	2510	1381	229828	89102	37148
贵州省	**Guizhou**					
贵阳市	Guiyang	27121	16895	2732383	1694469	590416
六盘水市	Liupanshui	3422	2162	1427600	1149500	61900
遵义市	Zunyi	5860	4890	2232791	1419773	303679
安顺市	Anshun			984406	753074	81266
毕节市	Bijie	2766	1659	803200	375900	
铜仁市	Tongren			849823	488260	107643
云南省	**Yunnan**					
昆明市	Kunming	33049	14918	3071922	1874195	326312
曲靖市	Qujing	3741	2434	2602684	2151510	74691
玉溪市	Yuxi	2940	1721	1211770	976521	40228
保山市	Baoshan	2033	1099	647209	488596	61046
昭通市	Zhaotong	1659	1080	684395	387611	66543
丽江市	Lijiang	1860	707	197798	65670	21600
普洱市	Pu'er	1605	778	323363	169878	28506
临沧市	Lincang	688	587	225793	101115	21675
西藏自治区	**Tibet**					
拉萨市	Lasa	10601	2477	289762	144838	46991
日喀则市	Xigaze	1246	176	38335	19477	
昌都市	Qamdo	850	300	104900	53191	21500
林芝市	Linzhi	775	222	24000	5300	
山南市	Shannan	615	82	75687	34269	8443
那曲市	Naqu			25204	9140	4205

2-47 续表 7 continued 7

城市	City	售水量(万吨) Water Supply (10 000 tons)	居民家庭用水量 Consumption for Residential use	全社会用电量(万千瓦时) Annual Electricity Consumption (10 000 kwh)	其中：工业用电 Electricity Consumption for Industrial	城镇居民生活用电 Household Electricity Consumption for Urban and Rural Residential
		市辖区 Districts under City	市辖区 Districts under City	全市 Total City	全市 Total City	全市 Total City
陕西省	**Shaanxi**					
西安市	Xi'an	52205	32152	3214105	1070059	697527
铜川市	Tongchuan	1572	916	496421	415040	24021
宝鸡市	Baoji	6545	3294	881481	518323	88740
咸阳市	Xianyang	6005	5923	1171394	667873	156305
渭南市	Weinan	2140	1732	1468175	825669	135868
延安市	Yan'an	2135	1140	864914	595280	62824
汉中市	Hanzhong	3133	1881	854872	564732	75074
榆林市	Yulin	34715	1524			
安康市	Ankang	1575	1165	437136	108298	72157
商洛市	Shangluo	1129	605	411868	240679	37495
甘肃省	**Gansu**					
兰州市	Lanzhou	23888	9595	3018829	2352088	189509
嘉峪关市	Jiayuguan			2589371	2455061	11902
金昌市	Jinchang	1889	661	584978	501051	16100
白银市	Baiyin	2825	1955	947864	656130	33570
天水市	Tianshui	3268	1797	331266	108855	30462
武威市	Wuwei	2058	883	510895	306071	27516
张掖市	Zhangye	2153	1200	388636	179594	21307
平凉市	Pingliang	1525	1025	282323	169028	52033
酒泉市	Jiuquan	2456	915	284800	133224	31314
庆阳市	Qingyang	733	470	374795	220476	22628
定西市	Dingxi	680	300	417941	248080	19446
陇南市	Longnan	452	262	411260	255494	19582
青海省	**Qinghai**					
西宁市	Xining	9131	6124	4291942	3927769	121918
海东市	Haidong					
宁夏回族自治区	**Ningxia**					
银川市	Yinchuan	9909	6925	3089200	2061900	50000
石嘴山市	Shizuishan	4359	1514	2843700	2712200	21000
吴忠市	Wuzhong	2718	1191	1562661	1366299	19148
固原市	Guyuan	844	522	256973	167588	18400
中卫市	Zhongwei	851	501	2008943	1848992	18521
新疆维吾尔自治区	**Xinjiang**					
乌鲁木齐市	Urumqi	26424	14136	3228386	2603095	182295
克拉玛依市	Karamay	13112	1918	632711	545409	32582
吐鲁番市	Turpan	943	583	1260526	1105366	13165
哈密市	Hami	3344	1131	712961	523675	19171

2-48 煤气及液化石油气供应及利用情况(市辖区)
Supply and Consumption of Coal Gas and Liquefied Petroleum Gas (Districts under City)

城 市	City	供气总量(人工、天然气)(万立方米) Total Gas Supply (Coal Gas,Natural Gas) (10 000 cubic meters)	居民家庭用量 Consumption of Gas for Residential Use	液化石油气供气总量(吨) Liquefied Petroleum Gas Supply (ton)	家庭用量 Consumption of Liquefied Petroleum Gas for Residential Use
北京市	**Beijing**	**1641696**	**163203**	**492049**	**146656**
天津市	**Tianjin**	**422860**	**46984**	**57567**	**41013**
河北省	**Hebei**				
石家庄市	Shijiazhuang	106680	34456	128034	105796
唐山市	Tangshan	86630	7626	10709	7718
秦皇岛市	Qinhuangdao	60995	6430	1493	1327
邯郸市	Handan	45524	16595	803	798
邢台市	Xingtai	20349	4920	592	592
保定市	Baoding	39124	20937	6366	5731
张家口市	Zhangjiakou	15264	8028	880	772
承德市	Chengde	5996	1885	5039	4756
沧州市	Cangzhou	8620	6566	3319	3315
廊坊市	Langfang	33369	9478	4052	2500
衡水市	Hengshui	7808	2206	3289	3288
山西省	**Shanxi**				
太原市	Taiyuan	130238	16700	1352	968
大同市	Datong	17864	5479	6900	2100
阳泉市	Yangquan	93660	9085	700	580
长治市	Changzhi	7588	3164	4280	4160
晋城市	Jincheng	11601	3396	4248	1350
朔州市	Shuozhou	4345	1522	1300	680
晋中市	Jinzhong	10094	2890	1150	1110
运城市	Yuncheng	10141	5680		
忻州市	Xinzhou	3200	1373	2876	2836
临汾市	Linfen	13963	2678	2400	960
吕梁市	Lvliang	1890	1288		
内蒙古自治区	**Inner Mongolia**				
呼和浩特市	Hohhot	51605	36774		
包头市	Baotou	72365	37000	7720	7700
乌海市	Wuhai	28532	3404		
赤峰市	Chifeng	2856	1765	16732	14764
通辽市	Tongliao	2256	870	523	390
鄂尔多斯市	Erdos	11139	2613	2160	864
呼伦贝尔市	Hulunbuir	687	505	5846	5620
巴彦淖尔市	Bayannur	3567	588		
乌兰察布市	Ulanqab	3283	438	3500	3315
辽宁省	**Liaoning**				
沈阳市	Shenyang	78501	20105	32168	32008
大连市	Dalian	64344	22802	155228	25551
鞍山市	Anshan	18305	8736	8407	8404
抚顺市	Fushun	48977	5699	38177	24206
本溪市	Benxi	7685	2250	4795	2176
丹东市	Dandong	6237	3885	9620	3060
锦州市	Jinzhou	13463	6199	152	145
营口市	Yingkou	17724	3243	6738	4575
阜新市	Fuxin	4954	470	5200	4810
辽阳市	Liaoyang	13676	1313	7014	5352

2-48 续表 1 continued 1

城 市	City	供气总量（人工、天然气）（万立方米） Total Gas Supply (Coal Gas,Natural Gas) (10 000 cubic meters)	居民家庭用量 Consumption of Gas for Residential Use	液化石油气供气总量（吨） Liquefied Petroleum Gas Supply (ton)	家庭用量 Consumption of Liquefied Petroleum Gas for Residential Use
盘锦市	Panjin	5835	5167	9078	6139
铁岭市	Tieling	6496	963	3340	2258
朝阳市	Chaoyang	1669	795	2261	1596
葫芦岛市	Huludao	8325	1689	33985	9232
吉林省	**Jilin**				
长春市	Changchun	67871	31721	49437	7347
吉林市	Jilin	46509	4279	47658	1133
四平市	Siping	3460	2570	2110	2010
辽源市	Liaoyuan	2106	81	700	305
通化市	Tonghua	3548	2155	2000	1300
白山市	Baishan	1600	320	3302	2820
松原市	Songyuan	8583	2359	5200	5200
白城市	Baicheng	2400	220	5004	5000
黑龙江省	**Heilongjiang**				
哈尔滨市	Harbin	74321	13300	70280	13650
齐齐哈尔市	Qiqihar				
鸡西市	Jixi	960	152	10575	4537
鹤岗市	Hegang	1069	845	5502	4957
双鸭山市	Shuangyashan	945	673	4360	2160
大庆市	Daqing	28312	9000	5674	5428
伊春市	Yichun			14512	11802
佳木斯市	Jiamusi	4600	1900	5550	1850
七台河市	Qitaihe	2321	1716	1430	1310
牡丹江市	Mudanjiang	2794	1032	8813	4505
黑河市	Heihe			2580	2280
绥化市	Suihua				
上海市	**Shanghai**	**808141**	**150772**	**344534**	**175087**
江苏省	**Jiangsu**				
南京市	Nanjing	122080	41384	79917	45771
无锡市	Wuxi	137522	19278	34501	17059
徐州市	Xuzhou	32055	10282	21094	20572
常州市	Changzhou	105315	12537	9126	3000
苏州市	Suzhou	93553	17265	83313	63836
南通市	Nantong	29555	6612	18389	8204
连云港市	Lianyungang	16577	7892	30366	28246
淮安市	Huai'an	19593	9417	30988	18535
盐城市	Yancheng	17119	8372	31232	29020
扬州市	Yangzhou	22885	7438	15922	13723
镇江市	Zhenjiang	39741	4300	18660	9882
泰州市	Taizhou	30915	4107	9935	8095
宿迁市	Suqian	16579	2725	6780	6728
浙江省	**Zhejiang**				
杭州市	Hangzhou	117799	23614	128627	64841
宁波市	Ningbo	85250	11745	104800	38250
温州市	Wenzhou	9186	1845	61824	35643
嘉兴市	Jiaxing	25085	4468	32554	20311
湖州市	Huzhou	31064	2131	4575	3084

2-48 续表 2 continued 2

城　市	City	供气总量（人工、天然气）(万立方米) Total Gas Supply (Coal Gas,Natural Gas) (10 000 cubic meters)	居民家庭用量 Consumption of Gas for Residential Use	液化石油气供气总量 (吨) Liquefied Petroleum Gas Supply (ton)	家庭用量 Consumption of Liquefied Petroleum Gas for Residential Use
绍兴市	Shaoxing	76579	13662	39003	25073
金华市	Jinhua	14098	1121	19600	12404
衢州市	Quzhou	11219	1382	5014	4689
舟山市	Zhoushan	4676	1714	27467	27330
台州市	Taizhou	13078	1342	65378	44594
丽水市	Lishui	1548	133	9958	9827
安徽省	**Anhui**				
合肥市	Hefei	99558	36378	27626	14450
芜湖市	Wuhu	35904	10177	24000	20500
蚌埠市	Bengbu	26955	10140	15276	14741
淮南市	Huainan	10482	3902	6700	6700
马鞍山市	Maanshan	24495	4667		
淮北市	Huaibei	11109	3076	1500	1500
铜陵市	Tongling	17953	2791	1030	220
安庆市	Anqing	8385	2049	4660	
黄山市	Huangshan	1344	229	7032	6532
滁州市	Chuzhou	19318	2579	4300	2580
阜阳市	Fuyang	10019	3767	16328	12000
宿州市	Suzhou	5413	2526	4680	4210
六安市	Lu'an	9828	1490	2566	2566
亳州市	Bozhou	6336	1395	3320	1987
池州市	Chizhou	3170	2956	2710	1500
宣城市	Xuancheng	6353	2545	4307	2788
福建省	**Fujian**				
福州市	Fuzhou	23550	5990	51838	17258
厦门市	Xiamen	30263	4042	108864	39970
莆田市	Putian	9872	911	13888	11520
三明市	Sanming	2989	2526		
泉州市	Quanzhou	18891	873	39730	19512
漳州市	Zhangzhou	4698	711	14571	11653
南平市	Nanping	375	134	6881	6161
龙岩市	Longyan	1115	800	10013	9840
宁德市	Ningde	1030	325	5436	5400
江西省	**Jiangxi**				
南昌市	Nanchang	44652	11023	38869	20997
景德镇市	Jingdezhen	37072	1168	4735	4735
萍乡市	Pingxiang	18123	3910	10475	8610
九江市	Jiujiang	10799	3135	10011	4835
新余市	Xinyu	5222	2640	1004	990
鹰潭市	Yingtan	1202	268	2428	1859
赣州市	Ganzhou	9068	2952	19106	18756
吉安市	Ji'an	2170	1251	12000	8000
宜春市	Yichun	8704	1624	17424	10687
抚州市	Fuzhou	2933	456	8540	8510
上饶市	Shangrao	2996	919	19640	13987
山东省	**Shandong**				
济南市	Jinan	78095	19679	45204	18950

2-48 续表 3 continued 3

城 市	City	供气总量(人工、天然气)(万立方米) Total Gas Supply (Coal Gas,Natural Gas) (10 000 cubic meters)	居民家庭用量 Consumption of Gas for Residential Use	液化石油气供气总量(吨) Liquefied Petroleum Gas Supply (ton)	家庭用量 Consumption of Liquefied Petroleum Gas for Residential Use
青岛市	Qingdao	91572	22123	28309	14585
淄博市	Zibo	103254	20019	17797	4810
枣庄市	Zaozhuang	8241	4024	7891	6563
东营市	Dongying	37415	15048	7860	7440
烟台市	Yantai	31253	8565	35503	13992
潍坊市	Weifang	33920	7245	10200	10200
济宁市	Jining	27760	3995	7100	6900
泰安市	Tai'an	28095	4200	1550	1200
威海市	Weihai	12114	4098	16013	5535
日照市	Rizhao	23540	6580	15636	11010
莱芜市	Laiwu	12342	3102	8780	7699
临沂市	Linyi	60050	20664	32904	27790
德州市	Dezhou	25621	9304	8630	8570
聊城市	Liaocheng	35885	4617	2020	2000
滨州市	Binzhou	14386	2161	7967	7950
菏泽市	Heze	3797	1542	20320	7197
河南省	**Henan**				
郑州市	Zhengzhou	130025	31327	59808	41510
开封市	Kaifeng	16601	4958	14340	13100
洛阳市	Luoyang	40701	8208	15148	15135
平顶山市	Pingdingshan	11588	3600		
安阳市	Anyang	68444	9484	6184	2860
鹤壁市	Hebi	6659	3956	950	950
新乡市	Xinxiang	19618	9915	1300	1300
焦作市	Jiaozuo	25685	6825		
濮阳市	Puyang	6803	4612		
许昌市	Xuchang	10333	6732	6250	4750
漯河市	Luohe	9233	4859	15400	9100
三门峡市	Sanmenxia	12417	892	3952	3605
南阳市	Nanyang	11304	4291	16082	16043
商丘市	Shangqiu	12800	2445	20850	16850
信阳市	Xinyang	13269	7008	8980	5395
周口市	Zhoukou	8236	2556	4700	4700
驻马店市	Zhumadian	6783	3337	3560	3560
湖北省	**Hubei**				
武汉市	Wuhan	195000	44000	180800	28000
黄石市	Huangshi	26174	1925	27983	9434
十堰市	Shiyan	14333	2443	7331	7236
宜昌市	Yichang	18881	5895	4681	4676
襄阳市	Xiangyang	23396	6085	12047	11046
鄂州市	Ezhou	4676	3347	7816	6035
荆门市	Jingmen	9500	2617	6344	6300
孝感市	Xiaogan	9950	1700	4800	4800
荆州市	Jingzhou	16148	3969	6036	6027
黄冈市	Huanggang	3361	1582	3045	2600
咸宁市	Xianning	13708	2156	5080	4530
随州市	Suizhou	5476	1638	3592	3562

2-48 续表 4 continued 4

城市	City	供气总量(人工、天然气)(万立方米) Total Gas Supply (Coal Gas,Natural Gas) (10 000 cubic meters)	居民家庭用量 Consumption of Gas for Residential Use	液化石油气供气总量(吨) Liquefied Petroleum Gas Supply (ton)	家庭用量 Consumption of Liquefied Petroleum Gas for Residential Use
湖南省	**Hunan**				
长沙市	Changsha	84994	27305	61570	47667
株洲市	Zhuzhou	23614	10228	5240	4535
湘潭市	Xiangtan	15430	3769	15074	12360
衡阳市	Hengyang	18153	5879	3434	2375
邵阳市	Shaoyang	4057	3282	4100	3600
岳阳市	Yueyang	20727	5320	4055	3530
常德市	Changde	22222	4146	9400	9350
张家界市	Zhangjiajie	1127	754	7112	6565
益阳市	Yiyang	6450	2717	6531	6102
郴州市	Chenzhou	3667	3422	15000	15000
永州市	Yongzhou	4986	2117	6205	4956
怀化市	Huaihua	1388	490	16710	14313
娄底市	Loudi	4500	4000	8850	8000
广东省	**Guangdong**				
广州市	Guangzhou	207476	34158	790627	338212
韶关市	Shaoguan	5241	1958	14501	10240
深圳市	Shenzhen	354115	40525	381609	263297
珠海市	Zhuhai	15135	2297	158043	83000
汕头市	Shantou				
佛山市	Foshan	158705	11720	433677	184935
江门市	Jiangmen	39255	742	60351	27909
湛江市	Zhanjiang	11338	2148	50000	50000
茂名市	Maoming				
肇庆市	Zhaoqing	25597	1271	17994	13271
惠州市	Huizhou	14092	4432	48925	36480
梅州市	Meizhou	1775	643	8702	8702
汕尾市	Shanwei	378	142	1860	1860
河源市	Heyuan	2204	905	29200	29195
阳江市	Yangjiang	2370	1255	206957	202917
清远市	Qingyuan	19883	2132	34659	23217
东莞市	Dongguan				
中山市	Zhongshan				
潮州市	Chaozhou	79061		380275	1344
揭阳市	Jieyang				
云浮市	Yunfu	644	425	6515	4325
广西壮族自治区	**Guangxi**				
南宁市	Nanning	31489	9407	62941	62886
柳州市	Liuzhou	13058	5959	39071	20232
桂林市	Guilin	6783	2475	19522	18710
梧州市	Wuzhou	3999	860	7846	7831
北海市	Beihai	4200	2540	20002	20000
防城港市	Fangchenggang	1224	398	10381	9862
钦州市	Qinzhou	2326	942	11420	11059
贵港市	Guigang	1362	788	14540	14535

2-48 续表 5 continued 5

城 市	City	供气总量（人工、天然气）（万立方米）Total Gas Supply (Coal Gas,Natural Gas) (10 000 cubic meters)	居民家庭用量 Consumption of Gas for Residential Use	液化石油气供气总量（吨）Liquefied Petroleum Gas Supply (ton)	家庭用量 Consumption of Liquefied Petroleum Gas for Residential Use
玉林市	Yulin	3618	1680	22800	21500
百色市	Baise	953	260	6462	6439
贺州市	Hezhou	1021	12	10800	7490
河池市	Hechi	303	205	9264	8621
来宾市	Laibin	965	439	3995	3995
崇左市	Chongzuo	117	117	3411	3410
海南省	**Hainan**				
海口市	Haikou	19060	4173	40062	17527
三亚市	Sanya	8118	1373	11000	1771
三沙市	Sansha				
儋州市	Danzhou				
重庆市	**Chongqing**	**466511**	**171811**	**72988**	**43186**
四川省	**Sichuan**				
成都市	Chengdu	312462	137387	125506	55169
自贡市	Zigong	17800	11669		
攀枝花市	Panzhihua				
泸州市	Luzhou	85730	12416	2147	1587
德阳市	Deyang	54753	9510	3870	2404
绵阳市	Mianyang	47556	15960	3697	3418
广元市	Guangyuan	13717	5952	1666	1384
遂宁市	Suining	15738	6098		
内江市	Neijiang	13052	4959	14894	6661
乐山市	Leshan	26020	8115	140	15
南充市	Nanchong	20620	9038	5867	4800
眉山市	Meishan	9583	5794	679	672
宜宾市	Yibin	19386	14409	1084	480
广安市	Guang'an	7502	4620		
达州市	Dazhou	67000	160	2122	704
雅安市	Ya'an	5516	3765		
巴中市	Bazhong	10275	8200	3870	2700
资阳市	Ziyang	4810	2975	3895	2560
贵州省	**Guizhou**				
贵阳市	Guiyang	30692	11731	46000	46000
六盘水市	Liupanshui	3580	2123	3580	
遵义市	Zunyi	8228	4239	17407	17407
安顺市	Anshun				
毕节市	Bijie	1554	432	2339	2330
铜仁市	Tongren				
云南省	**Yunnan**				
昆明市	Kunming	23602	4537	76800	11510
曲靖市	Qujing	1404	69	1892	1822
玉溪市	Yuxi	1012	68	10300	9200
保山市	Baoshan	517	410	2173	2053
昭通市	Zhaotong	778	179	242	242
丽江市	Lijiang	81	81	3400	3400
普洱市	Pu'er			1567	1567
临沧市	Lincang			4783	4555

2-48 续表 6 continued 6

城　市	City	供气总量（人工、天然气）（万立方米）Total Gas Supply (Coal Gas,Natural Gas) (10 000 cubic meters)	居民家庭用量 Consumption of Gas for Residential Use	液化石油气供气总量（吨）Liquefied Petroleum Gas Supply (ton)	家庭用量 Consumption of Liquefied Petroleum Gas for Residential Use
西藏自治区	**Tibet**				
拉萨市	Lasa				
日喀则市	Xigaze				
昌都市	Qamdo			720	360
林芝市	Linzhi			3430	3430
山南市	Shannan			670	580
那曲市	Naqu				
陕西省	**Shaanxi**				
西安市	Xi'an	236110	105250	1940	998
铜川市	Tongchuan	14416	5100	318	
宝鸡市	Baoji	24516	6966	98	
咸阳市	Xianyang	23667	9375	5002	4992
渭南市	Weinan	6856	3187	7726	6707
延安市	Yan'an	14744	7334	6135	13
汉中市	Hanzhong	6169	3221	4170	2311
榆林市	Yulin	11654	1524	1000	920
安康市	Ankang	1162	577	2465	2400
商洛市	Shangluo	4171	1046	3934	817
甘肃省	**Gansu**				
兰州市	Lanzhou	142251	29086	17438	8463
嘉峪关市	Jiayuguan				
金昌市	Jinchang	3271	272	380	135
白银市	Baiyin	10519	1845	3711	3689
天水市	Tianshui	7095	909	6199	6199
武威市	Wuwei	3605	627	1269	1248
张掖市	Zhangye	1726	1119	2747	2405
平凉市	Pingliang	1216	540	220	206
酒泉市	Jiuquan	1282	321	1410	1410
庆阳市	Qingyang	4200	2940	1130	791
定西市	Dingxi	102	52	1265	1150
陇南市	Longnan	231	206	980	940
青海省	**Qinghai**				
西宁市	Xining	116528	17562	3776	3770
海东市	Haidong				
宁夏回族自治区	**Ningxia**				
银川市	Yinchuan	163000	46139	5117	4566
石嘴山市	Shizuishan	13282	5170	80	80
吴忠市	Wuzhong	8473	3313	1212	970
固原市	Guyuan	1785	479	1168	1160
中卫市	Zhongwei	22721	7384	1591	1155
新疆维吾尔自治区	**Xinjiang**				
乌鲁木齐市	Urumqi	307916	43752	47199	35446
克拉玛依市	Karamay	34451	5761	2279	
吐鲁番市	Turpan	3645	728	593	580
哈密市	Hami	8550	2358	1700	1691

三、县级城市统计资料

Statistical Data of County-level Cities

3-1 人口状况 Population

单位：万人 (10 000 persons)

城 市	City	年末户籍人口 Household Registered Population at Year-end	城 市	City	年末户籍人口 Household Registered Population at Year-end
河北省	**Hebei**		东港市	Donggang	59.1
晋州市	Jinzhou	57.1	凤城市	Fengcheng	56.6
新乐市	Xinle	51.5	凌海市	Linghai	50.5
遵化市	Zunhua	75.5	北镇市	Beizhen	50.3
迁安市	Qian'an	77.0	盖州市	Gaizhou	69.7
武安市	Wu'an	83.8	大石桥市	Dashiqiao	69.5
南宫市	Nangong	50.4	灯塔市	Dengta	43.8
沙河市	Shahe	45.3	调兵山市	Diaobingshan	23.9
涿州市	Zhuozhou	69.7	开原市	Kaiyuan	56.4
安国市	Anguo	41.0	北票市	Beipiao	56.6
高碑店市	Gaobeidian	56.2	凌源市	Lingyuan	63.9
平泉市	Pingquan	47.9	兴城市	Xingcheng	53.4
泊头市	Botou	63.0	**吉林省**	**Jilin**	
任丘市	Renqiu	89.2	榆树市	Yushu	123.6
黄骅市	Huanghua	47.9	德惠市	Dehui	92.3
河间市	Hejian	89.5	蛟河市	Jiaohe	42.5
霸州市	Bazhou	65.2	桦甸市	Huadian	42.6
三河市	Sanhe	71.0	舒兰市	Shulan	61.0
深州市	Shenzhou	57.0	磐石市	Panshi	51.0
定州市	Dingzhou	123.4	公主岭市	Gongzhuling	103.4
辛集市	Xinji	63.5	双辽市	Shuangliao	37.1
山西省	**Shanxi**		梅河口市	Meihekou	59.5
古交市	Gujiao	21.8	集安市	Ji'an	21.2
潞城市	Lucheng	22.6	临江市	Linjiang	15.7
高平市	Gaoping	48.5	扶余市	Fuyu	71.1
介休市	Jiexiu	43.5	洮南市	Taonan	41.2
永济市	Yongji	44.4	大安市	Daan	40.9
河津市	Hejin	40.1	延吉市	Yanji	55.0
原平市	Yuanping	48.7	图们市	Tumen	11.7
侯马市	Houma	24.2	敦化市	Dunhua	46.0
霍州市	Huozhou	31.0	珲春市	Hunchun	23.0
孝义市	Xiaoyi	51.1	龙井市	Longjing	16.1
汾阳市	Fenyang	43.0	和龙市	Helong	17.0
内蒙古自治区	**Inner Mongolia**		**黑龙江省**	**Heilongjiang**	
霍林郭勒市	Huolinguole	8.3	尚志市	Shangzhi	56.7
满洲里市	Manzhouli	17.2	五常市	Wuchang	90.1
牙克石市	Yakeshi	33.1	讷河市	Nehe	68.5
扎兰屯市	Zhalantun	40.9	虎林市	Hulin	15.3
额尔古纳市	Eerguna	8.1	密山市	Mishan	40.1
根河市	Genhe	13.7	铁力市	Tieli	35.1
丰镇市	Fengzhen	31.4	同江市	Tongjiang	10.8
乌兰浩特市	Wulanhaote	31.9	富锦市	Fujin	37.5
阿尔山市	Aershan	4.6	抚远市	Fuyuan	8.3
二连浩特市	Erlianhaote	3.3	绥芬河市	Suifenhe	7.0
锡林浩特市	Xilinhaote	19.0	海林市	Hailin	37.1
辽宁省	**Liaoning**		宁安市	Ning'an	41.4
新民市	Xinmin	67.5	穆棱市	Muling	27.6
瓦房店市	Wafangdian	99.2	东宁市	Dongning	20.4
庄河市	Zhuanghe	89.0	北安市	Bei'an	40.5
海城市	Haicheng	107.4	五大连池市	Wudalianchi	33.7

3-1 续表 1 continued 1

单位：万人 (10 000 persons)

城 市	City	年末户籍人口 Household Registered Population at Year-end	城 市	City	年末户籍人口 Household Registered Population at Year-end
安达市	Anda	45.6	天长市	Tianchang	63.2
肇东市	Zhaodong	86.3	明光市	Mingguang	64.5
海伦市	Hailun	76.1	界首市	Jieshou	82.6
江苏省	**Jiangsu**		宁国市	Ningguo	38.5
江阴市	Jiangyin	125.5	**福建省**	**Fujian**	
宜兴市	Yixing	108.3	福清市	Fuqing	136.7
新沂市	Xinyi	112.9	长乐市	Changle	73.7
邳州市	Pizhou	193.8	永安市	Yong'an	33.1
溧阳市	Liyang	79.1	石狮市	Shishi	33.7
常熟市	Changshu	106.9	晋江市	Jinjiang	115.1
张家港市	Zhangjiagang	92.9	南安市	Nan'an	163.8
昆山市	Kunshan	86.3	龙海市	Longhai	88.5
太仓市	Taicang	48.7	邵武市	Shaowu	30.7
启东市	Qidong	111.6	武夷山市	Wuyishan	24.4
如皋市	Rugao	142.6	建瓯市	Jian'ou	55.1
海门市	Haimen	99.8	漳平市	Zhangping	29.7
东台市	Dongtai	110.6	福安市	Fu'an	67.5
仪征市	Yizheng	56.4	福鼎市	Fuding	59.6
高邮市	Gaoyou	81.2	**江西省**	**Jiangxi**	
丹阳市	Danyang	80.8	乐平市	Leping	94.1
扬中市	Yangzhong	28.2	瑞昌市	Ruichang	46.2
句容市	Jurong	59.0	共青城市	Gongqingcheng	12.2
兴化市	Xinghua	156.6	庐山市	Lushan	27.5
靖江市	Jingjiang	66.2	贵溪市	Guixi	64.6
泰兴市	Taixing	118.6	瑞金市	Ruijin	70.4
浙江省	**Zhejiang**		井冈山市	Jinggangshan	17.1
建德市	Jiande	51.1	丰城市	Fengcheng	150.2
余姚市	Yuyao	83.7	樟树市	Zhangshu	61.0
慈溪市	Cixi	105.3	高安市	Gaoan	87.4
瑞安市	Rui'an	124.6	德兴市	Dexing	33.7
乐清市	Yueqing	130.3	**山东省**	**Shandong**	
海宁市	Haining	69.0	胶州市	Jiaozhou	85.0
平湖市	Pinghu	49.6	平度市	Pingdu	139.4
桐乡市	Tongxiang	69.8	莱西市	Laixi	73.2
诸暨市	Zhuji	108.6	滕州市	Tengzhou	173.2
嵊州市	Shengzhou	72.9	龙口市	Longkou	63.7
兰溪市	Lanxi	66.3	莱阳市	Laiyang	87.2
义乌市	Yiwu	80.0	莱州市	Laizhou	84.8
东阳市	Dongyang	84.5	蓬莱市	Penglai	40.4
永康市	Yongkang	61.0	招远市	Zhaoyuan	56.5
江山市	Jiangshan	61.7	栖霞市	Qixia	60.1
温岭市	Wenling	122.0	海阳市	Haiyang	64.5
临海市	Linhai	120.4	青州市	Qingzhou	94.7
玉环市	Yuhuan	43.4	诸城市	Zhucheng	111.4
龙泉市	Longquan	29.1	寿光市	Shouguang	109.6
安徽省	**Anhui**		安丘市	Anqiu	97.0
巢湖市	Chaohu	85.8	高密市	Gaomi	89.4
桐城市	Tongcheng	75.8	昌邑市	Changyi	58.8

3-1 续表 2 continued 2

单位：万人 (10 000 persons)

城　市	City	年末户籍人口 Household Registered Population at Year-end	城　市	City	年末户籍人口 Household Registered Population at Year-end
曲阜市	Qufu	65.3	麻城市	Macheng	115.9
邹城市	Zoucheng	120.5	武穴市	Wuxue	81.9
新泰市	Xintai	144.3	赤壁市	Chibi	53.4
肥城市	Feicheng	99.2	广水市	Guangshui	92.3
荣成市	Rongcheng	66.2	恩施市	Enshi	82.5
乳山市	Rushan	55.1	利川市	Lichuan	91.4
乐陵市	Laoling	72.1	仙桃市	Xiantao	154.4
禹城市	Yucheng	53.9	潜江市	Qianjiang	101.1
临清市	Linqing	83.4	天门市	Tianmen	163.4
河南省	**Henan**		**湖南省**	**Hunan**	
巩义市	Gongyi	84.2	浏阳市	Liuyang	148.4
荥阳市	Xingyang	70.0	宁乡市	Ningxiang	142.1
新密市	Xinmi	88.9	醴陵市	Liling	105.2
新郑市	Xinzheng	62.1	湘乡市	Xiangxiang	92.8
登封市	Dengfeng	72.6	韶山市	Shaoshan	12.0
偃师市	Yanshi	63.2	耒阳市	Leiyang	142.1
舞钢市	Wugang	34.1	常宁市	Changning	96.1
汝州市	Ruzhou	116.8	武冈市	Wugang	84.7
林州市	Linzhou	113.6	汨罗市	Miluo	76.3
卫辉市	Weihui	54.4	临湘市	Linxiang	54.1
辉县市	Huixian	88.6	津市市	Jinshi	23.5
沁阳市	Qinyang	49.2	沅江市	Yuanjiang	74.2
孟州市	Mengzhou	38.3	资兴市	Zixing	37.9
禹州市	Yuzhou	133.1	洪江市	Hongjiang	50.0
长葛市	Changge	78.0	冷水江市	Lengshuijiang	37.1
义马市	Yima	16.7	涟源市	Lianyuan	114.4
灵宝市	Lingbao	75.0	吉首市	Jishou	31.0
邓州市	Dengzhou	179.0	**广东省**	**Guangdong**	
永城市	Yongcheng	163.0	乐昌市	Lechang	52.9
项城市	Xiangcheng	136.1	南雄市	Nanxiong	49.1
济源市	Jiyuan	72.2	台山市	Taishan	97.0
湖北省	**Hubei**		开平市	Kaiping	68.8
大冶市	Daye	98.5	鹤山市	Heshan	37.6
丹江口市	Danjiangkou	46.3	恩平市	Enping	49.7
宜都市	Yidu	39.0	廉江市	Lianjiang	182.3
当阳市	Dangyang	46.8	雷州市	Leizhou	182.2
枝江市	Zhijiang	47.8	吴川市	Wuchuan	120.5
老河口市	Laohekou	51.8	高州市	Gaozhou	182.6
枣阳市	Zaoyang	113.4	化州市	Huazhou	175.8
宜城市	Yicheng	55.9	信宜市	Xinyi	148.3
钟祥市	Zhongxiang	105.0	四会市	Sihui	46.0
应城市	Yingcheng	65.8	兴宁市	Xingning	118.9
安陆市	Anlu	62.0	陆丰市	Lufeng	189.8
汉川市	Hanchuan	108.6	阳春市	Yangchun	121.0
石首市	Shishou	62.6	英德市	Yingde	117.9
洪湖市	Honghu	92.1	连州市	Lianzhou	54.6
松滋市	Songzi	83.2	普宁市	Puning	246.7

3-1 续表 3 continued 3

单位：万人 (10 000 persons)

城　市	City	年末户籍人口 Household Registered Population at Year-end	城　市	City	年末户籍人口 Household Registered Population at Year-end
罗定市	Luoding	129.0	蒙自市	Mengzi	41.5
广西壮族自治区	**Guangxi**		弥勒市	Mile	54.0
岑溪市	Cenxi	96.1	文山市	Wenshan	50.5
东兴市	Dongxing	15.0	景洪市	Jinghong	42.5
桂平市	Guiping	201.7	大理市	Dali	63.1
北流市	Beiliu	151.6	瑞丽市	Ruili	13.6
靖西市	Jingxi	65.9	芒市	Mangshi	39.5
合山市	Heshan	13.6	泸水市	Lushui	18.4
凭祥市	Pingxiang	11.4	香格里拉市	Shangri-la	15.0
海南省	**Hainan**		**陕西省**	**Shaanxi**	
五指山市	Wuzhishan	11.5	兴平市	Xingping	56.7
琼海市	Qionghai	51.6	韩城市	Hancheng	40.2
文昌市	Wenchang	59.8	华阴市	Huayin	25.2
万宁市	Wanning	62.4	神木市	Shenmu	45.3
东方市	Dongfang	45.0	**甘肃省**	**Gansu**	
四川省	**Sichuan**		玉门市	Yumen	15.8
都江堰市	Dujiangyan	62.8	敦煌市	Dunhuang	14.4
彭州市	Pengzhou	80.3	临夏市	Linxia	26.8
邛崃市	Qionglai	65.5	合作市	Hezuo	9.3
崇州市	Chongzhou	66.4	**青海省**	**Qinghai**	
简阳市	Jianyang	206.5	玉树市	Yushu	11.3
广汉市	Guanghan	60.4	格尔木市	Golmud	13.8
什邡市	Shifang	43.0	德令哈市	Delingha	7.4
绵竹市	Mianzhu	50.1	**宁夏回族自治区**	**Ningxia**	
江油市	Jiangyou	86.6	灵武市	Lingwu	24.8
隆昌市	Longchang	77.4	青铜峡市	Qingtongxia	28.4
峨眉山市	Emeishan	43.0	**新疆维吾尔自治区**	**Xinjiang**	
阆中市	Langzhong	84.5	昌吉市	Changji	38.4
华蓥市	Huaying	36.0	阜康市	Fukang	16.6
万源市	Wanyuan	57.8	博乐市	Bole	25.7
马尔康市	Maerkang	5.6	阿拉山口市	A la san kou	0.2
康定市	Kangding	11.5	库尔勒市	Korla	46.6
西昌市	Xichang	67.4	阿克苏市	Akesu	52.9
贵州省	**Guizhou**		阿图什市	Atus	28.2
清镇市	Qingzhen	52.9	喀什市	Kashi	64.7
盘州市	Qingzhen	126.2	和田市	Hetian	40.2
赤水市	Chishui	31.7	伊宁市	Yining	55.8
仁怀市	Renhuai	71.6	奎屯市	Kuitun	15.8
兴义市	Xingyi	87.9	霍尔果斯市	Horgos	6.5
凯里市	Kaili	57.0	塔城市	Tacheng	15.2
都匀市	Duyun	50.0	乌苏市	Wusu	22.1
福泉市	Fuquan	33.5	阿勒泰市	Aletai	19.9
云南省	**Yunnan**		石河子市	Shihezi	43.0
安宁市	Anning	27.6	阿拉尔市	Alar	26.1
宣威市	Xuanwei	155.2	图木舒克市	Tumushuke	16.3
腾冲市	Tengchong	68.3	五家渠市	Wujiaqu	9.7
楚雄市	Chuxiong	53.1	北屯市	Beitun	5.6
个旧市	Gejiu	38.4	铁门关市	Tie men guan	2.4
开远市	Kaiyuan	28.6			

3-2 劳动力就业状况
Labour Force and Employment

单位：人 (person)

城　　市	City	第二产业 Secondary Industry	第三产业 Tertiary Industry
河北省	**Hebei**		
晋州市	Jinzhou	137502	69958
新乐市	Xinle	114773	74894
遵化市	Zunhua	170870	147297
迁安市	Qian'an	178813	207716
武安市	Wu'an	215366	201041
南宫市	Nangong	92293	77969
沙河市	Shahe	99512	123050
涿州市	Zhuozhou	109516	112411
安国市	Anguo	87657	47569
高碑店市	Gaobeidian	69260	87470
平泉市	Pingquan	91195	69173
泊头市	Botou	173495	114057
任丘市	Renqiu	201597	141789
黄骅市	Huanghua	116190	86430
河间市	Hejian	218386	126904
霸州市	Bazhou	150585	129377
三河市	Sanhe	142245	141562
深州市	Shenzhou	111118	133109
定州市	Dingzhou	394445	203578
辛集市	Xinji	199857	117479
山西省	**Shanxi**		
古交市	Gujiao		
潞城市	Lucheng	28892	13654
高平市	Gaoping	93243	61361
介休市	Jiexiu	66637	97305
永济市	Yongji	31950	78562
河津市	Hejin	37958	31402
原平市	Yuanping	55227	75653
侯马市	Houma	26560	71108
霍州市	Huozhou	36501	68833
孝义市	Xiaoyi	95292	82015
汾阳市	Fenyang		46755
内蒙古自治区	**Inner Mongolia**		
霍林郭勒市	Huolinguole	22056	29878
满洲里市	Manzhouli	19883	96423
牙克石市	Yakeshi	60842	89924
扎兰屯市	Zhalantun	25430	68742
额尔古纳市	Eerguna	6630	23903
根河市	Genhe	10590	13843
丰镇市	Fengzhen	39062	37420
乌兰浩特市	Wulanhaote	17636	102791
阿尔山市	Aershan	1688	13488
二连浩特市	Erlianhaote	3372	46428
锡林浩特市	Xilinhaote	26783	87669
辽宁省	**Liaoning**		
新民市	Xinmin	50808	82370
瓦房店市	Wafangdian	117261	151690
庄河市	Zhuanghe	112213	128033
海城市	Haicheng	247599	261045
东港市	Donggang	77857	144227
凤城市	Fengcheng	66833	101392
凌海市	Linghai	46733	60138
北镇市	Beizhen	22348	46702
盖州市	Gaizhou	49770	135026
大石桥市	Dashiqiao	83864	80123
灯塔市	Dengta	44756	61527
调兵山市	Diaobingshan	61445	45707
开原市	Kaiyuan	42680	70425
北票市	Beipiao	31767	60073
凌源市	Lingyuan	57925	70825
兴城市	Xingcheng	16451	63535
吉林省	**Jilin**		
榆树市	Yushu	153682	140237
德惠市	Dehui	98355	102648
蛟河市	Jiaohe	39931	80372
桦甸市	Huadian	43302	84358
舒兰市	Shulan	38031	53241
磐石市	Panshi	54091	88799
公主岭市	Gongzhuling	108995	132448
双辽市	Shuangliao	18517	81699
梅河口市	Meihekou	76487	50106
集安市	Ji'an	27175	27273
临江市	Linjiang	24475	36452
扶余市	Fuyu	60968	102263
洮南市	Taonan	25862	66981
大安市	Daan	35021	30521
延吉市	Yanji	36632	187613
图们市	Tumen	11629	22721
敦化市	Dunhua	40662	103874
珲春市	Hunchun	21182	34766
龙井市	Longjing	8872	20825
和龙市	Helong	10346	36595
黑龙江省	**Heilongjiang**		
尚志市	Shangzhi	54821	119853
五常市	Wuchang	112821	120446
讷河市	Nehe	47558	55501
虎林市	Hulin	3157	8937
密山市	Mishan	14960	65575
铁力市	Tieli	1558	8282
同江市	Tongjiang	5983	19346
富锦市	Fujin	9870	43085
抚远市	Fuyuan	4956	32677
绥芬河市	Suifenhe	931	8296
海林市	Hailin	52866	61918
宁安市	Ning'an	50931	78097
穆棱市	Muling	63049	64882
东宁市	Dongning	12081	47034
北安市	Bei'an	28900	98900
五大连池市	Wudalianchi	16258	30446

3-2 续表 1 continued 1

单位：人 (person)

城市	City	第二产业 Secondary Industry	第三产业 Tertiary Industry
安达市	Anda	8540	18134
肇东市	Zhaodong	13973	22520
海伦市	Hailun	50613	51429
江苏省	**Jiangsu**		
江阴市	Jiangyin	608900	337600
宜兴市	Yixing	402600	259500
新沂市	Xinyi	192100	192400
邳州市	Pizhou	303100	298000
溧阳市	Liyang	246000	137100
常熟市	Changshu	635900	370400
张家港市	Zhangjiagang	460900	268400
昆山市	Kunshan	739300	409800
太仓市	Taicang	266000	166700
启东市	Qidong	292000	208000
如皋市	Rugao	345500	214500
海门市	Haimen	311000	183000
东台市	Dongtai	237000	261300
仪征市	Yizheng	170000	160000
高邮市	Gaoyou	200000	180000
丹阳市	Danyang	331400	247100
扬中市	Yangzhong	115100	89100
句容市	Jurong	152800	145400
兴化市	Xinghua	263000	267000
靖江市	Jingjiang	209000	139000
泰兴市	Taixing	265000	229000
浙江省	**Zhejiang**		
建德市	Jiande	84700	89200
余姚市	Yuyao	365409	305293
慈溪市	Cixi	479000	246000
瑞安市	Rui'an	404702	321278
乐清市	Yueqing	306100	322300
海宁市	Haining	387794	221319
平湖市	Pinghu	252194	144473
桐乡市	Tongxiang	354828	250300
诸暨市	Zhuji	441418	209531
嵊州市	Shengzhou	239600	130000
兰溪市	Lanxi	155400	118300
义乌市	Yiwu	550000	361100
东阳市	Dongyang	262500	175000
永康市	Yongkang	323602	144049
江山市	Jiangshan	105200	65400
温岭市	Wenling	494700	265400
临海市	Linhai	382000	83400
玉环市	Yuhuan	262100	113800
龙泉市	Longquan	45100	56200
安徽省	**Anhui**		
巢湖市	Chaohu	205386	151994
桐城市	Tongcheng	65993	18662
天长市	Tianchang		
明光市	Mingguang	86298	114842
界首市	Jieshou		
宁国市	Ningguo	93178	89448
福建省	**Fujian**		
福清市	Fuqing	164425	223850
长乐市	Changle	69405	27923
永安市	Yong'an	53088	49626
石狮市	Shishi	201121	121486
晋江市	Jinjiang	655795	259569
南安市	Nan'an	556167	300621
龙海市	Longhai	237378	188063
邵武市	Shaowu	19282	69842
武夷山市	Wuyishan	23488	51210
建瓯市	Jian'ou	59222	79821
漳平市	Zhangping	32160	47593
福安市	Fu'an	99317	84667
福鼎市	Fuding	106014	94516
江西省	**Jiangxi**		
乐平市	Leping	173205	199912
瑞昌市	Ruichang	71276	74957
共青城市	Gongqingcheng	32214	3465
庐山市	Lushan	52037	26510
贵溪市	Guixi	108044	141055
瑞金市	Ruijin	118324	153234
井冈山市	Jinggangshan	30092	33805
丰城市	Fengcheng	183532	314612
樟树市	Zhangshu	93595	153218
高安市	Gaoan	138943	175161
德兴市	Dexing	14729	15272
山东省	**Shandong**		
胶州市	Jiaozhou	265342	179584
平度市	Pingdu	243103	202852
莱西市	Laixi	154589	94890
滕州市	Tengzhou	359060	371008
龙口市	Longkou	195823	120346
莱阳市	Laiyang	161672	59629
莱州市	Laizhou	172283	169853
蓬莱市	Penglai	90522	81665
招远市	Zhaoyuan	144898	104650
栖霞市	Qixia	48467	187502
海阳市	Haiyang	149485	117216
青州市	Qingzhou	194652	142958
诸城市	Zhucheng	287482	233113
寿光市	Shouguang	205874	253610
安丘市	Anqiu	134531	98156
高密市	Gaomi	282829	150525
昌邑市	Changyi	155477	150969

3-2 续表 2 continued 2

单位：人 (person)

城　市	City	第二产业 Secondary Industry	第三产业 Tertiary Industry	城　市	City	第二产业 Secondary Industry	第三产业 Tertiary Industry
曲阜市	Qufu	171900	137600	麻城市	Macheng	129869	308126
邹城市	Zoucheng	306000	313000	武穴市	Wuxue	151062	138103
新泰市	Xintai	342417	359687	赤壁市	Chibi	68500	149300
肥城市	Feicheng	183018	184382	广水市	Guangshui	178264	331045
荣成市	Rongcheng	183780	94236	恩施市	Enshi	104600	157800
乳山市	Rushan	58355	50080	利川市	Lichuan	162705	155682
乐陵市	Laoling	106308	149809	仙桃市	Xiantao	353000	385800
禹城市	Yucheng	114410	112373	潜江市	Qianjiang	214200	247200
临清市	Linqing	160249	128136	天门市	Tianmen	272819	312719
河南省	**Henan**			**湖南省**	**Hunan**		
巩义市	Gongyi	207560	150727	浏阳市	Liuyang	403506	235307
荥阳市	Xingyang	151146	161892	宁乡市	Ningxiang	288544	293004
新密市	Xinmi	168912	248220	醴陵市	Liling	280700	193800
新郑市	Xinzheng	156269	298351	湘乡市	Xiangxiang	169908	133005
登封市	Dengfeng	69020	35242	韶山市	Shaoshan	16830	12850
偃师市	Yanshi	174776	140971	耒阳市	Leiyang	191654	324142
舞钢市	Wugang	27416	15856	常宁市	Changning	77765	205848
汝州市	Ruzhou	181654	214939	武冈市	Wugang	102389	172954
林州市	Linzhou	136171	20374	汨罗市	Miluo	169498	194434
卫辉市	Weihui	68775	68149	临湘市	Linxiang	53800	70700
辉县市	Huixian	174047	136050	津市市	Jinshi	36577	30456
沁阳市	Qinyang	151300	92300	沅江市	Yuanjiang	86815	167288
孟州市	Mengzhou	95126	46442	资兴市	Zixing	101245	88535
禹州市	Yuzhou			洪江市	Hongjiang	40718	70850
长葛市	Changge	239493	204013	冷水江市	Lengshuijiang	79609	51159
义马市	Yima	56655	38826	涟源市	Lianyuan	126200	118800
灵宝市	Lingbao	68960	56020	吉首市	Jishou	33250	118580
邓州市	Dengzhou	177000	269000	**广东省**	**Guangdong**		
永城市	Yongcheng	295046	368094	乐昌市	Lechang	25540	56306
项城市	Xiangcheng	255200	199900	南雄市	Nanxiong	33454	56164
济源市	Jiyuan	176609	204556	台山市	Taishan	121023	117282
湖北省	**Hubei**			开平市	Kaiping	187502	101800
大冶市	Daye	211863	337091	鹤山市	Heshan	150307	56273
丹江口市	Danjiangkou	91982	87860	恩平市	Enping	38655	57279
宜都市	Yidu	95411	112351	廉江市	Lianjiang	225081	273926
当阳市	Dangyang	96412	78125	雷州市	Leizhou	48269	144204
枝江市	Zhijiang	114304	99893	吴川市	Wuchuan	98722	88017
老河口市	Laohekou	120798	126640	高州市	Gaozhou	135378	152849
枣阳市	Zaoyang	241975	265012	化州市	Huazhou	118308	139833
宜城市	Yicheng	101322	143212	信宜市	Xinyi	97900	119429
钟祥市	Zhongxiang	168010	250908	四会市	Sihui	169995	95869
应城市	Yingcheng	168597	177294	兴宁市	Xingning	136322	193315
安陆市	Anlu	228915	123538	陆丰市	Lufeng	155612	206021
汉川市	Hanchuan	268260	256882	阳春市	Yangchun	149862	111521
石首市	Shishou	122830	140204	英德市	Yingde	78738	151925
洪湖市	Honghu	173883	133220	连州市	Lianzhou	61613	60027
松滋市	Songzi	141192	268986	普宁市	Puning	289042	254777

3-2 续表 3 continued 3

单位：人 (person)

城市	City	第二产业 Secondary Industry	第三产业 Tertiary Industry	城市	City	第二产业 Secondary Industry	第三产业 Tertiary Industry
罗定市	Luoding	250397	147413	蒙自市	Mengzi	32939	142371
广西壮族自治区	**Guangxi**			弥勒市	Mile	10616	20688
岑溪市	Cenxi	181850	86387	文山市	Wenshan	7128	51202
东兴市	Dongxing	13994	15807	景洪市	Jinghong	20046	127828
桂平市	Guiping	235731	336838	大理市	Dali	107423	107820
北流市	Beiliu	224338	136771	瑞丽市	Ruili	13556	87514
靖西市	Jingxi	68389	65121	芒市	Mangshi	41246	92302
合山市	Heshan	7521	9748	泸水市	Lushui	16860	15144
凭祥市	Pingxiang	19831	22900	香格里拉市	Shangri-la	15689	23693
海南省	**Hainan**			**陕西省**	**Shaanxi**		
五指山市	Wuzhishan	2935	26055	兴平市	Xingping	79139	82708
琼海市	Qionghai	31233	112422	韩城市	Hancheng	96123	125236
文昌市	Wenchang	34811	115677	华阴市	Huayin	34371	77430
万宁市	Wanning	48500	114500	神木市	Shenmu	77597	54657
东方市	Dongfang	15760	53233	**甘肃省**	**Gansu**		
四川省	**Sichuan**			玉门市	Yumen	34292	46682
都江堰市	Dujiangyan	151342	216656	敦煌市	Dunhuang	11973	40696
彭州市	Pengzhou	140000	161300	临夏市	Linxia	24600	131788
邛崃市	Qionglai	133060	178700	合作市	Hezuo	1610	10520
崇州市	Chongzhou	282800	149600	**青海省**	**Qinghai**		
简阳市	Jianyang	353344	627254	玉树市	Yushu	343	3575
广汉市	Guanghan	118947	85593	格尔木市	Golmud	7542	6783
什邡市	Shifang	96338	75234	德令哈市	Delingha	5341	9952
绵竹市	Mianzhu	84000	119000	**宁夏回族自治区**	**Ningxia**		
江油市	Jiangyou	179500	175900	灵武市	Lingwu	63836	72793
隆昌市	Longchang	189900	214500	青铜峡市	Qingtongxia	39154	46210
峨眉山市	Emeishan	90500	125100	**新疆维吾尔自治区**	**Xinjiang**		
阆中市	Langzhong	120404	232907	昌吉市	Changji	31285	77845
华蓥市	Huaying	51682	60315	阜康市	Fukang	33258	38996
万源市	Wanyuan	36400	137200	博乐市	Bole	1982	27875
马尔康市	Maerkang	4100	26000	阿拉山口市	A la san kou	9916	1000
康定市	Kangding	4149	29831	库尔勒市	Korla	33280	55600
西昌市	Xichang	84520	220021	阿克苏市	Akesu	17476	50891
贵州省	**Guizhou**			阿图什市	Atus	15456	20786
清镇市	Qingzhen	66600	106100	喀什市	Kashi	51549	152373
盘州市	Qingzhen	222679	232822	和田市	Hetian	21682	37912
赤水市	Chishui	39872	72319	伊宁市	Yining	37488	112490
仁怀市	Renhuai	116250	133620	奎屯市	Kuitun	8682	26863
兴义市	Xingyi	134759	108197	霍尔果斯市	Horgos	1809	18695
凯里市	Kaili	76383	170742	塔城市	Tacheng	2635	19576
都匀市	Duyun	37815	91098	乌苏市	Wusu	6513	29694
福泉市	Fuquan	34700	46200	阿勒泰市	Aletai	5130	21747
云南省	**Yunnan**			石河子市	Shihezi	57675	40117
安宁市	Anning	56800	78900	阿拉尔市	Alar	54856	84841
宣威市	Xuanwei	107836	141095	图木舒克市	Tumushuke	18499	30783
腾冲市	Tengchong	39627	69970	五家渠市	Wujiaqu	21188	34105
楚雄市	Chuxiong	76541	193538	北屯市	Beitun	7356	15629
个旧市	Gejiu	67853	67149	铁门关市	Tie men guan	2837	6274
开远市	Kaiyuan	41000	90400				

3-3 行政区域土地面积
Total Land Area of Administrative region

单位：平方公里 (sq.km)

城 市	city	行政区域土地面积 Total Land Area of Administrative region
河北省	**Hebei**	
晋州市	Jinzhou	619
新乐市	Xinle	525
遵化市	Zunhua	1513
迁安市	Qian'an	1227
武安市	Wu'an	1806
南宫市	Nangong	861
沙河市	Shahe	859
涿州市	Zhuozhou	751
安国市	Anguo	486
高碑店市	Gaobeidian	618
平泉市	Pingquan	3294
泊头市	Botou	1009
任丘市	Renqiu	1012
黄骅市	Huanghua	1545
河间市	Hejian	1322
霸州市	Bazhou	802
三河市	Sanhe	643
深州市	Shenzhou	1245
定州市	Dingzhou	1284
辛集市	Xinji	951
山西省	**Shanxi**	
古交市	Gujiao	1584
潞城市	Lucheng	630
高平市	Gaoping	980
介休市	Jiexiu	741
永济市	Yongji	1208
河津市	Hejin	593
原平市	Yuanping	2571
侯马市	Houma	221
霍州市	Huozhou	764
孝义市	Xiaoyi	938
汾阳市	Fenyang	1179
内蒙古自治区	**Inner Mongolia**	
霍林郭勒市	Huolinguole	585
满洲里市	Manzhouli	735
牙克石市	Yakeshi	27803
扎兰屯市	Zhalantun	16800
额尔古纳市	Eerguna	28958
根河市	Genhe	20010
丰镇市	Fengzhen	2722
乌兰浩特市	Wulanhaote	2728
阿尔山市	Aershan	7409
二连浩特市	Erlianhaote	4015
锡林浩特市	Xilinhaote	14780
辽宁省	**Liaoning**	
新民市	Xinmin	3318
瓦房店市	Wafangdian	3643
庄河市	Zhuanghe	4114
海城市	Haicheng	2566
东港市	Donggang	2399
凤城市	Fengcheng	5515
凌海市	Linghai	2586
北镇市	Beizhen	1694
盖州市	Gaizhou	2946
大石桥市	Dashiqiao	1598
灯塔市	Dengta	1170
调兵山市	Diaobingshan	262
开原市	Kaiyuan	2838
北票市	Beipiao	4419
凌源市	Lingyuan	3282
兴城市	Xingcheng	2102
吉林省	**Jilin**	
榆树市	Yushu	4712
德惠市	Dehui	3461
蛟河市	Jiaohe	6370
桦甸市	Huadian	6522
舒兰市	Shulan	4557
磐石市	Panshi	3861
公主岭市	Gongzhuling	4141
双辽市	Shuangliao	3121
梅河口市	Meihekou	2179
集安市	Ji'an	3341
临江市	Linjiang	3009
扶余市	Fuyu	4654
洮南市	Taonan	5017
大安市	Daan	4879
延吉市	Yanji	1750
图们市	Tumen	1147
敦化市	Dunhua	11957
珲春市	Hunchun	5184
龙井市	Longjing	2208
和龙市	Helong	5069
黑龙江省	**Heilongjiang**	
尚志市	Shangzhi	8891
五常市	Wuchang	7512
讷河市	Nehe	6660
虎林市	Hulin	9334
密山市	Mishan	7731
铁力市	Tieli	6443
同江市	Tongjiang	6229
富锦市	Fujin	8224
抚远市	Fuyuan	6047
绥芬河市	Suifenhe	422
海林市	Hailin	8712
宁安市	Ning'an	7227
穆棱市	Muling	6247
东宁市	Dongning	7117
北安市	Bei'an	7194
五大连池市	Wudalianchi	9874

3-3 续表 1 continued 1

单位：平方公里 (sq.km)

城市	city	行政区域土地面积 Total Land Area of Administrative region	城市	city	行政区域土地面积 Total Land Area of Administrative region
安达市	Anda	3586	天长市	Tianchang	1754
肇东市	Zhaodong	4323	明光市	Mingguang	2350
海伦市	Hailun	4667	界首市	Jieshou	667
江苏省	**Jiangsu**		宁国市	Ningguo	2487
江阴市	Jiangyin	987	**福建省**	**Fujian**	
宜兴市	Yixing	1997	福清市	Fuqing	1701
新沂市	Xinyi	1592	长乐市	Changle	664
邳州市	Pizhou	2085	永安市	Yong'an	2931
溧阳市	Liyang	1535	石狮市	Shishi	178
常熟市	Changshu	1276	晋江市	Jinjiang	744
张家港市	Zhangjiagang	987	南安市	Nan'an	2024
昆山市	Kunshan	932	龙海市	Longhai	1337
太仓市	Taicang	810	邵武市	Shaowu	2831
启东市	Qidong	1715	武夷山市	Wuyishan	2803
如皋市	Rugao	1576	建瓯市	Jian'ou	4233
海门市	Haimen	1144	漳平市	Zhangping	2976
东台市	Dongtai	3176	福安市	Fu'an	1810
仪征市	Yizheng	902	福鼎市	Fuding	1526
高邮市	Gaoyou	1922	**江西省**	**Jiangxi**	
丹阳市	Danyang	1047	乐平市	Leping	1980
扬中市	Yangzhong	327	瑞昌市	Ruichang	1419
句容市	Jurong	1378	共青城市	Gongqingcheng	310
兴化市	Xinghua	2395	庐山市	Lushan	641
靖江市	Jingjiang	656	贵溪市	Guixi	2493
泰兴市	Taixing	1170	瑞金市	Ruijin	2441
浙江省	**Zhejiang**		井冈山市	Jinggangshan	1298
建德市	Jiande	2364	丰城市	Fengcheng	2845
余姚市	Yuyao	1501	樟树市	Zhangshu	1289
慈溪市	Cixi	1361	高安市	Gaoan	2439
瑞安市	Rui'an	1350	德兴市	Dexing	2082
乐清市	Yueqing	1391	**山东省**	**Shandong**	
海宁市	Haining	863	胶州市	Jiaozhou	1324
平湖市	Pinghu	554	平度市	Pingdu	3176
桐乡市	Tongxiang	727	莱西市	Laixi	1568
诸暨市	Zhuji	2311	滕州市	Tengzhou	1495
嵊州市	Shengzhou	1789	龙口市	Longkou	901
兰溪市	Lanxi	1312	莱阳市	Laiyang	1731
义乌市	Yiwu	1105	莱州市	Laizhou	1928
东阳市	Dongyang	1747	蓬莱市	Penglai	1009
永康市	Yongkang	1047	招远市	Zhaoyuan	1432
江山市	Jiangshan	2019	栖霞市	Qixia	2016
温岭市	Wenling	836	海阳市	Haiyang	1910
临海市	Linhai	2171	青州市	Qingzhou	1569
玉环市	Yuhuan	378	诸城市	Zhucheng	2151
龙泉市	Longquan	3046	寿光市	Shouguang	1990
安徽省	**Anhui**		安丘市	Anqiu	1712
巢湖市	Chaohu	2046	高密市	Gaomi	1527
桐城市	Tongcheng	1546	昌邑市	Changyi	1628

3-3 续表 2 continued 2

单位：平方公里 (sq.km)

城市	city	行政区域土地面积 Total Land Area of Administrative region
曲阜市	Qufu	815
邹城市	Zoucheng	1617
新泰市	Xintai	1934
肥城市	Feicheng	1277
荣成市	Rongcheng	1526
乳山市	Rushan	1665
乐陵市	Laoling	1173
禹城市	Yucheng	992
临清市	Linqing	951
河南省	**Henan**	
巩义市	Gongyi	1043
荥阳市	Xingyang	943
新密市	Xinmi	1001
新郑市	Xinzheng	714
登封市	Dengfeng	1217
偃师市	Yanshi	669
舞钢市	Wugang	641
汝州市	Ruzhou	1573
林州市	Linzhou	2062
卫辉市	Weihui	859
辉县市	Huixian	2007
沁阳市	Qinyang	595
孟州市	Mengzhou	542
禹州市	Yuzhou	1469
长葛市	Changge	650
义马市	Yima	112
灵宝市	Lingbao	3011
邓州市	Dengzhou	2360
永城市	Yongcheng	2012
项城市	Xiangcheng	1086
济源市	Jiyuan	1899
湖北省	**Hubei**	
大冶市	Daye	1566
丹江口市	Danjiangkou	3121
宜都市	Yidu	1357
当阳市	Dangyang	2159
枝江市	Zhijiang	1345
老河口市	Laohekou	1052
枣阳市	Zaoyang	3276
宜城市	Yicheng	2115
钟祥市	Zhongxiang	4488
应城市	Yingcheng	1103
安陆市	Anlu	1353
汉川市	Hanchuan	1659
石首市	Shishou	1406
洪湖市	Honghu	2444
松滋市	Songzi	2177
麻城市	Macheng	3747
武穴市	Wuxue	1246
赤壁市	Chibi	1723
广水市	Guangshui	2647
恩施市	Enshi	3967
利川市	Lichuan	4607
仙桃市	Xiantao	2538
潜江市	Qianjiang	2004
天门市	Tianmen	2622
湖南省	**Hunan**	
浏阳市	Liuyang	4997
宁乡市	Ningxiang	2912
醴陵市	Liling	2157
湘乡市	Xiangxiang	1967
韶山市	Shaoshan	247
耒阳市	Leiyang	2648
常宁市	Changning	2048
武冈市	Wugang	1539
汨罗市	Miluo	1670
临湘市	Linxiang	1719
津市市	Jinshi	556
沅江市	Yuanjiang	2129
资兴市	Zixing	2730
洪江市	Hongjiang	2283
冷水江市	Lengshuijiang	438
涟源市	Lianyuan	1912
吉首市	Jishou	1078
广东省	**Guangdong**	
乐昌市	Lechang	2421
南雄市	Nanxiong	2326
台山市	Taishan	3288
开平市	Kaiping	1657
鹤山市	Heshan	1083
恩平市	Enping	1698
廉江市	Lianjiang	2867
雷州市	Leizhou	3709
吴川市	Wuchuan	870
高州市	Gaozhou	3270
化州市	Huazhou	2357
信宜市	Xinyi	3102
四会市	Sihui	1263
兴宁市	Xingning	2075
陆丰市	Lufeng	1542
阳春市	Yangchun	4054
英德市	Yingde	5634
连州市	Lianzhou	2668
普宁市	Puning	1620

3-3 续表 3 continued 3

单位：平方公里 (sq.km)

城　市	city	行政区域土地面积 Total Land Area of Administrative region	城　市	city	行政区域土地面积 Total Land Area of Administrative region
罗定市	Luoding	2328	蒙自市	Mengzi	2228
广西壮族自治区	**Guangxi**		弥勒市	Mile	4004
岑溪市	Cenxi	2828	文山市	Wenshan	2959
东兴市	Dongxing	590	景洪市	Jinghong	6959
桂平市	Guiping	4071	大理市	Dali	1815
北流市	Beiliu	2472	瑞丽市	Ruili	945
靖西市	Jingxi	3326	芒市	Mangshi	2901
合山市	Heshan	350	泸水市	Lushui	2938
凭祥市	Pingxiang	645	香格里拉市	Shangri-la	11419
海南省	**Hainan**		**陕西省**	**Shaanxi**	
五指山市	Wuzhishan	1144	兴平市	Xingping	453
琼海市	Qionghai	1710	韩城市	Hancheng	1621
文昌市	Wenchang	2485	华阴市	Huayin	817
万宁市	Wanning	4444	神木市	Shenmu	7635
东方市	Dongfang	2272	**甘肃省**	**Gansu**	
四川省	**Sichuan**		玉门市	Yumen	13496
都江堰市	Dujiangyan	1208	敦煌市	Dunhuang	31200
彭州市	Pengzhou	1421	临夏市	Linxia	89
邛崃市	Qionglai	1377	合作市	Hezuo	2091
崇州市	Chongzhou	1090	**青海省**	**Qinghai**	
简阳市	Jianyang	2343	玉树市	Yushu	15411
广汉市	Guanghan	549	格尔木市	Golmud	119263
什邡市	Shifang	820	德令哈市	Delingha	27700
绵竹市	Mianzhu	1246	**宁夏回族自治区**	**Ningxia**	
江油市	Jiangyou	2720	灵武市	Lingwu	3846
隆昌市	Longchang	794	青铜峡市	Qingtongxia	2438
峨眉山市	Emeishan	1181	**新疆维吾尔自治区**	**Xinjiang**	
阆中市	Langzhong	1875	昌吉市	Changji	8215
华蓥市	Huaying	464	阜康市	Fukang	8529
万源市	Wanyuan	4053	博乐市	Bole	7990
马尔康市	Maerkang	6626	阿拉山口市	A la san kou	1204
康定市	Kangding	11486	库尔勒市	Korla	7267
西昌市	Xichang	2657	阿克苏市	Akesu	15033
贵州省	**Guizhou**		阿图什市	Atus	16151
清镇市	Qingzhen	1387	喀什市	Kashi	1059
盘州市	Qingzhen	4056	**和田市**	**Hetian**	**585**
赤水市	Chishui	1852	伊宁市	Yining	761
仁怀市	Renhuai	1788	奎屯市	Kuitun	1171
兴义市	Xingyi	2908	霍尔果斯市	Horgos	1909
凯里市	Kaili	1570	塔城市	Tacheng	4356
都匀市	Duyun	2285	乌苏市	Wusu	14394
福泉市	Fuquan	1692	阿勒泰市	Aletai	11481
云南省	**Yunnan**		石河子市	Shihezi	460
安宁市	Anning	1301	阿拉尔市	Alar	6937
宣威市	Xuanwei	6053	图木舒克市	Tumushuke	2003
腾冲市	Tengchong	5845	五家渠市	Wujiaqu	740
楚雄市	Chuxiong	4433	北屯市	Beitun	911
个旧市	Gejiu	1587	铁门关市	Tie men guan	563
开远市	Kaiyuan	1957			

3-4 地区生产总值
Gross Regional Product

单位：万元 (10 000 yuan)

城　市	City	地区生产总值 Gross Regional Product	第一产业增加值 Value-added of the Primary Industry	第二产业增加值 Value-added of the Secondary Industry
河北省	**Hebei**			
晋州市	Jinzhou	3051278	305421	1613359
新乐市	Xinle	2170743	298265	1108698
遵化市	Zunhua	4864906	397163	2062430
迁安市	Qian'an	9036714	327986	5205892
武安市	Wu'an	6398787	256978	3752919
南宫市	Nangong	1086690	160189	424796
沙河市	Shahe	2394824	61902	1182177
涿州市	Zhuozhou	3269308	209817	1160458
安国市	Anguo	1096417	182035	442465
高碑店市	Gaobeidian	1682717	131934	868294
平泉市	Pingquan	1725559	320988	680535
泊头市	Botou	2090280	147525	1095605
任丘市	Renqiu	6065518	142961	3568438
黄骅市	Huanghua	2784570	297937	1136204
河间市	Hejian	2790208	144823	1276076
霸州市	Bazhou	4308124	127105	2520794
三河市	Sanhe	5321863	160028	2779583
深州市	Shenzhou	1642886	323356	605370
定州市	Dingzhou	3173132	584786	1627485
辛集市	Xinji	4562022	455516	2642604
山西省	**Shanxi**			
古交市	Gujiao	300506	21694	113378
潞城市	Lucheng	1058521	46121	675155
高平市	Gaoping	2078047	149839	1212785
介休市	Jiexiu	1798870	53457	1057030
永济市	Yongji	1316650	223119	578705
河津市	Hejin	2055634	78470	1268941
原平市	Yuanping	1412738	129916	670479
侯马市	Houma	1035645	33194	249785
霍州市	Huozhou	781632	38097	478504
孝义市	Xiaoyi	4389492	101898	2980917
汾阳市	Fenyang	1320657	62310	718634
内蒙古自治区	**Inner Mongolia**			
霍林郭勒市	Huolinguole	1929994	31994	1221800
满洲里市	Manzhouli	1629150	33207	336558
牙克石市	Yakeshi	1297487	352604	229046
扎兰屯市	Zhalantun	1475364	402808	574988
额尔古纳市	Eerguna	391620	142994	56692
根河市	Genhe	346986	98204	49742
丰镇市	Fengzhen	1045425	160537	489385
乌兰浩特市	Wulanhaote	1519564	101776	672324
阿尔山市	Aershan	154396	28339	30171
二连浩特市	Erlianhaote	782754	7452	110035
锡林浩特市	Xilinhaote	1953529	162726	825681
辽宁省	**Liaoning**			
新民市	Xinmin	2211359	650049	720038
瓦房店市	Wafangdian	8953799	838724	4587320
庄河市	Zhuanghe	5666929	1079802	2674899

3-4 续表 1 continued 1

单位：万元 (10 000 yuan)

城　市	City	地区生产总值 Gross Regional Product	第一产业增加值 Value-added of the Primary Industry	第二产业增加值 Value-added of the Secondary Industry
海城市	Haicheng	5194495	342745	1498603
东港市	Donggang	2312975	652950	727720
凤城市	Fengcheng	1797942	244059	545212
凌海市	Linghai	1343797	457207	370934
北镇市	Beizhen	1078703	378456	197093
盖州市	Gaizhou	1703515	415359	573088
大石桥市	Dashiqiao	2923550	316710	1599808
灯塔市	Dengta	1325701	284688	435529
调兵山市	Diaobingshan	1006618	29741	686062
开原市	Kaiyuan	956001	314319	176182
北票市	Beipiao	1154676	295557	257539
凌源市	Lingyuan	1243186	366607	200408
兴城市	Xingcheng	1123586	268137	164903
吉林省	**Jilin**			
榆树市	Yushu	4333365	818512	1195009
德惠市	Dehui	4819745	764064	1783348
蛟河市	Jiaohe	1711624	203389	727909
桦甸市	Huadian	2171428	409201	908048
舒兰市	Shulan	2037229	515192	659371
磐石市	Panshi	2393925	436097	821396
公主岭市	Gongzhuling	4644919	889630	1789678
双辽市	Shuangliao	943406	301549	219265
梅河口市	Meihekou	3489914	180659	1543731
集安市	Ji'an	868870	54643	231153
临江市	Linjiang	1005356	79796	516871
扶余市	Fuyu	2919569	463191	763237
洮南市	Taonan	1375354	235633	601961
大安市	Daan	1411951	185054	774450
延吉市	Yanji	3353654	36609	1239582
图们市	Tumen	422635	15579	207878
敦化市	Dunhua	1814148	285405	787418
珲春市	Hunchun	1445840	52551	966914
龙井市	Longjing	389349	29848	135536
和龙市	Helong	518742	37918	304795
黑龙江省	**Heilongjiang**			
尚志市	Shangzhi	2245607	631152	528034
五常市	Wuchang	4234641	1058128	1218680
讷河市	Nehe	1173083	431605	269613
虎林市	Hulin	683710	357041	86089
密山市	Mishan	991872	337991	164018
铁力市	Tieli	722774	344941	116235
同江市	Tongjiang	449767	159246	69137
富锦市	Fujin	1416613	501856	335485
抚远市	Fuyuan	354368	217553	26879
绥芬河市	Suifenhe	1486557	15838	164246
海林市	Hailin	1912400	201850	969656
宁安市	Ning'an	2044877	547220	759264
穆棱市	Muling	1828588	213129	951042
东宁市	Dongning	1521925	268124	380720

3-4 续表 2 continued 2

单位：万元 (10 000 yuan)

城　　市	City	地区生产总值 Gross Regional Product	第一产业增加值 Value-added of the Primary Industry	第二产业增加值 Value-added of the Secondary Industry
北安市	Bei'an	982728	218458	231154
五大连池市	Wudalianchi	644876	367332	64255
安达市	Anda	2988712	389740	1400191
肇东市	Zhaodong	4008297	841354	1711335
海伦市	Hailun	1441356	804951	296461
江苏省	**Jiangsu**			
江阴市	Jiangyin	34882695	416395	18978400
宜兴市	Yixing	15582540	491440	8078300
新沂市	Xinyi	6442641	710841	2693000
邳州市	Pizhou	9176460	1223460	4038100
溧阳市	Liyang	8580300	506400	4170600
常熟市	Changshu	22795500	420700	11657600
张家港市	Zhangjiagang	26060400	312100	13656400
昆山市	Kunshan	35203500	307500	19168900
太仓市	Taicang	12409700	360500	6278800
启东市	Qidong	9895029	691322	4750950
如皋市	Rugao	10257989	660489	4923000
海门市	Haimen	11359000	560078	5630577
东台市	Dongtai	8106662	951762	3292900
仪征市	Yizheng	6283618	232818	3288100
高邮市	Gaoyou	6084083	740883	2678500
丹阳市	Danyang	12332700	536600	6188400
扬中市	Yangzhong	5362000	139100	2810400
句容市	Jurong	5302000	449400	2481000
兴化市	Xinghua	8623106	1167206	3312300
靖江市	Jingjiang	9233446	236846	4484400
泰兴市	Taixing	9640750	571650	4508600
浙江省	**Zhejiang**			
建德市	Jiande	3902900	347600	1894000
余姚市	Yuyao	10078621	447730	5893314
慈溪市	Cixi	15325660	530332	9337171
瑞安市	Rui'an	8634921	230962	3541767
乐清市	Yueqing	9461268	201865	4168836
海宁市	Haining	8620629	177519	4794040
平湖市	Pinghu	6025569	119934	3554901
桐乡市	Tongxiang	7985439	216117	4060460
诸暨市	Zhuji	11653803	512960	5791810
嵊州市	Shengzhou	5321608	391020	2650028
兰溪市	Lanxi	3481034	256351	1803287
义乌市	Yiwu	11580427	218118	3737462
东阳市	Dongyang	5539128	183249	2595549
永康市	Yongkang	5281171	87484	3044415
江山市	Jiangshan	3016400	219614	1471898
温岭市	Wenling	9851728	753120	4058581
临海市	Linhai	6100910	465220	2793154
玉环市	Yuhuan	5293220	341093	2846877
龙泉市	Longquan	1282981	143144	506486
安徽省	**Anhui**			
巢湖市	Chaohu	2990652	307842	1566788

3-4 续表 3 continued 3

单位：万元 (10 000 yuan)

城 市	City	地区生产总值 Gross Regional Product	第一产业增加值 Value-added of the Primary Industry	第二产业增加值 Value-added of the Secondary Industry
桐城市	Tongcheng	2729721	284143	1707728
天长市	Tianchang	3595568	323133	2215018
明光市	Mingguang	1397547	337670	414575
界首市	Jieshou	1893522	254246	1160434
宁国市	Ningguo	2902797	220260	1724088
福建省	**Fujian**			
福清市	Fuqing	9934080	882904	5082769
长乐市	Changle	7403100	491522	4706738
永安市	Yong'an	3805159	281262	2233390
石狮市	Shishi	7727200	254482	3905000
晋江市	Jinjiang	19815006	198806	11953300
南安市	Nan'an	9773833	267277	5764100
龙海市	Longhai	8226129	667756	4569448
邵武市	Shaowu	2304440	253173	1114530
武夷山市	Wuyishan	1673651	237253	666604
建瓯市	Jian'ou	2372018	443320	970556
漳平市	Zhangping	2310159	297276	936648
福安市	Fu'an	4148594	463648	2511556
福鼎市	Fuding	3474811	505061	1976486
江西省	**Jiangxi**			
乐平市	Leping	3046448	324175	1569533
瑞昌市	Ruichang	1895830	177106	1247168
共青城市	Gongqingcheng	1156343	52124	757400
庐山市	Lushan	1186841	85208	352042
贵溪市	Guixi	4218807	287453	2684953
瑞金市	Ruijin	1491576	228061	512281
井冈山市	Jinggangshan	705534	70151	198814
丰城市	Fengcheng	4771192	627754	2298802
樟树市	Zhangshu	3755686	394687	1896280
高安市	Gaoan	2359134	418274	1021306
德兴市	Dexing	1440086	174596	588336
山东省	**Shandong**			
胶州市	Jiaozhou	11349054	493786	5874700
平度市	Pingdu	8613431	957631	4474100
莱西市	Laixi	5876956	582556	2880300
滕州市	Tengzhou	11503700	754495	5785605
龙口市	Longkou	11909358	394819	6731002
莱阳市	Laiyang	3730790	441244	1759935
莱州市	Laizhou	7672462	713801	3832832
蓬莱市	Penglai	5053647	437250	2538816
招远市	Zhaoyuan	7379368	421777	3763927
栖霞市	Qixia	2687944	497115	1074172
海阳市	Haiyang	3281933	715198	1184224
青州市	Qingzhou	6584400	551463	2907220
诸城市	Zhucheng	8246900	660104	4037100
寿光市	Shouguang	8667153	1020553	3463000
安丘市	Anqiu	3362100	525700	1334800
高密市	Gaomi	6432117	524117	3138700

3-4 续表 4 continued 4

单位：万元 (10 000 yuan)

城 市	City	地区生产总值 Gross Regional Product	第一产业增加值 Value-added of the Primary Industry	第二产业增加值 Value-added of the Secondary Industry
昌邑市	Changyi	4429217	385117	2255200
曲阜市	Qufu	4380244	260744	1457900
邹城市	Zoucheng	9661528	553277	5071566
新泰市	Xintai	8426200	590020	4049400
肥城市	Feicheng	8088280	525120	4014600
荣成市	Rongcheng	11602602	912190	5152536
乳山市	Rushan	5467930	431392	2550217
乐陵市	Laoling	2477055	381755	1119400
禹城市	Yucheng	2793965	353565	1336800
临清市	Linqing	4223638	278438	2381200
河南省	**Henan**			
巩义市	Gongyi	7557943	119429	4437017
荥阳市	Xingyang	6793950	289968	3919990
新密市	Xinmi	7217734	207217	3410079
新郑市	Xinzheng	10994437	224663	6156198
登封市	Dengfeng	6403962	181339	3460185
偃师市	Yanshi	5085957	197225	2723023
舞钢市	Wugang	1289809	121089	581365
汝州市	Ruzhou	4306283	359703	1774301
林州市	Linzhou	5515664	196911	2872554
卫辉市	Weihui	1200381	206306	294017
辉县市	Huixian	3670726	401489	2064105
沁阳市	Qinyang	4137097	192142	2641428
孟州市	Mengzhou	3191977	205427	2199949
禹州市	Yuzhou	6453906	263983	3800798
长葛市	Changge	5919588	233589	4361599
义马市	Yima	1369734	11349	944290
灵宝市	Lingbao	5201403	535594	3239647
邓州市	Dengzhou	4105408	994184	1474777
永城市	Yongcheng	5091148	594452	2471636
项城市	Xiangcheng	3053892	442282	1408092
济源市	Jiyuan	6001207	190902	3954413
湖北省	**Hubei**			
大冶市	Daye	5776762	411662	3933200
丹江口市	Danjiangkou	2234856	282631	1132704
宜都市	Yidu	5709368	447861	3496004
当阳市	Dangyang	4839451	765024	2634738
枝江市	Zhijiang	4826815	761678	2457390
老河口市	Laohekou	3430768	435842	1846701
枣阳市	Zaoyang	6059939	921446	2880239
宜城市	Yicheng	3283034	506463	1948825
钟祥市	Zhongxiang	4681418	725818	2537300
应城市	Yingcheng	2861968	480813	1607893
安陆市	Anlu	2081814	343834	894736
汉川市	Hanchuan	5001231	637409	2931061
石首市	Shishou	1702986	378378	704200
洪湖市	Honghu	2445242	773593	808700
松滋市	Songzi	2693096	423299	1338400

3-4 续表 5 continued 5

单位：万元 (10 000 yuan)

城市	City	地区生产总值 Gross Regional Product	第一产业增加值 Value-added of the Primary Industry	第二产业增加值 Value-added of the Secondary Industry
麻城市	Macheng	2925836	556530	1187629
武穴市	Wuxue	2849198	495097	1385635
赤壁市	Chibi	3894726	470226	1671300
广水市	Guangshui	2907649	518110	1416600
恩施市	Enshi	2116782	293804	845283
利川市	Lichuan	1204579	350884	330503
仙桃市	Xiantao	7171791	859241	3864600
潜江市	Qianjiang	6726614	742114	3519700
天门市	Tianmen	5327909	802009	2672300
湖南省	**Hunan**			
浏阳市	Liuyang	13049854	914237	8953818
宁乡市	Ningxiang	10938539	991812	7022199
醴陵市	Liling	6013943	499711	3525655
湘乡市	Xiangxiang	3942552	490847	2035239
韶山市	Shaoshan	848853	51070	422071
耒阳市	Leiyang	4220587	465524	1365663
常宁市	Changning	3110683	454183	1105237
武冈市	Wugang	1371055	406553	272914
汨罗市	Miluo	4224500	442633	2228429
临湘市	Linxiang	2316029	265766	1168606
津市市	Jinshi	1434268	178411	661613
沅江市	Yuanjiang	2855000	495912	1053810
资兴市	Zixing	3310297	235521	1981958
洪江市	Hongjiang	1465393	227172	547780
冷水江市	Lengshuijiang	2583981	89014	1479322
涟源市	Lianyuan	2642749	367258	1157279
吉首市	Jishou	1534070	69116	460380
广东省	**Guangdong**			
乐昌市	Lechang	1146562	217145	208275
南雄市	Nanxiong	1086427	259954	209784
台山市	Taishan	3978586	649236	2115751
开平市	Kaiping	3415674	298189	1658345
鹤山市	Heshan	3189488	203270	1663087
恩平市	Enping	1811135	187775	569004
廉江市	Lianjiang	5081397	1004172	2372761
雷州市	Leizhou	2872708	1103989	289841
吴川市	Wuchuan	2693838	285059	1218401
高州市	Gaozhou	5661186	1209224	1870641
化州市	Huazhou	4874707	1016617	1563958
信宜市	Xinyi	4525097	978255	1323075
四会市	Sihui	5839080	494727	3518132
兴宁市	Xingning	1691850	413116	351378
陆丰市	Lufeng	2716639	576540	1184174
阳春市	Yangchun	4017218	597391	1290493
英德市	Yingde	2770166	571356	922685
连州市	Lianzhou	1461538	368360	332696
普宁市	Puning	7003921	425202	4539243
罗定市	Luoding	2147724	440124	846600

3-4 续表 6 continued 6

单位：万元 (10 000 yuan)

城　市	City	地区生产总值 Gross Regional Product	第一产业增加值 Value-added of the Primary Industry	第二产业增加值 Value-added of the Secondary Industry
广西壮族自治区	**Guangxi**			
岑溪市	Cenxi	3125570	365664	2102484
东兴市	Dongxing	1039648	187582	449829
桂平市	Guiping	3574288	669737	1772209
北流市	Beiliu	3240471	472358	1541844
靖西市	Jingxi	2154823	159653	1622588
合山市	Heshan	330122	43844	117194
凭祥市	Pingxiang	759826	55612	220241
海南省	**Hainan**			
五指山市	Wuzhishan	270247	62479	57735
琼海市	Qionghai	2407198	796460	326132
文昌市	Wenchang	2059831	754516	487897
万宁市	Wanning	2039000	624000	419000
东方市	Dongfang	1560301	425537	657227
四川省	**Sichuan**			
都江堰市	Dujiangyan	3485014	271677	1275805
彭州市	Pengzhou	4125759	512114	2382841
邛崃市	Qionglai	2643903	376877	1262370
崇州市	Chongzhou	3003972	361943	1487520
简阳市	Jianyang	20797561	796912	14645776
广汉市	Guanghan	4000895	340041	2048799
什邡市	Shifang	2846616	290823	1425768
绵竹市	Mianzhu	2607026	291719	1334911
江油市	Jiangyou	3845967	457288	1489903
隆昌市	Longchang	2659368	322943	1482157
峨眉山市	Emeishan	2525358	174849	1032598
阆中市	Langzhong	2153303	462391	753172
华蓥市	Huaying	1471849	119368	869464
万源市	Wanyuan	1363513	303649	419803
马尔康市	Maerkang	258259	23743	36109
康定市	Kangding	697742	51170	363191
西昌市	Xichang	4814381	446273	1880623
贵州省	**Guizhou**			
清镇市	Qingzhen	3143972	257369	1484747
盘州市	Qingzhen	5784329	539085	3443057
赤水市	Chishui	1105252	182702	483800
仁怀市	Renhuai	6407678	286978	4474500
兴义市	Xingyi	4166296	391010	1432581
凯里市	Kaili	2310429	156437	531476
都匀市	Duyun	2129958	169779	753425
福泉市	Fuquan	1555346	152346	696600
云南省	**Yunnan**			
安宁市	Anning	3176107	139732	1370387
宣威市	Xuanwei	2723013	588589	769780
腾冲市	Tengchong	1768268	357276	654495
楚雄市	Chuxiong	3583447	264318	1844217
个旧市	Gejiu	2434760	143093	1299046
开远市	Kaiyuan	1858874	185846	679258

3-4 续表 7 continued 7

单位：万元 (10 000 yuan)

城 市	City	地区生产总值 Gross Regional Product	第一产业增加值 Value-added of the Primary Industry	第二产业增加值 Value-added of the Secondary Industry
蒙自市	Mengzi	1909571	241901	1000633
弥勒市	Mile	2876517	294893	1799398
文山市	Wenshan	2253743	183401	992850
景洪市	Jinghong	2082806	364106	596340
大理市	Dali	3726943	188375	1695074
瑞丽市	Ruili	1035696	102381	227774
芒市	Mangshi	1041731	231616	216445
泸水市	Lushui	518647	71896	174094
香格里拉市	Shangri-la	1205756	44481	452819
陕西省	**Shaanxi**			
兴平市	Xingping	2411096	249261	1361154
韩城市	Hancheng	3490011	156245	2502975
华阴市	Huayin	849559	62375	322611
神木市	Shenmu	11161085	191921	7779647
甘肃省	**Gansu**			
玉门市	Yumen	1310448	94788	729763
敦煌市	Dunhuang	931291	84538	191927
临夏市	Linxia	687753	16175	95029
合作市	Hezuo	396326	26469	68515
青海省	**Qinghai**			
玉树市	Yushu	231436	53732	111498
格尔木市	Golmud	3272383	45783	2207857
德令哈市	Delingha	692192	56854	324477
宁夏回族自治区	**Ningxia**			
灵武市	Lingwu	4357319	103777	3754253
青铜峡市	Qingtongxia	1506132	178723	929257
新疆维吾尔自治区	**Xinjiang**			
昌吉市	Changji	3723049	264980	1792765
阜康市	Fukang	1687882	275578	982738
博乐市	Bole	1500218	290576	483694
阿拉山口市	A la san kou	600186		166333
库尔勒市	Korla	5410389	363136	3676613
阿克苏市	Akesu	1749329	205587	510085
阿图什市	Atus	468536	68603	121288
喀什市	Kashi	1618483	79271	423811
和田市	Hetian	751106	41150	137664
伊宁市	Yining	2220561	71429	479933
奎屯市	Kuitun	1265152	69924	496331
霍尔果斯市	Horgos	461171	67806	166483
塔城市	Tacheng	804275	190050	147012
乌苏市	Wusu	1300093	458059	451532
阿勒泰市	Aletai	729358	99838	135166
石河子市	Shihezi	3338601	106806	1903289
阿拉尔市	Alar	2993351	1210313	1165850
图木舒克市	Tumushuke	829208	238434	383663
五家渠市	Wujiaqu	1624126	74656	1153902
北屯市	Beitun	439051	55493	223404
铁门关市	Tie men guan	180612	96564	59777

3-5 公共财政收支
Public Finance Income and Expenditure

单位：万元 (10 000 yuan)

城 市	City	公共财政收入 Public Finance Income	各项税收 Various Kinds of Tax	公共财政支出 Public Finance Expenditure
河北省	**Hebei**			
晋州市	Jinzhou	91150	50924	250814
新乐市	Xinle	78677	82673	228992
遵化市	Zunhua	123618	217369	351195
迁安市	Qian'an	405223	857768	651032
武安市	Wu'an	416046	571836	632276
南宫市	Nangong	33272	38164	200095
沙河市	Shahe	101280	177357	243879
涿州市	Zhuozhou	261452	464814	402085
安国市	Anguo	62729	98207	199971
高碑店市	Gaobeidian	117625	213761	256285
平泉市	Pingquan	64659	110050	338250
泊头市	Botou	83920	132484	268831
任丘市	Renqiu	320289	1062860	451817
黄骅市	Huanghua	163726	258056	397398
河间市	Hejian	103727	61417	353097
霸州市	Bazhou	235487	365382	479878
三河市	Sanhe	542097	1008086	753133
深州市	Shenzhou	78873	91389	268595
定州市	Dingzhou	200295	304309	543401
辛集市	Xinji	146180	222309	406559
山西省	**Shanxi**			
古交市	Gujiao	56946	34895	162735
潞城市	Lucheng	64075	113395	122458
高平市	Gaoping	147573	107553	276766
介休市	Jiexiu	129075	95183	212120
永济市	Yongji	41861	62573	209801
河津市	Hejin	310560	288324	202788
原平市	Yuanping	81042	59600	307083
侯马市	Houma	49939	93876	167414
霍州市	Huozhou	58548	126818	157922
孝义市	Xiaoyi	209782	161442	249284
汾阳市	Fenyang	86851	63478	202864
内蒙古自治区	**Inner Mongolia**			
霍林郭勒市	Huolinguole	115734	93085	156849
满洲里市	Manzhouli	102155	77206	404143
牙克石市	Yakeshi	40511	28614	336138
扎兰屯市	Zhalantun	50269	42430	380999
额尔古纳市	Eerguna	14099	6983	173819
根河市	Genhe	8580	14019	165900
丰镇市	Fengzhen	43417	32461	274933
乌兰浩特市	Wulanhaote	82675	66737	326707
阿尔山市	Aershan	11556	7001	117970
二连浩特市	Erlianhaote	35003	20011	209678
锡林浩特市	Xilinhaote	196283	172383	269389
辽宁省	**Liaoning**			
新民市	Xinmin	104326	83853	331412
瓦房店市	Wafangdian	511356	282276	847370
庄河市	Zhuanghe	261683	265445	623180

3-5 续表 1 continued 1

单位：万元 (10 000 yuan)

城　　市	City	公共财政收入 Public Finance Income	各项税收 Various Kinds of Tax	公共财政支出 Public Finance Expenditure
海城市	Haicheng	243410	330886	462505
东港市	Donggang	131039	93045	417889
凤城市	Fengcheng	110890	76984	328284
凌海市	Linghai	100209	80051	349697
北镇市	Beizhen	48215	29141	280599
盖州市	Gaizhou	227035	134595	264189
大石桥市	Dashiqiao	160613	132939	373253
灯塔市	Dengta	131230	108735	228201
调兵山市	Diaobingshan	92318	80223	115629
开原市	Kaiyuan	60419	71532	234740
北票市	Beipiao	54866	36607	379165
凌源市	Lingyuan	85029	60000	348778
兴城市	Xingcheng	111593	120116	374898
吉林省	**Jilin**			
榆树市	Yushu	100400	65395	893020
德惠市	Dehui	107965	85332	650165
蛟河市	Jiaohe	54424	45138	370384
桦甸市	Huadian	61172	49276	370750
舒兰市	Shulan	58283	25800	431468
磐石市	Panshi	131305	114683	380565
公主岭市	Gongzhuling	217805	101075	796243
双辽市	Shuangliao	43053	21886	432613
梅河口市	Meihekou	210539	161127	604439
集安市	Ji'an	53498	38758	315806
临江市	Linjiang	38565	33059	266982
扶余市	Fuyu	52992	26268	501724
洮南市	Taonan	61421	38328	462749
大安市	Daan	105995	75641	439803
延吉市	Yanji	261361	215728	616517
图们市	Tumen	17260	12321	220461
敦化市	Dunhua	174047	73097	617097
珲春市	Hunchun	188246	136057	401001
龙井市	Longjing	23128	9853	157161
和龙市	Helong	40819	11525	322933
黑龙江省	**Heilongjiang**			
尚志市	Shangzhi	43000	32781	295568
五常市	Wuchang	71517	32039	440517
讷河市	Nehe	29423	37906	422744
虎林市	Hulin	49905	33574	242198
密山市	Mishan	37958	22253	324548
铁力市	Tieli	32286	14150	269690
同江市	Tongjiang	23010	14252	236712
富锦市	Fujin	59923	31077	495105
抚远市	Fuyuan	17899	8707	191821
绥芬河市	Suifenhe	50057	66058	232520
海林市	Hailin	75506	142789	282552
宁安市	Ning'an	56862	21171	350935
穆棱市	Muling	74638	29768	365395
东宁市	Dongning	62017	40407	268640

3-5 续表 2 continued 2

单位：万元 (10 000 yuan)

城 市	City	公共财政收入 Public Finance Income	各项税收 Various Kinds of Tax	公共财政支出 Public Finance Expenditure
北安市	Bei'an	58896	24275	414449
五大连池市	Wudalianchi	33891	14706	363107
安达市	Anda	58772	43843	382008
肇东市	Zhaodong	170409	133435	466268
海伦市	Hailun	47423	37099	551200
江苏省	**Jiangsu**			
江阴市	Jiangyin	2351560	3728259	2272879
宜兴市	Yixing	1111500	1579188	1236372
新沂市	Xinyi	474565	494022	930036
邳州市	Pizhou	600510	581576	1105205
溧阳市	Liyang	613778	834281	816341
常熟市	Changshu	1918107	3278519	1658019
张家港市	Zhangjiagang	2100088	3398463	1936161
昆山市	Kunshan	3525088	5842457	2930442
太仓市	Taicang	1408616	2303233	1265111
启东市	Qidong	711282	933536	926737
如皋市	Rugao	713060	905831	1094123
海门市	Haimen	725403	879708	937857
东台市	Dongtai	540066	632770	949430
仪征市	Yizheng	477947	828710	575031
高邮市	Gaoyou	326276	464420	652584
丹阳市	Danyang	610499	878475	828816
扬中市	Yangzhong	320046	453832	412525
句容市	Jurong	440011	653931	601002
兴化市	Xinghua	360589	514675	906091
靖江市	Jingjiang	600913	879410	702122
泰兴市	Taixing	631126	957257	818416
浙江省	**Zhejiang**			
建德市	Jiande	244007	220493	449887
余姚市	Yuyao	906480	782712	1026808
慈溪市	Cixi	1573080	1347938	1514577
瑞安市	Rui'an	634679	576850	982303
乐清市	Yueqing	794030	717228	952075
海宁市	Haining	777242	725843	819513
平湖市	Pinghu	688688	636521	735843
桐乡市	Tongxiang	616900	574687	665038
诸暨市	Zhuji	770087	643524	913114
嵊州市	Shengzhou	380222	323982	531965
兰溪市	Lanxi	241800	206359	422997
义乌市	Yiwu	849995	784858	947363
东阳市	Dongyang	585778	504527	826984
永康市	Yongkang	523569	434880	633373
江山市	Jiangshan	166709	130156	452126
温岭市	Wenling	680900	591411	911183
临海市	Linhai	542928	478355	835668
玉环市	Yuhuan	484919	436245	646672
龙泉市	Longquan	85032	70611	413571
安徽省	**Anhui**			
巢湖市	Chaohu	309651	242758	425658

3-5 续表 3 continued 3

单位：万元 (10 000 yuan)

城　市	City	公共财政收入 Public Finance Income	各项税收 Various Kinds of Tax	公共财政支出 Public Finance Expenditure
桐城市	Tongcheng	251168	208942	451700
天长市	Tianchang	458603	177794	543571
明光市	Mingguang	164812	120856	386425
界首市	Jieshou	310100	137921	514842
宁国市	Ningguo	449472	349191	420446
福建省	**Fujian**			
福清市	Fuqing	1003125	849949	880935
长乐市	Changle	650320	424251	658720
永安市	Yong'an	176108	100313	291464
石狮市	Shishi	601069	460271	530832
晋江市	Jinjiang	2122345	1903474	1458274
南安市	Nan'an	702869	647183	741801
龙海市	Longhai	876402	753197	783368
邵武市	Shaowu	158383	81859	293116
武夷山市	Wuyishan	109307	87268	264683
建瓯市	Jian'ou	118139	82739	323013
漳平市	Zhangping	68075	91642	239271
福安市	Fu'an	347640	179456	433087
福鼎市	Fuding	255315	108823	408002
江西省	**Jiangxi**			
乐平市	Leping	403167	204247	578615
瑞昌市	Ruichang	300166	240267	385206
共青城市	Gongqingcheng	201815	175121	209871
庐山市	Lushan	130578	78913	238319
贵溪市	Guixi	320350	513953	452526
瑞金市	Ruijin	123998	176715	500185
井冈山市	Jinggangshan	83002	66950	203015
丰城市	Fengcheng	497223	344660	918576
樟树市	Zhangshu	553384	458225	548019
高安市	Gaoan	401394	202248	554602
德兴市	Dexing	294759	164534	426006
山东省	**Shandong**			
胶州市	Jiaozhou	965177	842743	1089059
平度市	Pingdu	542112	544447	969667
莱西市	Laixi	511215	342884	714707
滕州市	Tengzhou	703568	500544	840680
龙口市	Longkou	980017	649192	946538
莱阳市	Laiyang	181187	148944	358880
莱州市	Laizhou	582092	799202	618487
蓬莱市	Penglai	327418	350584	391333
招远市	Zhaoyuan	575000	525636	571086
栖霞市	Qixia	127401	108245	320940
海阳市	Haiyang	303766	198612	396169
青州市	Qingzhou	465247	381439	512101
诸城市	Zhucheng	712168	488000	746890
寿光市	Shouguang	903102	673501	954598
安丘市	Anqiu	225004	181593	418486
高密市	Gaomi	491360	403902	520933

3-5 续表 4 continued 4

单位：万元 (10 000 yuan)

城市	City	公共财政收入 Public Finance Income	各项税收 Various Kinds of Tax	公共财政支出 Public Finance Expenditure
昌邑市	Changyi	307943	205629	406138
曲阜市	Qufu	253888	224032	417864
邹城市	Zoucheng	751256	467080	755547
新泰市	Xintai	406370	309699	646636
肥城市	Feicheng	403767	326640	567195
荣成市	Rongcheng	719298	575620	1023568
乳山市	Rushan	317559	244617	438782
乐陵市	Laoling	105977	77166	293323
禹城市	Yucheng	196320	207711	314606
临清市	Linqing	187099	134293	338392
河南省	**Henan**			
巩义市	Gongyi	423575	242634	651200
荥阳市	Xingyang	429063	312887	601376
新密市	Xinmi	320422	197010	536639
新郑市	Xinzheng	683887	466875	912301
登封市	Dengfeng	250325	156783	525586
偃师市	Yanshi	205806	124099	310377
舞钢市	Wugang	82110	54751	172761
汝州市	Ruzhou	300660	214012	601333
林州市	Linzhou	200296	157699	445134
卫辉市	Weihui	100096	70227	293631
辉县市	Huixian	242772	149945	378414
沁阳市	Qinyang	142100	82629	267699
孟州市	Mengzhou	136670	82140	217067
禹州市	Yuzhou	187170	146884	552107
长葛市	Changge	243283	197543	428806
义马市	Yima	132600	73339	164779
灵宝市	Lingbao	218076	148342	414140
邓州市	Dengzhou	146366	99738	702017
永城市	Yongcheng	374266	262631	776369
项城市	Xiangcheng	109669	77073	456163
济源市	Jiyuan	404054	332220	650095
湖北省	**Hubei**			
大冶市	Daye	449573	538214	704773
丹江口市	Danjiangkou	149238	84975	485865
宜都市	Yidu	280001	214828	489473
当阳市	Dangyang	175386	126713	393824
枝江市	Zhijiang	178068	153430	384048
老河口市	Laohekou	402026	161976	567215
枣阳市	Zaoyang	307419	185942	748736
宜城市	Yicheng	267496	135265	586153
钟祥市	Zhongxiang	205690	123615	831728
应城市	Yingcheng	167735	110529	403936
安陆市	Anlu	111129	122172	283112
汉川市	Hanchuan	223239	304674	495427
石首市	Shishou	73761	87510	350230
洪湖市	Honghu	89928	98740	430562
松滋市	Songzi	182200	214536	484963

3-5 续表 5 continued 5

单位：万元 (10 000 yuan)

城市	City	公共财政收入 Public Finance Income	各项税收 Various Kinds of Tax	公共财政支出 Public Finance Expenditure
麻城市	Macheng	192825	192825	618158
武穴市	Wuxue	186189	182226	460590
赤壁市	Chibi	184917	138715	421300
广水市	Guangshui	121410	79122	439599
恩施市	Enshi	211142	164230	616563
利川市	Lichuan	101717	71435	649165
仙桃市	Xiantao	308966	419550	789276
潜江市	Qianjiang	250864	164153	617601
天门市	Tianmen	269156	129026	740215
湖南省	**Hunan**			
浏阳市	Liuyang	623580	833373	1160780
宁乡市	Ningxiang	440789	551212	873865
醴陵市	Liling	396939	287603	753158
湘乡市	Xiangxiang	150206	146786	472000
韶山市	Shaoshan	46499	46829	120815
耒阳市	Leiyang	146294	153173	592719
常宁市	Changning	95374	103424	545134
武冈市	Wugang	72739	66438	471945
汨罗市	Miluo	113017	161064	480945
临湘市	Linxiang	51875	72520	337833
津市市	Jinshi	43817	56923	210300
沅江市	Yuanjiang	64258	82978	427852
资兴市	Zixing	155955	150875	387195
洪江市	Hongjiang	63729	88157	394816
冷水江市	Lengshuijiang	111422	138735	289686
涟源市	Lianyuan	77439	90897	580058
吉首市	Jishou	82711	98276	334155
广东省	**Guangdong**			
乐昌市	Lechang	59099	40009	322126
南雄市	Nanxiong	61168	38054	313994
台山市	Taishan	266888	475928	505891
开平市	Kaiping	233348	163297	364704
鹤山市	Heshan	273888	189964	395802
恩平市	Enping	105083	75622	269555
廉江市	Lianjiang	116928	230212	632400
雷州市	Leizhou	44909	29644	658737
吴川市	Wuchuan	67454	45699	476564
高州市	Gaozhou	173830	104599	720050
化州市	Huazhou	118650	71775	575744
信宜市	Xinyi	101133	65136	583543
四会市	Sihui	203750	157426	486969
兴宁市	Xingning	114809	91030	620180
陆丰市	Lufeng	67399	40706	702914
阳春市	Yangchun	112807	74146	528747
英德市	Yingde	163487	102543	643299
连州市	Lianzhou	62852	37955	260494
普宁市	Puning	214070	149298	822240
罗定市	Luoding	125000	75200	524824

3-5 续表 6 continued 6

单位：万元 (10 000 yuan)

城　市	City	公共财政收入 Public Finance Income	各项税收 Various Kinds of Tax	公共财政支出 Public Finance Expenditure
广西壮族自治区	**Guangxi**			
岑溪市	Cenxi	182135	130819	398000
东兴市	Dongxing	105476	91464	244970
桂平市	Guiping	101439	124613	685055
北流市	Beiliu	248624	187989	493315
靖西市	Jingxi	139618	90924	503913
合山市	Heshan	17302	9613	138524
凭祥市	Pingxiang	51261	21208	171023
海南省	**Hainan**			
五指山市	Wuzhishan	39025	41605	209780
琼海市	Qionghai	167416	126855	468499
文昌市	Wenchang	271091	106924	522428
万宁市	Wanning	162400	146000	506400
东方市	Dongfang	138091	105256	454887
四川省	**Sichuan**			
都江堰市	Dujiangyan	476144	184532	444045
彭州市	Pengzhou	272472	1162485	455714
邛崃市	Qionglai	977995	121214	469598
崇州市	Chongzhou	205493	163121	378592
简阳市	Jianyang	1739932	1499965	2498954
广汉市	Guanghan	170283	104633	353901
什邡市	Shifang	161087	455333	286121
绵竹市	Mianzhu	214234	201128	280085
江油市	Jiangyou	190670	95387	441746
隆昌市	Longchang	82090	60508	338170
峨眉山市	Emeishan	291902	92179	296095
阆中市	Langzhong	105376	63917	417526
华蓥市	Huaying	73709	42741	239577
万源市	Wanyuan	39123	20158	338283
马尔康市	Maerkang	20101	16223	129550
康定市	Kangding	32930	29487	195644
西昌市	Xichang	410580	202797	665101
贵州省	**Guizhou**			
清镇市	Qingzhen	161694	129281	357075
盘州市	Qingzhen	505252	769400	941608
赤水市	Chishui	57991	45622	324849
仁怀市	Renhuai	449791	389002	615978
兴义市	Xingyi	709376	571002	704651
凯里市	Kaili	241647	175191	486031
都匀市	Duyun	189970	138284	392972
福泉市	Fuquan	155030	92298	325187
云南省	**Yunnan**			
安宁市	Anning	288778	237463	362220
宣威市	Xuanwei	130599	99506	772939
腾冲市	Tengchong	169885	190416	551431
楚雄市	Chuxiong	231877	140564	439299
个旧市	Gejiu	120516	133550	374716
开远市	Kaiyuan	178875	54648	295381

3-5 续表 7 continued 7

单位：万元 (10 000 yuan)

城市	City	公共财政收入 Public Finance Income	各项税收 Various Kinds of Tax	公共财政支出 Public Finance Expenditure
蒙自市	Mengzi	187066	75951	349835
弥勒市	Mile	172183	94600	392146
文山市	Wenshan	200700	145896	540370
景洪市	Jinghong	110294	76329	382265
大理市	Dali	316706	246146	515525
瑞丽市	Ruili	77233	48256	264424
芒市	Mangshi	60002	37149	284333
泸水市	Lushui	53236	19285	235727
香格里拉市	Shangri-la	48616	34653	423678
陕西省	**Shaanxi**			
兴平市	Xingping	37050	29814	285083
韩城市	Hancheng	301452	411262	483984
华阴市	Huayin	22937	36594	186688
神木市	Shenmu	714512	591048	871336
甘肃省	**Gansu**			
玉门市	Yumen	36957	26815	185086
敦煌市	Dunhuang	50001	32742	166331
临夏市	Linxia	112890	30581	257985
合作市	Hezuo	15872	10349	187903
青海省	**Qinghai**			
玉树市	Yushu	8964	6271	178547
格尔木市	Golmud	140016	606710	356229
德令哈市	Delingha	112867	89725	183596
宁夏回族自治区	**Ningxia**			
灵武市	Lingwu	303082	250745	602329
青铜峡市	Qingtongxia	79451	50125	290756
新疆维吾尔自治区	**Xinjiang**			
昌吉市	Changji	421080	218584	565714
阜康市	Fukang	160132	127315	295727
博乐市	Bole	107443	82407	311153
阿拉山口市	A la san kou	34321	37465	137504
库尔勒市	Korla	344035	263390	603831
阿克苏市	Akesu	193445	135295	447673
阿图什市	Atus	48680	26129	621377
喀什市	Kashi	209126	118082	657937
和田市	Hetian	215587	59303	588546
伊宁市	Yining	215757	183469	497043
奎屯市	Kuitun	123709	92421	256699
霍尔果斯市	Horgos	227658	205567	341756
塔城市	Tacheng	58230	56711	188735
乌苏市	Wusu	151003	98320	347568
阿勒泰市	Aletai	68432	49323	314675
石河子市	Shihezi	440075	369856	511568
阿拉尔市	Alar	72283	52651	109392
图木舒克市	Tumushuke	33992	26128	55790
五家渠市	Wujiaqu	194707	183507	251296
北屯市	Beitun	26130	20495	39871
铁门关市	Tie men guan	43099	11747	43099

3-6 年末金融机构存贷款余额

Deposits and Loans of National Banking System at Year-end

单位：万元 (10 000 yuan)

城　市	City	居民人民币储蓄存款余额 household saving deposits	年末金融机构各项贷款余额 Loans of ational Banking System at Year-end
河北省	**Hebei**		
晋州市	Jinzhou	2261616	1153124
新乐市	Xinle	1436781	848199
遵化市	Zunhua	3830864	2113712
迁安市	Qian'an	5308389	4473960
武安市	Wu'an	4479373	3081508
南宫市	Nangong	1529883	915120
沙河市	Shahe	2196737	2175260
涿州市	Zhuozhou	3286001	4088973
安国市	Anguo	1659997	529170
高碑店市	Gaobeidian	3036756	4005869
平泉市	Pingquan	1700906	1470895
泊头市	Botou	2507314	1152751
任丘市	Renqiu	4333012	2361710
黄骅市	Huanghua	2435689	2477425
河间市	Hejian	3068970	1276394
霸州市	Bazhou	3929004	4808131
三河市	Sanhe	5387113	15841825
深州市	Shenzhou	1702959	1121118
定州市	Dingzhou	3888907	2599218
辛集市	Xinji	3149854	1939237
山西省	**Shanxi**		
古交市	Gujiao	1389454	825493
潞城市	Lucheng	785276	499217
高平市	Gaoping	1978878	1258134
介休市	Jiexiu	2307344	2402713
永济市	Yongji	1204109	719238
河津市	Hejin	1485403	1084435
原平市	Yuanping	1815600	826700
侯马市	Houma	1444378	1124522
霍州市	Huozhou	1148447	861365
孝义市	Xiaoyi	3426816	2023775
汾阳市	Fenyang	1734953	869572
内蒙古自治区	**Inner Mongolia**		
霍林郭勒市	Huolinguole	527148	1132211
满洲里市	Manzhouli	1322258	1342087
牙克石市	Yakeshi	1255323	891349
扎兰屯市	Zhalantun	878429	2054874
额尔古纳市	Eerguna	305649	276122
根河市	Genhe	551207	287895
丰镇市	Fengzhen	559153	786858
乌兰浩特市	Wulanhaote	1551068	4381240
阿尔山市	Aershan	159132	383589
二连浩特市	Erlianhaote	486179	704000
锡林浩特市	Xilinhaote	1680667	3299218
辽宁省	**Liaoning**		
新民市	Xinmin	2175921	1355043
瓦房店市	Wafangdian	4981239	4435263
庄河市	Zhuanghe	4350786	3085817
海城市	Haicheng	6346930	3201200
东港市	Donggang	3642852	2590946
凤城市	Fengcheng	2658641	1513721
凌海市	Linghai	1824859	1051329
北镇市	Beizhen	2035555	1057119
盖州市	Gaizhou	2643831	1300451
大石桥市	Dashiqiao	3380058	2986256
灯塔市	Dengta	1768485	1511758
调兵山市	Diaobingshan	1542207	1101973
开原市	Kaiyuan	1740401	1533497
北票市	Beipiao	1693005	1008324
凌源市	Lingyuan	2183063	1160932
兴城市	Xingcheng	2071621	2158358
吉林省	**Jilin**		
榆树市	Yushu	2162332	3090227
德惠市	Dehui	2375877	1041977
蛟河市	Jiaohe	1199548	1061278
桦甸市	Huadian	1188189	1080663
舒兰市	Shulan	1420603	1869597
磐石市	Panshi	1270166	1471441
公主岭市	Gongzhuling	3077399	3361342
双辽市	Shuangliao	904105	1358573
梅河口市	Meihekou	2238241	1552628
集安市	Ji'an	1027541	789848
临江市	Linjiang	600537	344387
扶余市	Fuyu	1086736	1442378
洮南市	Taonan	738776	1435548
大安市	Daan	915998	1466869
延吉市	Yanji	4785744	4174738
图们市	Tumen	527746	186322
敦化市	Dunhua	1810043	1633289
珲春市	Hunchun	1200145	1431978
龙井市	Longjing	702501	251880
和龙市	Helong	556412	535604
黑龙江省	**Heilongjiang**		
尚志市	Shangzhi	1615889	871938
五常市	Wuchang	1850228	1276034
讷河市	Nehe	1132643	1882452
虎林市	Hulin	1405800	2434675
密山市	Mishan	1548939	709282
铁力市	Tieli	1215751	389374
同江市	Tongjiang	414591	766298
富锦市	Fujin	1170562	860044
抚远市	Fuyuan	343698	290663
绥芬河市	Suifenhe	935667	604930
海林市	Hailin	1248751	302064
宁安市	Ning'an	1197338	378379
穆棱市	Muling	659009	210867
东宁市	Dongning	889833	555141
北安市	Bei'an	1320428	2651745
五大连池市	Wudalianchi	914865	426569

3-6 续表 1 continued 1

单位：万元 (10 000 yuan)

城　市	City	居民人民币储蓄存款余额 household saving deposits	年末金融机构各项贷款余额 Loans of National Banking System at Year-end
安达市	Anda	1150308	92831
肇东市	Zhaodong	1459444	1914333
海伦市	Hailun	1183494	1407804
江苏省	**Jiangsu**		
江阴市	Jiangyin	11568900	29169600
宜兴市	Yixing	9961700	15173600
新沂市	Xinyi	2465755	2800329
邳州市	Pizhou	3924299	4275196
溧阳市	Liyang	4987833	8560563
常熟市	Changshu	12253697	22647572
张家港市	Zhangjiagang	10272831	21922154
昆山市	Kunshan	12185389	28880074
太仓市	Taicang	5446474	13572788
启东市	Qidong	7997916	8216660
如皋市	Rugao	7666618	7690859
海门市	Haimen	8094248	9676231
东台市	Dongtai	5492767	4649201
仪征市	Yizheng	3061639	4028790
高邮市	Gaoyou	3715853	3587081
丹阳市	Danyang	6067927	10029346
扬中市	Yangzhong	2887679	4808404
句容市	Jurong	3152256	7249952
兴化市	Xinghua	5270458	5029103
靖江市	Jingjiang	4920736	7870583
泰兴市	Taixing	4942293	6970123
浙江省	**Zhejiang**		
建德市	Jiande	2367000	3131700
余姚市	Yuyao	7937418	12060431
慈溪市	Cixi	11578790	18545385
瑞安市	Rui'an	8801520	10539081
乐清市	Yueqing	8012693	11394116
海宁市	Haining	6755316	10823611
平湖市	Pinghu	4025818	6445353
桐乡市	Tongxiang	6670181	10041084
诸暨市	Zhuji	7506012	12859247
嵊州市	Shengzhou	4199705	5629475
兰溪市	Lanxi	2516273	4150717
义乌市	Yiwu	13837361	22728394
东阳市	Dongyang	6205446	7554146
永康市	Yongkang	6003475	8915749
江山市	Jiangshan	2659843	3252545
温岭市	Wenling	8837852	12056809
临海市	Linhai	5452084	7605353
玉环市	Yuhuan		4965074
龙泉市	Longquan	1095679	1414113
安徽省	**Anhui**		
巢湖市	Chaohu	2848815	4005655
桐城市	Tongcheng	3021999	2554173
天长市	Tianchang	2029712	2394278
明光市	Mingguang	1353980	1444944
界首市	Jieshou	1791159	1423381
宁国市	Ningguo	1442276	2095296
福建省	**Fujian**		
福清市	Fuqing	6884600	7261500
长乐市	Changle	3151662	8689156
永安市	Yong'an	1106402	1924442
石狮市	Shishi	4280207	7044410
晋江市	Jinjiang	8506500	13960600
南安市	Nan'an	6191629	7743562
龙海市	Longhai	2696175	6043941
邵武市	Shaowu	1076800	1242000
武夷山市	Wuyishan	942800	1210450
建瓯市	Jian'ou	1351557	1231141
漳平市	Zhangping	721958	830604
福安市	Fu'an	1348604	2136784
福鼎市	Fuding	1404995	4273790
江西省	**Jiangxi**		
乐平市	Leping	2278968	1533314
瑞昌市	Ruichang	1165151	1339218
共青城市	Gongqingcheng	338054	855512
庐山市	Lushan	591722	649490
贵溪市	Guixi	1476700	1675100
瑞金市	Ruijin	1696827	1996251
井冈山市	Jinggangshan	591557	722538
丰城市	Fengcheng	3478702	2997559
樟树市	Zhangshu	2186524	2437011
高安市	Gaoan	2568827	2991767
德兴市	Dexing	1104296	1147904
山东省	**Shandong**		
胶州市	Jiaozhou	3973566	6393939
平度市	Pingdu	4524974	3813543
莱西市	Laixi	2705970	3516190
滕州市	Tengzhou	4624909	4384705
龙口市	Longkou	4996486	6061984
莱阳市	Laiyang	3012740	1830891
莱州市	Laizhou	5133316	2843757
蓬莱市	Penglai	2752866	3273031
招远市	Zhaoyuan	3333101	2995025
栖霞市	Qixia	2017257	1307998
海阳市	Haiyang	2756825	3076830
青州市	Qingzhou	5266457	4750665
诸城市	Zhucheng	4379534	5409240
寿光市	Shouguang	5566620	7335928
安丘市	Anqiu	3057000	3535000
高密市	Gaomi	3488200	4043340
昌邑市	Changyi	3005954	2523140

3-6 续表 2 continued 2

单位：万元 (10 000 yuan)

城市	City	居民人民币储蓄存款余额 household saving deposits	年末金融机构各项贷款余额 Loans of National Banking System at Year-end
曲阜市	Qufu	2203093	1574184
邹城市	Zoucheng	3740979	5625032
新泰市	Xintai	4548183	3950538
肥城市	Feicheng	3732184	3095866
荣成市	Rongcheng	4513384	5229155
乳山市	Rushan	2648953	1680962
乐陵市	Laoling	1666662	1432635
禹城市	Yucheng	1566205	1771142
临清市	Linqing	2791812	2272255
河南省	**Henan**		
巩义市	Gongyi	2733274	2294073
荥阳市	Xingyang	2400082	2323840
新密市	Xinmi	3053073	1857196
新郑市	Xinzheng	3142507	5128828
登封市	Dengfeng	2392965	1613055
偃师市	Yanshi	2378963	1382384
舞钢市	Wugang	1153351	964090
汝州市	Ruzhou	2308448	2067267
林州市	Linzhou	3980115	1671417
卫辉市	Weihui	1099223	755109
辉县市	Huixian	2400308	1452879
沁阳市	Qinyang	1334000	971647
孟州市	Mengzhou	1034198	812024
禹州市	Yuzhou	3005440	2167392
长葛市	Changge	2243674	2007627
义马市	Yima	717686	824221
灵宝市	Lingbao	2306877	1489210
邓州市	Dengzhou	2761351	1948032
永城市	Yongcheng	3266903	2776414
项城市	Xiangcheng	2455385	761665
济源市	Jiyuan	2646021	2747208
湖北省	**Hubei**		
大冶市	Daye	2412100	3174600
丹江口市	Danjiangkou	1868468	1870220
宜都市	Yidu	1638287	1366361
当阳市	Dangyang	2011800	1630000
枝江市	Zhijiang	2064777	1653690
老河口市	Laohekou	1566402	1397167
枣阳市	Zaoyang	3123069	2096694
宜城市	Yicheng	1262344	1249567
钟祥市	Zhongxiang	3686042	1930422
应城市	Yingcheng	1943973	1389165
安陆市	Anlu	1800714	1251748
汉川市	Hanchuan	2567852	2226721
石首市	Shishou	1920103	1010590
洪湖市	Honghu	1902997	1217263
松滋市	Songzi	2596451	1443115
麻城市	Macheng	2746164	2293434
武穴市	Wuxue	2280500	1340100
赤壁市	Chibi	1478000	1346191
广水市	Guangshui	2705200	1072500
恩施市	Enshi	1929101	4056071
利川市	Lichuan	1617190	1475782
仙桃市	Xiantao	4477100	2684500
潜江市	Qianjiang	3973367	2333549
天门市	Tianmen	4732100	1858352
湖南省	**Hunan**		
浏阳市	Liuyang	4430532	5764059
宁乡市	Ningxiang	3873936	5413495
醴陵市	Liling	2453001	1771613
湘乡市	Xiangxiang	2564765	1775295
韶山市	Shaoshan	499359	566669
耒阳市	Leiyang	2858300	1598900
常宁市	Changning	2042700	1328800
武冈市	Wugang	1714900	851100
汨罗市	Miluo	1504622	1132472
临湘市	Linxiang	1185298	942672
津市市	Jinshi	814000	450000
沅江市	Yuanjiang	1604419	941552
资兴市	Zixing	1393105	926472
洪江市	Hongjiang	1287559	949426
冷水江市	Lengshuijiang	1391482	1397645
涟源市	Lianyuan	1799951	1205997
吉首市	Jishou	1796512	2106292
广东省	**Guangdong**		
乐昌市	Lechang	1210097	835168
南雄市	Nanxiong	1048303	568756
台山市	Taishan	4124169	3651609
开平市	Kaiping	3980191	3138878
鹤山市	Heshan	2277488	2933682
恩平市	Enping	1806288	858208
廉江市	Lianjiang	2880187	1618489
雷州市	Leizhou	2224779	1257002
吴川市	Wuchuan	1912288	922353
高州市	Gaozhou	3814385	1707198
化州市	Huazhou	2725194	1379502
信宜市	Xinyi	2710968	1448542
四会市	Sihui	2557226	3477130
兴宁市	Xingning	2337554	1475543
陆丰市	Lufeng	1322573	807021
阳春市	Yangchun	2333200	1659500
英德市	Yingde	2559026	1839047
连州市	Lianzhou	1203676	1409808
普宁市	Puning	5292228	3387365

3-6 续表 3 continued 3

单位：万元 (10 000 yuan)

城 市	City	居民人民币储蓄存款余额 household saving deposits	年末金融机构各项贷款余额 Loans of National Banking System at Year-end
罗定市	Luoding	2264433	1931090
广西壮族自治区	**Guangxi**		
岑溪市	Cenxi	1600714	1483249
东兴市	Dongxing	1067436	945688
桂平市	Guiping	3026121	1989225
北流市	Beiliu	2623840	2074967
靖西市	Jingxi	831032	807169
合山市	Heshan	279278	185057
凭祥市	Pingxiang	642277	367910
海南省	**Hainan**		
五指山市	Wuzhishan	366859	288278
琼海市	Qionghai	2275470	1463519
文昌市	Wenchang	2116964	1540274
万宁市	Wanning	1412700	1355000
东方市	Dongfang	838026	742716
四川省	**Sichuan**		
都江堰市	Dujiangyan	3896261	2628874
彭州市	Pengzhou	3858721	2651341
邛崃市	Qionglai	2577583	1952675
崇州市	Chongzhou	3423367	1896385
简阳市	Jianyang	4325082	34149709
广汉市	Guanghan	3190042	2842357
什邡市	Shifang	1872645	1422913
绵竹市	Mianzhu	1824753	1231114
江油市	Jiangyou	3473250	2242828
隆昌市	Longchang	2206767	1223629
峨眉山市	Emeishan	2357190	1902097
阆中市	Langzhong	2405629	1656486
华蓥市	Huaying	1300319	827310
万源市	Wanyuan	1183038	926025
马尔康市	Maerkang	272886	741342
康定市	Kangding	599874	1544777
西昌市	Xichang	2900992	3889365
贵州省	**Guizhou**		
清镇市	Qingzhen	1132500	2225800
盘州市	Qingzhen	2161067	2808025
赤水市	Chishui	949000	1175745
仁怀市	Renhuai	1708376	2700541
兴义市	Xingyi	2602475	4693905
凯里市	Kaili	2172000	3678507
都匀市	Duyun	1962166	3127025
福泉市	Fuquan	742318	1574980
云南省	**Yunnan**		
安宁市	Anning	1920048	3442050
宣威市	Xuanwei	2238006	1597871
腾冲市	Tengchong	1811650	1951287
楚雄市	Chuxiong	1996614	3314132
个旧市	Gejiu	1720250	2225185
开远市	Kaiyuan	1158613	1340383
蒙自市	Mengzi	1635082	3417928
弥勒市	Mile	1238962	1608997
文山市	Wenshan	1928578	3215079
景洪市	Jinghong	2200500	2335100
大理市	Dali	3487343	6277492
瑞丽市	Ruili	1468592	1541262
芒市	Mangshi	1129003	1492830
泸水市	Lushui	380715	580042
香格里拉市	Shangri-la	733445	1736372
陕西省	**Shaanxi**		
兴平市	Xingping	1793400	763300
韩城市	Hancheng	2157770	1858865
华阴市	Huayin	815688	758277
神木市	Shenmu	5286902	4084208
甘肃省	**Gansu**		
玉门市	Yumen	474449	843321
敦煌市	Dunhuang	1348710	1351550
临夏市	Linxia	1461017	1793402
合作市	Hezuo	258550	865304
青海省	**Qinghai**		
玉树市	Yushu	397005	155490
格尔木市	Golmud	1184017	3186772
德令哈市	Delingha	436525	1305658
宁夏回族自治区	**Ningxia**		
灵武市	Lingwu	1044100	2096083
青铜峡市	Qingtongxia	843200	1470884
新疆维吾尔自治区	**Xinjiang**		
昌吉市	Changji	2691076	5080352
阜康市	Fukang	744911	1135116
博乐市	Bole	900602	1433922
阿拉山口市	A la san kou		34100
库尔勒市	Korla	4103824	4425094
阿克苏市	Akesu	2779313	3379542
阿图什市	Atus	516210	538930
喀什市	Kashi	2187282	2808880
和田市	Hetian	1159500	1148573
伊宁市	Yining	2409231	5907953
奎屯市	Kuitun	1976599	2426621
霍尔果斯市	Horgos	84140	130653
塔城市	Tacheng	611000	936400
乌苏市	Wusu	905949	1010999
阿勒泰市	Aletai	704048	1245999
石河子市	Shihezi	262145	260637
阿拉尔市	Alar	918967	1880361
图木舒克市	Tumushuke	289076	420013
五家渠市	Wujiaqu	758423	1292171
北屯市	Beitun	588051	843888
铁门关市	Tie men guan	38783	

3-7 规模以上工业企业情况

Basic Conditions of Industrial enterprises above Designated Size

单位：个 (unit)

城市	City	规模以上工业企业单位数 Number of Industrial Enterprises above Designated Size	城市	City	规模以上工业企业单位数 Number of Industrial Enterprises above Designated Size
河北省	**Hebei**		东港市	Donggang	111
晋州市	Jinzhou	275	凤城市	Fengcheng	74
新乐市	Xinle	175	凌海市	Linghai	46
遵化市	Zunhua	150	北镇市	Beizhen	43
迁安市	Qian'an	163	盖州市	Gaizhou	68
武安市	Wu'an	104	大石桥市	Dashiqiao	207
南宫市	Nangong	84	灯塔市	Dengta	32
沙河市	Shahe	78	调兵山市	Diaobingshan	16
涿州市	Zhuozhou	68	开原市	Kaiyuan	38
安国市	Anguo	83	北票市	Beipiao	37
高碑店市	Gaobeidian	54	凌源市	Lingyuan	35
平泉市	Pingquan	69	兴城市	Xingcheng	73
泊头市	Botou	253	**吉林省**	**Jilin**	
任丘市	Renqiu	303	榆树市	Yushu	110
黄骅市	Huanghua	114	德惠市	Dehui	206
河间市	Hejian	291	蛟河市	Jiaohe	125
霸州市	Bazhou	194	桦甸市	Huadian	157
三河市	Sanhe	171	舒兰市	Shulan	123
深州市	Shenzhou	89	磐石市	Panshi	129
定州市	Dingzhou	253	公主岭市	Gongzhuling	192
辛集市	Xinji	315	双辽市	Shuangliao	61
山西省	**Shanxi**		梅河口市	Meihekou	177
古交市	Gujiao	13	集安市	Ji'an	31
潞城市	Lucheng	34	临江市	Linjiang	62
高平市	Gaoping	58	扶余市	Fuyu	112
介休市	Jiexiu	91	洮南市	Taonan	59
永济市	Yongji	47	大安市	Daan	72
河津市	Hejin	70	延吉市	Yanji	83
原平市	Yuanping	37	图们市	Tumen	31
侯马市	Houma	26	敦化市	Dunhua	134
霍州市	Huozhou	18	珲春市	Hunchun	113
孝义市	Xiaoyi	166	龙井市	Longjing	28
汾阳市	Fenyang	31	和龙市	Helong	29
内蒙古自治区	**Inner Mongolia**		**黑龙江省**	**Heilongjiang**	
霍林郭勒市	Huolinguole	37	尚志市	Shangzhi	117
满洲里市	Manzhouli	28	五常市	Wuchang	221
牙克石市	Yakeshi	28	讷河市	Nehe	39
扎兰屯市	Zhalantun	63	虎林市	Hulin	27
额尔古纳市	Eerguna	12	密山市	Mishan	30
根河市	Genhe	4	铁力市	Tieli	23
丰镇市	Fengzhen	39	同江市	Tongjiang	23
乌兰浩特市	Wulanhaote	58	富锦市	Fujin	29
阿尔山市	Aershan	1	抚远市	Fuyuan	4
二连浩特市	Erlianhaote	13	绥芬河市	Suifenhe	22
锡林浩特市	Xilinhaote	72	海林市	Hailin	36
辽宁省	**Liaoning**		宁安市	Ning'an	35
新民市	Xinmin	78	穆棱市	Muling	37
瓦房店市	Wafangdian	271	东宁市	Dongning	31
庄河市	Zhuanghe	203	北安市	Bei'an	35
海城市	Haicheng	294	五大连池市	Wudalianchi	9

3-7 续表 1 continued 1

单位：个 (unit)

城 市	City	规模以上工业企业单位数 Number of Industrial Enterprises above Designated Size	城 市	City	规模以上工业企业单位数 Number of Industrial Enterprises above Designated Size
安达市	Anda	67	天长市	Tianchang	463
肇东市	Zhaodong	49	明光市	Mingguang	92
海伦市	Hailun	33	界首市	Jieshou	290
江苏省	**Jiangsu**		宁国市	Ningguo	338
江阴市	Jiangyin	1470	**福建省**	**Fujian**	
宜兴市	Yixing	941	福清市	Fuqing	366
新沂市	Xinyi	306	长乐市	Changle	380
邳州市	Pizhou	428	永安市	Yong'an	266
溧阳市	Liyang	381	石狮市	Shishi	402
常熟市	Changshu	1313	晋江市	Jinjiang	1542
张家港市	Zhangjiagang	1134	南安市	Nan'an	791
昆山市	Kunshan	1973	龙海市	Longhai	481
太仓市	Taicang	965	邵武市	Shaowu	205
启东市	Qidong	487	武夷山市	Wuyishan	65
如皋市	Rugao	845	建瓯市	Jian'ou	175
海门市	Haimen	673	漳平市	Zhangping	136
东台市	Dongtai	495	福安市	Fu'an	263
仪征市	Yizheng	389	福鼎市	Fuding	298
高邮市	Gaoyou	559	**江西省**	**Jiangxi**	
丹阳市	Danyang	698	乐平市	Leping	114
扬中市	Yangzhong	343	瑞昌市	Ruichang	138
句容市	Jurong	239	共青城市	Gongqingcheng	156
兴化市	Xinghua	604	庐山市	Lushan	63
靖江市	Jingjiang	506	贵溪市	Guixi	99
泰兴市	Taixing	701	瑞金市	Ruijin	71
浙江省	**Zhejiang**		井冈山市	Jinggangshan	30
建德市	Jiande	352	丰城市	Fengcheng	219
余姚市	Yuyao	1184	樟树市	Zhangshu	221
慈溪市	Cixi	1434	高安市	Gaoan	207
瑞安市	Rui'an	900	德兴市	Dexing	124
乐清市	Yueqing	1073	**山东省**	**Shandong**	
海宁市	Haining	1281	胶州市	Jiaozhou	736
平湖市	Pinghu	711	平度市	Pingdu	401
桐乡市	Tongxiang	1057	莱西市	Laixi	332
诸暨市	Zhuji	1207	滕州市	Tengzhou	428
嵊州市	Shengzhou	595	龙口市	Longkou	280
兰溪市	Lanxi	468	莱阳市	Laiyang	218
义乌市	Yiwu	763	莱州市	Laizhou	255
东阳市	Dongyang	523	蓬莱市	Penglai	236
永康市	Yongkang	631	招远市	Zhaoyuan	279
江山市	Jiangshan	208	栖霞市	Qixia	192
温岭市	Wenling	802	海阳市	Haiyang	171
临海市	Linhai	486	青州市	Qingzhou	473
玉环市	Yuhuan	799	诸城市	Zhucheng	436
龙泉市	Longquan	90	寿光市	Shouguang	508
安徽省	**Anhui**		安丘市	Anqiu	389
巢湖市	Chaohu	171	高密市	Gaomi	495
桐城市	Tongcheng	435	昌邑市	Changyi	307

3-7 续表 2 continued 2

单位：个 (unit)

城　市	City	规模以上工业企业单位数 Number of Industrial Enterprises above Designated Size	城　市	City	规模以上工业企业单位数 Number of Industrial Enterprises above Designated Size
曲阜市	Qufu	259	麻城市	Macheng	284
邹城市	Zoucheng	347	武穴市	Wuxue	209
新泰市	Xintai	344	赤壁市	Chibi	202
肥城市	Feicheng	327	广水市	Guangshui	206
荣成市	Rongcheng	532	恩施市	Enshi	91
乳山市	Rushan	356	利川市	Lichuan	61
乐陵市	Laoling	227	仙桃市	Xiantao	410
禹城市	Yucheng	328	潜江市	Qianjiang	285
临清市	Linqing	442	天门市	Tianmen	289
河南省	**Henan**		**湖南省**	**Hunan**	
巩义市	Gongyi	553	浏阳市	Liuyang	859
荥阳市	Xingyang	445	宁乡市	Ningxiang	630
新密市	Xinmi	489	醴陵市	Liling	588
新郑市	Xinzheng	295	湘乡市	Xiangxiang	228
登封市	Dengfeng	348	韶山市	Shaoshan	71
偃师市	Yanshi	359	耒阳市	Leiyang	127
舞钢市	Wugang	74	常宁市	Changning	91
汝州市	Ruzhou	199	武冈市	Wugang	75
林州市	Linzhou	246	汨罗市	Miluo	213
卫辉市	Weihui	60	临湘市	Linxiang	139
辉县市	Huixian	178	津市市	Jinshi	110
沁阳市	Qinyang	212	沅江市	Yuanjiang	160
孟州市	Mengzhou	217	资兴市	Zixing	124
禹州市	Yuzhou	448	洪江市	Hongjiang	90
长葛市	Changge	555	冷水江市	Lengshuijiang	118
义马市	Yima	51	涟源市	Lianyuan	134
灵宝市	Lingbao	200	吉首市	Jishou	71
邓州市	Dengzhou	165	**广东省**	**Guangdong**	
永城市	Yongcheng	213	乐昌市	Lechang	37
项城市	Xiangcheng	165	南雄市	Nanxiong	101
济源市	Jiyuan	260	台山市	Taishan	198
湖北省	**Hubei**		开平市	Kaiping	287
大冶市	Daye	460	鹤山市	Heshan	353
丹江口市	Danjiangkou	192	恩平市	Enping	117
宜都市	Yidu	271	廉江市	Lianjiang	264
当阳市	Dangyang	266	雷州市	Leizhou	63
枝江市	Zhijiang	240	吴川市	Wuchuan	143
老河口市	Laohekou	195	高州市	Gaozhou	271
枣阳市	Zaoyang	286	化州市	Huazhou	189
宜城市	Yicheng	163	信宜市	Xinyi	186
钟祥市	Zhongxiang	327	四会市	Sihui	391
应城市	Yingcheng	173	兴宁市	Xingning	52
安陆市	Anlu	106	陆丰市	Lufeng	80
汉川市	Hanchuan	436	阳春市	Yangchun	127
石首市	Shishou	109	英德市	Yingde	113
洪湖市	Honghu	117	连州市	Lianzhou	38
松滋市	Songzi	119	普宁市	Puning	536

3-7 续表 3 continued 3

单位：个 (unit)

城市	City	规模以上工业企业单位数 Number of Industrial Enterprises above Designated Size
罗定市	Luoding	160
广西壮族自治区	**Guangxi**	
岑溪市	Cenxi	90
东兴市	Dongxing	28
桂平市	Guiping	112
北流市	Beiliu	139
靖西市	Jingxi	29
合山市	Heshan	8
凭祥市	Pingxiang	29
海南省	**Hainan**	
五指山市	Wuzhishan	4
琼海市	Qionghai	10
文昌市	Wenchang	17
万宁市	Wanning	10
东方市	Dongfang	12
四川省	**Sichuan**	
都江堰市	Dujiangyan	99
彭州市	Pengzhou	165
邛崃市	Qionglai	151
崇州市	Chongzhou	166
简阳市	Jianyang	491
广汉市	Guanghan	314
什邡市	Shifang	234
绵竹市	Mianzhu	147
江油市	Jiangyou	235
隆昌市	Longchang	96
峨眉山市	Emeishan	80
阆中市	Langzhong	72
华蓥市	Huaying	100
万源市	Wanyuan	43
马尔康市	Maerkang	5
康定市	Kangding	15
西昌市	Xichang	66
贵州省	**Guizhou**	
清镇市	Qingzhen	90
盘州市	Qingzhen	183
赤水市	Chishui	78
仁怀市	Renhuai	86
兴义市	Xingyi	142
凯里市	Kaili	58
都匀市	Duyun	49
福泉市	Fuquan	127
云南省	**Yunnan**	
安宁市	Anning	119
宣威市	Xuanwei	117
腾冲市	Tengchong	53
楚雄市	Chuxiong	88
个旧市	Gejiu	47
开远市	Kaiyuan	60
蒙自市	Mengzi	33
弥勒市	Mile	44
文山市	Wenshan	32
景洪市	Jinghong	45
大理市	Dali	75
瑞丽市	Ruili	25
芒市	Mangshi	31
泸水市	Lushui	12
香格里拉市	Shangri-la	17
陕西省	**Shaanxi**	
兴平市	Xingping	125
韩城市	Hancheng	112
华阴市	Huayin	32
神木市	Shenmu	217
甘肃省	**Gansu**	
玉门市	Yumen	50
敦煌市	Dunhuang	45
临夏市	Linxia	5
合作市	Hezuo	7
青海省	**Qinghai**	
玉树市	Yushu	
格尔木市	Golmud	60
德令哈市	Delingha	27
宁夏回族自治区	**Ningxia**	
灵武市	Lingwu	140
青铜峡市	Qingtongxia	111
新疆维吾尔自治区	**Xinjiang**	
昌吉市	Changji	125
阜康市	Fukang	70
博乐市	Bole	41
阿拉山口市	A la san kou	26
库尔勒市	Korla	61
阿克苏市	Akesu	67
阿图什市	Atus	14
喀什市	Kashi	27
和田市	Hetian	11
伊宁市	Yining	29
奎屯市	Kuitun	37
霍尔果斯市	Horgos	4
塔城市	Tacheng	7
乌苏市	Wusu	34
阿勒泰市	Aletai	11
石河子市	Shihezi	102
阿拉尔市	Alar	167
图木舒克市	Tumushuke	47
五家渠市	Wujiaqu	44
北屯市	Beitun	29
铁门关市	Tie men guan	13

3-8 在校学生数
Number of Strdents Enrollment

单位：人 (person)

城　市	City	普通中学在校学生数 Total Enrollment of Regular Secondary Schools	普通小学在校学生数 Total Enrollment of Primary Schools
河北省	**Hebei**		
晋州市	Jinzhou	20699	40984
新乐市	Xinle	27463	49224
遵化市	Zunhua	42491	61490
迁安市	Qian'an	36640	63567
武安市	Wu'an	43613	81133
南宫市	Nangong	28340	34655
沙河市	Shahe	30165	42682
涿州市	Zhuozhou	27264	44627
安国市	Anguo	23218	27863
高碑店市	Gaobeidian	26567	39980
平泉市	Pingquan	24509	33327
泊头市	Botou	31704	60481
任丘市	Renqiu	43526	87677
黄骅市	Huanghua	25764	43183
河间市	Hejian	27341	85072
霸州市	Bazhou	33607	76485
三河市	Sanhe	38153	72668
深州市	Shenzhou	21328	31964
定州市	Dingzhou	75038	94337
辛集市	Xinji	30774	43352
山西省	**Shanxi**		
古交市	Gujiao	11006	17107
潞城市	Lucheng	11673	13897
高平市	Gaoping	24950	23715
介休市	Jiexiu	21028	36456
永济市	Yongji	10155	21710
河津市	Hejin	23404	27795
原平市	Yuanping	19007	26221
侯马市	Houma	9712	13808
霍州市	Huozhou	13532	20260
孝义市	Xiaoyi	29283	39914
汾阳市	Fenyang	21121	29469
内蒙古自治区	**Inner Mongolia**		
霍林郭勒市	Huolinguole	6298	7806
满洲里市	Manzhouli	9722	8770
牙克石市	Yakeshi	10451	7464
扎兰屯市	Zhalantun	12162	17775
额尔古纳市	Eerguna	2733	2929
根河市	Genhe	2402	2086
丰镇市	Fengzhen	7522	10463
乌兰浩特市	Wulanhaote	20938	19625
阿尔山市	Aershan	593	1090
二连浩特市	Erlianhaote	4470	5396
锡林浩特市	Xilinhaote	19767	17678
辽宁省	**Liaoning**		
新民市	Xinmin	15944	28761
瓦房店市	Wafangdian	29105	40553
庄河市	Zhuanghe	25566	27136
海城市	Haicheng	29100	61048
东港市	Donggang	17792	24194
凤城市	Fengcheng	14154	21666
凌海市	Linghai	17104	17064
北镇市	Beizhen	18721	21084
盖州市	Gaizhou	13313	26323
大石桥市	Dashiqiao	23360	32748
灯塔市	Dengta	9649	17068
调兵山市	Diaobingshan	4535	8212
开原市	Kaiyuan	12824	22696
北票市	Beipiao	20566	21504
凌源市	Lingyuan	32020	39832
兴城市	Xingcheng	22686	26079
吉林省	**Jilin**		
榆树市	Yushu	47593	57648
德惠市	Dehui	36098	53360
蛟河市	Jiaohe	16133	18601
桦甸市	Huadian	18689	20971
舒兰市	Shulan	20000	25900
磐石市	Panshi	17912	21540
公主岭市	Gongzhuling	48559	63354
双辽市	Shuangliao	15481	25098
梅河口市	Meihekou	22505	25940
集安市	Ji'an	4590	7315
临江市	Linjiang	5829	5720
扶余市	Fuyu	16551	33898
洮南市	Taonan	14992	17994
大安市	Daan	7480	14714
延吉市	Yanji	22275	36470
图们市	Tumen	2011	2557
敦化市	Dunhua	16753	19696
珲春市	Hunchun	8063	11295
龙井市	Longjing	2632	3588
和龙市	Helong	1849	4156
黑龙江省	**Heilongjiang**		
尚志市	Shangzhi	10933	19921
五常市	Wuchang	18878	34326
讷河市	Nehe	15839	24003
虎林市	Hulin	8136	5543
密山市	Mishan	15330	13614
铁力市	Tieli	10547	9012
同江市	Tongjiang	3665	6530
富锦市	Fujin	16380	17724
抚远市	Fuyuan	2663	3199
绥芬河市	Suifenhe	5710	7733
海林市	Hailin	8274	8588
宁安市	Ning'an	7188	13353
穆棱市	Muling	8181	10343
东宁市	Dongning	8082	8594
北安市	Bei'an	7002	10653
五大连池市	Wudalianchi	7929	7503

3-8 续表 1 continued 1

单位:人 (person)

城市	City	普通中学在校学生数 Total Enrollment of Regular Secondary Schools	普通小学在校学生数 Total Enrollment of Primary Schools
安达市	Anda	13907	14402
肇东市	Zhaodong	26494	29501
海伦市	Hailun	20578	20796
江苏省	**Jiangsu**		
江阴市	Jiangyin	58093	93817
宜兴市	Yixing	41214	60800
新沂市	Xinyi	45249	123484
邳州市	Pizhou	85790	193189
溧阳市	Liyang	26608	38549
常熟市	Changshu	46683	82268
张家港市	Zhangjiagang	44762	83045
昆山市	Kunshan	52326	138475
太仓市	Taicang	22176	46488
启东市	Qidong	27861	37742
如皋市	Rugao	48260	61551
海门市	Haimen	33761	47584
东台市	Dongtai	29836	34443
仪征市	Yizheng	18862	23249
高邮市	Gaoyou	25344	26584
丹阳市	Danyang	33725	50242
扬中市	Yangzhong	9999	14309
句容市	Jurong	16929	25510
兴化市	Xinghua	40694	65823
靖江市	Jingjiang	24118	27858
泰兴市	Taixing	42360	48274
浙江省	**Zhejiang**		
建德市	Jiande	17852	20742
余姚市	Yuyao	38107	65856
慈溪市	Cixi	49118	78573
瑞安市	Rui'an	55398	90206
乐清市	Yueqing	60456	104897
海宁市	Haining	27769	42754
平湖市	Pinghu	18822	28872
桐乡市	Tongxiang	31455	44641
诸暨市	Zhuji	74401	64981
嵊州市	Shengzhou	28800	32100
兰溪市	Lanxi	25991	32106
义乌市	Yiwu	48520	104286
东阳市	Dongyang	46198	68164
永康市	Yongkang	34595	61380
江山市	Jiangshan	27865	31269
温岭市	Wenling	54429	89095
临海市	Linhai	58866	81770
玉环市	Yuhuan	22574	46387
龙泉市	Longquan	11903	16268
安徽省	**Anhui**		
巢湖市	Chaohu	38059	41427
桐城市	Tongcheng	31771	29961
天长市	Tianchang	16356	29126
明光市	Mingguang	26132	35176
界首市	Jieshou	31964	54071
宁国市	Ningguo	13480	18617
福建省	**Fujian**		
福清市	Fuqing	69942	115878
长乐市	Changle	28770	53310
永安市	Yong'an	16740	24799
石狮市	Shishi	33372	62188
晋江市	Jinjiang	89547	176860
南安市	Nan'an	62464	120962
龙海市	Longhai	39355	64728
邵武市	Shaowu	12696	18498
武夷山市	Wuyishan	11089	18740
建瓯市	Jian'ou	22098	37350
漳平市	Zhangping	11443	17856
福安市	Fu'an	32689	52865
福鼎市	Fuding	23511	40564
江西省	**Jiangxi**		
乐平市	Leping	50421	89795
瑞昌市	Ruichang	28082	38819
共青城市	Gongqingcheng	6562	13425
庐山市	Lushan	13173	23925
贵溪市	Guixi	27571	49702
瑞金市	Ruijin	45606	63320
井冈山市	Jinggangshan	8935	15728
丰城市	Fengcheng	78883	98360
樟树市	Zhangshu	29217	44658
高安市	Gaoan	50587	73437
德兴市	Dexing	17740	29510
山东省	**Shandong**		
胶州市	Jiaozhou	44977	61179
平度市	Pingdu	58526	69780
莱西市	Laixi	38201	33502
滕州市	Tengzhou	75712	117242
龙口市	Longkou	30835	29131
莱阳市	Laiyang	35414	31482
莱州市	Laizhou	37773	28733
蓬莱市	Penglai	12342	15167
招远市	Zhaoyuan	26128	19894
栖霞市	Qixia	13273	16022
海阳市	Haiyang	27410	19353
青州市	Qingzhou	41378	51326
诸城市	Zhucheng	58826	69808
寿光市	Shouguang	33078	67499
安丘市	Anqiu	40942	63256
高密市	Gaomi	45778	63858
昌邑市	Changyi	25843	31702

3-8 续表 2 continued 2

单位:人 (person)

城市	City	普通中学在校学生数 Total Enrollment of Regular Secondary Schools	普通小学在校学生数 Total Enrollment of Primary Schools
曲阜市	Qufu	27264	39953
邹城市	Zoucheng	49800	71685
新泰市	Xintai	81427	77542
肥城市	Feicheng	51575	50927
荣成市	Rongcheng	28322	25151
乳山市	Rushan	15150	13388
乐陵市	Laoling	29893	47971
禹城市	Yucheng	25756	32601
临清市	Linqing	36475	89904
河南省	**Henan**		
巩义市	Gongyi	38237	53246
荥阳市	Xingyang	32610	47230
新密市	Xinmi	47857	68421
新郑市	Xinzheng	43933	86959
登封市	Dengfeng	69544	84677
偃师市	Yanshi	28758	38276
舞钢市	Wugang	15990	29856
汝州市	Ruzhou	64463	122156
林州市	Linzhou	62727	108095
卫辉市	Weihui	27709	63278
辉县市	Huixian	47763	99870
沁阳市	Qinyang	28758	33517
孟州市	Mengzhou	14320	20269
禹州市	Yuzhou	62942	107775
长葛市	Changge	41116	68158
义马市	Yima	5007	10003
灵宝市	Lingbao	31660	45038
邓州市	Dengzhou	94731	179292
永城市	Yongcheng	81687	157526
项城市	Xiangcheng	77362	99376
济源市	Jiyuan	39900	53300
湖北省	**Hubei**		
大冶市	Daye	35543	71413
丹江口市	Danjiangkou	16207	30515
宜都市	Yidu	9995	15301
当阳市	Dangyang	8915	18253
枝江市	Zhijiang	11296	15645
老河口市	Laohekou	20245	35235
枣阳市	Zaoyang	42420	70124
宜城市	Yicheng	18899	30567
钟祥市	Zhongxiang	34208	46791
应城市	Yingcheng	18124	23930
安陆市	Anlu	20153	27957
汉川市	Hanchuan	33248	58163
石首市	Shishou	19516	25844
洪湖市	Honghu	27614	42746
松滋市	Songzi	23991	32548
麻城市	Macheng	42204	56763
武穴市	Wuxue	33544	65871
赤壁市	Chibi	20719	35844
广水市	Guangshui	30773	48491
恩施市	Enshi	43079	52928
利川市	Lichuan	45111	69733
仙桃市	Xiantao	53700	83800
潜江市	Qianjiang	37898	50128
天门市	Tianmen	55163	74992
湖南省	**Hunan**		
浏阳市	Liuyang	68839	103176
宁乡市	Ningxiang	65098	78596
醴陵市	Liling	36320	65148
湘乡市	Xiangxiang	35943	45662
韶山市	Shaoshan	2686	5508
耒阳市	Leiyang	79321	121587
常宁市	Changning	49395	72503
武冈市	Wugang	50127	62034
汨罗市	Miluo	28821	44727
临湘市	Linxiang	24093	34651
津市市	Jinshi	6027	9077
沅江市	Yuanjiang	20566	31536
资兴市	Zixing	15679	25111
洪江市	Hongjiang	16800	24979
冷水江市	Lengshuijiang	21282	34942
涟源市	Lianyuan	45640	64181
吉首市	Jishou	22684	31490
广东省	**Guangdong**		
乐昌市	Lechang	22483	36176
南雄市	Nanxiong	20781	26868
台山市	Taishan	35603	50689
开平市	Kaiping	39762	53729
鹤山市	Heshan	22295	36748
恩平市	Enping	20337	33929
廉江市	Lianjiang	77956	132441
雷州市	Leizhou	77377	125577
吴川市	Wuchuan	61307	80336
高州市	Gaozhou	105427	128218
化州市	Huazhou	104873	146916
信宜市	Xinyi	84382	112340
四会市	Sihui	29105	53860
兴宁市	Xingning	42719	66918
陆丰市	Lufeng	82227	116496
阳春市	Yangchun	37540	85242
英德市	Yingde	49473	81010
连州市	Lianzhou	17023	32053
普宁市	Puning	149123	185371

3-8 续表 3 continued 3

单位:人 (person)

城市	City	普通中学在校学生数 Total Enrollment of Regular Secondary Schools	普通小学在校学生数 Total Enrollment of Primary Schools
罗定市	Luoding	62612	103628
广西壮族自治区	**Guangxi**		
岑溪市	Cenxi	55987	85404
东兴市	Dongxing	10303	22550
桂平市	Guiping	112168	166905
北流市	Beiliu	95741	171458
靖西市	Jingxi	29042	46388
合山市	Heshan	4106	8702
凭祥市	Pingxiang	5327	10593
海南省	**Hainan**		
五指山市	Wuzhishan	8020	9685
琼海市	Qionghai	30141	44013
文昌市	Wenchang	30161	42801
万宁市	Wanning	26878	45070
东方市	Dongfang	28834	37975
四川省	**Sichuan**		
都江堰市	Dujiangyan	24003	35241
彭州市	Pengzhou	20931	37734
邛崃市	Qionglai	21996	25913
崇州市	Chongzhou	20362	30227
简阳市	Jianyang	83906	116657
广汉市	Guanghan	17619	25426
什邡市	Shifang	12709	17400
绵竹市	Mianzhu	12860	19388
江油市	Jiangyou	26334	35456
隆昌市	Longchang	32652	46087
峨眉山市	Emeishan	14544	18479
阆中市	Langzhong	28180	49583
华蓥市	Huaying	16042	22960
万源市	Wanyuan	27586	37253
马尔康市	Maerkang	3567	3396
康定市	Kangding	8576	10137
西昌市	Xichang	54844	81788
贵州省	**Guizhou**		
清镇市	Qingzhen	28013	41022
盘州市	Qingzhen	68000	76093
赤水市	Chishui	9755	22052
仁怀市	Renhuai	41471	50673
兴义市	Xingyi	88364	88645
凯里市	Kaili	51176	55495
都匀市	Duyun	27762	31187
福泉市	Fuquan	14064	24700
云南省	**Yunnan**		
安宁市	Anning	17955	22885
宣威市	Xuanwei	98659	121253
腾冲市	Tengchong	45138	54164
楚雄市	Chuxiong	40258	35639
个旧市	Gejiu	19573	32850
开远市	Kaiyuan	16688	24972
蒙自市	Mengzi	22456	40909
弥勒市	Mile	30362	41688
文山市	Wenshan	35075	51016
景洪市	Jinghong	19401	40313
大理市	Dali	38446	42661
瑞丽市	Ruili	10438	18025
芒市	Mangshi	16166	36023
泸水市	Lushui	11146	17048
香格里拉市	Shangri-la	5042	11714
陕西省	**Shaanxi**		
兴平市	Xingping	26051	34960
韩城市	Hancheng	19199	21950
华阴市	Huayin	8415	13183
神木市	Shenmu	19720	45271
甘肃省	**Gansu**		
玉门市	Yumen	6812	9916
敦煌市	Dunhuang	8916	9212
临夏市	Linxia	20570	25558
合作市	Hezuo	8735	9480
青海省	**Qinghai**		
玉树市	Yushu	4706	15229
格尔木市	Golmud	12177	18468
德令哈市	Delingha	4596	6310
宁夏回族自治区	**Ningxia**		
灵武市	Lingwu	14598	22832
青铜峡市	Qingtongxia	14308	19304
新疆维吾尔自治区	**Xinjiang**		
昌吉市	Changji	31977	26582
阜康市	Fukang	7980	8720
博乐市	Bole	6734	15790
阿拉山口市	A la san kou	820	568
库尔勒市	Korla	29238	49418
阿克苏市	Akesu	31932	58492
阿图什市	Atus	21531	31331
喀什市	Kashi	38145	86168
和田市	Hetian	21442	53952
伊宁市	Yining	41656	56679
奎屯市	Kuitun	16495	11802
霍尔果斯市	Horgos	1051	2764
塔城市	Tacheng	10271	10110
乌苏市	Wusu	12789	15494
阿勒泰市	Aletai	9820	11909
石河子市	Shihezi	28901	21949
阿拉尔市	Alar	23843	20400
图木舒克市	Tumushuke	10500	21200
五家渠市	Wujiaqu	7154	6718
北屯市	Beitun	5321	5401
铁门关市	Tie men guan	1177	1257

附录　主要统计指标解释

Appendix
Explanatory Notes on Main Statistical Indicators

主要统计指标解释

行政区划

行政区划 指国家对行政区域的划分。根据有关法规规定，我国的行政区域划分如下:（1）全国分为省、自治区、直辖市;（2）省、自治区分为自治州、县、自治县、市;（3）自治州分为县、自治县、市;（4）县、自治县分为乡、民族乡、镇; （5）直辖市和较大的市分为区、县;（6）国家在必要时设立的特别行政区。

人口、资源和环境

年末总人口 指本市每年12月31日24时的户籍登记情况统计的人口数。

年平均人口 指一年内各个时点的人口的平均数。年平均人口数是综合反映年内的人口规模的主要指标，也是计算出生率、死亡率、自然增长率、人均国内生产总值等经济指标的必要指标。其计算方法可利用一年中12个月的月末人口相加除以12求得，在实际工作中，经常根据年初人口数加年末人口数除以2计算求得。

人口自然增长率 指在一定时期内（通常为一年）人口自然增加数（出生人数减死亡人数）与该时期内平均人数（或期中人数）之比，用千分率表示。

行政区域土地面积 指辖区内的全部陆地面积和水域面积。

建成区面积 指城市行政区内实际已成片开发建设、市政公用设施和公共设施基本具备的区域。

水资源总量 指当地降水形成的地表和地下产水总量，即地表径流量与降水入渗补给量之和。

城市建设用地面积 指城市内的居住用地、公共管理与公共服务设施用地、商业服务业设施用地、工业用地、物流仓储用地、道路交通设施用地、公用设施用地、绿地与广场用地等面积之和。

居住用地面积 指住宅和相应服务设施的用地。

绿地面积 指用作绿化的各种绿地面积。包括公园绿地、单位附属绿地、居住区绿地、生产绿地、防护绿地和风景林地的总面积。

公园绿地面积 指开放的各级各类公园绿地。

建成区绿化覆盖面积 根据《城市绿化条例》规定，建成区绿化覆盖面积包括公共绿地、居住区绿地、单位附属绿地、防护绿地、生产绿地、风景林地六类绿化面积之和。指城市中的乔木、灌木、草坪等所有植被的垂直投影面积。包括公园绿地、防护绿地、生产绿地、附属绿地、其他绿地的绿化种植覆盖面积、屋顶绿化覆盖面积以及零散树木的覆盖面积，不含各类绿地中的水域面积以及没有被植被覆盖的面积（硬化道路、无屋顶绿化的建筑物等）。乔木树冠下重迭的灌木和草本植物不能重复计算。

工业废水排放量 指经过工业企业厂区所有排放口排放到企业外部的全部废水总量。包括外排的生产废水和厂区生活污水，也包括外排的直接冷却水和矿区的超过排放标准的有毒有害的矿井地下水；不包括外排的间接冷却水。有些企业间接冷却水和直接冷却水混合排放分不开的，可以合并统计在内。

工业二氧化硫排放量 指工业企业在厂区内的生产工艺过程和燃料燃烧过程中排入大气的二氧化硫总量。

工业烟（粉）尘排放量 指报告期内企业在燃料燃烧和生产工艺过程中排入大气的烟尘及工业粉尘的

总质量之和。

一般工业固体废物综合利用率 指一般工业固体废物综合利用量占一般固体废物产生量与综合利用往年贮存量之和的百分率。

污水处理厂集中处理率 指报告期内通过污水处理厂处理的污水量与污水排放总量的比率。

生活垃圾无害化处理率 指报告期生活垃圾无害化处理量与生活垃圾产生量的比率。

经济发展

地区生产总值（GRP） 指按市场价格计算的一个地区所有常住单位在一定时期内生产活动的最终成果。

地方一般公共预算收入 指属于地方一般公共预算的收入，包括地方企业上交利润，城市维护建设税（不含铁道部门、各银行总行、各保险公司总公司集中缴纳的部分），房产税，城镇土地使用税，土地增值税，车船税，耕地占用税，契税，烟叶税，印花税，增值税 25%部分，纳入共享范围的企业所得税 40%部分，个人所得税 40%部分，证券交易印花税 3%部分，海洋石油资源税以外的其他资源税，地方非税收入等。

地方一般公共预算支出 指一般公共服务，公共安全支出，地方统筹的各项社会事业支出等。

科学技术支出 即公共财政预算支出中的科学技术支出项目。指用于科学技术方面的支出，包括科学技术管理事务、基础研究、应用研究、技术研究与开发、科技条件与服务、社会科学、科学技术普及、科技交流与合作等。

教育支出 即公共财政预算支出中的教育支出项目。指政府教育事务支出，包括教育行政管理、学前教育、小学教育、初中教育、普通高中教育、普通高等教育、初等职业教育、中专教育、技校教育、职业高中教育、高等职业教育、广播电视教育、留学生教育、特殊教育、干部继续教育、教育机关服务等。

年末金融机构人民币各项存款余额 指企业、机关、团体和居民根据可以收回的原则，把人民币存入银行或其他信用机构保管并取得一定利息的年末人民币总量。

住户存款余额 指城乡居民在某一时点上,在银行和其他金融机构的本（人民币）、外币储蓄存款总额。不包括居民的手存现金和工矿企业、部队、机关、团体等单位存款。

年末金融机构人民币各项贷款余额 指年终时银行或其他信用机构根据必须归还的原则，按一定利率，为企业、个人等提供人民币贷款的总额。

固定资产投资（不含农户） 指以货币形式表现的在一定时期内建造和购置固定资产的工作量以及与此有关的费用的总称。包括城镇和农村各种登记注册类型的企业、事业、行政单位及城镇个体户进行的计划总投资 500 万元及 500 万元以上的建设项目投资和房地产开发投资。包括原口径的城镇固定资产投资加上农村企事业组织项目投资，不含农户投资。该口径自 2011 年起开始使用。

房地产开发投资完成额 指各种登记注册类型的房地产开发公司、商品房建设公司及其他房地产开发法人单位和附属于其他法人单位实际从事房地产开发或经营活动的单位统一开发的包括统代建、拆迁还建的住宅、厂房、仓库、饭店、宾馆、度假村、写字楼、办公楼等房屋建筑物和配套的服务设施，土地开发工程（如道路、给水、排水、供电、供热、通讯、平整土地等基础设施工程）的投资；不包括单纯的土地交易活动。

住宅 指专供居住的房屋，包括别墅、公寓、职工家属宿舍和集体宿舍（包括职工单身宿舍和学生宿舍）等，但不包括住宅楼中作为人防用、不住人的地下室等。住宅按照性质可以划分为普通住房、经济适用住房和别墅、高档公寓。

当年实际使用外资金额 指批准的合同外资金额的实际执行数，外国投资者根据批准外商投资企业的合同（章程）的规定实际缴付的出资额和企业投资总额内外国投资者以自己的境外自有资金实际直接向企业提供的贷款。

工业企业数 指年主营业务收入 2000 万元以上的工业法人企业个数。包括独立核算法人工业企业和附营工业生产单位。独立核算法人工业企业是指从事生产经营活动的单位，它同时具备以下条件：（1）依法成立，有自己的名称、组织机构和场所，能够独立承担民事责任；（2）独立拥有和使用资产，承担负债，有权与其他单位签订合同；（3）会计上独立核算，能够编制资产负债表。

工业总产值　指规模以上工业企业在报告期内生产活动的最终成果。包括生产的成品价值、对外加工费收入、自制半成品在制品期末期初差额价值。

从业人员年平均人数　指报告期内平均拥有的从业人员数。年平均人数是以12个月的平均人数相加之和除以12求得，或以4个季度的平均人数之和除以4求得。在年内新成立的单位年平均人数计算方法为：从实际开工之月起到年底的月平均人数相加除以12个月。

流动资产　资产满足以下条件之一应归为流动资产：（1）预计在一个正常营业周期中变现、出售或耗用，主要包括存货、应收账款等；（2）主要为交易目的而持有；（3）预计在资产负债表日起一年内（含一年）变现；（4）自资产负债日起一年内，交换其他资产或清偿负债的能力不受限制的现金或现金等价物。包括货币资金、应收票据、应收账款、存货等项目。根据会计“资产负债表”中“流动资产合计”项目的期末余额数填报。

固定资产　指企业为生产商品、提供劳务、出租或经营管理而持有的，使用寿命超过一个会计年度的有形资产。包括使用期限超过一年的房屋、建筑物、机器、机械、运输工具以及其他与生产、经营有关的设备、器具、工具等。固定资产合计是时点指标，表示固定资产经过扣减折旧、减值准备等后的期末余额。根据会计“资产负债表”中“固定资产”项目的期末余额数填报。

主营业务税金及附加　指企业经营主要业务应负担的营业税、消费税、城市维护建设税、教育费附加等。根据会计“主营业务税金及附加”科目的期末借方余额（结转前）填报。

利润总额　指企业在一定会计期间的经营成果，是生产经营过程中各种收入扣除各种耗费后的盈余，反映企业在报告期内实现的盈亏总额。来源于会计“利润表”中“利润总额”项目的本年累计数。

限额以上批发零售业商品销售总额　限额以上批发和零售业统计单位是指：批发业，年主营业务收入2000万元及以上；零售业，年主营业务收入500万元及以上。商品销售额指对本单位以外的单位和个人出售的商品金额（包括售给本单位消费用的商品，含增值税）。商品销售包括：（1）售给城乡居民和社会集团消费用的商品；（2）售给农业、工业、建筑业、服务业等国民经济各行业用于生产、经营用的商品，包括售予批发和零售业作为转卖或加工后转卖的商品；（3）对国（境）外直接出口的商品。商品销售不包括：（1）未通过买卖行为付出的商品，如随机构变动移交给其他企业单位的商品、借出的商品、归还受其他单位委托代保管的商品、付出的加工原料和赠送给其他单位的样品等；（2）经本单位介绍，由买卖双方直接结算，本单位只收取手续费的业务；（3）购货退回的商品；（4）商品损耗和损失；（5）出售本单位自用的废旧物资。

社会消费品零售总额　指企业（单位、个体户）通过交易直接售给个人、社会集团非生产、非经营用的实物商品金额，以及提供餐饮服务所取得的收入金额。个人包括城乡居民和入境人员，社会集团包括机关、社会团体、部队、学校、企事业单位、居委会或村委会等。

科技创新

R&D人员　指单位内部从事基础研究、应用研究和试验发展三类活动的人员。包括直接参加上述三类项目活动的人员以及这三类项目的管理人员和直接服务人员。为研发活动提供直接服务的人员包括直接为研发活动提供资料文献、材料供应、设备维护等服务的人员。

人民生活

城镇单位从业人员期末人数　指报告期末最后一日24时在本单位工作，并取得工资或其他形式劳动报酬的人员数。该指标为时点指标，不包括最后一日当天及以前已经与单位解除劳动合同关系的人员，是在岗职工、劳务派遣人员及其他从业人员之和。从业人员不包括：1.离开本单位仍保留劳动关系，并定期领取生活费的人员；2.利用课余时间打工的学生及在本单位实习的各类在校学生；3.本单位因劳务外包而使用的人员，如：建筑业整建制使用的人员。

城镇私营和个体就业人员 城镇私营就业人员指在工商管理部门注册登记，其经营地址设在县城关镇(含县城关镇)以上的私营企业就业人员，包括私营企业投资者和雇工。城镇个体就业人员指在工商管理部门注册登记，并持有城镇户口或在城镇长期居住，经批准从事个体工商经营的就业人员，包括个体经营者和在个体工商户劳动的家庭帮工和雇工。

城镇登记失业人员数 指有非农业户口，在一定的劳动年龄内（16 周岁至退休年龄），有劳动能力，无业而要求就业，并在当地就业服务机构进行求职登记的人员数量。

在岗职工平均人数 指报告期内平均拥有的在岗职工数。在岗职工是指在本单位工作且与本单位签订劳动合同，并由单位支付各项工资和社会保险、住房公积金的人员，以及上述人员中由于学习、病伤、产假等原因暂未工作仍由单位支付工资的人员。在岗职工还包括：（1）应订立劳动合同而未订立劳动合同人员（如使用的农村户籍人员）；（2）处于试用期人员；（3）编制外招用的人员，如临时人员；（4）派往外单位工作，但工资仍由本单位发放的人员（如挂职锻炼、外派工作等情况）。在岗职工不包括：（1）本单位使用的且由本单位直接支付工资的劳务派遣人员，应统计在本单位"劳务派遣人员"指标中；（2）本单位因劳务外包而使用的人员，由承包劳务的单位统计为在岗职工。年平均人数是以 12 个月的平均人数相加之和除以 12 求得，或以 4 个季度的平均人数之和除以 4 求得。

在岗职工工资总额 指本单位在报告期内直接支付给本单位全部在岗职工的劳动报酬总额。在岗职工工资总额由基本工资、绩效工资、工资性津贴和补贴、其他工资四部分组成。工资总额不包括病假、事假等情况的扣款。各单位在填报在岗职工工资总额四项构成时，应根据实际情况调整对应项目；如不能确定调整项，可扣减基本工资项。

公共服务

普通高等学校 指通过国家普通高等教育招生考试、招收高级中等学校毕业生为主要培养对象，实施高等学历教育的全日制大学、独立设置的学院和高等专科学校、高等职业学校和其他机构。

中等职业教育学校 指按国家规定的设置标准和审批程序批准建立的，招收初中（或部分高中）毕业生或同等学历者，实施中等职业技术教育，培养中等职业技术人才的学校。招收初中毕业生的，修业年限一般为三至四年；招收高中毕业生的，修业年限一般为二年至三年。包括中等专业学校、技工学校、职业中学（高中）等。

普通中学 指经过县及县以上教育部门批准，以招收小学毕业生为主实施中学教学计划的学校数，包括初级中学和完全中学。

普通小学 指经过县及县以上教育部门批准，以招收适龄儿童为主，实施小学教学计划的学校。

专任教师 指具有教师资格、专门从事教学工作的人员。包括临时（一年以内）调去帮助做其他工作的教学人员。

在校学生数 指具有学籍并在本学年进行在校学习的学生数。

公共图书馆图书总藏量 指图书馆已编目的古籍、图书、期刊和报纸的合订本、小册子、手稿以及缩微制品、录像带、录音带、光盘等听视文献资料数量总和。

城镇职工基本养老保险参保人数 指报告期末按照法律、法规和有关政策规定参加城镇基本养老保险并在社保经办机构已建立缴费记录档案的职工人数（包括中断缴费但未终止养老保险关系的职工人数，不包括只登记未建立缴费记录档案的人数）和离休、退休和退职人员的人数。取自人力资源和社会保障部统计年报。

失业保险参保人数 指报告期末按照法律、法规和有关政策规定参加了失业保险的城镇企业、事业单位的职工及地方政府规定参加失业保险的其他人员的人数。取自人力资源和社会保障部统计年报。

基础设施

年末实有城市道路面积 指道路实际铺装面积和与道路相通的广场、桥梁、隧道的铺装面积（统计时，将人行道面积单独统计）。人行道面积按道路两侧面积相加计算，包括步行街和广场，不含人车混行的道路。

排水管道长度 指所有排水总管、干管、支管、检查井以及连接井进出口等长度之和。

年末实有公共汽（电）车运营车辆数 指城市公共交通企业可参加营运的全部车辆数。包括技术完好的、在修的、待修的、长期停驶的，以及拟报废尚未经上级主管部门批准报废的运营车辆数。不包括公交企业的油罐车、货车和其他专用车等非运营车，也不包括借入、租入的客运车辆。

全年公共汽（电）车客运总量 指运送乘客的总人数。包括普通票乘客人次，月票乘客人次和包车乘客人次。普通票乘客人次按上车付现金购票，一张票计算一个人次；月票日乘车次按 5 个人次计算；团体包车，一个乘客按一个人次计算，往返按二个人次计算。

年末实有出租汽车数 指经有关部门批准的专门从事出租业务的一切营业车辆。包括轿车、面包车、大客车。

货（客）运量 指在一定时期内，各种运输工具实际运送的货物重量（旅客数量）。该指标是反映运输业为国民经济和人民生活服务的数量指标，也是制定和检查运输生产计划、研究运输发展规模和速度的重要指标。货运按吨计算，客运按人计算。货物不论运输距离长短、货物类别，均按实际重量统计。旅客不论行程远近或票价多少，均按一人一次客运量统计；半价票、小孩票也按一人统计。

邮政、电信业务收入 指邮电、通信企业通过生产经营活动所取得的全部业务收入，包括邮政、长途电信、本地电话等各项主营业务收入和地方国有通信收入。统计范围改为全社会所有从事电信运营的企业（即中国电信、中国移动、中国联通三家基础电信企业），邮政企业和年业务收入 200 万元以上的快递企业。

移动电话用户 指在电信运营企业营业网点办理开户登记手续，通过移动电话交换机进入移动电话网，占用移动电话号码的各类电话用户。包括各类签约用户，智能网预付费用户、无线上网卡用户。

互联网宽带接入用户 指报告期末在电信企业登记注册，通过 XDSL、FTTX+LAN、WLAN 等方式接入中国互联网的用户，主要包括 XDSL 用户、LAN 专线用户、LAN 终端用户及无线接入用户。

居民生活用水量 指城市范围内所有居民家庭的日常生活用水。包括城市居民、农民家庭、公共供水站用水。

全社会用电量 指各行业用电量和城乡居民生活用电量合计。

供气总量（人工、天然气） 指城市煤气企业向城市生产用户、家庭用户和其他用户供应的全部煤气量，包括外购及损失量。

用气人口 指报告期末家庭用户的用气人口。

Explanatory Notes on Main Statistical Indicators

Divisions of Administrative Areas of Cities in China

Divisions of Administrative Areas refer to the division of administrative areas by the State. The relative laws stipulate that (1) the whole country is divided into provinces, autonomous regions and municipalities directly under the Central Government; (2) provinces and autonomous regions are further divided into autonomous prefectures, counties, autonomous counties and cities; (3) autonomous prefectures are further divided into counties, autonomous counties and cities; (4) counties and autonomous counties are further divided into townships, ethnic townships and towns; (5) municipalities directly under the Central Government and large cities are divided into districts and counties; (6) the State shall, when necessary, establish special administrative regions.

Population, Resources and Environment

Total Population at Year-end refer to the population at the 24 clock, December 31, of the reporting year. The data are register population from public security department.

Annual average population refer to the average number of the population at every time point. This index is the main index to illustrate synthetically the population of the reporting year, and it is the necessary index to calculate the birth rate, death rate, natural growth rate, per capita GDP and so on. The calculating method is the sum of the 12 months of population at month-end which is divided by 12. In the practical work, the index is the number population early and late which is divided by 2.

Natural Growth Rate of Population refer to the ratio of natural increase in population (number of births minus number of deaths) in a certain period of time (usually a year) to the average population (or mid-period population) of the same period, expressed in ‰.

Total Land Area of Administrative Region refer to the all land and water area under city.

Area of Land Used for Urban Construction refer to the total area of all kinds of lands such as the residential land, the land for public administration and public service facilities , the land for commercial service facilities, industrial land, the land for logistics and warehouse, the land for road traffic facilities, the land for public facilities, green space and square land.

Total Water Resources refer to total volume of surface water and groundwater and is measured as run-off for surface water and replenishment of groundwater with rainfall in local area.

Built-up Area refer to the total area that were actually developed and constructed, with the basic municipal public facilities.

Residential Land Area refer to the area of the residences and residential service facilities, roads, green spaces and so on.

Area of Urban Green Land refer to the total area occupied for green projects at the end of the reference period, including park green land, production green land, protection green land, green land attached to institutions, and other green areas.

Park Green Area refer to the green area of various open parks.

Green Coverage Area of built-up area refer to the vertical projection area of trees, shrubs, lawns and other vegetation in **construction land area**, including are public green area, residential area, green land attached to institutions, protection green land, production green land, and scenic forest land, according to the Urban Greening Regulations.

Volume of Industrial Waste Water Discharged refer to the aggregate of waste water discharged to outsides through all factory drains by industrial enterprises. Included are discharged waste water of production and factory sanitary drainage, direct cooling water, and the poisonous and harmful mine groundwater discharged by mining areas. Excluded are the indirect cooling water discharged to outsides.

Volume of Industrial Sulfur Dioxide Discharged refer to the aggregate of sulfur dioxide emission to the air during the production and fuels combustion at factory.

Volume of Industrial Soot(Dust) Emission refer to the aggregate of industrial soot(dust) emission to the air during the production and fuels combustion at factory.

Comprehensively Utilized Rate of General Industrial Solid Wastes refer to the percentage ratio of general industrial solid waste comprehensively utilized to the sum of production amount of general solid waste and the previous storage capacity.

Centralized Treatment Rate of Waste-water Treatment Plants refer to the ratio of waste treated by waste-water treatment plants to the quantity of wastewater effluent during the reporting period.

Domestic Garbage Harmless Treatment rate refer to the ratio of households garbage harmless treated to domestic garbage output.

Economic Development

Gross Regional Product(GRP) or Regional GDP refer to the final products at market prices produced by all resident units in a region during a certain period of time.

Local general public budget income refer to the income belonging to the local general public budget, including the profits by local enterprises, the tax for urban maintenance and construction (excluding the centralized payment by the railway departments, the head offices of banks and the insurance company's head offices), property tax, the tax for town land use, land value-added tax, vehicle and vessel tax, cultivated land occupation tax, deed tax, tobacco leaf tax, stamp duty, 25% of value-added tax, 40% of corporate income tax included in the shared scope, 40% of personal income tax, 3% of securities transaction stamp tax, other resource taxes other than offshore petroleum resources tax, local non-tax income, etc.

Local general public budget expenditure refer to general public services, public security expenditures, and local coordinated social expenditures.

Expenditure for Science and technology one item of expenditure of the local governments, refer to the spending on science and technology, including the science and technology management, basic research, applied research, technology research and development, science and technology condition and services, social science, science and technology popularization, technology exchanges and cooperation, etc.

Expenditure for Education one item of expenditure of the local governments, refer to the government spending on education affairs, including education administration, pre-school education, primary education, junior middle school education, ordinary senior high school education, ordinary higher education, elementary vocational education, secondary professional education, vocational education, vocational high school education, higher vocational education, broadcasting television education, foreign students education, special education, continuing education for cadre, education services, etc.

Deposits of National Banking System at Year-end refer to CNY aggregates at year-end that had been deposited banks or taken good care by other financial institutions at a certain interest by enterprise, state organs, public organizations and citizens, on the basis of the principle of can take back.

Household Saving Deposits at Year-end refer to CNY aggregates at year-end that had been deposited banks or other financial institutions by urban and rural residents, excluding the cash in hand of the residents and the units' deposits of industrial and mining enterprises, troops, offices, groups, etc.

Loans of National Banking System at Year-end refer to the total amount of RMB at year-end loaned to enterprises or individuals provided by banks and other financial institution at a certain interest rate according to the principle of compulsory return at the end of the year.

Investment in Fixed Assets (Excluding Rural Household) refer to the investment in construction projects with a total planned investment of 5 million yuan and over by enterprises of various ownerships, institutions, administrative units and urban self-employed individuals, and investment in real estate development in both urban and rural areas. Since 2011, it covers the urban investment in fixed assets under the previous statistical coverage plus project investments by rural enterprises and institutions.

Investment in Real Estate Development refer to investment by real estate development companies, commercialized buildings constructions and other estate development units of various types of ownership in the construction of buildings, such as residential buildings, factory buildings, warehouses, hotels, guesthouses, holiday villages, office buildings, the complementary service facilities and land development projects, such as roads, water supply, water drainage, power supply, heating supply, telecommunications, land leveling and other infrastructural projects. It does not include activities in pure land transactions.

Residential Buildings refer to the buildings specially for living, including houses, apartments, dormitory and staff dormitories, excluding the basements of residential buildings for civil air defense and without people living. residential buildings can be classified four types: ordinary apartments, affordable apartments and villas, and luxury apartments.

Amount of Foreign Capital Actually Utilized refer to the foreign capital actually utilized of approved contracts, which are the actual payment amount by foreign investors according to the regulations of approved contracts, and one part of the total amount of enterprise investment-loans from foreign investors' own funds overseas.

Number of Industrial Enterprises refer to all industrial enterprises with revenue from principal business above 20 million yuan, include independent accounting corporate industrial enterprises and affiliated industrial production units. Independent accounting corporate industrial enterprises refer to the units engaging in the production and business operation activities, which also meet the following conditions:1) Established in accordance with the law, with their own name, organization and location, can independently bear civil liability; (2) independently having and using the assets, bearing the liability, and having the right to sign a contract with other units; (3) independently accounting on accounting, can prepare Assets and Liability Table.

Gross Industrial Output Value refer to the final industrial products and services at market prices produced by industrial enterprises above designated size in a region during a certain period of time. It consists of three parts: the final product value of the production, the revenue of external processing fee, the balance value of self-made semi-manufactured goods between the beginning and the end.

The Average Number of Persons Employed in Various Units refer to the average number of persons employed in various units during the reporting period. The average number is equal to the sum of 12 months divided by 12 or the sum of 4 quarters divided by 4.

Total Current Assets refer to the assets that meet one of the following requirements:(1)expected to be cashed, sold or used in a normal operating cycle, mainly including inventory and accounts receivable; (2) be owned for trading purposes mainly; (3) expected to be cashed in one year(including one year) from the day of the Assets and Liability Table; (4) unlimited cash or cash equivalents that can be exchanged with other assets or being capable of setting debts during one year since the day of Assets and Liability Table. Monetary assets, notes receivable, accounts receivable and inventories are included. Data on this indicator can be abstained by the year-end figures of total liabilities from the Assets and Liability Table of the accounting records of enterprises.

Total Fixed Assets refer to the amount of the tangible assets which service life is over a fiscal year. Enterprise hold them for producing goods, providing labor services, renting or business management. Including some things which service life is more than a year, such as houses, buildings, machines, machinery, transportation facilities and other equipment, instruments, tools that related to production and management . The indicator of fixed assets is a point indicator, and is the ending balance after deducting the depreciation and impairment. Data on this indicator can be abstained by the year-end figures of total liabilities from the Assets and Liability Table of the accounting records of enterprises.

Tax and Extra Charges from Principal Business refer to the sales tax, consumption tax, urban maintenance and construction tax and education expenses shouldered by the enterprise from its principal business. Data are obtained from the year-end debit balance of "tax and extra charges from principal business" in the accounting record of enterprise.

Total Profits refer to the operation results in a certain accounting period, and it is the balance of various incomes minus various spending in the course of operation, reflecting the total profits and losses of enterprises in reference period. Data are obtained from the amount of "total profits" in the "profit table" of the accounting record of enterprise.

Total sales of Commodities of Enterprises above Designated Size in Wholesale and Retail Trades the criteria for wholesale and retail trades above designated size are as follows: wholesale trade with annual principal business sales over 20 million yuan; retail trade, with annual principal business sales over 5 million yuan. Total sales of commodities refer to value of commodities sold by the establishments to other establishments and individuals(including goods sold for self consumption, including the value-added tax). The commodities include: (1) commodities sold to urban and rural residents and social groups for their consumption; (2)commodities sold to establishments in all industries for their production, and catering services including commodities sold to wholesale and retail establishments for reselling, with or without further processing; and(3)commodities for direct export to abroad. Excluded are (1)extended commodities without trading, such as goods handed over to other enterprises and institutions because of the change of organizations, lent goods, returned goods preserved for others, extended processing materials and samples donated to others;(2) goods of direct settlement between buyer and seller with handing fees introduced by others;(3) goods returned after purchase;(4) damaged and spoiled goods;(5) waste and used goods of self use.

Total Retail Sales of Consumer Goods refer to the amount obtained by enterprises(units, self-employed individuals) through direct sales of non-production and non-business physical commodity to individuals, social institutions, and revenue from providing catering services. Individuals include rural and urban households, population from abroad, social institutions include government agencies, social organizations, military units, schools, institutions, and neighborhood (village) committees.

Enterprises above Designated Size of Wholesale and Retail Trades the data of wholesale and retail enterprises above designated size are collected in accordance with the principle of business location of legal person, which means with the location of the main business activities. Corporate enterprises provide the statistical data of all affiliated industry activities(including different place) in a unified manner. Wholesale and retail industry units of non-wholesale and non-retail trade are also collected in accordance with the principle of business location of industry units. Comprehensive statistics scope include self-employment ventures above designated size, the criteria for self-employment ventures above designated size are accordance with The Statistical Quota Standards for Wholesale and Retail Trade, Accommodation and Catering Industry.

Scientific and Technological Innovation

R&D personnel refer to the personnel engaged in basic research, applied research and experimental development in units, including personnel who directly participate in the above three types of project activities, as well as managers and direct service personnel of these three types of projects. Personnel providing direct services to R&D activities include those who provide information, material supply, equipment maintenance and other services directly to R&D activities.

People's Livelihood

Persons Employed in Various Units at Year-end refer to the total number of employees who work at his unit and obtain wages or other forms of payment at the end of the reporting period. This indicator is a kind of time point index and it equals to the sum of the number of employed staff and workers, labor dispatch personnel and other employed persons. Employed persons do not include: (1)persons who have left their working units while keeping their labor contract (employment relation) unchanged and receiving regular alimony; (2)students who do part-time jobs in spare time and all kinds of enrolled students who do internship in various units; (3)persons employed due to labor outsourcing; (4)persons who dissolve labor contracts with their units on the last day of reporting or before.

Persons Employed in Private Enterprises and Self-Employed Individuals in Urban Areas refer to the persons employed in the private enterprises which have been registered at the departments of industrial and commercial administration for which the business operation are situated at a county town (i.e. a town where the county government is located), or at urban areas with administrative hierarchy higher than a county town. The self-employed individuals in urban areas refer to persons who hold the certificates of residence in urban areas or have resided in the urban areas for a long time and have been registered at the departments of industrial and commercial administration and approved to be engaged in individual industrial or commercial business, including self-employed persons as well as helpers and hired laborers who work in individual households.

Registered Unemployed Persons in Urban Areas refer to the persons with non-agricultural household registration at certain working ages (16 years old to retirement age), who are capable of working, unemployed and willing to work, and have been registered at local employment service agencies to apply for a job.

The Average Number of Employed Staff and Workers refer to the average number of employed staff and workers, employed staff and workers refer to persons who signed labor contracts with working units would pay wages, social insurance and housing funds for them. Persons who have their work posts but are temporarily absent from work for reasons of study or on sick, injury or maternal leave and still receive wages from their working units are also included. Employed staff and workers also include: (1)persons who should have signed the labor contracts but not (like people with rural household registration); (2)Employees on probation; (3) Employees beyond the staffing quota; (4)employees who are sent to other working units but still obtain wages from their original units (situations like on-the-job placement, expatriated assignment, etc.). Employed Staff and Workers do not include: (1)dispatched personnel who work and are paid directly by the working units; they should be counted into "labor dispatch personnel" of working units; (2)personnel through labor outsourcing, they shall be counted into "Employed Staff and Worker" of the units which contracted them. The annual average number is equal to the sum of 12 months divided by 12 or the sum of 4 quarters divided by 4.

Total Wage Bill of Employed Staff and Workers refer to the total remuneration payment to all employed staff and workers during the reporting year, including basic salary, performance salary, salary allowances and subsidies, and excluding the deductions for personal leave, sick leave and so on. Units should adjust the corresponding projects when calculating the compositions of total wage bill, and they can minus the basic salary if they can't identify the adjusting projects.

Public Service

Regular Institutions of Higher Education refer to educational establishments recruiting graduates from senior secondary schools as the main target through National Matriculation TEST. They include full-time universities, independently established colleges, colleges, and institutions of higher professional education, institutions of higher vocational education and others.

Vocational Secondary Schools refer to educational establishments founded according to the set standards of the state and approval procedures, recruiting graduates from junior high schools (partly senior high schools) or people at the same degree, with the secondary vocational education. The period of schooling for recruiters from junior high schools is 3-4years, and the period of schooling for recruiters from senior high schools is 2-3years. Included are secondary vocational schools, technical schools, vocational high school (high school).

Number of Regular Secondary Schools refer to educational establishments founded by the approval of education sector at the county level and above, recruiting graduates from primary schools, with middle school teaching plan. Included are junior high school and six-year high school.

Number of Regular Primary Schools refer to educational establishments founded by the approval of education sector at the county level and above, mainly recruiting children of school age, with primary school teaching plan.

Number of Full-time teachers refer to staff who have teaching certificate, mainly engaged in teaching work. The teaching staff sent to help to do other work temporarily(within a year) are included .

Number of Students Enrollment refer to the total number of various of students enrolled in kinds of school, including repeated students, not including the tutorial raw.

Total Collection of Public Libraries refer to the total number of material that have been cataloged by libraries, such as the ancient books, books, periodicals and newspapers volume, pamphlets, manuscripts and miniature products, video tapes, disks.

Number of Staff and Workers Covered by the Urban Basic Pension Insurance refer to staff and workers or retirees participating in the basic pension insurance for urban staff and workers programme according to national laws, regulations and related policies at the end of reference period, who have already had payment records in social security management agencies, including those who interrupt payment without terminating the insurance programme. Those who have registered in the programme but without payment records are not included.

Number of People Covered by Unemployment Insurance refer to staff and workers in urban enterprises or institutions who have participated in the unemployment insurance programme according to related policies and regulations and other people who have participated according to local government regulations at the end of reference period.

Infrastructure

Area of Urban Paved Roads at Year-end refer to the actual area of paved roads and square, bridges, and parking area with connected to the roads.

Length of Urban Sewage Pipes refer to the total length of general drainage, trunks, branch and inspection wells, connection wells, inlets and outlets, etc.

Number of Buses and Trolley buses under operation at year-end refer to the total number of vehicles under operation by public transport enterprises (units) at the end of year, on the basis of the records of operational vehicles by the enterprises(units). Included are the vehicles of technology intact, the vehicles in repair, the vehicles being repaired, the vehicles stopped for a long time, and the vehicles under operation that have not yet been approved scrap by the competent department. Excluded are the oil tank trucks, trucks and other special vehicles that are not under operation and owned by bus companies, and the borrowing, leasing, passenger vehicles.

Passenger Traffic by Public Buses and Trolley Buses refer to number of passengers transported by public buses and trolley buses. Included are ordinary tickets passengers, commuters and passenger chartered. Ordinary ticket passengers purchase tickets by cash when getting on buses, one ticket is calculated as one passenger; The passengers of commuters are calculated as five passengers daily; passengers chartered are calculated as one passenger when one way, and as two passengers when round trip.

Number of Taxis at Year-end refer to various vehicles specializing in rental services with the approval of related departments. Included are cars, vans, and buses.

Freight(Passenger) Traffic refer to the weight of freight(number of passenger) transported with various means within a specific period of time. This indicator reflects the service of transport industry towards the national economy and people’ s living conditions, as well as an important indictor used in formulating and monitoring transport production plans and research into the scale and pace of transport development. Freight transport is calculated in tons and passenger traffic is calculated in terms of number of persons. Freight transport is calculated in terms of the actual weight of the goods and takes no account of the type of freight and distance of travel.

Passenger traffic is calculated by the principal that one person can be counted only once in one trip and takes no account of the travelling distance and ticket price. The passengers who travel with a half price ticket or a child' s ticket is also calculated as one person.

Revenue from Postal Services and Telecommunication Services refer to all business income of post and communication enterprises by production and operation activities, including the revenue from the principal business such as the postal service, long-distance telecommunications, local telephone call, and the revenue from local state-owned telecommunication.

Number of Mobile Telephone Subscribers refer to persons at year-end who have gone through registration procedures in the operation points of enterprises engaged in telecommunications and are hence connected to the mobile telephone communications network through telephone switchboards and occupy mobile phone numbers. Included are various of types of subscriber, prepaid users for intelligent network and wireless network card users.

Subscribers of Internet Service refer to all subscribers at year-end who have gone through registration procedures in the operation points of enterprises engaged in telecommunications and are hence connected to Chinese internets。Included are XDSL subscribers, LAN individual line subscribers, LAN terminal subscribers and wireless subscribers.

Consumption of Water for Households Use refer to consumption of water for daily life of all households in cities, including households of urban residents and farmers, and public water supply stations.

Annual Electricity Consumption refer to combination of various industries electricity power consumption and living power of urban and rural residents.

Total Volume of Gas Supply refer to the total volume of gas provided to users by gas-producing enterprises(units) during the reporting period, including the volume sold and the volume lost.

Population with Access to Gas refer to the population of households with access to gas.